心理学核心课

走到一起来！

群体理论与团队技巧（第12版）上

[美] 戴维·W. 约翰逊 弗兰克·P. 约翰逊 著
David W. Johnson Frank P. Johnson

谈晨皓 陈琳珏 译

上海社会科学院出版社
SHANGHAI ACADEMY OF SOCIAL SCIENCES PRESS

作者简介

戴维·W. 约翰逊在哥伦比亚大学获得博士学位,现在是教育心理学荣誉教授。迄今为止,他已经发表了超过500篇论文和书籍章节,另外还出版了50多部书。曾经是美国教育研究期刊的编委。此外,他还在1994—1997年担任过明尼苏达大学教育领导学专业的艾玛·M. 伯克梅尔教授职位,同时也在1996—1997年在缅因大学担任Libra客座教授。2003年,他被美国心理学会授予教育和实践应用心理学的杰出成就奖。2007年,戴维和兄弟罗杰一起获得了俄克拉荷马大学自由主义研究院颁发的布鲁克国际教育奖。紧接着,在2008年,美国教育研究协会授予他教育研究杰出贡献奖;2010年,获得国际冲突管理协会与哈佛法学院协商项目共同颁发的杰弗里·罗宾理论实践奖;2011年,获得美国国家心理学健康服务提供机构颁发的A. M. 韦勒终身成就奖;2015年,获得国际合作教学研究协会颁发的终身成就奖以及哥伦比亚大学师范学院颁发的杰出校友奖;2016年,获颁美国心理基金会的心理学应用终身成就金奖。在过去的半个多世纪里,戴维一直担任着全世界许多学校和企业的组织顾问。可以说,他是一个实践派心理治疗师。

弗兰克·P. 约翰逊在波尔州立大学教育学专业取得理学士学位,随后在波士顿安多夫牛顿神学院取得神学硕士学位,最后在路易斯维尔长老会神学院取得教牧学博士学位。弗兰克有35年的应用行为科学从业经验,取得过国家训练实验室研究所(NTL)、应用行为科学研究所、创造性改变协会、西南顾问/教练和中大西洋训练与咨询协会的认证。他已经在马里兰大学心理咨询中心工作超过13个年头了。他同时也在马里兰心理治疗与人类行为学院担任临床助理教授职位,负责教授团体咨询。他发表过诸多论文,参加过几本书的编写工作,同时也是本书的共同作者。弗兰克也担任了包括教育、政府、宗教和工业等类型在内的机构的顾问。他在1984—1996年担任过乙基公司人力资源发展副主任。在退休后,他还担任过几家教堂的兼职牧师。现在,他是路易斯安那州巴吞鲁日的临终关怀医院的牧师。

前　言

我们两位作者很了解群体。我们就是在群体中成长起来的。我们家里有7个孩子，弗兰克最大，戴维居中，我们两个年龄相差5岁。虽然弗兰克小时候很喜欢指挥别人，甚至拒绝相信戴维真的不应该帮他打扫房间，但是幸好我俩之间的关系还不错。在7个孩子组成的群体中，我们彼此照顾，而且在决定谁吃多出来的派，谁坐在车窗边、玩什么游戏，谁来扫地、谁来拖地、开灯睡还是关灯睡等事情上作为一个群体来做出决定，我们正是在这样的生活中学会了群体动力学。

家庭只是群体的一种形式。在所有的组织和社会系统，乃至整个人生中，我们做任何事都离不开群体。人们对群体动力学知识和小群体技能的需求比以往更为迫切。我们最初写这本书的目的是希望为读者介绍(a)关于如何使群体有效的理论和研究成果，和(b)将这些知识运用于实际场景的技能。在群体中工作的专业性来自知识和技能的整合。本书不仅是一本介绍当今小群体领域知识的书，也不仅是一本旨在教导技能的练习手册。我们在这本书中将理论和练习整合成探究或经验式学习小群体动力学的形式。"真理让你自由"，在人的一生中，选择、机会和成功都离不开(a)有关群体动力学的知识，和(b)掌握在实际中运用这些知识的技能。

据我们所知，群体运作是动态的，而不是静态的。随着层出不穷的新见解，我们对群体行为的理论解释和研究路径一直在不断修正和更新中。这个领域一直在突飞猛进地发展，从1975年本书的第一版问世到今天，这个领域发生了很多变化。在这期间，有些理论被推翻，有些理论被改进或纳入新的概念体系。通过我们对群体动力学的新认识，我们在本书中反映了理论和研究的最新发展。虽然这本书的读者范围广泛，但是我们依旧将这本书侧重于现实中所有群体所共有的动力学特点。书中的案例可以运用在人生的各个阶段。因为本书的目的是介绍群体动力学，所以我们在介绍理论和研究成果时采取了平衡与整合的立场。

本版更新

这个新版本中包含了很多重要更新和补充：

(1) 在群体目标章节中更新了社会相互依赖的理论和研究。
(2) 在群体决策章节中增加了一些内容。
(3) 全面介绍了积极权力内容。
(4) 更新了建设性争论的理论和研究。
(5) 增加了决策情境下建设性争论的诊断问卷。
(6) 增加了群体动力学、民主与和平这一章节。
(7) 增加了群体成员多样性与其积极效应的内容。

群体动力学领域

群体动力学这个领域始终处于变化之中。不断有新理论被提出，也不断有旧理论得到扩展或更新。这个领域中的研究数量在持续提升，新的主题和新的方法也被不断地引入这个领域。对于小群体技能的需求变得越来越重要。我们需要基于这个领域的历史背景来理解这些变化的性质和数量。这个领域中有三个重点。

第一，如同在第1章中谈到的，群体动力学这个领域起始于第二次世界大战（简称二战）期间，关注的是民主、社会问题与世界和平。虽然在20世纪40年代以前，甚至19世纪的时候，就已经出现了一些对群体动力学的理论和研究，但是对大萧条、德国和意大利这些国家中出现的独裁主义、纳粹德国屠杀犹太人和普遍存在的种族主义以及二战的关注使得群体动力学成为社会科学家主要关注的领域。因为科学是打赢二战的因素之一，所以科学也被认为是提升民主、解决诸如种族主义的社会问题，以及维持世界和平的关键所在。勒温和其他社会科学家将群体动力学理论看作是连接科学、公共政策、社会问题解决方案和民主实践的桥梁。因此，研究者们开始运用科学方法来认识小群体的动力学，尝试以此提升民主、防范法西斯主义死灰复燃、削弱种族主义并解决其他社会问题，甚至维护世界和平。在本版中的许多章节里扩展讨论了与这些目的有关的理论和研究。

第二，在于群体动力学自身的科学研究。有些以领导和决策为研究兴趣的社会科学家不太关心他们的结果究竟是否能对社会问题产生影响。他们已经开展了大量研究，并且把新发现和新的方法引入了群体与群体中个体行为的研究。本书中的许多章节都进行了修订，把这些社会科学家的贡献加入了其中。

参考文献也进行了更新,以保证这一版本中包含了最新的研究成果。此外,研究群体动力学有两条科学路径:传统的关系路径,关注的是群体成员之间存在的变量(如,合作与冲突);个体路径,关注的是个体身上所存在的变量(如,认知失调、归因和刻板印象)。在本书中,我们已经尽力平衡了这两部分内容。

第三,将群体动力学的理论和研究应用到训练领导者和对此感兴趣的个人中去,让他们能够具备使群体和组织变得有效的群体技能。相比其他社会科学领域,群体动力学的目的之一就是训练公民领导者、组织和社区成员,甚至是想要掌握技能的学生和愿意为群体做出贡献的成员。在每一章中都有很多旨在帮助读者能更熟练地、直接把书中所学运用到日常生活中的练习。这些练习分散在各章内容中,这样的设置为指导者和读者使用它们提供了便利。在有些章节中,如第8章,我们加入了新的练习和诊断问卷。这些内容的加入使得读者能够准备好将书中所学的理论和研究运用到他们所属的现实群体中去。此外,我们先在第2章中介绍了读者在本书中所用的经验学习的理论和研究。从本质上来说,这本书是使用经验学习这种形式来学习群体技能的先驱者。经验学习贯穿本书第1章至第14章的全部内容。

考虑到群体动力学研究中的这三个重点,这个领域依旧处于动态变化的状态。我们在当前的新版本中力图平衡这三个重点,并同时给予读者有关这个领域当前状态的认识。我们在尽可能地保留先前版本中所有高质量内容的基础上(如,定期进行的理解测试以及总结读者所学内容的方法)加入了一些新的内容,以使本书能够跟上群体动力学的发展现状。相比以前的版本,本书当前版本的主题并没有发生变化,只是内容深度增加了。

致　谢

本书作者感谢众多帮助本书写作以及准备稿件的朋友。感谢在理论方面给予帮助的社会心理学工作者们,也感谢和我们共同完成各种实验室训练的同事们。我们也要感谢本书中所有练习的最初设计者们。有些练习应用得很广泛,已经无法查到最初的设计者是谁了。如果无心遗漏,希望得到您的谅解。最后,特别感谢我们的爱人们:Linda Mulholland Johnson 和 Jane Miley Johnson,本书的编写和改进离不开她们的支持。

目 录

第1章 群体动力学 /001
  本章要学习的基本概念 /001
  我与群体动力学 /002
  群体是什么 /005
  群体的重要性 /011
  群体结构 /015
  打造富有成效的群体 /020
  如何创建一个有效群体 /027
  群体随时间的发展 /030
  群体动力学的研究领域 /037
  网络群体 /044
  本书的性质以及如何使用本书 /045
  总结 /048

第2章 经验学习 /049
  本章要学习的基本概念 /049
  程序性学习 /049
  行动理论 /051
  通过经验学习获取专业知识 /053
  经验学习与动机 /057
  学习群体技能 /058
  角色扮演 /060
  学习怎样成为一个参与-观察者 /061
  开展技能训练练习 /065

经验学习的伦理 /069
总结 /071

第3章 群体目标、社会相互依赖和信任 /072
本章要学习的基本概念 /072
前言 /073
什么是目标 /076
START 目标 /080
目标的明确性 /083
操作性目标 /083
绩效目标和掌握目标 /084
群体目标和抱负水平 /085
处理秘密动机 /086
帮助群体设立有效目标 /087
群体目标与成员间的社会相互依赖 /093
社会相互依赖的结果 /098
为达成目标付出的努力 /101
积极关系与社会支持 /104
心理健康与自尊 /107
三种结果之间的相互关系 /115
中介变量：合作的基本要素 /116
合作的稳定性 /124
使用技术增进合作 /124
分配公正：在群体成员间分配利益 /128
建设性竞争的条件 /130
建设性个人努力的条件 /132
混合动机情境 /133
形成与维持信任 /139
总结 /146

第4章 群体沟通 /147
本章要学习的基本概念 /147

前言与定义 /148
群体沟通 /150
发送与接收信息 /152
问题解决群体中的沟通 /163
交互分析 /163
沟通网络 /172
权威层级中的沟通模式 /173
群体沟通效能的影响因素 /178
合作与竞争对沟通的影响 /178
物理因素对沟通的影响 /179
座位安排 /179
幽默 /180
总结 /181

第5章　领导 /183
本章要学习的基本概念 /183
领导是什么？ /184
领导的特质理论 /195
领导风格 /201
领导的影响力理论 /204
领导的角色职位/群体结构理论 /206
领导的情境理论 /211
组织领导 /215
如果不想成为领导者，你该怎么办？ /220
总结 /226

第6章　运用权力 /227
本章要学习的基本概念 /227
前言 /228
什么是权力 /232
权力的动态相互依赖观 /234
运用权力达成目标 /238

权力的特质因素观 /242

权力的基础 /244

社会影响的冲突模型 /247

权力和问题解决 /251

不平等权力 /254

群体规范：间接权力 /270

群体心理 /274

个人与关系观点 /278

总结 /278

第7章 决策 /280

本章要学习的基本概念 /280

做出有效的决策 /281

个体决策和群体决策 /284

决策的方法 /300

提升群体决策的因素 /308

妨碍群体决策的因素 /308

考虑周到的决策 /325

决策中可能存在的问题 /334

决策理论的问题 /336

总结 /342

第8章 争论与创造力 /346

本章要学习的基本概念 /346

争论与决策 /347

争论的性质 /347

建设性争论理论 /367

争论过程 /367

争论产出 /374

决定争论是否具有建设性的条件 /382

基于探究的提倡 /385

少数人的影响、争论和决策 /385

组织建设性争论 /387

成为一个民主的公民 /388

小结 /388

创造力 /392

发展与培养创造力 /395

开放与封闭的信念系统 /398

头脑风暴 /400

总结 /406

第9章 利益冲突管理 /408

本章要学习的基本概念 /408

积极冲突群体 /409

利益冲突的性质 /410

冲突可以是建设性的也可以是破坏性的 /411

冲突和攻击 /412

冲突管理策略：你像什么？ /416

控制冲突发生 /420

协商的性质 /421

两类协商 /425

整合式协商的过程 /431

将冲突看作共同的问题 /435

尝试，再尝试 /449

真诚地协商 /453

拒绝的技能：这个问题无法协商 /454

群际冲突 /457

第三方调解 /472

总结 /478

第10章 重视多样性 /479

本章要学习的基本概念 /479

前言 /480

多样性 /485

多样性的价值 /486

与不同同伴交往的障碍 /489

归因理论 /497

使成员多样性成为一种优势 /499

总结 /503

第 11 章 群体动力、民主与和平 /512

引言 /512

群体动力学与民主 /512

融入民主的必要性及技巧 /514

群体动力学与和平 /517

建立和平的途径 /519

群体动力学在建立与维持共识性和平中的作用 /520

总结 /521

第 12 章 课堂中的合作学习 /522

本章要学习的基本概念 /522

合作学习的性质 /523

正式合作学习：成为"身边的向导" /526

解释任务与合作结构 /533

监督与干预 /536

评估学习成效与分析互动过程 /538

非正式合作学习团队 /540

使用非正式合作学习 /541

基础团体 /543

综合运用三种目标结构 /545

合作型学校 /547

总结 /549

第 13 章 带领成长与咨询团体 /550

本章要学习的基本概念 /550

前言 /550

治疗团体的类型 /551

团体经历的独特力量 /558

情绪表露的重要性 /564

带领成长团体 /565

概念框架、感受和直觉 /571

成长团体和参与者焦虑 /573

参与成长与治疗团体的代价 /573

相对有效 /573

总结 /574

第14章 团队发展与团队训练 /575

本章要学习的基本概念 /575

前言 /575

什么是团队？ /577

组织环境 /581

组织发展 /582

建立高效的团队 /586

评估工作质量 /590

在培训项目中使用团队 /598

综合质量管理 /598

处理团队中的问题行为 /601

总结 /603

第15章 结语 /605

创建有效群体的指导准则 /605

学习群体技能 /608

总结 /609

附录 /611
术语表 /628
参考文献 /648

练习目录

1.1　你的社会活动 /004

1.2　我是谁？/004

1.3　群体是什么？/005

1.4　从德库拉伯爵手中拯救世界 /022

1.5　形成一个有效群体 /026

1.6　群体有利还是有害？/034

3.1　社会相互依赖中的取向 /073

3.2　群体目标是必要的吗？/074

3.3　目标相关行为 /079

3.4　明确的目标与不明确的目标 /081

3.5　合作、竞争以及个人目标结构 /088

3.6　生存游戏 /091

3.7　群体的接纳水平 /133

3.8　我如何信任别人？我是否可信任？/135

3.9　练习建立信任的技能 /138

3.10　定义 /143

4.1　你的沟通行为（I）/149

4.2　谁会成为"明智"学院的校长？/154

4.3　夏至恶作剧谜案 /160

4.4　信息传播 /164

4.5　单向与双向沟通 /169

4.6　沟通网络 /176

4.7　你的沟通行为（II）/180

5.1　谁是你的英雄？/186

5.2 争论：领导的本质是什么？/188

5.3 认识你的领导行为：问卷 /207

5.4 建塔 /220

5.5 空心方块 /221

5.6 我为什么是一个领导者！/225

6.1 权力是个人特质还是关系属性？/229

6.2 群体权力练习 /231

6.3 个人权力和目标达成 /240

6.4 不平等资源 /248

6.5 权力政治 /249

6.6 动物的权力 /251

6.7 暑期学校学生间的权力 /265

6.8 大陆发展 /268

6.9 你的权力行为 /277

7.1 个体决策和群体决策 /283

7.2 豆罐(I) /298

7.3 冬季求生 /320

7.4 它们会要了我们的命 /325

7.5 问题诊断程序 /337

7.6 豆罐(II) /339

7.7 你的决策行为 /340

8.1 争论：彼得·潘是对是错？/352

8.2 我在争论中如何表现 /353

8.3 困于沙漠 /357

8.4 谁该得到青霉素？/362

8.5 辐射尘掩蔽所 /365

8.6 约翰逊学校 /390

8.7 回避争论 /390

8.8 对创造性的信念 /391

8.9 创造力 /397

8.10 乔·涂鸦虫 /397

8.11　头脑风暴 /403

8.12　创造力热身 /404

8.13　你在争论中的行为（Ⅱ） /405

9.1　你的冲突管理策略 /413

9.2　获取利润 /424

9.3　用协商解决利益冲突 /429

9.4　在组织中协商 /450

9.5　踩气球 /454

9.6　群际冲突 /455

9.7　你的冲突管理行为 /477

10.1　多样性：有益还是有害？ /481

10.2　刻板印象 /505

10.3　基于刻板印象的互动 /505

10.4　问候与告别 /506

10.5　时间 /507

10.6　跨文化沟通 /508

10.7　融合不同的文化 /509

14.1　团队结构 /583

14.2　合作型团队场景 /585

14.3　相互依赖的程度 /585

15.1　终结一个群体 /608

15.2　自我契约 /609

第 1 章

群体动力学

本章要学习的基本概念

这里列出了本章中介绍的主要概念。在教学中可以将学生分成二人小组,每一组学生需要 a) 对每一个概念下定义,在阅读中关注文中怎么定义这些概念以及针对概念做出了哪些讨论;b) 确保两个人都理解这些概念的定义。接下来再组成四人小组。比较四人小组中两两各自学习的概念是否存在差异,如果存在差异就再一次在文中查找并下定义,直到所有成员都认同为止。

概念:

群体(Group)
群体动力学(Group dynamic)
群体效能(Group effectiveness)
相互依赖(Interdependence)
角色(Role)
规范(Norm)
地位(Status)
群体发展的顺序阶段理论(Sequential-stage theory of group development)
群体发展的循环阶段理论(Recurring-stage theory of group development)
初级群体(Primary group)
参照群体(Reference group)
群体过程(Group processing)
行动研究(Action research)
库尔特·勒温(Kurt Lewin)

我与群体动力学

> 虽然对于群体工作的科学研究仅有着几年的尝试,但是我毫不犹豫地认为将人视为社会环境下的群体而非独立个体的做法将会成为最重要的理论与实践领域之一。如果不去对群体中的生活进行科学的探索,我们将不可能建设出更好的世界。
>
> ——库尔特·勒温(Kurt Lewin,1943)

对于人类来说,成为群体①成员是不可避免的,也是普遍存在的。我们从早到晚都在与一个又一个群体互动。我们在家庭生活、业余时间、友谊和职业中身处于各种群体。事实上,如果有一个来自外太空的研究者想要对地球人开展一项研究,群体成员就有可能成为他们的选题。我们每个人都出生在一个叫作"家庭"的群体里。如果没有这个群体,我们可能都无法活过生命中的最初几年、几个星期,甚至几分钟时间。我们的行为和思维方式在家庭和同伴群体中社会化。我们也从中习得对自己和世界所持有的观点。人类的**个人认同**(personal identity)就形成于自己在群体中被其他成员所知觉和对待的方式。我们在群体中学习、工作、礼拜、玩耍。作为人类,我们拥有与生俱来的社会性质:从我们出生到死亡,我们的生命中充斥着各种群体。

表1.1 群体动力学的性质

群体的重要性	群体的性质	群体的类型
● 我们是小群体生物 ● 我们在群体中生活 ● 群体与生活质量	● 群体取向 ● 个人取向	● 伪群体 ● 传统工作群体 ● 有效群体 ● 高绩效群体
群体结构	**群体发展阶段**	**效能的基本元素**
● 角色 ● 规范	顺序阶段 ● 形成期 ● 激荡期 ● 规范期	● 积极相互依赖 ● 个人责任 ● 促进式交互 ● 适当使用社会技能

---

① 译者注:本书根据国内对术语的使用,针对书中不同内容分别使用"群体"和"团体"。文中其他术语翻译均参考国内文献常用译法以及心理学专业词典推荐的译法综合决定。

续 表

群体结构	群体发展阶段	效能的基本元素
	● 履行期 ● 终止期 **循环阶段** ● 任务和情绪表达 ● 依赖、配对、战斗与逃跑 ● 影响、包含、控制	● 群体过程 **群体动力学的领域** ● 群体动力学的性质 ● 群体动力学的历史 ● 库尔特·勒温 ● 本书的性质
促进交互的动力学		
构建成员为之做出承诺的明确的、操作性的、共同的目标 正确、清晰地沟通想法和感受 分布式参与和领导 平等地获取信息，根据专业平等地取得权力 决策过程要灵活地匹配情境需要 用辩论促进创造性地解决问题，促进产生批判性思维 直面冲突，鼓励并建设性地解决冲突		

群体动力学(group dynamic)是有关群体生活性质知识的社会科学。它是针对群体性质、群体中的行为、群体发展，以及群体与个人、其他群体或更大的实体之间存在的内部关联所开展的科学研究。学习群体动力学可以改变我们对于群体的思维，也能改变我们在群体中的表现。本章的目的是帮助大家理解群体动力学的理论和研究，提升自己在小群体中需要运用的技能。

表 1.1 中对群体动力学的性质进行了总结，让我们以此学习开个好头。本章中会分别对表中列出的概念和术语进行介绍。在阅读这些内容后，请仔细思考"自我诊断"中列出的题目。这些题目的目的是帮助你正确地思考自己当前对群体的理解以及自己是以何种形式参与到群体中的。

自我诊断

接下来呈现的 7 句话分别形容了一项与群体效能有关的内容。根据你的真实想法填入：
 5＝如果你一直这样做　　　　4＝如果你经常这样做
 3＝如果你偶尔这样做　　　　2＝如果你很少这样做
 1＝如果你从不这样做

_____(1) 我会阐明群体的目标，并且确保阐述这些目标能使成员们孤注一掷地致力于达成它们。

_____(2) 我会运用良好的信息传达和接收技巧来促进沟通,并且保证所有群体成员间能进行分布式和双向的沟通。

_____(3) 我通过做出帮助群体达成目标的行为,维持成员间良好的工作关系,以及鼓励其他人也像我一样做来体现出我的领导力。

_____(4) 我通过使用专业技能和知识来改变其他成员,以此提升他们达成我们大家共同目标的绩效,同时我也会开放地让其他技能更强、拥有更多知识的人来改变我。

_____(5) 我会根据(a) 时间和资源的情况,(b) 决策的规模和重要性,(c) 需要有多少成员同意才能施行决策来决定使用哪种方式进行决策(如,少数服从多数的投票或达成共识)。

_____(6) 我会支持自己的观点并挑战其他人的观点,以此做出高质量和有创造性的决策。

_____(7) 我会直面自己和其他成员的冲突,并将冲突视为需要大家一起解决的问题。如果我们都对冲突无能为力,我就会请其他成员来帮助我们建设性地解决冲突。

练习 1.1 你的社会活动

(1) 请写下你在日常生活的一天里从醒来到睡觉期间所做的事。

(2) 删掉你和群体中的其他人一起做的事情之后,还剩下多少活动?

(3) 以 3 人小组的形式讨论一下各自得到的结果。

练习 1.2 我是谁?

我们都是群体成员。如果有人要我们形容自己是谁,大部分人都会用我们所归属的群体来形容自己。例如,"我是明尼苏达大学的学生","我是曲棍球队的队员","我是姓约翰逊的人中的一员","我是男人","我是美国人",等等。这种群体成员可能是正式的身份,如"我是 IBM 公司的雇员";可能是表达出某种追求,如"我要成为富人";边际性的身份,如,"有时候我会被邀请参加拉尔夫办的聚会";自愿的身份,如"我是浸信会教友";或不可随意变化的身份,如"我是女性"。从广义上来说,我们的群体身份定义了我们自己是谁。

(1) 我们可以用许多方式来形容自己。请写下 10 个对"我是谁?"这个问题的回答。在写答案的时候可以参考你属于什么群体,你持有什么样的观念,以及你扮演的角色和负有的责任等内容来回答。

(2) 将你写下的内容按照从重要到不重要的顺序排列。

（3）组成3人小组，讨论各自的自我描述。记录下一共出现了多少种群体身份，并分享各自如何看待群体身份在回答"我是谁？"这个问题时所起的作用。

（4）计算在所有人中间一共出现了多少种群体身份。

练习1.3 群体是什么？

群体的定义存在着争议。接下来的练习旨在对不同的定义进行检验。过程如下：

1. 每7个人组成一个小组。

2. 每个小组成员得到一张写着一个定义的纸条（一共有7个定义）。每个人独立完成以下任务：

（1）学习纸条上的定义，确保自己理解。

（2）准备把自己学会的定义教给别人。

（3）列举3个符合自己手头的群体定义的群体。

（4）列举2到3个"两个或以上的人在距离上很近"，但是不符合自己手头的群体定义的情况。

（5）根据自己手头的群体定义，解释为什么当前的7人小组是个群体。

3. 每个小组提出自己对群体的定义。这个阶段限时20分钟。

4. 每个小组在所有人面前报告自己得出的定义。

5. 如果有不同意见，再组成新的小组（新的小组要包含原来每个小组中的至少一个成员）。新小组的任务是讨论出群体概念的唯一定义，每个成员要在小组中分享他们先前小组得到的定义。

6. 每个新的小组报告自己得出的定义。

群体是什么

需要两块打火石才能打出火花。

——路易莎·梅·阿尔科特

在一辆被堵在路上的公交车上，有6个乘客正在闲谈。他们聊着过去相似的经历，倾听着彼此的回应。他们临时起意，打算设计一个使公交车摆脱交通堵塞的行动方案。你觉得这6个人是一个群体吗？在深冬的黄石国家公园里，几个越野滑雪者进入了一个与世隔绝的、被雪覆盖的山谷。他们在那里研究冬季生态学和摄影。每过一段时间，他们就会聚集到一个专业的摄影师周围，听他介绍如何拍摄冬季美景。随后，这些滑雪度假者彼此称赞和讨论他们各自拍摄的照片。这些人是不是一个群体？群体真的存在吗？你是怎么确定自己是一个群体的成员的？

当你在阅读一本关于群体动力学的书的时候，你首先需要知道群体是什么。我们都知道群体确实存在，但是当我们尝试给群体下定义时，就会发现存在很多困扰和分歧。虽然许多社会科学家都确信自己知道群体是什么，但是问题在于这些社会科学家并未能够就各自的定义达成一致。接下来将会介绍7种最常用的对群体的定义。在学习的时候请关注这些定义之间的相同点和不同点。

目标

我们可以将**群体**(group)定义为一些为了达成一个目标而联合在一起的个体。必须先有原因，群体才能存在于世间。人们之所以形成群体是因为他们凭借自己个人的力量无法达成一些目标。这种观点存在的问题在于——群体是否仅仅存在于所有成员拥有需要达成的共同目标的情况下？Freeman早在1936年就提出了人们为达成共同目标而加入群体这一观点。无独有偶，Mills和Deutsch也同样持有这种观点：

简单地说，它们（小群体）是由两个及以上为同一目标而相互接触的个体以及那些认为这种接触具有意义的个体所组成的单元。(Mills, 1967, p.2)

一个心理群体之所以存在，取决于组成群体的个体在多大程度上认为自己正在追求有价值的且需要相互依赖才能达成的目标。(Deutsch, 1949a, p.136)

相互依赖

我们可以将群体定义为一群在某种程度上相互依赖的人。根据这个定义，只有当那些对某些人造成影响的事件同时也会对其他所有人产生影响的时候，我们才可以认为这些人是一个群体。用这种观点来定义群体的社会科学家认为：

群体是一群互相有关联，并且这种关联使他们在一定程度上明显相互依赖的人。根据该定义，群体指的是一类组成成员之间有共同的相互依赖关系的社会实体。(Cartwright & Zander, 1968, p.46)

群体这个术语指的是一群拥有共同命运的人。也就是说，这群人相互依

赖，如果一件事影响到其中一人，那么其他人也会受到这件事的影响。(Fiedler，1967，p.6)

将群体作为一个动态的整体来看待，就需要用成员（或子群体）之间的相互依赖来定义群体。(Lewin，1951，p.146)

人际互动

我们可以把群体定义为一些相互作用的个体。也就是说，只有存在人际互动，才能够说一群人是个群体。认同这个观点的社会科学家是这样下定义的：

被认为是一个群体的一群人必须存在某种互动。(Hare，1976，p.4)

群体是一群彼此互动的人，也正是互动将群体和人群相区别。(Bonner，1959，p.4)

群体是一个开放的互动系统，这个系统的结构由行动所决定。连续进行的交互产生了对系统的同等认同。(Stodgill，1959，p.18)

我们使用群体来代表一群在一段时间内彼此交流的人。他们的数量是有限的，能够保证每个人都能与其他人交流。这种交流不是间接的交流，而是面对面的直接交流。(Homans，1950，p.1)

群体身份知觉

我们可以把群体定义为包含两个或两个以上认为自己属于一个群体的人所组成的社会单元。根据该定义，只有人们认为自己属于一个群体，我们才可以把他们认为是一个群体。持有这种观点的社会科学家认为：

小群体是一些与其他人都进行过一次或一系列单独面对面互动的人。在互动中，每个成员都会在自己所能达到的水平上对其他成员形成足够明确的印象或知觉结果。无论是在当即还是在随后进行的询问中，他们都能对每个人分别做出反馈。哪怕他们只能说出某人当时在场。(Bales，1950，p.33)

我们可以将社会群体定义为由多个有机体（客体）组成的单元。这些有机体对他们的联合体拥有集体知觉，并且他们能够以或正在以一种共同的方式来应对他们所处的环境。(Smith，1945，p.227)

结构化的关系

我们可以把群体定义为一些根据角色和规范来构建人际交互的个体。根据这个定义，只有当人们的交互是由角色定义和由规范构建起来的时候，这群人才能被称为群体。这个定义是由社会科学家 McDavid 和 Harari(1968)以及 Sherif 和 Sherif(1956)提出的。

社会心理群体是一个包含有两个或更多相互关联的个体的组织系统。该系统体现出一些功能,拥有一套有标准的成员间角色关系,也有一套用来规定群体功能和每个成员的规范。(McDavid & Harari, 1968, p.237)

群体是一个包含一些对于他人而言处于一定地位和角色关系(或多或少)的个体的社会单元。这种社会单元拥有一套自己的价值观或规范,用以控制每个成员的行为,或至少能够决定群体所能取得的结果。(Sherif & Sherif, 1956, p.144)

相互影响

我们可以把群体定义为一群相互影响的个体。只有当个体影响他人的同时也被他人影响的时候,这群人才能说是一个群体。由此,人际影响是对群体特征的主要定义。Shaw(1976, p.11)提出"群体是两个或更多与其他人交互的人,在交互中每个人都会对其他人施加影响,同时又会被其他人影响"。

动机

我们可以把群体定义为一群试图通过联合在一起以满足一些个人需求的个体。根据这个定义,只有当人们出于某些个人原因而成为群体成员时,我们才能说他们形成的是群体。人们通过归属于群体来获得奖励或满足个人需求。这个观点规定只有成为群体成员能够满足需求时,群体才存在。其中存在一些问题。有一些社会科学家根据这个观点提出:

我们把"群体"定义为一群以个体利益为目的,但作为一个整体存在的人。(Bass, 1960, p.39)

这个定义在本质上看上去说的是群体是一个有机整体,群体中所有人的存在(在他们的既有关系中)对于满足个体的需求来说都是必要的。(Cattell, 1951, p.167)

定义群体的最好方法是什么?

> 下列是群体概念的定义。将它们从最准确(1)到最不准确(7)进行排列。写下你排序的依据。然后找一个同伴分享你的排列和依据,也要听他说他的排列和原因。然后再一起重新进行排列,并报告你们重新排列的依据。接下来再找到一对同学组成四人小组,重复这一过程。

排列	定　义
_____	群体是为了达成同一目标而结合在一起的一群个体。
_____	群体是在一些方面相互依赖的一群个体。
_____	群体是一些与其他人彼此交互的个体。
_____	群体是两个或两个以上认为自己属于某个群体的社会单元。
_____	群体是一群由一套角色和规范构建起彼此之间交互关系的个体。
_____	群体是一群互相造成影响的个体。
_____	群体是一群试图通过联合在一起来满足一些个人需要的个体。

这些定义中有些过于独特,有些部分重叠。不过,这些定义都表达出并不是任意一群人都可以算作群体这一观点。《牛津英语词典》(1989)将群体定义为一些人或物构成的整体,他们由于某种相互关系或共同关系,或因为某种共同点而被划分在一起。根据这个定义,可以将**小群体**(small group)定义为面对面交互的两个或更多个体,每个人都意识到他们在取得共同目标时是互相正向依赖的,都意识到他们是群体成员,也都能识别出其他归属于该群体的成员。虽然有一些群体可能并不符合这个定义,但是我们所知道的大部分群体的例子都符合。

群体与**集群**(aggregate)不同。集群指的是一些同时、同地出现的人。与群体不同,他们并没有形成一个单元,或者不具有一定程度的相似性。例如,站在街角的人们、比赛的观众和听讲座的学生都是集群,而不是群体。

小群体和大群体不同。小群体的定义中包括成员之间需要存在交互。虽然一些拥有更多成员的群体在某些方面拥有着和小群体一样的特征,但是这些群体并不一定要求成员之间存在实际的互动(例如后文中会介绍的参照群体)。因为社群中的个体可能拥有相同的民族文化,所以说社群可以算作一个大群体。

群体实际上存在吗?

并不是所有人都认为群体存在。社会科学中的一个比较有趣的争论焦点关注的就是群体的性质。在其中存在着两种对立的取向:群体取向和个体取向。支持群体取向的人将群体看作一个整体,认为群体是与作为个体的群体成员不同的一种事物。在解释群体成员的行为时,社会科学家关注的是群体的影响力以及群体所属的更大的社会系统。他们认为当人们走到一起组成群体时就形成了一个新的社会实体,这个社会实体拥有自己的规则、态度、信念和实践活动。

　　支持个体取向的人关注群体中的个体。他们认为如果没有个体,群体就不复存在。社会科学家通过研究群体成员的态度、认知和人格来解释群体的功能。Floyd Allport(1924)是最早支持个体取向的研究者。他主张群体并不会思考、感受或行动——这些只有人才能做到。因此,群体并不是真正的实体,所以不值得研究。下表中更加详细地列出了群体取向和个体取向之间的差别。

群 体 取 向	个 体 取 向
群体取向将群体看作一个整体。在解释群体成员的行为时,社会科学家关注的是群体和群体所属的更大的社会系统的作用。Emile Durkheim(1898, p.104)提出群体是与个体不同的实体,他说"如果我们从个体入手,我们就无法得知群体发生了什么"。他指出小型初级群体(有面对面交互、相互依赖、有很强的群体认同等特点的小群体,如家庭和亲密朋友)是社会的基石。所以,他随后以此为基础,往上对社会系统进行更一般的分析。他认为在很多情况下群体心理或集体意识控制着个体的意愿。Le Bon(1895)认为群体心理独立于个体成员心理存在。Cartwright 和 Zander(1968)同样认为群体可以是情绪上健康的,也可以是病态的。Cattell(1951)用表现出不同的人格来描述群体。格式塔心理学家勒温指出只通过群体成员的品质和特质是无法理解群体的(Lewin, 1935)。当个体融入群体后,群体中就会产生一些新的东西,这就可以被看作一个实体。在群体的某个方面上发生改变必然会导致其他特征上随之发生变化。	个体取向关注的是群体中的个体。心理学家关注的是群体成员的态度、认知和人格。他们会从这些方面来解释群体的功能。Floyd Allport(1924)指出群体本身并不会思考、感受或行动(只有人才能做这些),因此,群体并不真实存在,所以不值得研究。他说"群体没有神经系统,只有个体有神经系统"。对 Allport 来说,群体仅是(a)一套同时存在于几个个体心中共享的价值观、想法、思维和习惯;(b)每个成员独立行为的总和。他的撒手锏是他进行的观察,他从中提出"你不会被群体绊倒"这一观点。许多社会科学家都认同他的观点。他们对决定一群人是否是一个群体所需要满足的标准更为宽松。所以有人根据个体对其他成员的知觉(Bales, 1950)、个体回报(Bass, 1960)以及个体的目的和意图(Mills, 1967)对群体做出定义。事实上,大部分对群体的研究都将个体成员作为分析的单元。

　　Solomon Asch(1952)通过将群体比作"水"提出了一种折中的观点。他认为,要了解水的性质,就需要了解氢和氧这两种组成水的元素的性质。但是仅拥有这些知识并不足够理解水,这是因为水是氢和氧的化合物,所以水必须作为一个整体接受检验。同样的道理,即便了解群体中的个体所具有的特征是非常重要的,我们仍旧需要将群体作为一个整体进行研究。

　　虽然个体取向的支持者认为群体并不重要,但是有证据表明,同样的行为在群体中造成的反应会比在单一个体上更强。例如,群体和个体在补偿的偏好上就有所不同(Abelson, Dasgupta, Park, & Banaji, 1998)。当旁观者认为某些个体是一个紧密的群体的成员时(与一群不相干的人相比),他们就会对这些个体产生刻板化的判断,并且会推断他们的行为是被在场的其他人塑造出来的(Oakes & Turner, 1986; Oakes, Haslam, & Turner, 1991; Wilder, 1977, 1978a)。举个例子,个体传达的歧视女性的言论和群体传达的歧视女性的言论在社会上激发出的反响是不同的。个体取向和群体取向的社会科学家在总结群体功能和对理论的研究检验上都得到了丰硕的成果。有些理论得到证实,有些理论则被证伪。在本书中你将分别看到这些内容。

利用群体力量的制约因素

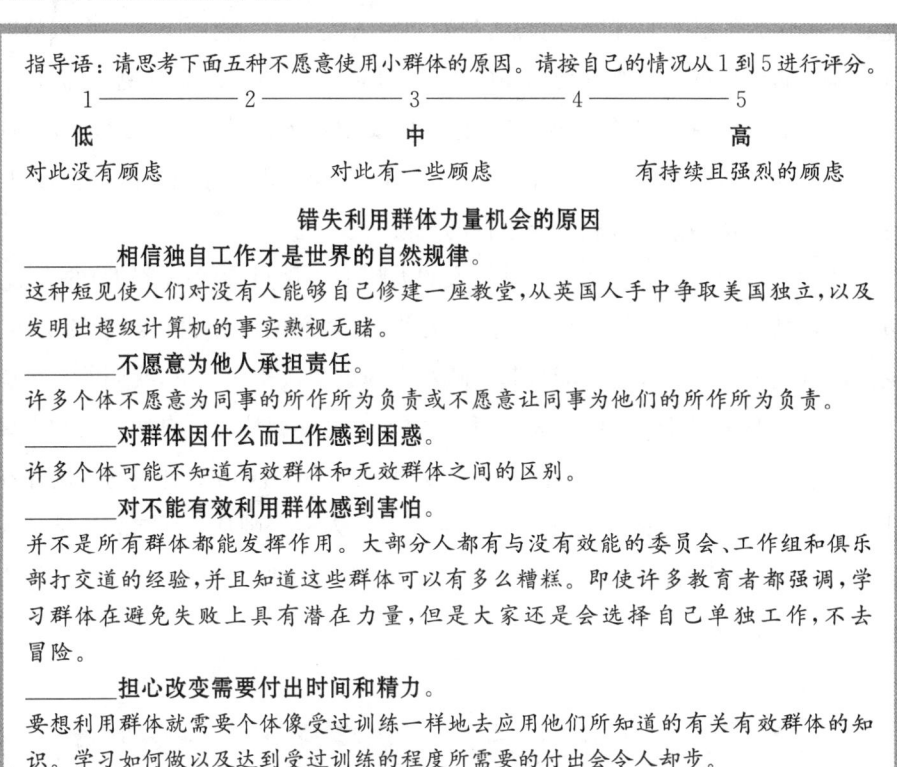

指导语:请思考下面五种不愿意使用小群体的原因。请按自己的情况从1到5进行评分。

1 —————— 2 —————— 3 —————— 4 —————— 5
低　　　　　　　　　　　中　　　　　　　　　　　高
对此没有顾虑　　　　　对此有一些顾虑　　　　有持续且强烈的顾虑

错失利用群体力量机会的原因

＿＿＿＿相信独自工作才是世界的自然规律。
这种短见使人们对没有人能够自己修建一座教堂,从英国人手中争取美国独立,以及发明出超级计算机的事实熟视无睹。

＿＿＿＿不愿意为他人承担责任。
许多个体不愿意为同事的所作所为负责或不愿意让同事为他们的所作所为负责。

＿＿＿＿对群体因什么而工作感到困惑。
许多个体可能不知道有效群体和无效群体之间的区别。

＿＿＿＿对不能有效利用群体感到害怕。
并不是所有群体都能发挥作用。大部分人都有与没有效能的委员会、工作组和俱乐部打交道的经验,并且知道这些群体可以有多么糟糕。即使许多教育者都强调,学习群体在避免失败上具有潜在力量,但是大家还是会选择自己单独工作,不去冒险。

＿＿＿＿担心改变需要付出时间和精力。
要想利用群体就需要个体像受过训练一样地去应用他们所知道的有关有效群体的知识。学习如何做以及达到受过训练的程度所需要的付出会令人却步。

群体的重要性

> 没有人是完全孤立的岛屿。
>
> ——约翰·邓恩

人类是小群体生物。过去是这样,将来依旧会是这样。人类的进化依赖于个体以各种不同群体的形式聚集在一起生活、工作和管理。20万年前，人类以小型狩猎—采集群体的形式生存着。1万年前，人类形成了小型的农业社区。直到最近的一千年里才出现了大型城市。每种生活状态的形成都依赖于群体的共同努力。事实上，我们在群体中有效发挥作用的能力可能正是人类能够存在到今天的原因。这种能力在人类的发展中起到了至关重要的作用。

人类进化到最后分化出了两个人种：尼安德特人（Neanderthals）和克鲁马努人（Cro-Magnons；现代人）。我们现代人的起源多多少少和尼安德特人的命运有着一些关联。但我们从不会为这些已经灭绝的前辈感到骄傲。这或许可能部分是因为他们的长相吧。然而，尼安德特人代表了人类史上的一个巅峰时刻。他们的血统可以回溯到最早期的人类（Homo）基因。也就是说，他们代表了人类的最早起源。在数千年的时间里，尼安德特人从非洲经由近东进入印度、中国、马来西亚以及南欧。在大约15万年前，他们进入冰川地区，成为最早可以应对只有猛犸象和驯鹿才能生存的气候的人类。

并没有解剖学证据表明尼安德特人的大脑不如我们（克鲁马努人）的大脑。事实上，他们的大脑比我们的更大。毫无疑问，他们的身体也比我们的更棒。尼安德特人中强壮的人也许能举起半吨左右的重物。相比之下，我们的身体就单薄多了。但是在几千年的时间里，我们取代了尼安德特人。自然减员和人口压力可能是造成这个结果的原因。随着斯堪的纳维亚半岛冰川的扩张，居住在北部的尼安德特人向南迁徙，而我们的克鲁马努人祖先则从非洲向北迁徙。大约4万年前，两群人在欧洲相遇。克鲁马努人繁衍、存续了下来，而尼安德特人则在3万年前消亡了。

对于尼安德特人的消失存在着许多种解释。他们的消失可能是我们造成的;可能是由于两个人种通婚;也可能是由于尼安德特人无法在争夺食物中应对克鲁马努人的挑战,因此消亡于边远地区;可能尼安德特人不愿进行改变,所以无法建立或改善出更好的合作方式,而我们则通过不断加强合作来共同应对气候环境带来的挑战。

在我们的祖先与尼安德特人共存的时候,我们的祖先发展出了高度复杂的合作形式。例如,社会组织、群猎的程序、创造性地尝试不同材料、分享知识、劳动分工,以及与其他社群间的交易和交通系统。我们会派出斥候监视我们要狩猎的兽群的走向。而尼安德特人可能并没有这样做。我们会为远离营地的狩猎队预存给养与急救物资。尼安德特人显然不会这样做。尼安德特人可能直接通过战斗进行捕猎。而我们则发展出很多高效的打猎方法,如把猎物赶下悬崖。我们也发明许多精致的工具和武器,使我们能够从远处杀死猎物,例如投矛器和弓箭。尼安德特人并没有这些东西。他们只会就地取材制作工具,而我们则会仔细挑选材料。比如说,我们能通过贸易网从250英里外的采石场获取颗粒细致的彩色燧石。我们也通过实验和与其他社群分享知识来提升工具制作工艺。而尼安德特人并不会这样做,他们几乎只用石头作为工具。和他们不同,我们使用骨头和长牙来制作针和其他工具。我们也会做衣服、编绳子、结网。我们有能力获取比我们所需要的更多的食物,这就孕育出了广泛的交易和社会网络。这些更复杂的合作形式直接带来了财富积累,随之创造出了艺术、法律和故事,并且还把这些形式作为传统保存了下来。无论我们是取代了尼安德特人还是由尼安德特人演化而来,我们在组织合作方面体现出了自己的创造性,并由此提升了我们的生活标准和生活质量。我们善于组织有效的群体工作。

群体和生活质量

我们祖先通过在群体内生活使自己在生活上得到了巨大改善。但是,群居为我们今天的人类带来了什么呢?可以公平地说,我们当代人的生活质量与群体的效率有着直接的关系。许多活动和社交都发生在群体中,例如工作中的风险管理团队和周末参加的垒球队。我们现代生活中的几乎每个方面都受到群体动力学带来的影响。由于我们能用群体动力学的有关知识帮助我们在生活的方方面面建立起有效的群体。因此,学习有关群体动力学的知识就相当于掌握一种能使我们的生活变得更好,变得更有意义的工具。

理解群体动力学对维持家庭存续至关重要。数千年来,家庭生活一直是文明的重要体现之一。人类学家 Margaret Mead 通过观察发现家庭是人类所具有的最坚固的组织,也是我们核心的小群体之一。然而,在最近的 100 年里,家庭的结构发生了翻天覆地的变化。大家庭逐渐不复存在。近些年来,连核心家庭的数量也变得越来越少,出现了许多单亲家庭。目前,每四个孩子中就有一个来自单亲家庭。很明显,在现代环境下维持稳定的家庭是一项艰巨的任务。为了在现代生活的需求中构建和维持有建设性的家庭生活,人们需要对群体动力学和小群体技能有充分的了解。

群体动力学的知识对有效的商业和工业至关重要。 在 20 世纪上半叶的时候,批量化生产使美国成为制造业的世界领军者。然而,到了 20 世纪末的时候,大量的行业转向由小群体来提供高生产力。今天,许多公司依靠工作团队来设计和推出新产品、执行研究与开展训练、处理职员的事务、促进部门间交流等等。此外,在过去的十年里,新技术使群体能够跨办公室、跨城镇,甚至在全球范围内运作。如今想要使组织富有活力,就需要让团队以学习、不懈进取以适应自己的文化。同样地,在小群体中工作并取得成绩的能力成了人们成为有效职员的必备素质。(见第 14 章)

理解群体动力学对教育至关重要。 在过去的几代人中,教育模式已经从听课和独立作业转变为合作学习了(Johnson, Johnson, & Holubec, 2008a, 2008b)。与过去学生只是坐在教室里听老师讲课、记笔记的学习方法不同,现在的学生要在小群体中互相帮助,一起学习某项课程或完成某项任务。与过去在学生间进行比较并鼓励**竞争**(competition)的做法不同,具有合作性质的,基于群体的学习方式让学生以一种所有人共赢的形式进行学习。在合作学习中,学生能够取得比竞争性或独自学习情况下更好的成绩、更积极的人际关系以及更健康的心理。(Johnson & Johnson, 1989,见第 12 章)

群体动力学的知识对维持长期的心理健康至关重要。 打开电视随便看一些广告或随便翻几页杂志,我们很容易发现抑郁、焦虑和其他心理疾病在美国很普遍。媒体广告上宣传的处方药、各种治疗法以及许多其他的产品和服务都旨在帮助消费者解决这些问题。这种现象不仅仅是市场趋势。调查发现,过去两代人的抑郁率增长了大约十倍。越来越多的人,尤其是年轻人,正在受到抑郁、无助、放弃、被动、低自尊的困扰,有的人甚至尝试自杀。然而,如果这些人能够进入一个支持群体,这些心理问题都能避免。朋友与家庭网络、群体活动以及其他有效的群体交互都能够让人们感受到自己与周围世界存在紧密连接,由此降低抑郁和焦虑水平。与此同时,团体治疗和咨询是一种对心理问题非常

有效的疗法。（见第 13 章）

总而言之，学习群体动力学并掌握小群体技能可以改变你的生活。它们可以使你成为一名好职员，让你的事业更加成功；它们可以让你的家庭关系变得更为贴心、更具关怀，还能让你更加胜任父母的角色；它们也可以让你的心理变得更健康，提升你应对焦虑和逆境的能力。只要涉及群体的功能，群体动力学的知识就会带给你力量！但是，群体动力学的知识本身并不足以使群体变得有效——你也需要社会技能。如果要使群体变得有效，你必须先知道有效的群体是什么样的，同时还要具备必要的社会技能来帮助自己创造一个这样的群体。

随着你深入阅读有关群体的内容——如何运作、如何构建、为什么群体会有效并有所产出——你将会学到群体的性质。为达到这一学习目的，你需要关注以下内容：

（1）群体结构的性质。
（2）群体结构和群体生产力之间的关系。
（3）群体动力如何决定群体效能。
（4）群体随时间发展的方式。

群体结构

想象一下，你现在是一个生态学家，研究这个世界的生态系统是你的工作。你在研究中会遇到包括从浓密的热带雨林到炎热的沙漠等在内的许多不同栖息地。这些栖息地都有一套共同的属性：地形、气候模式、植物、动物和它们之间的相互联系。例如，你会发现同一片地区的动物和植物会发展出精细的劳动分工和广泛的共生关系。你还会发现植物和动物会随着时间增长相互适应，最终恰好在适合他们的特定栖息地中生存。因此，当你进入一片新的栖息地时，你会期望自己找出一个基本的生态结构。

现在想象你正在研究小群体。虽然你可能会找到很多不同的群体，但是当你进入一个新的群体后，你都会试图去寻找那些所有群体都有的基本属性。这些基本属性包括定义群体的范围以及将成员绑定在群体中的目的，群体成员之间可定义的沟通模式，不同个体根据劳动分工履行群体的不同功能，处理冲突的程序，对成员可以接受和不可接受行为的期望，以及群体对所处的组织、社会和文化的适应情况。一旦明确了基本结构，你就可以像认识生态系统的功能一样去理解群体内人际关系的性质了。

如同生态系统一样,群体也有结构。群体的作用体现在群体成员的交互上。无论什么时候,只要有两个或更多个体为达成同一个目标而走到一起,群体的结构就随之发展起来了。那些希望了解群体真正功能的观察者不会局限于关注群体独有的特征,而是会进一步看向群体的基本结构,即群体成员间稳定的交互模式。分化的角色和整合的规范是群体交互的两个方面,它们对于理解群体如何构建尤其重要。对任何群体来说,无论它属于哪种组织、社会或文化,群体的角色和规范构成了群体成员之间的相互作用。角色分化了群体成员的责任,而规范则将成员们各自付出的努力聚合成一个整体。

群体结构

定义	样例
角色:人们对于占据某一职位的人相对其他有关职位的人做出适当行为的期望。	总裁、副总裁、秘书;总结者、记录者
规范:对于群体成员的适当行为、态度和知觉的一般信念;规定群体成员行为的内隐或外显的规则。	敏捷、礼貌、互惠、负责任

角色:群体内的分化

先想一想你属于的群体,然后再回答这个问题:在群体里的每个人是否都做着同样的事?或者说,所有人是否都发挥同样的作用?你很可能回答"不是"。在群体中通常会出现一定程度的分化,也就是说群体中不同的成员会执行不同任务,完成不同的事情。也就是说,不同的成员在群体中扮演着不同的角色。

角色定义了群体的正式结构和每个职位之间的差异。我们可以把**角色**(role)定义为人们对于占据某一职位的人相对其他有关职位的人在做出适当行为上的期望。通常而言,角色的赋予是经由相对正式的形式达成的。如,任命校长、秘书、财务主管等。在有些时候,人们会根据他们的兴趣和技能自然而然地承担某一角色。一旦角色确定了,其他成员就会期望他们以某种方式行事。那些做出的行为符合角色期望的人会得到奖赏,而不符合期望的则会受到惩罚。

角色使群体成员完成任务的行为恰当地相互关联起来以促进达成群体目标。这些角色通常是互补的,缺少某个角色就无法有效发挥作用(如,"教师"和"学生")。对角色的期望包含权利和义务两方面。某个角色的义务同时是其他角色所具有的权利。举例来说,创建学习环境是教师的义务,而拥有教师创建的学习环境就是学生相对应具有的权利。在群体内,人们对于某一角色拥有义务的期望可能存在冲突,这称为角色冲突。例如,校长和学生分别对教师寄予的期望可能是矛盾的。矛盾的期望就可能导致**角色冲突**(role conflict)。

在某一个角色对个体的要求和其他角色对个体要求不匹配的情况下就会导致发生另一种角色冲突。因为几乎每个人都同时属于多个群体,所以每个人都有可能拥有多重角色。这种角色冲突有时候会表现出很强的戏剧性。举个例子,让我们假装自己回到了历史上的美国西部地区。治安官帕特·加勒特接到命令去逮捕臭名昭著的"比利小子";但是"比利小子"本人却是加勒特警长最好的朋友。即便如此,加勒特警长最后还是击毙了他。这虽然是一个比较极端的例子,但是这个例子让我们看到,角色甚至会让我们做出违背个人情感和私人利益的行为。

Stanley Milgram(1974)的权威服从实验也是角色不相容的一个重要例子。在实验中,他付钱请被试担任教师,交给他们在学生回答错误时施加"电击"惩罚的职责。Milgram 设计这个实验的初衷是期望发现被试会在惩罚违背了他们的信念时拒绝顺从角色的要求。然而,实验结果却大相径庭。虽然几乎所有的教师(被试)都表现出不情愿进行惩罚,并且随着电击强度增加和听到学生的哭喊声,他们也会表现出承受着巨大压力,但是大部分的教师还是会继续施加电击。结果发现,60%的教师(被试)施加了最强电击(450 伏)。在后续的实验中,即使实验者要求教师(被试)亲自将学生的手按在电击板上接受"电击",还是有 30%的被试继续施加更高强度的电击。Milgram 的研究表明,如果角色给予的压力足够大,人们就会在角色的要求下完成各种代价高昂的、有害的甚至是不道德的行为。

不同的社会角色通常与不同地位联系在一起。**地位**(status)可以理解为个体所做出的贡献对于群体获得成功与名望的关键程度,个体对产出结果所具有的权力和控制程度高低,以及个体表现出理想的、被人钦佩的特质的程度(如,拥有具有魅力的形象)。在类人生物和有些人类群体中,地位是由身体上的优势来决定的。在其他一些人类群体中,地位可能是由财富、教育或其他该群体所认为有价值的东西所决定的。

虽然地位和权力通常联系在一起,但是也存在例外情况。Johnson 和 Allen(1972)开展了一系列将地位和权力相分离的实验。他们发现在组织中有高地位和高权力的个体自我知觉水平更高,并会由此做出利他行为,但却同时会蔑视工人(低地位、低权力)。而高地位、低权力的个体会在自己能获得权力的群体中做出自利行为(不惜违反规范以获利),但却会尊敬工人。

无论地位是由什么决定的,地位差异都会对群体过程产生许多重要影响。例如,高地位的个体更容易得到群体的重视和宽容。相比低地位的个体,高地位的个体更少受到群体规范的制约与同伴压力的影响。这可能是由于高地位的个体即使做出不当行为,也不太可能受到惩罚的缘故(Johnson & Allen, 1972)。高地位的个体也对群体判断和决策拥有极大的影响力。与之相反,低地位者则容易被忽视,哪怕他们确实能提供明智且有创造性的建议。事实也确实如此,具备批判眼光或知晓真相的低地位者被群体的其他成员忽视的现象是非常常见的。

规范:成员行动的整合

角色分化群体成员的权利和义务,规范则整合所有成员的行动。规范就是规定群体成员行为的内隐或外显的规则。规范会告诉群体成员在很多情况下该怎么做或不该怎么做。简而言之,群体的规范就是群体对成员适当行为、态度和知觉的共同信念。这些对行为和信念的规定不仅引导着群体成员的行为,也通过向成员澄清在特定场景下期望的和可接受的反应是什么来促进群体交互。因此,规范能够帮助人们预测其他成员会做出什么样的行为,也可以被用来指导自己的行为。

所有的群体都有规范。这些规范可以是正式的,也可以是非正式的。例如,一群参加聚会的学生通常会对聚会上可接受的和不可接受的行为具有共识。像班级这样更为正式的组织通常会对缺席、迟到、完成作业以及什么时候可以发言等行为具有明确的规范。在任何群体中,有些规范是针对所有群体成员的行为起到制约作用的,而有些规范则只针对特定角色。例如,在班级中,有一些规范既约束学生也约束教师,有一些规范只针对教师或者只针对学生。因为规范指的是群体认可的行为,所以规范具有"应该"和"必须"的性质:如,群体成员不能干扰群体的工作,群体成员应该参加讨论等等。

不同群体规范的重要性不同。有些规范对群体的目标和价值影响不大,这种规范对允许成员做出的行为有着比较宽松的范围,成员从中感受到的压力较低。而那些与群体运作关系密切的规范则不然。由于大部分群体都会把遵守规范作为对成员最基本的要求,所以想要加入或留在群体内的个体一般会遵守"游戏规则"。如果他们不这样做,他们很快就会被排除出去。

人们必须承认存在规范，同时要意识到其他成员都接受并遵从规范，并且自己也要接受并遵从这些规范，这样群体规范才能对个体的行为产生影响。例如，如果有一个所有成员都需要准时参加会议的规范，那么只有当群体成员接受这个规范，看到其他群体成员也接受了这个规范，而且这个规范确实约束了成员的行为时，这个规范才可以被称为群体规范。群体会奖励符合规范的行为，惩罚不符合规范的行为，这是人们最开始遵守规范的原因。随后人们会将规范内化，并且在没有其他本群体成员在场的时候也会自动化地做出符合规范的行为。

规范是不能强加给群体的。事实上，规范是群体成员在交互中发展出来的。Muzafer Sherif(1936)用一种极具创造性的方法证明了规范这一概念是社会产物。如果在完全黑暗的背景上呈现一个亮点，这个亮点看起来会像在自发运动。这种知觉现象被称为"自主运动效应"。Sherif 运用这种现象来研究群体规范的发展以及群体成员如何对新事件达成共识。在实验中，被试进入一个完全漆黑的房间里，随后 Sherif 打开一个小光源，要求被试先独自记录光点移动了多少距离，随后再在群体中记录。当在群体中记录时，被试们要对移动距离达成一致意见。然而，实际上群体的其他成员中有实验助手扮演的假被试，Sherif 发现通过安排这些假被试做出过高、过低的估计值就能够提高或降低那些真被试做出的估计值。一旦群体做出了估计值，即使其他成员并不在场，这种群体规范依旧存在。在实验中，被试在群体估计之后重新再自己进行估计时依旧会以群体对移动距离的估计值作为参照点。Sherif 的这项研究告诉我们一个重要的事实：那些看似是个体独立做出的判断和价值观念，实际上也受到了群体其他成员判断的影响。

另一个有关群体规范对群体成员信念和价值观念影响的经典研究是 Theodore Newcomb(1943)完成的。生于 1903 年的 Newcomb 是社会心理学的先驱之一，也是密歇根大学社会心理学课程的开创者之一。他对大学经历会对学生产生怎样的影响这一问题开展了大量研究。其中最为著名的是他在伯明顿学院进行的群体规范研究。伯明顿学院是一所女校。这所学校里的绝大部分学生都来自上流社会或政治保守的家庭，但是校园里大多数教师和高年级学生都是物质主义者和自由主义者。伯明顿学院的大部分学生会在她们的求学过程中逐渐提升自由主义倾向，但是也有学生并不会发生这样的改变。Newcomb 将学生所认同的政治理念和她所认同的群体联系了起来。结果发现，如果学生倾向于认为自己是学校社群的一员，就会变得更加倾向自由主义；

如果学生倾向于认为自己是家庭的一员,就会变得更加倾向保守主义。Newcomb 的研究开创了对"参照群体"的研究。**参照群体**(reference group)是人们认同、将自己的态度与之对照,并用来评价这些态度的群体。

打造富有成效的群体

尽管以上这些有关群体结构、规则和规范的内容看起来很不可思议,但是在群体中工作并没有什么神奇之处。有一些群体非常有效,能够取得令人惊异的成果;而有一些群体则非常无效,浪费了所有成员的时间。我们用了 30 多年来研究不同的群体。我们访问过诸多国家中许多不同组织中的成员,以此来探索人们是怎么使用群体的,以及如何或者什么情况下群体工作效果最好。基于我们自己的研究以及诸如 Katzenbach 和 Smith(2003)等其他研究者的研究成果,我们提出群体绩效曲线(group performance curve)来区分有效和无效群体(图 1.1)。曲线上有四种群体:伪群体、传统工作群体、有效群体和高绩效群体。绩效曲线的起点位于群体中的个体成员,纵轴显示的是所属群体类型取得的绩效。该曲线旨在展现群体构建的形式如何影响小群体的生产力(Katzenbach & Smith,2003)。

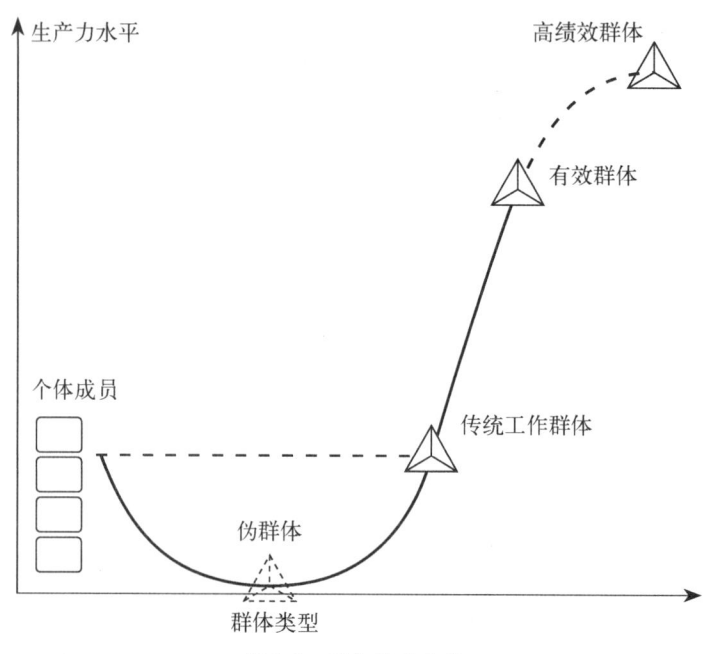

图 1.1 群体绩效曲线

如图 1.1 所示，曲线上已经标注出了接下来将要介绍的四种群体。群体的构建可以有很多种途径，也可以有多重原因。我们可以在群体发展的最根本层面上找到一些原因来解释为什么有的群体很有成效，而有的群体则没有什么效果。虽然创造群体以及在群体中工作并没有什么神奇之处，但是我们还是要认真关注群体存在的原因、结构和动机。

伪群体（pseudogroup）是一群被指派共同工作，但对从事这项工作并没有兴趣的人所组成的"群体"。他们认为别人会把他们从最好的工作者到最差的工作者排序。虽然他们会互相交流，但是他们实际上是在竞争。他们互相把对方看成自己必须击败的对手，因此他们必须阻碍或干扰对方的表现。他们也会试图隐藏信息，尝试去误导或迷惑对方，所以他们不会信任他人。这种做法导致群体的生产力小于每个成员各自生产力的总和。因为成员彼此之间并不存在兴趣或承诺，也不关心群体的未来，所以这种群体非常不成熟。换句话说，如果让这些成员各自独立工作，他们的生产力或许会更高。某个区域内的销售团队就是伪群体的一个例子。虽然销售团队的成员都被告知要一起工作来提升业绩，但是他们最终会发现销售业绩最好的销售员得到的奖金比其他销售员高两倍。

传统工作群体（traditional work group）是一群分配到一起工作的人，并且他们接受必须这样做这一事实。这些成员相信他们会作为独立的个体得到评估和奖励，而不是作为一个群体被通盘考量。这种群体在工作结构上也缺乏需要共同合作的部分。成员之间的沟通仅限于澄清如何完成工作。他们会从其他人那里获取信息，但是缺乏主动将信息传递给其他成员的动机。这些成员彼此间是相互独立的个体，而非团队的一员。有一些成员会偷懒，会试图依靠那些尽责的成员，通过搭便车来完成自己的工作。这时候，那些尽责的成员就会感到自己受到剥削，慢慢地也就不那么努力了。在这种群体中，虽然群体的生产力会大于部分成员独自工作的总和，但是如果让那些认真工作的、尽责的成员单独工作，他们可能会做得更好。由教师分派的学习小组就是传统工作群体的一个样例。在这种小组中，一部分学生会为即将到来的考试努力准备，而另一些则什么都不做。

有效群体（effective group）的生产力大于部分之和。有效群体是一群愿意奉献自己以最大化自己和他人成就的人所组成的群体。这些成员被分派到一起工作，并且他们非常高兴能这样在一起工作。他们相信他们的成功有赖于所有人的共同努力。有效群体具有一些界定特征，其中包括存在积极的相互依赖，这种相互依赖使成员团结起来一起达成具有可操作性的目标；另外还包括双向沟通、分布式领导和基于专长赋予权力。此外，有效群体在决策过程中允许成员挑战他人的观点和推论，以及建设性地解决冲突。有效群体的成员会为彼此负责，公平地承担任务。他们也会促进他人获得成功，适当地使用小群体技能，并且能够对当前群体是否有效做出判断。

高绩效群体(high-performance group)满足有效群体的所有标准，并且表现出的生产力远超出对成员合理的期望水平。高绩效群体与有效群体之间的差异，在于成员对互相之间以及群体成就，具有的承诺水平。Jennifer Futernick 来自麦肯锡公司一个高绩效、反应快速的团队。她把那种将团队成员联系在一起的情感称为爱的一种形式(Katzenbach & Smith, 2003)。来自伯灵顿北方联运团队的 Ken Hoepner 也描述道"我们不止互相信任，也不止互相尊重。虽然我们会责备团队的其他成员，但是一旦我们发现有哪个成员遇到了困难，我们会马上提供帮助"(Katzenbach & Smith, 2003)。如同这些例子中所提到的，成员之间关心彼此的个人成长，使得高绩效群体能够取得超出想象的成绩，同时也能够使成员获得快乐。但是，高绩效群体很少见，大多数群体永远无法达到这个水平。

群体类型

将定义和群体类型进行配对，检验你是否理解了4种群体类型。完成后找个同伴比较一下你们的答案，并互相解释你们为什么这样选择。

群体类型	定　义
_____ 伪群体	(1) 为共同目标一起工作的群体。他们感到只有成员们都达成目标的时候，他们自己才能达成自己的目标。
_____ 传统工作群体	(2) 被分配在一起完成任务，并且自己对任务并没有兴趣的一群人组成的群体。群体结构会促使成员进行短兵相接的竞争。
_____ 有效群体	(3) 满足有效群体所具备的所有标准。并且他们的表现超出人们对群体成员的预期。
_____ 高绩效群体	(4) 成员们愿意一起工作，但是几乎无法从共同工作中取得增益的群体。群体结构促使成员在交流的基础上各自完成工作。

练习1.4　从德库拉伯爵手中拯救世界

这是一项基于问题解决情境，旨在介绍群体动力学的任务。

1. 组成四人团队。

2. 你们的任务是提出一个阻止德库拉伯爵通过吸血鬼对世界进行恐怖统治的方案，目的是守护我们的世界。你们需要在计划中按照最重要到最不重要的顺序对提供给你们的物品排序。你们需要考虑以下几点：

(1) 如何杀死吸血鬼。

(2) 如何保护自己免遭吸血鬼攻击。

(3) 吸血鬼的强项和弱点是什么，你们需要克服或利用这些方面。

(4) 花费在消灭吸血鬼上的时间。

3. 阅读故事"德库拉的威胁"。

4. 制定对吸血鬼的攻击计划。随后对"从德库拉手中拯救世界排序表"列出的物品排序。你的目标是把这些物品按照：1（最重要）—12（最不重要）排序，并写下你这样排序的理由。

(1) 首先，你自己独立排序并写下你自己排序的理由。

(2) 再在团队中集体完成一次排序，所有成员要对排序的结果达成共识。写下团队这样排序的理由。每个团队只能有一个排序结果和一个对结果的解释（需要在团队内达成共识）。

5. 对你自己和你的团队的排序结果评分。

(1) 计算自己每一项的排序和专家给出的排序之间的绝对差异之和（绝对值）。

(2) 计算团队每一项的排序和专家给出的排序之间的绝对差异之和（绝对值）。

(3) 最准确的排序结果得到的分数应当是0分，分数越低就说明排序越准确。具体标准如下：

0—20	优秀
21—30	良好
31—40	较差
41+	糟糕

6. 在任务完成后，回答以下问题：

(1) 团队的目标是什么？

(2) 团队成员之间沟通的模式是什么样的？

(3) 团队中出现领导者了吗？是谁？使用了哪种领导形式？

(4) 是什么决定了每个成员在团队中拥有的影响力？

(5) 团队中使用了什么决策方法？这个方法有效吗？
(6) 是否有成员质疑了其他所有成员的观点？为什么有/没有？
(7) 过程中产生了什么冲突？冲突是如何解决的？
(8) 你是如何在参与团队讨论的同时观察团队完成任务的过程的？
(9) 团队成员做出过哪些促进或阻碍团队达成目标的行为？

德库拉的威胁：你们是一群公共卫生专家，主要职责是防治流行病和消灭其他可能影响大众健康的威胁。你们当前主要关注的是吸血鬼可能带来的危害，这是因为德库拉伯爵即将从禁闭了他一百年的坟墓中被释放出来。

德库拉总督(1431—1476)是弗拉德三世，瓦拉吉亚(罗马尼亚的一个省，北面与特兰西瓦尼亚和摩尔达维亚接壤，东临黑海，南面是保加利亚)的王子。德库拉很有才气，既聪明勇敢又有些狡猾，曾经带兵击败过土耳其军队。因为曾有数万人被他活活钉死在尖锐的树桩上，所以他也被人称为弗拉德暴君。例如，在1459年圣巴托罗缪节那天，德库拉在布拉索夫城外将树桩排列成不同的几何形状，然后把城中的三万居民钉死在上面。他还是著名的政治家和学者。他那强大的大脑、钢铁般的意志以及残忍的品质使他成为对手的劲敌。虽然他在1476年的时候在战斗中被土耳其人杀死，但是随后他就化身成为一个吸血鬼并接受了伯爵的称号，在这块欧洲地区实行恐怖统治。直到19世纪末，他才被一群英国科学家和冒险家关入坟墓。坟墓的具体位置不得而知，这是为了避免有人受到蛊惑将他释放出来。

考古学家在对特兰西瓦尼亚地区的一座古堡进行发掘的时候发现了埋葬德库拉伯爵的地下墓穴和棺木。他们决定打开德库拉伯爵的棺木。一旦他们这样做了，德库拉伯爵就会被释放出来。这些考古学家并不相信他们的行为会带来危险，还请了电视节目组来拍摄开棺的过程。他们期望这种形式能帮助他们募集到更多资金。然而，你知道他们这个行为具有的危险性。吸血鬼确实存在，而且一旦德库拉伯爵被释放出来，他每天可以制造出至少5个吸血鬼。每个吸血鬼每天又能至少制造出5个吸血鬼。在很短的时间内，吸血鬼就能控制整个世界。你们的团队有责任在德库拉伯爵开始摧毁世界前毁灭他。在你们提出的计划中必须包括：

(1) 毁灭德库拉伯爵的方法。
(2) 保护自己免遭德库拉伯爵伤害的方法。
(3) 德库拉伯爵的哪些强项需要被克服，哪些弱点可以被利用。
(4) 毁灭德库拉伯爵所需要耗费的时间。

从德库拉手中拯救世界排序表

如何毁灭德库拉伯爵	如何保护自己	德库拉伯爵的强项和弱点	毁灭德库拉伯爵的时间

在整合团队拥有的资源后,你发现你们拥有12件可以运用在这项任务中的物品。你们要做的是根据这些物品对你们完成避免德库拉伯爵恐怖统治的任务的重要性将这些物品排序。1代表对任务最重要,12代表对任务最不重要。

根据这些物品对你们完成避免德库拉伯爵恐怖统治的任务的重要性将这些物品排序。1代表对任务最重要,12代表对任务最不重要。

1 物品	2 我的排序	3 团队排序	4 专家排序	|2－4| 我的得分	|3－4| 团队得分
1. 橡木桩(可以钉死吸血鬼)					
2. 德库拉的城堡地图以及地下墓穴的钥匙					
3. 人类合作的能力					
4. 特兰西瓦尼亚地区的日出日落时间表					
5. .44口径马格南转轮手枪和子弹					
6. 野玫瑰枝					

续　表

1 物品	2 我的排序	3 团队排序	4 专家排序	|2－4| 我的得分	|3－4| 团队得分
7. 锋利的斧子和几个蒜头					
8. 到布达佩斯的机票、到特兰西瓦尼亚的火车票、到城堡的车票					
9. 可折叠的铁笼子					
10. 十字架、圣水、圣餐饼					
11. 两支高亮度手电筒					
12. 女巫在满月时混合的草药（驱邪）					
总　计					

练习1.5　形成一个有效群体

大家将在这个练习中练习如何形成一个有效群体。练习步骤如下：

1. 组成4人小组。

2. 以小组为单位阅读"沉船情境"，并回答这些问题：

（1）如果你在场，你会怎么选择？

（2）你希望你的同伴做出什么选择？

（3）在这种情况下，你希望你的同伴是什么样的人？

（4）小组的目标是什么？

（5）小组中领导的形式是什么样的？

（6）谁在决策中拥有最大的权力？

（7）应当采用什么样的决策过程？

（8）如何处理冲突？

3. 判断自己小组对上面每个问题的回答属于有效群体的特征还是无效群体的特征。

4. 每个小组与其他小组分享各自的答案。

沉船情境：在一个漆黑的夏夜里，在热带的海面上，7个人坐在一条正在缓慢下沉的小船里。他们并不孤独，因为有一条大鲨鱼一直在他们周围游弋。过段时间可能会聚集起更多的鲨鱼。恐惧使他们早已被海水浸肿的喉咙发不出任何声音。他面对一个艰难的抉择。如果他们齐心协力,他们就有机会战胜这个恶劣的情境,利用潮汐漂回岸边,到达安全地带。如果这样做,他们要么一起获救,要么一起丧命。如果他们分开行动,每个人自己游泳逃生,那么其中一两个游泳好手或许可以逃出苦海,但是剩下的大多数人可能会淹死或被鲨鱼咬死。

如何创建一个有效群体

> 相比世界上的其他能力,我会为与人打交道的能力付出更多。
> ——约翰·戴维森·洛克菲勒

我们已经明白并不是所有的群体都是有效的,而且我们也已经知道了成为有效群体的成员之所以很重要的一些原因。现在,我们要更深入地探究如何创建一个有效群体。一个群体要想成为一个有效群体就必须具备三个条件:达成群体目标,在成员间保持良好的工作关系,以及能够适应周围组织、社会和世界的变化。遵循下面列出的指导原则,你就能够创建出一个有效群体。这些指导原则既可以为建立一个有效群体指出正确的方向,为诊断群体是否运作良好提供考评框架,同时也可以是一个激励群体成员进行提升的途径。表1.2中列出了所有的指导原则。表1.3中比较了有效群体和无效群体之间的差异。

表1.2　创建有效群体的指导原则

1. 设立清楚的、可操作的、有关的群体目标。使之能够在群体中形成积极的相互依赖关系,并激发出高承诺水平。
2. 建立起有效的双向沟通。通过这种沟通,群体成员就能够准确地、清晰地交流观点和感受。
3. 确保所有成员都拥有领导和参与的权利。
4. 确保权力分配给了所有成员。在群体成员努力达成共同目标的时候,群体的需求会决定施加影响的模式。
5. 决策方式要符合:(a)时间和资源的可用性;(b)决策的规模和重要性;(c)实施决策所需要的承诺水平。最有效的决策方法是达成共识。
6. 鼓励进行结构化的争论。在争论中,群体成员可以提出自己的观点,反对并挑战其他人的结论和推论,由此形成高质量的、有创造性的决策。
7. 确保成员敢于面对利益冲突,并能使用整合式协商与调解的方法来建设性地解决冲突。

指导原则1:建立清楚的、可操作的、有关的群体目标。使之在群体中形成积极的相互依赖关系,并激发出高承诺水平。 人们有时会想要达成一些只依靠他们自己的能力无法达到的目标。这时候就需要群体了。有效群体必须明确阐明目标，以便于所有成员都能理解目标的性质。此外，目标还必须可操作化。这样群体成员才能知道要怎样做才可以实现这个目标。目标也必须有有关群体成员的需求，这样，群体成员才会把自己投入到达成群体目标的事业中。最后，群体的目标必须能在成员中产生积极的相互依赖关系。（第3章中将会详细介绍群体目标和社会相互依赖。）

指导原则2：建立起有效的双向沟通。 通过这种沟通，群体成员之间就能够准确、清晰地交流观点和感受。沟通是所有人类交互行为和群体功能的基础。当人们为达成目标共同前进时，沟通就显得尤为重要。群体成员必须做到有效地传递与接收消息，这样才能达到交换信息和传播内容的目的。有效的沟通也能够降低群体成员中发生误解与不和的可能性。有效的沟通依赖于在成员间最小化竞争关系和运用双向沟通机制。（第4章中会详细介绍群体成员之间的沟通。）

指导原则3：确保所有成员都拥有领导和参与的权利。 所有群体成员都有责任进行领导。每个人拥有相等的作为参与者和领导者的权利，能够使每个人都投入到群体的工作中，致力于实行决策结果，并且能让他们对自己的成员身份感到满意。共享的参与权和领导权也使得群体能够以一个整体的形式来运用每个人的资源，从而提升群体的凝聚力。（第5章中会详细介绍群体中的领导。）

指导原则4：确保权力分配给了所有成员。 在群体成员努力达成共同目标的时候，群体的需求会决定施加影响的模式。在有效群体中，群体成员所被赋予的权力来自他们的专业技术、能力以及掌握的信息，而不是权威或个人特质。成员之间争夺权力会使群体偏离最初的目标，最终使群体毫无建树。为避免权力争夺，每一个群体成员必须在团队工作的某个部分上拥有一定权力。随着群体的发展以及新目标的设立，权力的分配也需要随之跟进。有鉴于此，群体成员应当组成能够通过相互影响和相互依赖来帮助实现个人目标的联盟。（第6章中会详细介绍权力。）

指导原则5：决策过程要匹配情境需要。 群体可以用多种方式进行决策。但是在实际中，人们需要在群体可用的时间与资源和决策方法之间进行权衡。例如，陪审团在做死刑判决时需要使用全体通过的方法；而教会在决定下一次集会时间的时候就不用这样麻烦。决策的规模和重要性、实施决策结果所需的承诺水平以及决策方法之间也需要进行权衡。一般情况下,最有效的决策方式是达成共识(一致同意)。达成共识的决策方法能够提升成员普遍参与、权力平等、建设性争论、凝聚力、投入和承诺水平。(第 7 章中会详细介绍决策。)

指导原则 6：鼓励进行结构化的争论。群体成员可以在争论中提出自己的观点,反对并挑战其他人的结论和推论,由此做出高质量的、有创造性的决策。 为做出有效的决策,群体成员必须为每一个主要行为提供最佳方案,并且还要考虑其他备选项,对这些选项进行批判性分析。因为对相反的观点和结果进行争论能够提升成员对群体工作的投入程度,所以这种争论对群体而言是有益的。争论也能帮助我们确保少数派意见和反对意见同样能够得到认真探讨和考虑。(第 8 章中会详细介绍争论与创新。)

指导原则 7：保证成员敢于面对利益冲突,并能使用整合式协商与调解的方法来建设性地解决冲突。 不一致的需求或目标、资源稀缺和竞争性会导致利益冲突。有五种基本策略可以用来处理利益冲突：回避、强迫(输-赢协商)、缓和、折中和问题解决(整合式协商)。有效群体的成员会直面冲突,采用整合式的问题解决协商来解决冲突。当问题解决协商不奏效时,成员们就会进行调解。在建设性地解决了冲突之后,这些冲突就会变成提升群体效能既重要又不可或缺的方面。(第 9 章中会详细介绍利益冲突。)

表 1.3　有效群体和无效群体的比较

有　效　群　体	无　效　群　体
澄清并修改目标,使个体目标和群体目标能够最佳匹配;目标指向合作,所有的成员都会努力达成目标。	目标强加给成员;目标指向竞争。
双向沟通,强调对想法和感受的开放性,要求准确表达。	单向沟通,只可以表达想法;感受到被压抑或被忽视。
所有群体成员平等获取参与权和领导权;强调目标实现、内部维持和发展性变革。	委派领导者,领导建立在权威的基础上;参与权不平等,高权力者占主导位置;只强调要达成目标。
能力和拥有的信息决定成员所具有的权力和影响力;设立契约是为了确认个体的需要和目标能够被满足;权力平等且在成员间共享。	职位决定权力大小;权力集中在权威体系中;规则是服从权威。
决策方法与情景相匹配;不同时候使用不同的决策方法;重要的决策会寻求共识;鼓励参与和开展群体讨论。	由最高权威者进行决策;几乎没有群体讨论;成员参与度很低。

续表

有 效 群 体	无 效 群 体
采用成员提出自己观点并挑战其他人信息和推论的结构化争论,这被认为是进行高质量和创造性决策与问题解决的关键。	成员间的异议被压制或尽量避免;采用快速妥协来避免争论;普遍运用群体思维。
通过整合式协商和调解的形式解决利益冲突,使得共同利益达到最大化并让每个成员感到满意。	使用分布式协商或回避的形式解决利益冲突;有些人从冲突中获利,有些人遭受损失,冲突也可能会被忽略,这会让所有人都不快乐。
强调人际、群体和群际技巧;通过高水平的包容、情感、接纳和信任来提升凝聚力;支持个性化。	强调群体成员在群体中的功能;不关注个性化;忽视凝聚力;提倡严格的遵从。

群体随时间的发展

所有群体都会随着时间的推移发生改变。已经有超过100种理论对大部分群体中产生的发展性变化进行了描述。大部分理论都可以归属到下列两种视角:循环阶段理论和顺序阶段理论(Hill & Gruner,1973;Shanbaugh,1978)。循环阶段理论(recurring-phase theory)关注的是那些周而复始地支配群体交互的因素。例如,Robert Freed Bales(1965)提出任务定向的工作与情绪表达之间必须达到平衡,这样才能在群体成员间建立起更高水平的关系。群体通常在这两个关注点之间摇摆不定,有时候倾向于增加团结性,有时候又倾向于增强工作导向。Wilfred Bion(1961)的循环阶段理论指出群体关注三个基本主题:对领导的依赖,成员间配对以获取情感支持,以及对群体**威胁**(threat)的战-逃反应。William Schultz(1966)指出,在成员关注情感、包容和控制这三个因素的时候群体会得到发展。

顺序阶段理论(sequential-stage theory)关注的是群体发展的一般顺序。Richard Moreland 和 John Levine(1982,1988)指出,群体成员会经历一系列有顺序的发展过程:准成员、新成员、正式成员、边缘成员和前成员。在每个阶段中,成员会关注群体生活的不同方面。例如,新成员会试图改变群体以满足自己的需求,而群体则会试图塑造新成员来满足群体的需求。随后,正式成员会进行角色协调,以找到一个最适宜的职位。

另一个著名的顺序阶段理论是 Worchel、Coutant-Sassic 和 Grossman(1992)提出的,他们认为群体发展有6个阶段:(1)"不满期"。在这个阶段中,人们会感到他们当前所处的群体不符合他们的需求;(2)群体成员通过参与某事件而走到一起;(3)成员开始认同所属群体;(4)成员的注意力开始转向群体生产力;(5)成员的注意转向作为个体的群体成员,他们可能会和群体协商,增强任务负荷以满足自己的需求;(6)群体开始解散。

最著名的顺序阶段理论是 Bruce W. Tuckman(1965; Tuckman & Jensen, 1977)提出的。Tuckman 总结了五十多项不同环境下群体发展的研究(大部分是持续一段时期的治疗团体或训练团体)。虽然不同群体阶段在文字描述上存在差异,但是 Tuckman 发现在这些不同的背后存在着惊人的一致性。随后,Tuckman 提出群体发展存在五个阶段:形成期、激荡期、规范期、履行期和终止期。

Tuckman 认为在每个阶段中群体都要关注这个阶段特定的问题,并由此影响到个体的行为。在形成期,群体充满了不确定性,群体成员试图决定他们在群体中的位置,同时也要明确群体的各类程序和规范。在激荡期中会开始产生冲突,这是因为成员会抗拒群体施加的影响,反抗需要他们完成的任务。这时候群体成员会面对彼此间的差异,此时注意聚焦在冲突管理。在规范期,群体就有关角色结构和规定适当行为的群体规范达成共识。凝聚力和承诺水平在这个过程中得到提升。在履行期,群体成员熟练地一起工作,达成群体目标。这时候的工作模式更为自如、可变。群体在终止期解散。在所有的顺序阶段理论中,Tuckman 的理论似乎是最有用的,并且创造出了最多的效益。

实际上,在 Tuckman 所总结的研究中,那些群体的领导人都是被动、间接的,并没有尝试干预群体过程。然而,大多数群体都拥有会试图确保群体产出的协调者、领导人或指导者角色。在这些群体中运用 Tuckman 的理论时,我们(在 Roger Johnson 和其他同事的帮助下)提出了群体发展的七阶段理论:制定与结构化程序;遵守程序并熟悉成员;互相认可并建立信任;反抗与分化;以主人翁的精神负责地对待目标、程序和其他成员;成熟并有成效地发挥作用;终止。接下来分别介绍每个阶段。

协调者角色的概要

> 1. 介绍、定义和构建群体。
> 2. 阐明程序,巩固成员履行程序的行为,帮助成员彼此熟悉。
> 3. 强调成员之间积极的相互依赖关系,要鼓励他们相互信任,做出可信赖的行为。
> 4. 接受群体成员的反抗和分化是一种正常过程的事实。使用整合式协商来帮助成员建立与他人及规定程序之间的独立性。

> 5. 帮助成员以主人翁精神投入到群体目标和程序中去。
> 6. 作为群体的咨询师,提供资源使群体有效运作。
> 7. 发出群体即将终止的信号,帮助成员进入下一个群体。

制定结构化程序

在群体初创的时候,成员们通常关心的是群体对他们的期望是什么以及群体的目标性质是什么。群体成员希望知道将要发生什么;需要他们做什么;他们是否会被接纳,有没有影响力,是否会被喜欢;群体将如何运作;以及其他成员都有谁;等等。群体成员期望协调者可以解释群体的运作方式,消除他们对自己的个人需要是否会得到满足所怀有的疑虑。当一个群体的成员初次见面时,协调者应当制定群体所使用的程序和追求的目标,以此在成员之间建立起相互依赖的关系,并且在大致上组织好群体,然后再宣布工作开始。

遵守程序与熟悉成员

当群体成员遵照规定的程序工作并围绕任务相互接触时,他们就会互相熟悉,逐渐熟悉程序直到自己能驾轻就熟处理工作。在这个过程中,他们也会了解到其他成员各自的长处和弱点。在这个阶段,群体成员依赖于协调者提供的引导以及对群体目标和程序的澄清。协调者需要强调以下群体规范:(a)既要为自己的表现负责,也要为他人的表现负责;(b)向其他成员提供帮助;(c)以接纳、支持和信任的方式对待其他成员;(d)以达成共识的方法进行决策;(e)面对并解决群体运作中出现的问题。在这个阶段,群体的目标和程序由协调者决定。群体成员要遵照规定的程序,并且要与其他人接触。但是,在这个时候他们并没有在个人层面上认可群体目标和其他成员。

互相认可与建立信任

群体发展的第三个阶段以群体成员互相认可与建立信任为标志。在这个阶段中需要产生群体成员彼此之间休戚相关的感觉。这种感觉指的是让成员们意识到他们是"同舟共济"的关系。在产生这种感觉后,成员们就会开始为其他人的表现和行为负责。他们会公开自己的思想、主意、观点和感受,同时其他成员会对此报以接纳、支持和回报。在此基础上就会建立起成员之间的信任。信任在第3章和Johnson(2003)的文章中进行了详细讨论。

反抗与分化

群体成员之间的关系通常会经历从独立到友好,经过冲突从其他人中分化出来,再最终确定关系的循环。群体发展的第四个阶段以群体成员反抗程序和协调者,通过反对与冲突的形式从其他人中分化出来为标志。群体的成熟需要经历一段对协调者权威进行挑战的过程(这个过程在不同情况下长短不一)。这在群体发展中是正常现象,是很自然的。这种为了获取独立所做的转变与第二个阶段中表现的依赖性形成鲜明对比。群体成员可能想以此测试与挑战协调者的真诚度和投入水平,或试图通过违反群体程序来形成自己的独立性。

反抗与分化是群体成员建立边界与自主性的非常重要的方法(Johnson, 1979, 1980a)。由于这是正常发展过程中的一部分,所以协调者需要以开放、接纳的方式来处理。以下是一些建议:(1) 不要加强控制,也不要试图强迫成员执行规定的程序;(2) 当成员开始反依赖和反叛时,要直面并解决问题;(3) 在成员间协调冲突,帮助成员建立独立性和自主性;(4) 使成员以主人翁的态度对待程序,并且愿意为他人的成功负责。这个阶段的协调工作就像是教孩子骑自行车。协调者必须跟在边上"跑",防止孩子"摔倒",但是在最后必须放手。这样孩子才能学会自己掌握平衡。

致力于群体目标和程序

在这个阶段,成员们对其他成员的依赖取代了对协调者的依赖。对于规定程序的遵守也被对合作的个人承诺所取代。也就是说,群体从协调者的群体变成了成员们的群体。群体规范被内化,外部动机变成了内部动机。群体成员互相督促、增进努力以实现群体目标,并且会互相提供支持与帮助。

成熟和有成效地运作

当群体成熟、自主并有成效的时候,群体认同就产生了。群体成员通过合作来达成目标,并同时确保他们彼此间的关系始终维持在高质量的水平上。此时的协调者就要成为一个咨询师,而非一个直接的领导者。群体成员之间的关系会持续提升,协调者和成员之间的关系也是如此。这种成熟运作的群体达到了所有有效群体的指导原则。但是,实际上很多群体都没能达到这个阶段。

终止

群体的"生命"是有限的。一旦目标达成,项目就完成了,成员们也要随之各奔东西。对于那些凝聚力高的、有效的成熟群体来说,群体成员之间拥有很强的情感纽带。群体的终止会使他们感到苦恼。每个成员都需要处理好分离所带来的问题,把这些体验放在身后,奔向下一段新的历程。

每个阶段的长度

并不是所有阶段都持续同样长的时间。许多群体会快速完成前五个阶段,然后再花费相当多的时间使群体成熟,最后很快终止。有一些群体则似乎完全无法跨过反抗与分化阶段。图1.2是群体在每个阶段的平均耗时的示意图。

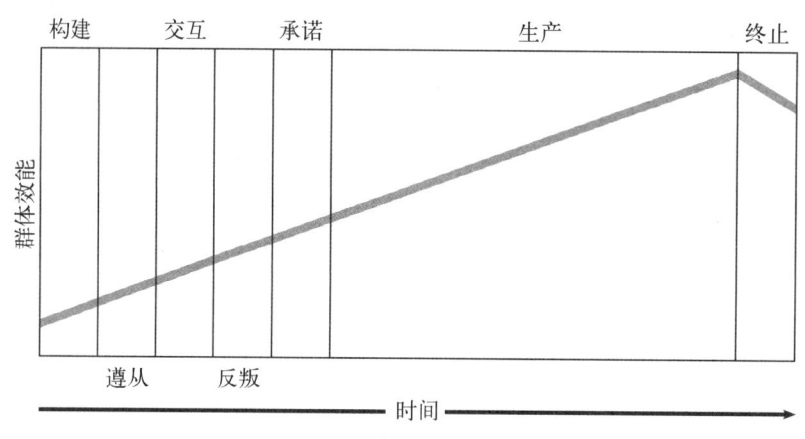

图 1.2 群体发展的阶段

总结

顺序阶段理论和循环阶段理论的观点都能够帮助我们理解群体发展,两者之间并不矛盾。群体可能在通过不同发展阶段的同时要处理一些基本主题,这些主题在表面上与群体的工作密不可分。由于这些主题背后的问题无法在某个阶段中得到完全解决,因此它们还会出现在后续阶段中(如,循环阶段理论)。

练习1.6 群体有利还是有害?

群体到底是建设性的还是破坏性的?这个问题的答案存在着争议。这个练习的目的是对该问题开展一次批判性的讨论。

1. 分组:把参与者分成四人小组。每个小组针对个体决策还是群体决策更加有效这个问题写一段陈述文字,表明小组的立场。

2. 设置辩论双方及两方观点。将每个小组分成两队:

(1) 第一队的观点是个体比群体在决策上更有优势。使用概述表1。
(2) 第二队的观点是群体比个体在决策上更有优势。使用概述表2。

3. 参与者阅读建设性争论的程序与规则。

4. 开始争论。在这个时候要关注参与者,确保他们熟练掌握了争论的程序。

5. 参与者整理自己的经验收获。

任务:

1. 尽量为你的观点辩护,使别人相信你的观点。记住要让听众能清楚、完整地听到你的观点。

2. 批判性地分析并质疑对方的观点。要确保信息和逻辑经得起严格的检验。

3. 小组通过协商一致的方法形成对这个问题合理的最终判断。

程序:

1. **准备好观点**:和你的同伴一起准备一场旨在说服他人的报告,尽量让别人认为你们的观点是最正确的。报告需要包括三个部分:主题陈述(你们的观点)、理由(用合乎逻辑的方法组织的信息)和结论(你们的观点)。在准备报告时,你们可以使用社会心理学研究、合适的文本材料和其他你们从别的渠道获得的资源。你们有10分钟准备(a)一个有说服力的3分钟报告和(b)你们的论据。两个成员都需要做好报告的准备。

2. **陈述观点**:面对另一位持相反观点的参与者进行3分钟报告。记住,报告要有说服力,报告内容也要支持你们的立场。然后再听对方的3分钟报告,在此期间要记笔记并进行批判性的质疑。

3. **提倡、攻击和防御讨论**:继续主张你持有的立场的正确性。批判性地分析并挑战对方的观点,指出其中存在的不足之处。在对方攻击你的立场时,你要反驳对方的攻击。此时的讨论应当针对理论、研究和事实信息,而不要针对对方的观点和印象。这个环节要进行10分钟。

4. **交换立场**:进行一个两分钟的报告,在这个报告中要尽量支持对方的立场,也要对对方的立场(信息和逻辑)进行总结。总结必须完整、准确。在此基础上,你可以加入任何你认为可以支持对方立场的信息。另外还要倾听对方对你们立场的报告,并且要纠正他们错误理解的地方。

5. **写共同的报告**：停止争论。你们在达成共识后提出你们认为最合理的判断结果。写一段文字来总结和解释你们共同的结论,回答个体决策还是群体决策更加有效这个问题。两个立场各自最好的推论内容都应当整合到你们最终的判断中。你们需要基于理论、研究和事实信息做出结论。

建设性争论的规则：

1. 我批判的是观点而不是人。我挑战、否定对方的观点,但这不代表我个人反对对方成员。

2. 我关注的是做出最佳的决策,而不是"赢"。我要记住,争论的两方在这一点上都是一样的。

3. 我会鼓励每个人积极参与,并且会掌握所有有关信息。

4. 我会听每个人的观点,哪怕我不同意这个观点。

5. 如果我不明白某个人说的内容,我会请他重复或进行解释。

6. 我会首先提出支持双方观点的所有想法和事实,然后再尝试有理有据地把它们整合起来。

7. 我会尝试去理解双方对该问题的观点。

8. 当有证据表明我要改变自己的观点时,我就会改变自己的观点。

概述表1：群体对人类有利

1. 在大多数情况下,群体的生产力比个体的生产力更高。

2. 群体比个体能更有效地做出决策、解决问题。

3. 通过成为群体的一员,我们能拥有利他、友善、体谅他人、负责等社会化的品质。

4. 相比个体独自生活,群体能给人们带来更高质量的情感生活。例如,友谊、爱情、同志之情、兴奋、愉悦、充实和成就感。

5. 群体使我们的日常生活质量更高。这是专业化与分工带来的结果。离群索居的人是享受不到我们这般物质生活水平的,如,衣食住行、娱乐等。

6. 在群体中能够更有效地处理冲突。在群体中能够更好地管理社会影响。如果没有群体标准,那么社会价值、法律、文明都将不复存在。

7. 人的身份、自尊和社会能力是由对他重要的群体塑造出来的。

8. 如果没有合作关系、社会组织以及各种形式的群体,人们就无法生存下来。人们有最为基本的社会性。人类这个物种的延续和进化都是群体的功劳。

9. 友谊、爱情、陪伴、意义、目的、合作等一系列生活中美好的事物都发生在群体中。

概述表 2：群体对人类不利

1. 人们在群体中更容易冒险。群体往往会采取更为极端的立场，做出更加极端的行为。

2. 在群体中会发生责任扩散的现象。在他人需要帮助时或要奖励好的行为时，群体成员会承担较少的责任。

3. 处于大群体中的个体会感到自己是匿名的，因此会觉得自己能自由地做出卑鄙、恶劣，甚至非法的行为。当一个成员做出冲动的反社会行为时，其他人可能会跟着做。这经常会引发骚乱，这些榜样会使问题变得更加严重。

4. 把自己认同为群体的一员后，容易增长非人化对待群体之外人员的倾向。例如，人们会向"敌人"扔炸弹，但事实上这些"敌人"也是人。

5. 群体传染会导致集体恐慌。

6. 无数人会卷入群众政治运动，但是他们只会不幸地变成领袖野心的受害者。

7. 群体通常会使成员服从。作为服从的一种形式，服从权威会使人们以残酷、非人化的方式对待他人。当服从达到极端的程度时，就会威胁到个体的认同。

8. 不公正、虐待、欺负、刻板印象、找替罪羊等反社会行为都只发生在群体中。

群体动力学的研究领域

> 理论家和应用者的紧密合作是可以实现的……如果理论家不再以专业眼光厌恶应用问题，或害怕社会问题；如果应用者认识到并没有什么能够比好的理论更有实践价值。
>
> ——库尔特·勒温(Lewin, 1951, p.169)

要完整地理解群体动力学这个研究领域就必须(1) 理解该领域中理论、研究和实践的根源；(2) 理解这个领域的奠基者**库尔特·勒温**(Kurt Lewin)。

如同所有的科学领域一样,群体动力学这个研究领域是理论、研究和实践的大综合体。**理论**(theory)明确了有效群体的特征;研究证实或证伪这些理论;基于有效的理论开展的实践过程在"真实世界"中对理论进行检验,考察理论是否奏效。群体动力学的理论、研究和实践应用不是分离的简单过程;这三个方面彼此作用,互相促进(见图1.3)。理论指导并概括研究;研究证实或证伪理论,促进理论的完善与修正;实践由有效的理论所引导,实践应用可以发现理论上存在的不足,可以由此再次进行修正,开展新的研究,再修正实践方法。本书强调的是理论、研究和实践之间的相互作用。

图1.3 理论、研究和实践之间的关系

理论	指导研究、概括研究
研究	证实或证伪理论,促进理论的完善与修正
实践	由有效的理论所引导;实践应用可以发现理论上存在的不足,可以由此再次进行修正,开展新的研究,再修正实践方法

群体动力学领域的历史

群体动力学是一个非常年轻的学科领域,它发端于众多不同的传统领域。虽然早期的哲学著作中已经出现了大量对群体性质的睿智观点,并且群体动力学领域的基本假设在16—19世纪一直被讨论,但是群体动力学这个领域直到20世纪的时候才真正地在北美这块土地上发展起来。对群体动力学感兴趣的科学家们来自社会科学的众多学科和领域分支。群体动力学领域可以说是所有这些社会科学学科的共同财富。

虽然群体动力学最早可以回溯到19世纪晚期,但是群体动力学直到20世纪40年代才作为一个研究领域得到承认。在经历了全球的经济大萧条、欧洲独裁主义的崛起、第二次世界大战这些事件后,大部分美国人都对他们国家的命运和民主的未来感到担忧。人们都认为国家需要深入理解民主组织如何才能更有效地运作。科学家已经为战争的最终获胜做出了重大贡献,现在到了为提升民主进行推动的时候了。人们认为群体动力学领域具有达成这个目标的潜质。民主社会的兴旺依赖于构成它的群体的效能。加强我们的家庭、社区和社会中大量群体的力量被视为保证民主生命力的首要方法。对美国人来说，群体如何运作的科学研究对维持民主化政府和解决当前的社会问题来说是必需的。

使用科学方法加强群体来增强民主的举动在心理学中引发了两场相关的运动。其一是对群体动力学的科学研究。为研究如何增强民主，一群被称为"社会心理学家"的专家(1) 开发出了研究群体动力学的实验方法；(2) 开展了对群体讨论、群体生产力、态度改变和领导的研究。其二是将群体动力学的理论与研究付诸实践，发展出了训练领导和群体成员社会技能的方法，这些对促进民主群体有效运作而言都是必不可少的。

在19世纪末，群体动力学的研究者关注的问题是"当有其他人在场时，人们正常的个人行为会受到什么影响？"Norman Triplett是印第安纳大学的心理学家，他对美国自行车手联盟公布的美国自行车竞赛的比赛记录进行了研究。Triplett发现那些和其他选手一起竞争的选手的比赛用时相比一个人独自计时所用的时间更短。根据这个现象，他假设其他人在场（竞争者）会对个人表现产生激励作用。如果这个假设是正确的，Triplett推论这个效应可以推广到自行车以外的其他活动中。在这之后，Triplett(1898)设计了一个类似自行车竞赛的任务。在这个任务中，他请孩子缠绕钓鱼竿的卷线轴，比较单独进行和有他人在场的时候儿童表现的差异。结果发现，他人在场时儿童缠绕得更快。这是第一个使用实验的方法考察社会相互依赖（如，竞争与个人努力）对完成运动任务造成影响的研究。

Triplett的研究引出了社会促进-阻碍（Zajonc，1965）、社会相互依赖（Johnson & Johnson，1989）和社会惰化（Harkins & Szymanski，1987）领域的研究。例如，关注社会促进的研究者想要回答"旁观者对完成简单任务和复杂任务造成的影响是否一致"这个问题；有他人在场的时候，我们跑1英里耐力跑的速度是不是会更快？如果让我们装配一个自己从来没见过的机器，有人在场的时候我们是否会装得更快？Allport(1924)和Moede(1920)等一些研究者发现，旁观者会提升人们在简单任务中的表现，但却会降低人们在复杂任务中的表现。

20世纪20年代末到30年代兴起的另一条研究路线关注的是"个体还是群体对问题解决和决策任务更有效"这一问题（Gorden，1924；Shaw，1932；

Watson,1928)。总体而言,有关研究结果表明群体比个体在解决这些任务时更有效。在这条路线下衍生出了社会相互依赖(Deutsch,1962;Johnson & Johnson,1989,2005a)、陪审团决策(Kerr et al.,1976)、群体中少数派的影响(Moscovici,1985a)、服从(Asch,1951)和群体极化(Myers,1978)等研究主题。

20世纪30年代末,群体动力学的研究领域得到了迅猛的发展。这在很大程度上要归功于库尔特·勒温和其他三位社会学家的贡献。Muzafer Sherif(1936)研究了群体规范如何影响人们对模糊刺激的知觉。通过一个精巧的实验,他发现个体做出的判断会受到其他群体成员所做判断的影响。Sherif(1906—1988)出生于土耳其,1929年到哈佛大学参加研究工作的时候第一次来到了美国。后来他短暂求学于德国,在这段时期中,他在心里产生了对纳粹主义的排斥。当他于1934年返回美国后,在Gardner Murphy的指导下在哥伦比亚大学取得了博士学位。随后他返回了土耳其。但是他因为对德国纳粹党和土耳其政府的批判惹上了麻烦,于1944年被捕。在那之后,他的美国同事把他从牢狱中救了出来,并在1945年帮助他移民美国。其后,他先在普林斯顿大学教书,1949年之后来到了俄克拉荷马大学,就任群体关系研究所主任。

Theodore Newcomb(1903—1984)出生于俄亥俄州。他从欧柏林学院毕业后,在哥伦比亚大学继续深造并取得博士学位。在哥伦比亚大学与Goodwin Watson、Gardner Murphy共事。他大部分的学术生涯是在密歇根大学度过的。除了为群体动力学领域做出巨大贡献外,他还是著名的伯明顿研究的开拓者之一。在1935—1939年,Theodore Newcomb(1943)开展了他那项著名的研究社会规范影响的现场实验。如前文所述,这项针对伯明顿学院学生的政治倾向的研究为参照群体的研究奠定了基础。

1937年,W. F. Whyte搬入了波士顿的一个贫民区,开始进行一项为期3年半的对联谊会、政治组织和敲诈的研究。Whyte(1943)在研究中生动翔实地报告了诺顿街帮派和印第安社群团体的结构、文化和运作。他的研究展现了群体在个人生活中以及在更大的社会系统功能上具有的重大意义。其中最有意思的发现是对于群体内某一活动(如,打保龄球)表现的期望与群体成员相对的地位之间具有稳定的一致性,哪怕已经证明有些低地位者在群体外的活动中展现出高超的技巧。Whyte也证明以参与者-观察者形式开展的研究具有一定效力(即,身处一个环境中,对其他参与者的行为进行系统化的观察)。

虽然 Sherif、Newcomb 和 Whyte 所做的早期工作对群体动力学领域的形成有着重要的影响。但是直到 20 世纪三四十年代，勒温的开创性研究才真正明确了这个研究领域，并使其得到普及。勒温的研究证明了个体的行为必须根据他们所归属群体的性质进行理解(Lewin，1943，1948)。勒温等人所做的关注不同领导模式对群体和群体成员影响的研究可以说是 20 世纪 30 年代末最有影响力的群体动力学研究(Lewin, Lippitt & White, 1939)。在这项研究中，他们将 10—11 岁的儿童分入不同群体，他们每隔几个星期都会在一个成人的领导下碰面。成人有三种领导方式：民主、专制和放任。结果显示，这三种领导方式对群体成员的行为带来了巨大而有戏剧性的影响。例如，在专制型领导的情况下出现了几种替罪羊现象；到了实验后期，这些儿童甚至破坏了他们搭建的东西。这项研究让研究者们认识到一些重要的社会问题可以在实验室中再现，并使用实验的方法进行研究。

在这项研究之后，勒温和他的同事们又开展了一系列旨在构建群体动力学理论的研究。这些研究关注的是害怕和沮丧对有组织群体和无组织群体的影响(French, 1941)，青年群体领导行为训练的作用(Bavelas, 1942)，群体决策程序如何提升工业产出(Marrow, 1957)，用群体决策程序改变与战时食物短缺有关的饮食习惯(Lewin, 1943; Radke & Klisurich, 1947)，以及合作与竞争(Deutsch, 1949a, 1949b)。群体动力学研究在这个时期变得非常热门，并且在越来越多的问题上得到应用。

20 世纪 50 年代，Bales 和他的同事开展了关于小型讨论群体中群体成员的反应模式以及群体内身份性质的研究(Bales, 1950, 1953; Bales & Slater, 1955)。Bavelas(1948)和 Leavitt(1951)通过给决策群体加入网络结构来研究信息交换，同时考察信息交换对随后的生产力造成的影响。Schachter(1951)研究了群体对偏差观点的反应。Deutsch(1949a, 1949b, 1962)对合作、竞争和信任的性质开展了研究。

20 世纪 50 年代这场群体动力学运动终结的种子已经埋下。Festinger(1950)的非正式社会交流理论和社会比较理论(1954)将社会心理学的注意力投向了以个体(而非群体)作为分析基本单元的方法。社会心理学开始尝试解释内在的态度、价值观、人格和思维如何指导或影响人类的社会行为。这种个体化的趋向在 50 年代晚期产生的诸如归因和平衡理论(Heider, 1958)、认知失调(Festinger, 1957)和说服(Hovland, Janis, & Kelley, 1953)为代表的一些理论观点中得到了进一步加强。

20世纪六七十年代,大部分社会心理学家将个体看作比群体更为简单的可用于研究社会交互的单元。对群体的研究在统计和方法论上存在的困难也迫使一些研究者转向研究个体变量。心理学家倾向于将社会变量分解为更小的单位(个体),而不是将它们整合成更大的社会结构。他们也偏好使用单因素对行为进行解释,而不愿进行多因素的解释。研究者认为自然条件下对群体使用系统化观察的研究过于困难,而且也认为这种研究耗费太大以至于难以执行、分析和解释。

到了20世纪八九十年代,群体动力学研究的春天又来了。大部分五六十年代阻碍群体研究的实用主义、方法论和统计方法上的困难都被改良或克服了。诸如合作、冲突解决、分配公正、群际关系和跨文化交互等群体相关主题成了社会心理学研究的主流(Deutsch, 1985; Johnson, 1989; Tjosvold, 1991a; Tjosvold & Johnson, 1982)。在工业心理学中,工作群体生产力的决定因素和有效领导模式成了大量研究关注的焦点(Hackman & Oldham, 1980; Tjosvold, 1991b)。临床心理学家关注的是来访者-治疗师关系,他们把家庭治疗看作一个动态系统(Johnson & Matross, 1977; Wolman & Stricker, 1983)。在社会学中,研究者关注占有、权力使用、支配层级和群体结构(Berger, Rosenholtz, & Zelditch, 1980)。在欧洲,有研究者关注诸如少数派影响力和群际关系之类的群体问题(Moscovici, 1985a; Tajfel, 1981)。

群体动力学研究领域的发展最为外在的体现就是学科领域内发表的研究数量。从1890年到1940年,有关群体行为的研究的发表数量逐年增长,从每年1篇发展到每年大约30篇。到了40年代末期的时候,每年发表的论文数量达到了55篇,这一数字在20世纪50年代末期就上升到了大约150篇。在六七十年代,群体动力学相关的研究每年的发表量基本稳定在125篇左右。群体动力学已经成为社会科学领域中占据主要地位的学科之一。到了21世纪,研究者对群体动力学的兴趣仍然在持续攀升。

库尔特·勒温和群体动力学

20世纪最重要的心理学家之一——勒温,是群体动力学运动的核心。他于1890年9月9日出生在普鲁士波兹南省的莫吉尔诺村(现在属于波兰)。1914年,在柏林大学完成了哲学和心理学的博士研究,随后作为步兵二等兵参军,在服役期间参加了历时4年的第一次世界大战。在战争期间因为作战勇敢,他被提升为中尉并被授予铁十字勋章。战争结束后,他返回柏林大学担任教职并加入心理研究所。Max Wertheimer、Kurt Koffka 和 Wolfgang Kohler 就是在这个心理研究所提出了格式塔理论。很自然地,勒温也成了一位格式塔心理学家。但是,他的研究兴趣却在动机,并且倾向于做有直接的实践应用价值的研究。在 1933 年希特勒掌权后,勒温移民到了美国。他先后在康奈尔大学、爱荷华大学和麻省理工学院工作,在麻省理工学院创立并领导了著名的群体动力学研究中心(后来搬到了密歇根大学的社会研究所)。不幸的是,1947 年 2 月 11 日,勒温死于心脏病突发。

勒温在他倡导的群体动力学研究中以三个特点而闻名:对理论带来的发展;很早支持采用实验法;坚持理论和研究要与社会实践相关。

从总体上来说,勒温是一个理论家。他对群体动力学做出的贡献包括(1)强调要构建概念体系来解释群体中观察到的动力现象;(2)对该领域构建场论分析(Lewin,1943,1948)。通过从物理学借用力场的概念和话语体系,勒温提出个体在他们生活空间中的不同区域里移动,同时会沿着功率向量的方向被力推动或被效价拉回。个体体验到的一些最强的力或效价往往来自群体。从这个理论起点出发,勒温和他的同事与学生们一起提出了种类繁多的理论和研究方法,构成了场论下的群体动力学。

勒温是一个有创新性的研究者。他富有天分,能够设计出实验来研究他脑中的想法,对于群体领导的实验研究就是这样一个例子(Lewin, Lippitt, & White, 1939)。他深信使用实验方法研究群体动力学能够给这个领域带来革新。事实证明,他是正确的。

勒温发现理论学家的研究兴趣和实践应用者所关心的方面存在着千丝万缕的联系,相信社会科学理论应该不仅仅向我们提供更新的知识,也要对实践加以指导。为此,勒温提出**行动研究**(action research)这个术语,指的是使用科学方法来研究有重要社会价值的问题。他将群体动力学视为一个连接理论科学、公共政策和民主实践的桥梁,对民主怀有坚定的信念;民主对他来说不仅是一种政治体系,也是一种生活方式。人们能够通过共同参与和连续交互来为有目的的改变做决策,这就是这种生活方式的基础。他希望开展与激发那些能使人类社会有所改变的研究。

虽然群体动力学这个领域并不是由勒温开创的,但是他是这个领域中大量理论和实践应用的开拓者。本书和群体动力学这个领域基本都受到了勒温及其研究工作的巨大影响。

网络群体

在未来,很多群体(和关系)会存在于网络上。网络群体会通过类似电子邮件的途径,Facebook、MySpace、博客、即时通信、微博等网站,以及大型多人线上游戏等游戏的形式来形成与维持。网络交互能够补充面对面群体的不足,其本身也能作为形成新群体的环境。网络群体可以避免那些在传统的面对面群体中由于成员搬迁到其他地区可能带来的影响。这些群体可以完全建立在网络上。越来越多的人会选择使用语音聊天和视频聊天的形式进行网络交流(随着网络带宽的提升,视频会变得更加便宜,也会变得更加容易使用)。

我们需要注意一些关于网络群体以及网络群体与面对面群体之间联系的要点:

第一,网络群体是真实的群体。在这个群体中,做出阅读电子邮件、回复博客评论、发送微博等行为的都是真人。网络群体中包含的是真人之间的交互,和传统的群体相比只是交互使用的媒介不同罢了。

第二,群体是基于成员花费时间与其他成员交互而存在的。现在,越来越多的群体将时间花费在网络上。每个人每天能够花在群体中的时间是有限的。人们每在网络交互上花费一分钟,就意味着在面对面的交互中少花费一分钟,这是一个零和的情况。现在的趋势显示出,人们将会花费越来越多与团体相处的时间在网络上,而不是面对面。也就是说,人们大部分的合作将会发生在网络上,或至少包含一些网络的成分在其中。

第三,电子媒体为人们提供了能够更容易且更快加入许多群体的机会。网络提升了加入群体的机会,降低了加入群体的门槛。在网络上,人们能够很容易地找到那些拥有自己需要的技术和资源的人。这代表着网络给予了我们接触大量与我们有共同利益的人的机会。如果没有网络,虽然并不是完全不可能,但是仅仅依靠面对面接触来认识大量潜在合作者是非常困难的。网络提高了人们寻找合作者和找出拥有对完成合作项目所必需的资源的人的能力,这使得创建群体变得简单了。在许多方面上可以说,网络和在线网络群体提升了人类的合作水平。

第四,个人所处的地理位置对网络群体来说并不重要。无论生活在哪里,人们都可以通过网络在全世界范围内找到合作者。由于人们能够在网络上找到同事,因此他们是否在同一个工作单位或学校这个问题对大部分人来说就没那么重要了。由于不同观点和资源能够促进产生合作冲突和建设性冲突,所以网络群体可以显著地提升合作和建设性冲突的质量。

第五，我们在网络上能够很容易地做到与许多人同时交互。举例来说，我们可以同时发送几十封，甚至上百封同样的电子邮件给不同人。一个人发在Facebook页面上的信息可以被成百上千的人阅读、回复。而传统的面对面群体的成员数量是有限的。群体成员间进行沟通的速度能够提升合作的水平。反过来看，如果通过网络发出竞争性的信息，也会使更多人疏远你。所以，在竞争性和个体主义的情况下就应该避免交流，但是这么做会降低信任水平。

第六，在网络群体中，人们只能了解他人自己表露出来的信息。未来可能会发展出基于诸如输入速度、回复速度、措辞的睿智程度、信息中用词的模式、幽默感、文字创造性等指标的评价途径。

第七，网络群体可以是高度积极和充实的。收到电子邮件也能同时带来快乐，真诚分享思想和感受能够让人感到舒畅，网络群体成员提供的支持也相当有力。当然，并不是所有网络群体都是积极的。网络上也存在网络欺凌或其他形式的消极互动。但是，绝大部分网络群体都是积极的，它们会给人带来欢笑、幽默感、快乐和愉悦。这些现象都预示着你加入的是积极的群体。

第八，发布在网络上的材料传播得非常快，范围也非常广。这就意味着人们必须非常关注(a)他们在网络上发布什么信息，以及(b)他们在公众和面对面群体中的隐私。一旦与其他人的交互信息被记录下来，这些信息就有可能被发送给成百上千人。你在一场聚会中拍的照片可能会在20年后突然出现在某个公司的网站上。网络的这种性质使得群体成员要更加注意自己的行为以及发布在群体网站上的信息。

第九，网络群体关注伦理、礼节和价值观。对于一个正在发展的网络群体而言，成员会同时建立起新的伦理和礼节系统。此外，网络交互（如同面对面的交互）也会对价值观产生影响。最近的研究表明，在美国、日本、新加坡和马来西亚，人们玩那些有亲社会性质的网络游戏时间越长，他们就越有可能做出亲社会行为；但是当人们玩暴力网络游戏后，他们就更可能做出竞争性、妨碍性的行为。也就是说，当前群体交互的性质会影响未来的群体交互。

本书的性质以及如何使用本书

这不是一本你可以根据自己所需拆分阅读的书。随着阅读，你会慢慢沉浸到本书的内容里。你会学到目前群体动力学的理论和实证知识，你也会学到如何将这些知识在实践中运用到你所处的群体中去。在过去,群体动力学的应用人员通常不看研究文献,而研究人员经常忽视将他们的发现付诸实践。因此,关于有效群体的知识以及群体技能的学习往往是分离的。在这本书中,我们将现有的理论和研究直接应用于有效群体技能的学习中。本书中明确提出了有效群体运作所需的技巧;另外,本书也为你提供了练习这些技巧和得到反馈的机会。在你完成书中的练习之后,记得使用本章随后附上的诊断程序来评价自己当前的技能水平。在这个基础上,再加上对有关理论和研究成果的讨论,你就可以把理论和实践很好地联系起来了。

在选择本书中的练习时,我们尝试纳入那些新颖的、短小的,且与文中讨论的理论和研究有关的练习。我们想要让每个练习都像一个配角一样发挥作用:它们应当有效地、不引人注目地发挥作用,不会抢了文中介绍的理论和研究的风头。每个练习的目的都指向于促进群体技能发展。

本书的目的在于将群体动力学的理论、检验理论的研究,以及结构化的旨在塑造实践性群体技能、解释理论意义和研究内容的练习整合在一起。每一章的核心目的是介绍特定主题下最为重要的理论和研究,分析群体动力学中的基本问题,以及提供旨在训练技能的练习和其他建设性的帮助。大部分章节都以一个有关于本章节中概念的讨论任务开始。附在每一章最前面的简短的诊断性指导,会帮助你更清楚地意识到自己在本章讨论的行为上处于何种状态。此外,大部分章节都包含一个争论练习。在争论练习中,你和你的同伴可就本章节中核心问题的两方观点开展辩论。在大部分章节最后会有一个对你的知识与技能在学习本章节内容后发生改变情况的考察任务。

在使用本书的时候,你需要根据不同章节涉及的内容对你当前的知识和技能进行诊断、积极参与练习、回想自己的经验、仔细阅读每章的内容,最后再将这些信息和你的经验整合入与群体动力学有关的行动理论。在你学习完本书的内容后,你需要就如何在未来继续提高你的知识和技能做好计划。

写个人笔记

> 笔记是个人记录下的那些对自己有价值的文本内容和想法。记笔记是学习本书内容的一个重要组成部分。你可以在笔记中记下你在群体动力学中学到了什么以及你在群体情境中做出了什么行为。在记笔记的时候要制订一定的规则。对于你自己来说,最好能够制作一份词目,从这当中能够折射出一些重要的想法,而且这样做也方便你与他人进行分享。学习时记下的笔记在学习后同样会对你有很大的意义。记笔记的作用在于:

1. 记录你在学习群体动力学时学到的对于你有个人意义的内容。可以包括学到的有关群体的社会心理学知识、群体中的有效行为,以及你希望拥有的群体技能在当前所处水平。
2. 记录你在群体情境下是如何表现的。
3. 收集有关本书内容的想法(你在上学、放学的路上,快要入睡的时候等情况下脑海中最容易出现好想法)。
4. 收集与本书各个章节有关的报纸新闻、杂志文章和参考资料。
5. 记录那些独特的、有趣的或阐述与群体动力学有关内容的会话概要和轶事。

笔记是本书的一个重要部分。记笔记并不容易。如果你希望对本书的学习过程能够对你自己和你的伙伴起到帮助作用,那么你就要在笔记中认真做好词目索引。将来你可能会惊讶地发现你的笔记极大地清晰化、组织化了你的思想。

(注:如果你要像 John Holt 和 Huge Prather 等人一样出版你的笔记,原著作者会统一索取 10% 的版税)

学习契约

在开始下一章的学习前,我们要先制订一个学习契约。契约内容如下:

我清楚我将要以经验学习的方法来学习群体动力学以及使群体有效运作的技能。我愿意履行下面列出的承诺:

1. 我会使用本书中的结构化经验方法来学习。这代表着我愿意参与指定的活动,接收有关我的行为对他人影响的反馈,分析我与其他成员的人际交互,最大限度地投入学习。
2. 我会(1) 设置旨在激励学习并且确实能够达成的个体学习目标;(2) 愿意尝试新的行为,愿意练习新的技能;(3) 对自己的感受和反应持开放的态度;(4) 寻求并接受反馈;(5) 对练习中强调的经验进行总结,以此最大限度地投入学习。
3. 我会(1) 以建设性的方法做出反馈;(2) 帮助建立他人可以在其中放心尝试新行为的环境(如,开放、信任、接纳和支持的环境);(3) 参与总结练习中强调的经验,以这些方式帮助其他人学习。
4. 我会根据自己的专业判断来确定是否需要对群体成员之间发生的事适当保密。

签名_____

你的技能水平

在开始学习第 2 章内容前,不妨先测试一下你当前的群体技能水平。这个测试的结果可以告诉你自己技能水平的基线,也可以告诉你需要在哪些领域中付出努力,作为你在学习了群体动力学之后进行比较的参照值。接下来请回答下列问题,要尽可能准确地描述你自己。

1. 你觉得自己是一个什么样的群体成员?你在群体中的行为模式是怎样的?

2. 你在群体中的强项是什么?
3. 在什么情况下你会在群体中遇到麻烦?为什么?你在面对麻烦的时候有什么感受?你会如何处理?你希望如何处理?
4. 你希望提升什么群体技能?你希望你在群体中的行为发生什么改变?你希望在群体行为中发展出什么强项?你想要获得什么新的群体技能?

总结

群体动力学是对群体中行为的科学研究。由于人类是以小群体生存的生物,因此群体动力学对于人类的存亡非常重要。群体在我们的生命历程中无处不在,你现在就不可避免地归属于许多群体。由于你在不同群体中花费了大量时间,所以群体的效能必然与你的生活质量直接有关。因此,你需要具备群体动力学的应用知识,也需要具有将这些知识运用于学校、工作、休闲活动、家庭、社区等你人生中各个"舞台"的小群体技能。不过在这之前,你需要知道什么是群体。这个问题实际上并不简单,社会心理学家们并未对群体的定义达成一致。但是一般说来,小群体就是两个或两个以上存在面对面交互的个体,并且他们每个人都意识到他们之间存在积极的相互依赖关系——他们努力达成共同目标,他们也都清楚他们属于这个群体,并且每个人都知道属于这个群体的其他成员是谁。

所有群体都有角色和规范这两种基本结构。群体生产力依赖于五个基本元素(积极的相互依赖、个人责任、促进式交互、适当使用社会技能和群体过程)。并不是所有群体都是有效的。如果要使群体有效,群体成员就必须(1)确保每个人对强调相互依赖的、明确的共同目标恪守承诺;(2)确保成员间有准确且完整的沟通;(3)进行领导,发挥适当的影响力;(4)灵活地使用决策方法,使所有备选行为都得到同等的考虑机会,而且所有成员的推论和结论都能被质疑和批判性地分析;(5)建设性地解决冲突。群体会随着时间发展,并在期间经历几个阶段,尽管学界至今没有对这些阶段到底是什么达成共识。

群体动力学这个研究领域在北美已经有100多年的历史了。其中最重要的人物之一是库尔特·勒温。他对群体动力学的贡献多于其他任何研究者。他的工作强调群体动力学的知识以及实际的小群体技能之间的内部关联。本书的目的是将群体动力学的理论、检验理论的研究和结构化的旨在帮助读者掌握实用的群体技能的练习整合在一起。

第 2 章

经 验 学 习

本章要学习的基本概念

这里列出了本章中介绍的主要概念。在教学中可以将学生分成两人小组,每一组学生需要(1) 对每一个概念下定义,在阅读中关注文中怎么定义这些概念以及针对概念做出哪些讨论;(2) 确保两个人都理解这些概念的定义。接下来再组成 4 人小组。比较 4 人小组中两两各自学习的概念是否存在差异,如果存在差异就再一次在文中查找并下定义,直到所有成员都认同为止。

概念:

经验学习(Experiential learning)　　行为者-观察者(Participant-observer)

程序性学习(Procedural learning)　　内容(Content)

行动理论(Action theory)　　过程(Process)

心理成功(Psychological success)　　观察(Observing)

角色扮演(Role playing)　　反馈(Feedback)

程序性学习

仅仅知道是不够的,我们必须应用。仅仅希望是不够的,我们必须实践。

——歌德

> 人们通过实践学习；虽然你认为你已经学会了，但是如果你从来没有自己尝试过，那么你永远都不能确信这一点。
>
> ——索福克勒斯

> 手是思想的利刃。
>
> ——雅各布·布朗劳斯基《人类的攀升》

本书旨在营造交互式的体验，这是由于发展群体技能本身就是一个动手实践的过程。就如同库尔特·勒温所说的那样，真正有效的学习必须是理论和实践相结合的学习。考虑到本书中的练习对整个学习任务是非常重要的，所以有必要先用一定篇幅来介绍构建这些练习所使用的学习理论。出于这个原因，我们在本章中介绍经验学习，并讨论如何通过经验学习来学习新的技能。本章内容对本书其他章节内容的理解和体验很关键。

经验学习（或，体验式学习；Experiential learning）指的是人们形成并不断更新能够指导有效行为的行动理论的经验的过程。程序性学习是经验学习的一种形式。在**程序性学习**（Procedural learning）中，人们会先在概念上习得技能是什么，在什么时候使用技能；然后再不断练习技能，排除执行中发生的错误，直到达到自动化水平。你需要通过程序性学习来提升自己对群体动力学的掌握水平。学习如何实现群体动力学理论与开展研究实际上和学习如何打网球或高尔夫球、如何进行脑外科手术、如何驾驶飞机很相似。程序性学习要求学习者通过实践、实践、再实践，逐步提炼所学的知识和技能。程序性学习不仅要求人们在再认水平上简单地阅读材料，或在掌握水平上做到全部回忆，还需要人们在学习群体动力学的时候做到：

1. 理解技能的概念本质；
2. 使用技能；
3. 获得对自己表现的反馈；
4. 在改进后再次使用技能，直到自己在使用中不再犯错误，并最终达到自动化的掌握水平。

本书与其他类似书籍不同之处在于本书通过程序性学习的形式帮助你掌握群体动力学。在一开始你可能会觉得有些奇怪。毕竟靠"头脑"进行的学习和靠"手"进行的学习不是一回事。在学习群体动力学的时候，你应该要谨记 Jacob Bronowski(1973) 从观察中得到的结论：要靠"手"来驱动概念理解的实质进步，揭示所用程序的概念本质。也就是说，你要通过"做"来"理解"。你可以从运用群体技能的经验中认识到群体动力学到底是什么,以及群体动力学能够多么有用。

程序性学习来自经验学习。苏联认知理论学家 L. S. Vygotsky(1962)认为,人类的发展来自通过经验的学习。在本书的学习过程中,群体技能的形成和发展取决于你对书中的技能建立练习的参与度。这些练习以及它们所探讨的理论和研究之间的联系都建立在经验学习的基础上。在经验学习中,你要为自己的学习负责,不要把责任推卸给老师或指导者。经验练习是有结构的,你可以在这些练习里试验行为、尝试新的东西、观察会发生什么、发展自己的技能,再根据你自己的经验形成行动理论。练习后再返回去看对应的理论,你就可以进一步总结你的学习,并把你所知道的东西组织成概念框架。虽然经验学习的过程很刺激,其中包含了很多活动,但是你要记住,光有经验是没有用的。学习来自经验和对经验的概念化两方面的整合。

本章会讨论行动理论和经验学习有哪些性质,并会介绍学习群体技能的程序。此外,还会对如何进行技能训练提供指导,并会对其中涉及的伦理进行讨论。首先,在学习什么是经验学习以前,你需要先弄明白什么是行动理论。

行动理论

> 当一个人开始冒险并敢于将自己的生命投入实验中时,改变和成长就开始了。
>
> ——赫伯特·奥托

人类需要勇于开始行动,并持续地反思他们的行动,这样才能从中学习。思想与行为的整合要求我们计划行为、投入行为,然后在效能上得到反馈。当我们习得一种能够有效地应对反复出现的情境的行为模式后,我们就会一遍又一遍地重复这种行为模式,直到它变得自动化。这种习惯的行为模式所基于的就是行动理论。**行动理论**(action theory)是一种有关在给定情境中需要什么样的行动才能取得想要的结果的理论。所有的行动理论都是"如果—那么"的形式。即,行动理论指的是在一个特定的情境中,如果我们做了 X,就会导致 Y。我们的行动理论是标准化的。这些理论会告诉我们如果想要得到什么样的结果,我们就必须做什么。我们做的几乎每一件事都可以作为行动理论的例子。如果我们笑着打招呼,其他人就会用笑容和问候回应。如果我们道歉,人们就会原谅我们。如果我们偷窃,我们就会被惩罚。如果有人撞我,我就会撞回去。我们所有的行为都建立在行为与特定结果相联系的理论基础上。

从本质上来说,行动理论是我们自己构建的。一旦我们的行为变得习惯化、自动化之后,行动理论就变成内隐的了(即,我们无法用语言或文字表达)。当我们的行为失去效果时,我们就会意识到自己的行动理论,并会对它进行修改。

库尔特·勒温和经验学习

> 使用经验过程的视角来研究群体中行为的做法,很大程度上是受勒温的影响。Lee Bradford 和 Ken Benne 找到勒温来帮助他们训练社会活动家的领导能力和群体决策技能。他们的选择产生了经验学习这种方法。勒温的一大特点就是能够从他自己和其他人的经验中发现有价值的概念和原理。一件最微不足道的事件、一条最随便的评论都可能在勒温的大脑里产生一个想法,并随后带来群体社会心理学中新的理论突破。即使那些和勒温关系非常近的人都无法预知他在什么时候会得到一个重要的发现,这往往会给他的朋友、师生带来极大的惊喜。勒温的学生和同事从他身上认识到了考察个人的经验对于找到群体发展和运作的潜在原理是多么的重要。由此可见,勒温的个人风格主要在于经验学习。
>
> 勒温的大部分研究都强调了积极参与群体以学习新技能、形成新态度以及对群体取得新认识所具有的重要性。他的研究证明,在那些成员相互交流并反馈他们相互体验的群体中,学习是最为有效的。在这种情况下,成员能够互相激发产生顿悟和创造性,得出有关群体动力的结论。从勒温之后,研究者开始强调通过研究个人的经验来认识群体动力学,强调探讨共同经验以提升相互学习和创造性水平,并且强调以民主的形式创立学习情境。

在小时候,我们的父母和其他社会个体教会我们行动理论。当我们长大些后,我们学会了如何修改我们的行动理论,以及如何建立新的行动理论。我们学着去预测行为会导致什么样的结果,尝试或试验新的行为,体验结果,最后根据得到的经验来判断我们的行动理论是否有效或是否需要修正。经验学习是以系统发展与修正行动理论为基础的过程。

我们每个人都有很多行动理论。每个行动理论都对应一种我们经常身处其中的情境。但是这并不代表我们意识得到我们拥有的行动理论。行动理论通常建立在内隐知识的基础上——这是一种不能完全用文字形式表述的知识。由于我们大部分的行动理论都是自动化的,所以几乎无法意识到我们拥有对行为和结果之间存在某种联系的假设。本书的目的之一是帮助你更清楚地意识到那些指导你在小群体情境中如何行事的行动理论,对这些理论的现实性进行检验,并帮助你把这些行动理论修改得更为有效。

通过经验学习获取专业知识

伊索讲述过一头狮子、一头熊和一只狐狸的故事。故事大概是这样的,在一头熊很快就要抓到一只落单的山羊的时候,一头狮子从另一个方向扑向了这只山羊。熊和狮子为了得到这只山羊疯狂地攻击对方,结果双方都受了很多伤,最后都奄奄一息地倒在了地上。这时候,狐狸猛冲上来抓住了山羊,然后用最快的速度逃走了,而熊和狮子只能用愤怒的眼神无助地看着这一切。"如果我们用友善的心态分享这只羊该多好啊",它们说。熊和狮子从它们的直接经验中学到了合作比竞争更有利这个教训。

我们每个人都会从自己的经验中学习。从碰到滚烫的火炉的经验中,我们学到了不要去碰烫的东西。从社交和约会中,我们学到了人际关系。事实上,我们对如何与他人相处的知识主要来自我们与他人交流互动的真实经验。同样地,群体动力学的许多方面也只能通过经验的形式习得。例如,听一场有关抵抗群体压力的讲座和实际体验群体压力并不一样;观看一部如何处理冲突的电影和面对一个冲你叫喊的愤怒邻居也是不一样的。对于学习群体技能而言,听取介绍是远远不够的;经验是形成对你有用的群体技能的关键。

经验学习包括从你自己的经验中总结出行动理论和持续修改你的行动理论以使行为变得更有效两方面。经验学习的目的是改变学习者的**认知结构**(cognitive structures),修正学习者的态度,以及扩展学习者的行为技能。这三种结果内部相互联系,以整体的形式进行改变,而不是相互分离的。仅以其中之一为改变的目标而忽视另两者的话,这种改变是起不到作用的:

1. 信息和知识能产生对改变的兴趣。但是,仅仅这样并不会促成改变。了解改变的原理并不一定能促使个体进行改变。

2. 仅有第一手经验并不能产生有效的知识。例如,数百年来,科学家都相信世界是由四种元素组成的:土、气、火和水(在中国则是木、火、土、金、水)。对不同气体和不同物体的经验并不能使我们提出正确的物理学理论。除了经验之外,我们还必须要有能够对经验进行检验、反馈经验意义的理论系统。

3. 仅仅做出新的行为并不足以带来持久的改变。人们或许可以熟练掌握新的技能,但是除非行动理论和态度均发生变化,否则行为依旧会消退。

经验学习的过程可以表示为包含四个阶段的循环结构(图2.1)。整个循环起始于根据当前的行动理论所做出的行为。接下来,通过反馈对行为的结果做出评价。然后,考虑所做行为的效能,并重新建立或完善行动理论。最后,再做出修改过的一系列行为,实施改进过的行动理论。这个改进过程需要不断进行重复,直到你能够熟练地运用这些技能。此外,为执行这四个步骤,你必须相信你能够执行行动理论所规定的行为,认为这些行为是适当的,并且对实施理论持有积极态度。

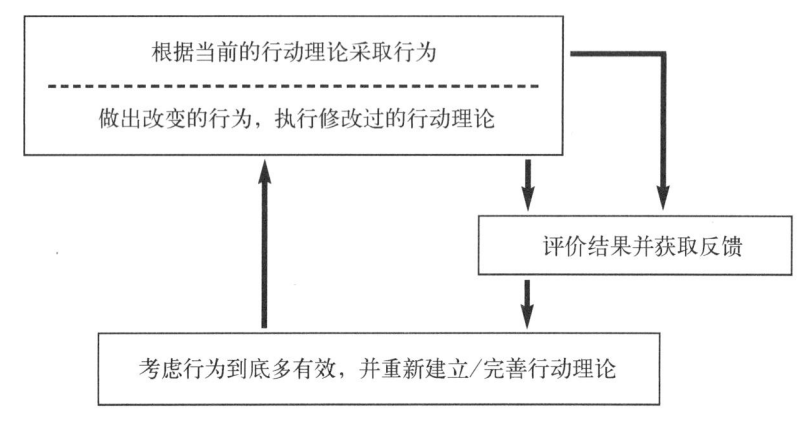

图 2.1 经验学习循环

这里介绍的四阶段经验学习过程建立在一系列原则的基础上。这些原则来自库尔特·勒温的理论(Lewin, 1935; Lewin & Grabbe, 1945)。我们要理解并遵循以下这些原则:

原则 1:有效的经验学习会影响学习者的认知结构(行动理论)、态度与价值观、知觉和行为模式。例如,如果要通过学习使自己成为一个更有效的决策者,学习者就必须拥有(1)有关决策是什么的概念(知识);(2)有关什么决策方法会使群体决策有效的行动理论;(3)对新的决策方法的积极态度;(4)对新的决策方法适宜情境的认识以及自己能够执行决策的信念;以及(5)新的决策方法所需的行为技能。

原则 2：相比其他人提供的知识，人们更相信自己发现的知识。如同在第 1 章中提到过的，勒温非常信奉实验程序，即，人们可以在实验中用行为来证实或证伪理论。他认为应当把这种程序引入教育过程中，使学生能够在控制的情境下对其他的行为模式进行检验。这种基于探究和发现的学习方式能够提升学生的学习动机，促使他们在未来运用自己取得的结论。

原则 3：主动学习比被动学习更有效。当学习者不仅学到理论、概念或实践，而且还能"试试看"的时候，他们就能更加完整地进行理解，更有效地把新内容与过去学到的内容相整合，学习内容保持的时间也更长。例如，只有运用过才能真正学会算术中的概念。

原则 4：不能零散地采用新的行动理论、态度和行为模式，而是需要改变一个人整体的认知-情感行为系统。理论、态度和行为模式是互相关联的。所以，它们三者会以整体而非几个独立部分的形式发生改变。与任何系统一样，认知-情感行为系统要求具备连贯性、一致性、有序性和简单性特征。只对系统的一个部分进行改变的想法是徒劳的。只有当整个系统都发生改变的时候，新的学习内容才能被完全接纳、整合。

原则 5：改变行动理论、态度和行为模式需要的不只是信息。告诉人们改变的需求或期望并不代表他们就会改变。告诉人们改变的原理也并不足以促使人们进行改变。同样的，读一本书或听一场讲座并不能让人们掌握或记住这些内容，不能促进态度改变，也不能提升社会技能。信息只能激发个体更进一步对需要改变的方面投入学习。

原则 6：形成有效的知识不只需要一手经验。如同勒温所说，虽然人们在数千年里一直体验着万有引力，但是在牛顿之前并没有人提出过万有引力的准确理论。简单地体验某些事，甚至体验某些像万有引力一样意义重大的现象，并不足以让你理解它们。除了经验以外，还必须有经过经验与对经验意义反思检验的理论系统。

**原则 7：除非行为背后的行动理论和态度发生改变，否则行为变化只会是

暂时性的。人们或许能够熟练掌握新的技能，但是除非行动理论和态度均发生变化，否则掌握的行为依旧会消退。回想一下人们着手开展减肥计划的时候是什么样的吧。减肥的人可能在一开始的时候能够做到坚持减少摄入热量，并且会坚持每周锻炼四到五次。但是很快，饮食的热量会上升，运动的频率也会下降到每周一次或两次。然而研究发现，如果人们将改变饮食和锻炼视为一种新的生活方式，而不是将它们看作一种短期的改变，他们就更有可能成功减肥。

原则 8：在改变行动理论、态度和行为前，必须先改变对自己和自己所在社会环境的知觉。勒温认为行为、行动理论和态度都是由知觉所驱使的。你如何做事、相信什么以及你的感受都会受到你对自己和周围情境知觉的影响。在学习者做出特定的行为前，他们必须相信他们自己能够做到。他们也必须将这些行为看作是与情境相适应的。

原则 9：社会环境的支持、接纳和关怀水平越高，人们就能够越加自由地尝试新行为、态度和行动理论。当人们对证明自我、保护自我免遭排斥的需求降低时，人们就更容易去尝试新的行为、思维和评价方式。学习情境应当被设计成一个能够让学习者尝试新行为和态度的安全环境。

原则 10：个人和社会环境都必须发生改变才能改变行为模式、态度和行动理论。如果要把改变后的行为、态度和行动理论保持下来，那么个人的角色定义、同事和朋友的期望以及职业与社会总体的价值观都必须进行改变。由于**团队训练**（team training）不仅会对个体造成改变，同时也会改变个体所在的社会环境，因此团队训练比个体训练更为有效。

原则 11：在群体情境中改变一个人的行动理论、态度和行为模式比在个体情境中更为容易。在群体中学习新技能和行为的另一个好处是群体成员可以提供一定程度的鼓励和认可。这在只有一个人的情况下是不可能实现的。群体成员可以互相依赖、获取支持，讨论彼此的经验。

原则 12：当人们接受新的群体成员身份后，他们就会接纳新的行动理论、态度和行为模式系统。新群体拥有新的角色定义与行为期望，这能为教育带来帮助。人们通过内化自己归属群体的规范文化实现社会化。当人们成为新群体的成员时,他们就会接纳并内化新的规范文化。

如果你想要学习新的技能,经验学习过程对你而言是非常有用的。接下来将讨论学习新技能的动机以及如何开展学习。

经验学习与动机

> 求知是人类的本性。
>
> ——亚里士多德

在我们深入探讨人们如何学习新技能和概念之前,先思考一下是什么促使人们进行学习的。我们会花费生命中的大量时间去学习无论来自工作、学校还是社会环境的新技能和观点。但是,我们希望从学习中获得什么?我们只是简单地因为想获得赞赏、进步或物质成就而学习吗?或者我们是为了满足想要知道更多的内在需求或满足改善自己的愿望而学习?如果有人给你一个在获得50万美元工作报酬与体验登上珠穆朗玛峰的成就感和满足感之间进行选择的机会,你会选择哪个?

在学习情境中,心理上的成功是由什么带来的?简单来说,鼓励你为自己的行为承担尽可能多的责任时,你就会感到成功。你必须相信你能够控制自己的学习,或者至少能够对自己的学习产生一定影响,这样才能体验到心理上的成功。勒温等人发现以下几种表明你能够体验到心理上的成功(相对于心理上的失败)的迹象(Lewin, Dembo, Festinger & Sears, 1944):

1. 你有机会明确自己的目标。
2. 这些目标来自你的核心需求和价值观。
3. 你有机会明确达成目标的途径。
4. 设定目标时,你对目标的抱负水平是现实的。也就是说,虽然目标对你来说存在挑战,但并不是不可能达到的。

通过让你自己设定想要关注的经验、希望获得的技能以及如何将经验得来的结论概念化,经验学习就能给予你体验成功的机会。这与传统的授课式的学习不同。在传统的学习中,你只是一个被动的听众,由教师**控制**呈现给你的材料。当由教师决定呈现什么材料以及如何呈现材料,而学习者无法影响这些决策时,无论这些材料如何让人愉悦,学习者都会体验到失败感。

虽然经验学习的主要动机是获得心理上的成功,但更进一步的学习则是由外部因素驱动的。促进学习的外部因素之一是来自其他学习者的认可和支持。心理成功和外部因素这两种因素可以同时起作用。当你完成本书中的练习时,如果其他参与者认可并赞赏你学习上的成功,他们的反应就会促进你的学习行为。同样地,在别人尽力尝试提升自己的群体技能的时候,你也应该有意识地去赞美他们。几乎没有什么能够比来自朋友或熟人的支持和认可更能对我们的行为产生影响了。使用这种群体影响力来帮助个体进行学习是保证群体技能和知识得到发展的最具有建设性的途径。

学习群体技能

> 对于要在学习后才能做的事,我们通过做来学。
>
> ——亚里士多德

人们并不是生来就掌握了大量的技能的,这些技能也不是在我们需要的时候就会神奇地出现的——我们必须学习这些技能。学习如何参与并领导一个群体和学习弹钢琴或打橄榄球并没有什么不同。所有的技能都是依照以下环节习得的:

1. 理解技能为什么重要以及为什么对你有价值。在你想要学习一种技能前,你必须有对这种技能的需求。你要确认拥有这种技能会让你变得比没有这种技能更好。

2. 理解这种技能是什么,你需要做什么行为来运用这种技能,以及在什么时候使用这种技能。要学习一种技能,你就必须明确认识到这种技能是什么以及如何运用这种技能。对于初学者而言,看几次那些熟练掌握技能的人做示范,听取他们一步一步地介绍是非常有帮助的。

3. 寻找一个你能够一次又一次地在有"教练"对你的表现进行反馈的条件下练习技能的场合。在掌握技能的过程中,进行有指导的练习对于技能学习非常关键。有指导的练习分为四个层次。第一个层次是在你不断练习以趋近掌握群体技能的时候,给你一个告诉你要如何做的脚手架。**脚手架**(scaffolding)是以提醒、提示和建议形式提供的支持,能够帮助你逐渐掌握群体技能。脚手架在你一次又一次地练习技能的过程中不断减少,在你能够独立运用技能(单独工作)的时候彻底撤销。第二个层次是在你使用群体技能的同时,使用言语向你的教练解释你是怎么做的。这样能够确保将脚手架内化，做到自我监控和自我修正。第三个层次是独立练习。在这个层次中你要在监控和修正自己所做行为的基础上独立使用技能。事实上，你这是在给自己提供反馈。这个过程能够巩固你的自我满足感和对使用技能的承诺。最后，你会在大量群体和大量情境中运用技能，去除技能的情境性。在你确认完全掌握一个技能前，每天都要练习一小段时间。

4. 评价运用技能的情况。评价运用技能的情况的关键之处在于要明白你是不会失败的。你掌握的行为是接近于理想状态的。通过练习和经验学习，你就能不断缩短两者之间的差距。在你能够正确运用技能前，必然要在练习上下很大的工夫。你不能奢望在第一次尝试的时候就学会。初次尝试只是掌握专业知识过程中的一部分而已。在初次尝试后，经过练习、反馈和对如何更好地执行群体技能进行反思，你必然会获得长期的成功。通过练习、反馈与反思，你就能对当前的技能运用情况和你想要达到的水平进行比较。

5. 不断进行练习，直到对技能感到真实并且技能已经变成了一种自动化的习惯模式。大部分技能的形成过程都遵循以下步骤：

（1）有意识地、笨拙地运用技能。开始练习任何新技能的时候都会感到自己有些笨拙，群体技能也不例外。刚开始练习打橄榄球、拉小提琴或组织讨论都会让人感到不自在。

（2）运用新技能的时候会有一种虚假的感觉。体验过笨拙感之后，使用技能就会变得容易一些。然而，这时候许多人还是会感到技能不真实。这时候需要通过鼓励来帮助他们度过这个阶段。

（3）熟练但机械地运用技能。

（4）自动化地、像例行公事般地运用技能。这时候技能已经整合到你的行为模式中了。也就是说，技能已经变得像你的老习惯一样了。

你必须持续练习新技能，直到经历过以上几个发展阶段。你运用得越多，就会感到越自然。只要有时间和耐心，你就能在真实情境中运用这些技能并体验到练习中所没有的热情与活力。

6. 在练习中安排成功。你要在掌握技能的路途上设置小目标，这样你就能在练习中体验到成就感。达成这些小目标能激励你继续努力去达成更大的目标。例如，如果你正在练习马拉松，那么你可以把跑完某段时间或距离作为一个小成就，即便这时候并没有到达马拉松的终点。

7. 让朋友鼓励你运用技能。你的朋友能够通过鼓励你运用技能的方式帮助你学习。你得到的鼓励越多,你就越容易去继续提升这项技能。

8. 帮助他人学习技能。对于评估掌握技能的程度而言,最好的方法之一就是把这个技能教给其他人。如果要教其他人,就必须先打破你已经学到的内容,这样才能完全展示出你对技能背后的概念和理论的掌握情况。此外,教别人技能也能够让你以新的方式审视这个技能,这能帮助你提升自己的表现。

以上列出的技能学习步骤并不是按照先后顺序排列的。它们的发生顺序取决于具体的个体、技能和情境。大部分技能学习起始于一个缓慢学习的阶段,然后快速提升,接下来会在同一水平下维持一段时期(高原期),随后再快速提升,如此循环往复地继续下去。高原期在技能学习中是相当常见的,在这个阶段中你必须继续练习,等待下一个快速提升期到来。技能学习的目标是达到能够自动化、自然而然地运用小群体技能。

在参与学习性的练习后,是否还要继续练习这些技能直到你能够很自然地做出这些技能取决于你自己。你进行学习和技能发展的程度完全取决于你如何使用本书中的内容。为帮助你掌握群体技能,在接下来会介绍三种能够使你成功完成本书中练习的经验学习方法。

角色扮演

角色扮演(role playing)是一种非常重要的训练新技能的手段。这种方法能模拟真实的生活情境,使学习者能够在不承受失败带来的严重结果的前提下尝试不同的应对情境的新方法。角色扮演的目的是让参与者在具体的情境下进行体验、识别有效/无效行为、洞察自己的行为以及练习建设性应对情境所需的技能,通过这个过程突出行为模式和随之带来的结果。

在角色扮演的时候,人们需要先想象一个情境,然后要在这个情境中扮演特定角色并表演出某个场景。在表演的时候,个体要根据任务所要求的假设、信念和角色做出反应。角色扮演情境的结果无法在事先确定,情境也无法在事先进行排练。在一开始给予初始的指导后,就完全由演员来决定情境发展的走向了。

参与角色扮演并不要求你是一个优秀的演员。你只需要接受提供给你的假设、观念、背景或分配给你的行为,然后让你的感受、态度和行为随着环境的需要进行变化。角色扮演指导仅仅告诉参与者情境是什么以及需要扮演什么角色,并不提供剧本。一旦理解了情境设置,一切就由参与者接管了。

参与角色扮演的经验能引导你改变自己的态度和未来的行为。在开始进行扮演的时候,你可能会感受到事先没有预期到的情绪体验。角色扮演得越真实,练习就越有效,你也会在其中投入更多情绪。当然,你学到的也就越多。例如,如果你已经习惯于作为一名领导者了,那么在角色扮演情境中扮演一个边缘人物的体验就可能让你从边缘人物地位所带来的挫折和焦虑中得到一些感悟。

在你参与本书后续章节中的角色扮演练习的时候,可能会遇到一些练习中给出的说明无法回答的情况。当出现这种情况时,你可以自行补充任意经验和事实。但是,不要加入那些与角色不匹配的经验和事实。在一开始通读角色指导后,就不要再参考或阅读它了。一旦开始扮演,你就要做你自己。

当你带领开展一场角色扮演练习时,你的脑海中应当记住三个要点。第一,介绍角色和情境时,要能让参与者产生身临其境的情感带入。第二,练习结束后,必须对角色扮演开展讨论。例如,怎么做能够避免冲突?这个角色在这个情境中有什么感受?解决方法是否令人满意?还有其他的解决方法吗?第三,在角色扮演结束后必须"去角色化"。有些参与者可能很难进入角色,而有些参与者则可能很难脱离角色。此时要明确声明角色扮演已经结束了,并且要告诉参与者需要对角色扮演进行反思和分析,而不是继续停留在这个角色上。

学习怎样成为一个参与-观察者

什么是参与-观察者?

参与-观察者(participant-observer)是高度熟练的,能够在参与群体工作的同时观察群体运作过程的人(图2.2)。对一个正在运作的群体来说,我们通常可以从中划分出两方面:

1. **内容**:为达成群体目标,群体正在讨论什么。
2. **过程**:随着时间发展以及为了达成目标,群体成员的行动顺序是什么。

从理论上说,胜任的群体成员会活跃地参与群体工作,并同时观察达成群体目标的过程是什么样的。要达到这个效果,群体成员必须同时在两个层次上发挥作用——作为参与者和观察者。群体应当定期停下工作,讨论他们采用的程序。通过(1)讨论当前过程的质量如何,(2)思考当前过程对达成目标以及维持有效工作关系而言有多有效,以及(3)设置改进过程的目标这三种方法,群体成员就可以持续地改进他们的群体。这种反思和讨论可以从(1)简化群体当前的过程(降低复杂度)和(2)去除不熟练和不合适的行动(修正错误)两方面开展。群体可以通过设置能够产生积极相互依赖关系的明确目标、开展有效沟通、进行领导、使用适当的决策方法、建设性地解决冲突等过程来达成目标。一个熟练的过程观察者能够同时参加群体工作并观察群体的过程,即,作为一名参与-观察者。你可以遵循以下步骤成为一名胜任的参与-观察者:

1. 观察。
2. 给出与接收反馈。
3. 反思并为改进设置目标。
4. 在下一次群体会议中修正行为。
5. 在你所处的每一个群体内自动化地重复这个过程。

群体过程

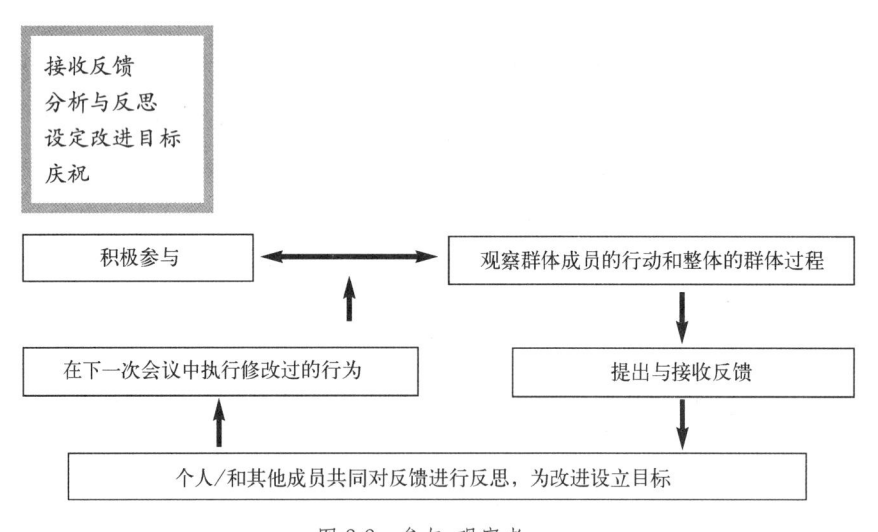

图 2.2 参与-观察者

学习如何观察

想要成为一名参与-观察者,你就要先学会如何观察群体达成目标的过程。过程包括目标设定、沟通、领导、运用权力、决策和冲突解决。你可以有意识地使用聚焦于每个阶段的正式观察方法(接下来会介绍)掌握如何进行观察。你只有在经过数百次观察后,才能内化观察程序。也就是说,这时候观察会变成一种自动化的习惯。

观察(observing)指的是在行为产生时对行为进行描述与记录。观察者可以从群体成员的行为上推测出群体运用的过程,即,群体运作的途径。缺乏客观性是观察可能面临的问题(Hastorf & Cantril, 1954)。每个群体成员都会存在某些偏见,这些偏见会影响到他们对群体中正在发生的情况的知觉和评价。使用结构化的编码系统是一种解决偏见带来影响的方法。这种方法要求观察者将每个群体行为归入一个客观的、定义好的类别。这么做至少能够保证观察者会以同一个尺度评判同样的行为。

观察通常有四个步骤:第一步是准备观察。这时候需要进行一定的计划和预先思考,保证结构化观察能取得有用的结果。在第一步中,群体首先要决定需要观察成员的什么行为和技能。可以回顾表1.1中列出的建立有效群体的指导原则。表中详细列出了群体过程中应当观察的方面有哪些。接下来,群体应当选出一名成员作为观察者。如果要进行观察的群体不止一个,就需要建立取样计划,具体说明以什么顺序对群体进行观察以及观察多长时间。然后,群体要找寻或制作观察表或观察清单,在其中列出需要观察群体过程中的哪些行为、行动和技能。例如,一个群体可能会选择使用只考察决策过程中讨论、参与和反馈情况的观察表。我们在本书中已经提供了很多观察表。在练习中要让观察者使用这些表格,以确保能够得到最好的观察效果。第二步,观察者要观察并记录每个成员做出特定行为的频率。当有不止一个观察者时,观察者可以各自负责观察某几个成员。第三步,观察者观察群体成员做出特定行为的频率,并由此推断群体在这个环节中的运作情况如何。第四步,要以清晰、有效的形式总结观察结果,并且要将总结的结果反馈给整个群体。随后,群体就能以反馈结果为起点,讨论并修改群体刚才所使用的过程。

在观察过行动中的群体过程之后,结果会以反馈的形式报告给群体成员。**反馈**(feedback)指的是有关实际表现的信息。这个信息会与根据理想表现设定的标准相比较。当有技巧地进行反馈时,做出的反馈会在成员身上产生力量,并会将这种力量导向做出建设性的行动,还会将力量转换为提升群体工作技能表现的行动。在这个基础上,成员的绩效会提升,理想和现实表现之间的差异会降低。成员会感到被认可,并且会在接下来的任务中变得更加高效。下面的反馈清单也许能帮助你评估反馈的有效性。

反馈清单

反　馈	是	否
进行反馈了吗？		没有反馈或未收到反馈；重新开始
反馈是否激发出力量了？		没什么变化；重新开始
激发出的力量是否促使人们去明确和解决问题，使绩效得到提升？		激发出的力量导致被反馈者抵抗、否认、拒绝反馈；重新开始
被反馈者是否有机会采取行动来提升绩效？		不，被反馈者受到挫折，感到失败；重新开始

本书中的观察任务看上去可能比较难，但是最后你会发现随着你的技能提升，它们会变得越来越容易、有效。由于未来行为的效能取决于人们对当前行为的性质和结果的认识，所以直接观察对于提升技能和群体效能而言是不可替代的。简而言之，通过观察今天发生的事情，你就可以避免在明天犯同样的错。任何有效群体的成员必须做到在参与群体任务后认识到群体的过程是什么样的。在你学习完本书的内容以后，你就会学到观察群体过程的技能。

构建观察程序

> 我们用观察表来回答"某一行为或事件发生频率怎么样？"这一问题。人们通常用观察表来记录特定时间段内行为、行动或事件发生的数量。表格的设计应当确保所有可以作为观察者的人都能够使用（如，必须与成员的年龄相适应）。可以使用如下方法构建结构化（正式）的观察表：
> 1. 精确定义要观察什么行为、行动、技能或事件（如，贡献想法、鼓励参与、检查理解程度、引导方向）。所有的观察者必须观察同样的内容。
> 2. 决定采集数据的时间段。对一个群体的观察可以持续50分钟，或者也可以对每个群体观察2分钟。可以在一个阶段结束后就对观察进行总结，也可以在几个阶段完成后再一起进行总结。
> 3. 将要观察的行为写在第一列中（每个行为或技能一行，最后一行保留作为每一列的总计）。
> 4. 将每个被观察的成员分别记录在一列上，最后一列保留作为每一行的总计。
> 5. 确保每一列都清晰标记出来了，并且宽度足够写下数据。

开展技能训练练习

典型的技能训练课程

在开始讨论如何指导技能训练课程前,最好先了解一下团体练习的整体结构。典型的训练课程包括如下步骤:

1. 课程协调者向参与者介绍课程,随后组织开展热身讨论。介绍内容应当包括课程的目的、大致会发生什么事情,并且还要描述参与者将会学习的技能。在热身讨论中要设立整个练习的大背景,使参与者参入其中,促进参与者之间产生一定的情感联结。热身可以采取在成员间简单交换当前感受或由协调者讲述一个有关群体技能的有趣轶事的形式展开。在这个步骤中还应当设立起对参与者的期望。

2. 开展练习。

3. 在练习完成后,要求参与者概念化、分析并总结自己的经验。在这一步中可以对问题或对成员行为、团体行为的反馈信息开展讨论。所有参与者都要分享他们学到了什么,并解释如何将所学运用于生活。参与者也应当对理论原则进行探索,从中获得领悟,以此作为从练习经验上得到的收获。

4. 在整个课程中,参与者要讨论他们的经验,从经验中总结出一些观点。协调者要将相适应的理论和认知框架整合到参与者的讨论中。这个步骤强调将重要的知识、理论和研究与参与者的经验整合到一起。

5. 随后,协调者需要就如何将学到的知识和技能运用到参与者具体的生活情境中开展讨论。

6. 评价课程整体上是否成功达成了目标。

7. 在课程的最后,协调者要营造出结束的氛围。协调者可以分享简短、有趣的相关经历或直接简单地告知参与者训练练习已经结束来完成这最后一步。

设计技能训练课程

技能训练课程可以使用本书中任意数量、任意组合形式的练习。课程可以只由一个练习构成,也可以由几个来自不同章节的练习共同组成。时间可以持续几分钟,也可以持续几天。无论课程的长度和使用练习的数量如何,训练过程的基本设计方法都是一样的。当你要作为一个协调者来设计一个技能训练课程的时候,你可以考虑以下一些环节:

1. 检查协调者与参与者之间的关系。可以考虑使用以下问题进行澄清，如"这个课程的目的是什么？""为什么协调者要开展这个课程？""协调者和参与者之间有什么契约？""协调者和参与者之间的关系是怎样的？"思考你作为协调者的动机、秘密动机（如果有的话）、对课程和参与者的外显与内隐的假设，以及你自己的局限和能力所在。了解参与者的以下信息也会对你有所帮助：

（1）期望：参与者希望、相信或害怕发生什么？或害怕不发生什么？

（2）经验：参与者先前参加过什么样的训练？

（3）相关性：参与者在课程结束后会如何运用学到的内容？

（4）关系：参与者之间在过去有过什么关系？在未来会有什么关系？

（5）需求：参与者想要或需要获得哪些具体的知识和一般的知识？

（6）关键数据：性别、年龄、婚姻状况、一般态度、生理或情绪问题和压力、获得家庭支持的可能性等。

（7）动机：参与者的动机水平如何？

（8）招募：参与者是怎样招募来的？他们都是自愿参加课程的吗？

2. 明确课程所要取得的结果；通常情况下，协调者会把这个问题作为目标或目的开展讨论。需要明确说明谁要接受训练、训练的方向是什么、学习的强度有多大。当你在决定课程的组成部分和评价方法的时候，你就会发现明确的目标是很有用的。第3章中介绍的能够用来明确目标的所有标准对你设定课程目标都很重要。另外，参与者也要说清楚他们想要学到什么知识。

3. 详细描述课程的所有限制条件，包括可用时间长短、地点、设备以及每个参与者的能力范围。

4. 列出可用于技能训练课程的练习和活动。有时候你的方案需要为适应团体的一些不可预见的变化进行改变，所以你最好同时准备一些备选计划。这些练习和活动可以从大量练习和理论课程中选择。你可以从两个方面决定备选的练习与活动：课程需要的结果和协调者拥有的资源与偏好。你可以考虑使用本书和《伸出手来》(Reach Out；Johnson，2006)这两本书中的所有练习。

5. 初步设计课程。从以下角度评价你的方案：

（1）这个课程与得到想要的结果匹配吗？

（2）这些活动在团体的能力范围之内吗？

（3）参与者是否有机会表达他们的需求或期望？

（4）课程是否能使参与者从"外界"进入课程，再从课程返回"外界"？

（5）课程是否支持参与者将所学知识进行迁移？

（6）课程是否与参与者有比较大的关系？能够让参与者在日常生活中做得更好吗？

（7）如果有多于一个协调者，是否有时间让每个人都带领进行一次练习并互相讨论？

（8）在这个设计中是否合理安排了高紧张度和低紧张度练习的顺序？

（9）对于参与者的技能与背景的设想是否与现实匹配？

（10）整个设计是否给人带来连续感？活动之间的过渡是否让人感到很自然？

（11）参与者能否发现练习与课程所要达到的结果之间存在的关系？

（12）从不同练习中获得的经验是否符合逻辑顺序？

（13）是否有足够的灵活性以应对意料之外、新出现的需求？

（14）是否符合经验学习的原则？

（15）参与者是否有机会连续得到反馈和评价？

（16）你是否准备好辨识并处理意料之外的学习结果？

（17）你能取得所有必需的材料和设备吗？

6. 确保你能高度认同最终的设计。如果课程有一个以上的协调者，你们就需要分配责任，还要注意安排好材料和设备。

7. 如果有一个以上的协调者，请评估你作为其中一员所起到的作用。如果在协调者之间需要先进行团队发展，就要在技能训练课程开始前完成。

评价

评价是判定团体是否成功达成自己目标的过程。在技能训练课程中，评价指的是收集信息去判断训练课程是否达成了期望的结果，参与者在课程中学到了什么意料之外的内容，以及课程中的活动如何使得训练走向成功或失败。评价的时候必须对所需结果，比较当前状态与所需结果之间差异的测量方法，对课程成败发挥作用的活动与协调者行为做出明确的操作性定义。评价也应当关注协调者需要怎么做才能提升自己作为协调者的胜任力。必须留给参与者一定时间，让他们对课程的作用做出反馈。最后，还必须留出时间分析数据，从数据中得出结论。

当你在进行评价时，了解参与者的情绪反应（对自己的经历有什么感受？），他们学到了什么特殊的或重要的东西，以及通过使用技能对自身能力带来了怎样的提升，都是非常有帮助的。此外，评价也能从参与者的角度揭露一些重要信息。例如,可以知道参与者现在认为自己在将来需要获得什么经验,他们期望取得的结果的达成程度如何,他们对课程不同环节的反响,以及协调者的哪些行为有用、哪些行为没用。

在评价中也可以使用许多种数据收集方法。协调者可以运用访谈、参与者概述、问卷反馈、对技能应用的观察等方法获取结论。虽然并非所有的课程都能运用高级的评价方法,但在评价的时候最起码不应该只使用协调者感受到的总体印象。参与者提供的信息是无价的。至少对于协调者来说,根据这些信息,他能在未来用更有效率的方法带领同一个课程。

能带来帮助的指导准则

当开展本书中的练习时,协调者的职责如下:

1. 准备好开展练习所需要的材料、程序和设备。
2. 做好介绍和结束工作,把练习中的经验串联在一起。
3. 根据任务导向控制时间,避免团体偏离方向。
4. 吸引注意并反复申明练习的主要学习目的,把经验和理论联系起来。
5. 营造出试验、接纳、开放、温暖的氛围,使参与者感到能够安全地尝试新技能并提升他们的能力。
6. 通过表现得可靠、博学、可信、负责成为参与者的"靠山"。
7. 示范课程要教的技能。
8. 遵循经验学习的一般原则。
9. 对练习的价值充满热情。
10. 熟悉并理解材料。
11. 确保每个人都理解了给他们的指导语和他们的责任。
12. 对参与者之间在参与、需求和风格上存在的差异保持敏感。
13. 保持灵活性,这样预先规划的过程就不会妨碍到参与者学习。
14. 让自己从中感到快乐,确保自己也能从练习中获益。

在你继续学习本书内容并在学习过程中参加不同类型和形式的群体技能练习的时候,你要不断返回来再看一看这部分有关如何进行角色扮演、如何成为参与-观察者、如何开展和设计技能训练课程的内容。根据这些过程和指导原则,你可以先直接使用书中提供的练习,然后再尝试自己开发新的练习。当你运用这些过程并通过练习学到群体技能后,你就能亲身体验到经验学习具有的价值了。

经验学习的伦理

为了保障信息传递的完整性和参与者学习的有效性，必须制定并遵守一系列伦理准则。所有的学习活动须遵循一套或外在或内在的伦理准则。群体发展领域的研究者高度关注群体领导者的伦理问题。但是，他们却很少关注开展经验学习活动时需要遵守的伦理准则。

教导群体技能时面临的最严峻的伦理问题是改变参与者的认知和行为的价值和必要性。在尝试教导他人的时候，就要为他人的利益最大化和需求达成负起责任。教师必须加强对自己的伦理规范要求，以身作则，这样才能提升教学-学习关系中的伦理水平。只要教师的行为是建立在关心、尊重和为参与者考虑的基础上的，就能够尽可能缩减违反伦理的可能性。因此，带领经验学习活动的人必须有一套自己的伦理准则，并且要保证自己能够履行这套准则。接下来将就个人的伦理准则中应当包含的内容提供一些想法。

契约：知情同意与双方同意

1. 协调者要清晰地将自己的意图和目的告知参与者。参与者应该明白自己将要参加一项经验性的练习，他们也要知道出于学习的目的，他们将要在这个练习中检验自己和他人的行为，并对这些行为进行分析。

2. 使协调者和参与者能够很容易地理解契约的性质。双方应当在契约上就练习数量、课程时间和每个练习的适宜性与目的达成一致意见。

3. 协调者和参与者都要明确在什么情况下要终止契约。

活动

在开展活动时，作为协调者的你要做到：

1. 尊重参与者进行选择的自由。参与者要自愿参与。告诉参与者他们在练习中能够说"不"，然后在练习期间坐在场外。

2. 解释练习的理由和目的。为练习准备一个明确的理由，并准备好向参与者清晰地解释这个理由。

3. 知道自己的局限性。只开展那些你有能力指导的练习。

4. 呈现有关的理论和研究。在能够帮助参与者学习和提升能力时，要向他们呈现有关的理论和研究。

5. 持续觉察自己的行为风格和个人需求,并在角色扮演中有效地处理它们。你要认识到自己的需求和风格对参与者造成的影响。

6. 就参与者的感受和对这些感受的反应开展讨论来评估所有经验。询问参与者从这段经历中学到了什么。你在设计课程的时候要为这个环节预留出足够的时间。

7. 永远不要在参与者之间引发**对峙**(confrontation)。如果引发对峙,这种对峙就会破坏他们未来的关系。不过,你还是应该不断地鼓励参与者给予反馈、进行诚实的表露、面对冲突,以提升他们之间的关系。任何**对峙**都应该由参与者自己引发,而不是由你挑起。

8. 确保活动中揭露的任何个人信息都不会被用于那些会对参与者造成伤害的用途。

9. 识别极端的心理应激症状。一旦出现这种情况,你就要做出负责任的决策,并且要知晓可以向哪里寻求心理服务。

10. 通过征求反馈的形式提升自己的表现。把你的课程公开给那些对经验学习的效果感兴趣的专家看。

11. 对参与者开展追踪访谈,判断课程对他们造成的影响,并且要评估他们对课程的反应。

协调者的知识、技能和需求

1. 知识:协调者的行为要建立在经过实证检验的理论基础上。民间传说、迷信、常识、时尚、流行的噱头和个人经验都不适合作为教导他人的基础。协调者应该完全理解经验学习的原则、技能发展的步骤,以及设计的练习中要教给参与者的知识。

2. 经验。协调者需要具备一些开展练习和帮助参与者思考自己与他人行为的经验和技能。仅知道经验学习的步骤是不够的——协调者也需要具备应用经验学习原则的技能和能力。

3. 明确的解释:在练习中的任何时候,协调者都要做到能够解释有关的理论以及当前的活动与理论之间的关系。这并不意味着协调者在开展练习的时候不能使用直觉,而是指协调者应该要能够做到在做出直觉性行为之后重构出背后的理论。

4. 自我觉察:协调者应该觉察到自己的个人需求并有效地处理这些需求。协调者也要认识到自己的个人需求和个人风格对参与者以及正在指导的活动造成的影响。

结语

只要能够聪明谨慎地应用本书中的材料，你开展和协调经验学习练习的能力就会得到提升。如果你对其他旨在形成技能的练习感兴趣，可以看 Johnson(1991，2006)与 Johnson 和 Johnson(1997)的专著。虽然你并不一定要成为一名带领本书中练习的富有经验的教师，但是持续关注提升经验学习的知识和技能会为你带来帮助。

前面介绍的内容只是一些指导准则，而不是严格的规则。加强教育活动中伦理水平的唯一有效方法是开展教育活动的人，加强自身伦理准则的学习，并以身作则。此外，只要协调者的行为是建立在关心、尊敬以及为参与者考虑的基础上的，那么就能在很大程度上避免发生违反伦理的状况。我们希望这些指导准则能够帮助本书读者建立起个人的伦理行为准则。

总结

要想掌握群体动力学的知识，你就必须从概念上学习有关理论和研究，而且还需要掌握将知识应用到实践中的技能。这种程序性学习来自形成技能的练习和学术研究。程序性学习指的是通过不断练习、练习、再练习的过程对知识和技能不断进行提升。也就是说，本书既关注用"脑"的学习，也关注用"手"的学习。

经验学习开始于对行动理论的阐述。行动理论指的是在特定的情境中需要做出什么行为才能要得到想要的结果。接下来的一步是采取行动并运用有关的群体技能。行动的成败会受到评价。基于反馈，人们会对行动理论进行改进和重构。然后，再根据修改和改进过的方法运用群体技能。随着这个循环的不断进行，技能也不断得到改进和提高。这种持续的改进过程最终会导致个体在认知理解、态度和行为模式上发生变化，逐渐成为运用群体技能的专家。在经验学习中，你也会体验到心理上的成功。

在掌握群体技能后，当你完全加入一个群体时，你需要观察其他群体成员是如何使用这些技能的。这种参与式的观察能让你知道在什么时候运用什么样的群体技能，也能让你知道如何帮助其他人运用技能以提升整个群体的运作水平。要学会本书中讲授的群体技能，你就需要胜任地、符合伦理地参与旨在获得技能的练习。

第 3 章

群体目标、社会相互依赖和信任

本章要学习的基本概念

这里列出了本章中介绍的主要概念。在教学中可以将学生分成两人小组，每一组学生需要(1) 对每一个概念下定义,在阅读中关注文中怎么定义这些概念以及针对概念开展哪些讨论;(2) 确保两个人都理解这些概念的定义。接下来再组成 4 人小组。比较 4 人小组中两两各自学习的概念是否存在差异,如果存在差异就再一次在文中查找并下定义,直到所有成员都认同为止。

概念：

目标(Goal)

目标结构(Goal structure)

群体目标(Group goal)

操作性目标(Operational goal)

抱负水平(Level of aspiration)

秘密动机(Hidden agenda)

社会相互依赖(Social interdependence)

合作努力(Cooperative efforts)

竞争努力(Competitive efforts)

个人努力(Individualistic efforts)

社会判断理论(Social judgment theory)

群体凝聚力(Group cohesion)

心理健康(Psychological health)

分配公正(Distributive justice)

利益的绩效分配方法(Merit distribution of benefits)

利益的平均分配方法(Equality distribution of benefits)

利益的需求分配方法（Need distribution of benefits）

信任（Trust）

信赖（Trusting）

可信（Trustworthy）

前言

> 一荣俱荣，一损俱损。
>
> ——克里克印第安人信条

伊索曾经讲过一个有着 4 个孩子的父亲的故事。这个父亲非常喜爱他的儿子们，但是这些孩子总是互相争执，无论父亲说什么都不能使他们停下来，这让他很是苦恼。他冥思苦想"我做什么才能够让我的儿子们发现他们这样做是错的呢"。有一天，他把 4 个儿子叫来，拿出一大把树枝，问他们"你们中有谁能折断这把树枝？"所有儿子都依次尝试了一下，但是没人做得到。然后，他从中把树枝一根根抽出来分发给儿子们，让儿子们试着折断。这次，他们很容易就把树枝折断了。"我的儿子们，"他说，"你们单独的每个人都是脆弱的，就如同一根树枝一样。但是，如果你们友好相处、紧密地凝聚在一起，就会像这一把树枝一样强。"

从我们存在世上的那一刻起，人类就会联合在一起来达成每个人独自无法达成的目标了。大象体型很大，猎豹速度很快，这是它们的特征；我们人类会通过合作来达成共同目标，这是我们这个物种的特征。社会相互依赖指的是人们的目标相互关联的形式，它是所有人类交互的核心。并且，合作也是小群体达成目标的关键所在。

要想使一个群体有效，群体就必须设立所有成员都致力于合作以达成的群体目标。其中包括两步，第一步是将目标操作化，并且要制定明确的、可以测量的达成目标的方法。第二步是在群体成员之间建立起积极的相互依赖关系（即合作）。这两步背后的基础是**信任**（trust）。信任对于形成一个能够成功达成目标的群体来说是必需的。群体目标、社会相互依赖和信任之间的复杂关系就是本章的主题。

练习 3.1　社会相互依赖中的取向

这个练习有两个目的：使你意识到在和他人的目标相互依赖关系中自己

的取向是什么;使你所在的群体认识到社会相互依赖关系中群体成员的取向是什么。过程如下：

1. 独自完成下面的问卷。
2. 使用问卷后附的计分表计算自己的分数,并算出每个分量表的群体均分。
3. 讨论群体成员的社会相互依赖取向。

社会相互依赖量表

根据你对每一个条目做出评价。把最符合你的行为的数字写在下方的对应空格内。

1＝从不;2＝很少;3＝有时;4＝经常;5＝总是

1. 我喜欢拿自己和其他人比较,看谁是最好的。
2. 我认为,人们花很多时间自己完成工作。
3. 我认为,人们会与其他人分享自己的观点和资源。
4. 我认为,人们希望看看谁能做得最好。
5. 我认为,人们喜欢独自工作。
6. 我认为,人们会从其他人身上学到很多重要的东西。
7. 我认为,人们希望比其他人做得更好。
8. 我认为,当人们不得不与其他人合作的时候,他们会感到烦恼。
9. 我认为,人们帮助其他人更好地完成工作。
10. 我认为,人们被鼓励要做得比其他人好。
11. 我认为,人们更倾向于独立工作,而非共同工作。
12. 我认为,人们相信他们在和其他人一起工作的时候效率会更高。

竞争	个人	合作
1._____	2._____	3._____
4._____	5._____	6._____
7._____	8._____	9._____
10._____	11._____	12._____
总分_____	总分_____	总分_____

练习 3.2　群体目标是必要的吗？

群体目标是否是必要的?对这个问题的答案存在着一些争议。这个练习的目的是对该问题开展批判性讨论。过程如下：

1. **分配观点**：所有成员组成四人团队。每个团队最后要写一份有关他们所持有观点的总结报告。观点分别为(a) 没有目标，群体就无法发挥效用；(b) 群体目标没有用。

报告需要包括团队整体的结论以及支持观点的事实和理由。可以从本章、本书或其他读物中获取这些支持观点的事实和理由。

2. **准备分组**：每个团队要分成两个小组。然后，把(a) 立场分配给其中一个小组，再把(b) 立场分配给另一个小组。每个小组都要先阅读本章中的有关内容、练习的过程以及建设性争论的规则（第1章）。然后，每个小组都要准备好具有说服力的"最佳案例"来支持自己的观点。其中要包括尽可能多的事实和研究结果。这个环节限时10分钟。

3. **展示**：每一个小组中的一个成员交换到另一个小组中去。也就是说，一个持有"群体目标是必需的"观点的成员必须坐在一个持有"群体目标不是必需的"观点的成员边上。持有"群体目标是必需的"观点的成员有最多3分钟的时间来报告自己的最佳案例，这些案例要尽可能地有说服力。在他人报告的时候，持有"群体目标不是必需的"观点的成员要记笔记，并且要求报告人澄清任何自己没能完全理解的内容。随后，换作持有"群体目标不是必需的"观点的成员报告自己的最佳案例。

4. **开放性讨论(驳斥与反驳)**：接下来就"群体目标是否是必需的"这一问题开展开放性讨论。每一方都要提出尽可能多的支持己方观点的事实和研究结果。每个成员要批判性地聆听对方成员的观点，并要求对方给出支持自己结论的论据。所有成员要确保支持两方观点的信息都被提出来并进行了讨论。这个环节要遵守建设性争论的指导原则，限时10分钟。

5. **转换立场**：每个小组中的两个成员互相交换观点。原先持有"群体目标是必需的"观点的成员在3分钟内提出支持"群体目标不是必需的"观点的最佳案例。整个报告必须得有说服力。在有可能的情况下，还要再加入新的论据或事实信息。随后，原先持有"群体目标不是必需的"观点的成员同样要在3分钟内提出支持"群体目标是必需的"观点的最佳案例。

6. **综合与整合**：所有成员放下自己的主张，重新对群体目标是否是必需的做出有理有据的判断。每个小组的成员都要总结两方观点的信息和论据，并在小组中达成一致。每个小组的成员都要准备好在其他所有成员面前简要报告自己得出的结论。因为其他团队可能会得到不同的结论，所以每个团队都要在所有人面前解释自己最后所持立场的合理性。这个过程持续10分钟。

7. 所有成员开展讨论：协调者通过抽选几个团队在所有人面前报告他们得到的结论的方法进行抽查。随后，所有人一起就这些结论之间的相似点和不同点开展讨论。最后，协调者对群体目标的总体学习情况进行总结。

简要说明：没有目标，群体就无法发挥效用

群体要发挥效用的话，至少要有一个被一些成员所理解和接受的目标——这是你的观点。请使用以下论据、本章中可用的任何材料以及其他阅读材料来支持你的观点。

群体目标引导成员的行为，让成员计划、协调他们的工作。群体目标指示、引导、带领、激励、促进、协调群体成员的行为。只有群体成员的活动被导向获取某物（目标）的时候，群体才存在。目标的作用是**影响**（influence）成员，使其把自己投入（承诺水平）到所需的行为中去。这种投入到所需行为的作用使得目标成为有效群体的必要因素之一。总的来说，如果没有目标的话，群体就不能有效运作；甚至，群体根本就不可能存在。

简要说明：群体目标没有用

目标对群体没有用，而且还是一个没有现实基础的概念——这是你的观点。请使用以下论据、本章中可用的任何材料以及其他阅读材料来支持你的观点。

群体目标通常是模糊不清的，无法有效地指引群体成员的行为。当问起群体目标的时候，大部分群体成员都无法准确地对其进行描述。所以，群体目标并不会对这些人造成影响。通常，目标并不决定成员所做出的努力。这是因为目标似乎与群体成员实际做的事情没有关联。此外，在评价群体过程的时候，通常会发现群体并没有达成他们的目标。这就说明目标并没有真正激发群体成员的行为。群体甚至可能并没有尝试去做成任何事，群体只是存在着而已。总体而言，目标对群体来说并没有用。

什么是目标

风不会偏爱没有目的港湾的人。

——蒙因

1868年9月17日，乔治·A. 弗西斯少校带领55名精心挑选出来的侦察兵在科罗拉多州东部的比彻岛（干涸的阿里卡拉河的河床上的一座小岛）上扎营。这时候美国人与大平原上印第安部落之间的全面战争刚刚爆发。弗西斯和他的侦察兵们从堪萨斯的海斯堡出发搜寻敌人，不幸的是，印第安人先发现了弗西斯一行。就在那个清晨，夏安族人酋长"鹰钩鼻"率领700名夏安族与沃格拉拉族武士袭击了弗西斯的营地。弗西斯的许多部下和所有的马匹都被打死或打伤了。弗西斯本人两条腿被打伤，头也被子弹擦伤了。这些美国人都被困在岛上，无法突围。到9月25日，由于敌人的狙击和反复进攻，弗西斯麾下的半数士兵都阵亡了。弗西斯直挺挺地躺在自己那已经开始腐烂的战马尸体边上，在人和动物尸臭味的环绕下怀疑着自己还能否活到第二天。在这个时候，弗西斯和他剩下的士兵们的总体目标是存活下来。除此以外，他们还有很多短期目标。首先，他们必须建造屏障来掩护自己。他们用死马构筑了掩体。其次，他们必须维持群体凝聚力和支持性，以此增加斗志和希望，并组织起有效的防御作战。再次，他们还必须保证有足够的水、避难所和食物，还得救护伤员。幸运的是，天气非常暖和，因此避难所就不是必需的了。岛上也有足够的水供他们生存下去。但是食物依旧是个问题，在几天后，侦察兵们就开始吃已经腐烂的马肉来充饥了。

由于完成子目标变得越来越困难，"生存下来"这个总体目标也就变得越来越渺茫。这个时候看似毫无希望了。但是，印第安人突然间撤退了。幸存者还在疑惑的时候，他们看到一队骑兵正向他们所在的小岛疾驰。弗西斯不知道的是，他麾下的两个侦察兵已经偷偷地逃出了印第安人的包围圈，赶到了堪萨斯的华莱士堡。弗西斯在南北战争期间的战友卡朋特上尉立刻组织了一支骑兵救援队。卡朋特的士兵所属部队为第十骑兵团H连，印第安人称他们为"布法罗士兵"。鉴于在将近30年的时间里，布法罗士兵赢得了边境上最专业、有经验、有效率的军队的名声。所以"鹰钩鼻"酋长决定撤退，避免与这些士兵战斗。

群体为达成目标而产生。这个目标可以是做一个更好的捕鼠器、爬上山顶，也可以是打赢一场棒球赛。**目标**（goal）就是理想，是一种人们想要通过工作达到的状态，是一种人们所重视的事物状况。不同个体各自的目标通过社会相互依赖彼此联系在一起。个人目标的达成能够在彼此间积极相关（合作）、消极相关（竞争）或与其他人独立（**个人努力**；individualistic efforts）。当群体成员的目标之间存在积极相关时，群体目标就产生了。**群体目标**（group goal）是群体中一定数量的成员所渴望的事件的未来状态，能够激励他们工作以达成目标。

目标并不是理智的、冷淡的或分析的。目标将群体成员的热情聚焦起来,点燃工作的激情。群体目标展现出只有当所有人以共同目的工作才能实现的迷人未来。**愿景**(vision)指的是对未来理想化的、独特的想象。愿景能够调动起成员的情绪,指引他们共同努力。愿景也通过情绪上共有的承诺把所有成员凝聚起来。群体目标给群体成员的希望和梦想赋予生命,让他们看到通过共同努力就可能会取得令人兴奋的结果。

目标为什么重要

1. **目标引导行为**:目标指示、引导并决定成员和教师要做什么。
2. **目标促进行为**:目标是动力和情绪上的兴奋剂。没有目标,就没有动机。
3. **目标作为解决冲突的基础**:通过成员想要达成的目标来解决群体成员间的冲突。
4. **目标是测量和评价的前提**:除非知道活动的目的是什么,否则就无法进行测量。

群体目标存在吗?

群体有目标吗?或者说,世界上是否只存在群体成员各自的个人目标?社会心理学家对这个问题已经热火朝天地争论了许久。许多社会科学家认为,群体目标是所有群体成员个人目标的结合体。人们由于自己拥有某些希望通过群体成员身份来表达或实现的目标和动机而成为群体成员。这些个人目标对成员来说并不总是明确的——他们可能在群体活动的时候完全意识到、部分意识到或完全没有意识到自己的目标和动机。

勒温指出,群体成员在一些情况下似乎会选择去最大化共同成果或达成群体目标,而不是选择去最大化个体成果或达成个人目标(Lewin,1944)。Horwitz(1954)和Pepitone(1952)开展的研究发现,群体成员会积极主动地去达成群体目标,并且当目标达成时,他们自己也会感到满意。也就是说,群体成员主要从群体的成功而非个体的收益中体验到满足。Emmy Pepitone(1980)从这类研究中总结指出,人们能识别出群体目标,群体目标是群体中成员相互依赖关系的重要来源,并且群体目标在大部分时间里都是关注的焦点,也是很容易识别的客观事实。群体目标使群体成员形成共同体,产生共同命运,这是无法通过记录群体成员的个人目标就能轻易发现的。研究表明,群体目标相比于个人目标会带来更好的群体表现、更高的目标接受度并能提升群体成员之间的合作水平(Matsui, Kakuyama, & Onglateo, 1987; Mitchell & Silver,

1990)。也有大量研究证明,当处于需要与他人合作的情况下时,人们会关注共同的成果,而不是个体的成果。

关于群体目标是否实际存在,或群体目标是否只是成员个人目标的简单组合这一问题,目前并没有最终的答案。也许最为保险的结论是群体目标和个人目标都存在,其中,群体目标与群体成员的个体需求有关。群体成员通常会努力达成个人目标和群体目标。群体成员所做行为持续促进个体和群体目标达成的程度决定了群体的效能。然而,实际情况是复杂的,大部分群体和个体都有多重目标。在不同时间点,不同成员对目标的价值评价是不同的。此外,即使是同一个个体,在不同时期对于同一个目标的价值评价也不同。

练习3.3 目标相关行为

这个练习的目的是考察问题解决群体中的目标相关行为。首先,你要独自回答下面的三个问题。请一定要诚实地根据你平素行为的特点来回答。在完成后,你要和其他两个同学一起组成三人团队,讨论你们的答案以及你们为什么会选择这个答案。在这个过程中要对你在目标有关的情境中所做出的行为形成尽可能清晰的认识。

1. 我是一个群体的成员。但是,这个群体并不清楚它的目标是什么,或者他们要达成什么。这时候我通常:

(1) 感到失去兴趣,并且拒绝参与会议。

(2) 请指定的领导者来终止这种混乱的局面,并告诉整个群体应该做什么。

(3) 忽视这种情况,并对其他群体成员特别好。

(4) 取得发言权,告诉其他成员群体目标是什么,建议成员们重温群体目标,告诉他们要做什么来达成目标。

(5) 开展群体讨论,通过讨论澄清每个成员对群体目标的理解,直到所有成员都清晰地理解了目标是什么以及群体需要做什么来达成这些目标为止。

2. 当有一个成员明确知道群体目标,但是并不愿意努力达成这些目标时,我通常:

(1) 拒绝和这个成员共事,并且回避他。

(2) 取笑这个成员,除非他投入更多。

（3）假装什么都没发生过，继续对这个成员保持友善。

（4）提出适当妥协，让这个成员更努力工作，同时让群体降低对他的期望。

（5）开展群体讨论，对群体目标进行更正，使群体目标与每个成员的目标有更强的关联。

3. 当群体中成员对群体目标存在争议，或者成员的需求和动机存在冲突时，作为这个群体的成员，我通常：

（1）退缩，等待其他人解决冲突。

（2）让领导者决定谁对谁错，并让错的一方闭嘴。

（3）试图缩小差异，告诉所有人要保持友好，同时保留自己的意见。

（4）各退半步，每个人都得到自己想要的一半结果。

（5）指出群体中出现多少合作和竞争行为，基于自己的观察向群体做出反馈，尝试提升群体成员之间的合作水平。

（6）对群体成员不同的立场、目标和动机开展群体讨论，寻求每个人都能接受的解决方法。

START 目标

> 如果一个人不知道他要航行到哪个港口，那么对他来说就不存在好的风向。
>
> ——塞涅卡

所有成员都必须致力于达成目标。只有这样，目标才可能实现。有两种能够增进群体成员对群体目标承诺的方法。第一种方法是确保目标达到 START 标准（表 3.1）。群体要想有效，目标就必须是明确定义的（明确需要一步一步做什么）、有迹可循的（过程能够被测量）、可实现的挑战性（50%的成功率）、与群体成员兴趣有关以及旨在获得能够迁移到其他情境的能力。第二种方法是让群体成员参与到形成目标的过程中去。成员越多参与到形成目标的过程中，他们对目标的主人翁精神和承诺水平就越高。这是因为群体成员参与设立目标的程度越深，群体目标、个人动机以及群体成员对于达成目标所需行为的理解之间的匹配程度就越高。对目标的需求水平（目标达成后，群体成员得到的好处)以及群体成员在为达成目标共同工作中成员之间相互关联的形式(一些关联形式令人愉快、卷入程度更高)等因素也会对承诺水平产生影响。

表 3.1　START 目标

目标特征	特征的定义
S　明确定义	目标要足够明确,要使这些目标能够被清晰地理解,并据此形成达成目标的计划。明确的目标能够帮助成员决定接下来需要做什么。
T　有迹可循	目标必须是操作化的,这样就可以形成明确、可理解的达成目标的步骤。群体成员必须要能够判定他们在多大程度上达成了目标。
A　可实现的挑战性	目标必须有足够的挑战性。群体最好只有 50%的可能性能够达成目标。只要群体努力工作,保障有效的群体协作,群体就一定能达成目标。
R　有关	目标必须与群体成员的利益以及其他利益相关者的利益有关。必须让群体成员认为群体目标有意义,并且能够从个人方面对达成目标做出承诺。
T　迁移	目标必须指向那些能够让群体成员把学会的东西迁移到其他情境的内容。无论今天群体成员掌握了什么技能,这些技能都应该能在未来的其他情境下发挥出作用。

练习 3.4　明确的目标与不明确的目标

这项练习的目的是比较明确目标的目标和不明确目标分别会对行为产生什么样的作用。练习大约耗时 1 小时,过程如下:

1. 以 6—8 人为一个团队,围成圈坐下。

2. 协调者进行介绍,说明这个练习与明确目标和不明确目标有关。

3. 每一个团队选出一人担任观察者。观察者需要到指定地点听取指示。当观察者接受指示的时候,团队中的其他成员互相认识一下。

4. 发给每个观察者一份观察指导文档。告知观察者每个团队要完成两个任务。第一个任务是不明确的,第二个任务是明确的。观察者的任务是仔细观察整个团队在两个任务中的行为。随后,观察者返回各自团队,但是要坐在圆圈外面。

5. 告知所有团队:接下来将要研究在两个简单任务中的群体行为。你们团队的观察者不会参与到任务中,但是会在第二个任务结束后向你们报告。你们的第一个任务限时 8 分钟。我会在 7 分钟的时候提醒你们。第一个任务是为使民主社会能够最大化进步,需要对发展最好的那些群体的经验做好管理,所以请列出一些你们认为最合适的目标。

6. 在团队完成任务的时候,观察者要记笔记。在任务开始 7 分钟后提示时间,任务开始 8 分钟后终止任务。

7. 布置第二个任务:列出尽可能多的典型社区中存在的正式的俱乐部或其他组织。告诉团队成员,这个任务限时 6 分钟。在任务开始 5 分钟后会提醒时间。6 分钟后终止任务。

8. 发给每个参与者一份观察指导文档。每个团队使用观察者记录下的信息作为主要资料对各自的经验开展讨论。讨论限时 10—15 分钟。

9. 让一个团队围绕另一个团队坐成一圈,里圈的团队就是团队 A,外圈的团队就是团队 B。团队 A 提出明确目标和不明确目标具有的特征,由一名成员分别记录在两栏表里。这个环节限时 6 分钟。其间,团队 B 要认真听团队 A 的报告,记笔记并随时准备补充。随后,团队 B 对列出的内容进行评价,两个团队共同从中选出 4—5 个对明确目标和不明确目标最为重要的特征。这个环节限时 9 分钟。

10. 团队 A 与团队 B 互换位置。团队 B 坐到内圈,从最重要的特征开始,列出上一步中得出的明确目标与不明确目标每一个特征的行为表现。9 分钟后,团队 A 加入,开始讨论。讨论限时 6 分钟。

11. 两个团队一起向其他团队报告他们的结果。使用本章接下来提供的材料,针对群体目标的性质以及目标对成员感受和行为造成的影响进行综合性讨论。

观察指导

在练习中,每个团队都要完成两个任务。第一个任务是不明确的,第二个任务是明确的。你的工作是作为一个观察者仔细记录你的团队在两个任务中做出的行为。在理解下面表格的意义后,返回你的团队,但是要坐在圈外。

		任务 1	任务 2
1. 有成员澄清目标或要求澄清目标的次数。			
2. 团队的"工作气氛":合作、敌对、令人愉快、批判、接纳等。	开始的时候?		
	结束的时候?		
	进行到一半时?		
3. 出现与完成任务没有直接关系的言语行为的频数(单边对话、开玩笑、评论)。			
4. 出现与完成任务没有直接关系的非言语行为的频数(在房间里张望、嬉戏、因无聊不参与讨论、敌对行为)。			
5. 团队付出了多少努力来完成任务(大致估计)。			

目标的明确性

如果群体成员要达成目标,那么目标就必须明确。目标的达成依赖于成员在行为上的协作性与同步性。要做到这些,目标以及达成目标所需的行为就必须明确。当目标详细、可操作、可行、可测量且可观察的时候,就可以说目标是明确的。针对明确目标和不明确目标的练习3.4让我们看到了拥有明确目标或不明确目标的群体在目标上的特征和行为上的表现。不明确目标可能会导致群体处于高度紧张状态、开玩笑或嬉戏、被其他事件分心以及未能采用好想法。当目标不明确时,举行会议是没有意义的,即使开会也只会花大量时间去讨论那些不重要的问题(Wright, 1979)。举个例子,当告知那些送原木去工厂的卡车司机要"尽全力"时,他们的装载量只有合法上限的60%。然而,当直接鼓励他们装载合法上限的94%时,他们就达到了这个明确的目标。经济学领域的研究发现,有明确目标的公司会比没有明确目标的公司多赚将近25万美元(Latham & Baldes, 1975)。

操作性目标

> 成功的秘诀是对目标坚定不移。
>
> ——本杰明·迪斯雷利

当人们以操作性术语来设立目标的时候,目标就会更加明确。**操作性目标**(operational goals)指的是能够确定达成目标所需的明确步骤的目标(可观察的、可计量的、明确的)。**非操作性目标**(nonoperational goals)指的是无法确定达成目标所需的明确步骤的目标(不可观察的、不可计量的、不明确的)。举个例子,"列举出好群体成员具有的三个特征"就是一个操作性目标;"对群体成员有效行为特征的理论和实证研究进行总结"就是一个非操作性目标。达成操作性目标时,会有明确的指标显示该目标已被达成。"列举出好群体成员具有的三个特征"这个目标之所以是操作性目标,是因为只要列出三个特征并且这些特征涉及群体成员时,你就知道这个目标已经达成了。相反,因为我们很难确定在什么情况下"对群体成员有效行为特征的理论和实证研究进行总结"这个目标可以算作达成,所以这是一个非操作性目标。无论用什么指标来显示群体是否达成了目标,最好使用多个指标而不要只使用一个指标。通常来说,对问题解决群体的目标要同时设置反映目标达成(收益、新成员加入、问题解决)和维持成员间工作关系(群体凝聚力、有效沟通、有效决策、成员间高信任水平)两方面的指标。

操作性目标具有很多优势:(1)它能够促进群体成员之间以及群体之间的沟通。对目标的表述必须让人们清楚地知道群体要做什么。当任何对目标有所了解的人都能够通过群体的行为或产出对群体目标是否达成做出判断时,这种描述才是成功的。(2)操作性目标可以帮助引导群体计划与任务执行。操作性目标能够帮助群体选择与组织完成任务中所需的资源和方法。(3)操作性目标帮助群体评价群体过程和群体成果。通过阐明目标达成的标准,群体就能够对过程进行评价。(4)当目标具备操作性的时候,就可以经由理性的、分析的过程来解决群体成员在应当做什么行为这一问题上产生的冲突。

对大部分群体来说,成员们很难在一开始就定下明确的目标。群体通常会就目标开展讨论,直到对目标如何操作化达成共识为止。群体成员通过这样的讨论形成对目标的承诺,群体成员也会因此更加接受这个目标。通常,群体用在阐明和操作化目标上的时间越长,用于达成目标的时间就会越短。

绩效目标和掌握目标

根据目标理论,目标有绩效目标和掌握目标两种类型。**掌握目标**(mastery goal)关注使自己变得更加胜任任务或技能。**绩效目标**(成就目标;performance goal)关注通过做得比其他人好,以此来证明自己的能力,从他人处得到对自己能力的积极评价。设立绩效目标的人通常把注意集中在获胜、好看以及得到积极评价上。目标理论来源于勒温提出的设立目标会在目标达成或放弃之前一直促进人们努力达成目标的内部紧张系统观点(Lewin,1935)。在20世纪70年代的时候,Eison(1979)就指出有些学生上大学是为了获取新技能和知识(学习或掌握定向),而有些学生则是为了进入更高的社会层级而读大学(绩效或层级定向)。在20世纪七八十年代的时候,Nicholls(1983)也提出,有一些学生是任务定向的,他们力求在自己当前的水平上寻求能力发展和提升;而有些学生是自我定向的,他们力求获得比其他同学更强的能力。他认为绩效目标会使学生专注于和其他人进行社会比较,通过比较结果来证明自己的能力,所以同学就是对他们成功的威胁(Ryan & Pintrich,1997)。由于完成任务会得到他人的赞扬,完成任务也会证实他们的自我概念(如,聪明、强壮、风趣),自我卷入的学生通过任务中的表现来提升他们的自我。失败会威胁这些学生的自我概念,因此这些学生在面对失败的时候会感到非常焦虑或气馁。

紧随 Nicholls 的研究,Dweck(1986)提出存在着两种目标定向:学习定向和表现定向。拥有学习定向的学生(掌握目标定向)倾向于通过学习新技能、掌控新情境的方法提升自己的能力。他们不关心自己相对于其他人的表现如何,而是在意他们对理解任务或主题的深入程度。拥有掌握目标的学生通常会寻求挑战并且会坚持面对困难。

拥有表现目标的学生会通过超越他人来证明和验证自己有足够的能力。他们通过这种行为从同伴和教师处收获对他们能力的积极判断,并且会避免得到消极判断。研究者假设存在两种表现目标(Elliot & Harackiewicz, 1996):趋近成就目标(努力获胜)和回避成就目标(努力不输)。也就是说,目标可能导向趋近一个想要的成果(如,证明能力)或导向避免不想要的成果(如,避免表现得比别人差)。回避目标对人们的表现有持续性的破坏作用(Maruyama & Elliott, 2012)。趋近目标(试图超过他人)的作用比较复杂,有时会起到积极作用,有时则会起到消极作用。

群体目标和抱负水平

群体目标反映了成员的抱负。**抱负水平**(level of aspiration; LOA)指的是理想的目标和更为现实的期望之间的妥协。勒温和他的同事提出了抱负水平理论,用来解释人们如何为他们自己和他们的群体设置目标(Lewin, Dembo, Festinger, & Sears, 1944)。这个理论认为个体在进入一个情境时会在心中形成理想(如,在一门课程中得到 B);在经历成功后会向上提升目标(如,前两次小测验得到 A,就会调整 LOA,进而渴望课程成绩获得 A),而在遭遇失败后会向下降低目标(如,前两次小测验得到 C,就会调整 LOA,进而期望课程成绩能守住 C)。随着经验的获取,个体会不断修正自己的理想期望以匹配现实情境。

和个体一样,群体也会改变抱负水平。Alvin Zander 对不同人群进行了一系列实验,如,中学男生分队击球的实验(Zander & Medow, 1963),以及联合基金各分会设置基金募集目标的实验(Zander, 1971)。他发现群体在设置目标的时候会有乐观的倾向,而且和个体一样,群体也会根据他们的表现所获得的反馈对目标做出调整。群体会在遭遇失败后降低抱负水平,但是降低的量要略低于获得成功后提升的量。在联合基金的研究中,只有40%没有达成目标的分会在第二年降低了他们的目标。而成功达成目标的分会则有80%在第二年提升了他们的目标。虽然这种乐观偏向在大部分环境下都是建设性的,但是有时候也会导致失败的循环。例如,当运作不成功的联合基金分会年复一年地设置过度乐观的目标时,持续遭遇的失败就会降低成员的士气、工作满意度和群体效能。

处理秘密动机

对群体目标达成共识通常能够对群体运作带来帮助,而成员不同意群体目标则会妨碍群体运作。拥有相似目标的成员通常比那些拥有不同目标的成员对群体和所执行的任务更加满意。那些与群体目标明显不同的个人目标可能会成为**秘密动机**(hidden agenda),即其他成员不知道并且与群体主要目标相违背的个人目标。几乎所有群体中都存在秘密动机。这些秘密动机通常会破坏群体效能。因此,群体通常要努力提升群体成员对群体目标的共识。可以使用以下步骤来达成这个目的:

1. 在刚开始建立一个群体的时候就要彻底地讨论群体的目标,哪怕这些目标是上级指定的或群体章程中所规定的。在讨论中要明确每个成员对目标的理解,帮助排除成员对达成目标所需要完成任务的不理解之处。在讨论中,群体需要重述、重新组织并检查目标,直到大部分成员对目标有"主人翁"的感受。

2. 在群体活动中要牢记你们是同时在两个层面上持续为目标工作:逐渐达成群体目标以及逐渐达成个人目标。识别群体问题是诊断和解决秘密动机的第一步。

3. 在脑中要牢记,在有些情况下需要把秘密动机公之于众并加以调整,而有些情况下则不需要对它们进行处理。到底是否要处理秘密动机?这就需要根据将秘密动机公之于众会造成的后果进行判断。在不同的时期要对秘密动机投入不同水平的关注程度,这既取决于秘密动机对于群体效能的影响,也取决于群体和成员的性质。

4. 当发现秘密动机时,不要责备群体成员或给成员施加压力。秘密动机确实存在,而且也是合理的。并且,秘密动机并不是难以处理的问题。

5. 评估群体有效解决秘密动机的能力。随着群体逐渐成熟，处理秘密动机的能力通常会提升。

帮助群体设立有效目标

"我们怎样才能做得更好?"这个问题被反复提及。过去平静年代的教条不足以运用到当今这个激烈变化的时代。机会中充满了困难，但是我们必须抓住这些机会。由于我们所遇到的问题都是新的，所以我们必须重新思考，以新的方式行动。

——亚伯拉罕·林肯，美国国会咨文，1862年12月1日

有两种方法能帮助群体设立有效目标：调查-反馈法和项目评估检查法。**调查-反馈法**（survey-feedback method）在一开始会就群体目标以及群体要优先处理的事项对群体成员开展调查。随后，群体进行周期性会议（如，年度或半年度）。基于收集到的信息，群体在会议上讨论并设定接下来半年或一年的目标。在会议中，群体要有计划并设定短期目标，根据优先性对目标进行排列，明确完成每一个任务的责任分配并为提升群体效能设定目标。在这个过程中尤其要注意群体成员之间的关系问题，这些关系问题可能会阻碍目标达成。

项目评估检查法（program evaluation and review；也叫**关键路径法**，critical path method）中，群体需要明确他们想要达到的最终状态是什么。然后从最终状态回溯，倒过来确定在达成最终目标之前会先发生什么，以及达成目标需要

完成什么任务或子目标。群体需要确定什么活动和子目标对于达成最终目标而言是最重要的,并据此收集资源,随后再对达成每个子目标设置时间表。最后,检查整个过程并分配责任。

有效群体目标

> 1. 目标在多大程度上是操作性的,或可以测量、观察的程度有多高。成员需要知道他们应该做什么。
> 2. 群体成员在多大程度上认为目标是有意义的、和自己有关的、现实的、可接受的以及可实现的。
> 3. 目标在多大程度上能在群体成员间产生积极的、相互依赖的关系。
> 4. 在同一个任务或活动中多大程度上能够同时达成群体目标和个人目标。
> 5. 目标具有多大程度的挑战性,或目标是否有中等程度的可能性会失败。
> 6. 目标在多大程度上可以修改和澄清。
> 7. 达成目标要花费多长时间。

练习3.5 合作、竞争以及个人目标结构

这个练习的目的是(a)结合经验对三种目标结构进行定义,以及(b)指导参与者关注这三种结构产生交互的对比模式(正确答案见附录)。协调者的工作步骤如下:

1. 将参与者随机组成3人团队。
2. 根据下面的步骤开展一项竞争任务:

(1)告诉参与者,他们的任务是在团队里竞争,看谁计算几何图中方块的数量算得最准。三个人中计算数量最接近正确答案的那个人获胜。接下来,让参与者把事先背面朝上放置的图片翻过来,正式开始比赛。

(2)设定任务时间为4—5分钟。到规定时间后,要求参与者停止。每组参与者自己判断自己团队中的获胜者。让获胜者都站起来,其他人要向他们鼓掌。

(3)获胜者离开他们的团队,自己独立写下:他们在比赛中有什么感受;他们在比赛中注意到了什么。这个环节限时3—4分钟。

3. 根据下面的步骤进行一项个体任务:

(1)告诉参与者,他们的任务是自己独立从几何图中找到尽可能多的橄榄

形。找到95%椭圆形的人能得到"优秀"评价,找到90%的人能得到"良好"评价,以此类推。接下来,让参与者把背面朝上放置的图片翻过来,正式开始任务。

(2) 设定任务时间为4—5分钟。到规定时间后,要求参与者停止。接下来告诉参与者正确答案。要求所有参与者都离开团队,各自记下:他们在完成任务的过程中有什么感受,注意到什么。这个步骤限时3—4分钟。

4. 根据下面的步骤进行一项合作任务:

(1) 告诉参与者他们要重组3人团队,团队成员要一起完成任务。任务是在几何图中找到尽可能多的三角形,此外还要确保所有成员都能准确说出所有找到的三角形。当团队完成后,所有成员都要在答卷上签字,表示他们赞同团队的答案。找到95%三角形的团队一起得到"优秀"评价,找到90%的团队一起得到"良好"评价,以此类推。接下来,让参与者把背面朝上放置的图片翻过来,正式开始完成任务。

(2) 设定任务时间为9分钟或10分钟。到规定时间后,要求参与者停止。接下来告诉参与者正确答案。要求参与者离开团队,各自写下:他们在完成任务的过程中有什么感受,注意到什么。这个步骤限时4分钟。

5. 指导团队中的三个参与者互相分享他们在三种类型的任务中记录下的反应。这部分要用10—12分钟。之后,挑选一些反应在所有参与者的范围内开展讨论。让参与者结合三种类型任务中体验到的反应做出总结。

6. 指导3人团队根据他们在三种目标结构下的任务体验以及其他团队给出的评价填写下表。他们要对三种任务中观察到的交互表现进行总结并填到表中。

7. 与所有人一起回顾三种目标结构的概念,并讨论每种结构对群体运作与产出造成的影响。

目标结构与群体成员交互

	目标结构		
	合作	竞争	个体
交互			
沟通			

续 表

	目标结构		
	合作	竞争	个体
促进其他人的成就			
同伴影响			
利用其他人的资源			
发散性思维			
情绪卷入			
成员间接纳与支持			
成员间信任			
解决冲突			
劳动分工			
害怕失败			

目标结构练习：正方形

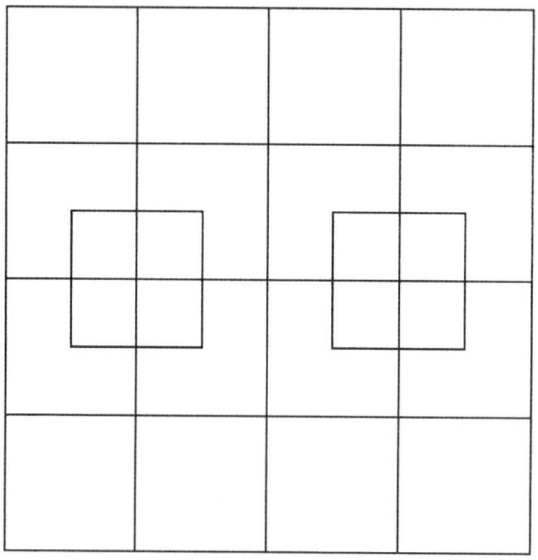

目标结构练习：橄榄形

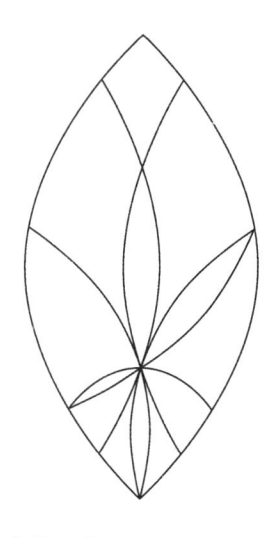

我有什么感受？我注意到什么？

我有什么感受？我注意到什么？

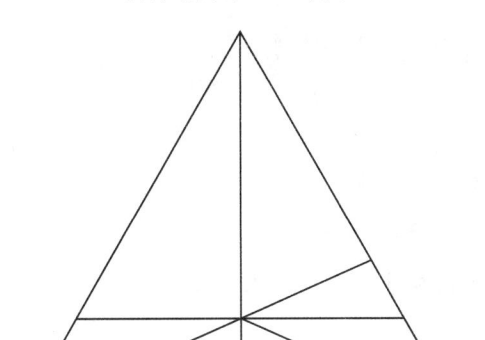

目标结构练习：三角形

我有什么感受？我注意到什么？

练习 3.6　生存游戏

这个练习的目的是观察不平等资源如何影响群体内合作或竞争的发展。这个练习模拟了贫穷与富裕在生死攸关的情境下表现出的效应。过程如下：

1. 组成 7 人团队。其中一名成员自愿担任记录者，另一名成员自愿担任观察者。每组有 5 名参与者，1 名记录者，1 名观察者。

2. 每个团队需要准备一盒长 5 英寸、宽 3 英寸的空白卡纸作为食物卡。此外，另需要一盒捕猎-采集卡。每一张卡上需要写上附录中所附的卡片内容。

3. 观察者的任务是记录观察表上所列出行为的出现数量。在任务结束后开展的团队讨论中，观察者要负责把记录的频次报告给整个团队。

4. 记录者的任务是：

（1）把生存游戏的指导语念给团队成员听。

（2）带领参与者复习游戏规则。

（3）给每个参与者发 3 张食物卡。

（4）打乱捕猎-采集卡，放在团队中央。

（5）根据卡上的信息，向参与者发放或收取食物卡。

（6）在每一轮后，从每个参与者手中收走一张食物卡。

（7）每位参与者在每一轮后公布自己手中食物卡的数量。

（8）每一周后（每 7 轮）公布即将饿死的参与者数量以及哪位参与者手中的食物卡最多。

5. 游戏结束后，讨论下列问题：

(1) 谁活下来了？谁死了？
(2) 如何决定使用合作或竞争策略？
(3) 由于饥饿而濒临死亡时，参与者有什么感受？
(4) 当知道其他人其实能够救他们时，饿死的参与者有什么感受？
(5) 自己有额外的食物卡，而其他人却饿死了，这时候幸存者有什么感受？
(6) 谁组织团队成员公平分配食物？
(7) 这个练习和真实生活中的什么情景相似？

生存游戏指导语

一场旱灾毁灭了世界。因为食物稀少，你加入了一个捕猎—采集团队。相比一个人而言，几个人合作打猎和采集更有效，能够让你们每天在更广阔的土地上获取食物。你所在的团队有5个人。你手中的食物卡代表你所拥有的食物储备。因为饥饿，你已经很虚弱了。你必须每天吃一份食物（每一轮），否则你就会死亡。每一轮结束后你就会失去一张食物卡。当你手头没有食物卡的时候，你就会"饿死"。这也就是说，在一天（一轮）结束后，手中没有食物卡的人就会被判定死亡，不能继续参与团队后续的活动。仅剩唯一一张食物卡的人不能与其他成员进行交谈。只有那些拥有两张及以上食物卡的人可以讨论自己的处境并与其他人交谈。你可以把自己的食物卡给任何人。

生存游戏规则

1. 协调者给每个参与者3张食物卡。打乱捕猎-采集卡，把这些卡放在团队的桌子中央。

2. 游戏的目的是赚取点数。如果在一周后（7轮）你的食物卡数量是团队中最多的，你就得到8点。如果一周内没有一个成员饿死，所有成员得到5点。

3. 游戏最少进行两周。在每一周的第一天（第一轮），所有参与者都只有3张食物卡，并且5名成员都活着。

4. 在每一轮中，每个人都可以抽取一张捕猎-采集卡。抽到后要把卡上的文字大声读出来，然后根据内容从记录者处拿取食物卡或上交食物卡。

5. 在每一轮中可以根据自己的意愿把自己的食物卡送给别人。

6. 所有参与者都要大声读出捕猎-采集卡上的内容。只有那些手上有两张及两张以上食物卡的参与者才能互相交谈。只有一张或没有食物卡的人必须保持安静。

7. 在每一轮结束后,参与者举起他们的食物卡,告知整个团队自己拥有多少食物卡。

8. 在每一轮结束后,每个参与者上交一张食物卡给记录者。代表自己吃了一份食物以维持生命。

9. 如果在一轮结束后,参与者没有食物卡可以上交,这个参与者就被判定死于饥饿。他就不能参与这一周剩下的几轮游戏了。

10. 在每一周后,记录者公布拥有食物卡最多的人是谁,以及有多少参与者死于饥饿。随后根据规则奖励点数。

生存游戏记录表

名字	第1轮	第2轮	第3轮	第4轮	第5轮	第6轮	第7轮

生存游戏观察表

	第1轮	第2轮	第3轮	第4轮	第5轮	第6轮	第7轮
分发的卡数							
收取的卡数							
饿死的人数							
建议使用合作策略							
竞争性的意见							
其他							

群体目标与成员间的社会相互依赖

桑迪·科法斯是棒球史上最伟大的投手之一。他也许是唯一一位投球能让人听到嗡嗡声的职业棒球大联盟投手。因为他的存在,对方的击球手不能轻松地在休息室里聊天、开玩笑,而是安静地坐着,听科法斯投出的快球发出的嗡嗡声。当轮到他们来击球的时候,他们已经完全被吓倒了。然而,如果想要使科法斯的天赋失效,最简单的方法就是让本书的作者担任他的接球手。一个投手需要一个出色的接球手才能成就他的成功(科法斯的最佳搭档是约翰尼·罗斯博罗)。因为本书作者戴维并不是一个熟练的接球手,因此科法斯就必须降低他投球的速度,使戴维能够接到。这就剥夺了科法斯最好的武器。同样地,如果把本书作者弗兰克安排在内野或外野的关键防守位置上,这也会极大地影响科法斯的表现。科法斯独自一个人并不能成为一个优秀的投手。只有作为一个团队的一分子时,科法斯才能成就他的伟大。棒球或其他任何群体都需要成员同心协力。合作的群体能够获得非凡的成就,而独立个体做出的个体主义的或竞争性的行为则不能。

社会相互依赖对于人的意义就如同水对于鱼的意义。鱼沉浸在水中度过它们的一生,我们也是一辈子都沉浸在社会相互依赖关系里。也正是由于我们沉浸在其中,所以社会相互依赖往往无法引起我们的注意。因为我们无法想象出不存在社会相互依赖的情况会是什么样的,所以我们通常不会去考虑它的存在,也由此经常低估社会相互依赖在人类生活中所扮演的角色。接下来的内容将会让你认识到社会相互依赖是什么,我们如何分享它,以及社会相互依赖如何影响我们的日常生活。同样,我们也会介绍社会科学领域中具有悠久历史的社会相互依赖理论的背景信息。

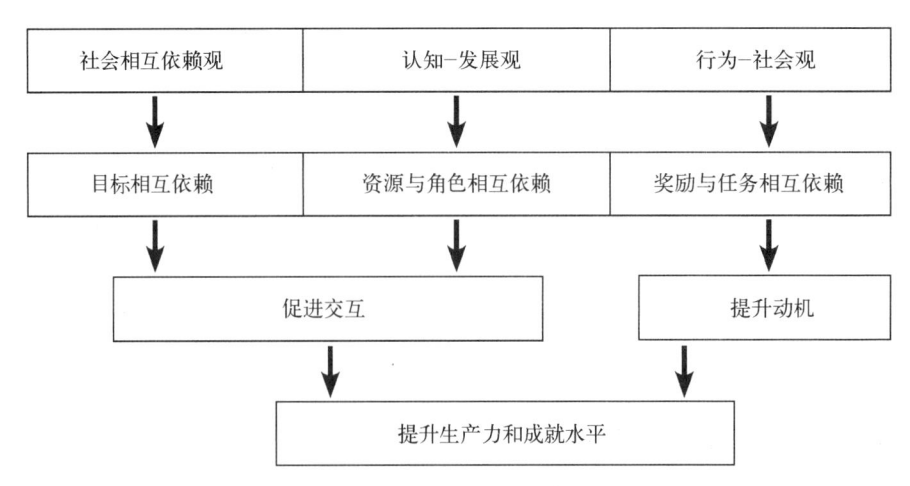

图 3.1　一般理论框架

资料来源:D.W. Johnson 和 R. Johnson(1989)。

理论取向

> 两个人总比一个人好,因为两人劳碌同得美好的果效。若是跌倒,这人可以扶起他的同伴;若是孤身跌倒,没有别人扶起他来……有人攻击孤身一人,若有两人便能抵挡他;三股合成的绳子不容易折断。
>
> ——《圣经·传道书》4:9—12

至少有三种综合的理论观点指导着对合作的研究:认知-发展观、行为理论,以及社会相互依赖观。认知-发展观主要基于 Piaget 和 Vygotsky 的理论。Piaget 认为,当个体在环境中合作时就会产生社会认知冲突,并由此导致认知不平衡。认知不平衡会促进观点采择能力和认知发展。Vygotsky 认为知识是社会性的,是在学习、理解和问题解决的合作中构建起来的。行为理论认为生产力建立在群体给予的强化和奖励基础上。Skinner 关注群体奖励,Bandura 关注模仿,Homans、Thibaut 和 Kelley 关注独立个体间**社会交换**(social exchange)的回报与付出之间的平衡。虽然认知-发展观和行为理论取向都有一批追随者,但是到目前为止,社会相互依赖理论才是解决合作与竞争问题最为重要的理论。

社会相互依赖理论的发端可以回溯到 20 世纪 00 年代早期柏林大学的格式塔心理学院。格式塔心理学是心理学由机械论转向场论的演变过程中的一部分(Deutsch, 1968)。**"场"**(field)是物理学中的分析单元,相对应地,**"整体"**或**"格式塔"**(gestalt;完形)成了格式塔心理学家对知觉和行为研究的关注点。他们假定人类通过将事件知觉为整合在一起的整体而不是部分或属性的总和,形成对世界有组织的、有意义的见解。格式塔心理学院的创始人之一,Kurt Koffka 指出,与心理场一样,群体也是成员之间相互依赖关系可以发生变化的动态整体(Deutsch, 1968; Deutsch & Krauss, 1965)。

基于格式塔心理学的原理,库尔特·勒温提出群体的本质就是成员之间的相互依赖关系(Lewin, 1935, 1948)。这种相互依赖关系使群体成为一个**动态的整体**(dynamic whole),任何成员或子群体的状态发生变化都会改变其他成员或子群体的状态。群体成员通过共同目标形成相互依赖的关系。一旦群体成员知觉到他们的共同目标,就会产生紧张状态,激发达成目标的行动。

勒温和他的同事通过实验证明了为达成目标而产生的驱动力激发了合作与竞争行为。当人们能够自由地做他们想要做的事的时候,被打断的任务通常还能继续进行下去(Ovisankian,1928);在特定情况下,一个行为可以替代另一个行为来完成被打断的任务,并由此释放与那个被打断的行为相关联的紧张状态(Lissner,1933;Mahler,1933)。被打断的未完成的合作行为会产生一种持续的力量,使人去回想没有完成的行为;并且,这种压力与打断个体行为导致的压力并没有多大差别(Lewis,1944;Lewis & Franklin,1944)。在20世纪40年代末,Morton Deutsch扩展了这项研究,形成了关于合作与竞争的理论(Deutsch,1949a,1962)。

Morton Deutsch生于1920年。1939年毕业于纽约城市学院,于1940年从宾夕法尼亚大学取得硕士学位。随后,1942—1945年参加了美国空军,然后进入麻省理工学院,师从库尔特·勒温修习社会心理学的博士课程。追随着勒温的脚步,Deutsch由于其对复杂社会事件的理论发展所做的贡献、寻找使用实验室实验研究复杂社会事件的能力以及致力于社会问题解决的举动,被公认为是一个杰出的社会心理学家。Deutsch(1949a)最早提出的理论从刚提出到现在一直是合作与竞争研究的主要概念结构。从最初提出理论的时候开始,Deutsch就逐步将他的社会相互依赖理论扩展到包含信任、冲突解决以及分配公平系统等在内的研究主题中。另外,Deutsch的理论也不断扩展并应用到教育(Johnson,1970;Johnson & Johnson,1974,1989,2005a,2009b)、商业和工业等诸多领域中(Tjosvold,1986)。

社会相互依赖(social interdependence)出现在个体取得的成果会受到他们自己和其他人行为影响的情况下(Johnson & Johnson,1989,2005a,2009b)。社会相互依赖有两种形式:积极的(个体的行为促进共同目标的达成)和消极的(个体的行为阻碍每个人目标的达成)。社会相互依赖与社会依赖、独立和无助不同。**社会依赖**(social dependence)仅出现在A的目标达成受到B的行为的影响的情况下,反过来并不成立。**社会独立**(social independence)出现在A的目标达成不受到B的行为的影响的情况下,并且反过来对于B的目标达成也是这样。**社会无助**(social helplessness)出现在没有人能够影响目标达成的情况下。我们可以采用三种方式来建立相互依赖关系(Deutsch,1949a,1962;Johnson,2003;Johnson & Johnson,1989,2005a,2009b):

1. **积极相互依赖**(合作):在一个情境中,个体的目标达成之间都是正相关的。每个个体都认识到只有当群体中其他成员都达成各自的目标时,每个人才能达成自己的目标。因此,个体会寻求获取那些对与自己有合作关系的人有利的结果。

2. 消极相互依赖(竞争):在一个情境中,个体的目标达成之间都是负相关的。每个个体都认识到当某人达成了他自己的目标的时候,其他与这个人存在竞争关系的成员就无法达成自己的目标。因此,个体会寻求取得对自己有利,但是对他人不利的结果。

3. 无相互依赖关系(个体主义):在一个情境中,人们的目标达成之间没有关系。每个个体都认识到无论其他个体是否达成他们自己的目标,自己都可以达成自己的目标。因此,人们不会在乎其他人取得什么结果,只寻求取得能够给自己带来个人利益的结果。

Deutsch(1949a,1962)指出,积极相互依赖会产生**可替代性**(substitutability;某个人的行为可以替代另一个人的行为的程度)、积极**投注**(cathexis;对自己以外的客体投入积极的心理能量,如对朋友、家庭和工作)以及可诱导性(对被他人影响及影响他人的开放性)的心理过程。消极相互依赖会导致不可替代性、消极投注,以及抵抗影响。无依赖关系则不会产生这三种心理过程。

交互模式

社会相互依赖理论的基本前提是情境中建立的相互依赖关系的形式决定了个体如何与他人交互,并由此决定结果(图 3.2)。积极相互依赖会引发促进性交互。**促进性交互**(promotive interaction)出现于个体相互鼓励、相互帮助以达成群体目标的情况下。个体间互相提供帮助、交换所需的诸如信息和材料的资源,互相挑战结论与推论,提倡努力取得共同目标,互相影响达成群体目标的努力投入以及表现出信任和可信赖是促进性交互的特征。消极相互依赖通常会导致对抗性交互。**对抗性交互**(oppositional interaction)出现在个体阻止和阻碍他人达成目标的情况下。此时,个体不仅关注提升自己的成就,也会防止其他人比自己更成功。无交互出现于个体独立工作,不与其他人发生交互或交换的情况下。此时,个体仅关注提升自己的个人成就,还会忽视其他人的努力,将其他人视为无关的事件。这些交互模式会导致不同的结果,详见表 3.2。

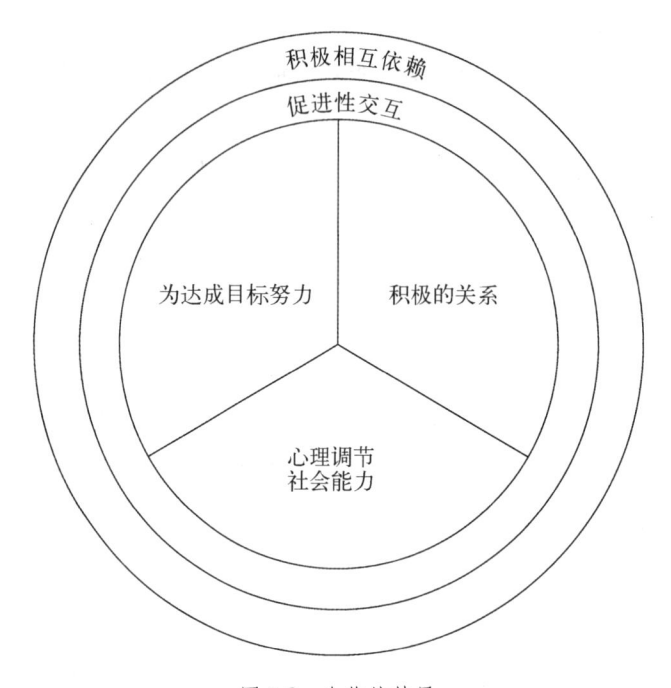

图 3.2　合作的结果

资料来源：D.W. Johnson & R.T. Johnson(1989)。

表 3.2　社会相互依赖理论

过　程	合　作	竞　争	个体主义
相互依赖	积极	消极	无
交互模式	促进性	对抗性	无
结果 1	为达成目标做出高水平努力	为达成目标做出低水平努力	为达成目标做出低水平努力
结果 2	积极关系	消极关系	无关系
结果 3	心理健康	心理不适	心理疾病

社会相互依赖的结果

　　合作、社会与文明，以及人之所以为人(而不是一种高智商动物)，体现在劳动分工比单独工作更高产这一基本事实上。并且，人们能够理性地认识到这个事实。但是，人们在守护自然中稀少的我们赖以维生的资源的时候，始终会碰到死对头以及不可调和的竞争关系。每个人都曾经被迫将其他人视为自己的敌人；他想要满足自己欲望的渴求会将他带入与周围其他人难以平复的争斗中。这种情况下就不可能产生同情……我们可能会呼吁宽容、团队意识或归属感，承认所有人都是我们努力追求生存过程中的潜在合作者，这是人们认识到合作带来的共同利益的结果。

——路德维希·冯·米塞斯(Ludwig Von Mises，1949)

约塞米蒂国家公园里有座以2 000英尺高的陡峭悬崖而闻名的半圆顶山。对于观光者来说，半圆顶山是罕见的景色。多年以来，半圆顶山被认为是没法攀登上去的。但是在1957年的时候，Royal Robbins和两个同伴共同首次攀登上了半圆顶山的西北面悬崖。这项难以置信的危险攀爬过程持续了5天。其间，Robbins和他的同伴在悬崖上住了4个晚上。他们睡在绳子上，身体是悬空的。直到今天，西北面悬崖对最优秀、技术最高超的登山者来说依旧是一个死亡陷阱。现在，请想象一下有两个登山者正在悬崖壁上慢慢地攀着岩壁向上爬。

成功攀登上西北面悬崖是这两个登山者拥有的共同目标。在悬崖上移动的时候，他们两人之间是用绳子相互连接在一起的(生命线)。一个成员爬的时候(引导登山者)，另一个人(保护者)要确保两个人有个安全的依靠，并且要确保当引导登山者摔落的时候，自己能够抓住他。只有保护者发出"出发"的指令后，引导登山者才开始攀登。当引导登山者爬到一定高度后，他会打好岩钉，拴好绳子，再继续攀登。如果引导登山者跌落了，岩钉可以帮助保护者抓住他，并且岩钉可以在悬崖上标记出攀登的路线。当引导登山者完成了一段攀爬任务后，他就会转而承担起保护者的角色，轮到另一个人开始攀爬。引导登山者打好的岩钉为第二个登山者指引出攀爬路线。在第二个登山者完成这一段攀爬任务之后，他会直接成为接下来一段攀爬任务的引导登山者。引导登山者和保护者的角色不断进行交替、变换，直到两人达成攀爬目标。

人生就像爬山一样。人类有合作的需要——我们期望并寻求机会与其他人一起工作来达成共同目标。我们通过各种各样的"生命线"与其他人连接在一起；我们轮流支持、引领其他人，以确保我们自己、我们的孩子、我们的邻居以及我们的所有后代都能够获得更好的生活。从出生到去世，我们都一直在与他人合作。每一天，从我们醒来到睡去，我们都在家庭、工作、娱乐和社群中通过一同工作来达成共同目标。

积极相互依赖的类型

> **积极目标相互依赖**：人们认识到只有在群体其他成员达成他们的目标的时候自己的目标才能达成。群体成员有共同的目标，并且他们都为达成目标付出努力。
> **积极庆祝/奖励相互依赖**：群体庆祝取得的成功，会对成功的群体工作以及群体成员为获取成功而付出的努力给予共同的奖励。
> **积极资源相互依赖**：每个成员都有一部分完成任务所必须使用的信息、资源或材料。每个成员的资源都必须与其他人的资源整合起来，只有这样才能使群体达成目标。
> **积极角色相互依赖**：每个成员被指派担任互补的、相互关联的角色，这些角色对群体完成任务来说都具有特定的职能。
> **积极身份相互依赖**：群体通过名字、旗帜、格言或歌曲的形式建立起共同的身份。
> **环境相互依赖**：群体成员通过某种物理环境的形式绑定在一起。例如，把人们安排在一个特定的地方工作。
> **积极想象相互依赖**：任务要求成员想象他们处于一个生死攸关的场景，成员们必须合作才能生存下来。
> **积极任务相互依赖**：工作被分割成部分。如果下一个成员要尽到自己的责任，上一个成员就必须先完成自己的工作。
> **积极抵御外部敌人相互依赖**：群体处于和他人竞争的状态下。群体成员在他们共同努力打败其他群体、力图赢得竞争的时候感受到相互依赖。

Jonhson, D. W., Johnson, R. T., & Holubec, E. (2013). *Cooperation in the classroom* (9th ed.). Edina, MN: Interaction Book Company. 授权引用。

自从 19 世纪末开始，已经有成百上千的研究关注了社会相互依赖（Johnson, 2003；Johnson & Johnson, 1989, 2005a, 2009b）。受到合作影响的诸多变量可以归入三种相对宽泛但内部相互关联的形式（图 3.2；Johnson, 2003；Johnson & Johnson, 1989, 1999）：（a）对达成目标所付出的努力；（b）参与者之间的关系质量；（c）参与者的心理调节。

如果研究想要对理论和实践产生影响，就必须以完整、客观、公平和无偏的方法进行总结和相互交流。在信息爆炸的时代，从基于少量、缺乏代表性的样本所得到的知识中获取的理论可能会使人得出不可靠的结论，运用这些结论会在实践中出错，这是一种相当危险的情况。诸如元分析这种量化的评价程序能够帮助我们得到更有决定性的、稳健的结论。**元分析**（meta-analysis）是一种将一系列考察同一个假设的独立研究的结果整合在一起，再通过推断统计得出这些研究整体结果的一种统计方法。元分析的主要目的是对一系列有关研究进行总结，由此获知**自变量**（independent variable）对因变量的效应大小。

研究的数量和特征

对合作、竞争以及个体主义工作的研究在美国社会心理学界已经是一个"老问题"了。早在19世纪末，Triplett(1898)就已经开展过一项对竞争性表现相关因素的研究。在那之后，已经有超过1 200项针对于合作、竞争、个体主义工作之间优劣以及每种形式在什么情况下最为合适的研究。这些研究中很大一部分的内部效度都很高。这些研究都是由经验丰富的研究者在高度控制化的实验室中(31%)，或使用现场实验的形式(65%)开展的。不过，当把随机分配情境、控制情景的明确性、控制实验效应、控制课程效应(在所有情况下使用同样的材料)以及成功操纵自变量的程度纳入考评标准后，只有51%的研究达到了这些标准。这是心理学中比较大的实验研究领域之一，这些研究为检验社会相互依赖理论这个主题提供了大量实证研究证据。

社会相互依赖的研究结果具有其他社会科学领域中所罕见的外部效度和普遍性。越是能够在不同的地区、人群、过程下得到同样的结果，研究结论的外部效度就越高。这些研究已经在110多年的时间里，由许多持有明显不同的理论与实践取向的研究者在不同的场景下开展过。在这些研究中，被试的年龄范围涵盖了三岁儿童到老人的各个年龄段，也涵盖了不同的社会阶级以及文化背景。这些研究使用了不同的任务、社会相互依赖构建的方法以及因变量测量的方法。这些研究的长度从1次到100多项实验不等。也分别在北美(高加索人、黑人、原住民以及西班牙裔)的不同文化，以及世界其他地方的不同国家中开展过研究。研究目的也包括在教育、商业和社会服务组织中开展的理论和验证性的研究。这些研究性质上的多样性证明了社会相互依赖理论具有广泛的普遍性和相当高的外部效度。

在过去100多年里，社会相互依赖研究所使用的因变量可以粗略地分为三个类别(Johnson & Johnson, 1989, 2005a, 2009b)：为达成目标付出的努力、积极人际关系以及心理健康。

为达成目标付出的努力

> 人多智广。
>
> ——约翰·海伍德

对所有有关研究进行的一项元分析发现，人们通过合作达到的成就要比竞争(效应量为 0.67)或个体主义(效应量为 0.64;见表 3.3)的情况下高出 2/3 个标准差。这些样本中使用 Cohen's d 作为效应量,并通过 Hedges 与 Olkin(1985)推荐的方法使用样本量对结果进行校正。当只把那些具有高内部效度的研究纳入分析的时候,这两个效应量分别变为 0.88 和 0.61。合作经验比竞争(效应量为 0.93)或个体主义(效应量为 0.97)促进人们更为频繁地使用洞察、高水平认知以及道德推理策略。合作者比竞争者(效应量为 0.76)或独立工作的人(效应量为 1.17)在任务上投入的时间更多;竞争者倾向于比独立工作的人在任务上投入更多的时间(效应量为 0.64)。当与竞争者和个体主义者比较的时候,合作者的努力会促进长时记忆、产生更高的内部动机及对成功的期望、产生更多创造性思维(过程增益)、获得更高的学习迁移水平并会使成员对任务和学校持有更为积极的态度。

表 3.3 社会相互依赖对因变量的平均效应量

情　　境	成就	人际吸引	社会支持	自尊
所有研究				
合作 vs 竞争	0.67	0.67	0.62	0.58
合作 vs 个体	0.64	0.60	0.70	0.44
竞争 vs 个体	.03	0.08	−0.13	−0.23
高质量研究				
合作 vs 竞争	0.88	0.80	0.83	0.64
合作 vs 个体	0.61	0.62	0.72	0.45
竞争 vs 个体	0.07	0.27	−0.13	−0.25
混合操纵				
合作 vs 竞争	0.40	0.46	0.45	0.33
合作 vs 个体	0.42	0.36	0.02	0.22
净操纵				
合作 vs 竞争	0.71	0.79	0.73	0.74
合作 vs 个体	0.65	0.66	0.77	0.51

除了能取得更高的成就以及更为稳固的记忆,与竞争和个体主义的努力相比,合作也会在以下方面产生影响(Johnson,2003;Johnson & Johnson,1989):

1. 在达成目标的过程中,不管任务有多困难都愿意坚持下来。而且,合作的人拥有内部动机,对成功持有高期望,对于实现共同利益具有高动机,对于知识有高度的好奇心,对学习具有持续的兴趣,并且对达成目标有高水平承诺。

2. 学得好,而且记得久。

3. 拥有高水平的推理、批判性思维以及元认知思维。合作者更善于"从废话中寻找意义",并使用批判性思维能力来获取信息、检验信息、评价信息的可靠性,并且能够适当地运用信息。与竞争或个体主义相比(效应量分别为 0.93 和 0.97),合作情境促进人们更频繁地获得领悟,更有效地使用高水平认知与道德推理策略。

4. 创造性思维和过程增益。**过程增益**(process gain)指的是通过群体产生新想法、解决方法或新的成就,并且这些新产生的东西不会产生于群体成员单独工作的情况。在合作群体中,成员能比他们独自工作的时候更频繁地产生新的想法、策略和解决方法。

5. 能将在一个情境中学到的东西迁移到另一个情境。**群体向个体迁移**(group-to-individual transfer)指的是个体在合作群体中习得的能力或信息在随后的个体活动中发挥作用。人们今天在群体中学到的东西,在未来某天就能独立运用。

6. 对正在完成的任务持有积极态度。合作获得的成就会使群体成员对正在完成的任务持有积极态度,并能对完成任务持有更强的持续性动机。积极态度会延伸到工作经验和整个组织上。

7. 完成任务的时间。有超过 30 项研究测量了花费在任务上的时间,发现合作者比竞争者(效应量为 0.76)或独自工作的人(效应量为 1.17)在任务上花费时间更多。竞争者比独立工作的人花费时间更多(效应量为 0.64)。

并不是所有支持进行合作的研究都使用了实验法。Balderston(1930)开展过一项针对工作场所群体动机计划的研究。这项研究以一些公司中收集得到的书面描述性文字作为研究对象。在研究的每个案例中,所有成员的收益都取决于群体整体的生产力。Balderston 发现这种方法使工人的效力翻番。与先前的基线水平比较,这种方法为工人们增加了大约 25% 的收入,并且实质性地降低了成本。群体激励手段的使用者在评价中反馈这种计划是有价值的,因为这种方法提升了群体成员之间的合作水平和团队精神,降低了工作的单调感,使工人都关注于共同目标。

库尔特·勒温经常说**"我常常发现我在一个人的时候无法进行思考"**。很多达成目标所需的行为是需要个体进行合作、建立共识的社会过程。竞争和个体主义结构这种将人与人孤立的形式会降低成就水平和生产力。

过程增益或过程损失

合作群体中会出现过程增益还是过程损失？这个问题存在着争议（Hill，1982）。**过程损失**（process loss）指的是相比独立工作的时候，在群体中工作的人们产生的想法更少、想到的解决方法更少以及对学习、问题解决任务投入水平更低。而过程增益指的是相比独立工作，与群体交互会产生效果更好、质量更高以及更为新异的想法和问题解决方法。元分析结果表明，和个体相比，群体不仅在大部分的任务和大部分情境中表现得更好（表明存在过程增益）；另外，个体在合作群体中学习后，得到的成绩比独立学习后更好（群体向个体的迁移强于个体向个体的迁移；Johnson & Johnson, 1989, 2005a, 2009b）。同样地，也有证据表明合作群体会出现集体归纳现象，即，群体能够得出每个成员无法单独归纳出来的一般原理（Ame & Murray, 1982）。

积极关系与社会支持

> 忠实的朋友，是稳固的保障；谁寻得了他，就是寻得了宝藏。
>
> ——《圣经·德训篇》6：14

我们是为关系创造的，而不是为孤立创造的。关心和承诺的关系是我们的必需品，而不是一种奢侈品。最近对全美国的调查发现，感到被他人认为有价值、被爱、被需要、被尊敬都能够赋予生活意义和目的，幸福是由亲密的关系产生的。

迄今为止，已经有超过 180 项比较合作、竞争和个体努力对人际吸引的影响的研究。这些研究显示出，与竞争（效应量为 0.67）和个体主义（效应量为 0.60）相比，合作行为会使人际吸引水平变得更高（Johnson & Johnson, 1989, 2005a, 2009b）。当只纳入那些从方法论上看是高质量的研究时，这样的差异依旧存在（效应量分别为 0.82 和 0.62）。在关注白人和少数族裔成员之间关系的研究（效应量分别为 0.52 和 0.44）以及关注残障与非残障人士的研究中（效应量分别为 0.70 和 0.64）都发现了同样的效应。这些结果证明了社会判断理论（Johnson & Johnson, 1989, 2005a）。该理论是社会相互依赖理论的扩展。个体对其他人进行的社会判断会引发接纳，最终使他们互相喜欢、互相尊敬；也有可能引发拒绝，最终使他们互相讨厌、互不尊敬。从 20 世纪 40 年代起，已经有超过 106 项研究比较了合作、竞争和个体主义努力对社会支持的影响。与竞争(效应量为0.62)和个体主义(效应量为0.70)相比,合作行为会产生更高水平的任务定向和社会支持水平。在方法论上质量更高的研究中,这一效应依旧存在(效应量分别为0.83和0.72)。

在人际关系领域中,有许多研究都关注了白人与少数族裔之间的关系以及正常人和残障人士之间的关系(Johnson, 2003b; Johnson & Johnson, 1989)。有超过40项研究比较了跨种族关系中合作、竞争与个体主义经验的不同组合;也有超过40项研究关注了残障人士(Johnson, 2003b; Johnson & Johnson, 1989, 2005a, 2009b)。所有这些研究都取得了一致的结果:与竞争或个体主义性质的工作相比,合作地开展工作能够在不同的、异质的个体之间建立起更为积极的关系。

社会判断理论(social judgment theory)扩展了社会相互依赖理论,关注的是不同个体之间的关系(Johnson, 2003b; Johnson & Johnson, 1989)。该理论认为,个体对他人进行的社会判断会增加或降低对他人的喜好度。这种社会判断是接纳或拒绝过程的结果(Johnson, 2003b; Johnson & Johnson, 1989)。**接纳过程**(process of acceptance)是建立在个体感知到积极相互依赖之后促进达成共同目标基础上的现象。这种促进性交互会带来更加频繁、准确且开放的交流,使人能够准确理解其他人观点,变得可引导,产生对他人分化的、动态的和实际的看法,拥有高自尊,变得成功且有生产力,预期未来的交互是积极、富有成效的。**拒绝过程**(process of rejection)指的是在知觉到存在消极相互依赖或无互相依赖之后产生的反抗或缺乏交互活动的现象。这时候会缺乏沟通或产生不准确的沟通,变得以自我为中心,对施加的影响进行反抗,独断,持有刻板印象;对他人持静态的看法,变得低自尊,遭遇失败,预期与他人的互动是不愉快的。接纳和拒绝过程是自生自存的。整个过程中只要存在任何一个部分,其他部分就都会出现。

群体成员之间由合作行为带来的积极关系会提升群体凝聚力。**群体凝聚力**(group cohesion)指的是群体成员之间的相互吸引力。这种吸引力会使成员想要留在群体中。高凝聚力群体更容易设定目标(Festinger, Schachter, & Back, 1950),也更容易达成这些目标(Seashore, 1954; Wholfe & Box, 1988),并且更容易被同伴所影响(Schachter, Ellertson, McBride, & Gregory, 1951)。群体凝聚力越高,成员就越倾向于留在群体中,越倾向于参与群体活动,并会尝试招募志同道合的新成员加入(Levine & Moreland, 1998; Mobley, Griffith, Hand, & Miglino, 1979; Sprink & Carron, 1994)。

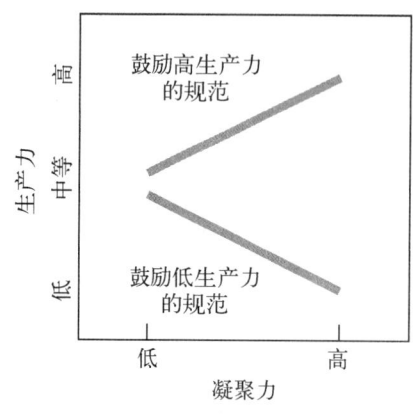

图3.3 生产力和凝聚力之间的关系假设

群体凝聚力对小群体和真实群体的群体表现影响更大。群体表现似乎主要受到群体对成功完成任务的承诺的驱动。此外,成功完成任务也能够提升群体凝聚力(Mullen & Cooper,1994;图3.3)。当任务需要群体成员之间进行紧密合作的时候(如,一个面临着艰巨比赛的球队,或一支要执行复杂演习的军队),凝聚力会提升他们在任务中的表现(Gully, Devine, & Whitney,1995)。随着凝聚力提升,成员的缺席、流动现象就会减少,愿意为群体目标做出承诺的成员数量会增加,对群体的个人责任感、执行困难任务的意愿、对目标达成的动机和坚持水平、满意度和斗志、为群体忍受痛苦和挫折的意愿、为群体抵御外部批评或攻击的意愿、听从或受到群体成员影响的意愿也都会提升,也会更愿意为其他人的专业发展和成功付出努力,并且生产力也会出现增长(Johnson,2003b;Johnson & Johnson,1989,2005a,2009b;Watson & Johnson,1972)。

合作群体中形成的关系能不能在未来的非任务情境中自动维持下去?一系列研究已经证明,当人们处于没有指导、自由选择的情况下时,会产生很多跨种族的交互行为(Johnson & Johnson,1989)和跨正常-残障人士的交互行为(Johnson & Johnson,1989,R. Johnson & D. W. Johnson,1981,1989;R. Johnson, D. W. Johnson, Scott, & Ramolae,1985;Johnson & Johnson,1989)。不过,这种现象只出现于合作情境中,在竞争和个体主义情境中并不会出现。也就是说,在合作群体中,不同的成员之间的关系在任务后会继续存在下去。

学生之间人际关系质量是否与学业成就有关? Roseth,D.W.Johnson和R. Johnson(2008)对148项,共涉及17 000多名青少年早期阶段学生的研究进行了元分析。这些研究来自11个不同国家。他们发现积极的同伴关系能够解释学业成就中33%的变异;而且在只纳入那些稳健的、高质量的研究时,积极的同伴关系就能解释学术成就中40%的变异。从这个结果来看,如果教师要提升青少年早期阶段学生的学业成就,似乎只要促进在学生之间发展友谊就好了。除此以外,合作经验、社会相互依赖倾向以及伤害性意图侵犯、受害和亲社会行为之间是否存在关系(Choi,D. W. Johnson, & R. Johnson,2011)?有一项研究让270名来自3—5年级的学生完成一系列问卷。对这些问卷所测变量进行路径分析发现，合作经验能够预测合作倾向、个体主义倾向的消失以及是否做出亲社会行为。合作倾向能够对做出亲社会行为以及停止伤害性意图侵犯行为进行预测。个体主义倾向并不能预测这些行为。如果学校希望避免发生欺凌并提升亲社会行为数量，可以使用开展合作学习和合作完成任务的方法使学生变得倾向于使用合作这种重要策略。

除了使成员之间互相喜欢，合作也能给予和取得相当程度的社会支持（Johnson，2003b；Johnson & Johnson，1989，2005a，2009b）。从20世纪40年代起，有超过106项研究比较了合作、竞争和个体主义对社会支持的影响。与竞争（效应量为0.62）和个体主义（效应量为0.70）相比，合作行为会引发更高水平的任务定向以及社会支持。社会支持会提升成就水平与生产力、身体健康以及心理健康，还能促进人们成功地应对焦虑和逆境。

心理健康与自尊

> 人人为我，我为人人。
>
> ——亚历山大·仲马

第三类被研究者所关注的变量是心理健康、自尊与社会能力。**心理健康**（psychological health）是为成功达成目标而去发展、维持和适当调节相互依赖关系的能力（Johnson，2003；Johnson & Johnson，1989）。要想调节好社会相互依赖关系，个体首先就必须能够正确地知觉到相互依赖关系，以及相互依赖关系是积极的还是消极的，并由此驱动，使自己在不同情境下根据适当行为的期望做出相符的行为。有8项研究直接测量了社会相互依赖和心理健康之间的关系（Johnson & Johnson，1989，2005a，2009b）。这些研究的样本囊括了大学生、老年人、偏远地区高中生、青少年和成人罪犯、再婚夫妇、奥运会曲棍球队员和中国商人。研究结果表明，与同伴合作并且认为合作有价值的时候带来的心理健康水平高于竞争或独立工作的情况。并且这些研究也发现，人们对合作的态度与大量心理健康指标高度相关。具体来说，对合作的态度与情绪成熟度、社会关系的良好适应、高自我认同、应对逆境的能力、社会能力、基本信任与对人持乐观态度、自信、独立和自主能力、高自尊以及**高观点采择能力**（perspective-taking skills；理解一个情境对其他人意味着什么的能力）之间存在正相关的关系。在有些情况下,竞争与心理健康呈正相关关系,而在另一些情况下则与心理健康呈负相关关系,其中就包括情境性自尊和自我中心。个体主义态度与大量心理健康指标呈负相关关系,尤其是类似于基本的自我拒绝和自我中心的异常症状。

社会相互依赖理论已经扩展到了自尊领域了(Johnson,2003;Johnson & Johnson,1989)。自我接纳过程来自(1)对自己被他人认识、接纳和喜欢的得到内化的知觉,(2)对共同成功的内化,以及(3)与同伴进行积极的比较来评价自己。自我拒绝则来自(1)不希望被认识,(2)表现差,(3)以偏概全的自我评价,(4)被他人质疑。有至少80项研究比较了合作、竞争和个体主义对自尊的影响。与竞争(效应量为0.58)或个体主义(效应量为0.44)相比,合作会产生更高的自尊水平。即使只考虑那些方法上质量高的研究时也是这样(效应量分别为0.67和0.45)。D. W. Johnson和Norem-Hebeisen(1981)曾经对美国中西部郊区的821名中产阶级家庭的高中生开展研究,结果发现:合作经历与自己内部知觉到自己有价值、其他人积极地看待自己、自己的特征能与同伴相媲美以及自己是一个有能力、胜任的、成功的人的信念之间存在相关关系。竞争经验则与基于输赢的情境性自尊有关。个体主义经验则与基本的自我拒绝有关。

心理健康也包括内化的建设性价值观。社会相互依赖本身就包含一些价值观。合作、竞争和个体主义各自拥有在日复一日的学校生活中习得的内生价值观系统(Johnson & Johnson，2000，2008，2010)。合作带来的价值观包括为自己和他人的成功与福祉做出承诺，为共同利益付出努力，以及将促进其他人的成功视为生活本质的价值观。竞争则会带给人们从他人那里得到更多、击倒与打败他人、看重胜利以及认为反对并阻碍他人成功是生活本质的价值观。个体主义则会教导人们关注于自己的个人利益，以及不关心他人是否得到满足的价值观。学校向学生灌注了大量的价值观，在这个过程中使用的指导方法会对学生的价值观形成产生影响。

有许多研究关注了合作、竞争和个体主义经验与观点采择能力之间的关系(Johnson，2003；Johnson & Johnson，1989，2005a，2009b)。合作经验会提升观点采择能力，而竞争与个体主义经验则会增长**自我中心**(egocentrism；相对自己而言，个体无法意识到其他人的观点；效应量分别为 0.61 和 0.44)。

社会能力是心理健康的一个重要方面。在合作情境而非竞争或个体主义情境下，社会能力(如，进行领导、建立与维持信任、有效沟通、有效决策、建设性解决冲突的能力)能够得到提升(Johnson，2003b；Johnson & Johnson，1989)。就业能力和职业上的成就非常依赖于这些社会技能。这些技能同样也是建立与维持终身友谊、爱情与充满关怀的家庭和有凝聚力的邻里关系的基础。其中，最为重要的一类社会能力是解决冲突的能力。社会相互依赖理论家认为积极、消极相互依赖都会在个体间引发冲突(Deutsch，1973；Johnson & Johnson，2005b，2007；Tjosvold，1991b)。在合作情境下，冲突发生在如何更好地达成共同目标的情况下。而在竞争情境下，冲突则会发生在决定谁赢谁输的时候。在学校里可以教导学生使用以下两种冲突解决方法来建设性地解决冲突：(a) 使用"教学生成为调解人"程序，学生在这个程序中会学习到如何通过参与整合性协商和使用同伴调解的方式来建设性地解决利益冲突(Johnson & Johnson，2005b)；(b) 使用"学术辩论"程序，学生在这个程序中会学习到如何理智地挑战每个人的想法、推论和结论(Johnson & Johnson，2007)。对这两个程序的研究已经证明了在积极相互依赖情境下发生的冲突最终会带来多种积极结果(如，取得更高的成就、更频繁地使用高级推理、更正确地使用观点采择、达成更多整合性协议、更喜欢彼此、对冲突持有更积极的态度)。

心理病理水平越高的人(如，抑郁、愤怒、焦虑)发展和维持具有关怀和承诺的关系的能力越低。已有研究证明，反社会行为和被正常同伴群体拒绝之间存在关联(Bierman,2004;Williams,Forgas,& von Hippel,2005)。不适当的攻击行为会导致同伴拒绝(Coie & Kupersmidt,1983;Dodge,1983)。被拒绝的儿童在很多社会认知能力上存在缺陷,其中就包括加入同伴群体、知觉同伴群体规范、对挑衅做出反应和解释亲社会交互的能力(Bierman,2004;Williams,Forgas,& von Hippel,2005)。在儿童辅导诊所就诊儿童的父母有30%—75%(取决于儿童具体年龄)报告他们的孩子存在同伴交往困难(Achenback & Edelbrock,1981)。这些就诊儿童遇到的困难大约是普通儿童的两倍。此外,相比普通儿童,这些就诊儿童的朋友数量更少,和朋友的接触也更少,友谊更不稳定,并且他们对友谊中的互惠和亲密行为的理解也更不成熟(Selman,1981)。

最后,合作能使人们习得并提升大量对于心理健康非常重要的态度和价值观。

道德价值观

伦理和品德的灌输是社会化的核心方面之一。伦理、道德和品质是在社会里传承下来的。它们不会存在于没有社会的"真空"里,而是从人际交互中习得的。伦理、道德和价值观是通过"正确"行为来定义的,反映的是在人际关系中指导行为的、被人们所珍视的理想。所以,伦理、道德和价值观都是在群体和社会中的关系经验里学习、内化和表达的。

有许多教导专业伦理和品德的策略。其中有一种直接策略:由教师直接告诉学生专业伦理是什么,也可以由权威人物作为伦理的样例;随后,学生会效仿权威人物,并将伦理内化或至少仿效权威人物所做的行为。不过,最有效的方法还是构建群体经验,使成员在每时每刻都做出道德行为。通过这种形式,重复的行为就会内化,成为群体成员之间习惯性的交互模式。通过控制成员之间交互的方式,群体就能控制成员伦理和品德的发展。合作与建设性争论是两种最有效的教导成员伦理和道德价值观的方法。

将自我利益扩展到共同利益。道德社会化中最重要的一个方面是自我利益向共同利益扩展(目标转化)。也就是说,在合作中,个体要从达成自己利益的目标扩展到同时达成共同利益的目标(Johnson & Johnson,2005b)。大部分人都会直觉性地关注他们自己是否获得满足。然而,使自己个人的利益服从群体、团队或其他个体的利益是人类所固有的动机,并且与获取自己个人利益的动机同样强大(Asch, 1952)。自私(完全关注自己利益,忽视其他人是否得到满足)并不能帮助人类生存下来。这是因为在社会中的每个人都依赖其他人来获得大部分诸如食物、水、庇护所、衣服、交通和沟通等基本资源(更不用提归属感和照料了)。为满足这些基本需求,每个人都必须与其他人合作,通过一起工作来达成对每个人、整个团队,以及包含自己在内的所有人都有利的共同目标。如果有成员不承担分配给他们的工作,所有人都会遭殃。所以,为使他人满足而工作对于获取个体自身幸福来说是必需的。由此,一个人的成功、快乐和满足就与其他人的快乐与满足紧密地关联在一起;其他人和整个群体的利益也因此纳入了个人的自我利益范围中。人们对于合作与群体的需求产生了包含使他人满足和使公共获利的社会需求与目标。

道德取向。 合作、竞争和个体主义各自拥有一套在日复一日的学校生活中习得的内生价值观系统(Johnson & Johnson, 1994, 1996, 2000;见表3.2)。合作情境中的道德取向建立在自尊、互相尊重和平等的基础上(Deutsch, 1985;Johnson & Johnson, 1994, 1996, 2000)。所有成员都被认为具有同等的价值,应当得到平等的尊重,要得到公正和平等的对待(即使他们在权威和地位上可能存在差异)。这种平等主义认为不能造福所有人的不平等就是不公正(Rawls, 1971)。人们对取得自己和其他所有人的成功都负有责任,成功来源于共同努力。人们不仅为他们自己的成功感到高兴,也同样会为群体成员的成功和满足感到骄傲和愉悦。人们会将其他成员看作潜在的同盟者与自己成功的促进者。因为合作的人"同舟共济",所以在他们之间发展出了"人人为我,我为人人"的心态。群体成员会为群体的长期满足(共同利益)做出承诺,并将促进其他人的成功视为生活的本质。

竞争情境中的道德取向建立在不平等和通过输赢来决定谁得到好结果与谁得到差结果的基础上(Deutsch, 1985;Johnson & Johnson, 1994, 1996, 2000;Kohn, 1992)。竞争教导人们获取比其他人更多利益的必要性。成功来自超过其他人,并要保证不被其他人超过。人们会将其他的个体视为竞争者和对自己成功的威胁。竞争行为会内在地教人们去剥夺他人的胜利果实,使人认为反对与阻碍他人的成功是生活的本质。人的价值取决于他所付出的努力相对他人的成功;胜者有价值,败者无价值。因此,竞争与低慷慨、低观点采择意图、低信任倾向、对他人更高的侵犯性以及进行准确沟通的意图更低有关(Deutsch, 1962;Johnson & Johnson, 1994, 1996, 2000)。

个体主义情境中的道德取向建立在绝对利己的基础上(Johnson & Johnson, 1994, 1996, 2000)。在个体主义情境中,每个人都是分离的个体,每个人的成功都只取决于他们自己付出的努力。这样,无论是以关心还是侵犯性的方式和他人互动都是不适当的。他们必须忽略处于困境中的他人。他们认为自己的成功是重要的,而他人是否成功是无所谓的。一个人的价值取决于是否达到了权威人物设置的标准,完成任务是获取奖励的一种方式。因此,个体主义行为会内在地教人们关注他们自己的目标,同时将其他人的成功或失败视为与自己无关的事并忽略。

亲社会行为。 亲社会行为(prosocial behavior)是通过帮助、支持、鼓励他人达成目标或感到满足的有益于他人的行为(Shaffer, 2000)。合作经验会提升人们做出亲社会行为的频率(Blaney et al., 1977; Eisenberg & Fabes, 1998; Etxebarria et al., 1994; Johnson & Johnson, 1983; Solomon et al., 1990)。Choi、Johnson 和 Johnson(2011)对 217 名 4—5 年级的学生开展过一项研究,发现合作学习经验和合作倾向能够预测这些学生做出亲社会行为的频率。相反,竞争和个体主义并不能预测亲社会行为。此外,通常在合作情境中能发现存在互相响应和共享积极情感,它们是亲社会行为发展的关键因素(Kochanska, 2002)。亲社会是有好处的。亲社会的儿童会与同伴建立起积极关系(Asher & Rose, 1997)。并且相比于校友,他们有驱动自己与班级同学建立关系的内在动机,这代表他们正处于积极关系中,而且重视关系、享受积极的幸福感(Hawley, Little, & Pasupathi, 2002)。

与亲社会行为相对的是反社会行为。伤害性意图侵犯(欺凌)是反社会行为的一种形式。Choi、Johnson 和 Johnson(2011)发现,越是合作的学生就越不可能做出伤害性意图侵犯行为。这项研究中所发现的合作与伤害性意图侵犯之间的负相关关系与早先的研究结果一致(Hay-Hintz, Peterson, & Quilitch, 1994; Berkowitz, 1989; Napier, 1981; Nelson, Gelfan, & Hartmann, 1969; Tjosvold & Chia, 1989)。竞争性越高的学生会越频繁地做出伤害性意图的侵犯行为。恃强凌弱者倾向于疏远他们的伙伴,并且会感受到幸福感降低(Asher & Rose, 1997; Rigby & Slee, 1993; Slee, 1995)。并且相比大部分学生而言,这些竞争性高的学生更容易感受到孤单、悲伤和焦虑(Hawley, Little, & Pasupathi, 2002)。做出亲社会行为会给个体带来好处,而做出诸如伤害性意图侵犯的反社会行为则会给个体带来损失。

道德包含与公正范围。进行促进性或防御性交互会自然而然地影响道德的内容与公正范围。每个人对自己决定"把道德标准施加给谁"的**道德共同体**(moral community)或**公正范围**(scope of justice)是有心理边界的(Deutsch, 1985; Opotow, 1990; Staub, 1987)。公正范围是人们将对于公正的概念应用到其他人身上的程度(Deutsch, 1985)。道德关注通过那些处于我们公正范围内的个体和群体对我们的行为进行引导。**道德包含**(moral inclusion)指的是将公平与公正关注施加到其他人身上,认为他们有资格共享群体资源,并认为他们有资格接受帮助,哪怕自己要为之付出代价(Opotow, 1990, 1993)。**道德排除**(moral exclusion)指的是人们将个体或群体从自己的公正范围中排除出去,不与他们分享群体资源,也不认为他们具有接受帮助的权利。当出现道德排除时,在内部人员关系上使用的道德价值观和规范就不再适用了。在道德排除的情况下,人们会觉得自己可以贬低和虐待外部人员,并且会通过从根本上否认这些行为会带来有害影响来维持这些行为。这种否认行为可以是人为低估影响的持续时间,可以是否认其他人有得到更好结果的权利,也可以是忽略其他已方成员做出的暴力行为(Opotow & Weiss, 2000)。那些处于公正范围以外的人会被认为是无足轻重的人(例如,认为他们不是人),因此是可以被剥削的(例如,非法移民、奴隶),或者可能被认为是敌人,所以应当被粗暴对待或处死。前南斯拉夫就是这样的一个例子。在南斯拉夫解体前,塞尔维亚人、穆斯林和波斯尼亚的克罗地亚人或多或少都认为自己处于同一个道德群体,并由此以某种程度的礼仪互相对待。而在国家分裂后,诽谤其他种族群体成了一种政治工具,塞尔维亚人、穆斯林和克罗地亚人转而互相施暴。

在竞争与个体主义情境下,内群体(出现道德包含)与外群体(出现道德排除)之间的边界就会变强、变明显。然而在合作情境中,道德包含与公正范围的涵盖面更广,尤其当不同背景与文化的成员处于同一个合作群体时,道德包含会扩展(Johnson & Johnson, 1989, 2005a)。由于道德包含涉及公平、平等和人道主义的价值观,合作者会认为所有人类都有得到公平对待、公正与帮助的权利,甚至有可能会将道德包含和公正范围扩展到其他物种与生命形式中去。例如,阿尔贝特·施韦泽将所有的生物都纳入他的道德共同体中,有一些佛教徒则将整个自然都纳入了自己的道德共同体中。

公正与公平。道德社会化的一个重要方面就是重视公正,即确保群体、组织和社会中成员的利益分配是公正的(分配公正/公平),对所有成员都公平地使用同样的过程(程序公正/公平),以及所有人都被认为是同一个道德群体的一分子(道德包含;Deutsch,2006)。Deutsch(1985)指出,**分配公正**(distributive justice)是一种对群体或组织成员分配利益(或损失、伤害)的方法。它一共有三种类型:公平观(或绩效观)指的是根据人们对群体所做的贡献量来分配对个人的奖励,这个观点存在于竞争情境中;平等观指的是所有成员平均分配奖励,这个观点存在于合作情境中;需求观指的是根据群体成员的需求来分配奖励,合作者通常会确保所有成员都得到能够让他们感到满足的最低程度的奖励。无论使用什么方法,人们都会感到分配是"公正"的。当奖励没有得到公正分配的时候,群体就会处于道德水平低、冲突水平高以及生产力低的状态(Johnson & Johnson,1989,2005a)。

有研究发现,儿童的分配公正观会随着成长逐步发展(Damon,1977,1980)。例如,四岁及以下的儿童会认为最需要某物的人应当得到这样东西。而在四岁后,儿童转而认为应当遵循绝对平等或互惠的形式来分配利益(即,每个人得到的数量相同)。而当形成公正是复杂的,并且是可以从多重角度来看待的观念后,儿童就会抛弃先前持有的严格互惠的观念。例如,他们会认为最需要某物的人(如,残疾人或穷人)需要被特殊考虑(Damon,1977,1980;Enright, Franklin, & Manheim, 1980)。

程序公正(procedural justice)指的是用来决定每个人结果所使用的程序的公平性。程序公正包括两个方面:对每个人使用一样的过程,以及用礼貌、庄严、恭敬的行为来执行。通常情况下,相比得到结果的公平性而言,大部分人更在意程序和受到对待的公平性(Deutsch,2006)

最后,公正也指被纳入道德群体。如前文所述,如果个体或群体处于被考虑公平对待的范围之外,他们就可能会被以在范围内的成员认为不道德的行为来对待。

研究指出,学生参与合作学习的经验越多,并且他们越认为自己的班级是合作性的,学生就越相信每个人在班级中都有相等的获取成功的机会、能够得到各自应得的成绩并且评分系统也是公平的(Johnson & Johnson,1989,2005)。即使在任务表现明显不符的情况下,合作群体的成员也会认为他们自己和其他成员在整体能力上相似,并且在奖励的应得性上也相似。

公共利益。情境越是合作并且个体的合作性越是高,人们就越可能将群体的长期利益排在自己即刻的个体利益之前(Johnson & Johnson,1989,2005)。

所以每次合作性课程都要包含评价群体的公共利益的环节。

重视自己。相比竞争(效应量为 0.58)或个体主义(效应量为 0.44)情境,在合作情境下的个体会觉得自己更有价值(Johnson & Johnson, 1989, 2005)。所以竞争情境中权变的自尊会占主导,而合作情境中基本的自我接纳则会占主导。

自动化的道德反馈。当学生以合作学习团队的形式参与大部分课程时,他们会反复得到对于形成自动化而言必需的道德反馈。每当学习团队相聚在一起时,有一些成员可能会寻求某种帮助。通过反复对其他人的求助做出反馈,道德反馈的模式就会逐渐成为一种自动化的习惯模式。

三种结果之间的相互关系

> 我们的关系很好并且会持续下去是因为他(乔·帕特诺)让你与队友之间形成了发自内心的爱。让你放弃自己的好朋友是很困难的,甚至难于放弃你的教练。我真的相信多年以来,我的球队在紧张的情况下几乎战无不胜。我们在需要那 6 英寸距离的时候,因为我们互相之间的爱,我们做到了。我们的友情由于教练和乔这样的人而存在。
>
> ——大卫·乔伊纳

合作行为的每种结果(努力达成目标、关系质量和心理健康)都会互相影响,因此,它们总是一起出现(Johnson, 2003; Johnson & Johnson, 1989, 2005a, 2009b)。第一,对友谊的关心和承诺来自对共同成就的感受、对一起工作感到的骄傲以及共同努力带来的密切关系。个体越关心其他人,他们就会愈加努力工作以实现共同目标。第二,一起努力达成共同目标促使成员形成更高水平的自尊、自我效能感、自我控制以及对能力的信心。个体的心理健康水平越高,他们就能越好地与他人一起工作,实现共同目标。第三,心理健康建立在内化的来自所爱他人的关心和尊敬的基础上。友谊能够提升自尊、自我效能感和一般心理调节,是一种发展性优势。人们的心理越健康(没有类似抑郁、妄想、焦虑、惧怕失败、压抑愤怒、无望、无意义感的心理病理变化),他们对关系的关怀与承诺水平就越高。因为每个结果都包含了其他结果,所以你很容易一起发现它们,通过任意一个结果都能通往另外两个结果。

中介变量:合作的基本要素

成员们真正投入的合作群体可能是人类能拥有的最高效的工具了。然而,创建并维持合作群体并不简单。如果有人认为好心地指示人们要"一起工作""合作"和"组成一个团队"就足够使成员们进行合作,那么别人就会把这些人当笑话看。产生合作是要讲究方法的。让团队合作起来就像节食一样,每周只节食一天或两天是不会带来帮助的。如果你希望减肥,那就必须控制每天的饮食。同样的,每四次或五次会议才认真建设一下团队并不会起到什么作用。具有必须严格遵守的规则是让合作发挥作用的基本要素之一。开展有效合作的基本要素有积极相互依赖、个体和群体的责任、面对面促进交互、适当使用社会技能以及群体过程。

积极相互依赖:用"我们"代替"我"

在橄榄球赛中,传球的四分卫和接球的队员之间存在着积极相互依赖关系。一个人的成功依赖于另一个人的成功。成员们都需要充分展现自己的能力才能确保他们共同成功。如果一个人失败,他们两人都会失败,这时候两个人之间就是**积极相互依赖**的(positive interdependence)。当个体认识到自己与其他人相互关联,即,只有在其他人成功的时候自己才能获得成功(反之亦然),而且他们必须与其他人共同努力完成一项任务的时候,他们之间就产生了积极相互依赖(Johnson & Johnson,1989,2005a,2009b)。合作群体的形成开始于构建积极相互依赖。群体成员必须明确认识到他们"同舟共济"。他们有两项责任:最大化他们个人的生产力以及最大化其他所有成员的生产力。社会相互依赖有两种主要类型:成果相互依赖与**方法相互依赖**(means interdependence;Johnson,2003;Johnson & Johnson,1989,2005a,2009b)。当人们处于合作或竞争的情境中时,他们会被导向于期望的成果、最终状态、目标或奖励。如果不存在成果相互依赖(目标和奖励相互依赖),他们就没有理由进行合作或竞争。另外,达成目标或获取奖励所用的方法决定了群体成员要做出的行动;达成目标的方式决定了成员的行动步骤和他们所要扮演的角色。方法相互依赖包括资源、角色和任务相互依赖三种(相互重叠,不存在独立存在的情况)。

积极相互依赖会对个体的动机和生产力产生多种影响,并不只有群体的成功需要所有成员的努力这一个方面。如果成员认为自己的努力对于群体成功而言并不是必需的,他们就会降低自己的努力程度(Kerr,1983;Kerr & Bruun,1983;Sweeney,1973),而如果成员认为自己的贡献是独一无二的,他们就会提升自己的努力程度(Harkins & Petty,1982)。当明确理解了目标、任务、资源和角色相互依赖后,个体就会认识到群体成功需要他们的独特贡献。除此以外,群体中也需要建立奖励相互依赖以保证个人的努力不会导致其他人的努力变得多余。例如,如果规定由群体中的最高分来决定群体的奖励,表现得不好的成员就会感到自己的努力是没必要的,并会最小化自己的努力程度;此时,表现好的成员就会感到自己被剥削,会感到泄气并且降低自己的努力程度,通过这种方法避免让那些不负责任的、不领情的"搭便车"者获得他们不应得的奖励(Kerr,1983)。

积极相互依赖对于群体生产力而言是必须的(其他许多群体共同努力的成果也是如此)。然而,人们直到最近才开始关注不同类型相互依赖所带来的影响(Johnson,2003;Johnson & Johnson,1989,1998,2003,2005a,2009b)。以下是已经通过研究得到的结果:

1. 群体成员本身并不足以获得高成就或产生高生产力——需要积极相互依赖(Hwong,Caswell,Johnson,& Johnson,1993)。认识到个人的表现会影响到群体成员的成功就会产生责任压力。这种责任压力会提升个体为达成目标所付出的努力。

2. 人际交互并不足以提升生产力——需要积极相互依赖(Lew,Mesch,Johnson,& Johnson,1986a,1986b;Mesch,Johnson,& Johnson,1988;Mesch,Lew,Johnson,& Johnson,1986)。与独立工作但有机会与同学交互的情况相比,个体在积极的目标相互依赖情况下取得的成果更多。

3. 目标与奖励相互依赖似乎是可以叠加的(Lew,Mesch,Johnson,& Johnson,1986a,1986b;Mesch,Johnson,& Johnson,1988;Mesch,Lew,Johnson,& Johnson,1986)。虽然积极的目标相互依赖已经足以带来比独自努力所能达到的更高的成就和生产力,但是目标和奖励相互依赖结合在一起的时候能够得到更高的效率。

4. 与个人努力相比,为获取某种奖励或避免失去奖励进行工作时,人们能取得更高的成就(Frank,1984)。为获取奖励和为避免失去奖励进行工作带来的效果之间没有明显差异。

5. 相比资源相互依赖，目标相互依赖能够产生更高的成就和生产力(Johnson, Johnson, Ortiz, & Stanne, 1991)。

6. 相比个人努力，资源相互依赖本身可能降低成就或生产力(Johnson, Johnson, Stanne, & Garibaldi, 1990; Ortiz, Johnson, & Johnson, 1996)。

7. 相比仅有目标相互依赖或个人努力的情况，人们在目标与资源相互依赖相结合的时候能够获取更高的成就(Johnson, Johnson, Stanne, & Garibaldi, 1990; Ortiz, Johnson, & Johnson, 1996)。

8. 积极相互依赖比简单地激励人们再接再厉更加有效；积极相互依赖通过提升交互水平促进产生新见解、取得新发现(Gabbert, Johnson, & Johnson, 1986; D. Johnson & Johnson, 1981; D. Johnson, Skon, & Johnson, 1980; Skon, Johnson, & Johnson, 1981)。相比个体主义或竞争群体，合作群体的成员会更频繁地使用高水平的推理策略。

9. 相互依赖的过程越复杂，群体成员达到最高生产力的耗时就越长(Ortiz, Johnson, & Johnson, 1996)。团队协作过程越复杂，成员在团队协作上所要投入的时间就越多，他们能用于完成任务的时间也就越少。然而，一旦掌握了团队协作的过程，成员就会集中在任务上并取得比单独工作时更好的成果。

10. 对社会困境中身份相互依赖的研究发现，当个体根据群体成员身份来定义自己角色的时候，他们从公共资源中拿取的资源量更少，为公共物品投入的资源量更多(Brewer & Kramer, 1986; De Cremer & Van Dijk, in press; De Cremer & Van Vugt, 1999; Kramer & Brewer, 1984)。

实体性

积极相互依赖的程度会影响人们知觉到的群体实体性。实体性指的是人们对一个群体是成员紧密联系在一起所形成的统一、凝聚的整体的感知(Campbell, 1958)。成员之间相互依赖（如，共同目标、共同成就、人际纽带、促进交互、行为影响、沟通）程度越高，他们感知到的群体实体性就越高(Gaertner & Schopler, 1998; Lickel et al., 2000; Welbourne, 1999)。知觉到的实体性也会反过来影响群体成员和非群体成员。群体成员会将群体视为一个统一、凝聚的整体，非群体成员会认为群体是一个个独立的实体(Johnson & Johnson, 1995a)。积极相互依赖和由此导致的实体性越强，成员对群体的认同、群体成员带来的社会身份、群体成员身份带来的自尊和自我价值、融入自我定义中的群体性质、群体对成员观点的影响、内-外群体之间边界的差异和明确度、内群体偏向、内群体对个体自尊的威胁(对内群体的偏见会威胁到个体的自尊)、成员间的移情以及群体成员之间的帮助与促进行为等方面的水平都会增强。

积极相互依赖带来的实体性不仅会影响群体成员对群体的知觉,也会影响群体对非群体成员的知觉(Johnson & Johnson,1995a)。群体的实体性越高,群体成员身份对非群体成员持有的有关群体成员特质的看法影响就越大。刻板印象和歧视行为就是建立在这种印象的基础上的。此外,实体性会通过委任(鼓励成员做出某行为)或疏忽(未能避免成员做出某行为)两方面使内群体成员意识到集体责任。当群体成员对群体中某一单独成员的行为做出批准并对其负有责任时,群体中就产生了集体责任。人们认为高度相互依赖的群体对任何成员的行为都负有高度的责任。最后,群体的实体性越高,就越有可能因为矛盾目标而产生冲突。反过来,现实冲突也能通过使群体成员凝聚在一起抵抗外部威胁的形式提升群体的实体性。

个人责任

在群体中,群体的集体利益和成员的个人利益之间可能存在冲突。不论成员各自为群体做出过多少贡献,由群体行为得到的利益都会分派给所有成员(Rapoport & Bornstein,1987)。因为人们要花费时间、体力、精神投入以及其他资源为群体做出贡献,所以群体成员可能会产生"搭便车"的想法来依靠他人。但是如果所有成员都决定"搭便车",那么这个群体就不可能获得成功,而且在其中的每个人都会遭殃。对群体和其他成员的责任感是避免发生搭便车行为的因素之一。

积极相互依赖能够带来"责任压力"。即,能够增加群体成员的责任感,并使成员感到自己拥有(a)完成自己的工作与(b)促进其他成员完成工作的责任(Deutsch,1949a,1962)。当一个人的表现会影响合作者的成果时,这个人就会感到自己对合作者的利益负有像对自己利益一样的责任(Matsui,Kakuyama,& Onglateo,1987)。自己遭受失败固然是不好的,但是因为自己使别人失败则是一件更加糟糕的事。积极相互依赖产生的共同责任在群体成员的动机中加入了"应该"这个概念——人们应该完成自己的工作、做出贡献并对同伴规范感到满意(Johnson & Johnson,1989)。这种责任感会提升个体努力进行表现的动机。一个人越是被群体成员喜欢和尊敬,他感受到的对群体成员负有的责任就越大(Wentzel,1994)。

当存在群体和个人责任时,责任压力就会提升。当群体整体的表现会受到评估,而且结果会反馈给所有成员以便与一个表现标准进行比较时就会形成**群体责任**(group accountability)。当每个个体的表现会得到评估,而且结果会反馈给所有成员和群体以便与标准表现进行比较,同时成员认为自己有责任公平地为群体成果付出努力时就会形成**个人责任**(individual accountability)。Hooper、Ward、Hannafin 和 Clark(1989)发现,当存在个人责任时,个体取得的成绩比无个人责任时更高。Archer-Kath、Johnson 和 Johnson(1994)发现,通过提升个人责任水平能够提升群体成员间知觉到的相互依赖关系水平。

缺乏个人责任可能会降低个人责任感。在无法识别具体成员的贡献时,自己所作努力可能多余时,缺乏群体凝聚力时,以及对最终成果负责程度降低时,人们可能会降低他们对达成目标的投入(Harkins & Petty, 1982; Ingham, Levinger, Graves, & Peckham, 1974; Kerr & Bruun, 1981; Latane, Williams, & Harkins, 1979; Moede, 1927; Petty, Harkins, Williams, & Lantane, 1977; Williams, 1981; Williams, Harkins, & Latane, 1981)。然而,如果个人责任水平较高,并且每个成员所作贡献都能被明确地区分出来时,人们的投入不显得多余时,每个成员都对最终成果负责时,以及群体具有凝聚力时,社会惰化效应就会消失。

一般来说,群体变得越大,成员就越不可能认为他们个人对群体的贡献对群体获得成功具有重要性(Kerr, 2001; Olson, 1965)。随着群体规模的增大,个体成员之间交流的频繁度会降低,这就会减少决策时可利用的信息量(Gerard, Wilhelmy, & Conolley, 1968; Indik, 1965)。并且,由于成员会改变他们的论据以遵从他们所感知到的整个群体所拥有的信念,所以沟通的可信度会降低(Gerard, Wilhelmy, & Conolley, 1968; Rosenberg, 1961)。因此,社会惰化现象会随着群体规模的变大而增强。反过来,群体的规模越小,个人责任就会越强(Messick & Brewer, 1983)。Morgan、Coates 和 Rebbin(1970)发现,当5人团队中减少1名成员后,群体的表现反而会提升,这是因为剩下的成员会认为自己的贡献是必不可少的。

促进性(面对面)交互

如同在本章前面部分探讨过的,当群体成员为了达成群体目标而互相鼓励、互相帮助的时候,他们彼此之间就会产生促进性交互。促进性交互表现为成员间互相帮助、交换各自所需资源、以信任和可信的方式挑战其他人的结论和推理以及更少感受到焦虑和压力（Johnson，2003；Johnson & Johnson，1989）。

社会技能

如果把一个缺乏社会技能的人放在一个群体中开展合作，那么这群人肯定不会成功。要想成功地开展合作，群体就必须教给人们高质量合作所需的有关人际和小群体的技能，并要激励他们去运用这些技能。如果要通过合作达成共同目标，个体之间就必须互相了解并产生信任，做到准确、清晰地交流，做到互相接纳、互相支持并且能够建设性地解决冲突（Johnson，2006）。人际和小群体技能形成了个体之间最基本的联结。如果人们要想有效地共同工作、应对压力与疲劳，他们就必须掌握一定的技能。尤其当群体是长期性质的，需要在很长一段时间内参与复杂的、需要进行自由探索的活动时，成员所具有的人际和小群体的技能就可能决定群体成员生产力的水平。

Marvin Lew 和 Debra Mesch 在一项对长期合作的研究中考察了在合作群体中使用社会技能的偶然奖励、积极目标相互依赖和学业成就偶然奖励对表现的影响（Lew，Mesch，Johnson，& Johnson，1986a，1986b；Mesch，Johnson，& Johnson，1993；Mesch，Lew，Johnson，& Johnson，1986）。在他们的研究中，在合作技能情境下的被试每周接受 4 种社会技能的训练。如果教师观察到所有群体成员都运用了 4 种技能中的至少 3 种技能，那么合作群体的每个成员都会在测验中得到 2 分的加分。结果表明，积极目标相互依赖、所有成员得到高分的偶然性，以及社会技能变化共同提升了最高成就水平。Archer-Kath、Johnson 和 Johnson（1994）在研究中对被试的称赞、支持、询问信息、提供信息、寻求帮助、提供帮助这些社会技能开展了训练，被试还会得到个体或群体层面对成员使用行为运用频率的图表反馈。研究者发现，那些得到自己做出目标社会技能行为频率反馈（个体反馈信息）的被试在个人成绩上比那些得到群体反馈的人提升得更高。社会技能越强的人在合作群体中取得的成就越高。

社会技能不仅能够提升成就水平，也能在群体成员之间产生更加积极的关系。Putnam、Rynders、Johnson 和 Johnson（1989）发现在教导个体社会技能后，在教师进行观察并会对使用这些技能的频率做出反馈的情况下，人们彼此之间的关系变得更加积极；甚至有研究发现，在残障人士和正常人之间也是这样。

群体过程

群体是否会定期反馈群体运作状况以及计划如何提升工作流程会对群体工作的效能产生影响。**过程**(process)指的是明确的随时间先后发生的事件序列;**过程目标**(process goals)指的是达成目标所需的工具性事件序列。在群体会议中,**群体过程**(group processing)指的是(1)描述成员的何种行为有帮助、何种行为没有帮助,以及(2)对继续或终止何种行为做出决策。群体过程的目的是明确并提升群体成员为达成目标所共同努力做出贡献的效能。

Yager、Johnson、Johnson 和 Snider(1986)发现,相比那些在合作中没有群体过程或只是个人独自努力的情况,在合作中有群体过程的情况下,高、中、低成就的被试在日常成绩、指导后成绩、回忆测试上都取得了更高的成绩。此外,没有群体过程的合作群体中的被试依旧比那些个人独自努力的被试在三个成绩上取得的分数更高。Putnam、Rynders、Johnson 和 Johnson(1989)发现残障人士和正常人被试学习社会技能并开展群体过程时,比仅参与合作工作的情况下发展出了更加积极的关系;并且任务中形成的积极关系延续到了任务结束之后。Johnson、Johnson、Stanne 和 Garibaldi(1990)发现当被试合作的时候,他们在问题解决任务上表现得比他们各自单独工作时更好。研究者也比较了无群体过程的合作、有指导者评价(指导者说明要使用、观察什么合作技能,并对所有人在应用这些技能上的状况做出反馈)和被试评价(指导者说明要使用、观察什么合作技能,并对所有人在应用这些技能上的状况做出反馈,随后被试就作为一个团队而言他们之间的交互怎么样这个问题开展讨论)的合作、只有指导者评价的合作、只有群体过程的合作以及个人独自努力取得的效应之间的差异。结果表明,被试在合作情境下的表现好于单独努力的情况。最后,Archer-Kath、Johnsoon 和 Johnson(1994)发现有个体反馈的群体过程比只进行群体反馈的群体过程更能有效地提升被试的(1)成就动机、实际的成就、成员间成就的一致性以及在群体中取得的最高成就;(2)群体成员之间、成员与指导者之间的积极关系;和(3)群体成员的自尊以及对任务有关领域持有的积极态度。Schippers、Hartog 和 Koopman(2007)也发现群体过程会使群体更加有效。

群体过程会提升个体的自我监控水平。自我监控能够提升**自我效能感**(self-efficacy;对通过自己努力能成功得到有价值成果的期望),使人不会感到无助。Sarason 和 Potter(1983)研究了自我监控对自我效能和成功表现的影响。他们发现,要求被试集中注意于自我效能有关的想法就能够提升被试完成任务的毅力并会降低认知干扰的影响。他们指出,人们越是能意识到他们当前的体验,他们就越能意识到自己的所作所为会决定自己取得的成绩。自我和群体效能感越强,个体和整个群体的生产力和效能就越会得到提升。

有效的群体过程关注的是群体成员的积极行为,而不是消极行为。当人们监控自己和合作者的行为时,他们会先决定他们要注意哪些行为。对个体来说,他自然可以关注积极、有效的行为,也可以关注那些消极、无效的行为。Sarason 和 Potter(1983)发现,当个体监控自己有压力的经验时,他们比那些没有进行监控的人更可能认为任务造成的压力更大。但是,当个体监控他们的积极经验时,他们更可能认为群体经验对心理需求更少,自己更为群体所吸引,更愿意继续作为群体成员,在这段经验中没有感到那么紧张,以及准备好接受下一段群体经验。当个体对成功抱有焦虑时,如果随后告诉他们失败的消息,他们的表现就会显著下滑;但是,当告诉他们成功的信息之后,他们的表现就会显著提升(Turk & Sarason, 1983)。

除了提升群体的效能和效率,群体过程也会对那些提升或阻碍群体成功的成员所做出的行为带来诸如补偿效应(群体成员更努力工作以补偿其他成员真实存在或想象中存在的不足,提升任务表现),凸显各自独特且不可或缺的贡献来降低社会惰化水平,明确群体目标的本质和重要性,认识到群体拥有获取成功所需的资源(会提升群体效能感),以及和整个群体一起努力等一系列动力学现象(Johnson & Johnson, 2009b)。

在群体过程中,群体期望成员们能够表达出对其他人以及其他人对群体所做贡献的敬意(Johnson & Johnson, 2009b; Johnson, Johnson, & Holubec, 2008)。群体中的领导者对群体成员表达尊敬会提升群体成员的自尊水平;成员之间互相表达出尊敬时,群体成员就会在群体被外群体成员贬低的时候为达成目标付出更多努力,提升自己"作为群体成员是有价值的"这一信念,提升对群体的承诺并坚持遵守群体规范,表现出更高的群体认同感并做出更多为群体服务的行为。

最后,群体过程可能会被看作是一种团队反思的形式,体现在群体成员公开反思并改变他们各自行为的程度上。群体运作中可能会包含用以达成群体目标的策略和程序。在英国(Karter & West, 1998)、澳大利亚(Hirst, Mann, Bain, Pirola-Merly, & Richter, 2004)、以色列(Somech, 2006)、中国(Tjosvold, Tang, & West, 2004)和荷兰(Schippers, 2003; Schippers et al., 2003)开展的研究都一致地发现反思与群体表现的主观、客观测量结果之间均存在正相关的关系。例如,Carter 和 West(1998)在一项以 19 个 BBC 制作组为研究对象的研究中发现反思能够预测团队效率。Gurtner、Tschan、Semmer 和 Nägele(2007)发现在进行反思的条件下,由三个人组成的实验团队比控制组表现得更好。一项对 59 个工作团队开展的现场研究发现,团队反思在多样性分别与团队表现、承诺和满意度的关系中起到了中介作用(Schippers et al.,2003)。Tjosvold、Tang 和 West(2004)也发现群体反思会提升创新性。

合作的稳定性

当不存在积极相互依赖、个人责任、促进性交互、适当使用的社会技能以及群体过程时,群体成员可能会转而追求他们自己的个人利益。虽然群体成员能够从合作中获利,但是在某些情况下,他们能够在合作中通过剥削他人来获得更多的利益(Axelrod,1984)。然而,如果所有成员都尝试通过剥削其他成员的付出来获利,那么他们获得的利益就会明显少于通过合作得到的利益。当群体存在的时间很短、大家知道群体终止的时间以及剥削行为不会被追溯的时候(其他成员就不能进行报复),利用其他人的合作来为自己谋取利益的做法是很"诱人"的。

有四种情况能够提升合作的稳定性。第一,群体成员可能在未来还会发生交互。继续存在交互关系会带来稳定的合作,这种合作建立在互惠的基础上。当人们会频繁、持久地进行交互的时候,未来进行合作的可能性带来的制约就会增大。第二,人们必须能够容易地识别出合作者,并且每个成员的行为都要能够被其他成员看到(如果有成员剥削他人的合作行为,这个成员就会受到报复)。第三,群体成员要与其他成员和整个群体存在情绪认同。此时,成员会在意其他人是否满足,并且会希望促进群体的长期成功。最后,群体成员必须理解互惠具有的价值,并且愿意进行互惠合作。

使用技术增进合作

很少有人介绍技术能够如何帮助人们提升合作行为。事实上,技术可能会对合作在未来社会中所起的作用带来革新;技术可能会拓宽沟通的途径以及群体成员一起工作的途径;技术可能会提升报道的性质,使得更多重要事件能够得到报道;技术可能会改变多媒体课程的性质;技术可能会促进产生探究导向的项目,使每个群体都能公布自己的网页并使每个成员都从中得到激励;技术也能提升阅读、写作和报告之类技能的效率。最后，技术也使得领导者能够追溯每个成员、每个群体的工作，帮助自己可以更有效地管理工作活动，也能更有效地建立并关怀团队。

合作与通信软件

虽然网络在最开始的时候只是一本"电子参考书"，但是现在已经出现了许多能够帮助我们在群体成员间进行沟通与合作的软件（Pitler, Hubbell, & Kuhn, 2012）。我们可以使用聊天工具进行即时通信，可以使用博客开展讨论，可以使用谷歌协作平台写作并分享信息与日程表，可以用诸如 Delicious 或 Diigo 之类的平台来分享网络资源。这些软件和程序使得在不同地区的人在任何时间都能开展合作。Skype 软件能够让多个用户开展视频会议。群体成员可以使用 TypeWithMe、TitanPad 和其他一些软件建立公共文档。谷歌日历能够帮助群体成员安排当面和在线会议。人们能够与不同地区的玩家一起进行多人游戏。帮助人们进行沟通与合作的工具发展得非常迅速，数量已经多到我们很难搞清到底发展成什么样了。在此基础上，网络硬件设施和带宽的升级也使得通过网络进行合作变得更可行。人们现在可以通过网络与他们所在的群体、学校，甚至地球上其他地方的同伴开展合作。除了软件的发展，iPad 等载体的进步也使得这种技术助力下的沟通与合作变得更加可行、有效、有参与度并且更加有趣。

WebQuests

基于 WebQuests，群体可以系统化地在参与者之间开展探究导向的项目。参与者能在这些项目中解决大家都感兴趣的特定问题或探索大家都感兴趣的领域。参与者可能来自同一个班级，也可能来自世界上其他地方。他们要使用学习到的知识来完成实际任务，在任务中开展诸如分析、整合与评价之类的活动。你可以在 WebQuests Taskonomy 网站上找到 WebQuests 的样例。

创建网站

让每个群体都创建一个反映群体性质、目标与正在为达成目标所做工作的网页或网站能够提升合作水平。网页和网站可以建立、明确并制度化群体认同。人们可以在网站上展现群体的经典案例，其中可以包括每个成员所做的与群体目标相关的最佳成果。类似于 Facebook、谷歌协作平台、Blackboard

Engage 或维基等大量工具都能用来建立网站。

合作阅读

技术也能促进对相同或相关材料的阅读活动中具有的合作性质。类似于 Kindle、Nook 和 iPad 之类的电子产品使得合作群体中的读者能够分享他们在读的书籍中的内容、指出文本中的重要内容，并能为群体中的其他人留下笔记，供他们阅读和回复。合作群体的成员甚至可以在 Twitter 和 Facebook 上分享他们阅读的书籍中的内容。

合作写作

技术可以帮助人们学习如何写作、提升写作的质量，而且还能够帮助参与者们以一个群体的形式完成写作任务。谷歌文档能够用来编辑公共文档。通过这种技术，一群参与者可以实时阅读或修改公共文档，对文档整体做出评论或对文章的某些部分进行评论。群体成员也能够在这种平台上讨论或争论文档的组织和措辞。

对讨论进行反思

技术能够丰富并拓展讨论。通过发送短信、Twitter，或使用类似 Facebook、LinkedIn 等网络媒体，甚至采取开展视频会议的形式，群体成员都可以对他们开展的讨论做出评论。因此，由于成员拥有在任何时候与其他人进行沟通的能力，所以讨论能够持续进行下去。

作报告

技术能够提升群体作报告的水平。群体成员能够使用类似 Flicker 之类的软件上传照片并把照片在整个群体或世界的范围中共享。人们对每张照片都可以做出评价，这样就能够鼓励人们开展讨论。如果一个团队打算就美国建筑家弗兰克·劳埃德·赖特作一次报告，团队成员就可以在网上收集他的出生地、他居住过的房子、他去过的酒吧等的图片。随后，团队成员就可以将这些视觉元素加入任何团队报告或产品中，观看的人都可以对这些图片进行评价。

多媒体项目

多媒体项目是将合作和技术结合在一起的最简单的形式之一。技术能够革新合作群体完成此类项目的方法。借助技术，人们可以用录像、卡通片、有音乐和旁白的幻灯片，甚至是有音乐和旁白的戏剧或舞蹈来展现项目。要完成高质量的多媒体项目，就要先理解用来评估项目质量的标准和量规，并要仔细地计划和排练。如果项目中录制了视频，团队可能会愿意把它发布到 YouTube 网站上。也就是说，技术使人们能够整合大量媒体途径来提升项目和展示的质量。

相关事件全覆盖

通过技术，群体成员能够看到与他们正在处理的资料有关的事件。人们可以使用 CoverItLive 来播报与群体任务有关的信息，其中包括了聊天和博客直播功能。群体成员能够发布评论、上传多媒体材料、插入图片、询问问题、创建新闻简报和计分板。政治话语、其他群体的报告、世界大事，甚至历史事件都能被群体播报和分析。

基于网络的多人模拟游戏

虽然传统的游戏也能够模拟界面、环境、角色、情境和挑战，但是基于网络的多人模拟游戏由于能够让玩家与真人交互，较之传统的游戏更胜一筹。在基于网络的模拟游戏中，玩家会倾向于做出合作行为，使自己以一种享受的、愉快的方法解决问题。"文明"（允许玩家与历史上伟大的领袖斗智斗勇，努力建立并治理一个帝国）和"模拟人生"（玩家的替身角色在游戏中进行日常生活）就属于这种多人模拟游戏。这种游戏使人们能够和其他组织或国家的玩家沟通，这样就可能扩展他们的视野，使他们能够学到其他文化、语言和话题。人们可能会使用诸如 ePALS 的邮件系统来增加游戏中的交互程度。

分享书签

社交书签网站能够追溯人们和群体的工作。群体能够使用谷歌书签和 Diigo 这类网站来建立自己的社交书签网站。

课程管理

网络管理系统（MS）软件能够帮助人们创建学习团队。在这种程序的帮助下，人们可以安全地发布信息、共享资源，也能够鼓励成员开展在线讨论。Moodle、Blackboard Academic Suite、Goodle Apps for Education 就能起到这样的作用。

技术间的协作

不同技术除了能够各自提升人们的合作水平之外,这些技术之间的协作也能对合作带来提升作用(Saveri, Rheingold, & Vian, 2005)。因为信息能够在网络上以指数级的形式传播,所以群体与其他完成类似任务的群体之间的联系也会呈指数级地增长。知识会变成公共资源,由此,产生新的工具和体系也成了可能。

归纳与总结

技术不会将人分离或孤立。一旦得到有效运用,技术就能够将人们以合作的形式聚集起来,并能提升参与者的合作经验。通过网络获取信息能够拓展人们可以获取的资源量。技术能够消除限制群体效能的在地理和沟通层面上存在的障碍。技术也能够给人们提供即时反馈。通过让人们在阅读、写作和讨论中进行合作,同时使用多种媒介,展示报告,创建多媒体项目,覆盖所有有关信息,创建网站和网页,开展在世界任何角落都能参与的探究导向的项目,以及玩那些需要解决问题并与人和谐相处的多人模拟游戏等不同形式,技术革新了群体成员之间发生交互和共同工作的方法。技术能够追溯成员和群体的工作,并能在世界范围内创建团队。这些技术并没有将人分离。相反,这些技术工具促进并提升了人们的合作水平。

分配公正: 在群体成员间分配利益

> 我在伯明翰,因为这里不公正……无论在什么地方,不公正都是公正的威胁。我们陷入了一个无法逃离的相互关系网络,它披着一件叫作命运的外衣。
>
> ——马丁·路德·金,在伯明翰监狱的信

群体成员间分配利益的方式会对群体成员在未来对待他人的方式和群体未来的效能产生明显的影响。根据不同情况,群体会根据绩效、平等和需求三种方式分配利益(Deutsch, 1975, 1979, 1985)。

Homans(1961)提出的**利益分配的公平或绩效观**(equity or merit view of

distributing rewards)是分配公正和公平理论的基本原则。这个观点认为,公正的分配指的是人们会根据个体的贡献比例来分配利益。为群体的成功做出最多贡献的人得到的利益最多。这个观点背后的假设是当利益(如,奖金、薪水、成绩、级别)根据表现而定的时候,生产力就会得到提高。在这种观点中,利益被看作一种稀缺资源(没有足够的利益供每个成员都得到他们各自想要的东西)。利益具有的功利性价值随着想要这些利益的人数增加而提高。在利益数量远少于需求量时,利益就会成为一种稀缺商品。这时候,利益的符号化意义变得比它实际上的价值更重要。儿童会为谁排在队伍最前面打架,这并不是因为在队伍里的位置本身具有什么价值,而是因为这个位置象征着这个人是胜利者,比排在他身后的人更优越。Diesing(1962)认为这种情况与人们的财产和产出没什么关系。

绩效分配方法本质上就是一种个人激励,目的是使所有人竞争成为最多产的那个成员(随后就会得到比其他成员更多的利益)。这种方法有一定的不足:第一,这种方法通常会在群体成员之间产生冲突,这就会对群体生产力造成消极影响。群体成员在力求做得比其他人更好的同时可能会阻碍其他人的努力。竞争能带来的所有消极影响都会作用到群体上。第二,为群体做出贡献的动机会从内部动机(为群体幸福做贡献)变成外部动机(为赚取利益)。第三,这个方法基于的是功利主义和经济的观点,也就是说,群体成员的价值只在于他们对群体的贡献。根据这个观点,成员们只有在他们对于群体有贡献的时候才对群体有价值,而且对群体贡献越大的人对群体的价值就越大。这样一来,群体成员(包括分配者自己)都被非人化了。在这种做法下,如果一个成员对群体所做的贡献很小,并且只得到不成比例的很少的利益,他自己和其他人都会认为他几乎没有个人价值。Diesing(1962)将这种情境称为被自己和他人疏离。第四,资源吸引力高的成员通常会比那些资源吸引力低的成员得到更多的利益,并且会将他们的成功归因于他们自身的价值和努力(意味着那些资源少的人具有的价值低,而且为人懒惰)。**资源吸引力**(resource attractor)指的是能够吸引资源,即能够为成员在获取资源上带来优势的性质。举例来说,生于富裕且有名望的家庭、优秀的认知和生理能力以及从有名的大学毕业等都会带来高资源吸引力。第四,绩效分配通常会导致那些得到奖励最多的人被授予在未来分配利益的权力的现象。Deutsch(1975,1979,1985)指出,这个现象使得那些有权力的人拥有妨碍分配系统的能力。他们能够用这些能力来保障自己即使不再为群体做出相对较大贡献的时候,依旧能获得大量的利益和权力。

公正分配的平等规则(equality system of distributive justice)指的是将利益平均分配给每个成员。例如,如果一支橄榄球队赢得了超级杯大赛,那么所有队员都会得到超级杯的戒指。平等系统促进成员间进行合作,由此带来共同的尊严、平等地位,还能使成员间互相尊重,产生忠诚、愉快的人际关系(Deutsch,1985)。在平等规则下,销售员对群体工作的感受更好,并会体验到更高的工作满意度。然而,平等规则会使人逃避承担责任、竞争客户,而且还会降低斗志(Babchuk & Good,1951)。Blau(1954)比较了一家职业介绍所里的两组面试官,其中一组在工作中采用竞争的方法,另一组使用合作工作的形式。和研究者所预期的一样,竞争小组中的成员都雄心勃勃,非常关注他们自己的工作绩效,甚至会把岗位告示藏起来而不是贴在所有人都能看到的地方。相反,合作小组中的成员会把职位空缺告诉其他人,并且会鼓励他人去填补空缺。最后,合作工作的那组人介绍的工作数量比竞争工作的那组更多。

基于需求的利益分配是根据成员对利益的需求程度来分配利益的方法。家庭人数最多的成员可能会得到最多的奖金,那些为父母去世而处于悲痛之中的人可能会分派到最少的工作量,那些能力最差的人会得到最多的支持以帮助他们完成分派到的任务。Rawls(1971)指出,群体成员的义务之一,就是在自己不会有太大损失或危险的情况下,帮助那些需要帮助或处于危险中的成员。其中暗含了这样一个假设——需要帮助的成员通过帮助所得到的收益远比助人者的损失重要。Deutsch(1975,1979,1985)指出,关怀取向的群体会强调群体成员互相之间的责任,允许成员表达自己的需要,对他人的需要高度敏感,支持并关怀他人。

无论群体的利益分配体系是什么样的,这个体系都必须被群体成员认为是"公正"的。在开始完成任务前,成员会认为平等分配是最公平的;然而在任务完成后,他们又会认为绩效分配是最公平的(Deutsch,1979,1985;Johnson & Johnson,1983;Johnson,Johnson,Buckman,& Richards,1986;Wheeler & Ryan,1973)。

建设性竞争的条件

有许多证据表明合作能带来比竞争更高的成就,并且能形成更高的生产力(Johnson & Johnson,1989,2005a,2009b)。有许多原因会导致竞争者比合作者收获少。当个体进行竞争时,他们会采取诸如自我价值保护、自我设障和防御性悲观等自我保护策略。这些策略的使用是导致这种效应的原因之一。自我价值保护指的是不付出努力,这样就能将失败归咎于自己没有尝试,而不是自己能力不足(Mayerson & Rhodewalt, 1988; Rhodewalt, Morf, Hazlett, & Fairfield, 1991; Thompson, Davidson, & Barber, 1995)。自我设障指的是为自己的表现设置阻碍(如,拖延、不现实的高要求)。如果失败,那么这些阻碍就是现成的借口了(Covington, 1992; McCown & Johnson, 1991)。防御性悲观指的是不切实际的(a)对成功的低期望和(b)低任务价值评价。人们通过这么做就能降低对获得成功感到的焦虑(Cantor & Harlow, 1994; Cantor & Norem, 1989; Norem & Illingworth, 1993)。这种策略会降低人们在竞争情境下获得的成就。此外,许多对于竞争的探讨均指出最好的做法是消除竞争,尤其在学校和工作场所中更是要这样(Kohn, 1992, 1993; Maehr & Midgley, 1991)。

不过,有一些社会科学家认为只要进行适当的构建,竞争也可以具有建设性(Johnson & Johnson, 1974, 1978; Sherif, 1978)。能够让竞争变得具有建设性的建设性竞争的条件已经被涵盖入社会相互依赖理论中(Johnson & Johnson, 1974, 1978, 1989, 2005a, 2009b; R. Johnson & Johnson, 1979; Stanne, Johnson, & Johnson, 1999)。建设性竞争的指标包括:完成任务的效力,认为参与竞争对于自己有价值并且这种价值高于获胜本身(提升自信、社会支持和成就),愿意参与更有挑战性的任务,加强与其他竞争者的关系,提升斗志,提升竞争者在未来合作的能力,坚持参与竞争以及对竞争感到享受。有一些试图找出有助于形成建设性竞争的因素的研究总结出以下一些条件(Johnson & Johnson, 1974, 1978, 1989, 2005a, 2009b):

1. 胜利相对没有那么重要。如果胜利非常重要,个体感受到的高水平的焦虑就会干扰表现。这一点在运动任务中非常明显。大部分个体可能会将他们的表现视为失败。失败会促使产生"竞争习得性无助",而胜利会导致"心理倦怠"。

2. 所有人都有一定的获胜机会。努力获胜的动机来自个体所知觉到的自己能够完成挑战性目标的可能性。那些认为他们不可能获胜的人不会去尝试,甚至可能会作弊、回避挑战、使用粗浅且投入最小的策略、破坏问题解决、使用其他自我设障策略、对这段体验没有兴趣并且不会从中感到愉快。

3. 对于怎样获胜具有明确的规则、过程和标准。竞争中如果存在模糊性,这种模糊性就会将人们的心理能量导向担忧是否公平，这会对达成目标造成干扰。

在两个分别于公司和工厂开展的现场实验中，Tjosvold、Johnson、Johnson和Sun(2003，2006)发现与建设性竞争相关的因素包括规则公平与否、完成与获胜的动机、有一定的获胜机会、竞争者之间有较强的积极关系、公平竞争、确认每个人的能力。通过控制这些因素，我们就能提升建设性竞争的水平。

竞争是其他许多理论的基础，其中包括现实冲突理论和社会支配理论。现实冲突理论认为由于群体之间具有不相容的目标，并且会争夺稀缺资源，所以群际冲突是合理的(Campbell，1965；Sherif，1966)。社会支配理论认为资源是有限的，因此个体、群体和族群会通过竞争来获取稀缺资源(Charlesworth，1966；Darwin，1859)。对稀缺资源的竞争最后会在群体中或群体间形成个体的层级。

目前，研究者使用社会支配理论来解释内群体偏向和学校欺凌之类的动力学现象(Pellegrini，2000；Sidanius & Pratto，1990)。社会相互依赖理论可以与现实冲突、社会支配以及其他基于竞争的理论和现象关联起来。

建设性个人努力的条件

也许，社会相互依赖最新产生的研究领域就是对适合进行个人努力并且个人努力会有效的条件的研究。社会相互依赖理论认为个人努力在有些情况下比合作和竞争更有效。在合适的情况下能独自进行工作是一项重要的能力。个人努力最适合在以下情况进行(Johnson & Johnson，1974，1978，1989，1999，2005a，2009b)：

1. 合作代价很大、很困难，或者因为没有潜在的具备技能的合作者，没有开展合作所需要的资源。
2. 认为目标非常重要、和自己有关、值得花时间去达成。
3. 个体期望自己能够成功达成目标。
4. 需要完成的任务是独一的、无法分割的简单任务，诸如学习特定事实，学习或运用简单技能。
5. 完成目标的方向很明确，个体不需要进一步澄清如何开展和如何评价工作。

6. 个人完成的任务随后会被用于合作。通过劳动分工这种方式，个人努力能够助力合作。在劳动分工中，每个人都要学习合作中将要使用的材料或技能。学习与后续开展合作有关的信息和技能会使人感到个人任务与目标关系更大、更重要。整体上的合作为个人任务赋予意义。为合作做出的贡献使个人目标具有重要性。

混合动机情境

在大部分情境中，群体成员的动机通常混合了合作、竞争和个体主义三者。人们要与同伴、上级、下级合作，为获取快乐和愉悦而竞争，自发地为自己工作。篮球队员会同时拥有为球队获取胜利的合作目标，成为球队最佳球员的竞争目标，以及做出完美跳投的个体主义目标。在任何情境中，这三种社会相互依赖关系都是混杂在一起的。哪个在情境中起到主导作用，哪个就对个体、群体和组织生产力、斗志和满足有着重要的影响。

群体生活必须由合作来主导。当有以竞争为主导的个体加入群体时，群体的效能就很容易被破坏(Kelley & Stahelski, 1970)。首先，合作的成员会做出竞争性的行为，破坏信任、隐藏信息、停止沟通。第二，所有成员都会开始竞争。第三，竞争的人会把先前合作的个体看作一直在竞争。第四，合作的成员会意识到他们被其他人用竞争的行为剥削了，但是竞争的成员并不会意识到他们对合作成员造成的影响。

练习 3.7 群体的接纳水平

你所在群体的接纳水平如何？这个练习的目的在于提供一个测量与讨论你所在群体接纳水平的机会。过程如下：

1. 与你所在群体中的其他成员一起填写下面的问卷。问卷不记名，所以每个人都是匿名的。

2. 把问卷结果填入问卷后的汇总表中。

3. 针对你们能根据结果做出的结论开展讨论，可以尝试回答以下问题：

(1) 是什么导致了现在的高/低群体接纳水平？

(2) 怎样提升群体接纳水平？

问卷：接纳水平

思考你所在群体中的其他成员通常是怎样对待你的。依照下面的标准，根据你对自己所在群体整体上的认识，在每句陈述前的括号内填入相应的数字。

5＝他们一直这样做

4＝他们经常这样做

3＝他们有时这样做

2＝他们很少这样做

1＝他们几乎不这样做

0＝他们从不这样做

1. (_____)..................................对我完全诚实。

2. ....(_____).....................理解我想要沟通的是什么。

3. ....(_____)...........打断并忽视我的评价。

4. ....(_____)接纳我本来的样子。

5. (_____)..................................当我打扰到他们的时候，他们会告诉我。

6. ....(_____).....................不理解我说的或做的事。

7. ....(_____)...........对我感兴趣。

8. ....(_____)让我能够轻松做自己。

9. (_____)..................................不告诉我一些会伤害到我的感受的事情。

10. ....(_____).....................理解真实的我是什么样的一个人。

11. ....(_____)...........会带我一起做他们正在做的事。

12. ....(_____)对我是否可接纳进行评估。

13. (_____)..................................对我完全坦率。

14. ....(_____).....................当有事困扰着我的时候，他们能马上感受到。

15. ....(_____)...........将我作为一个人来重视，而不是用我的技能或地位来评价我。

16. ....(_____)接纳我的差异或特质。

注：括号位置代表不同维度：

(_____)..................................真实

............(_____).....................理解

.........................（_____）..........重视

.........................（_____）接纳

把每一列的分数加起来。第 3、6、9、12 题要反向计分（用 5 减去你填入的分数），然后再填入下面的表格中。

汇总表：接纳度

分 数	真 实	理 解	重 视	接 纳
0—4	_____	_____	_____	_____
5—8	_____	_____	_____	_____
9—12	_____	_____	_____	_____
13—16	_____	_____	_____	_____
17—20	_____	_____	_____	_____

练习 3.8　我如何信任别人？我是否可信任？

当你试图与某人建立关系的时候，对方可能会以拒绝或竞争性的方式对你做出回应。为使两个群体的成员互相信任，每个人都必须期望对方可信，并且自己要做出信任他人的行为。这个练习帮助你对自己和他人眼中的你在群体中建立信任的方式进行比较。过程如下：

1. 完成下面的问卷，根据你的回答计分。

2. 为每个成员准备一张纸条，在纸条上写下下面框中的内容。使用 1（低）至 7（高）对你知觉到对方的开放和接纳程度的高低打分。根据你对这个人在群体会议时的所作所为的了解进行评价，例如：

成员收到的反馈：Edythe

1. 开放和共享	3
2. 接纳、支持与合作	6

3. 把纸条交给每个成员。假设团队里有 6 个成员，你就应该收到 5 张描述你的纸条，其他 5 个人也是这样。把你收到的所有的开放性得分加起来后求均值，得到的结果就是其他成员如何看待你的开放性的分数。接下来再计

算接纳的分数。

4. 与其他成员一起讨论你对自己的判断和他们对你的开放和接纳的评分。如果两者之间存在差异,向他们寻求有关你在群体中建立信任的行为的明确反馈。随后,讨论如何在群体外和别人建立信任。

认识你的信任行为问卷

接下来的一些问题有关于你在群体中所做的行为。你要尽可能诚实地回答这些问题。这些问题的回答没有对错之分。你要尽可能准确地描述你的行为,这很重要。使用1(从来不这样)到7(一直这样)作答。

7＝我一直这样做

6＝我几乎一直这样做

5＝我经常这样做

4＝我有时这样做

3＝我偶尔这样做

2＝我很少这样做

1＝我从不这样做

当我是一个群体的成员时:

_____ 1. 为了促进群体讨论,我会报告事实情况,说出我的观点和想法,提供建议和有关的信息。

_____ 2. 我会表达要与其他成员合作的意愿,以及对他们也会进行合作的期待。

_____ 3. 我在群体中的行为是开放和坦诚的。

_____ 4. 我会为那些处于困境并努力地以理性或情绪的方式表达自己的群体成员提供帮助。

_____ 5. 在群体讨论的时候,我会保留自己的思想、观点、感受和反应。

_____ 6. 我会以他人的贡献是否对我有用或他人是对是错为标准对其他成员所做的贡献做出评价。

_____ 7. 在群体讨论的时候,要我表达新的观点和当前的感受是有风险的。

_____ 8. 我会告诉其他成员我意识到并且欣赏他们所具有的能力、天赋、才能、技能和资源。

_____ 9. 我会为群体中任何成员提供帮助,以此提升每个人的表现。

_____ 10. 我接纳并支持其他成员的开放性，支持他们冒险，并且会鼓励群体成员展现个性。

_____ 11. 我会与其他成员分享我的材料、书籍、信息源或其他资源，以此促进所有成员和整个群体获得成功。

_____ 12. 在我进行回答或评价前，我通常会解释或总结其他成员说的话。

_____ 13. 我对其他成员说实话。

_____ 14. 我会表现得友好而积极，热情地鼓励所有成员参与，对他们的贡献给予赞赏，对他们的观点保持开放和接纳。

信任问卷计分

请根据题目序号把分数填入下面每一列中对应的空格来求出信任行为和可信行为的总分。标有"＊"的题目要反向计分（比如，你写了2，就记作6；你写了1，就记作7；你写了4，就记作4）。

信任行为（开放与分享）　　　　　　**可信行为（接纳与支持）**

_____ 1.　　　　　　　　　　　　_____ 2.

_____ 3.　　　　　　　　　　　　_____ 4.

_____ 5.＊　　　　　　　　　　　_____ 6.＊

_____ 7.　　　　　　　　　　　　_____ 8.

_____ 9.　　　　　　　　　　　　_____ 10.

_____ 11.　　　　　　　　　　　 _____ 12.

_____ 13.　　　　　　　　　　　 _____ 14.

_____ 总分　　　　　　　　　　　_____ 总分

如果你的得分大于或等于35分，就说明无论在什么情况下，你都是信任他人或可信的。如果你的分数低于35，那就说明无论什么情况你都是不信任他人或不可信的。

Johnson 信任图

根据你的得分在Johnson信任图中找到你的位置。在横轴上用"×"标出你的信任总分，在纵轴上用"×"标出你的可信总分。随后用"×"把这两个分数交汇的地方标出来，这个位置就表示你的信任水平。你可以在图上标出所有成员的得分，并比较信任和可信两个方面得分的匹配度。

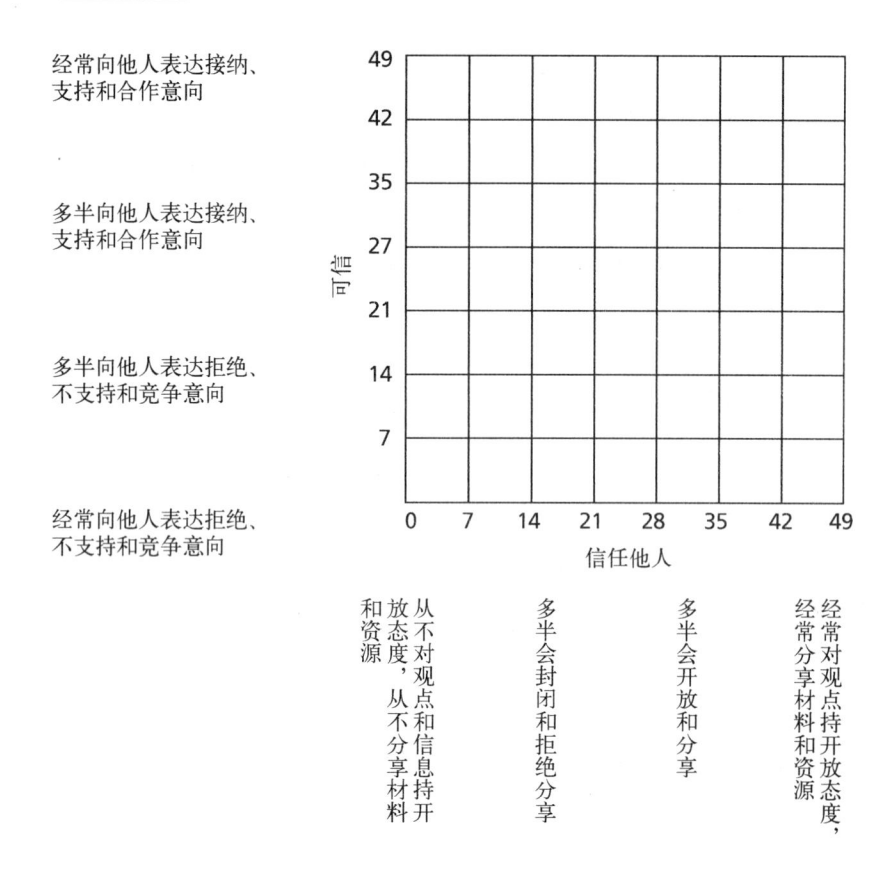

经常向他人表达接纳、支持和合作意向

多半向他人表达接纳、支持和合作意向

多半向他人表达拒绝、不支持和竞争意向

经常向他人表达拒绝、不支持和竞争意向

可信 49 42 35 27 21 14 7

0 7 14 21 28 35 42 49
信任他人

从不对观点和信息持开放态度，从不分享材料和资源

多半会封闭和拒绝分享

多半会开放和分享

经常对观点持开放态度，经常分享材料和资源

练习 3.9　练习建立信任的技能

这个练习为你提供了一个练习建立信任技能的机会。所有人分别组成 6 人团队，其中一名成员作为观察者。以团队形式完成下列任务。随后仔细听取观察者对于群体成员之间交互的报告，并分析建立信任的动力学原理。

遗传特质任务

以团队为单位完成任务：估计你的学校中有多少人拥有下列的遗传特质。首先估计每种特质在你的团队中出现的频数，然后再从班级的层面进行估计。最后，基于每种特质在你的团队和班级中出现的频数，估计你们学校中具有每种特质的人数。

特　　质	团队	班级	学校
1. 脸颊有酒窝 vs 没有酒窝			
2. 棕色（或淡褐色）眼睛 vs 蓝色、灰色或绿色眼睛			

续　表

特　　质	团队	班级	学校
3. 无耳垂 vs 有耳垂（如果耳垂低于耳朵和头部连接的下端就是有耳垂）			
4. 小指弯曲 vs 小指无弯曲（把两根小指并在一起，手掌向自己；如果小指尖分离，就是弯曲的）			
5. 卷舌 vs 不能卷舌（如果你能卷起舌头两侧，在中间形成一个"通道"，就是能卷舌，这是学不会的）			
6. 中指有毛 vs 无毛（看两根中指的背面，检查第一、第二节的毛发）			
7. V 形发尖 vs 平/弧形发际线（检查你的额头，看你头发的发际线中间是否有指向鼻子的尖角）			

观察清单

	1	2	3	4	5	总计
1. 提供想法						
2. 描述感受						
3. 解释						
4. 表现接纳和支持						
5. 表现热情和喜爱						
总计						

信任行为＝1 与 2　　可信行为＝1、4 与 5

形成与维持信任

在群体成员间形成与维持高水平的信任是群体效能最重要的一个方面。互相信任的人越多，群体成员一起工作的效率就越高（Deutsch，1962，1973；Johnson，1974）。当处于高信任水平时，群体成员会开放性地表达自己的思想、感受、反应、意见、信息和想法（Johnson，2006）。当处于低信任水平时，群体成员会推脱、不诚实，在沟通中不顾及他人。然而，信任并不是一种稳定的人格特质。信任产生于个体之间，是动态的，群体成员所做的每一个行为都会提升或降低信任。

信任（trust）是每个人都会用的词。然而，信任却是一个复杂的概念，我们

很难给它下定义。在所有的定义中,Deutsch(1962)提出的定义也许是最好的,这个定义包含如下内容:

1. 你处于一个选择信任他人会导致有益结果或有害结果的情境中。因此,你认识到信任存在风险。

2. 你认识到得到的结果是有益的还是有害的将取决于其他人的行为。

3. 你预期有害结果带来的痛苦会大于从有益结果中得到的好处。你的损失会高于收益。

4. 你相信其他成员会做出能带来有益结果的行为。

这听起来很复杂,是吗?事实上信任一点也不简单。信任是一个复杂的概念,很难解释清楚。举个例子或许能帮助你理解。想象一下,你现在是一个正在尝试解决一个问题的合作群体的成员。你努力参与了讨论,你知道如果你提供了其他成员都接受的好观点,你就会获得收益;但是如果你的观点被其他成员嘲笑和贬低,你就遭受了损失。你会取得收益还是受到损失取决于其他成员的行为。当你被嘲笑时,嘲笑对你造成的伤害要大于你的观点被表扬时给你带来的满意感。因此,你会期望其他成员考虑你的观点并接受你的观点。

建立人际信任

群体中必须存在信任。因为只有通过一系列信任和可信行为才能使群体有效运作。如图 3.4 所示,如果成员 A 承担自我表露的风险,他可能会被肯定,也可能会被否定。这一切都取决于成员 B 做出的是接纳还是拒绝反应。如果 B 承担了表现出接纳、支持和合作所带来的风险,他可能被肯定,也可能被否定,取决于 A 是否自我表露。

	高接纳、支持与合作	低接纳、支持与合作
高开放与分享	A 信任的 肯定 B 可信的 肯定	A 信任的 否定 B 不可信的 无风险
低开放与分享	A 不信任的 无风险 B 可信的 否定	A 不信任的 无风险 B 不可信的 无风险

图 3.4　人际信任动力学

信任的关键成分是开放与分享以及对他人的接纳、支持与合作意向。与他人合作需要开放与分享，而开放与分享又反过来由表达接纳、支持和合作意向所决定。**开放**(openness)是指分享信息、观点、思想、感受以及对群体正在解决的问题的反应。**分享**(sharing)是指将自己的材料和资源提供给其他人，帮助他们推进达成群体目标。**接纳**(acceptance)是指表现出对他人以及他们对群体所作贡献的高度尊重。**支持**(support)是指表现出自己认识到其他人的强项，并且相信他们拥有有效管理所处情境的能力。**合作意向**(cooperation intentions)是指对自己将进行合作以及其他成员也会通过合作来达成群体目标的期望。

人际信任是在风险和肯定的基础上**建立**起来的，是在风险和否定的作用下被破坏的。没有风险就没有信任，群体成员之间的关系也就没法更进一步。建立信任的步骤如下：

1. A 冒险把自己的思想、信息、结论、感受以及对当前情境的反应表露给 B。

2. B 以接纳、支持以及合作的形式做出反应，并且通过向 A 表露她自己的思想、信息、结论、感受以及对当前情境的反应作为对 A 表现出开放性的交换。

另一种建立信任的方法是：

1. B 向 A 表达接纳、支持与合作的意愿。

2. A 通过向 B 表露自己的思想、信息、结论、感受以及对当前情境的反应作为回应。

信任他人与自己可信

群体中的信任水平会根据成员表现出信任他人和可信的能力与意愿持续发生变化。**信任行为**(trusting behavior)是指个体愿意通过在其他成员面前表现出自己弱点的形式，使自己承受最后得到有益或有害结果的风险。更具体地说，信任行为包括自我表露和愿意开放性地接纳与支持他人。**可信行为**(trustworthy behavior)是指个体愿意以确保其他人能够得到有益结果的形式对他人做出的风险行为做出回应。其中就包括认为其他人信任你。表现出接纳、支持与合作，并且进行适当的表露作为互换是使自己在与其他成员的关系中变得可信的关键之处。在考虑成员的可信行为时，你要记住接纳和支持其他成员的贡献并不意味着你要同意他们所说的任何内容。你可以表达接纳并支持其他成员的开放与分享，但同时也能够表达不同的想法和相反的观点。

接纳或许是最先也是最需要考虑在群体中形成的部分。对他人的接纳通常是从接纳自己开始的。群体成员首先需要接纳他们自己,然后才能完全接纳他人。接纳对降低由暴露自身弱点而带来的焦虑和恐惧而言是非常关键的。对恐惧和不信任感产生的防御反应通常会阻碍个体发挥自己的效用,影响建设性关系的形成。确实,如果一个人没有感到自己得到接纳,那么他参与群体的频率和深度就会降低。为了能够在群体成员之间建立起信任和更深入的关系,每个成员都要能够表达出接纳、支持与合作。

建立与维持信任的关键在于使自己可信。对他人来说,你越是表现出接纳与支持,他们就越有可能向你表露自己的思想、想法、观点、结论、感受和反应。你在对这些表露做出的反馈中表现得越是可信,他人就越可能与你分享更深入、更私人的想法。如果要提升他人对你的信任水平,你就去尝试提升自己的可信度吧。

破坏信任

不要相信任何人。

——《X 档案》

如果要建立信任,就必须暴露自己的弱点来看其他人是否会利用这些弱点。在两人之间形成较高的信任水平之前要进行很多次这样的考察。虽然仅仅一次背叛并不一定会招致不信任,但是一旦形成了不信任,这种不信任的状况就很难发生改变。为什么人们难以改变不信任的看法?这是由于不信任会导致人们憎恨其他人试图"伪装"的行为,并且认为未来还会发生背叛行为。不信任通常会降低群体成员达成目标的承诺水平、提升社会惰化水平、增加成员之间的竞争并会导致发生破坏性的冲突。当群体成员使用拒绝、嘲弄或不尊重的形式对他人的开放性行为做出反馈时,不信任就随之产生了。拿别人的损失开玩笑、嘲笑他人表露的内容、训诫别人的行为、喜欢评价他人或保持沉默、面无表情地拒绝所有沟通的行为都会使其他人陷入沉默,并且会在一定程度上摧毁人际关系中的信任。不对开放性行为做出回应也会招致不信任。如果群体成员表现出了开放性但是并没有得到回应,他就会认为自己表露过度,感到暴露了自己的弱点。最后,当群体成员拒绝表露自己的想法、信息、结论、感受和反应的时候,也会产生不信任。如果有成员表现出接纳,而其他成员则表现出封闭而且使用防范的方式做出反应,那么这个成员就会认为自己不被重视,感到自己被拒绝了。

练习3.10 定义

以下是一些概念和定义。请把定义和概念配对。然后找一个同伴一起(a)核对答案,(b)解释每个答案是怎么得来的。

	概念	定义
_____	1. 开放	(1) 愿意通过在其他成员面前表现出自己弱点的形式,使自己承受最后得到有益或有害结果的风险。
_____	2. 分享	(2) 表现出你认识到其他人的强项,并且相信他拥有有效管理他所处情境的能力。
_____	3. 接纳	(3) 对你将进行合作以及其他成员也会通过合作达成群体目标的期望。
_____	4. 支持	(4) 将你的材料和资源提供给其他人,以帮助他们推进达成群体目标。
_____	5. 合作意向	(5) 愿意以确保其他人能得到有益结果的形式对他人的风险行为做出回应。
_____	6. 可信行为	(6) 表现出对他人以及他们对群体所作贡献的高度尊重。
_____	7. 信任行为	(7) 分享信息、观点、思想、感受以及对群体正在解决的问题的反应。

在信任被破坏后重新建立信任

一旦失去信任,要怎么做才能重新获取信任呢?接下来的指导准则可能会对你带来帮助。为重新建立信任,群体成员需要:

1. 通过设立所有成员都要参与的合作目标来增加积极成果相互依赖。这种目标通常被称为上位目标。

2. 增加资源相互依赖水平,让成员明白没有人可以只靠自己就能获得成功。

3. 开放并持续表达合作意向。

4. 通过使实际行动和声称的意图相一致来重新建立**信誉**(credibility)。群体成员必须信守诺言。

5. 与其他成员往来的时候要表现得完全可信、一贯可信。对其他成员表现出的接纳和支持在重建信任中非常关键。

6. 通过做出信任行为以及在其他人面前展现弱点的形式定期"试水"。

7. 如果在不经意间做出了不可信的行为,要马上真诚地道歉。

8. 努力建立起"强硬但公平"的名声：

（1）在一开始的时候以及定期对那些表现出竞争性行为的成员做出合作性的回应(即使只是知道他们正在计划开展竞争)。

（2）如果其他人持续使用竞争的手段,就使用**一报还一报**(tit-for-tat)的策略,做出与对方一致的行为。当竞争者意识到他们的竞争性是一种自我挫败的行为,而且如果这样继续下去,两败俱伤是他们所能获得的最好结果时,他们就会开始进行合作。

适当地信任

从不信任和始终信任这两种方式都是不合适的。信任不总是合适的。有时候向其他人表露自己的想法、感受或反应是不太妥当的。当你在有些人面前呈现出自己的弱点的时候,这些人有可能会做出不可信的行为。例如,如果你遇到过一个卑鄙的、吝啬的、具有敌意的老板,他曾经利用过你的开放性,那么你现在就不太应该做出信任行为。所以,你需要区分什么时候该信任、什么时候不信任,以此掌握建立与维持信任的技能。你需要具备对情境进行估计的能力,也要掌握什么时候对谁采用多高信任程度的灵活的决策能力。

自证预言的信任

汤姆加入了一个新的群体。因为汤姆认为其他成员会讨厌并拒绝他,所以他使用了一种非常警惕和怀疑的方式对待其他人。他做出的行为使其他人退缩,转而从其他地方寻找友好的伙伴。"你看,"他说,"我是对的,我就知道他们会拒绝我。"苏珊与汤姆在同一时间加入这个群体。苏珊认为其他成员都是意气相投的、友好的、可信的。她表现出温暖和友善,开放性地表露自己的思想和感受,并且广泛地接纳与支持其他成员。结果,她发现她的同伴和她所预想的一样。汤姆和苏珊的身上都出现了自证预言。

自证预言(self-fulfilling prophecy)指的是个体基于一开始对情境持有的错误印象做出新的行为,这种新的行为使得一开始的错误印象变成现实。你对其他人的假想和你随之做出的行为通常会影响到其他人对你的回应方式，由此在你们的关系中形成自证预言。人们通常会去证实其他人给自己留下的印象。如果其他人感到你不相信他们，觉得你认为他们会辜负你的信任，那么他们基本上就会这么做。如果他们认为你信任他们，觉得你也期望他们是可信的，那么他们就会做出可信的行为。设想其他人是可信的这一主题还有很多内容需要进一步探讨。

有关信任的帮助性提示

> 1. **信任是很复杂的、难理解的概念**。人们可能需要花费很长时间来理解信任。
> 2. **信任出现于关系中，而非某个人的人格**。虽然有些人天生比其他人更相信别人，有些人更容易使别人觉得自己可信，但是信任是在人与人之间产生的，而不是一个人自身内部具有的特征。
> 3. **信任随着两个人的交互持续发生变化**。你做的任何事情都会在一定程度上影响到你与他人之间的信任水平。
> 4. **信任很难建立，但很容易被摧毁**。人们可能要耗费数年的时间才能在人际关系中建立起高水平的信任。但是，只要出现一个破坏性行为，信任就会被摧毁。
> 5. **建立与维持信任的关键是表现得可信**。你接纳与支持其他人的程度越高，他们就越可能向你表露他们的思想、想法、观点以及反应。你对这些表露所做出的反应越是可信，他们就越愿意与你分享更深入、更私人的思想。如果要提升信任水平，请先提升你自己的可信度。
> 6. **要适当地信任**。完全不信任与一直信任都是不合适的。
> 7. **合作增进信任，竞争降低信任**。合作者之间的信任水平通常高于竞争者之间的信任水平。
> 8. **群体中一开始具有的信任水平和可信行为会导致自证预言**。你对信任的期望通常会影响其他人对你做出的行为。

信任的个人倾向

虽然信任出现在关系中，而不是发生在个人身上，但是也有研究者试图测量在相信他人的意愿上存在的个体差异。Rotter(1971)编制了**人际信任量表**(Interpersonal Trust Scale)来区分倾向于信任他人的人和倾向于不信任他人的人。高信任者会说"我会信任一个人，除非我有明确的证据表明他不能被信任。"低信任者则会说"我不会信任一个人，除非有明确的证据证明他可以被信任。"与低信任者相比，高信任者(a) 更可信；(b) 更可能给他人第二次机会，更尊重他人的权利，像朋友一样受人(高、低信任者)喜欢；以及(c) 较少出现说谎、不高兴、发生冲突或适应不良的情况。

总结

　　群体的存在是需要理由的。人们加入群体来达成他们无法只靠自己达成的目标。群体成员的个人目标通过积极相互依赖与其他人联系在一起。群体目标产生、指向、引导、激发、协调、加强并指导群体成员的行为。然而，只有明确的、有操作性的群体目标才能发挥这些作用。群体会在成功和失败的基础上不断调整自己的抱负水平。

　　群体成员之间的积极相互依赖是群体目标的基础。社会相互依赖理论发源于库尔特·勒温的场论，由莫顿·多伊奇正式提出。已经有成百上千的研究证明了这个理论。与竞争性和个体主义群体相比，合作群体取得的成就更高，成员之间的关系更加积极，承诺水平更高，心理健康、自尊和社会能力水平也更高。激励合作的关键在于积极相互依赖、个人责任、促进性交互、社会技能与群体过程。

　　持续合作的关键之处在于成员之间具有的信任水平。信任包含两个方面：信任他人和被他人认为可信。当一个人冒风险做出信任行为时，如果其他人能支持性地以可信的方式做出回应，那么信任就能建立起来了。因此，信任的关键就是自己要表现得可信。

　　达成群体目标的合作需要频繁、清晰、准确的沟通。群体成员必须能够明确且有效地进行沟通与倾听。你将会在下一章中学习如何这样做。

第 4 章

群 体 沟 通

本章要学习的基本概念

这里列出了本章中介绍的主要概念。在教学中可以将学生分成二人小组,每一组学生需要(1) 对每一个概念下定义,在阅读中关注文中怎么定义这些概念以及针对概念开展哪些讨论;(2) 确保两个人都理解这些概念的定义。接下来再组成四人小组。比较四人小组中两两各自学习的概念是否存在差异,如果存在差异就再一次在文中查找并下定义,直到所有成员都认同为止。

概念:

群体沟通(Group communication)　　单向沟通(One-way communication)
有效沟通(Effective communication)　　双向沟通(Two-way communication)
发送者(Sender)　　权威层级(Authority hierarchy)
接收者(Receiver)　　非正式沟通网络(Informal communication network)
信息(Message)
通道(Channel)　　守门人(Gatekeeper)
噪声(Noise)　　矫平(Leveling)
防御行为(Defensive behavior)　　加强(Sharping)
平衡理论(Equilibrium theory)　　同化(Assimilation)

沟通网络(Communication network)　　群体规范(Group norms)
防御性沟通(Defensive communication)

前言与定义

《格林童话》中有一个小裁缝的故事。故事中的这个小裁缝被苍蝇惹得很烦，就抓起衣服打苍蝇。当他提起衣服的时候，发现有 7 只苍蝇被他打死了。"7 个！"他说，"一次打死 7 个。"然后他做了一个腰带，在上面绣上"一次打死 7 个"。后来他碰到了国王，国王看到了他腰带上的字。"一次打死 7 个！"国王惊呼，"这是一个勇猛的、真正的武士啊！如果你能够杀死那两个总是杀害和掠夺我子民的邪恶巨人，我就会把我唯一的女儿嫁给你，而且还会把我的国家分一半给你。""这是个多么好的提议啊！"裁缝说，"我很乐意去杀死那两个巨人。"后面发生的故事想必大家都知道了。

在这个故事里，沟通不足这个现象使小裁缝能够与公主结婚，并最终成为国王。但是，并不是所有的误解都能带来好的结果。在我们周围，每天都会出现未能进行有效沟通的情况。这种情况通常会给人带来困难和不适，而是财富、爱情和地位。实际上，沟通障碍常会给我们带来痛苦和困难，所以群体动力学的研究非常关注有效的群体沟通。

本章中对有效群体沟通的性质进行了定义。为理解群体沟通，首先要讨论两个因素：群体沟通的模式以及影响沟通效能的变量（图 4.1）。我们可以把群

群体沟通的性质		
定义	基本技能	问题解决有效性

↓

群体沟通的模式		
交互分析	单向 vs 多向	网络

↓

沟通有效性的影响				
合作 vs 竞争	群体规范	物理障碍	座位安排	幽默

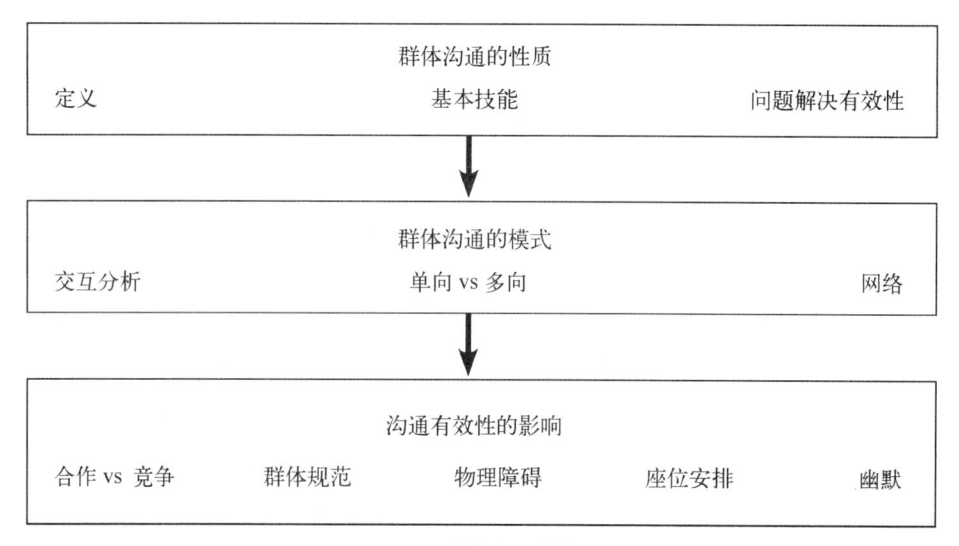

图 4.1　群体沟通的性质

体沟通理解为一种群体成员之间交互的模式,而不是一系列特殊技能。在这个领域中主要有三种检验群体沟通模式的方法:交互分析、单向与双向沟通以及沟通网络。合作与竞争情境、群体规范、物理障碍、座位安排和幽默都会对沟通效能造成影响。本章中会一一探讨这些主题。

练习4.1 你的沟通行为(I)

你在群体中的沟通行为是什么样的?你会如何描述你的沟通行为?在小组中对沟通开展讨论,诚实地回答以下问题:

1. 如果我是一个群体的领导者,我在下达一系列指令的时候,其他成员只是安静坐着、没有表情,我会:

(1) 清晰、准确地描述指令,然后再继续。

(2) 鼓励成员问问题,直到我确定所有人都理解了他需要做什么为止。

2. 如果我不理解群体的领导者下达的指令,我会:

(1) 默不作声,随后再问其他成员领导者的指令是什么意思。

(2) 直接要求领导者重复指令并回答我提出的问题,直到我明确自己理解了任务。

3. 你会让其他成员知道你喜欢或支持他们所说或做的事?

从不1∶2∶3∶4∶5∶6∶7∶8∶9一直

4. 你会让其他成员知道你对他们所说所做感到生气、不耐烦、尴尬或反对?

从不1∶2∶3∶4∶5∶6∶7∶8∶9一直

5. 你会去确认其他成员的感受以及他们反应,而不是根据自己的假定做出判断?

从不1∶2∶3∶4∶5∶6∶7∶8∶9一直

6. 你会鼓励其他成员给予你有关你在群体中的所作所为的反馈?

从不1∶2∶3∶4∶5∶6∶7∶8∶9一直

7. 在同意或反对前,你会确认你理解了其他成员的意思?

从不1∶2∶3∶4∶5∶6∶7∶8∶9一直

8. 在答复前,你会解释或重述其他成员说的话?

从不1∶2∶3∶4∶5∶6∶7∶8∶9一直

9. 在会议中,你会保留自己的思想、想法、感受和反应?

从不 1：2：3：4：5：6：7：8：9 一直

10. 你会确认其他成员都知晓了你对当前讨论主题所掌握的所有信息?

从不 1：2：3：4：5：6：7：8：9 一直

这些问题针对的是本章中将会讨论的群体中沟通的几个不同方面。前两个问题针对的是沟通是单向的(从发言者到其他成员)还是双向的。第3、4个问题针对的是你是否愿意把你如何接收其他人的信息以及对这些信息做出的反应反馈给其他成员。第5、6个问题针对的是你是否愿意寻求其他成员对接收你传达的信息以及如何反应的反馈。第7、8个问题针对的是信息接收技能,第9、10个问题针对的是你为群体贡献(传播)有关信息的意愿。返回去看看你的答案,总结一下你当前在群体中的沟通行为是怎么样的。

群体沟通

沟通是所有人类交互和群体运作的基础。我们的日常生活是由一段又一段沟通经历组成的。群体成员通过沟通开展交互。有效的沟通是群体运作的各个方面的先决条件。**群体沟通**(group communication)指的是群体成员有意地以影响接收者行为为目的,向一个或更多接收者传播信息(Johnson, 2006)。一个成员用"现在是时候开始投票了"这条信息唤起"同意的人举右手"这个反应。任何旨在以任意方式影响接收者行为的信号都是沟通。接收者以发送者想要的方式对信息进行解释的时候就会产生**有效沟通**(effective communication)(Johnson, 2006)。如果约翰想要向其他成员传达今天是美好的一天以及他感觉很好的信息,他会微笑着说"嗨"。如果其他成员将他说的"嗨"和微笑解释为约翰认为今天是美好的一天并且他感到不错,这时候的沟通就是有效沟通。如果群体成员将约翰的"嗨"和微笑解释为他想要开展群体讨论,这时候的沟通就是无效沟通。

群体沟通的复杂性体现在沟通的普遍性和同时性上。无论从什么方面去感知其他成员,在这个过程中都会存在沟通。无论什么时候,只要群体成员看到、听到、闻到或是碰到其他成员,沟通就产生了。此外,沟通也是一个同步的过程。在这个过程中成员会同时进行接收、发送、解释、推理。在沟通中,群体成员想到信息、传播信息、其他成员接收信息这三个过程并不是顺序发生的。此外,群体沟通所具有的多人同时参与的特征使得构建群体沟通的理论成了一件很难的事。

通常情况下,沟通模型展现的是两个个体之间的沟通。因为两个个体之间的信息交换相对而言是有顺序的,意义也比较容易理解。这种在二元情况下对沟通的分析是很有用的。但是,由于二元情况下的分析无法表现出群体交互的复杂性,所以这种方式可能会造成误导。在群体沟通中必然会同时产生并要管理多重关系,二元关系并不能体现出群体沟通的种种有趣可能(Keyton,1999)。在两个人之间,沟通是一条双向的交换路径(图 4.2)。然而,在 3 个人之间,则有 6 条沟通的路径。在 4 个人之间,沟通的路径甚至多达 12 条。在目前的社会科学研究中可能还做不到建立出展现 6 个、10 个、20 个或 90 个人之间沟通的概念框架。

图 4.2　小群体中的沟通

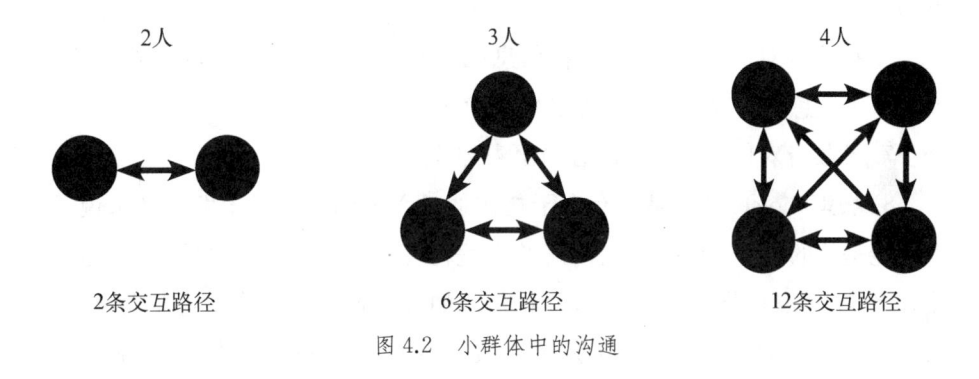

图 4.3 中呈现的是群体沟通的复杂性。在图中,小群体中的沟通过程按如下形式描述:

1. 发送者的想法、感受和意图以及发送者决定的表现形式使人们向接收

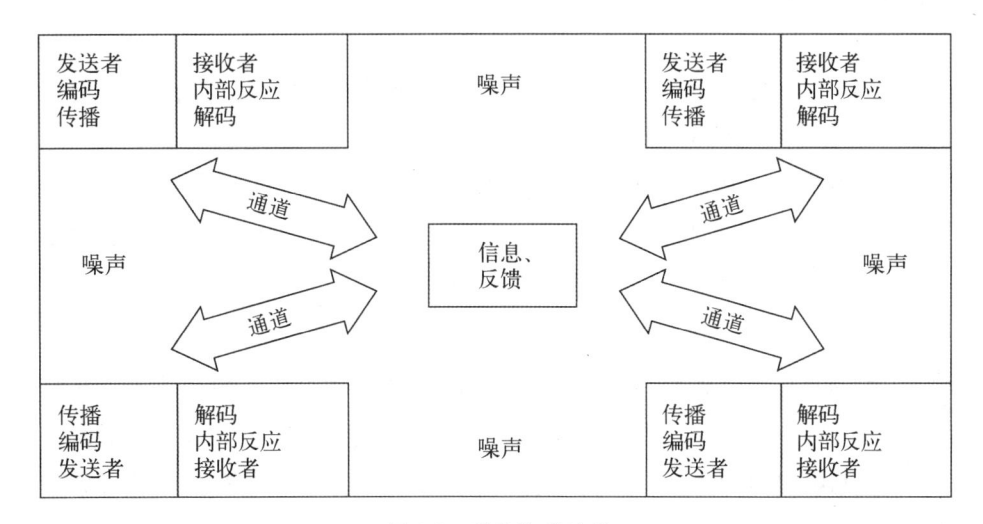

图 4.3　群体沟通过程

者发送信息。发起沟通的人称为**发送者**(sender),信息指向的人称为**接收者**(receivers)。

2. 发送者将信息编码,即想法、感受和意图转换为适合发送的形式。**信息**(message)是从一个人传递到另一个人的任何言语或非言语符号,是一种以符号的方式传达意义的形式(所有的语言都是符号)。

3. 发送者将信息传播给接收者。

4. 信息经由通道传播。**通道**(channel)指的是发送信息给其他人的方式:声音的声波,打印在纸上的字反射的能被人看到的光波。

5. 发送者收到接收者传达的任何可以识别的反应,通过这种方式接收反馈。

6. 接收者对信息解码,即解释信息的含义。接收者所做出的解释取决于他们对于信息内容以及发送者意图的理解程度。

7. 接收者对信息的解释内容做出内部反应。

8. **噪声**(noise)指的是所有会干扰沟通过程的因素。对于发送者来说,噪声可能是他的态度、参照框架、语言的合适程度或信息表达的其他内容。对于接收者来说,噪声指的是:(1)环境声音,如接收者处于安静还是在人流众多的环境中;(2)言语困难,如口吃;(3)使人讨厌或分心的怪癖,如说话含糊。沟通是否成功在很大程度上取决于克服或控制噪声的程度。

接下来将会讨论信息的发送与接收。

发送与接收信息

要想有效地传播信息,群体成员就必须遵循以下标准来组织信息(Johnson,1974,2006):

1. 使用第一人称单数的形式(我、我的)清楚地组织自己的信息,要为自己表达的想法和感受负责。当人们使用诸如"大部分人""有些朋友"和"我们群体"之类的短语时,他们自己就与传达的信息脱离关系了。

2. 展现你的可信度。**发送者可信度**(sender credibility)指的是接收者对发送者所做陈述的可信程度持有的态度。人们认为高可信度的发送者(1)是可靠的信息源、(2)愿意说实话、(3)友好与温暖、(4)可信、(5)拥有专业知识、(6)有活力。

3. 发送的信息要完整、明确。这些信息要明确陈述那些对接收者理解信息意义所需的所有必要信息。信息完整和明确这两个要求乍看上去很容易,但是事实上人们通常不会去交流他们使用的参照框架、做出的假设、沟通意图或思维上存在的跳跃。

4. 使你的言语信息和非言语信息保持一致。面对面的沟通同时包括言语和非言语信息两方面。这些信息通常是一致的。感谢给自己提供帮助的人的时候通常会面带微笑,表现出温暖。当一个人的言语和非言语信息不一致的时候,就会出现沟通问题。如果一个人说"这里有一些可能会帮到你的信息"的时候面带冷笑而且声音中透露出嘲笑的意味,同时接收到这两种不同的信息就会使人们从信息中提取的意义发生混淆。

5. 信息要有冗余。你要通过一个以上的沟通通道(如图片和文字信息、言语和非言语信息)多次传播同一条信息。这种做法能够帮助接收者理解发送的信息。

6. 寻求有关你发送的信息以什么形式被接收的反馈。为有效地进行沟通,你必须去了解接收者如何解释、加工你发送的信息。你要不停地寻求反馈,确认接收者的理解和你的意图相一致是达到这个目的的唯一方法。

7. 使信息匹配接收者的参照框架。面对一个专家和一个新手,一个儿童和一个成人,或者自己的老板和同事,你都需要分别使用不同的方式去解释同一个信息。

8. 使用名称、行动和比喻的形式描述你的感受。描述,在沟通个人感受的时候是非常重要的。你可以使用名称进行描述——"我感到悲伤",可以使用行动来描述——"我感到要哭了",也可以使用比喻的形式来描述——"我就像被倒在垃圾堆里一样"。描述能帮助你更清晰地与他人沟通你的感受。

9. 不要使用评价性或解释性的方式来描述他人的行为。在对他人的行为做出反应时,请确认自己是对他人所做的行为进行描述("你总是打扰我"),而不是进行评价("你是个坏家伙,是自我中心的自私自利的人,你不会听其他人的想法")。

接收信息的技能包括(1) 表达自己会不加评价地理解发送者的想法和感受的意图;(2) 理解并解释发送者的想法和感受。由于评价接收到信息的倾向性是开展有效沟通的主要障碍,因此,表达理解信息的意图在以上两者之间更为重要。评价性地接收信息会使发送者变得防御和警惕,随之降低对沟通的开放性。更具体来说,接收信息的技巧是释义,检查对发送者感受的知觉,以及对意义进行交流(Johnson, 2006)。

1. 准确地、无评价性地对信息内容和发送者的感受进行释义。用你自己的话重新表达发送者所传播的想法和感受,避免在其中出现任何赞同或反对的信息,也不要增加或缩减信息内容,还要说明自己对发送者参照框架的理解。

释义是最为基础的,也是最重要的接收信息技能。

2. 把你知觉到的内容描述为发送者的感受。通过不表现出支持或反对,也不试图解释原因的形式试探性地确认知觉到的感受是否准确。例如,最简单的做法是询问"这是我对你的感受的理解,我的理解对吗?"

3. 对发送者的信息意义开展协商。先表明你对信息的解释是什么,再与发送者进行协商,直到你们对信息意义达成共识为止。通常情况下,信息里的字面意义并不是发送者真实要表达的意义。例如,人们可能会询问"你总是这样喊吗",这时候他想传达的真实意义是"请安静下来。"所以,有时候对信息释义并不能帮助你表达自己对信息的理解。你不妨使用"我认为你的意思是……"这一句式开展对信息的协商。

你可以在Johnson(2006)的书中找到这些基本的但对于有效沟通而言非常重要的信息接收技能。这本书里也包含了一些旨在提升这些接收技能的言语和非言语能力的练习。

练习4.2 谁会成为"明智"学院的校长?

这个练习的目的是在一个任务导向的群体中体验沟通模式、信息共享模式以及合作与竞争对问题解决的影响。这个练习需要1小时20分钟。所有参与者组成6人小组,其中包括4个玩家、2个观察者。

时间表		材料	
活动	时间(分钟)	物品	数量
练习介绍	10	简要介绍单	每人1张
对观察者进行介绍	5	信息单	每组1套
群体决策	30	候选人概况表	每人1张
所有人一起讨论	15	观察记录表	每个观察者1张
群体过程	15		
总结与结束	5		

同时开展练习的小组数量不限,协调者的工作如下:

1. 向参与者介绍这个练习关注的是问题解决情境中的沟通。所有参与者阅读简要介绍单,再根据实际情况设置角色扮演的环境。

2. 将所有参与者分成多个6人小组。从每个小组中自愿选出2人担任观察者。其他4人将作为玩家一起选出"明智学院"的新校长。随后告诉所有参与者,这个练习有一个正确答案,每个小组必须独自做出决策。接下来发给4个玩家每人1张简要介绍单、1张候选人概况表和1张信息单。请确认4个玩家各自拿到的信息单是不一样的。接下来,**强调在这个练习中只能进行言语沟通**。玩家可以大声读出自己那张信息单上的信息,也可以记录下其他玩家说了什么,但是不能直接去看其他人的材料,不能要求其他玩家来读自己的信息单,也不能要求其他参与者读自己记下的笔记。

3. 指导观察者如何使用沟通模式观察表。指导过程与玩家阅读他们自己的材料这一步同时进行。把频数图表发给观察者,并告诉他们如何使用这些图表。每个观察者需要至少6张观察表,所以要预留出一些时间以便观察者准备好足够的复本。

4. 发出开始讨论的信号。你可以使用按照完成顺序贴出各小组的解决方案以及展示每个小组做出决策所用时间的方法在小组间引入竞争因素。

5. 所有玩家一起开展讨论,让所有小组分享他们对选择哪个候选人的决策理由。所有小组都汇报后,公布附录中的正确答案。

6. 玩家在各自小组中就沟通的性质开展讨论。公布观察记录表,让玩家们根据观察者记录下的观察结果讨论他们得到了什么经验。协调者要关注每个小组的评价过程,并且要记录下参与者从任务中所学到的经验的样例。可以参考以下有关问题开展讨论:

1) 小组中的沟通模式是什么样的?
(1) 谁和谁说话,频率如何?
(2) 谁在交谈?交谈频率如何?持续了多久?
(3) 谁用什么方法发起与他人的交谈?
(4) 谁打断了谁?
(5) 谁鼓励谁参与完成任务?
(6) 怎样做能够使得成员更为有效地参与其中?

2) 是否能够很容易地从小组成员那里得到需要的信息?小组成员是否会适当地分享信息?从其他人那里寻求信息?创立能够分享信息的环境?

3) 是否用到了所有成员的资源?是否所有人的话语都得到了关注?

4) 群体成员是如何合作或竞争的?

5) 小组是怎样进行决策的?

6) 小组一起完成任务的时候遇到了什么问题?

7) 从这个任务的经验中能够得出什么有关小群体沟通的结论?

7. 总结小组成员学到的东西,将这些内容与本章中的有关材料关联起来。最后,以称赞参与者们在任务中的表现(无论他们是否做出了正确的决策)的形式结束任务。

"明智学院"简要介绍单

1. 这是你们小组第一次见面。

2. **只允许进行言语沟通**。你所拥有的信息都要记在心里。不要去读其他人的材料,也不要让其他人读你的材料。

3. 假设这个任务有一个正确答案(你们应当选择其中某一个候选人)。

4. 假设你拥有的信息单上的信息和候选人概况的信息都是正确的。

5. 使用达成共识的方法做出决策。所有的成员都要同意选择某个候选人,并且要能解释为什么这个候选人将会是最好的校长。

6. 你们必须以小组的形式解决问题。

沟通模式观察记录表

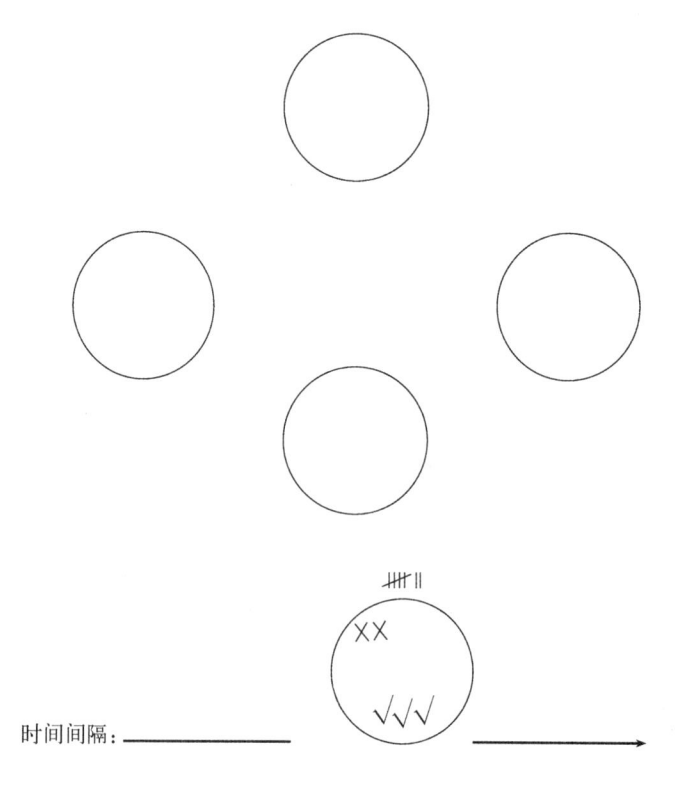

时间间隔:

每5分钟使用一张表。在每个圈上写一个参与者的名字。用箭头表示发送者将信息传递给接收者的行为。如果有人传递信息给整个小组,就画一个指向中心的箭头。使用划线的方法记录发送信息的频数(|||| ||)。每当有成员打断或跳过其他成员时,在代表这个成员的圈内划一个"×";当有成员鼓励其他成员进行表达的时候,在代表这个成员的圈内划一个"√"。

"明智学院"信息单1

你们小组是一个由"明智学院"董事会成员、管理人员、教师和学生组成的委员会。你们小组由董事会授权,要从所有候选人中选出学院的校长。每个角色所代表的群体(董事会、管理者、教师、学生)都有自己对新校长的诉求。你们小组要在可能的范围里选出满足这些诉求的候选人。

"明智学院"建立于1969年,位于一座有10万人口的工业城市的市中心。除了标准的文学艺术课程,"明智学院"也有一些通过在校外工作、学习获得学分的课程。在这座城市中除了"明智学院"以外还有一所学院。"明智学院"是整个州里最小的学院,在1984年以前,所有的学生都是非裔美国人。

新的校长将面临一系列挑战。董事会需要一位能够筹款来运营学院的校长。学院目前的财务状况很糟糕,在过去的两年内连续亏损。如果再无法平衡收支,学院就要关闭了。学院管理人员需要一名具有管理经验的校长。学院现在正在削减预算,这需要一位强有力的、有经验的管理者进行协调。

"明智学院"信息单2

你们小组是一个由"明智学院"董事会成员、管理人员、教师和学生组成的委员会。你们小组由董事会授权,要从所有候选人中选出学院的校长。每个角色所代表的群体(董事会、管理者、教师、学生)都有自己对新校长的诉求。你们小组要在可能的范围里选出满足这些诉求的候选人。

"明智学院"建立于1969年,位于一座有10万人口的工业城市的市中心。除了标准的文学艺术课程,"明智学院"也有一些通过在校外工作、学习获得学分的课程。在这个州里,只有布朗学院、塞缪尔学院和贺鲁贝克学院比"明智学院"大。也就是说,"明智学院"是州里最大的学院之一。塞缪尔学院主要接收来自富裕家庭的上流社会的学生。安德鲁斯学院是州里最小的学院。

新的校长将面临一系列挑战。董事会希望有一位能有效处理公共关系的校长,期望这位校长能够在社区、州,甚至国际上塑造学院的积极形象。要想在公共关系上获得成功,学校就要依赖于校长对大量不同群体和组织开展有力的公众演说的能力。学院管理人员希望新的校长是一位有经验的管理者。他们非常害怕选到一位不胜任的管理者成为校长。学院正在开展一项教师教学表现的综合测评项目。管理经验对于管理这个项目而言是必须的。

"明智学院"信息单 3

你们小组是一个由"明智学院"董事会成员、管理人员、教师和学生组成的委员会。你们小组由董事会授权,要从所有候选人中选出学院的校长。每个角色所代表的群体(董事会、管理者、教师、学生)都有自己对新校长的诉求。你们小组要在可能的范围里选出满足这些诉求的候选人。

"明智学院"建立于1969年,位于一座有10万人口的工业城市的市中心。除了标准的文学艺术课程,"明智学院"也有一些通过在校外工作、学习获得学分的课程。"明智学院"的学生主要是少数族裔、工薪阶层和低收入家庭学生、老人,以及从其他学院或大学退学的学生。

新的校长将面临一系列挑战。教师希望新校长有教学经验。这是因为学院里的教师认为教学经验能够使校长同情教师面临的问题。此外,他们还认为校长必须拥有能够帮助他理解"明智学院"学生的背景。学生对"明智学院"的教学质量不满意,感到生气。因此,学生希望校长拥有教育学的学位,能够判断教师的教学能力,督促教师进步。

"明智学院"信息单 4

你们小组是一个由"明智学院"董事会成员、管理人员、教师和学生组成的委员会。你们小组由董事会授权,要从所有候选人中选出学院的校长。每个角色所代表的群体(董事会、管理者、教师、学生)都有自己对新校长的诉求。你们小组要在可能的范围里选出满足这些诉求的候选人。

"明智学院"建立于1969年,位于一座有10万人口的工业城市的市中心。除了标准的文学艺术课程,"明智学院"也有一些通过在校外工作、学习获得学分的课程。"明智学院"的教师主要是年轻、肯奉献,但缺乏经验的指导者。大学通常都比学院大,"明智学院"比州立大学小得多,但是它仍在继续成长。

新的校长将面临一系列挑战。学院的教师现在觉得课堂教学非常困难,希望新校长有与"明智学院"生源类似的学校工作的经验。教师对教导"明智学院"学生时所遇到的困难感到沮丧。并且因为学生没有对他们的教学做出反馈而感到不满意。学生认为校长必须具有教育学的学位才能判断教师的教学能力。学生也认为校长必须有能帮助他理解"明智学院"学生的背景的校长才能理解"明智学院"的学生。

"明智学院"候选人概况表

姓　名	大卫·沃尔科特
教育背景	1982年毕业于安德鲁学院,文学艺术专业;1984年于温菲尔德大学获得教育学硕士学位;1993年于温菲尔德大学获得政治学博士学位。
工作背景	1984—1988年,温菲尔德大学任英语教师;1988—1997年,詹姆斯大学教授政治学;1990—1992年,州立法机构议员;1995—1999年,詹姆斯大学政治学系主任;1999年至今,詹姆斯大学教导主任。
其他	以学识和智力闻名

姓　名	罗杰·桑顿
教育背景	1975年毕业于塞缪尔斯学院,理科专业;1982年于史密斯大学获得化学专业教育学硕士学位;1986年于史密斯大学获得管理学博士学位。
工作背景	1982—1989年,高中化学教师;1989—1996年,高中校长;1996年至今,校监。
其他	一位创新、高效的管理者;一位非常成功的政治演讲者(校监就是从他所在的区选出的);他的父亲是一家大银行的副总裁。

姓　名	埃德斯·康斯特布尔
教育背景	1985年毕业于布朗学院,文学艺术专业;1990年于史密斯大学获得会计学硕士学位;1998年于史密斯大学获得管理学博士学位。
工作背景	1985—1990年,保险代理;1990—1998年,注册会计师;1998年至今,威廉姆斯学院财务副总裁。
其他	在夜校教过8年统计学;自愿在低阶层社区的社区中心担任过4年主管;曾经非常成功地为社区中心筹到了款项;她已经在公共关系公司的有竞争力的岗位上兼职工作2年了。

姓　名	弗兰克·皮尔斯
教育背景	1988年毕业于史密斯大学,获得工业艺术学位;1991年于史密斯大学获得数学的教育学硕士学位;1997年于州立大学获得管理学博士学位。
工作背景	1988—1991年,社工;1991—1995年,学校系统家长志愿者项目协调员;1995年至今,社区关系主管助理
其他	写过工业教育的培训计划

姓　名	海伦·约翰逊
教育背景	1986年毕业于布朗学院,获得社会研究教育学士学位;1990年在布朗学院获得社会研究的教育学硕士学位。
工作背景	1986—1990年,在学校系统的社区中心教授基础学术技能;1990—1994年,史密斯大学学生教学项目主席;1996—2000年,史密斯大学负责社会关系和奖学金基金发展的副校长;经常在州内被邀请作关于史密斯大学的演讲。
其他	在州里最底层的贫民区长大;写过一本书和几篇学术论文;曾经因为成功募集到基金受到奖励。

姓　名	凯斯·克莱门特
教育背景	1987年毕业于马尔霍兰学院,获得生物教育学士学位;1989年于马尔霍兰学院获得管理学硕士学位。
工作背景	1986—1992年,高中生物教师;1992年至今,基金募集与公共关系公司顾问。
其他	被认为是州里最好的资金筹集人之一;有趣的演讲者;写过一本关于工人阶级学生教学的书;做过很多成人教育的志愿者工作。

练习4.3　夏至恶作剧谜案

这个练习的目的是研究问题解决群体中信息沟通的方式。这里使用了一个破案情境。在准备材料时,每个破案线索都要单独写在卡片上(答案见附录)。

时　间　表		材　料	
活　动	时间(分钟)	物　品	数　量
练习介绍	5	一套线索卡	每个小组1套
对观察者进行介绍	5	观察记录表	每个小组1张
群体决策	20		
所有人一起讨论	5		
群体过程	5		
总结与结束	5		

1. 说明这个练习关注的是问题解决情境中的沟通。告知参与者他们将要破解一个案件,要围绕案件设立任务的环境和背景。

2. 所有参与者分别组成5人小组。其中1人自愿担任观察者。观察者的任务是使用沟通模式观察记录表记录小组中的沟通模式。

3. 任务是以小组为单位合作破解一个案件。每个小组都要通过达成共识的方法对以下问题做出判断：

(1) 什么被偷了？

(2) 是怎么被偷的？

(3) 谁是小偷？

(4) 小偷的动机是什么？

(5) 案件发生在什么时候？

4. 每个小组会拿到一套卡片。每张卡片上写着一条线索。将卡片面朝下放置，避免线索被提前看到。每组由一名参与者分发卡片，每个人都要拿到一些卡片。

5. 每个成员大声读出自己卡片上的线索，但不要把自己的卡片给其他人看。其他成员能记笔记，但是不能看其他人的卡片。所有的沟通都必须是言语形式的。

6. 当小组回答了前面的五个问题后，如果还有小组没有完成，已经完成的小组可以继续回答下面两个问题：

(1) 其他物品发生了什么变化？

(2) 谁出现在聚会上了？

7. 每个小组讨论自己在解决案件的时候所使用的沟通模式。可以使用以下问题来组织讨论：

1) 小组中的沟通模式是什么样的？

(1) 谁和谁说话，频率如何？

(2) 谁在交谈？交谈频率如何？持续了多久？

(3) 谁用什么方法发起与他人的交谈？

(4) 谁打断了谁？

(5) 谁鼓励谁参与完成任务？

(6) 怎样做能够使得成员更为有效地参与其中？

2) 是否能够很容易地从小组成员那里得到需要的信息？小组成员是否会适当地分享信息？从其他人那里寻求信息？创立能够分享信息的环境？

3) 是否用到了所有成员的资源？是否所有人的话语都得到了关注？

4) 群体成员是如何合作或竞争的？

5) 小组是怎么进行决策的？

6) 小组一起完成任务的时候遇到了什么问题？

7) 从这个任务的经验中能够得到什么有关小群体沟通的结论？

8. 总结小组成员学到的东西，将这些内容与本章中的有关材料联系起来。最后，以称赞参与者们在任务中的表现(无论是否做出了正确的决策)的形式结束任务。

夏至恶作剧谜案线索：
Purloin 先生对 Klutz 夫人贵重的钻石戒指很有兴趣。
Purloin 先生整个晚上都在和 Beautiful 女士跳舞。
Klutz 夫人经常丢东西。
在离开聚会后，Klutz 夫人找不到她的钻石戒指了。
主人举办了一场盛大的聚会庆祝夏至。
主人有一幅 Artisimisso 的油画。
Artisimisso 是一位 16 世纪的意大利画家。
16 世纪意大利画家的油画相当有价值。
有人听 Avarice 先生说过，他可以为获得有价值的画做任何事情。
Klutz 先生是美术品经销商。
Klutz 先生急需钱来维持自己的生意，否则就要破产了。
Klutz 先生带着他的公文包。
Avarice 先生非常富裕。
Artisimisso 的所有作品都很小。
Klutz 夫人几乎整晚都和 Handsome 先生待在露台的黑暗角落里。
在 Perceptive 女士离开聚会的时候，她在露台的一角看到有一个闪闪发光的东西。
Perceptive 女士刚到聚会现场的时候，她对 Artisimisso 的画做出了很高的评价。
Perceptive 女士离开聚会的时候，她发现她称赞过的画不见了。
Perceptive 女士离开聚会的时间是晚上 10 点。
Wealthy 女士把她的狗带来参加聚会。
Wealthy 女士找不到她带到聚会来的东西了。
主人的邻居家养了 3 条狗。
聚会后，主人的邻居发现自家后院里有 4 条狗。
在离开聚会时，Klutz 夫人称赞了 Artisimisso 的画。
Klutz 夫人离开聚会的时间是大约晚上 9 点 30 分。
Handsome 先生有盗窃癖。
Handsome 先生在 Klutz 夫人离开 20 分钟后也离开了聚会。

Klutz 先生和夫人一起离开聚会。

Purloin 先生是专门偷珠宝的小偷。

Beautiful 女士在 9 点 45 分离开的时候看到了 Artisimisso 的画。

Beautiful 女士和 Purloin 先生一起离开聚会。

Wealthy 女士和 Avarice 先生一起离开聚会。

Wealthy 女士离开聚会的时间和 Klutz 先生离开的时间差不多。

问题解决群体中的沟通

问题解决群体要想工作有效,所有成员就必须得到他们解决问题所需的信息,并且他们还要能够将信息综合在一起得到准确或有创造性的解决方法(图 4.4)。在大部分问题解决群体中,有一些信息是所有人都知道的,有一些信息只有少部分人知道,每个成员也可能知道一些其他人不知道的信息。每个成员都有责任进行沟通,将自己知道的信息传达给其他成员。每个成员也同样有责任去获取其他人知道但是自己不知道的信息。所以,对所有成员而言,有效的发送与接收信息技能都是必要的。那些会造成信息交换出现问题的噪声同样也会对问题解决群体产生影响。

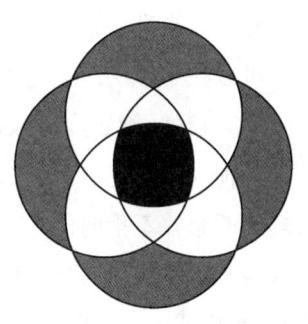

图 4.4 信息沟通

黑色区域指的是所有成员都知道的信息;灰色区域指的是只有一个成员知道的信息;白色区域指的是两个或更多成员知道的信息。

成员的信息、想法、经验和观点的整合是群体间问题解决的关键部分。群体成员能够成功整合他们的资源的程度在很大程度上取决于三个因素:(a) 信息发送和接收技能,(b) 沟通的程序和有关的群体规范,(c) 成员间的沟通模式。沟通模式包括交互分析、单向与双向沟通以及沟通网络。

交互分析

有许多观察系统可以用来检验群体成员之间的沟通模式。其中最有名的一种系统是 Bales(1953)的平衡理论。在第 5 章中将进行深入介绍这一理论。Bales 认为有效的群体必须维持任务和**社会情绪行为**(socioemotional activity)之间的平衡，并由此发展出一种被称作**交互过程分析**(interaction process analysis，IPA)的观察系统来分析群体成员之间的交互。他的研究结果使大量学者开始编制群体中的一系列任务和社会情绪角色。如果社会情绪的问题未能得到很好的处理，它带来的紧张状态就会抑制群体达成目标的能力。Homans(1950)以这种形式分析了大量个案研究，总结指出群体必须平衡外部系统活动(达成目标以及适应环境)和内部系统活动(处理自己与群体成员之间和群体发展的关系)。

Gouran 和 Hirokawa(1996)对群体的沟通模式进行过分析，据此提出沟通在有效的决策中起到两种功能：促进作用(促进正确推论和批判性思维)和抵抗作用(避免群体犯错)。群体成员之间的沟通能够促进信息收集与识别，补救个人的错误，以及促进提出有说服力的论据。当群体沟通关注于问题分析、设置明确与现实的目标、对信息与备选项开展批判性和现实性评价的时候，决策的效能就会提升。

可以在三个层次上对群体成员之间的交互开展分析：(1)沟通行为的相对频率与长度，例如，谁说话了、说多久。(2)谁与谁沟通。(3)谁用什么方法发起与他人的沟通。例如，无论谁开始说话，另一个人总会接着发言(即使谈论内容一开始并不指向他)或者总是打断说话者。谁打断了谁的发言——这个信息为观察者提供了成员如何看待自己在群体中相对他人的地位或权力的线索。通常，高权威的成员会感到自己能够更自由地打断低权威的成员，而低权威者则会感到更不自由。

练习4.4　信息传播

这个练习的目的是比较单向沟通和双向沟通的效能。至少需要10名参与者和2名观察者。

时间表		材料	
活动	时间(分钟)	物品	数量
练习介绍	5	观察记录表1	每人1张
针对全体的简介	10	观察记录表2	每人1张
单向示范	10	概要表1	每人1张
双向示范	15	概要表2	每人1张
全体讨论	20	概要图	每人1张
总结与结束	5		

1. 说明这个练习演示的是群体中成员之间的信息传播。

2. 让10名成员离开房间。将他们随机分入两个5人小组。

(1) 单向沟通：第一个小组负责演示单向沟通。小组成员一个接一个进入房间，每个人都先听一段简短的故事，然后自己独立复述给后进来的人听。此时，其他参与者或观察者不能提供帮助。后进房间的参与者不能问问题，也不能发表评论。他所要做的只是听完故事，再把故事复述给下一个进房间的参与者听。

(2) 双向沟通：第二个小组负责演示双向沟通。小组成员一个接一个进入房间，每个人都先听一段简短的故事，并且可以通过问问题来澄清故事的内容，保证自己明确知道故事的内容。随后，这个参与者再向后进来的参与者复述故事。此时，其他参与者或观察者不能提供帮助。后进房间的参与者能够问任何他想问的问题。参与者要记录下整个过程，以便于在涉及参与者利益的时候能够回溯。

3. 10名参与者离开房间后，发给每个观察者一份现场观察记录表以及一份初始版本的"故事"。向观察者大声朗读故事并告知如何使用记录表，然后解释矫平、加强和同化这些基本概念（这些概念会在单向沟通对信息影响的部分进行介绍）。

4. 进行单向沟通的演示任务。叫第一名参与者进入房间，先阅读一遍"故事"。然后叫第二名参与者进入房间，让第一名参与者复述他读到的故事。接下来依次进行下去。最后，第五个参与者对观察者复述故事。

5. 进行双向沟通的演示任务。叫第一名参与者进入房间，先阅读一遍"故事"，然后向协调者询问有关故事的任何问题。再叫第二名参与者进入房间，让第一名参与者复述他读到的故事，并回答第二名参与者提出的任何问题。随后依次进行。最后，第五个参与者对观察者复述故事。

6. 大声读出初始版本的故事。

(1) 依据观察者记录的结果、概要表与概要图，画出成功复述的情况下，复述内容包含正确初始信息的百分比，对单向沟通和双向沟通的结果进行比较。

(2) 结合权威层级以及单向沟通对信息影响部分的内容对结果开展讨论。要求成员进一步列举出演示中产生矫平、加强和同化现象的证据。

(3) 根据演示的结果，询问参与者得到了什么关于单向和双向沟通的结论。

(4) 询问成员可以得出什么有关权威层级中沟通的结论。

练习中也可以使用其他故事。通常来说,更应该考虑使用那些与被试自身文化背景相差较大的故事。一则来自爱斯基摩文化的故事(《幽灵战争》)可以紧接着第一则故事运用在练习中。

观察记录表:单向沟通

在第一列中写下故事的20个特定的细节(故事中文字用粗体呈现)。当协调者把故事读给第一个参与者听的时候,你要对表上的细节进行核查。当第一个参与者复述给第二个参与者听的时候,如果复述中发生错误,就在对应的格子中记录下错误的词或短语。为帮助进行计分,可以使用"√"代表正确的细节,使用"0"代表被忽略的细节。对其他几个参与者也是如此。

细节	初始故事	版本1	版本2	版本3	版本4	版本5
1						
2						
3						
4						
5						
6						
7						
8						
9						
10						
11						
12						
13						
14						
15						
16						
17						
18						
19						
20						

观察记录表：双向沟通

在第一列中写下故事的 20 个特定的细节（故事中文字用粗体呈现）。当协调者把故事读给第一个参与者听的时候，你要对表上的细节进行核查。当第一个参与者复述给第二个参与者听的时候，如果复述中发生错误，就在对应的格子中记录下错误的词或短语。为帮助进行计分，可以使用"√"代表正确的细节，使用"0"代表被忽略的细节。对其他几个参与者也是如此。

细节	初始故事	版本 1	版本 2	版本 3	版本 4	版本 5
1						
2						
3						
4						
5						
6						
7						
8						
9						
10						
11						
12						
13						
14						
15						
16						
17						
18						
19						
20						

幽灵战争

某一个晚上，两个伊古烈部落的男青年准备下河捕猎海豹。当他们到河边的时候,河上充满了雾气并且一片死寂。这时候他们听到了战斗的声音,他们想:"也许这里正在进行一场战争"。他们逃回岸边,躲在圆木后面。就在这时,河上出现了几条独木舟。他们听到了划桨的声音,看到了一条独木舟向他们划来。独木舟上有五个人,他们问:"我们希望你们跟我们一起来,我们要逆流而上参加战斗。你们觉得怎么样?"

其中一个青年说:"我没有弓箭。"

他们说:"独木舟里有弓箭。"

"我不想去,我可能会被杀死。我的家人不知道我去了哪里。"他转向另一个青年,"但是你可以和他们一起去。"

一个青年和他们一起去了,另一个青年回家了。

这些武士逆流而上,来到了卡拉马另一侧的一个村庄。他们跳到水里开始战斗,许多人都被杀了。突然,这个年轻人听到一个武士喊道:"快,我们回家。这个印第安人被击中了。"这时候他想到:"哦,他们是幽灵。"虽然他们说他被击中了,但是他并没有感到不舒服。

独木舟载着他返回了伊古烈。这个年轻人回到了他的房子里,生起了一堆火。他告诉所有人:"看,我和幽灵一起战斗。许多人都死了,我们也杀了对方很多人。他们说我被击中了,但是我没有任何不舒服的感受。"

他讲完这些后就沉默了。太阳升起的时候,他倒下了。有一些黑色的东西从他的嘴里流出来。他的脸扭曲了。人们惊跳起来,放声大哭。

他死了。

概要表:单向沟通

参与者	正确的细节		错误的细节		遗漏的细节		总计
	数量	百分比	数量	百分比	数量	百分比	
1							
2							
3							
4							
5							

概要表：双向沟通

参与者	正确的细节 数量	正确的细节 百分比	错误的细节 数量	错误的细节 百分比	遗漏的细节 数量	遗漏的细节 百分比	总计
1							
2							
3							
4							
5							

概要图

在这幅图中画出初始信息中的细节分别在单向和双向沟通中正确保留下来的比例。使用实线代表单向沟通的结果，使用虚线代表双向沟通的结果。

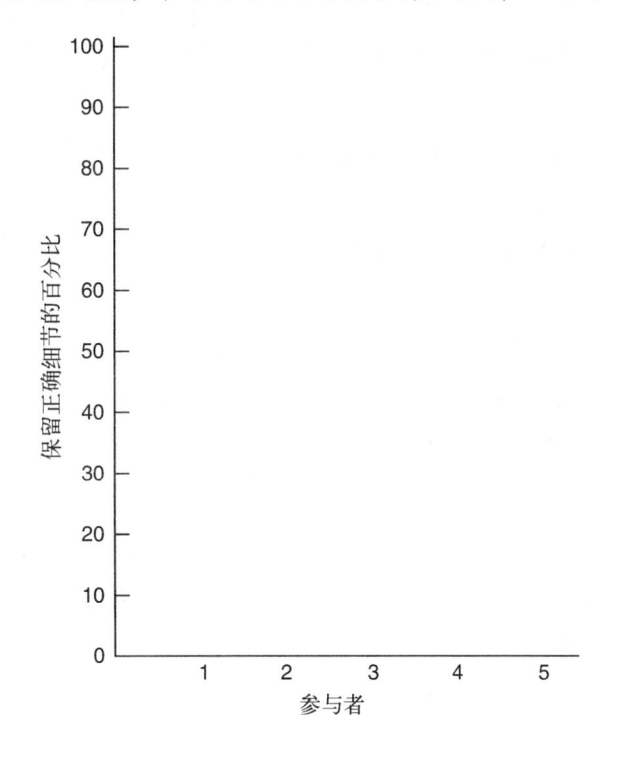

练习4.5 单向与双向沟通

在这个练习中将会比较单向沟通和双向沟通对沟通效能的影响。每个参与者都要准备两张纸和一支铅笔。协调者需要准备好一些正方形排列图形的复本(见附录)。协调者最好将下面的表格画在黑板上或打印在大的纸张上。

时间表		材料	
活　　动	时间(分钟)	物　　品	数　　量
练习介绍	5	纸	每人2张
针对全体的简介	10	铅笔或钢笔	每人1支
单向示范	10	2张图表	所有人1份
双向示范	15	2张概要表	所有人1份
全体讨论	20		
总结与结束	5		

1. 介绍这是一个比较单向沟通和双向沟通效能的练习。

2. 选出一个发送者和两个观察者(如果小组人数低于7人,只选一个观察者)。发送者最好是一个善于沟通、口齿清楚、讲话大声的人。

3. 单向沟通：信息发送者背对着接收者,或双方之间隔着屏幕。

(1) 给发送者看第一个正方形排列图形,同时要确保其他成员看不到这个图形。要求发送者在2分钟内仔细学习正方形是如何排列的,随后要指导其他成员在纸上画出一样的排列图形。

(2) 第一个观察者负责记录发送者在练习中的行为和反应,另外也要记录接下来的评论。

(3) 第二个观察者负责记录信息接收者的行为和反应,其中也包括面部反应、手势、姿势和其他可以观察到的非言语行为。

(4) 告诉整个小组"发送者将要向你们描述一幅图形。你们要仔细听他的指导,尽可能准确地画出他描述的图形。你作画的时间会计时,但是并没有时间限制。你不能问发送者问题,也不能发出声音来回应。你必须独立完成任务"。

(5) 在房间前方呈现表1。然后告诉发送者要尽可能又快又准地指导接收者画出第一个正方形排列图形。确保其他参与者没有问问题或发出声音。

(6) 当发送者指导完之后,在表2对应的空格中记下他指导所用的时间。再让所有参与者写下他们估计自己根据指导正确画出的正方形的数量。

表1　单向和双向沟通的正确率

单向沟通			双向沟通		
正确	估计	实际	正确	估计	实际
5					
4					

续 表

单向沟通			双向沟通		
正确	估计	实际	正确	估计	实际
3					
2					
1					
0					

表 2　单向与双向沟通的中位数

中 位 数	单向沟通	双向沟通
使用时间		
估计准确率		
实际准确率		

4. 双向沟通：信息发送者面对接收者。

(1) 给发送者看第一个正方形排列图形，同时要确保其他成员看不到这个图形。要求发送者在2分钟内仔细学习正方形是如何排列的，随后要指导其他成员在纸上画出一样的排列图形。

(2) 第一个观察者负责记录发送者在练习中的行为和反应，还要记录接下来的评论。

(3) 第二个观察者负责记录信息接收者的行为和反应，也包括面部反应、手势、姿势和其他可以观察到的非言语行为。

(4) 告诉整个小组"发送者将要向你描述一幅图形。你们要仔细听他的指导，尽可能准确地画出他描述的图形。这次你们能看到对方，你可以询问任何你想要问的问题。发送者可以自由地回答你的问题或详细阐述他所看到的图形。不过，发送者在描述图形的时候不能做任何手势。你作画的时间会计时，但是并没有时间限制。"

(5) 在房间前方呈现表1。然后告诉发送者尽可能又快又准地指导接收者画出第一个正方形排列图形。确保其他参与者知道他们可以问自己想问的问题，允许他们发出声音。

(6) 当发送者指导完之后，在表2对应的空格中记下他指导所用的时间。再让所有参与者在自己的纸上写下他们估计自己根据指导正确画出的正方形的数量。

5. 计算图形的准确率：

(1) 在表1中记下猜测自己第一幅图形正确数分别为0、1等数量的人数。从猜测自己猜对0个的人数开始累加，直到累加人数超过半数为止，得到中位数。将中位数写到表2中。

(2) 重复上面的方法，计算猜测自己第二幅图形正确数的中位数。

(3) 把第一幅图形的原图呈现给所有人看，指出每一个正方形和与之相连的正方形之间的关系。接收者所画图形中的正方形与其他正方形之间的位置关系只有完全与原图一样时才能算作正确。在完成比较后，每个参与者计算出自己画的图形实际的正确数量。然后再呈现第二幅图形的原图，按照同样的方法进行计算。

(4) 使用同样的方法计算第一幅和第二幅图形实际正确率的中位数。

6. 所有人一起讨论以下问题：

(1) 根据用时、正确率和自信度的结果能够得出什么结论？

(2) 观察者在练习中记下了什么？在不同的情况下，发送者和接收者的行为有什么不同？在这两个情境下，发送者和接收者分别有什么感受？

(3) 这个练习和你在工作单位、学校或在家中的情境相比怎样？在经历了这个练习之后，你会怎么改变你做出的与朋友和熟人有关的行为？

沟通网络

群体如果要有效地运作，群体成员就必须能够容易且有效地开展沟通。群体中的沟通需要先进行规划，使得想法、知识和其他信息能够自由地在成员之间传播。为此，大量研究考察了**沟通网络**（communication networks）的物理结构——谁能够与谁沟通，以及沟通是直接完成的还是通过其他成员间接完成的。更确切地说，沟通网络是群体或组织中的成员之间可用的沟通路径的表征。

在这些研究中，研究者通过向群体施加不同的沟通网络来考察不同类型沟通网络的作用。图4.5中展示的是一些已经被研究过的网络。点代表的是一个群体成员，线代表的是沟通网络中的连接。最常见的沟通网络研究方法是由Alex Bavelas(1948)提出的。在他的实验设计中，研究者将群体成员分别安置在小隔间里，隔间墙壁上的滑槽把所有隔间连接在一起。手写信息可以通过这些滑槽来传递。当所有的滑槽都打开时,每个成员都可以直接与其他成员沟通。选择性地开放部分滑槽就能够构造出其他沟通模式。

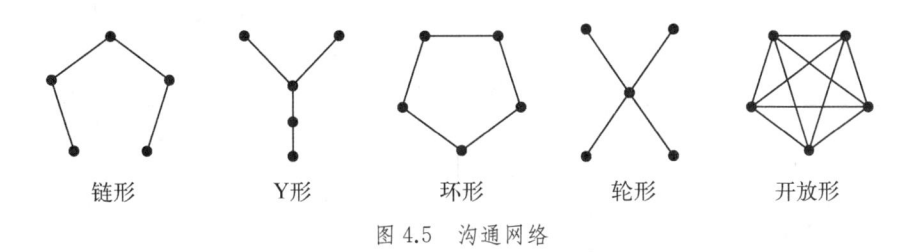

　　　链形　　　Y形　　　环形　　　轮形　　　开放形
图 4.5　沟通网络

研究证明,沟通网络会影响领导的产生、组织发展、群体成员斗志以及问题解决效能(Leavitt,1951;Shaw,1964)。在沟通网络中位于中心位置的群体成员通常拥有更多的信息、会成为群体的领导、能够协调群体活动。位于沟通网络中心位置的成员通常比处于边缘位置的成员对群体工作更为满意。通常而言,处于分散化沟通网络(环形、开放形)中的成员所具有的斗志比处于中心化沟通网络(链形、Y形、轮形)的成员更高。

当任务比较简单并且只需要进行信息收集工作的时候,中心化网络的沟通速度更快、错误更少,因此效率更高。然而对于复杂的、需要对信息进行分析的任务,分散化网络更有效。中心化沟通网络存在的问题是处于中心的成员收到的信息可能会超出他们所能处理的信息量。此外,任何额外的需求必须由处于中心位置的成员发布,这可能会降低沟通网络的效能。

权威层级中的沟通模式

在所有的组织和许多群体中都存在权威层级。当群体中的角色需要由不同成员承担,并且承担某些角色的成员需要通过管理其他成员来满足他们的角色要求时,群体中就产生了**权威层级**(authority hierarchy)。例如,如果一个群体被划分为几个委员会,每个委员会都负责群体的一部分工作,这个群体的角色结构就如图 4.6 所示。在权威层级中会设立奖励和惩罚系统,使管理者比那些被管理者更有权力。虽然设立权威层级的初衷是为了促进群体效能,但是权威层级通常也会破坏沟通、破坏分布式参与和领导、破坏权力的平等性。

群体会通过安排会议、要求成员进行报告、在成员之间组织讨论以及对群体过程撰写概要的形式使自己达成目标、维持良好的工作秩序、适应变化的世界。由此产生的沟通网络决定了群体成员能够从其他成员处接收到的信息量

```
                        ┌─────────────┐
                        │  群体的主席  │
                        └──────┬──────┘
              ┌────────────────┼────────────────┐
        ┌─────┴─────┐    ┌─────┴─────┐    ┌─────┴─────┐
        │ 委员会主席 │    │ 委员会主席 │    │ 委员会主席 │
        └─────┬─────┘    └─────┬─────┘    └─────┬─────┘
        ┌─────┴─────┐    ┌─────┴─────┐    ┌─────┴─────┐
        │ 委员会成员 │    │ 委员会成员 │    │ 委员会成员 │
        └───────────┘    └───────────┘    └───────────┘
```

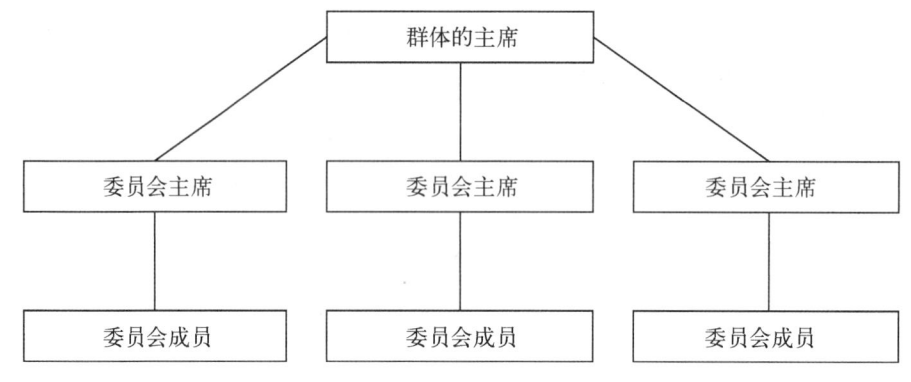

图 4.6　群体和内部的权威层级

和形式。在任何群体中，沟通都是有选择性的。沟通网络一旦形成，群体成员就会拥有恰当使用沟通网络的动机，并且群体会期待成员使用特定的过程与其他成员进行沟通。正式的沟通网络是为了协调成员各自的努力以达成目标而产生的。此外，许多群体也存在基于成员之间友谊和社会接触模式而产生的非正式沟通网络。

在权威层级中，沟通过程可以是单向的、单向有反馈的或双向的。在图 4.6 的例子中：**单向沟通**（one-way communication）是指群体中的主席向委员会主席下达指令，委员会主席再向委员会成员下达指令。委员会主席不允许倒过来与群体的主席进行沟通。同样，委员会成员也不允许与委员会主席沟通。接收者只是被动地接收信息。在这种情况下，沟通的效能由信息产生和呈现的形式决定。单向沟通比其他两种沟通过程耗时更少，但是效率也相对更低。虽然发送者不太容易受到阻挠，但是接收者会容易感到不满。

在单向有反馈沟通中，主席负责呈现信息，成员可以反馈他们对信息的理解程度。当成员向主席表示他们都正确接收到信息的时候，沟通就完成了。这个过程中并不包括双向影响或交换。也就是说，群体成员只能反馈他们对信息的理解程度，而不能反馈他们是否同意信息的内容。这个过程比双向沟通更快，并且主席受到的阻挠较少。但是这个过程的效率依旧不高，而且群体成员还是会感到不满。

双向沟通(two-way communication)是指每个成员都能发送信息、澄清他人信息的交互过程。双向沟通过程中,主席和其他成员能够自由交换想法和信息。如果感受到**阻抗**(resistance)和质疑,成员们可以即刻开展讨论、进行处理,因此这些感受并不会干扰群体的工作。双向沟通鼓励成员进行开放、坦诚的交互,采用分布式参与和领导,使用共识决策方法,以及其他促进群体效能的因素。虽然双向沟通耗费的时间更长,并且主席会感受到更多的挫折,但是成员不容易感到不满,从长期看整个群体的效率更高。任何希望能够变得有效的目标导向的问题解决群体都应当采用双向沟通过程。

　　即使鼓励使用双向沟通过程,权威层级依旧会影响成员之间的沟通。高权威群体成员说得更多,大部分的信息也是指向他们的。低权威成员通常在会议中不与其他人沟通,倾向于把想法说给高权威成员听。由于低权威成员一般会害怕有权力者对他们进行评价,所以他们更倾向于少冒风险,说一些无关紧要的话,表现得不坦诚。高权威成员通常会对是否展现自己的弱点感到犹豫,致使开放性和成员间沟通效能水平降低。如此一来,有一些因素会迫使群体在实际中采用那些无益于提升群体效能的沟通过程。

非正式沟通网络与守门人

　　当群体使用单向沟通过程时,信息理解通常会很困难,以至于群体成员会转而使用非正式沟通网络来帮助他们澄清信息的内容。在群体中,有一些成员更善于理解上层下达的信息,其他成员就会找出这些人并向他们询问信息的意义。这些成员就被称为**意见领袖**(opinion leader)或**守门人**(gatekeeper)。**守门人**指的是那些为群体成员翻译与解释消息、信息和新进展的人。守门人有两种类型。信息守门人从上级和外部来源接收信息,他们比其他人在阅读、倾听、写作报告和口头信息上做得更好。技术守门人在他们的领域中阅读更为广泛,相比其他成员,他们会更多地与外界信息源进行沟通。

　　守门人经常承担翻译者的角色。他们从上级那里获取消息,再将消息用更容易理解以及对群体成员具有特定意义的形式转述。当采用单向沟通过程时,成员通常无法对信息源发问或要求澄清。因此,群体成员必须依赖守门人来澄清信息。对于法庭证词的研究发现,人们对目击事件的最初报道的记忆优于对事件本身的记忆(Jones & Gerard, 1967)。如果守门人错误地构建了信息,理解上的错误就会随着人们互相之间进行的解释被放大。即使在双向沟通过程中,群体成员也会在无法对消息进行澄清的时候寻求守门人的帮助。

单向沟通过程对消息的影响

当几个人在传播信息时只进行很少的澄清或不进行澄清的情况下,信息会发生什么变化?人与人之间传播的信息越多,信息的扭曲和变化程度就会越高。沟通者会尝试简化信息,使信息符合他们的参照框架、利益、经验和任务。这种信息简化有三种心理过程(Alloprt & Postman,1945;Bartlett,1932):

1. **矫平**(leveling):接收者倾向于通过记住比发送者呈现信息数量更少的信息的方法来降低信息量。信息会变得更短、更精确,使得接收者更容易理解。在处理过的版本中,信息使用的词更少,细节也变得更少。

2. **加强**(sharpening):接收者会加强信息中的一些部分,这样做可以在大部分消息内容都被遗忘的情况下,使自己依旧能够记住一小部分关键点。加强是一种对大背景下有限的细节进行选择性保留、感知和报告的方法。加强和矫平相互作用,二者不可能脱离另一者独立存在。经过加强的特定内容会处于支配地位,其他内容则会根据这些内容进行组织。

3. **同化**(assimilation):接收者会将大部分信整合到自己的参照框架和人格中。因此,对于听到内容的解释和记忆会受到接收者自己的思维和感受的影响。这个过程不仅包括将一些不熟悉的内容改为已知的内容,也包括忽略无关的信息。而且,接收者还会用具有符合自身参照框架派生意义的信息来替换真实信息。

只要使用单向沟通过程,人们都会使用以上三种过程。这些过程通常会使沟通变得低效或无效。即使守门人在其中进行弥补,结果依旧会是这样。

练习 4.6　沟通网络

这个练习的目的是比较五种不同的沟通模式对群体生产力和斗志的影响。每个成员要写下自己对每种体验的反馈。参与者要会玩扑克牌。

时　间　表		材　料	
活　动	时间(分钟)	物　品	数　量
练习介绍	5	纸牌	每组1副
5种沟通网络	30	铅笔或钢笔	每人1支
群体过程	15		
全体讨论	10		
总结与结束	5		

1. 说明这个练习是一个旨在学习沟通网络如何影响群体成员之间沟通的结构化体验活动。

2. 把所有人分成6人的异质小组。其中1人自愿担任观察者。观察者的任务是记录小组完成任务花费的时间,同时记录其他参与者在任务中的行为和表现出的情绪。

3. **链形**:每个小组的5名参与者面朝一个方向坐成一条直线。每个成员从纸牌堆中抽5张纸牌。不允许口头交流,但是他们可以把要说的话写在纸上给坐在他们前面或后面的人看。他们需要做的是把牌传给坐在他们前面或后面的人。小组的任务是从每个成员的手中选出一张牌,尽可能使这五张牌组合出的牌型最大。当小组决定牌型后,每个成员写下对下列问题的回答:

(1) 你对小组和小组任务的满意度如何?

(2) 你有什么感受?

(3) 你观察到什么?

4. **Y形**:重复同样的任务,规则也一样。此时参与者要坐成Y形,每个人都面向坐在中间的人。成员只能向自己左右的人传纸条,但是**不能口头交流**。任务完成后,同样回答三个问题。

5. **环形**:重复同样的任务,规则也一样。此时参与者要坐成环形。成员只能向自己左右的人传纸条,但是**不能口头交流**。任务完成后,同样回答三个问题。

6. **轮形**:重复同样的任务,规则也一样。此时参与者要坐成轮形(见图4.5)。外侧的成员只能向中央的成员传递纸条,中央的成员能够向任何人传递纸条,但是**不能口头交流**。任务完成后,同样回答三个问题。

7. **开放形**:重复同样的任务,规则也一样。此时参与者要坐成环形。每个人都能与其他所有人沟通,可以把纸条传给任何人,但是**不能口头交流**。任务完成后,同样回答三个问题。

8. **群体过程**:根据参与者在每一次体验后写下的回答内容和观察者的印象,整个小组一起讨论并写下每种沟通模式的优缺点。

(1) 在这些沟通模式中,处于中间位置的成员有什么感受?处于边缘位置的成员有什么感受?

(2) 在哪种沟通模式下确定牌型需要花费的时间最短?

(3) 如果你负责管理一个公司,你会倾向于使用哪种沟通模式?

(4) 每种沟通模式下分别传递了多少消息?

(5) 每种模式下都有领导者吗？如果存在领导者，那么领导者处于什么位置？

9. **所有人一起讨论**：每个小组向其他人分享自己得到的结论。

10. 总结小组成员学到的东西，将这些内容与本章中的有关材料关联起来。最后，以称赞参与者们在任务中的表现（无论他们是否做出了正确的决策）的形式结束任务。

群体沟通效能的影响因素

有许多因素会影响群体沟通的效能。其中，群体氛围是以合作性还是竞争性为主是造成影响最大的因素。其他的影响因素包括群体规范、物理环境、座位安排和幽默。接下来会分别对这些因素进行讨论。

合作与竞争对沟通的影响

任何一个群体中都混合存在着合作与竞争。在有一些群体中，成员之间的交互几乎是纯粹合作性的；在有一些群体中，成员之间的交互几乎是纯粹竞争性的；而在另一些群体中，成员之间的交互是合作与竞争的混合体。

当群体成员以**合作**形式开展工作时，沟通会更加频繁、开放、完整、准确、诚实（Deutsch, 1973; Johnson & Johnson, 1974, 1989）。合作者所拥有的长期合作意向会提升沟通的效能。他们既关注目标达成，也关注与其他人之间形成良好的工作关系；他们既对传递信息感兴趣，也对接收其他人的信息感兴趣；他们也会频繁地使用信息发送和接收技能。合作者对其他成员的意图和行为知觉更准确，发生错误知觉或错误理解的情况更少。当出现错误知觉等现象时，合作者更容易进行改正与澄清。合作情境会提升沟通的效能，此时个体之间会互相信任、互相喜欢，所以，成员们会更愿意有效地进行沟通，也更愿意对其他人的需要和请求进行有帮助的回应。

当群体成员之间互相竞争时，成员之间会缺乏沟通或故意进行误导（Deutsch, 1973; Johnson & Johnson, 1989）。因此，竞争会使得人们更想要去刺探那些不愿意共享信息的成员在做什么，并且会更多使用迷惑或误导其他成员的策略。竞争者通常拥有短期合作意向，他们关注的是自己获胜的能力，倾向于否认其他成员的需求和感受具有的合法性。他们只在乎自己的利益。竞争者倾向于以怀疑、敌意的态度对待他人。这种态度会提升他们剥削他人与拒绝他人请求的倾向。竞争越紧张，沟通就越可能变得无效。

防御是竞争最重要的一个方面。Gibb(1961)开展的一项历时八年的研究对群体内的防御性沟通进行了探讨。防御性沟通是发生在有成员感到被威胁或预期会遇到威胁时的行为。Gibb的研究证明，评价、控制、优势、必然性和中立立场会导致产生防御性沟通。一名成员使用防御性沟通会导致其他成员做出相似的防御性反应。群体中沟通的防御性越强，成员就越可能对其他成员的动机、价值观和情绪产生错误知觉。这时候，沟通的效能就会变低。

物理因素对沟通的影响

物理因素也会促进或阻碍群体中的有效沟通。群体所处的环境可能会造成焦虑(Baum, Singer, & Baum, 1982; Halpern, 1995)。环境可能太热、太冷、太大、太小、太嘈杂或有太多干扰物。环境并不总是带来消极结果，许多人会寻找一些自己愿意在其中花较多时间的环境，在这些环境中他们会感到更好(Altman & Churchman, 1994; Carlopio, 1996)，而且会感到自己得到恢复、充满活力(Hartig, Mang, & Evans, 1991; Herzog & Bosley, 1992)。

18—29℃的环境温度是比较舒适的，超出这个范围的环境温度会降低生产力。如果房间过热，人们就会有疲惫感、攻击性，甚至发生生理损伤（如中暑）。声音也是这样。0—50分贝的声音通常不会对听众产生影响，但是超出80分贝的声音就会对听众造成干扰。虽然人们能够在很短的一段时间里忽视很响的声音，但是一般而言，声音越响，就越可能使人分心、激惹，还会导致心理紧张(Cohen & Weinstein, 1981)。

如果群体成员留意他们开会的地点、开会地点的音响效果、开会的时间、开会的时长以及通风、温度和照明情况，群体沟通的效能就可能得到提升。如果能巧妙地操控这些物理因素，成员们就能提升他们之间沟通的效能。

座位安排

通常，座位安排这个因素会被认为是理所当然的，或者根本没有得到人们的关注。事实上，座位安排可能会产生群体生态学的效果(Sommer, 1967)。

群体成员入座位置与他人位置的关系会对地位知觉、参与模式、领导活动以及情绪反应产生明显影响（Gardin, Kaplan, Firestone, & Cowan, 1973; Howells & Becker, 1962; Myers, 1969; Steinzor, 1950; Strodtbeck & Hook, 1961）。那些认为自己地位比其他人高的人会根据自己对于地位的知觉来选择座位（如，坐在会议桌的一端）。长方形座位安排中，坐在两端的成员参与得更多，并且比那些坐在长边上的成员对群体决策造成的影响更大（Nemeth & Wachtler, 1974; Riess, 1982; Riess & Rosenfeld, 1980）。群体的正式领导者通常会坐在桌子的前端；反过来，坐在桌子前端的人也经常被认为是领导者。群体成员有强烈的与坐在自己对面的成员沟通的倾向，成员之间简单的视觉接触会提升交互的频率、友好度、合作性以及对群体和工作的喜爱度。座位安排得越正式，成员就会感到越焦虑。

幽默

幽默是群体沟通效能的重要影响因素。幽默能提升群体的凝聚力，降低群体的紧张状态（Bloch, Browning, & McGrath, 1983）。Smith 和 Powell（1988）发现，相比以贬损上级或下级作为幽默手段的领导者而言，使用自我贬损式幽默的群体领导者能够更有效地缓解紧张状态，并且更能鼓励成员参与任务，成员也更愿意分享自己的观点。Dension 和 Sutton（1990）在一项以手术室护士为研究对象的现场研究中发现幽默有两种功能：降低手术团队成员的紧张状态，以及为手术团队成员认为枯燥的标准手术过程带来多样性。当高权力成员使用幽默的时候，幽默更为有效。Vinton（1989）发现幽默在工作群体中有三种作用：（a）自嘲式玩笑能向共事者表示自己愿意以友好、非正式关系的形式参与工作；（b）当成员在狭小的区域工作时，开玩笑能够带来轻松的工作关系；（c）开玩笑能够帮助人们缩小成员之间存在的地位差异。总的来说，这些研究表明，适当地经常使用自我指向的幽默能够提升群体沟通的效能。

练习 4.7　你的沟通行为（Ⅱ）

现在你会怎样描述你在问题解决群体中的沟通行为？你在沟通中的强项

是什么？你现在还希望提升哪些领域的技能？现在你已经完成了本章的练习，在阅读本章的内容后，用20分钟左右写下你如何看待自己在问题解决群体中的沟通行为。其中，你需要描述自己如何准备与发送信息，使用什么样的接收技能，为群体贡献信息和想法的途径，接收有关群体会议和事务信息的方式等内容。

在写完以上内容后，与两个你熟悉的同学一起讨论。对照一下你对自己的描述是否正确。是否需要进行补充？其他人是否能帮助你澄清你的沟通行为？

总结

群体沟通通常包含多人交流。当接收者以信息发送者的意图对信息进行解释的时候，沟通就是有效的。有一些基础的发送与接收技能是所有群体成员都需要掌握的。发送技能包括使你发送的信息明确归属于你，使信息完整、明确，确保言语和非言语信息一致，信息有一定冗余度，获取他人如何接收信息的反馈，根据接收者的参照框架调整信息，描述感受，以及评价性地描述其他人的行为。接收技能包括准确、无评价性地对信息和发送者的感受进行释义，描述自己对发送者感受的知觉，以及与发送者协商信息的含义，直到双方达成共识。

对群体沟通的分析主要通过群体成员之间的沟通模式以及促进沟通效能的因素进行。有三种方法可以用来分析沟通模式：

1. 成员之间的交互：群体的沟通模式可以通过(a)每个成员的沟通行为长度和频率，(b)谁对谁说话，(c)谁以什么方式激发了谁的沟通行为进行揭示。

2. 群体中的沟通网络：已有研究中涉及的沟通网络包括环形、链形、Y形、轮形、开放形模式。这些模式不只影响群体中的信息流向，也影响到谁被知觉为领导者、完成任务的方式、成员的满意度和斗志以及完成任务的轻松程度。任务越复杂，成员们就越需要使用开放性的沟通模式。

3. 权威层级中单向沟通和双向沟通的性质：许多群体中都存在着权威层级。在权威层级中，沟通模式可以是单向的、单向有反馈的或双向的。从群体效能的角度来看，双向沟通是最理想的。单向沟通通常会产生有守门人或意见领袖的非正式沟通网络。单向沟通通常会致使接收者矫平、加强和同化信息。

有许多因素会对群体中沟通模式的效能产生影响。处于合作或竞争背景下的沟通会影响沟通模式的效能和防御性程度。整体氛围越是合作,沟通就越有效。群体规范会对沟通效能造成很大的影响。诸如房间音响效果、座位安排、通风、温度、光照和会议持续时间等物理因素都会影响沟通效能。座位安排会决定谁被知觉为领导者以及谁会拥有影响力。

  现在你已经了解了群体沟通的力量和重要性,群体沟通可能使用的不同模式以及影响沟通效能的因素。在下一章中会探讨群体中领导所具有的性质。

第 5 章

领　　导

本章要学习的基本概念

这里列出了本章中介绍的主要概念。在教学中可以将学生分成两人小组，每一组学生需要(1) 对每一个概念下定义，在阅读中关注文中怎么定义这些概念以及针对概念做出哪些讨论；(2) 确保两个人都理解这些概念的定义。接下来再组成 4 人小组。比较 4 人小组中两两各自学习的概念是否存在差异，如果存在差异就再一次在文中查找并下定义，直到所有成员都认同为止。

概念：

领导(Leadership)

领导的特质理论(Trait approach to leadership)

魅力型领导(Charismatic leadership)

马基雅维利主义领导者(Machiavellian leadership)

领导风格(Leadership styles)

初始结构(Initiating structure)

影响力领导(Influence leadership)

领导的角色位置理论(Role position approach to leadership)

领导的分布-行为理论(Distributed-actions approach to leadership)

任务行为(Task actions)

关系行为(Relationship actions)

成员成熟(Member maturity)

命令(Telling)

说服(Selling)

参与(Participating)

授权(Delegating)

领导是什么？

成吉思汗或许可以说是历史上最伟大的征服者了。在公元1206—1258年，他和他的儿子们征服了几乎整个亚洲和中欧的大部分地区。如果不是因为他的儿子窝阔台死于1241年，可能整个欧洲都会被纳入蒙古帝国的版图。成吉思汗建立的帝国维持了百余年。那么，他是如何领导蒙古大漠中的各个部落建立起这个历史上最庞大的帝国的？他们征服的国家（包括中国和一些亚欧国家）远大于它们，文化和技术比它们的更为先进，军队规模也更加庞大。然而，成吉思汗胜利了。作为一个领导者，他成功地通过能力而不是阶层来选拔蒙古军官（这种做法与中世纪时期的大部分军队相反），对新工具和技术持有更为开放的态度（他对获得贸易路线和技术比对虏获人口更感兴趣），并且建立了一套先进的与下级进行沟通的系统（建立了一套在战斗中使用的彩旗实时信号系统，通过这套系统发出能够直接被士兵理解的命令）。从历史上看，成吉思汗是一个非常成功的领导者。

领导很重要。不论领导是好是坏，领导者塑造了人们的生活。例如，安然公司的领导者使数千职员和股东濒临破产，失去工作和养老金，他们因此备受压力。另一方面，温斯顿·丘吉尔鼓舞了他的国家和整个自由世界共同抵抗暴政，守护自己的自由。早在1 000多年前的英语中，"领导"（lead）这个词就已经出现了，而且这个词的含义和它在盎格鲁-撒克逊语中的词根"laedare"（代表"在旅途中指引人们"）在含义上相差不大。进行领导指的是通过影响群体最终目的和前进方向起到引导的作用。牛津英语词典中指出，"领导者"（leader）这个词早在14世纪就出现在英语中了，而"领导"（leadership）这个词直到19世纪才出现。领导者是能够影响他人，让他人在达成目标的工作中更有效，并在成员间维持有效工作关系的人。领导指的是领导者施加影响的过程。做一个领导者和进行领导都需要运用某些技能。领导技能指的是领导者帮助群体达成目标并维持成员间有效工作关系的能力。领导经常被拿来与管理群体相比较。管理（manage）的词根来自代表"手"（hand）的拉丁词语，管理者就是那些"掌管"（handle）现状的人。

领导能够使群体成员通过合作达成共同目标。然而，领导的效果很难被人们识别出来。这是因为成功达成目标是许多因素共同作用的结果（不仅仅是领导），并且也会受到竞争行为、气候变化、新技术的发展、大经济背景、现金流等超出领导者或其他成员掌控范围的因素影响。领导可能是一种错觉。许多诸如黑格尔和斯宾塞等哲学家认为"伟大的领导人"仅仅是塑造事件和历史的社会力量的代表而已。无论谁处于领导的位置,事情都会这样发展。这两种对领导者和领导的广泛认识("历史由伟大的领导者谱写"VS."历史由社会力量塑造,无论领导者是谁")是对领导争论的主要焦点。

领导的样例:本杰明·富兰克林

> 本杰明·富兰克林在30岁的时候当选了宾夕法尼亚殖民地印刷局局长,建立了著名的、有影响力的秘密俱乐部,创办并发行了《穷汉理查德的年历》(美国阅读人数最多的出版物),创设了第一个流动图书馆,并且当选了宾夕法尼亚共济会分会会长。第二年,他就建立了宾夕法尼亚的第一家消防公司,并被选为议员。他是殖民地最成功的商人之一,而且他也对学术和研究感兴趣,在37岁的时候创办了美国哲学协会。他连续在政治、军队、科学、外交和教育部门担任领导职位(他创立的学院演变成了今天的宾夕法尼亚大学)。在80岁的时候,他领导了撰写合众国宪法的团队。如同传记中所写的那样,"接近他的人没有一个不醉心于他的谈吐、幽默、智慧与亲和。"(Fay, 1929)。
>
> 你怎样解释本杰明·富兰克林作为领导者取得的成就?是由于他的(请勾选一个选项):
>
> _____ 1. 天生的遗传特质?
> _____ 2. 领导风格?
> _____ 3. 影响他人的能力?
> _____ 4. 占据了权威职位?
> _____ 5. 在不同情境下提供有帮助的行为的能力?
>
> 在做出选择的时候,你实际上就已经选择了一种领导理论。本章中我们将会介绍这些理论。

领导究竟应该被认为是一个人的特质还是领导者和被领导者之间的关系?这个问题的答案存在着争议。有一种可能,领导或许依赖于个人特质或行事风格;还有另一种可能,领导或许只出现在领导者和被领导者之间。Grint(2005)发现,只要被领导者什么都不做,领导就会失败。这可能是一种被领导者教导领导者如何进行领导的行为。被领导者在这种关系中发挥着积极的作用,是他们赋予了领导者权力、影响着领导者的行为、决定领导者行动的结果(Howell & Shamir, 2005)。

在本章中会介绍5种主要的、有效的领导理论,即遗传特质、领导风格、影响力、占据权威职位、进行情境领导的能力(图5.1)。在每种领导理论中都会以本杰明·富兰克林为例说明。在本章的最后部分中会对组织领导进行探讨。

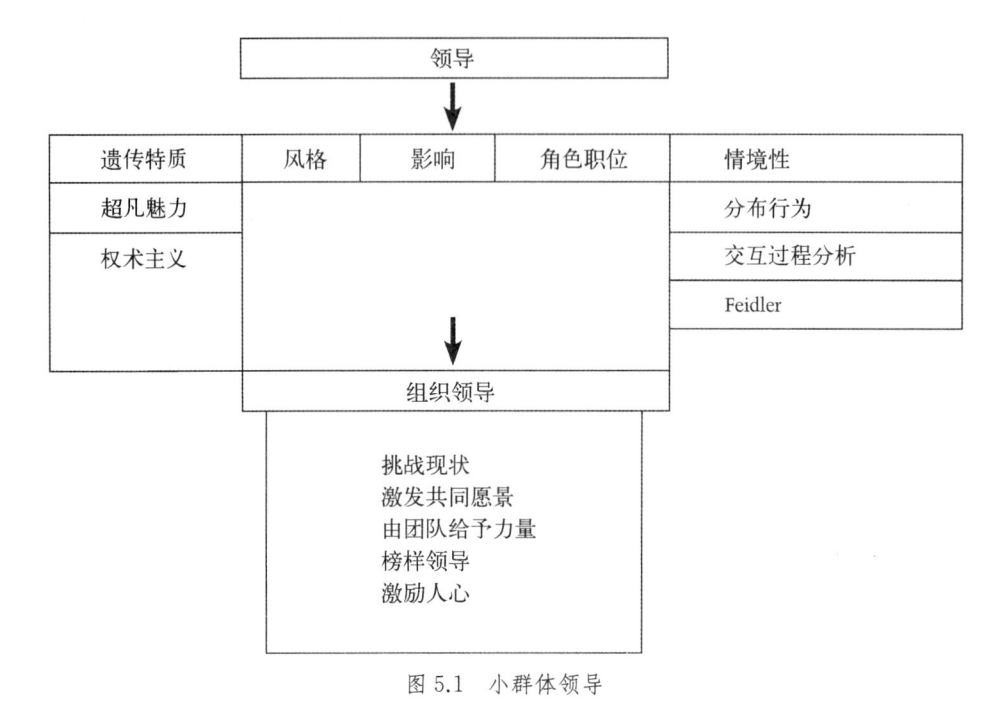

遗传特质	风格	影响	角色职位	情境性
超凡魅力				分布行为
权术主义				交互过程分析
				Feidler

组织领导
- 挑战现状
- 激发共同愿景
- 由团队给予力量
- 榜样领导
- 激励人心

图 5.1 小群体领导

练习 5.1 谁是你的英雄？

你理想中的领导者是谁？我们的社会认为什么样的人是理想的领导者？每个人都有他们喜爱和想要模仿的英雄。乔治·华盛顿的强大和无私奉献，托马斯·杰弗逊的智慧和承诺，哈利特·塔布曼的勇气，马丁·路德·金的价值观和决心都会激励我们向他们学习。你心中理想的领导者是什么样的？我们的社会认为一个理想的领导者必须要具有什么样的品质？

领导者应该是什么样子？每个社会对这个问题都有自己的答案。例如，古埃及认为法老有三种神性品质(Frankfort, Frankfort, Wilson, & Jacobsen, 1949)：你的口中说出权威的话语，你的心洞察一切，你的话语代表着神圣的正义。有人对《荷马史诗》中的领导者进行分析，得到四种理想领导的品质(Sarachek, 1968)：(1) 公正和判断力(阿伽门农)，(2) 智慧和忠告(涅斯托尔)，(3) 精明和狡猾(奥德赛)，(4) 英勇和战斗(阿喀琉斯)。

1. 独立完成下面的两张表格。
2. 组成 4 人小组。比较你们所写的被社会赞许的领导者以及他们拥有的品质,你们最终要达成共识。

谁是理想的领导者

社会赞许的领导者	我赞许的领导者	我们赞许的领导者
1.	1.	1.
2.	2.	2.
3.	3.	3.
4.	4.	4.

理想的领导者具有哪些品质?

社会赞许的品质	我赞许的品质	我们赞许的品质
1.	1.	1.
2.	2.	2.
3.	3.	3.
4.	4.	4.
5.	5.	5.
6.	6.	6.

英雄的例子

阿尔弗雷德大帝是英国历史上唯一一位被授予"大帝"头衔的国王。在849年,阿尔弗雷德成了英格兰威塞克斯的国王。在这一年,维京人征服了英格兰北部,丹麦人征服了英格兰东部。从形势上看起来维京人和丹麦人就要征服整个英格兰了。然而,阿尔弗雷德将丹麦人赶出了英格兰南部和西部,史无前例地统一了整个英格兰。他是一个像"野猪"一样拥有勇气和技巧的武士。他建立起了一支高效的陆军和一支在英吉利海峡巡逻的海军制止了维京人和丹麦人进一步的侵略,使他们的注意力转向法国北部。随后,他修复了丹麦人入侵留下的废墟,重建了教堂,引进外国学者,建立了学校,开始编撰英国编年史,并亲自翻译了包括《彼得的历史》(歌颂了英国教会的荣耀)在内的大量拉丁语图书。他被认为是一个给国民带来福利的立法者和教育者。他编订的法律原样地流传至今。他希望有一天英格兰的所有年轻人都会用功学习。阿尔弗雷德是英国早期那段模糊不清的历史中被明确记录下来的第一位大政治家。

他死于900年。在10世纪的大部分时间里,英格兰都处于和平繁荣的黄金时代,这在很大程度上得益于他的贡献。此后,英格兰再也没能拥有过这样一位国王了。

练习5.2 争论:领导的本质是什么?

以领导的5种理论观点为基础开展一场学术争论。争论的目的是对5种领导观点进行批判性分析。过程如下:

第一步:组成领导小组。每5个人组成一个领导小组。小组的目标是:

(1) 学习五种领导理论观点。

(2) 批判性地分析每种观点。

(3) 基于小组成员最合理的判断,对领导的本质达成一致的意见。

(4) 总结小组对领导本质所做的结论。

要达到以上目的,你们需要采取结构化争论的形式。

第二步:形成两人准备组。在上一步的每个小组中,用数字1—5为每个成员编号。随后,每两个小组进行配对,两个小组中编号一样的成员重新组成准备组。编号为"1"的两个人组成一组,编号为"2"的两个人组成一组,以此类推。每个准备组分配到其中一种理论:

1号组:领导的遗传特质观

2号组:领导的风格观

3号组:领导的影响力观

4号组:领导的职位观

5号组:领导的分布式行为观

每个准备组单独开展讨论:(1) 学习他们分配到的理论,(2) 为他们的理论准备有说服力的3分钟的报告。两个成员都必须为他们代表的领导理论观点准备好有说服力的陈述内容。报告的目的是说服支持其他领导观点的成员,使他们认为自己报告的观点是最有效和最合理的领导观点。报告中必须包括:(1) 陈述理论立场"我们的观点是,领导是某些人……";(2) 用尽可能多的事实和研究结果,以最具有说服力的逻辑顺序进行组织,用可视化的形式呈现材料,对自己的立场提出合理的理由:"因为(1)、(2)和(3),所以你必须承认……";并且还要(3)再次重申自己的理论立场"因此,最有效的领导理论观点是……"

两个成员都要准备好自己的陈述报告,准备组有10分钟的时间来完成这个环节的任务。

准备表

1."最有效的领导理论是"(分给我的理论是):

2.因为(列出你认为自己的理论是最有效的领导理论的理由,并从说服力最高到说服力最低排序):

	理　　由	最有说服力的顺序
1.		
2.		
3.		
4.		
5.		
6.		

3.因此总结得出最有效的领导理论是:

第三步:组成实践小组。每个人从其他小组里找一个和自己编号一样的人(持同一立场)。编号为"1"的人需要找另一个编号为"1"的人,编号为"2"的人需要找另一个编号为"2"的人,以此类推。每一对参与者要在他俩之间分享各自的报告和可视化材料。每个成员都要从对方的报告中拿取一些内容加到自己的报告中,通过这种方式加强自己报告的说服力。

第四步:尽可能有说服力地报告自己的理论立场。实践小组的两个成员重新回到最开始的5人小组里。每个成员都要尽可能有说服力地报告自己的理论立场。报告旨在说服其他成员采纳报告人认为的最有效的领导理论。在一个人报告的时候,其他人要认真听、记笔记,并且对不完全理解的部分进行询问、澄清。每个成员有3分钟的时间来报告自己的理论立场(每个小组一共有

15分钟)。

我的报告

_____ 我会使用眼神交流,确保谈吐清晰,并使用适当的手势。

_____ 我会在规定的时间里完成我的报告。

_____ 我会使用可视化材料来帮助我说明自己的理论立场。

_____ 我会作一个强有力的、有激情的、真实的报告来说服听众赞同我的立场。

第五步:挑战每个理论立场的有效性: 每个小组内部进行开放式讨论(任何人都可以随意发言),要做到:

(1) 我会不断用最好的例子来支持我的观点。

(2) 我会不断学习其他人的观点。

(3) 我会通过批判性分析① 理论、研究和每个立场的假设,以及② 报告的逻辑("你的立场存在如下漏洞……"),挑战其他立场的有效性(进行激烈的质疑)。

(4) 应对其他成员的挑战,捍卫自己的观点("你是错的,我的理论立场是有效的,因为……")。

你必须提出尽可能多的支持你的立场的事实和研究结果。每个成员都要批判性地听取其他人的观点,要求他们提供能够支持他们陈述的事实信息。成员们要保证对每个观点都已经提出了所有的支持、反对性事实,并且这些事实全都得到了讨论。这个过程中应当遵循建设性争论的规则。这个环节限时约10分钟。

我对理论的分析

支持性内容	批判性内容
理论1:	

续　表

支持性内容	批判性内容
理论 2:	
理论 3:	
理论 4:	
理论 5:	

第六步：转换立场。每个成员转换为报告身边另一个成员的立场(1号报告2号的立场,2号报告3号的立场,3号报告4号的立场,4号报告5号的立场,5号报告1号的立场)。在报告其他立场时也要做到尽可能有说服力。在报告的时候,成员需要详述该立场,补充先前没有提出过的新论据。每个人有2分钟的时间进行报告(每组共有10分钟)。

第七步：综合并整合五种立场。小组成员放下自己原先的立场,分析、整合五种立场中最佳的信息和论据,对领导的观点达成一致。将你们对领导本质的最合理的判断写在下面：(a)我们小组的观点,(b)按照逻辑关系理出的论据,(c)和观点相一致的结论。这个环节限时10分钟。

我们小组的观点

1. 我们小组的观点是：_____

2. 因为：

(1) _____

(2) _____

(3) _____

(4) _____

3. 因此，我们认为我们的结论是个有效的结论。

第八步：**每个小组分别在所有人面前报告他们的观点**。因为其他小组可能得出不同的结论，所以每个小组在报告的时候都需要解释自己所持有的观点为什么有效。

第九步：**群体过程**。每个小组对如下问题开展讨论：

1. 每个成员采取了什么样的领导行为来帮助小组有效地支持和挑战每个领导理论？

(1) _____

(2) _____

(3) _____

(4) _____

(5) _____

2. 下一次再开展活动的时候，每个成员能够做什么使小组变得更加有效？

(1) _____

(2) _____

(3) _____

(4) _____

(5) _____

3. 在对领导理论开展争论的过程中，最有趣的部分是什么？

(1) _____

(2) _____

(3) _____

4. 在自己作为一个争论者的经历中,我对自己有了哪些了解?

(1) _____

(2) _____

(3) _____

领导是什么

目前存在着几种有关领导的观点。下面的问卷能够测量你对于领导所持有的理论观点。过程如下:

1. 独自完成问卷。
2. 计算你的得分。
3. 组成4人小组,比较你们的分数。随后再阅读本章后续的内容。

下面问卷中的陈述性语句反映的是不同的领导理论。仔细阅读每一句话。使用下方的量表评价你同意或不同意这句话的程度。

1＝非常不同意

2＝不同意

3＝中立

4＝同意

5＝非常同意

1. 领导者是天生的,不是培养出来的。

　　　　　非常不同意　1——2——3——4——5　非常同意

2. 每个领导者都有自己的风格。

　　　　　非常不同意　1——2——3——4——5　非常同意

3. 领导者是群体中最能影响其他人的人。

　　　　　非常不同意　1——2——3——4——5　非常同意

4. 最有权威(职位带来的权力)的人是领导者。

　　　　　非常不同意　1——2——3——4——5　非常同意

5. 通过训练,谁都能学习成为领导者。

　　　　　非常不同意　1——2——3——4——5　非常同意

6. 拥有独特的、与生俱来的特质的伟大领导者是被发现的,而不是被培养出来的。

    非常不同意　1——2——3——4——5　非常同意

7. 如果你想要成为领导者,你就要了解自己的风格并坚持这样做下去。

    非常不同意　1——2——3——4——5　非常同意

8. 如果你被任命为领导者,你就是个领导者,因为下属必须服从他们的上级。

    非常不同意　1——2——3——4——5　非常同意

9. 领导者说服并鼓舞成员追随领导者认为需要做什么的观点。

    非常不同意　1——2——3——4——5　非常同意

10. 领导是以帮助群体达成目标并维持成员间良好的工作关系为目标的行为。

    非常不同意　1——2——3——4——5　非常同意

11. 一个人是否来自领导者家庭是领导能力的一个好的预测指标。

    非常不同意　1——2——3——4——5　非常同意

12. 选择谁来领导就要先决定什么样的领导风格是最有效的。

    非常不同意　1——2——3——4——5　非常同意

13. 领导者是影响其他人去做最应该做的事的人。

    非常不同意　1——2——3——4——5　非常同意

14. 领导者要确保下属会完成他们的工作。

    非常不同意　1——2——3——4——5　非常同意

15. 任何成员都可以通过做出帮助群体达成目标并维持有效的工作关系的行为成为领导者。

    非常不同意　1——2——3——4——5　非常同意

16. 领导者是因为出众的、与生俱来的特质而成为精英社会群体一员的"伟大的人"。

    非常不同意　1——2——3——4——5　非常同意

17. 一些领导者是民族主义者,一些领导者是权威主义者。每个领导者都有自己的风格。

    非常不同意　1——2——3——4——5　非常同意

18. 领导者之所以是领导者,就是因为他们对群体成员产生影响的程度比群体成员影响他们的程度更高。

非常不同意　1——2——3——4——5　非常同意

19. 领导者被授予权威和权力去惩罚与奖励群体成员。

非常不同意　1——2——3——4——5　非常同意

20. 领导者在不同情境下做出不同的行为，为的是在适当的时间做出适当的领导行为。

非常不同意　1——2——3——4——5　非常同意

领导是什么：计分

遗传特质	风格	影响力	权威	被需要的能力
___ 1	___ 2	___ 3	___ 4	___ 5
___ 6	___ 7	___ 8	___ 9	___ 10
___ 11	___ 12	___ 13	___ 14	___ 15
___ 16	___ 17	___ 18	___ 19	___ 20
___ 总计	___ 总计	___ 总计	___ 总计	___ 总计

某一类题目上的得分越高，就代表你越倾向于相信对于领导的这种解释。某一类题目上的得分越低，就说明你越不倾向相信对于领导的这种解释。

领导的特质理论

> 我能从最深的深渊里召唤幽灵。（格兰道尔）
>
> 怎么，我也能做到，任何人都能做到；但是他们能在你召唤他们的时候就出现吗？（霍茨波）
>
> ——威廉·莎士比亚，《亨利四世》第一部分

本杰明·富兰克林是18世纪最伟大的领导者之一，或许这背后的原因是由于他和其他人相比具有遗传上的优越性。在历史上，有很多人相信领导者是天生的，而不是培养出来的。伟大的领导者是发现的而不是培育的。尤其在社会巨变的时代里，许多人都会寻找一个拥有独一无二的、与生俱来特质的伟大领导者。这就是领导的**"伟人"理论**（"great-person" theory of leadership）。皇族、社会精英阶层以及年长的人更可能相信这种领导理论。亚里士多德是这种

理论最坚定的支持者,他指出"从他们出生的那一刻起,有些人就被标记为征服者,而另一些人是被指挥的人。"像拿破仑那样的领导者之所以能够掌控百万人的命运,也许就是因为他们拥有的个人特质。

这种观点得到了 Carlyle(1894)、Galton(1869)和 James(1880)的支持,他们认为领导是一些非凡的人所具有的独特属性。这些人的行为和决策有时候能够为历史的走向带来剧变。这种观点大众文化中已经存在很久了。这些独一无二的个体被描绘成给社会带来转变的人。Galton 提出的观点尤甚——这些领导者具有的独特属性来自他们的遗传特质,这是一代又一代继承下来的。因为领导者的素质是不会发生改变的,所以领导者是无法通过训练或培养造就的。在 21 世纪初,领导的特质理论有许多支持者。例如,Wiggam(1931)总结指出因为适者生存,所以这些领导者之间的联姻产生了一个从生物水平上与相对更低阶层人群存在差异的贵族阶层。也因此,这种天资高的阶层中相对高的出生率确保了优秀领导者的供给。亨利·福特指出:"'谁应该成为老板?'这个问题其实就像是在问'谁应该成为四重唱中的男高音'。"他在这句话中想表达的意思实际上就是老板应该是那些天生有能力进行领导的人。

在这些观点的指引下,研究者开展了成百上千的研究来识别领导者所具有的个人特质。美国历史学家 Frederick Adams Wood(1913)进行过一项有趣的研究。他在研究中分析了 14 个西欧国家的生活于 1000 年—法国大革命之间的 386 名统治者。这些统治者在他们的王国内都享有绝对的权力。根据对他们智力和个人特质的认识,每个人都被划分入高、中、低类别(与当时这个国家的强弱无关)。每个国家的状况也被划分为繁荣、衰弱和中等三种类别(基于国家的经济和政治状况,而不是根据艺术、教育和科学发展水平)。Wood 发现君主的人格和国家状况之间存在相关关系(相关系数 0.60—0.70),"特质上为高、中、低等的君主分别与国家繁荣、中等、衰弱相关"(p.246)。然而,无论得到什么相关关系,实际上都无法从中推知必然的因果联系。但是,Wood 的结果明确地支持了强大的领导者会使他们的国家变得繁荣这个观点。随后,这个观点引领了大部分针对领导的研究。直到 20 世纪 50 年代早期(Zaccaro,2007),研究者终于承认基于特质的领导理论观点并不足以对有效的领导做出解释(Mann,1959;Stogdill,1948)。Stogdill(1948)指出"证据表明领导是社会情境中人们之间存在的关联,一个情境中的领导者在其他情境中未必能成为领导者"(p.65)。这一论断为基于特质的领导理论观点敲响了丧钟。然而,20 世纪

80年代,研究又再次将领导者的特质观带回到前沿领域(Zaccaro,2007;Zaccaro,Kemp,& Bader,2004)。从这个观点来看,有效且成功的领导者体现了群体努力的方向,并且群体成员会根据这个方向管理、塑造、发展大家的共同付出。

对领导特质重新燃起的重视首先主张领导潜力来自以整合、一致的形式发挥作用的多重特质(而不是精选出的少量特质)。根据这个观点,特质不仅仅指的是人格属性,也同样包括了动机、价值观、认知能力、社会能力、问题解决能力和专业技能。此外,这个观点同时也主张如果这些特质要影响到领导者的效能,那么这些特质的整合表现必须与当前的情境相符合。由于情境可以发生彻底的变化,领导者需要表现出的特质也必然会发生改变。如此,可能有一些特质在不同的情境下都保持稳定,而其他一些特质则会随情境不同而发生变化。由于领导者的行为具有适应性,那些在某些情境下成为领导的人可能会在许多不同情境下同样成为领导者。

表5.1　125项研究中751个有关人格特质与领导之间关系的结果中报告呈显著正相关或负相关的比例

人格因素和涉及的研究数量	结果数量	得到显著正相关的比例	得到显著负相关的比例	没有得到显著相关结果的比例
智力,28	196	46%(91)	1%*(1)	53%(104)
调整能力,22	164	30%(50)	2%*(2)	68%(112)
外向,22	119	31%(37)	5%*(6)	64%(76)
支配,12	39	38%(15)	15%*(6)	46%(18)
刚毅,9	70	16%(11)	1%*(1)	83%(58)
保守,17	62	5%(3)	27%*(17)	68%(42)
敏感,15	101	15%(15)	1%*(1)	84%(85)

*向上取近似值。

资料来源:R. Mann. (1959). A review of the relationship between personality and performance in small groups. *Psychological Bulletin*,59,241-270.

有一些特质可能与有效领导有关(见表5.1),例如,毅力、容忍不确定性、个人调节、社会能力、自信、主动性、幽默感、内驱力、诚信、正直、内控、成就动机、外向性和认知能力(Avolio,2007;Bird,1940;Den Hartog & Koopman,2001;Kirkpatrick & Locke,1991;Mann,1959;Stogdill,1974;Yukl,2005)。不过这些研究结果有些粗糙,事实上,许多具有这些特质的人并没有成为领导者。例如,虽然领导者一般而言比被领导者更有智慧(认知能力),但是事实上许多最聪明的人并没能得到领导岗位。一项针对1 000名加利福尼亚州高智商儿童的纵向研究发现,这些儿童最终没有一个跻身政坛高层或成为公司与高等院校的管理者;其中只有5%的儿童被列入了《名人录》(Who's who),只有13%的儿童最后被列入《美国科学家名人录》(Terman & Odor, 1947)。并且,虽然研究发现领导者比非领导者在心理调节能力上更加出众,但是许多领导者(如,阿道夫·希特勒、墨索里尼和斯大林)的身上却存在着明显的情绪问题。

从表面上看,虽然领导者和非领导者在一些特质上存在不同,但是当单独考虑这些特质的时候,却可以发现这些特质的诊断或预测作用很弱;相反,把这些特质整合起来之后就能起到预测作用。然而,只有当一组特质符合群体、组织或社会具有的特定要求的时候,这组特质才会发挥作用。一个人是否被提拔到领导职位可能取决于这个人拥有的一组特质是否与当前事件的状态需求相吻合(Stogdill, 1974; Weber, 1924/1947)。社会危机可能是产生有魅力的领导者所必需的前提条件,而稳定的社会则是官僚性的领导者产生的前提条件。特定的事件类型可能会促使产生特定类型的领导者(Avolio, 2007)。然而,无论一个人具有什么特殊的特质,这个人以往在领导角色上取得的成就始终是对他是否能够成功开展领导的最佳预测变量。或许,从领导的特质研究中可以提出的最为保险的结论是那些有精力、内驱力、自信、决心获得成功的人会成为领导者。这是因为这些人会努力去获取领导职位。

有一些领导理论家认为,并不是所有的特质都是稳定的。事实上,这些特质可能会不断地发展。这种变化来自领导者、被领导者和环境之间的动态交互(Avolio, 2007)。Sternberg(2007)甚至将领导的性质(智慧、智力和创造力的整合)定义为可变的、灵活的、动态的属性,它们并不是固定的、死板的、静态的。一般而言,特质理论家都认为特质不是非此即彼的"二选一"的问题,而是会以连续体的形式对领导者的效能产生影响。然而,对于特质理论家而言,他们所面临的最主要的问题是可以识别出来的特质数量并没有限制。这个问题就预示着特质之间存在的交互作用的数量趋近于无穷。此外,事实上,已有研究基本上只关注了男性"伟人"领导者,而女性"伟人"领导者相对而言被研究者忽视了。

在这些大量试图根据人格特质将领导者从非领导者中区分出来的研究中,两种在一部分领导者身上都具有的主要特质已经得到了相当多的讨论,它们是魅力和马基雅维利主义（权术主义）。

魅力型领导

虽然并没有能够帮助我们区分领导者和非领导者的特定特质的明确定义，但是确实有一些人改变了百万人的生活并重塑了我们的世界。比如，圣女贞德奇迹般地重新召集了法国士兵追随她返回重新加入战斗。这是怎么发生的？英雄或魅力型领导的性质依旧是未能理清的谜团。词典中将**魅力**（charisma）定义为"一种非凡的力量，就像奇迹一样的能力"。有时候，魅力型领导者看上去会鼓舞被领导者，赢得他们的爱戴，并让他们愿意为其奉献。除此以外，魅力型领导者也会向被领导者作出**承诺**（promise），提供希望，减轻他们的不幸。魅力型领导者就像是一个当面告诉你"我会让你安全""我会给予你身份"，或"我会让你的生命变得重要和有意义"的救世主。

魅力似乎并不与其他人格特质存在关联。亚历山大大帝、尤里乌斯·恺撒、乔治·华盛顿、罗伯斯庇尔、西蒙·玻利瓦尔、孙中山和圣雄甘地的人格大相径庭。但是，这些领导者都影响了他们的追随者的信心，使这些追随者甘愿牺牲自己、献出生命。"我会给你们带来疲劳、危险、挣扎和死亡；秋天的刺骨寒夜和烈日下的酷热；没有住宿、没有补给，只有被迫行军、危险的放哨以及无休止地用刀剑和敌人拼搏——那些热爱自由和他们的国家的人会追随我"，加里波第正是通过这种不一般的呼吁赢得了罗马士兵的忠诚。在第二次世界大战的时候，温斯顿·丘吉尔提供给大家的是"鲜血、汗水和眼泪"，但却使数百万人得到了信心和勇气。

那些试图去理解和测量魅力的尝试都惨败了。一般来说，一个**魅力型领导者**（charismatic leader）拥有（1）能够向他人传达非凡力量或愿景的能力；（2）具有不同寻常的领导能力，能够使领导者达成减轻追随者所受危难的目标。魅力型领导者有一种使命感，他们对于自己领导的社会变革运动具有一种信念，并且相信自己是被选中带领革命运动走向成功的那个人。领导者通常会表现得极度自信来激励其他人的信念。即让他人相信他所领导的运动会取得胜利并能从根本上消除他们经受的苦难。

马基雅维利主义者

如果魅力型领导者指的是发动社会运动从而获得权力的人,那么马基雅维利主义(权术主义)领导者就是巩固和运用魅力型领导所获权力的人。尼可罗·马基雅维利(1469—1527)是佛罗伦萨的一个政治家。他在他的《君主论》中呼吁领导者要使用手段、欺骗和诡计作为自己的政治原则,以此提升他们所取得的权力和成就。**马基雅维利主义领导者**(machiavellian leader)认为(1)人们是弱势的、不可靠的、容易上当的;(2)其他人都是非人化的客体;(3)只要对达成自己的目标有需要,人们就要去**操纵**(Manipulation)其他人。马基雅维利并不是这个取向的开创者。在历史上,有很多理论家都认为领导就是为了达到自我提升的目的去获取与使用权力。通过分析记载政治领导者如何进行管理的历史文献,Richard Christie 总结指出,那些为了政治和个人目的操纵下属的马基雅维利主义领导者具有 4 个特质(Christie & Geis, 1970):(1)他们不会对人际关系有较强的情感卷入,这是因为将其他人看作物品而不是人类能够让他们更容易实施操纵;(2)他们会用功利的而非道德的视角来看待自己与其他人的交互,领导者并不会关注传统的道德;(3)由于是否能够成功地操纵下属取决于对下属需求和现实的准确知觉,所以这些领导者不会是心理障碍患者;(4)因为成功操纵他人在本质上体现的是聚焦于完成当前任务,而不是为了达成长期的意识形态上的目标,所以马基雅维利主义领导者在意识形态上的"忠实度"比较低。

特质 vs 关系 vs 背景 vs 机遇

虽然有很多人试图忽略特质对成功和有效领导者的重要性,然而特质的观点从来没有消亡过。至少在西方社会中,似乎存在着人们倾向于将事件归因于个体这种偏向性。然而,有大量的理论反对**领导的特质理论**(trait approach to leadership)。其中一种理论认为领导是领导者和被领导者之间存在的关系——没有被领导者就不会有领导者。另一种理论认为领导是由社会力量、社会运动和变化的社会价值所决定的。领导者扮演的是这些广泛存在的社会力量为他们所制定的角色。例如,John W. Gardner(1990)认为领导者应该被视作社会系统的一个组成部分,而且我们不能够把领导者从他们脱颖而出的历史背景、起到领导作用的环境(如商业界、教育界、政治界)以及他们所管理的系统

（如政治、教育、经济）中分离出来单独看待。

最后，有一些理论家认为决定个体是否能成为领导者可能纯粹取决于机遇。领导者之所以成为领导者，可能仅仅是简单地因为他们在合适的时间出现在了合适的地点而已。发明出新技术，决定把公司卖掉一部分，或者发生毁灭社会的瘟疫，这些事件都可能成为使当时在场的人变成领导者的独特机遇。

或许我们面临的问题并不是个体特质是否决定领导者的效能，而是"在什么情况下个体特质会影响到领导者的效能"。

领导的特质理论

优　　点	弱　　点

领导风格

或许本杰明·富兰克林是通过他与其他人相处的风格成为领导者的。富兰克林以他的魅力、交谈技巧、幽默、智慧和亲切闻名。可是，富兰克林的领导风格是否和乔治·华盛顿或托马斯·杰弗逊的领导风格一样？即使只是对领导者的行为进行非正式的观察，就已经能够发现这些人的领导风格存在明显的差别。风格（style）指的是某人如何说、如何做。风格通常与陈述和行为的内容不同。执行某个行为的风格承载了和行为本身同样多的内容——风格会影响行为的合理性和可信度。

目前已经发现了三种主要的领导风格：独裁型、民主型和放任型。独裁型领导者（autocratic leader）独自发号施令，其他人不得参与其中。民主型领导者（democratic leader）通过群体讨论和决策制定政策，鼓励并帮助群体成员交互，寻求人与人之间的合作，并且会考虑成员的感受和需要。放任型领导者（laissez-faire leader）不参与群体的决策过程。

勒温等人对领导风格是否会对群体运作产生影响开展过一项开创性的研究(Lewin, Lippitt & White, 1939)。虽然这项研究有许多不足，但是它依旧有力地证明了同样的群体在不同领导风格的领导者带领下会做出明显不同的行为。现在重新回顾一下第1章中介绍过的这项研究。在这项研究中，一群10岁、11岁的儿童分别在研究的不同阶段接触了三个采用不同领导风格的领导者。结果发现，当群体处于独裁型领导下时，儿童对领导者更依赖，在同伴关系中表现得更加自我中心。当群体处于民主型领导下时，儿童表现得更为自主和负责，对他人更加友好，并且当领导者不在场的时候还会继续工作。处于这种情况下的儿童对工作感兴趣，做出产品的质量也更高。在独裁型和放任型领导者带领的情况下，群体成员会比在民主型领导情况下更频繁地做出侵犯行为。并且，儿童在独裁型领导情况下做出敌意行为的数量是另两种情况下敌意行为数量的30倍之多。在20个儿童中，有19个儿童喜欢民主型领导胜于独裁型领导，七成的儿童喜欢放任型领导胜于独裁型领导。

之后，大量研究者考察了民主型领导者和独裁型领导者对群体运作的相对影响。在总结了这些研究之后，Stogdill(1974)指出，无论是民主型领导还是独裁型领导都不能确保一定能提升群体的生产力，但是人们对民主型领导的满意度更高。其中，对民主型领导的满意度在交互取向的小型群体中最高。也有研究比较了放任的、被管理者导向的、参与的和体谅的领导风格与严格的、任务导向的、知识性的、社会疏离的以及结构化的领导风格所带来效果之间的差异。通过总结这些研究，Stogdill(1974)指出：

1. 以人为导向的领导风格并不总是与生产力相关。
2. 在工作导向的领导风格中，使社会距离疏离的、指导性的和结构化的领导行为能够维持角色差异并让成员知道自己应当形成怎样的期望，它们与群体生产力始终相关。
3. 在以人为导向的领导风格中，只有让成员参与决策并表现出关心成员福利与舒适性的领导行为才会始终带来群体凝聚力。
4. 在工作导向的领导风格中，只有成员期望的结构始终与群体凝聚力相关。
5. 所有的以人为导向的领导风格都与群体成员的满意度相关。
6. 只有成员期望的结构才与成员满意度呈正相关关系。

因此，大部分有效的领导风格（能够提升群体生产力、凝聚力和满意度）都关注成员的幸福和贡献，并会同时以明确设定由某人来担任领导角色，以及其他成员希望这个领导者做什么来**初始化群体结构**（initiating group structure）。

领导的风格理论中存在的两个主要的不足之处在于不同的情境下有效的风格不同，以及可区分出的风格种类数量趋近于无限。例如，当处于特定的情境中时，独裁型领导会更有效（例如，需要即刻做出决策）；而在其他一些情境中，民主型领导更为有效（例如，需要大量成员致力于实施决策结果），甚至在有的情况下放任型领导更为合适（例如，群体致力于实行某个决策，拥有实施决策所需的资源并且最小化地对工作产生干扰）。即使对于同一个群体，不同的情境下对于**领导风格**（leadership styles）的需求依旧存在着不同，因此许多社会科学家转而关注**领导的情境理论**（situational approaches to leadership）。但是在介绍这个理论之前，还需要对另外两种理论进行简单介绍。

在提倡领导风格理论的同时，我们还需要注意到，通过许多不同的方法，一个人、群体或组织都能够得到相同的结果。也就是说，这些方法是殊途同归的。这里的殊途同归指的是虽然不同的领导者会以他们自己特殊的、独一无二的方法行事，但最后依然能得到相同的结果。相比于顺应情境改变自己的行为，领导者可能会认识到自己喜欢怎么做以及他们自己能够轻易而且较好地做到什么。随后,领导者会投入到这些行为中去,最后依旧能够完成关键的领导任务。

领导风格理论

优　　点	弱　　点

领导的影响力理论

> 领导者是一个有能力让别人做他们自己不想做的事并喜欢上做这事的人。
>
> ——杜鲁门
>
> 领导是决定要做什么并且让其他人想要去做的能力。
>
> ——艾森豪威尔
>
> 领导看上去是一种让其他人做你认为应该完成的事情的艺术。
>
> ——万斯·帕卡德(《攀登金字塔的人》作者)

因为本杰明·富兰克林知道如何影响别人,所以他是一个杰出的领导者。**领导**(leadership)是对其他群体成员的影响力。领导的影响力理论认为领导者和被领导者之间存在相互作用的角色关系,在这种关系中会发生交换或交易行为。没有被领导者就没有领导者,同样,没有领导者也就不会有被领导者。如同 Homans 所说的,"对其他人造成影响的代价是自己被其他人影响"(1961,p.286)。通过将自己的资源贡献出来以达成群体目标,领导者就会收获地位、赞誉、尊重和其他强化物。被领导者从领导者处得到资源与能力,组织起群体行为来达成目标。领导者向被领导者提供结构、方向和资源,被领导者则给予领导者尊敬和强化。因为领导者和被领导者双方都掌握了对方想要的资源,所以他们都能对另一方的行为施加影响。

大量研究证明领导者和被领导者之间存在相互依赖的关系。领导者比其他成员说得更多,并且接收的沟通信息也更多(Zander,1979)。在群体中说得最多的人最有可能成为领导者(平均相关系数为 0.65;Burke,1974;Stein & Heller,1979)。成员说话时间的长度会随着他知觉到自己在群体中领导地位的上升以及其他成员对他进行领导的支持度的提升而增加(Bavelas, Hostoft, Gross, & Kite, 1965;Pepinsky, Hemphill, & Shevitz, 1958; Zdep & Oakes, 1967)。研究者将参与水平视为群体成员的动机、卷入程度、向群体分享资源以及认真为群体目标做贡献的标志(Sorrentino & Boutillier, 1975)。当领导者向成员证明自己的需要对群体有利,用权力惩罚那些不听从他的吩咐的人,以及拥有对下属提要求的合法权利时,成员的服从水平会更高(Michener & Burt, 1975)。群体的成功或失败结果并不会影响领导者施加影响的能力,也不会影响下属对他的拥护程度。

将领导看作领导者和被领导者之间的相互作用并不意味着支配会造就好的领导者。例如,一种观点认为领导是发动群众的能力(通过说服或暴力);另一种观点认为好的领导者必须学会塑造、发展、改变人们,就如同木匠必须学会如何使用木材一样。这两种观点都存在问题。领导者并不是通过支配和压迫对其他人施加影响的,事实上,领导者的影响力直接来自说服群体成员在具体情境和目标达成中开展合作。所以,领导实际上是一种确保成员之间产生最小程度的摩擦以及最大程度的合作来共同工作的艺术。这通常就意味着领导者需要劝说并鼓舞成员们遵照领导者对于需要完成哪些行为才能达成目标的想法。

领导的影响力理论

优　点	弱　点

领导的角色职位/群体结构理论

或许,本杰明·富兰克林之所以被认为是一个领导者只是因为他被任命担任许多领导职位而已。**领导的角色职位理论**(role position approach to leadership)认为,当一个人处于有权威的职位的时候,他就自然而然地成为领导者。也就是说,在群体中,领导来自定义群体权威层级的正式角色结构。**权威**(authority)指的是分配给特定职位的合法权力,目的是确保处于下属职位的个体达到组织角色对他们的要求。因为组织要求下属在扮演自己角色的过程中要服从于上级,所以有权威的个体就能对自己的下属施加影响。简单地说,在权威层级上直接高于你的人就是你的领导者。

然而,在权威层级中很少有领导者没有自己的上级。因此,对于某个人而言,他对于自己的下属来说是一个领导者,而对于自己的上级,他就成了对方的一个下属。其中的现实意义在于,处于正式领导职位的个体必须始终维持(1)像自己的领导者不需要知道自己在做什么那样行动以及(2)不加思考地把上级传达的任务目标传递给自己的下属二者之间的平衡。但是很少有研究关注领导和下属角色之间的持续性平衡。

领导的角色职位理论存在3个问题:(1)人们会出于很多种原因被指派担任高权威职位,并不只是因为他具有的领导能力。如果有人希望知道谁可能得到正式的领导职位,他可以参照社会中的机遇是如何分布的来推测。如同经常有人说的那样,如果你想要成为国王,最好的方法是成为国王或女王的儿子。(2)这个理论并没有解释领导者如何采用非领导行为,也没有对下属如何参与领导行为进行解释。事实上,被任命的领导者所做的行为并非都是领导行为,而且下属也可以进行领导。(3) 下属的角色行为会被那些对自己没有直接权威的外人影响。

领导的权威职位理论

优　点	弱　点

练习5.3　认识你的领导行为：问卷

接下来的每一个条目中都描述了一种领导行为。根据以下规则对每一个条目打分：

5　如果你一直这样做

4　如果你经常这样做

3　如果你偶尔这样做

2　如果你很少这样做

1　如果你从不这样做

当我是一个群体的成员时：

_____ 1. 我会提供事实，并会给出我的想法、观点、感受和信息以帮助群体开展讨论。

_____ 2. 我会通过用自己的话进行复述来确认我理解了其他成员的话。我会运用良好的沟通技能，并且能够帮助提升成员之间沟通的效能。

_____ 3. 我会通过将大家的注意力集中到需要完成的任务并对完成任务的过程提出建议的方法引导群体的努力方向。我会为群体成员设立角色职责。

_____ 4. 我会促进群体成员坦诚地讨论他们之间存在的冲突，以此化解他们之间的分歧，并且在无法直接解决冲突的时候进行调解。

_____ 5. 我会通过说笑话或做出有趣的评价来逗乐其他成员,以这种方式增加我们一起工作的乐趣。

_____ 6. 我会用凝练的语句来总结群体成员的贡献,并且会将所有成员的各种行为整合成一个整体。

_____ 7. 我会向其他成员表达对他们的支持、接纳和喜爱,并且会在其他成员为群体做出建设性行为的时候给予相应的称赞和表扬。

_____ 8. 我会向其他成员询问事实、信息、观点、想法和感受,以这个方式运用整个群体的资源来完成任务。

_____ 9. 我会鼓励所有成员参与群体的任务。我会试图给予他们积极为群体做贡献的信心。我让他们知道我重视他们的贡献。

_____ 10. 我会让其他人解释群体得到的答案和结论,确保他们掌握并理解群体正在讨论的内容。

_____ 11. 我会赋予群体能量。我会尝试让群体成员对达成目标感到兴奋。

_____ 12. 我会观察群体工作的形式,并会使用观察的结果帮助对群体成员如何才能更好地一起工作这个问题开展讨论。

领导问卷计分:

接下来你需要将每一道题的答案写在对应的列中,并对这一列的得分求和,结果就是任务行为和维持行为的总分。随后,你可以在图 5.2 中标出你的得分。

任务行为: 维持行为:
_____ 1. 信息与意见给予者   _____ 2. 沟通促进者
_____ 3. 方向与角色定义者   _____ 4. 人际问题解决者
_____ 6. 总结者   _____ 5. 紧张缓解者
_____ 8. 信息和意见寻求者   _____ 7. 支持者与表扬者
_____ 10. 理解确认者   _____ 9. 参与鼓励者
_____ 11. 能量提供者   _____ 12. 过程观察者
_____ **任务行为总分**   _____ **维持行为总分**

任务/维持模式:

(6,6) 为需要达成的工作付出最少的努力,基本不与其他成员交往。得到

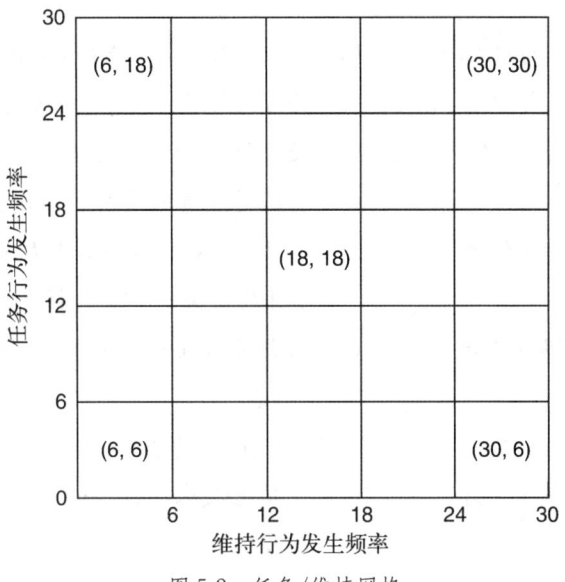

```
         30 ┬─────┬─────┬─────┬─────┬─────┐
            │(6,18)│     │     │     │(30,30)│
         24 ├─────┼─────┼─────┼─────┼─────┤
任          │     │     │     │     │     │
务       18 ├─────┼─────┼─────┼─────┼─────┤
行          │     │     │(18,18)│     │     │
为       12 ├─────┼─────┼─────┼─────┼─────┤
发          │     │     │     │     │     │
生        6 ├─────┼─────┼─────┼─────┼─────┤
频          │(6,6) │     │     │     │(30,6) │
率        0 └─────┴─────┴─────┴─────┴─────┘
            6    12    18    24    30
              维持行为发生频率
```

图 5.2 任务/维持网格

这个分数的人可能会说"管他呢"。这类人也可能在群体中表现得很不主动,以至于对其他成员没有任何影响。

(6,30) 看重维持群体内良好的关系,对他人的需求有着体贴入微的关注。得到这个分数的人能够创造出舒适、友好的氛围和工作节奏。然而,这类人却无法帮助群体完成任何任务。

(30,6) 重视完成自己的职责,但是不关心怎样维持群体。这类人认为工作是最重要的,同时会忽略群体成员之间的关系。得到这个分数的人会以类似军队教官的形式进行领导。

(18,18) 平衡地对待群体的任务需求和维持需求。得到这个分数的人会在任务需求和维持需求之间选择折中的方法。这类人虽然是不错的兼顾者,但是他们并不会为达到最优生产力去思考能够创造性地把任务和维持活动整合起来的方法。

(30,30) 当所有人在一起做出计划和决策的时候,每个成员都会为完成目标做出承诺,而且他们所有人之间会建立起信任和尊敬的关系。

匹配练习1

为帮助你学习任务行为和维持行为,请匹配下列术语和定义(答案见本章末尾)。

目标行为：

_____ 1. 信息与意见给予者　（1）确认所有成员都理解了其他成员说的内容。
_____ 2. 信息与意见寻求者　（2）将有关的想法或建议综合起来并重新表述。
_____ 3. 方向与角色定义者　（3）提供事实、意见、想法、感受和信息。
_____ 4. 总结者　　　　　　（4）表达对成员的接纳和喜爱。
_____ 5. 能量提供者　　　　（5）运用针对群体怎样工作的观察结果帮助群体开展有关如何进行提升的讨论。
_____ 6. 理解检查者　　　　（6）让成员知道他们的贡献得到了重视。

关系行为：

_____ 7. 参与鼓励者　　　　（7）寻求事实、想法、观点、感受和信息。
_____ 8. 沟通促进者　　　　（8）让其他人总结讨论的内容，以此确保他们理解了。
_____ 9. 紧张缓解者　　　　（9）鼓励群体成员努力工作以达成目标。
_____ 10. 过程观察者　　　 （10）提醒需要完成的目标以及分配的责任。
_____ 11. 人际问题解决者　 （11）帮助解决冲突、调解冲突。
_____ 12. 支持者与表扬者　 （12）讲笑话增加群体中的乐趣。

匹配练习2：我是否很好地理解了功能性的（领导）技能？

目标和关系领导技能列在第一列中，表示这些技能的陈述内容列在第二列中。匹配每种技能和对应的陈述。

目标行为：

_____ 1. 信息与意见给予者　（1）"海伦，我的理解是你在建议我们要在试图解决问题前先对问题做出定义。"
_____ 2. 信息与意见寻求者　（2）"我们倒立着做关于瑜伽的报告，怎么样？"
_____ 3. 方向与角色定义者　（3）"大家提出了三个建议。黛尔认为我们应该踢足球；乔斯认为我们应该吃午饭；塔伊认为我们应该写有关我们正在做的事的故事。"
_____ 4. 总结者　　　　　　（4）"我认为我们应该帮助解决戴维和琳达之间的冲突。"
_____ 5. 能量提供者　　　　（5）"乔治·华盛顿是美国的第一个总统，并且我认为他是最棒的那个。"

_____ 6. 理解检查者　　　（6）"弗朗西斯在过去的五分钟里什么都没说。有什么问题吗？"

关系行为：

_____ 7. 参与鼓励者　　　（7）"这是一个很重要的见解，罗杰。这说明你在作业上花了很多工夫。"

_____ 8. 沟通促进者　　　（8）"加油！我们能得到好的解决方案的。让我们继续加把劲吧。"

_____ 9. 紧张缓解者　　　（9）"弗兰克，向我们一步一步地解释怎么解决第十二个问题。"

_____ 10. 过程观察者　　　（10）"我们应该先定义问题，再寻求解决方法。然后才能选择解决问题的方法。"

_____ 11. 人际问题解决者　（11）"罗杰，你知道美国的第四任总统是谁吗？他因为什么而著名？"

_____ 12. 支持者与表扬者　（12）"海伦，我想听听看你的想法，你总是有很多好主意。"

领导的情境理论

或许，本杰明·富兰克林之所以成为一个著名的领导者是由于他能够在不同的情境下做出不同的行为，使自己能够在合适的时期做出合适的领导行为。领导的情境理论认为，群体成员在特定时期为群体所需的行动做出的不同行为就是领导。接下来会讨论四种不同的情境理论：分布-行为理论、Bales 的交互-过程分析、Fiedler 的权变理论，以及 Hersey 与 Blanchard 的情境理论。

领导的分布-行为理论

一犬吠形，百犬吠声。

——中国谚语

领导的分布-行为理论（distributed-action theory of leadership）认为，如果群体要达成目标并同时在成员间维持有效的工作关系，领导者就需要表现出特定的功能(Benne & Sheats，1948)。**功能**(function)是一种让群体变得有效的行为。在不同的时期，群体需要不同的功能。在有的时候，群体可能需要信息；而在另一个时间点，则需要对成员们提供的信息进行整合与总结。为帮助达成群体目标，群体成员必须做出**目标领导行为**(goal-leadership action)：贡献、寻求、总结和协调信息，结构化并引导群体的工作，以及提供激励成员的力量。如果用来达成目标的方式使群体成员疏远，那么这种方式对于成功达成目标而言并无益处。另外，群体成员必须做出关系领导行为：仔细倾听并尊敬其他人、缓解紧张气氛、评估群体的情绪氛围，以及讨论如何提升群体工作。因此，任何成员在帮助群体成员达成目标以及维持有效的工作关系，或安排其他人提供群体需要的功能的时候，他们就在群体中进行了领导(Benne & Sheats，1948；Hackman，2002；Hackman & Wageman，2005；Johnson，1970；Johnson & Johnson，1997；McGrath，1962)。

因此，领导对情境而言是特异的。只要能够判断出当前情境下对群体有效运作所必需的功能是什么，具有根据不同情境的需求做出不同行为的灵活性，以及能够使用其他成员的能力提供群体需要的行为，任何人都能进行领导。领导的责任之所以要分摊到所有群体成员身上，主要有三个原因。第一，如果成员不参与其中，他们的想法、技能和信息就无法得到运用，这会降低群体的效能。第二，参与其中的成员会比那些保持沉默的成员对群体有更高的承诺水平。第三，参与上的不平等会对群体关系造成影响，积极参与的成员会被那些沉默的成员困扰，他们会认为这些人不关心目标达成。

许多理论家指出，没有被领导者就不会有领导者。不过，大部分人认为是由领导者做出行为，被领导者主要对这些行为做出反应。将这个观点反过来其实也是正确的。领导者同样也是被领导者，被领导者也能进行领导。领导的分布-行为理论是少数几个体现这个观点的理论之一。群体成员既不是领导者也不是被领导者，他们既是领导者又是被领导者。领导者和被领导者之间的差异在这个理论下失去了意义，变得没有必要，也没有帮助。

领导的分布-行为理论是一种既具体又直接的能够提升领导技能和群体效

能的方法。任何成员都可以学习那些能够帮助群体达成目标并同时维持成员间有效工作关系的诊断性技能和行为。然而,对于这种观点存在着一定的批评。群体成员能够通过许多不同的行为来帮助达成群体目标并维持关系,这时候就很难确定到底要采取哪一种行为。这种情况下什么行为会构成领导,是个仁者见仁、智者见智的问题。另外,这种观点是否有助于理解诸如组织和国家这类更大、更复杂群体中的领导?其中依旧存在着疑问。

领导者样例:哈丽特·塔布曼

> 哈丽特·塔布曼是一个奴隶,1820年出生于马里兰州巴克镇。大约在1725年之后,她的祖父母被从非洲贩卖到美洲。可能是哈丽特曾经从事的繁重工作和经受的毒打的缘故,她在很小的时候就有了一种反抗精神。她决定要获得自由。15岁的时候,她因为帮助另一名奴隶逃跑,差点被人用2磅重的铁秤砣打死。这次毒打在她的头上留下了一个大坑,留下的后遗症使她会突然昏睡过去。她一辈子都没能从这次受的伤中彻底康复。1849年的时候,哈丽特逃到了特拉华州,然后又到了宾夕法尼亚州。在费城工作期间,她参与了"地下铁路"组织——一个以帮助逃跑的奴隶(包括提供逃跑路线、向导和藏身所)逃到北方获得自由为目的的"网络"。在19世纪50年代,她就开始担任向导了(或称为"列车长")。她一次又一次冒着生命危险帮助他人获得自由。由于她多次组织向北方的逃亡,被授予"摩西"的代号,而这也使她的悬赏额提高到了4万美元。她一共帮助了至少300名奴隶获得自由。1850年逃亡奴隶法案通过后,哈丽特开始将奴隶送往加拿大。南北战争的时候,哈丽特在南卡罗来纳州联邦军队担任过护士、洗衣工、厨师和间谍。她在余生中都为需要食物和住所的黑人服务,并为他们争取到了完全的自由。1913年3月10日,她以接近93岁的高龄去世。她很好地诠释了一个行动多于言论的领导者是什么样的。

Bales 的交互-过程分析

如果你安排5个陌生人在一起完成一项需要合作的任务,那么你会发现在这个过程中会发生一些虽然不寻常但是能够预料的事情:成员间的社会交互会变得模式化,随之形成领导结构。有一个成员会承担起**任务领导者**的角色,做出主要指向完成任务的行为(如指导、总结、提供想法)。一位成员会承担起**社会情绪领导者**的角色,做出主要指向群体的表达性人际行为(如缓解挫折感、缓和紧张、调解冲突)。

Robert Bales(1950,1952,1955)是最早关注任务和社会情绪领导的研究者之一。他在20世纪40年代晚期至50年代早期的时候开展了一系列研究,这些研究随后得到 Burke(1972)的证实和拓展。基本的交互-过程理论包括以下几点：

1. 在群体要完成任务的时候,成员会在不平等的基础上从事任务相关行为。
2. 做出任务行为多的人会在那些对任务贡献少的人之间制造出紧张和敌意。
3. 群体需要那些能够帮助维持成员之间有效工作关系的行为。
4. 除了做出任务相关的行为以外,成员也会做出社会情绪行为。
5. 这些不同的角色(任务和社会情绪)是稳定且协调的。因为任务和社会情绪领导者会互相强化、互相支持。

Bales 开发出了在小群体中识别任务和社会情绪行为的观察工具(图 5.3)。这个工具由几个用来对群体中参与行为进行系统化分类的类别组成。

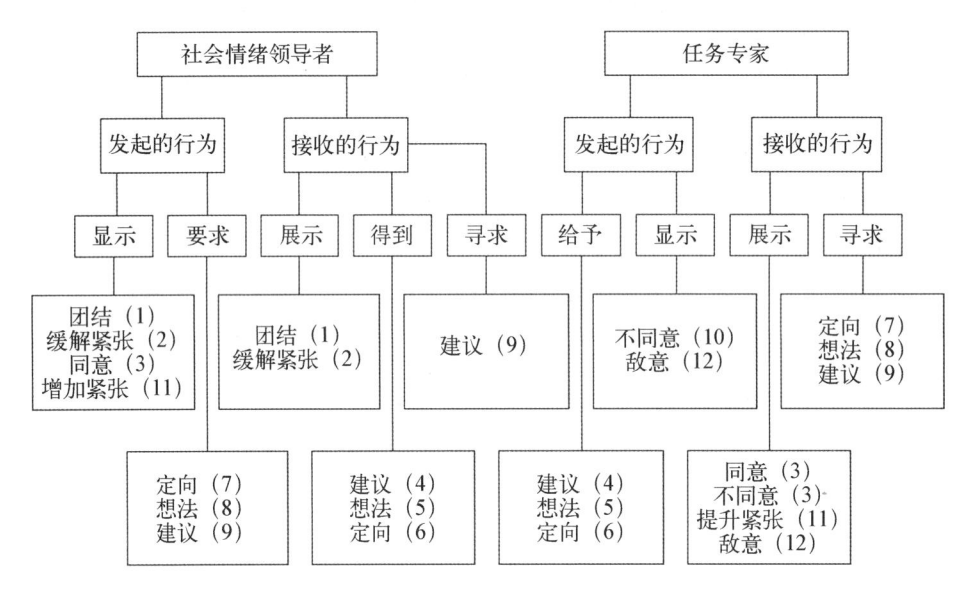

图 5.3　社会情绪领导者和任务专家的行为差异

注：括号中的数字来自 Bales 的交互-过程分析分类号。

Bales(1950,1952,1955)的研究表明积极情绪(分类1/2/3)表达量通常是消极情绪(分类10/11/12)表达量的两倍。主动提供想法和信息的数量(观察到的所有行为的46%)比被动提供的数量更多(7%)。问题解决群体会经历三个阶段：定向(问题是什么)、评价(我们怎么看)和控制(我们应该做什么)。当讨论从对问题的理性考察(定向阶段)进入评价和讨论阶段(控制阶段)时,成员会表达出更多的情绪。

Fiedler 的领导的权变理论

Fred Fiedler(1964,1967,1969)是第一个提出同时考虑领导取向和情境变量的领导模型的心理学家。领导的权变理论认为领导者的特质和当前情境之间存在交互作用。Fiedler 用群体在达成目标过程中的表现来定义领导者的效能。他认为群体中有三种关键的情境因素：领导者-成员关系、任务明确度和领导者的权力。这三者决定了对于群体最有利的领导形式是什么。Fiedler 将领导者分为任务取向和关系取向两种。他认为这两种取向是领导者的稳定特征(即特质)，不容易被改变或调整。任务取向的领导者关注群体需要做的工作；关系取向的领导者关注成员的持续参与。Fiedler 发现群体效能和领导行为之间的关系并不恒定，在有些情况下是关系取向的领导更有效，而在另一些情况下则是任务取向的领导更有效。

任务取向的领导者在两种情境下更为有效。第一种情境的特点是领导者与群体成员关系良好、任务有明确的结构，并且领导者处于具有高权威和权力的职位上。在这种情境下，群体已经准备好被指导，并愿意被指挥做事；此外，领导者也能将注意力集中在完成任务上。第二种情境的特点是领导者与群体成员关系不好、任务模糊，并且领导者具有的权威和权力很低。领导者的效能取决于对决策负责以及指导成员这两个行为。另一方面，当领导者和群体成员之间关系一般时，或当领导者的权威和权力中等时，又或者任务只有中等的明确度时，强调成员参与决策的关系取向的领导者会更有效。

Fiedler 的理论也存在一些难以解释的地方。例如，人们怎么判断领导者-成员关系？任务明确度和领导者权力是高、一般，还是低？事实上，大部分群体所面临的情境都处于中间水平；只有在最极端的情况下才能遇到处于高或低水平的情境。此外，领导者-成员关系、任务明确度和领导者权力是否是领导者需要关注的所有因素？一个优秀的领导者会重视那些会影响到群体的环境因素，并会改变自己的行为使群体变得更有效。最后，权变理论在整体上存在的最大弱点在于随着研究发现个体和情境因素之间存在的调节变量数量越来越多，权变模型随之变得越来越复杂。一个理论越是复杂，它的实践价值就越低。

组织领导

无论什么时候有人问我(如何成为一个领导者)，我都会告诉他们我有在生活中获得成功的秘密。一个没有恋爱的人不能真切地感受到帮助他人取得进步、引领他人以及获得成就能给人带来的惊喜。我不知道生活中还有其他激情或其他什么东西能够比爱更让人愉快、更积极了。

——陆军少将约翰·H. 斯坦福（Kouzes & Posner，1987）

1982年7月15日，西雅图商人唐·本内特成为第一个爬上雷尼尔山的截肢者（Kouzes & Posner，1987）。他用一条腿和两根拐杖，花了5天爬了14 410英尺。当被问及在这次攀登中他学到的最重要的东西是什么的时候，他毫不迟疑地说："你无法一个人做到这件事。"

他的这句话是什么意思？事实上，包括他的女儿在内的很多人一起帮助他达成了这个目标。在横跨冰原的艰难旅程中，他的女儿在他的身边陪伴了4个小时，并在迈出每一步时都鼓励他"爸爸，你可以的，你是世界上最好的爸爸。你能做到的，爸爸。"来自女儿的鼓励使他坚持前行，坚定了他登顶的决心。对于群体和组织也是一样的，有了同事的鼓舞，成员们会惊讶于他们所能完成的事情。

凡事皆有兴衰，始终保持不变是不可能的。增长需要的是领导，而不是管理。这二者是不一样的。有一些人实施的是管理，而有一些人实施的是领导。领导者带领我们踏上旅程，到达我们从来没有到过的地方。管理者则会试图维持现状。"旅程"的隐喻可能是最适合用来描述组织领导者所肩负任务的隐喻了。领导一个组织包括5个步骤（Johnson & Johnson，1994；Kouzes & Posner，1987）：

1. 挑战传统的竞争性与个体主义管理模式的现状。

2. 鼓励提出明确的有关组织要成为什么样，所有成员致力于完成的任务是什么以及引导成员努力达成的一系列目标的共同愿景。

3. 从团队层面向成员授权。成为团队的一分子能够在方法上和人际上使成员可以完成自己个人无法完成的事情。

4. 领导者通过将自己推荐成员去做的行为模式化来进行榜样领导，其中包括团队合作与冒风险提升专业技能。

5. 激发成员在工作遇到困难时坚持下来并继续努力的信念。

挑战现状

组织和群体本身存在着无法避免的外在冲突。冲突中的一方面是维持和持续（现状）的力量，这种力量努力维持秩序，带领群体走向可预测的过程。另一方面是革新和中断的力量，这种力量寻求改变已经建立的惯例。这两种力量都旨在达成产生团队与组织生产力这一共同的目标。这两种力量都是必需的。二者之间产生的紧张状态就是做出考虑周到的发展与改变的力量。

这两种力量都会在个体成员身上发挥作用。群体成员会在从现状中获得的安全感和从技能与成就提升上得到的满足感之间感受到冲突。在现状方面，人们会希望继续过去已经达成的状态，而在提升技能方面，人们则会努力寻求成长和能力提升。放弃现状并且以威胁当前所获成功的方式寻求在未来变得更好的可能性是需要付出勇气的。

在挑战现状的时候，领导者会强调如果成员不努力提升他们的专业技能，他们就会失去他们的技能。**专业技能**（expertise）是一种过程，而不是一种最终产品。任何人或组织都是时刻变化的。专业技能不进则退。一旦某人以专家自居，不再学习，他就失去了自己的专业技能。领导者必须领导成员提升自己的专业技能，而不是进行官僚式的控制管理。在组织中采用合作团队的形式是对传统的竞争性与个体主义行为最明确和最直接的挑战。组织需要转换成由合作团队构成的连锁网络以提升生产力，促成产生更多支持性和承诺的关系，提升成员的心理调节能力和自尊水平。

创建共同愿景

领导者的第二项职责是创建有关团队或组织要成为什么样、所有成员致力于完成的明确任务以及引导成员行为的一系列目标的共同愿景。要做到这些，**领导者必须：**

1. 具有关于要实现什么样的愿景或梦想。
2. 通过蕴含承诺和激情的形式与成员沟通，了解这个愿景。
3. 使这个愿景变成共享的愿景，让成员将其变为自己的愿景。
4. 在理论、研究以及看上去可行的方法的基础上，使这个愿景变得合理。

领导者要充满激情地、频繁地与成员沟通，宣传团队和组织梦想，让成员感到团队和组织是大家互相分享、帮助、鼓励、支持的，以及共同努力获得成功的地方，是一个用"我们"代替"我"的地方。共同完成工作能够建立起关心和承诺的关系，从而推动成员共同追求卓越。

领导者能够激发出共享的愿景。这种共同愿景创造出一种同舟共济（积极相互依赖）的基本信念。领导者以希望和梦想为群体注入活力，使成员看到为共同的目标付出努力可以得到令人激动的未来。此外，领导者也会使成员们认识到这个愿景本身和支持愿景的行为都是合理的。新的实践必须建立在有关研究和理论知识的基础上。没有追随者的人不可能成为一个领导者,人们也不会在将共同愿景接受为自己个人的愿景以前成为追随者。只有对在将来能够得到有价值、有意义的事物做出长远承诺,才能促使人们去追求掌握更高水平的专业技术。你无法命令他人做出承诺,你只能激励人们这么做。

通过团队向成员授权

在五个领导实践步骤中最重要的就是通过将成员组成合作团队,向他们授权。合作团队必须仔细构建才能变得有效,其中包含积极相互依赖、面对面促进性交互、个人责任、社会技能以及群体过程(Johnson, Johnson, & Holubec, 2008)。

"我们"这个词可以用来检测一个人是否正在成为一个领导者。领导者不是靠他们自己获得成功的。领导者激发的不是作为"我"的最佳成绩,而是"我们"的最佳成绩。领导者所能做的最重要的事情是组织起成员,使他们共同工作。这之所以重要是由于两个原因。第一个原因是这样能够增进群体成员之间承诺和关怀的关系。这一点可以通过团队的形式达到。合作能够促进信任、开放式交流以及人际支持,这些都是形成生产力的关键成分。当信任被竞争、严厉的感受、批判、消极评价和不尊重打破时,生产力就会受到影响。第二个原因是可以通过团队工作对成员授权。通过将成员组成团队,领导者就能使得成员们更加对他们只要努力就能获得成功这种想法感到有信心。

榜样领导

> 一个人不是通过争论,而是通过榜样得到提升的……你想让别人成为什么样,你自己就要先变成这个样子。用你自己而不是用言语来"布道"。
>
> ——亨利·弗里德里克·阿米尔

组织领导者塑造团队工作，并为此承担风险以提升生产力、技术和人际关系技能。领导者以身作则，用实际行动证明他们宣扬的东西。他们前后一致地阐述自己的愿景，所做的行为和他们所说的话相一致。他们尤其会在参与挑战性的任务、失败、从错误中学习以及再次尝试的时候做出榜样。

鼓舞人心

> 爱他们并领导他们。
>
> ——少将约翰·H. 斯坦福，美国陆军司令

领导者对能造成大变化的小事很警觉。在 Verstec 公司，每个非管理岗位职工都能在春季得到一份奖金（Kouzes & Posner, 1987）。每一年，总裁都会穿着缎面大象戏服，带着斯坦福游行乐队出席庆典。总裁说："如果你要给某人支票，不要寄给他，办一个庆典吧。"

这个例子看起来有些极端。但是，当群体成员知道自己的辛勤工作和获得的成就被别人认识到、赞赏和庆祝时，确实会带来一些差别。领导者会寻找机会报道"好新闻"和举办管弦乐庆典。群体成员有时会疲惫、气馁、失望，会经常考虑放弃。领导者通过给予他们继续前进的勇气和希望的方式对他们进行激励。领导者可以通过以下两种途径实现这个目标：

1. 承认个体对实现共同愿景所做出的贡献。
2. 频繁地庆祝个体取得的成就和群体共同取得的成就。

无论是给予个人赞誉还是进行群体庆祝，都需要合作性的组织结构。在竞争条件下，宣告某人是胜利者就相当于同时宣告了其他人都是失败者。所以，不要在竞争或个体主义组织中进行群体庆祝。在这种环境下，表扬会被认为是一种欺骗或讽刺，赞美会导致尴尬或产生对遭到同事报复的焦虑。然而，在合作型企业中，真诚的关心行为会将人们凝聚在一起，使他们共同前进。对工作的热爱以及同伴之间的关爱会激励成员将越来越多的力量投入到工作中。建立起合作性的组织结构并鼓励成员间形成关心与承诺的关系或许是榜样领导的最大秘密。

理解糟糕的领导

越来越多的研究者开始关注糟糕领导的动力学。其中大部分人的兴趣来自研究中发现的糟糕领导者不仅在一些维度上得到的分数比优秀领导者低,而且两类领导者的行为模式之间也完全不同的现象。优秀的领导和糟糕的领导可能是性质上不同的两种现象(Kellerman,2004;Sternberg,2007)。

如果不想成为领导者,你该怎么办?

如果你认真遵照以下规则,那么你肯定不会成为一名领导者:

1. 尽可能不参加群体会议。
2. 如果你参加了会议,在会议上不要为群体贡献任何东西。
3. 如果你参加了会议,那么在讨论中要尽早表现出强硬态度。为显示你对所有事都了解,你可以说大话,还要多用术语。
4. 表明你只会做你必须做的事,不会多做其他事。
5. 在会议中看报纸或织毛衣。

练习 5.4　建塔

这个练习将给参与者提供一个在不允许进行言语沟通的群际竞争情境中观察领导行为的机会。这个练习需要组成几个小组,每个小组最少要有 7 名成员。每个小组的任务是使用提供给他们的材料搭一座塔。这个练习需要在一间大房间里进行,这样每个小组就可以分开工作(不过互相之间可以看到)。这项练习耗时约 1 小时。过程如下:

1. 从所有参与者中选出两名裁判,最后要由他们判断哪座塔(a) 最高,(b) 最牢固,(c) 最漂亮,(d) 设计最巧妙。
2. 所有参与者分别组成至少有 7 个人的小组。
3. 每个小组中选出两人负责观察小组中的领导行为。观察者需要记录:

(1) 小组如何组织开展工作。

(2) 小组如何做出决策。

(3) 参与和影响的权利是否分布在整个小组中?或者只有一些成员主导整个小组?

（4）还需要做什么任务或关系维持行为来提升小组运作的水平。

（5）小组成员如何对输、赢做出反应。

4. 每个小组得到一个装着材料的纸盒，盒子里有图画纸、报纸、胶带、杂志、蜡笔、烟斗通条、剪刀和胶水。

5. 每个小组有20分钟时间建造自己的塔。这是一个非言语的任务：小组成员之间和小组之间都不允许说话。

6. 在20分钟内，两名裁判单独讨论并决定要如何根据4个标准来对每个小组的塔做出评价。20分钟之后，裁判选出优胜组，并且奖励这个小组一盒糖果（由组织练习的人提供）。

7. 小组成员和他们自己的观察者一起对这个练习开展讨论。在讨论中应当提出所有对于小组是如何运作的、出现了什么领导模式以及缺少什么领导模式的观点，并就这些观点进行讨论。

练习5.5 空心方块

空心方块练习是一个参与者能够在其中观察领导功能的问题解决任务。参与者在练习中能观察到群体极化的过程，计划团队和执行团队之间的沟通问题，以及执行团队在执行不是自己设置的计划时所必须处理的问题。这些过程中都需要有效的领导行为。这个练习的目的，是在一个能够观察领导行为的问题解决中，提升你对于在群体问题解决中使用正式层级时会面临的理解，并且给予你一个观察群体和得到观察反馈的机会。

这个练习需要组成10—12人的小组。每个小组再分为3个团队：4人组成计划团队，4人组成执行团队，剩下的人组成观察团队。计划团队的计划者要决定他们怎样指导执行团队的执行者完成任务。执行团队的执行者要尽可能好地完成任务。观察团队的观察者要对另两个团队在两个环节中的活动进行观察。以下是协调者在这个练习中的任务：

1. 告知参与者练习的目的，并将每个小组的参与者分入4人的计划团队、4人的执行团队和观察团队。每类团队分别进入不同房间或一间大房间的不同角落（互相听不见讲话）等待下一步的指导。

2. 给每类团队发放对应的指导语。给予他们足够的时间阅读指导语，然后再对每类团队的指导语进行说明。在讲解的顺序上应该首先对观察者进行讲解，然后是计划者，最后是执行者。

3. 把大致图形的图片和拼图碎片发给计划者,然后告诉他们开始第一步。每个计划者拿到4片拼图。拼图的分配没有规定的方式,但是要确保拼图上没有任何标签记号。第一步限时45分钟。指导语上有计划者所需要知道的一切信息。拼图的答案见附录。

4. 第一步结束后,计划团队给予执行团队指导。在这之后,计划团队就不能再提供任何形式的帮助了,他们必须保持安静,不能参与执行团队的工作。

5. 执行者根据他们的指导语开始完成任务——这是第二步。他们的用时不受限制。

6. 当任务完成后,所有人一起进行讨论。讨论内容包括由观察者、计划者和执行者进行报告,以及对这个练习和成员在其他组织或群体中的经验之间的相似性进行比较。在讨论中需要包括以下问题:

(1) 在计划和执行团队中存在或缺失哪些领导功能?这些领导功能存在或缺失分别会带来什么结果?

(2) 每一种活动分别需要什么领导功能?

(3) 如何能够提升每个团队的运作水平?

(4) 领导功能是否分布在所有团队成员身上?参与和影响的权利是否平均分配在整个群体中?

(5) 计划和执行团队之间的沟通是怎么样进行的?如何进行提升?

(6) 执行者等待计划者的指导时有什么感受?计划者观看执行者执行时有什么感受?

7. 对讨论得到的主要观点做出总结,重点关注成员对团队中存在、缺失或分配的领导功能做出的结论。在练习中也可能出现以下情况:

(1) 计划者会对团队行为增加指导语中没有的限制,这样就会使他们的任务变得困难。例如,他们会要求执行团队观察他们的计划会议。

(2) 不参与执行自己做出的计划可能会带来挫败感。通常通过计划过程会建立对执行计划的承诺,当计划者不能实行计划的时候,他们就会体验到挫败感。

(3) 计划是有趣且吸引人的,因此计划者会忘记执行团队正在等待他们。执行者会因为他们不知道任务是什么而感到焦虑,然而这种感受并不会进入计划者的脑海里。

(4) 计划者通常不会充分使用他们的资源来解决问题,例如,他们可能没有发动沉默的成员。

(5) 计划者会在计划任务的过程中花费大量时间,致使他们没有足够的时间将他们的计划与执行者进行充分沟通。这会导致执行者做出许多无用功。

（6）在与执行团队沟通的时候，计划团队通常不会考虑执行者感受到的焦虑。执行者需要进行生理放松等处理。计划者在压力下会急于给出信息，这种压力会使他们注意不到执行团队成员的需求，这会降低沟通的效能。

（7）执行者通常会在等待指导的时候对计划者产生对抗或敌意。如果在很短的时间内给予他们复杂的指导，要让他们对完成任务负责，但是他们却对任务感到迷惑不解时，这种感受会增强。

观察者指导语

你将会观察到一个计划团队决定如何解决问题并为执行团队提供指导的情境。他们要解决的问题是把16块平面图形拼成一个中央有一个空方块的大正方形。计划团队拥有大致的最终图形图片和拼图。每个计划者各自拥有一些拼图，但是不允许他们自己把拼图放在一起拼出这个图形。他们要指导执行团队在最短的时间里拼出规定的图形。在这个过程中，你要作为一个缄默的观察者。你们中的一半人要在整个练习中观察计划者，另一半人则要观察执行者。提供给你们的观察记录表能帮助你们关注任务性与维持性的领导行为。在开始前请确认你理解了你的角色。以下是一些建议：

1. 观察者应该观察领导行为的一般模式。

2. 在第一步中，可以考虑以下问题：

（1）什么样的行为阻碍或帮助了整个过程？

（2）所有成员都同等地参与进来了吗？

（3）计划团队怎样在计划和指导上分配时间？

（4）有什么团队功能是团队成员没有发挥的？

3. 在指导过程中，注意以下行为问题：

（1）在开始指导的时候，计划者是如何引导执行者进入任务的？

（2）计划团队提出的想法有哪些没有被传达给执行团队？

（3）指导有多有效？

（4）执行团队在向计划者提问的时候是否表现得很随意？

（5）存在或缺失什么领导功能？

4. 在拼图步骤中，寻找以下问题的答案：

（1）执行团队怎么显示他们明确理解或不理解指导？

（2）当计划团队成员看到执行者执行了或扭曲了他们的计划时，他们会做出什么非言语反应?

(3) 存在或缺失什么领导功能?

5. 你们每个人分别有两张观察记录表,第一步和第二步分别使用一张。

计划者指导语

你们每个人都会得到 4 块拼图碎片。当所有拼图按照适当方式组合后,就会拼出一个中央有一个空方块的大正方形。你们团队会得到一张最终应该拼成的图形的大致样例图形。你们的任务是:

1. 对于要怎样将你们手中的 16 块拼图碎片拼成规定形状做出计划。

2. 决定如何指导你们的执行团队执行你们制订的计划。

3. 叫来执行团队,在接下来的 40 分钟里的任何时间都可以开始指导。

4. 你们要留出至少 5 分钟时间对执行团队进行指导。任务开始 45 分钟后,执行团队必须开始拼图。

在开始前阅读以下规则:

1. 在计划中:

(1) 始终把你的 4 块拼图碎片放在自己面前。

(2) 无论是现在还是在指导过程中,你都不能触碰这些拼图碎片或与其他人交换。

(3) 你们自己不可以拼图,拼图是执行者的工作。

(4) 不要在拼图碎片上做任何记号。

2. 在指导中:

(1) 用言语形式进行指导。把发给你们团队的图片藏起来,不要让执行者看到。也不能画示意图给执行者看,无论在纸上画或在空中用手势比画都不行。你们只能以口头形式或文字形式进行指导。

(2) 直到得到开始信号,执行团队才能移动拼图碎片。

(3) 不能展示任何图形给执行者看。

(4) 在执行者开始执行后,你们就不能再进行指导了。你们可以站在执行者身后,看他们如何执行。你们不能触碰拼图,也不能以任何形式加入执行者的工作。

执行者的指导语

1. 你们团队将要根据计划团队给你们的指导执行一项任务。

2. 你们的任务将从现在开始的 40 分钟内开始。

3. 计划团队在接下来的 40 分钟内随时会叫你们，对你们进行指导。

4. 如果在接下来的 40 分钟里计划团队没有叫你们，40 分钟后你们就自己去找他们。

5. 你们可以递纸条给计划者，他们也可以写纸条回复你们。

6. 一旦你们开始拼图，计划团队就不可以再给你们更进一步的指导了。你们要尽可能快地完成任务。

7. 在等待计划团队叫你们的期间，你们要完成以下任务：

(1) 每个人各自写下自己在等待指导过程中体验到的感受。

(2) 整个团队一起思考哪些行为会帮助你们遵从指导或妨碍你们这么做。把能帮助你们和妨碍你们的行为分别写在两张纸上。

(3) 记录下你们四个人怎样才能组织起来作为一个团队接受并遵从指导。

(4) 保留好你们写的东西。你们会在完成任务后开展的讨论环节中用到它们。

练习 5.6　我为什么是一个领导者!

每个人独立对 5 种领导理论进行排序，你需要分别按照：

(1) 从最难实现到最容易实现的顺序。

(2) 作为你个人计划提升领导能力的第一选择到最后一个选择的顺序。

再组成 4 人小组，共同合作对 5 种理论进行排序，根据(1) 实现的难度和(2) 提升成员领导能力的选择对排序结果达成共识。

难　度	理　　论	个人计划
———	我的计划在先天优势上比大部分人强。人们会认识到我生来就是个领导者，他们生来就要被我领导。	———
———	我计划以在任何群体中都能成为领导者的风格进行领导。	———
———	我计划掌握如何有技巧地影响他人，使他人乐意追随我。	———
———	我计划被我所在的群体指派或被推选成为领导者。	———
———	我计划学习群体有效运作所需的目标和关系技能。	———

总结

我们可以用很多种方法来定义小群体领导。领导已经被认为是一系列特质、一种个人风格、影响他人的能力、权威层级中的角色或拥有在情境中满足达成群体目标与维持成员间有效工作关系所必需的功能。组织领导包括挑战现状、激励共同愿景、通过团队对成员授权、榜样领导以及鼓励坚持不懈的信念等一系列过程。

创建有效群体的第三条指导准则是要确保领导和参与的权利分布于所有群体成员身上。所有的成员都有责任进行领导。平等的参与和领导权利能够确保所有的成员都参与群体工作,为执行群体决策做出承诺,并且会对群体成员的身份感到满意。这同时也确保了在增强群体凝聚力的同时,每个成员所拥有的资源都能够完全得到应用。

答案

匹配练习1:1.(3);2.(7);3.(10);4.(2);5.(9);6.(8);7.(6);8.(1);9.(12);10.(5);11.(11);12.(4)。

匹配练习2:1.(5);2.(11);3.(10);4.(3);5.(8);6.(9);7.(12);8.(1);9.(2);10.(6);11.(4);12.(7)。

第 6 章

运 用 权 力

本章要学习的基本概念

这里列出了本章中介绍的主要概念。在教学中可以将学生分成二人小组，每一组学生需要 a) 对每一个概念下定义，在阅读中关注文中怎么定义这些概念以及针对概念做出哪些讨论；b) 确保两个人都理解这些概念的定义。接下来再组成四人小组。比较四人小组中两两各自学习的概念是否存在差异，如果存在差异就再一次在文中查找并下定义，直到所有成员都认同为止。

概念：

权力(Power)
建设性权力(Constructive power)
破坏性权力(Destructive power)
权力的动态相互依赖观(Dynamic-interdependence view of power)
逆反(Reactance)
权力的特质因素观(Trait-factor view of power)
来源效应(可信度、吸引力)[Source effects (credibility, attractiveness)]

信息效应(Message effects)
接收者效应(Receiver effects)
社会支配(Social dominance)
作为关系变量的权力(Power as relationship variable)
奖励权力(Reward power)
强制权力(Coercion power)
合法权力(Legitimate power)
参照权力(Referent power)
专家权力(Expert power)

信息权力(Informational power) 群体心理(Group mind)

群体规范(Group norms) 去个体化(Deindividuation)

前言

> 伟大的代价就是责任。
>
> ——温斯顿·丘吉尔

在奥威尔的《动物农庄》一书里，农庄里的动物推翻了他们的人类主人，随后建立起了一个平等的体系。在一开始，动物们对新秩序的想法被归纳为七条准则，其中包括"所有动物是平等的"这一条。随着故事的展开，猪（获取了农场的管理权）很快就利用它们的新地位和权力来为它们自己谋求各种特殊待遇。例如，它们基本不做农场繁重的农事，它们将农舍（农场中最舒适的地方）占为己有。最后，这些猪通过正式地改变农场的准则使自己的行为合法化。它们删除了其他六条准则，只留下了最后一条关于平等的准则。并且，它们还在这条准则之后加上了补充说明："但是，有一些动物比其他动物更加平等"。在奥威尔虚构出的世界中，这些猪在被赋予优越的权力和地位后就将自己看作拥有特权，觉得自己应当受到优越对待。其实，不仅在猪身上是这样，在人的身上也是这样。

虽然我们并不想承认，但是权力确实是我们社会生活的一个基本方面。人们能获取权力，也能放弃权力；权力能被加强，也能失去。权力能够被用于好的地方，能被用来作恶，也能被用在一些琐碎的事情上。权力是我们拥有的所有关系中的关键元素，无论是家庭、朋友、爱人还是同事关系都是如此。许多人也许并没有意识到他们对其他人施加的影响，许多人也并不清楚相互影响在构建有效群体和合作关系中是必需的，而且是有建设性的。能够有技巧地影响其他成员并为这些影响负责，这对成为一个群体的成员来说是一项重要的任务。

本章中我们将会讨论权力的性质以及建设性地和破坏性地使用权力。我们也会讨论权力的直接运用方式（图6.1）。这些方式包括动态的相互依赖、权力的特质因素观、权力的六个基础以及高、低权力者之间的交互。在这些内容之后会继续介绍使用权力的间接方式。其中包括群体规范和群体心理。

权力的形象

在提到权力的时候,你的大脑中会产生什么形象? 你会想到一个足球运动员、一个伟大的演说家、一辆半挂车还是一把枪? 把你想到的形象写在下面的横线上。然后,与你身边的同伴分享你写下的形象,并仔细倾听同伴写下的内容。最后选出两个最适合代表权力的形象。

1. _____ 2. _____
3. _____ 4. _____
5. _____ 6. _____

```
                            权力观点
权力的动态相互依赖观                权力的特质因素观
权力产生于关系中                     来源效应
合作 vs 竞争环境                     信息效应
个人权力与目标达成                   接收者效应
                            权力的基础
        奖励    强制    合法    参照    专门知识    信息
                            不平等权力
     高权力者                                  低权力者
                            间接权力
     群体规范                                  群体心理
     顺从群体规范
     执行群体规范
```

图 6.1 权力的本质:建设性地 vs 破坏性地使用权力

📖 练习 6.1 权力是个人特质还是关系属性?

权力究竟是个人特质还是两个及两个以上个体间关系的一个方面? 这个问题的答案存在着争议。这个练习的目的是围绕这一问题开展批判性讨论,过程如下:

1. 分配辩论的立场:所有人以 4 个人为单位分成团队。每个团队要在最后对自己的立场撰写总结性报告:

立场 A:权力是个人特质。有一些人生来就有权力,而其他人则没有。这是因为他们与生俱来的人格与外界助力,他们由此能够影响他人并获得有权力的职位。

立场B：权力是属性。权力存在的前提是同时存在施加影响的人和被影响的人。在大部分情况下，谁影响谁、影响的程度有多大通常是根据谁拥有有关的信息以及技能来决定的。一旦环境和情境发生了改变，关系就发生了变化，成员之间相对的权力也会发生变化。

最后撰写的报告必须包括团队的总体结论以及支持该论点的事实与论据。支持性的事实和论据可以在本章、本书，甚至外部资料中查找。

2. **组成两人小组**：每个团队再分为两个两人小组。一组持立场A，另一组持立场B。每一组成员再复习一下本章中对自己立场有帮助的内容、本次辩论练习的程序以及建设性辩论的规则。每一组成员都要准备好对他们各自立场具有说服力的最适当的论据，其中要包括尽可能多的事实例子和研究结果。这个环节限时10分钟。

3. **陈述**：两人小组中各派出一个成员交换到另一个两人小组中。也就是说，一个持权力是个人特质立场的成员和一个持权力是关系属性立场的成员配成一对。接下来，这两个人中每一个人都有3分钟来陈述自己的观点，陈述必须强有力，要尽可能地有说服力。在持个人特质立场的成员陈述的时候，持关系属性立场的成员要记笔记，而且要请报告人澄清自己没听明白的地方。随后再由持关系属性立场的成员进行陈述。

4. **公开讨论（辩解和反驳）**：公开讨论权力是个人特质还是关系属性。每一方都要提供尽可能多的支持己方观点的事实和研究结果。所有人都要批判性地倾听对方的观点，并询问对方所作结论的事实依据。所有人必须保证双方的支持性论据都拿出来讨论了。这时候依旧要遵守建设性辩论的规则。这一环节限时10分钟。

5. **立场转换**：每组成员交换自己的立场。原先持权力是个人特质立场的成员在三分钟里提出支持权力是关系属性的例子。同样，此时的陈述也需要有说服力，也可以加入新的论据或事实。随后，由原先持有权力是关系属性立场的成员在3分钟里提出支持权力是个人特质的例子。

6. **综合与整合**：所有人停止辩论，一起就权力是个人特质还是关系属性这个问题作出你们最佳的判断。每一组成员要总结两个立场下的信息和论据并达成共识。然后在所有其他团队成员面前说明两人达成的共识是什么。因为其他团队可能会得出别的结论，所以每个团队都需要在所有人面前说明他们所持立场的合理性。这一环节限时10分钟。

7. **所有人进行讨论**：协调者选出几个团队在所有人面前报告他们的观点。

接下来，所有人讨论这些观点之间具有的相似性和差异性。协调者随后总结参与者在练习中学到的关于权力和影响力的知识。

练习6.2 群体权力练习

1. 所有人组成5人小组。将小组中每个人身上的零钱收集起来放在一个帽子里。随后由小组决定谁能得到所有零钱。接下来再讨论各自得到的体验。

2. 所有人一起站在墙边。然后，每个人在房间内选择一个自己想坐下的位置。协调者发出信号后，每个人走过去坐到自己选择的位置上。当所有人都坐下后，和离自己最近的人讨论自己的感受。

3. 所有人站成一个圈，人与人之间通过手指尖接触相连。在房间里选择一个你希望你们整个团队一起走过去的位置。其间不能讲话。当协调者发出信号后，每个人都试图让团队一起走到你希望的那个位置。和一个同伴一起讨论你们在其中学到了什么。

4. 所有人站成一个圈，每个人伸出一只手捏住一张纸。不允许进行语言交流。当协调者发出信号后，纸就变成了"权力"。观察在开始后发生了什么，并对此进行讨论。

5. 组成两人小组，面对面坐在椅子上。在5分钟内，你们需要决定接下来谁将坐在地板上，其间不能说话。5分钟后，必须有一个人坐在地上。观察发生了什么，并进行讨论。

6. 所有人坐成一个圈，每个人都闭上眼，想象你们生活在一个小山村里。现在你有一条紧急信息需要送到附近一个大的村庄里。你现在徒步出发了。你先后遇到一个在桥上的女孩、一个骑车的男子、外出野餐的一家人。你听到鸟在歌唱，看到树叶在微风中摇摆，闻到青草和泥土的清香。转过一个弯，你突然发现前面有一堵墙，这堵墙是绕不过去的，你要去的村庄就在墙后。用几分钟想象一下这个情境，然后从权力的角度与大家分享一下你觉得在这堵墙下会发生什么。

7. 所有人坐成一圈，闭上眼想象你是一个群体的一员。接下来想象你在进行一个跟随领导者的游戏。你先想象自己是领导者，并且时刻注意下属中发生了什么。然后把另一个人想象成领导者，依次变换，直到在想象中所有人都得到了领导机会。随后，睁开眼，讨论以下问题。不同的人带领群体做了什么事？你当下属时有什么感受？在你当领导者时，你想象下属会怎么做？谁看上去更适合领导者/下属的位置？谁最不适合领导者/下属的位置？

8. 组成4人小组，用你们可以用到的任何东西——杂志、铅笔、颜料、蜡笔、报纸等，画出或拼贴出一幅权力的图画。限时30分钟，在这之后对每一组的作品进行讨论。如果可以使用相机，也可以安排每个小组拍回一张有关权力的照片再进行讨论。

9. 这个练习适用于正在进行合作的群体。根据你们认为每个人的权力大小，从最有权力到最没有权力排队。在开始前，把最有权力的成员安排站在代表最有权力的一端，接下来，其他人分别根据这一端找到自己的位置。在排序确定后，询问是否有人想要换到别的位置上。讨论成员们对自己的知觉和对他人的知觉。考虑以下问题：你对自己权力大小的估计与他人所知觉的权力大小相比如何？对最有权力的人是否有异议？群体是否对权力有偏向，例如，最富裕的人被认为最有权力？

什么是权力

> 社会科学最基本的概念是权力，就如同物理学中最基本的概念是能量一样。
>
> ——伯特兰·罗素(Bertrand Russell，1938，Ch.1)

在有效的群体中，权力的使用倾向于分布到群体成员之间，影响力的模式则因群体需要不同。理解权力的本质并不容易。在哲学、历史学、社会学、政治学、人类学和心理学中有大量关于权力的研究，这些研究给权力下过许多种不同的定义。权力被看作是人、职位、地区、情境或关系的性质。有一些人因为能够通过他们强壮的身体、言语力量或魅力来支配他人而被认为有权力。有一些职位被认为拥有权力，如，公司总裁和协会主席。有一些地点被认为有权力，如，教堂、清真寺和庙宇。有一些人认为某些情境决定了人们权力的高低，如，护士给病人提供紧急医疗协助的情境。最后，也有人将权力视为关系的性质，关系的双方会同时给对方造成影响。

这些对权力的不同观点使得我们很难对权力下定义。在本书中，我们将**权力**(power)定义为影响自己、他人和环境结果的能力(Colman & Tjosvold，2000)。此外，人们可以直接(在人际互动中)或间接(通过群体规范和价值观)

地使用权力。在本章中,我们会从(a)动态相互依赖的观点和(b)特质因素的观点两方面来解释直接行使的权力。随后再介绍间接行使的权力。

当人们为达成共同目标一起工作时,权力的使用是不可避免的、必要的和分布的。当人们交互的时候,会不可避免地持续产生相互影响。人们做出行为,并对他人的行为进行反应和调节。在交互过程中,人们会轮流讲话,随后再根据其他人的反应来调整自己表现出的态度和信念,并对自己的行动速度做出调整以配合他人的活动。此外,使用权力对群体运作的所有方面而言都是必需的。没有相互影响就无法设定目标、开展沟通、产生领导、进行决策。而且权力也分布在所有的成员身上。每一个成员都对其他成员及群体中发生的事件具有一定影响力。最后,使用权力会产生建设性或破坏性的结果。接下来我们会介绍权力的建设性使用。

权力是什么

下面是对权力的5种定义。找一个同伴,完成:(a)在每种权力定义的观点上达成一致,(b)选出你们两个人最感兴趣的定义。

概念	定义
_____ 人	1. 权力是关系的性质,关系的双方会同时给对方造成影响。
_____ 职位	2. 情境因素决定了每个人的权力高低。
_____ 地点	3. 职位包含权力,例如,公司总裁和协会主席。
_____ 情境	4. 权力是一些人具有的特质,通常是天生的。
_____ 关系	5. 某些教堂、清真寺或类似巨石阵的古迹有权力。

建设性地使用权力 vs 破坏性地使用权力

权力的使用可以是建设性的,也可以是破坏性的。我们可以根据下列标准对权力的使用是否是建设性的做出判断(Deutsch,1962,1973):

1. 提升群体效能还是降低群体效能。权力能够被用来帮助群体达成目标,提升成员间关系的质量;也可以被用来干扰达成群体目标,破坏群体成员之间的关系,妨碍群体适应。

2. 为他人利益还是为自己利益。权力能够被用于获取自己的利益或他人的利益,也能用来获取群体和所处环境的共同利益。

3. 权力受到他人同意还是受到他人反对。权力的使用可能顺应了他人的要求，也可能以违背他人意愿的形式施加在他人身上。

当权力的使用能够提升群体效能、关注到所有人的利益以及能够得到他人支持的时候，权力就是建设性的。而过于关注个人利益，或者违背他人意愿做出一些行为的时候，权力就是破坏性的。在有些情况下，运用权力为自己谋利会得到他人的支持，这或许是因为他人被误导了，或许是由于这些人自愿做出牺牲。在有的情况下，虽然权力的使用为全体成员带来了利益，但是却违背了成员们的意志。

现存的主要观点认为权力是破坏性的。阿克顿勋爵通过观察提出的"权力导致腐败，绝对的权力导致绝对的腐败"这句名言就能代表这一观点。然而，有一些社会科学家相信权力是积极的，并且对共同进步和获取共同目标而言是必要的。例如，Mary Parker Follett（1924，1973）认为，在追求共同目标的合作行为中会产生权力，这样就能够丰富每一个参与者的灵魂，并且能够升华人性。同样地，Deutsch（1949a，1962）将权力视为合作与竞争的一个内在方面，共同努力是否能获取成功就取决于合作者之间对权力的建设性运用。他们的观点实际上体现的就是权力的动态相互依赖观。

权力的动态相互依赖观

> 强制权力是宇宙的诅咒；受限的权力是每个人灵魂的丰富和提升。
> ——玛丽·帕克·福莱特（Mary Parker Follett，1924，p.xii）

动态（dynamic）的意思是持续的变化状态。**相互依赖**（interdependence）指的是每个成员的行为都会影响其他成员得到的结果。**权力的动态相互依赖观**（dynamic-interdependence approach to power）认为，"谁以什么程度影响谁"会随着成员们达成目标的过程不断发生变化。因此，权力应当存在于关系中，而不是存在于某个个体身上（即只有同时存在施加影响者和被影响者的时候才会出现权力），并且通常是双向的（每个成员都能影响其他人，并会被其他人影响）。当两个人交互的时候，每个人都对对方施加影响，同时也被对方影响。因为群体所面对的环境在时刻发生变化，并且同时会有很多事情需要一起处理，所以群体成员间的权力关系很复杂，而且在时刻发生变化。例如，一个成员在任务 1 中的权力比其他成员大，但在任务 2 和任务 3 中的权力则比其他成员小。随着成员们协调他们的行为,每个成员的权力都会不断变化和更替。

群体成员互相依赖的形式和程度决定了群体成员能够使用的权力。相互依赖可以是积极的,也可以是消极的。权力的使用方式根据个体间相互依赖形式的不同而存在着差异。

竞争环境

在竞争环境中,人们会用权力来取得优势与压制他人获得成功。权力通常被认为是某人成功施加给其他一开始不愿意做出某人想要的行为的人的影响力。如,Robert Dahl(1957)指出,权力包括了"一种使其他人做一些他们不会去做的事情的能力"(p.158)。这种定义隐含地将权力视为(Coleman & Tjosvold,2000):

1. 有限的资源:能够行使的权力总量有限。

2. 零和的资源:A 拥有的权力越多,B 能够拥有的权力就越少。

3. 应当被储藏的物品:竞争者倾向于使用他们的权力来最大化他们与其他人之间权力的差异。这被称为**寡头政治铁律**(iron law of oligarchy;有权的人始终有权;Michels,1915,1959)。权力占有者(pewerhdders)这类概念反映了权力是一种能够获得和保存的商品的观点。权力拥有者通常会变得热衷于寻求更多的权力(McClelland,1975,1985)。

4. 以单向的方式作用:有权者和无权者之间泾渭分明,占据支配位置的人能影响被支配的人,反过来则不行。

5. 内在强制性:处于支配地位的人会无视被支配人对执行目标行为表现出的抗拒和不情愿。Lasswell 和 Kaplan(1950)将行使权力形容为"简单地行使高度的强制性"。

权力的相互依赖观

	特　征
动态的	关注群体成员努力获取共同目标时影响力的变化性质和模式,而不关注谁拥有权力。
整体的	假定权力是一个复杂的现象,需要作为整体进行研究,不能根据某种含义将其分割成一些成分。
现象的	强调群体成员的即刻体验和他们当下互相影响的方式,而不是去关注他们的过去和遗传。

	特 征
推论的	应用和验证有关权力性质和使用形式的理论原则。
分布的	强调权力分布于所有成员身上,每个成员都对其他人和群体中发生的事件具有一定的影响力。
必然的	认为权力存在于所有的关系中。在小群体中,随着成员的行为、反应和根据其他人对行为进行调节,相互影响会持续存在下去。
基本的、普遍的	认为权力的使用对群体运作的所有方面(确立目标、沟通、领导、决策、冲突解决)来说都是基本需求。

这种竞争性的观点目前主导了大部分社会科学家和掌权者对权力的理解。然而,依赖权力使用的竞争性和支配性策略会带来诸如疏远和抵抗之类的消极影响。这就使得高权力者需要对低权力者进行持续的监视和控制,限制了掌权者使用其他基于信任和权力共享的权力形式的能力和意愿。

对强制权力的抵抗可以被视为一种心理逆反。**逆反**(reactance)指的是当人们的自由被威胁的时候产生的对恢复自由的需求。这是一种当人们感到自己的自由被限制或被威胁的时候所唤起的动机状态(Brehm,1966)。对个人自由的威胁促使人们采取行动来帮助他们重新获取自由和控制。例如,人们会尝试去阻碍或忽略掌权者施加的影响,破坏群体所做的努力和群体的效能。

掌权者在遇到抵抗的时候会增强使用强制权力的倾向。被施加影响的目标抵抗得越强烈,施加影响者就越有可能从温和的形式转向使用强硬的形式(Gavin, Green, & Fairhurst, 1995; Kipnis, 1984; Michener & Burt, 1975)。但是,这样做反过来又会招致更强的抵抗。在这种循环下,使用强制权力的程度会逐渐升级到极端状态,这种做法通常会削弱群体效能。

合作环境

4名登山者正在攀登阿尔卑斯山的一座岩壁。他们用绳子互相拴在一起,不断指导对方接下来怎么前进:"握住左边的手柄","在这里钉一个岩钉","给我一些绳子","把我的绳子在系索栓上拴牢"。团队的每个成员都欢迎来自其他成员的建议,并且会迅速地、适当地对其他人的要求做出反馈。

在合作环境下,权力被用于最大化共同利益和提升群体效能。因为此时所有成员正在一起努力达成共同目标,所以这时候的群体成员具有可诱导性。**可诱导性**（inducibility）指的是对受影响的开放程度（Deutsch，1949a，1962）。在合作情境中，当一个成员的影响力有助于其他成员达成他们的目标时，成员们就会倾向于接受施加给他们的影响。例如，如果你的猫在树上不愿意下来，你的朋友递给你一把梯子并建议你把梯子立在树边，你就会很乐意这样做。你的朋友促使你做出这个行为的权力很大，这是因为这个行为会促进你达成自己的目标。可诱导性使成员们相互协调各自的行为。可诱导性也是群体成员容许其他成员施加影响并帮助其他成员达成群体目标的规范的根基。可诱导性能够形成提升相互权力的倾向。相互权力由群体成员之间的交互以及对达成共同目标的承诺发展而来。在这种观点下，权力可以被视为（Coleman & Tjosvold，2000）：

1. 可扩展的：权力是联合发展起来的，并且会随着成员一起工作而扩展。随着积极的相互依赖以及群体成员共同工作能力的不断提高，达成群体目标的联合权力也会不断增强。

2. 可分享的：权力和资源能够与其他人分享，这样可以更有成效地达成群体目标。这种做法是出于对其他群体成员真正的关心，被认为是一种道德上的义务。

3. 双向行为：每个成员都会影响到其他所有成员。一个成员对受他人影响的开放性有多高，他人对受这个成员影响的开放性就有多高。双向影响会使成员更多地去学习并整合新信息，也能够使成员更频繁地寻找创造性地提升群体效能的途径（Kolb & Coolidge，1991；Zajonc，1960）。群体成员会采取提升其他人的权力的方式来促进群体目标的达成，因此，成员间的权力差异会变得最小化。

4. 非强制性：在合作情境中，群体成员希望通过受他人影响来提升自己的效能。他们也希望通过影响其他成员来达成群体目标。

5. 非对称性：群体成员间积极的相互依赖可以是对称的（各成员对等地依赖其他成员的资源），也可以是非对称的（一些成员对其他人的资源的依赖程度高于其他人）。由于社会生活的复杂性，特定情境下的某个问题上的权力通常是非对称的。

6. 基于专业知识、胜任力和信息获取：在合作情境中，当前时间点或事件中专业知识最强的人会得到青睐，权威或人格特质会变得相对次要。

在合作情境中（与竞争性和个体情境相比），人们倾向于在使用权力的时候表现出较低的强制性,而更多采用支持和说服的形式(Tjosvold,1981,1985a,1985b;Tjosvold,Johnson,& Johnson,1984)。这样就可以给群体带来更高的信任水平和友好关系,使群体能够更好地交换资源、在任务上投入更多时间、变得更有效率,以及能更加积极支持权力可扩展的观点(Richter & Tjosvold,1981;Tjosvold,1981,1989,1990a;Tjosvold,Coleman,& Sun,1999)。合作者(相比于竞争者)对于被施加的影响更为开放,对那些行使权力的人持有更积极的看法,并更加赞同权力使用的方式(Tjosvold,1996)。合作者也认为掌权者越是能够明智地使用权力,他们就越亲切、公平和可信赖。

小群体中积极人际相互依赖的另一种观点认为,一个成员对其他人所具有的权力取决于三个因素:一起工作对实现共同目标的益处;这样做的代价;是否存在获利更多同时付出代价更小的群体可供选择(Cartwright,1959;Thibaut & Kelly,1959)。也就是说,群体成员之间的影响模式会随着群体实现目标的进程,一起工作所付出的代价(精力、情绪、时间等),出现其他更容易达成目标的关系和群体而不断发生变化(Cartwright,1959;Thibaut & Kelly,1959)。如果群体成员在达成目标的过程中取得了进步,如果一起工作所需要付出的代价降低,这些优势使得没有其他群体能够比得上当前的群体,那么积极相互依赖会处于高水平,群体成员相互影响的能力会得到提升。相反,如果群体成员在达成目标的过程中没有进步,一起工作所要付出的情绪和精力代价很高,而且还出现了比现在群体更有帮助的其他群体,那么积极相互依赖的水平就会降低,群体成员之间相互影响的能力就会下降。在后一种情况下,群体成员甚至会退出当前的群体,转而加入其他群体。这个时候,初始群体成员之间的影响力就下降到零了。

运用权力达成目标

不知道你有没有听过这个故事:在一场严重的暴风雨后,有一个男人试图将一棵横倒在车道上的树挪开,这样他就可以把车开出车库了。他的邻居看到他很用力地在搬,但是树纹丝不动。"你确定你用了全力了吗?"邻居问。"当然,"这个男人回答道,"你没看到我已经使出吃奶的力气了吗?""你确定你正在用你的全力吗?"邻居问。"是的!是的!是的!"这个男人回道。"不,你并没有,"邻居说道,"因为你还没有向我寻求帮助。"

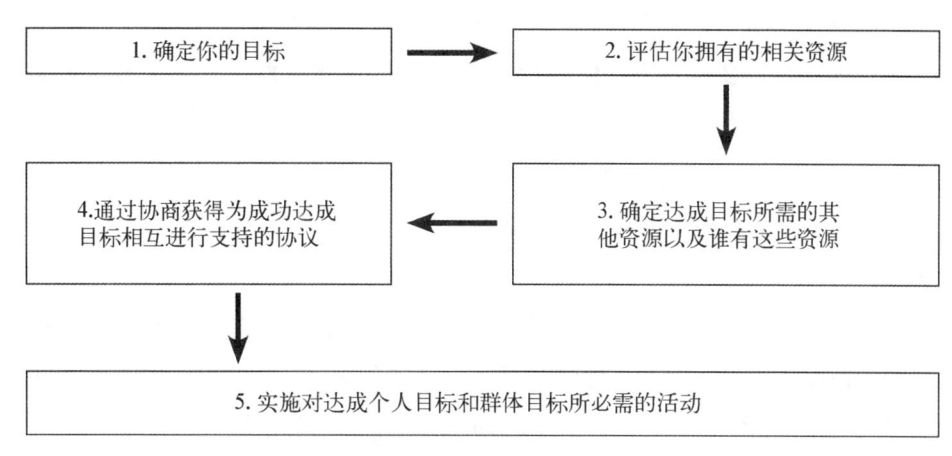

```
┌─────────────────┐      ┌──────────────────┐
│ 1.确定你的目标  │ ───► │2.评估你拥有的相关资源│
└─────────────────┘      └──────────────────┘
                                   │
                                   ▼
┌──────────────────────┐   ┌──────────────────────┐
│4.通过协商获得为成功达成│◄──│3.确定达成目标所需的其 │
│目标相互进行支持的协议 │   │他资源以及谁有这些资源 │
└──────────────────────┘   └──────────────────────┘
         │
         ▼
┌──────────────────────────────┐
│5.实施对达成个人目标和群体目标│
│所必需的活动                  │
└──────────────────────────────┘
```

图 6.2　运用权力达成目标

世界的真相

> 当你：
> 　志存高远
> 　从事一项至关重要的困难任务
> 　但你的资源有限
> 　你需要同伴（合作联盟）。

群体能够达成个体单独工作所无法达成的目标，这是大部分群体之所以存在的原因。在一起工作的时候，群体成员依赖于其他人来达成自己的目标，同时也拥有促进或阻碍其他成员达成目标的权力。目标的达成通常需要所有成员共同为之努力。群体成员运用他们的权力来达成目标的过程包含五个步骤：

1. 确定目标：在群体中使用权力的第一步是明确你的个人目标。**目标**（goal）是基于欲望、需求和兴趣产生的想要达到的未来状态。通常情况下，目标是被有意识寻求的，但有一些目标是无意识的。如果你要对如何达成目标做出计划，那么就必须先意识到目标，并且认为目标有价值，值得自己去追求，同时也愿意从其他成员那里寻求帮助来达成目标。

2. 确定有关的资源：使用权力的第二步是贡献自己拥有的资源来达成群体目标和个人目标。你必须先认识到自己拥有什么资源，在此基础上进一步明确（a）你还需要什么资源来达成目标，（b）你能怎样帮助其他成员达成他们的目标,(c)所有成员的资源要怎样才能整合在一起达成群体目标。

3. 明确你需要的联盟：使用权力的第三步是评估你需要什么样的联盟来获得达成自己目标所必需的资源。联盟会通过以下过程形成：(a)找出拥有你需要的资源的成员,(b)确认你的资源如何有利于他人达成目标,(c)通过协商形成相互支持的协议,在协议中每个人都同意为他人的成功做出贡献。

4. 协商契约：使用权力的第四步是通过协商与合适的群体成员达成共识,共同为彼此达成目标的行为提供支持。在计划怎么利用资源来互相帮助达成目标的时候,群体成员通常会与他人形成正式或非正式的契约。契约通常包括(1)你要从其他人那里获取的资源,(2)其他人要从你这里获取的资源,(3)成员间应该如何协调他们的付出来达成目标。从根本上说,这份契约是群体成员为达成群体目标,以特定方式使用他们的资源的一份计划。

5. 执行契约：使用权力的第五步是执行达成目标所必需的活动。

练习6.3　个人权力和目标达成

这个练习的目的是体验前文中介绍的运用权力达成目标的过程,以此帮助学习者一步一步练习如何提升个人权力。

1. 组成4人小组。

2. 阅读第一步内容(**确定目标**)。首先,每个人说出自己想通过在这个小组中共同工作达成的所有目标。在每个人都说过后,每个成员再说出自己希望这个小组首先完成的三个目标。把这些目标写在一张纸上,然后在纸上写下自己的名字。接下来进入下一步。

3. 阅读第二步内容(**确定有关的资源**)。通过列出你的技能、天赋、能力或特质等能帮助你有效开展工作的东西来明确你目前拥有的资源。这是为了帮助你提升对自己(a)强项的认识,这样你就能有意识地使用自己的强项来帮助自己达成目标;以及(b)对其他你所需的资源的认识。每个小组需要进行如下步骤：

(1) 每个人思考所有自己可以做好的事,所有自己做过的引以为豪的事,以及所有让自己感到有成就感的事。列出自己所有积极的成就。

(2) 与其他人分享自己列出的内容。接下来,在其他成员的帮助下回顾自己过去的成就,并从中找出自己在达成这些成就中所用到的个人强项。

(3) 在所有人都完成强项列表后,相互补充每个人可能拥有的其他强项。在列表中补写入先前遗漏记下的品质、技能和特质。

(4) 每个成员讨论"是什么阻碍了我运用所有的强项?"这个问题,整个小组一起帮助每个成员探索可以用来排除阻碍各自发挥强项的障碍的方法。

4. 阅读第三步内容(**明确你需要的联盟**)。以一个小组的形式在你们的目标中寻找相似点。整个小组一起选出三个最符合每个成员个人目标的目标,把这三个目标列出来。接下来,你们要回顾上一步中列出的强项,试着确定完成每一个目标所需要的资源是什么以及谁拥有这些资源。在这步中你会体会到挫折,这是因为你可能会发现你的目标和小组其他成员的目标重合度很低甚至完全不重合,或者你会因为自己的资源被忽略、被低估或未被充分利用而感到被人拒绝。在这个阶段不要和其他成员形成正式的联盟。你仅需要决定自己需要什么样的联盟就可以了。接下来进入下一步。

5. 阅读第四步内容(**协商契约**):与其他成员就正式的契约进行协商,并形成公开的联盟。此时需要特别关注(1)你想要从其他成员那里得到什么,(2)其他成员想从你这里得到什么,(3)为使所有成员都能达成自己的目标,你们能够交换什么。在一张大的纸上写下你们的契约,确保所有成员都能看清楚。从根本上说,这些契约是群体成员运用各自资源通过合作达成群体目标的计划。

6. 阅读第五步内容(**执行契约**):实施契约中列出的内容。

讨论

在完成前面的步骤后,在小组内讨论自己的体验。可以用下列问题来引导讨论:

1. 5个步骤分别得到了什么结果?每个人的目标在多大程度上契合了群体目标?每个人的资源在达成群体目标的过程中得到了多大程度的运用?

2. 现在,每个成员对5个步骤的反应和感受是怎么样的?

3. 基于整个群体的经验,可以得出什么有关在群体内使用权力的结论?每个小组把他们得出的结论写在一张纸上。在所有小组完成讨论后,所有参与者分享各自小组得到的结论。

权力的特质因素观

在很久很久以前的一个晚上,一个公主正躺在一张铺了13张床垫的床上睡觉。可是,因为在最下面的床垫下有一颗小豌豆,所以这个公主整晚辗转反侧不能入眠。这个童话故事里的公主之所以不能入眠,是由于她自身具有的性质使她容易被一些我们这种凡夫俗子根本不会注意到的因素影响到。这个故事表现的是**权力的特质因素观**(trait-factor approach to power)。这个观点将对他人施加权力的能力视为一种通过遗传得来的特质或倾向。故事中的这个公主就具有与其他女性不同的天生倾向。谁能否认她身上绽放出的这种"神圣光芒"?

权力的特质因素观基于的假设是,人们的遗传特质能够解释为什么他们能成为现在这个人,他们是如何变成现在这样的,以及无论财富、环境和机遇如何改变但人都不会发生变化等问题。因此,就像有些人生来就跑得快一样,有些人生来就有影响别人的能力。特质因素观的两个理论基础分别是权力与说服、社会支配理论。

权力的特质因素观

	特 征
静态	关注持续性而非变化性。
原子论	假设复杂现象能够分解为各个组成部分。
历史的	假设当前行为的原因是长久以来遗传与经验因素的作用持续积累的结果。
归纳的	强调对实验观察到的现象进行解释,而不是对一般理论观点进行实证检验。

权力与说服

亚里士多德在他的《修辞学》中描述了一个有效影响者具备的特征,并对说服技术提供了详细建议。从特质因素观的角度来说,影响是人们施加影响和他人受到影响两方面的特征所共同决定的一种功能。影响的意图本身具有的特点对于影响效果有一定重要性。

由 Carl Hovland 主持的耶鲁态度改变项目支撑起了权力的特质因素视角的主要研究(Hovland, Janis, & Kelley, 1953; Hovland, Lumsdaine, &

Sheffield,1949；McGuire,1985)。这个研究项目中的大部分研究都关注了诸如政治家进行演说、广告代言人做电视广告、卫生官员提醒人们健康威胁等大众媒体对观众的单向作用所造成的影响。在每种情境下,沟通者和接收者之间进行的是简单的非重复接触,并且沟通是单向的(双方没有交互)。传达信息的沟通者表现得就像拥有一定权威一样。

Hovland对战时宣传所开展的研究围绕的是"谁对谁说了什么,造成了什么样的效果?"这个问题。研究者通常将这个问题分解为传播者、沟通本身以及信息接收者所具备特征相关的变量(即来源、信息和接收者的效应)开展研究。运用权力可以被看作一个可信的、有吸引力的传播者将组织好的信息传递给容易受到影响的受众。人们更容易被那些让人感到可信的、公平分配资源的以及尊重他人的人影响(Tyler,1997；Tyler & Degoey,1996)。那些同时呈现正反两面的信息、行为导向的信息以及与成员现有的想法不同的信息更能说服他人。掌权者的权力对那些低自尊的、认为被改变的态度不重要、没有意识到自己的态度会受到影响、所扮演的角色要求认同信息传播者、没有受到自身既有态度的影响、信息呈现的时候不专心以及那些不是很聪明的人更为有效。持特质因素观的研究者认为,人们会理性地加工信息、有动机地接触信息、学习信息的内容并将它们整合到自己的态度中。然而,影响力的特质因素观在两人及两人以上持续交互的情况下的逻辑和实证上的解释力比较弱。在每个个体通过共同工作来实现一个需要所有人为之投入的目标的群体情境下,特质因素观的应用价值较低。

社会支配理论

社会支配理论是一种直接立足于竞争的权力特质因素观理论。**社会支配**(social dominance)指的是控制资源的能力。这里的资源指的是任何对于生存、成长和发展来说必不可少的东西(Charlesworth,1996)。资源是有限的,因此群体成员之间、群体之间或物种之间都需要通过竞争来获取它们(Darwin,1859/1959)。

当群体中的成员在获取资源的能力上存在差异的时候,群体中就产生了社会支配层级(Hawley,1999)。每个成员成功竞争获取有限资源的能力(特质能力)决定了他在社会层级上所处的位置。社会支配层级并不是一种组织方法,而是个体之间竞争能力差异的自然结果。"根据竞争对手不同,当你能够获胜时坚持,当你不能获胜时就屈服",这是帮助人们确定社会支配层级的竞争经验法则。这个法则被认为能够减少群体成员之间的冲突并缩小与其他成员在交互中造成的个人损失。

虽然儿童可能会通过肉体上的强迫和力量来争取权力，但是大部分人都明白侵犯行为是不被社会所接受的，由此产生了一些为社会所容许的获取资源的方法。这些方法包括说服和结成联盟。在将自己与其他成员的人际冲突控制为最小限度的同时取得支配性的位置（即获取对资源的控制）是这类行为的目的。结成联盟可能是最为成功的获取对资源控制权的策略了。毕竟一群互相帮助的成员比一群只顾自己的成员要来得更好（Campbell，1965，1978；Kropotkin，1902）。社会支配理论假定群体是由一群自利的个体所组成的，他们表现出的自利包括对自己的需求和他人的需求进行平衡。这些人将社会关系看作他们之间或他们自己的资源，这是由于那些使用社会契约来联合他人的人通常会比那些不会组成联盟的人做得更好。因此，最有效的获取资源的方法是使自己成为一个公平的选手、考虑其他人、进行妥协，成为一个总体良好的群体成员。我们可以把社会支配层级看作是人与人进行接触的过程中自然而然形成的。

一个人是否具有支配性被认为与一个人的健康、精力、效能和繁衍上取得的成功有关。这大概是由于具有支配性的人相比其他人而言更能够满足自己在营养、社交和安全上的需求。因此，在社会层级中有支配性的个体通常会得到人们的关注——他们通常被人羡慕、喜欢，会被视为有吸引力的社会同伴，并且会得到他人的顺从。

支配他人的动机以及支配他人的能力被视为一种个体差异。因此，社会支配理论被认为可能是权力的特质因素观最为明显的例子。

权力的基础

在 1095 年 11 月，教皇乌尔班二世在法国的克莱蒙特镇发表演说，号召人们武装起来，将异教徒的"邪恶种族"从圣地（耶路撒冷）赶出去。人们被教皇的言语鼓动，开始呼喊"这是上帝的旨意"！乌尔班的演说被称为十字军东征的一系列战争的开端。隐士彼得于 1096 年组织了第一次十字军东征。全欧洲大批手无寸铁的人、牧师、僧侣、女人和孩子被教会给出的得到救赎的承诺、财富的诱惑以及冒险所迷惑，聚集起来向耶路撒冷开拔。由于处于对宗教的狂热之中，他们几乎没有停下来思考自己能够幸存下来的可能性。他们中的大部分人都没能活下来。十字军东征一直持续到 1291 年,这时候穆斯林重新完全控制了耶路撒冷。是什么给予了教皇乌尔班二世权力,使他能够发动这场持续了将近 200 年的战争?

根据社会交换理论(social exchange theory),权力来自对有价值资源的控制力。如果一个人控制了你想要的资源,那么这个人对你而言就拥有权力,除非你可以通过其他渠道获取资源。这种在他人控制下的资源就决定了个人权力的基础。这种权力基础通常可以是奖励的、强制的、合法的、参照的、专门知识的和信息性的(French & Raven,1959;Frost & Stahelski,1988;Raven,1992,1993;Raven & Kruglanski,1970)。

教皇乌尔班二世可能通过承诺参加十字军能够得到上天的恩赐来得到权力。如果某个人有能力根据他人的行为给予积极的结果或移除消极结果,那么他就拥有**奖励权力**(reward power)。更高的薪水、食物、金星奖章、积极反馈或救赎都可以作为奖赏。当人们认为提供给他们的奖励价值越高,越相信会分配奖励,或者自己能从其他人那里得到奖励的机会越小的时候,奖励提供者拥有的权力就越大。成功地运用奖励权力能够使群体成员遵从掌权者的要求、追随掌权者、喜爱掌权者并能与掌权者开展有效的沟通。不过,在某些特定的情境下,奖励权力也会伤害到掌权者自己。过多奖励会导致群体成员怀疑自己被贿赂或被欺骗。在这种情况下,群体成员会感到厌恶或做出反抗行为。

给权力基础排序

> 找一个同伴一起合作完成这个任务。将下面列出的权力基础从能最有效影响他人到最无效进行排序。完成后将你们的结果和其他人的结果进行比较,解释你们如此排序的原因并倾听其他人排序的原因。
>
> | 等级 | 权 力 基 础 |
> |---|---|
> | _____ | 根据他人的行为给予积极结果或移除消极结果的能力。 |
> | _____ | 根据他人的行为给予消极结果或移除积极结果的能力。 |
> | _____ | 拥有群体或组织中的一个职位(如总统)或承担特殊责任的角色(如 X 光技师)。 |
> | _____ | 拥有一些优秀的个人品质和行为模式,其他人出于尊敬、喜爱和想要被喜欢而模仿他们。 |
> | _____ | 拥有一些对达成目标有用的特殊技能,并且群体无法从其他人那里取得这种技能。 |
> | _____ | 拥有一些对达成目标有用的资源或信息,并且群体无法从其他地方取得这些资源和信息。 |

教皇乌尔班二世可能通过威胁基督徒"如果不参与十字军就会被惩罚（永恒的诅咒）"获得权力。如果某人能够根据他人的行为给予消极结果或移除积极结果，那么他就拥有了对其他群体成员的**强制权力**（coercive power）。施加物理疼痛或孤立、剥夺金钱或认可、给予永恒的诅咒等都是惩罚。对那些没能遵从某人意愿的人施加惩罚，通常会提升群体成员做出符合期望的行为。然而，强制权力经常会使群体成员拒绝、讨厌施加强制权力的人。

教皇乌尔班二世可能通过他作为教皇的职位获得权力。当一个人拥有**合法权力**（legitimate power）的时候，群体成员就会因为这个人在群体中的职位（如雇主）或这个人具有的特殊责任角色（如警察）相信这个人对他们具有影响力。那些服从合法权威的成员会接受群体规范，并且会通过一种责任感、忠诚感甚至道德义务的形式遵从规范的要求。群体成员始终认为遵从有合法权力者的命令是他们的职责所在。当人们被认为是值得信任的、能公平地分配资源、懂得尊重他人的时候，他们就会获得更高的合法权力（Tyler，1997；Tyler & Degoey，1996）。合法权力通常被用来缓解冲突。例如，让有合法权力的人进行调解或裁决；低权力的人会简单地服从有合法权力的人的意愿。

教皇乌尔班二世可能通过基督徒们具有的模仿他、被他尊重的愿望而获得权力。当一个人具有**参照权力**（referent power）的时候，群体成员会认同这个人，希望变得与这个人一样。由此，人们会出于尊敬、喜欢以及希望被喜欢而遵照有权力的人的意愿行事。基督徒的领袖拥有参照权力，他们通常使用这种权力来要求基督徒做出与已有的社会规范相冲突的新义务，甚至要求成员做出自我牺牲与统一的行动（Hoffer，1951；Weber，1946）。一般来说，一个人越是被群体成员喜欢，群体成员对他的认同就越强。

教皇乌尔班二世可能通过他作为上帝在世界上的代言人所具有的高超技能和能力而获得权力。当一个人拥有**专家权力**（expert power）的时候，群体成员会把他看作一个拥有能够帮助达成目标的技能的人，而且这种技能无法从其他地方获得。一个人越被认为是一个专家，他在群体中的影响力就越大（Littlepage & Mueller，1997）。群体成员可能需要先在一起工作一段时间才能知道其他人的专业技能。随着时间的增长，群体成员会变得越来越擅长发现和利用其他人的强项（Littlepage, Robison, & Reddington, 1997；Littlepage & Silbiger, 1992），由此提升他们对努力和专业技能之间的协调水平（Goodman & Leyden，1991）。当一个人成功运用专家权力时，其他成员就会更加喜欢他，因为他们相信这个人尝试对他们施加的影响是正确的。不过，如果专业能力的使用增加了群体成员对自身能力不足的知觉,专家权力就会产生相反的效果。

教皇乌尔班二世可能通过他拥有的关于上帝意愿的信息而获得权力。当一个人拥有**信息权力**(informational power)的时候,群体成员会相信他拥有其他地方无法提供的有用信息。信息资源包括理性的论据、事实数据和逻辑。个人的权力来自论据的逻辑或所拥有知识的优越性。在使用上,信息权力具有与专家权力相似的效应。

French 和 Raven 认为权力可能来自以上六大源头。教皇乌尔班二世拥有的权力是从这 6 个方面获得的。需要注意的是,影响其他成员行为的是他们对群体成员所拥有权力的知觉,而不是成员们实际上拥有的资源。从一方面来看,一个拥有可观资源的成员可能因为资源不为人所知或被忽视而只具有很小的权力;从另一方面来看,一个拥有很少资源的成员可能因为被人看作拥有很多资源,所以对其他人有着很强的影响力。

定义权力的基础

> 找一个同伴一起完成这个练习。你们一起将下面的权力基础和定义配对。完成后和其他人比较一下各自的答案。
>
> ＿＿＿＿1. 奖励　　a. 群体成员相信某个人拥有无法从其他地方获取的知识。
> ＿＿＿＿2. 强制　　b. 由于某个人具有的职位或责任,群体成员相信他应当拥有权力。
> ＿＿＿＿3. 合法　　c. 能够给予积极结果或移除消极结果的人。
> ＿＿＿＿4. 参照　　d. 群体成员相信某个人具有专业知识或技能并且这个人可信。
> ＿＿＿＿5. 专家　　e. 群体成员出于对某个人尊敬、喜欢和希望被喜欢而做出这个人希望他们做出的行为。
> ＿＿＿＿6. 信息　　f. 能够给予消极结果或移除积极结果的人。

社会影响的冲突模型

法国社会心理学家 Serge Moscovici(1980,1985a)提出了社会影响的群际冲突模型。这个模型认为权力决定了群体成员属于多数派还是少数派。他认为多数派成员和少数派成员都是施加影响行为的来源和目标。多数派倾向于使用他们的权力来迫使少数派屈服,实现多数派的期望。少数派成员则倾向于将多数派变成少数派。根据人们拥有权力的程度可以区分出权力的多数派和少数派成员。**权力的多数派**（power majority）指的是对重要资源的分配拥有大部分控制力的人（在人数上可能是少数派）；**权力的少数派**（power minority）指的是对重要资源的分配拥有很小控制力的人（在人数上可能是多数派）。

练习6.4 不平等资源

这个练习的目的是提供给参与者一个机会来观察群体如何(a) 使用不平等分配的资源，以及(b) 通过协商得到需要的资源。这个练习需要4个小组共同完成，每个小组由2—4个成员组成。如果参与者总数超过了4个小组可承载的数量，练习的协调者可以考虑以4个小组为一群，组成几群，随后在几群间或每个群内加入竞争成分。这个练习的时间限制为不超过1小时。协调者的任务如下：

1. 向参与者介绍这是一个使用资源的练习。大家需要用一开始在各个小组间分配不平等的资源完成一个任务。组成4个小组，每个小组中至少要有两个观察者。每个小组之间的距离要保持足够远，这样可以保证他们在协商中持有的立场不会受到互相之间听到的只言片语的影响。

2. 与观察者开个短会，告诉他们需要注意观察什么。谈判和问题解决的任何方面都要纳入观察的范围内。

3. 给每个小组发一个信封。信封里有任务材料（资源）和需要完成的任务的清单。告诉参与者每个小组得到的材料不同，但是需要完成的任务都是相同的。接着告诉他们，每个小组可以通过协商的方法，用所有人都认可的方式使用他们得到的材料和工具。需要说明第一个完成所有任务的小组获胜（如果有两群小组在竞争，那么可以设定有一个获胜小组和一个获胜群）。随后发出任务开始的信号。

4. 任务完成后宣布获胜者。随后针对资源使用、分享、协商、竞争和权力使用开展讨论。这个时候要求观察者参与到讨论中。然后，要求每一个小组对任务中的权力运用进行总结。

小组资源

第一组：剪刀、直尺、回形针、铅笔、两张边长4英寸（约10厘米）的正方形红色纸、两张边长4英寸（约10厘米）的正方形白色纸。

第二组：剪刀、胶水、两张金色纸、两张白色纸、两张蓝色纸，每张纸长11

英寸(约 28 厘米)、宽 8 英寸(约 20 厘米)。

第三组：毡头记号笔、两张绿色纸、两张白色纸、两张金色纸,每张纸长 11 英寸、宽 8 英寸。

第四组：一张绿色纸、一张金色纸、一张蓝色纸、一张红色纸、一张紫色纸,每张纸长 11 英寸、宽 8 英寸。

不平等资源练习任务清单

每个小组需要完成以下任务:

1. 做一张边长 3 英寸(约 7.6 厘米)的白色正方形纸。

2. 做一张长 4 英寸(约 10 厘米)、宽 2 英寸(约 5 厘米)的长方形金色纸。

3. 做一张长 5 英寸(约 12.7 厘米)、宽 3 英寸(约 7.6 厘米)的绿色加白色的 T 形纸。

4. 做一个四环的纸链,每一环的颜色要不一样。

5. 做一面使用三种颜色的边长 4 英寸的正方形旗帜。

最快完成的一组获胜。每个小组都要与其他小组协商,在双方同意的基础上获得自己需要的资源和工具。

练习 6.5　权力政治

这个练习的目的是检验权力协商的动态过程。在练习中,拥有不同权力的群体成员要通过协商结成联盟。练习耗时约一个小时。过程如下：

1. 参与者组成 12 个人的小组。每个参与者需要自备一支笔和一本本子来记笔记。

2. 任务：在这个练习中,小组成员要选出一个人作为政党的理事会主席。每个成员拥有的权力大小不同。只有得到 4 000 票的人才能当选主席。另外,只有当成员结成联盟并集体投票的时候,主席才能当选。

3. 每个成员会得到(a) 一份指导语,(b) 一张标有该成员握有选票数量(100—1 200 张不等)的纸条。每个成员握有的选票数量不同(分别为 100、200、300、400……1 200 张)。不要让别人看到你手中的选票数量。

4. 在第一次投票前开展两轮协商。每一轮协商限时 5 分钟。在协商的过程中,成员间可以互相传递纸条,但是不能说话。每个成员可以向任何成员传递纸条,传递纸条的数量不限,纸条上要写上传递者姓名和接收者姓名。直到

5分钟后才可以阅读这些纸条。

5. 发信号开始第一轮协商,5分钟后结束。停止传递纸条,所有成员阅读自己收到的纸条。

6. 发信号开始第二轮协商,规则同上一轮。结束后停止传递纸条,所有成员阅读自己收到的纸条。

7. 询问小组是否可以进行投票。如果半数以上的成员(7个人)希望投票,就进行投票。投票以无记名的方式进行。在选票上写下你手里的票数以及你想要把这些票投给谁。如果小组没有准备好开始投票,或没有一个人得到足够的票数,再开始第三轮协商。

8. 发信号开始第三轮协商。小组成员可以进行口头沟通。此时对协商不进行限制,但依旧限时5分钟。在协商结束后进行投票。这时的投票依旧是无记名的。

9. 如果没有人的票数达到当选主席所需的数量,再开始第四轮协商。此时进行限时为10分钟的自由谈判。然后进行最终投票。

10. 讨论练习中的体验,可以使用下面的问题来引导:

(1) 达成了什么协议?在达成协议的过程中是如何使用权力的?
(2) 使用了什么协商/影响策略?
(3) 成员使用什么标准来决定投票给谁?
(4) 成员对这个练习有什么感受和反应?
(5) 手中握有很少选票的感受是什么样的?手中握有大量选票的感受是什么样的?
(6) 成员使用了什么策略来结成联盟并发展出权力集团?
(7) 你可以从中得到什么有关权力使用的结论?(写下来与其他小组分享)

权力政治练习指导语

这是一个有关权力政治的游戏。你的小组现在是一个政党的管理团队,你要和其他成员一起在你们中间选出一名常务主席。只有得到至少4 000票的候选人才能当选。这是这个政党十分关键的决策。你们选出的主席将决定谁能得到政党的资助以及得到资助的数量。被选为主席的人会拥有100个单位的资助份额,这些份额可以分给任何成员。小组成员可以就投票和资助份额如何分配进行协商。每个成员分别拥有100、200、300、400……1 100、1 200张选票。每个人的选票数量会写在协调者分发的纸条上,保存好这张纸,不要让其他人看到。你可以把自己的选票全部投给任何一个你想要选的人,也可以把自己的选票分散投给几个人。

权力和问题解决

在练习 6.4 和 6.5 中,群体资源在各个成员之间的分配是不平均的。这正是大部分群体所面临的状况。事实上,我们很少能遇到每个成员掌握完全相同的资源的群体。然而,资源的不平等分配并不代表成员没有权力。每个群体成员都有一定的权力,每个成员都能通过一定方法影响其他成员。一个群体如何管理权力会对群体效能产生重要影响。

当成员之间存在相对共同的权力,并且权力来源于能力、专业技能和信息的时候,群体的效能就比较高。当所有成员都相信他们能够同等地影响群体的前进方向,而且当群体中并不是由少数最有权力的人来进行支配的时候,群体处理问题的能力就会提升。当群体成员拥有平等的权力时,他们就会在互动中表现得更加合作,对其他成员的合作请求做出更为积极的响应,更积极贯彻群体做出的决策。研究发现,在组织中,当下属相信他们能够影响组织决策的某些方面时,他们的满意度就会提高(Tjosvold, 1995b)。不平等的权力会阻碍信任和沟通,而这两者对于建设性地处理群体冲突而言是必须的。因此,当群体拥有在长期视角下均衡群体成员之间影响力的动态权力模式的时候,群体的问题解决能力就会得到提升。

当权力来自能力、专业技能和有关的信息,而不是来自权威或受欢迎程度的时候,群体决策的质量一定会高。在群体决策需要专业技能和准确信息作为权力基础的时候,如果反而是最有权威的人得到了最大的权力,群体的问题解决能力就会被严重破坏。当权力并没有平均分配到群体成员身上时,或当使用权威得到支配权而专业技能与信息基础被忽视的时候,群体效能也会被削弱。

练习 6.6 动物的权力

这个练习的目的是检验拥有不同权力的群体在协商过程中会怎样交互。

练习耗时两个小时。协调者先阅读有关弹珠分配的指导语,并按下面的过程开展练习:

1. 向参与者介绍这个练习考察的是拥有不同权力的群体之间的交互。把所有参与者分成多个 12 人的小组。接下来说明在每个小组里有 3 只哺乳动物、4 只鸟和 5 条鱼。每个成员在小组中的地位由他们对弹珠的协商结果来决定(如果小组里有超过 12 个人,可以增加三种动物的数量,但是请确保哺乳动物的数量少于 5 只)。给每个参与者发一份指导语。

2. 给每个小组随机发放 12 包弹珠。先确认每个成员都已经理解指导语了。接下来,让每个参与者先确认自己有多少弹珠,并告诉他们不能让其他成员看到自己的弹珠。然后,开始第一轮协商,这轮协商限时 5 分钟。

3. 在协商过程中,协调者在一张纸上写上 3 个标题:"哺乳动物""鸟"和"鱼"。5 分钟后停止协商,所有参与者各自计算他们的得分。选出 3 个得分最高的成员,把他们的名字写在"哺乳动物"这一栏下(如果小组人数多于 12,务必保证哺乳动物的数量不超过 5)。接下来,把分数紧接着前 3 名的后 4 个人的名字写在"鸟"这一栏下。最后,把剩下的人的名字写在"鱼"这一栏下。每个人做一个标签佩戴在身上,让别人知道自己是什么动物。

4. 开始第二轮协商,5 分钟后结束协商并报告分数。同样,把得分最高的 3 个人的名字写在"哺乳动物"下,随后的 4 个人的名字写在"鸟"下,最后 5 个人的名字写在"鱼"下。根据这一轮的结果,成员的身份如果发生变动就互相交换标签。

5. 以同样的方法开始第三轮协商。

6. 以同样的方法开始第四轮协商。

7. 宣布哺乳动物拥有制定练习规则的权力。虽然其他人可以提供建议,但是只有哺乳动物才能决定实施哪些建议。告知哺乳动物,他们可以制定任何他们想要制定的规则。例如,规定重新分配所有的弹珠,使每个人都拥有相同的点数;或规定所有的鱼和鸟都必须根据哺乳动物的要求上交他们的弹珠,无论他们是否愿意。哺乳动物把他们定下的规定写在纸上。

8. 在制定出新的规定后,进行第五轮协商。随后允许哺乳动物用 5 分钟的时间讨论并对规定做出修改。

9. 重复这个过程两次,随后给予鸟和鱼每人一份有关对高权力群体施加影响的策略列表。鸟和鱼有 10 分钟的时间对策略进行讨论并决定实施什么策略。随后继续开始新的一轮协商。

10. 在鸟和鱼已经尝试过许多策略或他们拒绝再继续下去后,针对他们取得的经验开展讨论。可以使用下列问题引导讨论:

(1) 你对这个练习有什么感受和反应?

(2) 这个游戏中设立的体系和我们生活中的体系有没有相似的地方?

(3) 身份为"鱼"的成员变为身份为"哺乳动物"的成员会带来多大的影响?

(4) "哺乳动物"是否行使了合法权力?

(5) 这个练习给人带来的体验和种族群体间、贫富群体间以及师生群体间的关系是否存在相通的地方?

(6) 使用了什么谈判策略?

(7) 权力的不平等分配带来了什么感受?拥有高权力带来了什么感受?拥有低权力带来了什么感受?你的体验和高、低权力者的体验相比有什么不一样?

(8) 改变高权力群体的策略是如何起效的?是什么导致这些策略有效或无效?

(9) 从这个练习的经验里可以得出什么有关权力使用的结论?

弹珠分配

1. 一共有 72 颗弹珠(小组人数的 6 倍)。
2. 有 5 颗是绿色弹珠(哺乳动物数量加 2)。
3. 有 10 颗是黄色弹珠(鸟和鱼的总数加 1)。
4. 红色、白色和蓝色弹珠各有 19 颗,这三种颜色的弹珠一共有 57 颗。

发给每个成员一个小包,内有 6 颗弹珠。其中 5 个小包里有 1 颗绿色弹珠、1 颗黄色弹珠以及从红色、白色和蓝色弹珠中随机取的 4 颗弹珠。3 个小包里有 1 颗黄色弹珠以及从红色、白色和蓝色弹珠中随机取的 5 颗弹珠。剩下的 4 个小包里是从红色、白色和蓝色弹珠中随机取的 6 颗弹珠。

指导语

在这个练习中,基于弹珠数量和弹珠种类可以分出三个权力层级。群体成员可以通过协商的方法获得弹珠,使自己从一个权力层级达到另一个权力层级。游戏结束后,得到权力最高的三个人是这场练习的赢家。一开始你们每个人会得到 6 颗弹珠,下面列出的是弹珠的计分规则。如果得到多个同色的弹珠,就能得到额外加分。

颜色	分数	同色数量	分数
绿色	50	4	50
黄色	25	3	30
红色	15	2	20
白色	10	1	10
蓝色	5		

例如，如果一个人有6颗绿色的弹珠，他的得分就是300分（6×50）加上50分（有6颗同一种颜色的弹珠），总分为350分。协商的规则如下：

1. 你有5分钟的时间来提升自己的分数。
2. 你可以通过和其他成员协商来提升自己的分数。
3. 所有人必须手握着手来达成协议。
4. 只可以进行一对一的交易，不能进行联合交易（如二对一）。
5. 一旦一个成员碰到了另一个成员的手，必须用不等值的弹珠（不同颜色）进行交易。如果两个人无法达成协议，他们就必须握着手直到协商环节结束。
6. 只有握着手的时候才能交谈，这个规则必须严格遵守。
7. 握着手的成员不能同时与其他成员进行交易。
8. 每个人都要把自己的弹珠藏起来，这个规则必须严格遵守。

影响高权力群体的策略

1. 建立自己的组织和资源，使低权力者不容易被伤害。
2. 结成联盟。
3. 通过教育或道德说服的方法改变高权力群体成员的态度。
4. 使用已有的合法程序施加改变的压力。
5. 寻找让高权力群体成员依赖低权力群体成员的途径。
6. 使用骚扰手段增加高权力群体成员维持地位现状的成本。

不平等权力

考察高、低权力群体之间的关系是一种最常见的对权力进行分析的方法。**权力**包含影响其他人（也包括自己）获得成果的能力。高权力指的是对其他人的成果有相当大的影响,而低权力指的是对其他人的成果仅有很小的影响。当权力的分配明显不平等时,破坏性地使用权力的可能性就会增加。这时候,群体就会变得无效。高权力群体成员与低权力群体成员的行为和反应是不同的。并且,运用权力也会反过来对高权力群体成员和低权力群体成员产生影响。

高权力成员

在希腊神话中有这么一个故事。佛里吉亚的国王麦得斯对迪奥尼索司的老师西勒诺斯非常友好。作为报答,迪奥尼索司答应实现麦得斯的任何愿望。麦得斯希望他触碰的所有东西都变成黄金。迪奥尼索司让他如愿以偿了。可是,当连他要吃的食物也因为他的触碰而变成黄金的时候,他请求迪奥尼索司解除这个愿望。迪奥尼索司指引他去帕克托洛斯河洗澡来解除愿望(这条河从此拥有了金沙),之后他恢复了正常。麦得斯国王认识到使用权力并不总是会使事情朝着希望的方向发展。

高权力者的生活看上去不错。他们身边的一切都很好,什么问题都能很容易地解决,每个人看上去都喜欢并且欣赏他们和他们做的事。高权力者通常都很高兴,而且看不到权力在他们的关系中被使用的程度有多高。他们相信低权力者真的喜欢他们,所有人都诚实地和他们沟通,没有人会向他们隐瞒信息,他们认为自己真的被看作"好人"。

高权力者在与低权力者的交互过程中存在一些问题。其中之一是他们对低权力者缺乏注意。因此,他们倾向于低估低权力者拥有的权力和资源。另外,高权力者的认知过程会受到限制,这会降低他们处理复杂社会推理的能力,阻碍进行道德判断,增加刻板印象的作用(Tjosvold,1991)。高权力成员倾向于使用支配性和控制性的冲突解决策略和沟通方法。例如,他们会与低权力者进行"做或离开"或"接受吧,不然我会让你痛苦"这类沟通。高权力个体倾向于认为规则不会作用在他们身上,认为自己是有权势的人。因此,他们会违背规则,甚至违反法律。高权力者所做决策的风险性要高于低权力者。

然而,当这个"令人愉快"的世界被低权力者表达出的不满所威胁时,高权力者并不会做出仁慈的反馈。他们会通过拒绝改变以及漠视低权力者的意图和计划,漫不经心地与低权力者沟通以及不理会低权力者表现的合作信号的方式来维护他们优越的权力(Tjosvold,1978)。他们通常很难做出合作、结盟和妥协的行为,他们会在很大程度上忽视低权力者试图提升合作来解决问题的努力。他们会通过拒绝变革的需求来维护他们优越的权力。相比低权力者被高权力者伤害或侮辱而言,高权力者对被低权力者伤害或侮辱更为恼怒(Baumeister, Smart, & Boden, 1996)。就像亚里士多德说的那样,人们认为"被不如自己的人尊敬是应该的"(Aristotle, 1991, p.143),而且高权力者会因为那些实际上应该尊敬他们的人伤害或侮辱了他们而感到特别恼怒。从他们的角度来看,这些低权力者"不识趣",他们的行为是一种出于无知和恶意的"捣乱"。

高权力者合理化现状的策略

L(Legitimize)	合法化个人的特权并威胁低权力者
E(Self-Enhancement)	自我提升
A(Attribute)	将低权力者的成功归因于自己的控制
D(Devalue)	贬低低权力者和他们做出的贡献

"LEAD"可以很好地描述高权力者如何对低权力者做出反应。字母"L"指的是高权力者用来稳固自己位置,使低权力者难以缩小权力差异的"**合法化**"(legitimize)策略。一旦群体成员得到了权力,他们就会倾向于设立规章制度和规范使他们的位置和特权合法化,并使其他人所做的任何试图改变现状的行为非法化。例如,高权力群体成员会制定规范,规定低权力群体成员生活在哪,他们可以从事什么职业以及去哪里上学。这个策略可以理解为"权力决定不公正"策略,或"强权即公理"策略。

此外,高权力群体成员也会把以改变权力现状为目的的行为变得极具风险,由此打消低权力成员做出这些行为的念头。要达到这个目的,高权力者可以采取两种途径:用严厉的惩罚来对付那些试图改变现状的人;提供大量好处给那些不反抗的低权力者。二者相比,后者似乎更为有效。严厉惩罚的策略也可以被理解为"这样做给你带来的伤害比你对我造成的伤害更大"策略,或称之为"如果你这样做,大家都遭殃"策略。

字母"E"指的是**自我提升**(self-enhancement)。高权力群体成员往往拥有高自尊。高权力者会倾向于提高对自己和自己能力的看法,这是导致高自尊的一部分原因。研究已经证明,拥有高权力会提升人们的自我知觉水平(Johnson & Allen, 1972)。一项元分析表明,随着一个人所拥有权力的增长,自我评价也会随之变得越来越积极(效应量为0.45;Georgesen & Harris, 1998)。高权力者可能会产生自我中心或自我服务偏向(Harris & Schaubroeck, 1988),由此导致膨胀的自我评价,其目的是维持高权力带来的诸如就业、晋升和额外收入等方面的利益。实验中被随机分配入沟通网络的中心位置(更有权力的位置)的被试不仅认为自己拥有权力,更会把自己评价为比其他随机分配到外围位置的被试更有能力(Stotle, 1978)。高权力群体成员通常比低权力群体成员更有安全感(Tjosvold, 1978),高权力群体成员也倾向于接受其他成员夸大的积极反馈,并由此产生夸大的自我价值(Kipnis, Castell, Gergen, & Mauch, 1976)。

字母"A"指的是将低权力者的成功归因(attribution)于高权力者的指导和干预。Kipnis等人提出的**权力-贬低理论**(power-devaluation theory)指出,随着某人的权力增加,他就更可能会尝试去影响别人(Kipnis, 1972; Kipnis, Castell, Gergen, & Mauch, 1976; Kipnis, Schmidt, Prince, & Stitt, 1981; Wilkinson & Kipnis, 1978)。他们越是试图影响他人,他们就越相信是自己控制了低权力者的行为,并且会觉得自己是低权力者得到的行为结果的原因。高权力者不仅会贬低低权力者的表现,还会将低权力成员工作上的成就归因于自己。

字母"D"指的是高权力成员倾向于**贬低**(devaluate)低权力成员以及他们对达成群体目标所做的努力;高权力成员往往会只关注他人的缺点(Kipnis, Castell, Gergen, & Mauch, 1976; Tjosvold, 1978)。高权力成员显得更愿意帮助低权力成员,不过,他们在帮助中对低权力成员持有蔑视的态度(Johnson & Allen, 1972)。一项元分析表明,随着一个人权力的增大,他对其他人表现的评价会随之变得消极(效应量为0.29; Georgesen & Harris, 1998)。低权力群体成员被高权力群体成员蔑视会表现为高权力成员不在乎低权力成员的意图和计划(Tjosvold & Sagaria, 1978),用低合作和高剥削来回应低权力成员的合作(Linkskold & Atonoff, 1980),以及在谈判中更少做出让步(Lawler & Yoon, 1993)。高权力者出于自己具有高价值这一理由,会认为他们应当被分配到大量资源(Murnighan & Pillutla, 1995)。

讽刺的是,一个人越是有权力,他就会越发觉自己的权力不够。这是因为人们对权力的主张程度的增长快于权力使他们满足的速度(Halle, 1967)。例如,美国最富有的基金会——福特基金会,获得的资助量与他们期望资助数量之间的差距被认为是最大的。

高权力使人变化。 在希腊神话中,英雄都会因为他们过去的功绩而变得很自大,甚至还会拿自己与神相比。虽然他们已经从自己的英雄事迹中取得了权力,但是他们依旧会去寻求得到更多权力,由此引起手握英雄生死的神明们的妒忌。例如,阿拉克尼相信她能够比雅典娜(智慧和编织女神)编织得更好。雅典娜因此感到自己被冒犯了,于是来到人间并与阿拉克尼比赛编织。结果阿拉克尼赢了!但是,雅典娜立马把阿拉克尼变成了一只蜘蛛。这个神话告诉我们获取权力也会影响到自己,最终让自己吃苦头。

使用权力会改变高权力者自己(Kipnis, Castell, Gergen, & Mauch, 1976)。首先,获取权力会变成一个目标,脱离了权力本来要服务的目标本身,例如,完成任务。第二,掌权者能够很自如地运用权力,这会怂恿他们以牺牲他人为代价,使用权力为自己牟取个人利益。第三,掌权者会得到无根据的积极反馈,甚至是阿谀奉承。这会导致自我价值感膨胀。第四,有权力的人会贬低其他人,关注其他人最差的方面。最后,自我膨胀会导致掌权者越过合理使用权力的界限。2002—2003年发生在安然公司、泰科公司和世界通信公司的丑闻就是高权力者贬低低权力者以及让权力服务于自己的例子。

在权力影响高权力者的现象中,最引人注目的例子是斯坦福监狱研究(Haney, Banks, & Zimbardo, 1973; Zimbardo, 1975)。Zimbardo开展了一项探索监狱情境中的警卫和囚犯角色的现场研究。从100多名报名者中,Zimbardo根据心理测试结果仔细地选出了24个被试,这些被试的测试结果都为正常,并且能够代表聪明的中产阶级白人男青年。这些斯坦福大学的学生被随机分配到警卫或囚犯角色。囚犯被穿着制服的警察"逮捕"、登记并押送到位于斯坦福大学心理系大楼地下室里建立的"牢房"中。囚犯身穿囚服,戴着脚镣和绒线帽。警卫穿着卡其色制服,佩带警棍和口哨,戴着反光太阳镜。整个实验场景设置得非常逼真,门上装有铁栏杆,对探望囚犯的时间也有严格的规定。警卫仅被简单地告知要维持秩序。让人没有想到的是,由于警卫对待囚犯的方法的野蛮程度和不人道程度远远超出了实验者的预期,所以这场实验在进行了仅仅6天后就不得不被研究者终止了。在实验中,那些警卫似乎非常热衷于寻找新的方法来侮辱囚犯。这些聪明的中产阶级白人男青年手中握有的控制他们同学的权力把他们带上了未曾料想到的消极路线。

地位和权力。 高地位职位会产生一种特权感(Messe, Kerr, & Sattler, 1992)。拥有高地位职位的人会简单地认为他们所拥有的地位决定了他们应当受到特殊对待。特权行为似乎是人们脑海中"管理人员"角色图式中的一个核心成分。而且基于这种特权感,管理人员在共同完成的任务中付出的努力会比下属少,但在分配奖励时,他们则会拿取比平均分配更多的数量。

有高地位并不总是意味着有高权力。Johnson 和 Allen(1972)证明,拥有高地位或高权力都会提升自我知觉,并因此提升利他行为的数量;但同时也会导致蔑视低权力、低地位成员。那些拥有高地位但同时只有低权力的人会感到自己得到的奖励太少,因此他们会尝试从群体中得到更多奖励(违反既有规则以获得更多奖励),而且还会强调高权力者无能、不合作、吝啬、不公平(Johnson & Allen, 1972)。另外,这些人也有讨厌高权力的群体成员,尊重低权力成员的倾向。

权力刻板印象理论。权力和刻板印象之间存在联系(Fiske, 1993; Fiske & Morling, 1996)。因为有权力的人很少关心下属,所以拥有权力职位的人更可能对下属形成刻板印象,这是**权力刻板印象理论**(power-stereotyping theory)的一般前提。造成这一现象的原因可能是由于高权力者缺乏认知资源(高权力者在同一时间需要关注更多的人和事),或由于他们自身拥有支配性人格特质(这会导致他们试图控制自己与他人的交互,甚至忽视他人的行为和动机)。无论是什么原因,注意力的降低使掌权者更可能借助刻板印象来与低权力者进行互动。

压制。高权力群体成员通常会压制低权力成员。**压制**(oppression)是一种对重复的、广泛的、系统化的不公正的体验,可能是合法系统(如奴隶制、种族隔离)的一部分,扎根于毋庸置疑的规范和规则之中,暴力也可能是其中的一部分(Deutsch, 2006)。一旦产生压制,压制通常就会在社会结构(如主要的经济、政治和文化机构,以及大众媒体和文化刻板印象)中被制度化,从而可以在人们没有完全意识到自己是高权力者的情况下发挥作用。道德排斥或许是最为危险的压制形式,它指的是规定低权力群体成员被排除在道德群体之外,从而使他们没有资格得到公平的结果与待遇。在最为极端的情况下,表现为道德排斥的压制会导致种族屠杀和奴役。即使在相对没有那么极端的情况下,压制也会导致低权力者被边缘化。压制者拥有的高权力、系统化使用武力(包括官方的、半官方的或者非官方的暴力和恐怖行为)、控制法律和立法系统、控制新成员的社会化和教化,以及控制社会文化产物(如控制历史、宗教、科学和意识形态)使压制变得合法化是保持压制、稳定存在的基础。

高权力群体成员倾向于掌握权力,从而在与低权力成员的交互中占据主动权(Harvey,1999)。高权力者可以开始、调整或终止关系。他们能够决定什么时候开始或终止一次特定的接触(如一场对话),督促他人倾听自己,要求提供合理的、与问题有关的答案。这种高、低权力者之间的交互会产生两种主要结果:在权力的使用受到挑战时进行压制,以及侵害低权力者的自尊和身份。高权力者日复一日地将低权力者当作低人一等的人来对待,这种做法就会形成低权力者低人一等的公众形象。随后,低权力者会将这种形象内化,形成自我贬低的形象。相应的,这种交互形式会为高权力者塑造出高人一等的形象,并且会形成优越的自我形象。这种公众形象和自我形象维系了压制系统的运作。

低权力成员

"CORE"可以帮助我们组织起有关低权力者如何对高权力者进行反应的研究成果。

低权力者改变现状的策略

C(Cooperative)	与高权力成员交互时要合作、遵从和屈服
O(Atrribution)	将群体的成功归因于自己的努力
R(Resistance)	反抗、心理逆反、妨碍高权力成员取得成就
E(Negative)	对高权力成员做出消极评价

字母"C"指的是**合作**(cooperation)、**遵从**(compliance)和屈服。许多社

会系统都拥有包含数个等级的权威系统，例如，总裁、副总裁、经理、职员。大多数成员既是高权力者，同时又是低权力者，这取决于他们到底是与他们的上级还是与他们的下级交互。权威是某个特定职位所赋予的，掌权者和下属都视其为合法的权力。服从权威者的要求是组织对组织中角色具有的基本要求。在组织中，再也没有比某些职位角色应该服从另一些职位角色提出的要求更加普遍的规则了。**权威**（authority）通常是由奖励和惩罚的权力支撑起来的。低权力者会比高权力者更加合作（Lindskold & Aronoff，1980）、更会退让（Lawler & Yoon，1993）、在谈判中面对威胁表现得更加顺从（Lawler & Yoon，1993）、在人际冲突中更倾向于屈服上级（Kramer，1996），并且会更少做出侵犯行为（Epstein & Taylor，1967；Ohbuchi & Saito，1986），这些现象丝毫不会让人感到奇怪。此外，低权力者倾向于使用讨好、遵从、谄媚和不出风头的方法来让高权力者喜欢自己、奖励自己（Tjosvold，1978）。所有这些行为在权威层级中都是合理的，能够帮助社会系统有效地运转起来。

字母"O"指的是将与高权力者共同取得的成就归功于**自己**（own；即低权力者）的付出。低权力成员对成功达成目标的归因具有自我服务倾向，所以他们倾向于贬低高权力者的表现，认为自己才是群体获得成功的原因。

字母"R"指的是**抵抗**（resistance）、心理**逆反**（reactance）和阻碍。当掌权者的权力合法性不被低权力群体成员所接受时，低权力者就会抵抗掌权者对他们施加的控制。这种抵抗会表现为低权力成员蔑视威胁、反抗威胁和拒绝顺从高权力者施加的影响，哪怕这种抵抗是需要为之付出代价的（Tjosvold，1978）。低权力者一般会觉得他们和高权力者之间的关系是威胁性、贬低性的。由于高权力者的不可预测性，低权力者不能确定自己是否能够成功达成目标。这种不确定和焦虑感会导致（1）警觉性提高，低权力成员会尝试去理解和预测高权力成员的行为；（2）在背地里指责高权力成员；（3）不愿意对高权力者说明自己的立场；（4）既害怕高权力者，又被他们吸引（Tjosvold，1978）。低权力成员往往相信由于自己没有报复的能力，所以他们是柔弱的、无助的，并会受到剥削。由此，低权力成员会将大部分注意力投向高权力成员，与他们维持良好的关系。此外，低权力者一般会感受到心理逆反，这会促使他们采取行动使自己重获自由和控制力。

字母"E"指的是对高权力成员做出消极**评价**（evaluation）。低权力群体成员往往会拥有比较消极的情感，并且看事情也更加消极。低权力群体成员会倾向于做出讨厌高权力成员的表现，会曲解高权力成员向他们表示的积极意图，并且也会将高权力成员视为竞争者(Tjosvold，1978)。

群体动力学的研究能够为低权力群体成员提供什么建议呢？

第一个建议是使用动态相互依赖的策略：(1)明确低权力成员的目标，增加成员之间的积极相互依赖关系；(2)明确并增加低权力成员拥有的资源，在需要的时候，他们就能独立于高权力成员开展工作(这不仅能使低权力成员更少受到剥削，也能减少他们对高权力成员的依赖程度)；(3)明确对高权力成员而言是重要的，但又必须依赖低权力成员合作才能完成的目标(以此增加高、低权力成员之间积极的相互依赖关系)；(4)与高权力成员通过协商形成新的、更好的契约。积极相互依赖关系的提升和一起工作的体验会增加高权力者对低权力者具有的积极情绪。

第二个建议是使用教育和道德说服来改变高权力者。如同狄更斯的小说《圣诞颂歌》中描写的吝啬鬼那样，在特定的环境下，即使是最固执的人也会发生变化。教育和积极相互依赖关系的提升都会增加高权力者对低权力者具有的积极情绪。

第三个建议是将高权力群体成员带到谈判桌上进行协商。作为一种策略，低权力者可以使用已有的合法程序对高权力者施加压力，促使他们进行改变；低权力者也可以通过阻碍和骚扰行为来增加高权力者维持现状所需要付出的成本。低权力者通过使用这两种方法都可能获得成功。但是，在这个过程中可能存在高权力者对低权力者产生消极情绪的潜在风险。或许可以这么说，恐怖主义就是低权力者用来影响高权力者和高权力群体的最为极端的策略。

恐怖主义。美国国务院将恐怖主义定义为由政治动机引发的对非武装人员的暴力犯罪。也有人将恐怖主义定义为，以政治恐吓与控制国家和群体为目的的，杀害无辜群众的暴力策略，这种策略通常是不可预见的(Gurwitch，Sitterle，Young，& Pfefferbaum，2002)。从一个层面上看，恐怖主义的目的在于获取公正感，吸引他人注意某些人的事业，维护某些人的身份和价值，以及通过牺牲创造共同的意义和履行精神上的义务。从另一个层面上看，恐怖主义旨在给高权力群体带来痛苦、以弱者的身份进行反击，以及发泄愤怒、挫折、耻辱和怨恨情绪。对恐怖主义的讨论中发现存在这么一个问题，即高、低权力群体对恐怖主义的定义不一样。一个暴力的政治行动在高权力者的角度看来可能是"恐怖主义"，但在低权力者的角度看来则可能是"人道主义的解放事业"。低权力群体的革命英雄就是高权力群体眼中的恐怖分子。从高权力者的视角来看,将任何政治反抗行为都定义为恐怖主义是一种削弱低权力反对者的策略。

很少有研究关注过恐怖主义的效能,但是可以明确的是,恐怖行为可以明显地改变、降低高权力者的生活质量。恐怖主义带来的痛苦无法估量。事实上也存在由绝望和追求社会公正而走向恐怖主义的例子。特别是对年轻人来说,需求上的认同以及意义和希望上的危机可能是他们参与恐怖行动的原因(Wessells,2002)。

低权力使人变化。在某些情境下,拥有低权力会改变一个人。例如,斯坦福监狱实验中,被随机分配为担任囚犯角色的被试大部分都变得退缩和抑郁,他们甚至会迫使其他囚犯遵守规则,哪怕规则变得更加残暴、专制(如连续立正几个小时,徒手清洁厕所;Zimbardo,1975)。虽然这些"囚犯"是斯坦福大学中高智力的、心理健康的,来自社会中、上层家庭的年轻男学生,但是他们最后还是被动地接受了粗暴对待。

低权力群体之间的关系。虽然有很多研究考察了高、低权力群体之间的关系,但是几乎没有研究关注过低权力群体之间的关系。目前有两种关于低权力群体之间相互关联形式的观点:相似性吸引假设(Brown,1984;Byrne,1971)和共同敌人立场(Sherif,Harvey,White,Hood,& Sherif,1988)。这两种观点都认为低权力群体成员之间会相互吸引。其中,相似性吸引假设认为,两个低权力群体会因为他们相似的状况而相互吸引。共同敌人立场认为,两个低权力群体会联合起来一起对抗他们共同的高权力"敌人"。不过,在另一方面,弱势群体可能会将他们之间的相似地位视为对自己独立性的威胁,这会降低他们身份的完整感和自尊,因此,弱势群体会通过贬低其他的低权力群体来提升群体间的区分度(Brown,1984;Turner,1978)。有证据表明,低权力群体倾向于消极对待其他低权力群体遇到的好运,而积极对待高权力群体遇到的好运(Rothgerber & Worchel,1997)。因此,当低权力群体开始取得成功并且他们的权力得到提升时,其他低权力群体会尝试去制止这个群体的进步,阻止这个群体的成员变得更好。当然,这也自然而然地帮助了高权力群体保持自身已经拥有的权力优势。

报复。高、低权力者之间的交互通常会让低权力者感到自己被侮辱和虐待了。群体间不对称的权力会对产生报复或抑制报复造成影响（Heider,1958；Raven & Kruglanski,1970）。一般而言,出于害怕高权力者在受到报复后会进行还击,低权力者不太可能会去报复那些曾经伤害过他们的有权力的人。然而,当有关心公正的第三方在场时,低权力者对高权力者的上行报复行为比高权力者对低权力者的下行报复行为更多（Kim, Smith, & Brigham,1998）。

权力和冲突

权力和冲突是相关联的。权力通常出现在人际与群际互动中,而冲突仅在一个人希望其他成员做他们不想做的事情,并且这个人并没有足够的权力使其他人心甘情愿去做的时候才会发生。当(1)一个人希望群体成员做他们想做的事情的时候（即使这个人没有权力使其他人这么做）,以及(2)一个人希望群体成员做一些事,而他也有权力让他们这么做的时候,群体中就不会发生冲突。成功地使用权力能够终止冲突,但是当权力未能有效地施加影响时,冲突就会加剧。也就是说,当想要施加影响的意愿与自己的影响力不匹配时,运用权力就会使冲突升级。

大部分的冲突直接关系到权力[如"拥有者"（"haves"）与"非拥有者"（"have-not"）之间的冲突],或者作为获取某人目标的手段以及作为表现某人身份的符号而与权力间接相关。所以,对冲突的破坏性管理会导致有效的权力基础变得越来越少。由于每个成员都会互相认为对方不可信并且认为对方是为了个人利益而使用专业技能,所以信息权力和专家权力容易遭到拒绝。敌意和不信任会破坏合法权力和共同的参照权力。奖励权力会引发人们怀疑是否存在贿赂,或暗示着某人正在试图增加他人对自己的依赖程度。这样排除下来,冲突中能依靠的就只剩下强制权力了,而且人们在冲突中对这种权力的依赖度会变得越来越高。

有时候,强制权力和威胁能够通过引发顺从或退缩来减少和控制冲突。不过,通常来说,使用强制权力是具有破坏性的。强制权力会减少沟通的频率和可靠性。它会使冲突进一步恶化,进而提升人与人之间的敌意、怨恨、谎言、威胁、报复、复仇和不信任。强制权力通常会包含暴力威胁,这就会产生侵犯低权力者和反击报复的行为。出于这些和其他没有提到的原因,成员们需要明白使用强制权力并不能使自己达到预期目标,所以应当避免在冲突中使用强制权力。

练习 6.7 暑期学校学生间的权力

这个练习的目的是提供一个讨论同伴群体中如何使用权力、如何形成领导的机会。练习通过分析 10 名住在同一个小公寓里的参加暑期学校的大学生之间的关系来达到这一目的。过程如下：

1. 组成 5 人小组。其中一名成员自愿作为观察者。观察者的任务是在其他成员完成任务的时候记录小组中体现的领导和权力的性质。

2. 每个参与任务的成员（总共 4 人）拿到两名大学生的介绍（总共 10 名学生）。整个小组会得到一份个人特征表。小组的任务是以达成共识的方法回答以下问题。在回答前必须要确认每位成员都同意小组的答案，都能够解释这些答案，并且确定小组里其他成员都能够解释为什么会做出这样的回答。

  a) 每个小群体的成员都有谁？
  b) 每个成员的权力基础分别是什么？
  c) 每个小群体的领导者是谁？
  d) 不同小群体成员之间的交互有什么特征？

暑期学校学生的特征

特 征	弗吉尼娅	蕾妮	帕特	黛比	贾尼斯
宗教	天主教	天主教	无宗教	卫理公会	长老会
去教堂的频率	经常	有时	从不	经常	很少
大学专业	数学	教育学	商业管理	家政学	会计学
平均成绩	B	C	A	B	A
家庭收入	中等	中等	中等	低	高

特 征	黛安	盖尔	辛迪	凯茜	海蒂
宗教	浸信会	基督教	浸信会	天主教	浸信会
去教堂的频率	经常	有时	有时	有时	经常
大学专业	历史学	法律预科	语言学	家政学	音乐
平均成绩	B	A	B	C	C
家庭收入	中等	高	中等	低	低

3. 当小组成员对第二步的问题取得了一致的答案后，要根据以下问题写一份关于权力的说明。小组成员必须对这些问题的答案（即成员对权力和影响

的说明)达成一致。

(1) 学生之间是如何施加影响力的?

(2) 每个成员使用的权力以什么作为基础?

4. 当小组完成第三步后,小组成员需要在下列问题的基础上写一段关于领导的说明。说明中提到的要点需要在小组中达成一致。

(1) 学生认为领导者拥有的领导品质是什么?

(2) 小群体中的领导者是怎样进行领导的。

5. 群体之间进行讨论,与其他小组分享自己小组对领导和权力的说明。

对暑期学校学生的描述

弗吉尼娅是一个经常与人谈话的好交际的人,相当有吸引力,而且很会打扮,经常约会。当她遇到问题的时候,会去找蕾妮或帕特,有时会向她俩借衣服穿。晚上,她通常待在自己或凯茜的房间里;有时候会在晚上悄悄溜出宿舍,而且回来的时候不会被管理员抓到;会与蕾妮、凯茜,或者有时候与贾尼斯分享她悄悄带回宿舍的食品和啤酒。

蕾妮是一个相当有吸引力但缺乏安全感的人,既抽烟又喝酒,有时会去约会。她经常和凯茜一起参加两对男女的约会,会向弗吉尼娅和黛比借衣服穿。晚上,她通常在弗吉尼娅或者凯茜的房间里向她们倾诉;有时候会溜出宿舍,并在弗吉尼娅的帮助下返回,会与凯茜和弗吉尼娅分享食物和烈酒。

帕特是一个头脑清楚、敏锐的人,不喝酒,并且观念上相当传统。她很文静,很少与人约会,从不参加两对男女的约会;会将衣服借给贾尼斯、弗吉尼娅、盖尔和海蒂,但是从不向她们借衣服。她是一个很好的倾听者,其他人都向她倾诉,但是从不向其他人倾诉;晚上,她会待在自己的房间里,不过通常会有其他学生和她待在一起。

黛比是一个粗野的人,频繁地和人约会,经常和贾尼斯一起参加两对男女的约会,似乎对男性很感兴趣,而且是她和别人交谈的主要话题。她会与弗吉尼娅和贾尼斯互换衣服,晚上,她通常待在这两人其中一人的房间里;有时候会在晚上溜出宿舍,并在弗吉尼娅的帮助下回来;会和贾尼斯、弗吉尼娅,或者有时候和凯茜分享食物。她会向贾尼斯倾诉。

贾尼斯是一个外向的人，很有吸引力，而且很会打扮，经常与人约会，并且有时候会和黛比一起参加两对男女的约会。当她遇到问题的时候，会找帕特。她会向帕特或黛比借衣服穿。晚上，她通常待在自己的房间里。她是一个健谈的人，并且能够成功地辩胜过其他大部分学生；对衣服、约会和男性很精通，也有很多零用钱；会与黛比、弗吉尼娅和盖尔分享从家里带来的食物。

黛安是一个整洁、穿着考究、端庄的人，有很强的道德感，很少与人约会，从来不抽烟或喝酒。她热衷于参加教堂活动，每周都会参加好几次。当她有个人问题的时候，会找帕特或她的牧师。她会将衣服借给辛迪穿。晚上，她通常待在自己的房间里；喜欢阅读，并且会提醒其他学生在此期间不要打扰她，也因此遭到了贾尼斯和蕾妮的怨恨。

盖尔是一个富裕的、见识广博、世故的人，总体上来讲似乎和所有人都有不错的关系。她有时会与人约会，但从不参加两对男女的约会；有时候会向帕特借衣服穿，并和她分享自己的问题。她很成熟、善解人意，但是似乎并不能和别人形成亲密的友谊。晚上，她会在帕特或者黛安的房间里；会与黛安和帕特，或者有时候与贾尼斯分享食物。

辛迪是一个非常害羞的人，很少与人约会，既不抽烟，也不喝酒。有时和黛安或海蒂一起去看电影。晚上，她会待在黛安或贾尼斯的房间里；会与黛安或贾尼斯分享食物，但不喜欢蕾妮和弗吉尼娅。

凯茜是一个招摇、矮胖的人，经常说脏话和一些下流的笑话；有时候会和蕾妮参加两对男女的约会，喜欢抽烟、喝酒。她有问题时会去找弗吉尼娅和蕾妮。晚上，她会待在自己的房间或弗吉尼娅的房间里，会和弗吉尼娅、蕾妮或黛比分享食物。

海蒂是一个体重超重的人，试图和大家搞好关系，会为他人跑腿或做其他事来讨好他们，不抽烟、喝酒或约会。她会和辛迪或黛安一起看电影。她不太会打扮，帕特是唯一一个愿意借给她衣服穿的人。晚上，她会待在自己的房间或在帕特或黛安的房间里；会与黛安、辛迪、盖尔和帕特分享食物。

练习6.8　大陆发展

这个练习的目的是考察由个人代表的不同国家之间存在不平等权力会带来的结果。团队成员将会代表几个陆地区域。他们要努力提高当地居民的生活水平。每个成员有一块游戏板（或一个小组拥有一块大游戏板，每个人分别拥有属于自己的标记）；每个小组有100个代币（如硬币，小纸条）；每个成员有5张资源卡，每个小组有30张；每个小组有6张写着不同陆地区域的卡片；每个小组各有一份规则说明。每个小组有6名成员。练习协调者的工作如下：

1. 向参加者介绍这个练习是一项有关国家或个体之间不平等权力所带来结果的游戏。每个人各自代表一个陆地区域，任务是在游戏中提升自己代表地区的生活标准。

2. 分成6人小组。在长5英寸（约13厘米），宽3英寸（约8厘米）的卡片上分别写上：亚洲、非洲、南美洲、中东地区、欧洲、北美洲。将卡片上写了字的一面向下，打乱。每个成员从中抽取一张作为他所代表的区域。

3. 根据下面列出的数量发放代币：

（1）亚洲给5个

（2）非洲给2个

（3）南美洲给3个

（4）中东地区给4个

（5）欧洲给14个

（6）北美洲给24个

告诉小组成员，每个地区得到的代币数量代表的是这个地区大致的人均生产总值。把剩下的48个代币放在当中作为公有银行，每个成员可以根据规则从中提取代币。

4. 发给每个成员5张标有陆地区域的资源卡。这些资源卡代表的是这些区域的自然资源，每张卡可以代替1个代币或者可以作为抵押品向其他区域贷款。然而，要想达到7级的最高等级，成员必须持有他所代表区域所有的资源卡。

5. 给每个成员发一块游戏板。成员用代币覆盖对应数量方格的形式表示自己区域的发展状况。必须按照数字大小循序覆盖方格（或者给每个小组一块大的游戏板，每个成员用代表自己的标记来标出自己的位置）。每个成员一开始拥有的代币数量所代表的方格是各自的起点。

6. 所有人一起学习游戏规则。再花费几分钟时间让所有人找到自己的位置后开始游戏。

7. 游戏结束后,所有人根据以下问题开展讨论:

(1) 在你以一开始分配给你的代币开始游戏时,你有什么感受?

(2) 你拥有的代币数量对你的游戏策略造成了什么影响?

(3) 结成联盟或进行贷款有多困难? 为什么?

(4) 有多少人发动"攻击"? "攻击"作为一种策略是否成功?

(5) 从这个游戏中你学到了哪些有关不平等权力的动力学知识?

大陆发展练习的规则

1. 这个游戏的目的是尽量发展你的陆地区域。你可以通过代币来达到这个目的。一个代币就代表提升一步。虽然你可以进步也可以退步(如贷款),但是你必须保证你先前拥有的区域都被填满。如果你拿出一张资源卡作为代币进行担保,那么你就必须先将拿走资源卡后留出的空白区域填补上。

2. 你代表的陆地区域的大致财富水平决定你一开始拥有的代币数量(代币数量根据2016年大约的人均国民生产总值确定)。这个数量决定了你开始游戏的位置(把你所有的代币铺在游戏板上,然后开始游戏)。除了代币以外,你们每个人会得到5张资源卡,这些资源卡表示的是你代表的区域中拥有的自然资源。每张资源卡可以代表1个代币,你可以把它作为代币来提升你代表的区域的位置,也可以用来作为向其他国家进行贷款的担保。除了自己的资源卡,你也可以用从其他人手中换来的用作担保的资源卡代表1个代币。

3. 游戏一共有10轮,需要指定一个计时员。从亚洲开始顺时针进行,每个人有3分钟时间来想方设法增加自己手里的代币。一旦你获得了代币,你的这一轮就结束了。如果你在3分钟内没能增加代币,你就失去了这次机会,然后轮到下一个玩家。游戏在10轮后结束或者在形成僵局后自动结束。

4. 你可以通过四种方法获得代币:

(1) **进步**:当你用代币填满一行的时候,你就能根据每一行最后标出的数字从世界银行得到相应数量的代币。如果你因为借出或损失了代币而落入已经经过的前一行,你不需要归还先前从银行拿取的代币。在你填满那一行后,就可以继续收集(或重新收集)代币。然而,如果你使用资源卡作为代币,那么你只有在向其他区域协商贷款后才能把资源卡拿下来,并且必须把这张卡交给你的债主。

(2) **结成联盟**：如果你通过谈判和另一个陆地区域结成联盟，那么你们两个人都能从世界银行拿取 2 个代币。不过，你与每一个陆地区域只能结成一次联盟。

(3) **发动攻击**：如果你发动"攻击"，那么每个手头没有你的资源卡的区域或者没有与你结盟的地区都必须给你 1 个代币。在整场游戏中你只能发动 2 次攻击。

(4) **协商贷款**：每个区域都能以资源卡为抵押向其他地区贷款。这个时候交给他人的资源卡就是担保，是能够被赎回的。贷款的数量和赎回的价格可以通过协商确定。

发展陆地区域练习的游戏板

水平Ⅶ 天堂	自给自足：你可以坐在旁边看其他组员玩，或者……						
水平Ⅵ 安全的	31 安全的食物	32 安全的住房	33 安全的工作	34 安全的健康	35 安全的教育	36 安全的能源	买回资源卡
水平Ⅴ 特殊化的	25 额外的食物	26 奢侈的住房	27 舒适的工作	28 专业的医疗	29 专业的教育	30 太阳能	得到 5 个代币
水平Ⅳ 大众产品	19 丰富的食物	20 大房子	21 工厂	22 医院	23 高等教育	24 石油能源	得到 4 个代币
水平Ⅲ 机械化的	13 足够的食物	14 小房子	15 机械化农场	16 健康诊所	17 基础教育	18 水力能源	得到 3 个代币
水平Ⅱ 基础的	7 够维生的食物	8 基本的栖身之地	9 基本的农业	10 民间医药	11 早期教育	12 森林能源	得到 2 个代币
水平Ⅰ 发展前的	1 营养不良	2 缺少栖身之地	3 低效的农业	4 疾病	5 民间传说	6 收集木材	得到 1 个代币

群体规范：间接权力

"吃什么？比萨还是汉堡包？"刚刚走出电影院的六个朋友正在决定要去吃什么。"比萨！"五个人立即说道。"汉堡包！"凯斯回答。其他五个人马上对凯斯说"我们一直是吃比萨的"，"比萨是我们的官方食物"，"你可以吃比萨，同时吃汉堡包"，"我们从不吃汉堡包，那是小孩子吃的东西"，"别扫兴"。凯斯说"好吧，我们去吃比萨吧"。这种场景每天都会发生很多次：群体的大部分成员决定采取某一种做法，但是有一个成员不愿意这样做。接下来，大部分成员就会提醒这个违反群体规范的人，对他施加压力并劝说他接受群体的观点。这件事情最后会以那个坚持自己观点的成员屈服和顺从群体规范而结束。

群体规范通常起到替代群体成员之间直接权力的作用。**规范**（norm）是预先规定的指导群体成员行为的行为和信念模式。人们通常需要做到顺从群体规范才能继续保持群体成员身份。在并不需要直接运用权力的时候，规范可以将规则和控制引入群体成员的交互之中。群体规范产生的间接影响能为群体节省下相当多的能量和资源，并且可以避免直接运用权力导致的抵抗和三心二意的合作。群体规范既能控制高权力成员的行为，也能控制低权力成员的行为，而且还能对权力的使用做出限制。群体成员为群体规范放弃部分个人权利，从而保护自己免受反复无常地或不一致的权力运用造成的伤害，而且也能够节省下检查每个人是否做出适当行为所需要投入的监督成本。由于规范通常包含道德义务的特征（有"应该"和"必须"的特征），所以人们会允许自己被规范影响；但是如果这些影响是由其他成员施加给他们的，那么他们绝对不会接受这些影响。

顺从群体规范

> 我从来没想过表现得顺从而在思想上独立。
>
> ——亨利·戴维·梭罗

一个男人站起来面对大家说道，"我的名字叫戴尔，是一个酗酒者。我已经有三年两个月零六天没有喝酒了"，随后大家开始鼓掌。这是酗酒者互助协会（Alcoholics Anonymous，AA）聚会中的一次典型对话。AA群体的规范之一是走出"第一步"，即承认你是一个酗酒者。另一项群体规范是"要做到每天保持清醒"。戴尔做出的行为证明他已经顺从了这些规范对他提出的要求。作为回报，群体会给予他支持与承认。每天，这种过程在家庭、公司、学校、教堂以及所有群体中都会发生无数次。除非大部分群体成员都在大多数时间下顺从群体规范，否则群体将不会存在、无法生存下来、无法发挥作用，更做不到富有成效。

顺从/从众（conformity）指的是经由群体影响导致行为发生改变。改变包括**妥协**（compliance；内心上不接受的行为改变）和**心理接纳**（private acceptance;行为和态度共同改变)两种形式。许多人认为顺从(从众)是盲目的、没有道理的、没有骨气的、示弱的、一味照搬地遵守大部分同伴或权威指出的要求。即使是社会心理学家,他们也普遍认为顺从(从众)这个概念指的是个体为了与大部分人或权威保持一致而表现得一致,即使这么做与自己知觉到的内容或信念相违背。虽然顺从群体规范在大部分的情况下可能会违背个人的价值观和原则;但在某些情况下,顺从规范则也可能与个人的价值观和原则相一致。顺从群体规范经常会在不以牺牲个体的原则或信念为代价的前提下提升群体的功能。例如,顺从"学生应该帮助同学"这一个在教室中要做到的规范对于学生群体和其中的学生来说都是有益的。

人们会在群体压力下做出顺从(从众)的行为。得出这个经典结果的实验最早是由 Solomon Asch(1956)开展的。Asch 于 1907 年出生在波兰。13 岁来到美国,1928 年从纽约城市大学获得学士学位。随后,在 1932 年从哥伦比亚大学获取博士学位。他是一个特立独行的人,没有接受大部分社会心理学家的观点,而是为顺从进行辩解。他指出,社会生活的关键特征之一就是愿意相信其他人的观察结果。

在 Asch 对顺从(从众)的实验中,他先将被试分入小组,然后要求他们从一些线条中选出与他先前看到的一根线条长度相当的线条。正确答案显而易见。然而,被试会发现他处于一个大部分成员(3—15 人)都选择了一个明显错误的答案的场合下。这时候被试就面临着一个冲突:接受自己亲眼看到的证据,还是附和其他人的选择结果。结果表明,68%的人根据自己的判断做出选择,而 32%的人部分或完全顺从了群体成员的一致意见。只有 1/4 的被试没有根据大部分人的一致意见做出让步,1/3 的被试在一半乃至更多的试次中顺从了群体的一致意见。无论群体中的多数派是 3 个人还是 15 个人,只要这些人达成了一致意见,他们的选择对被试造成的影响是差不多的。但是,如果此时有其他成员赞同被试的意见,那么被试顺从多数派的意见的倾向就会从32%下降到 10%。除此以外,如果被试是在私下里报告自己的选择的,这种顺从大多数人的错误意见的情况也会变少。Asch 的实验结果令人震惊,从这个实验可以发现人们即使在明知大多数人做的群体判断是错误的情况下,依旧会与他们保持一致。

顺从群体规范可以分在两个维度上:顺从 vs 反顺从,独立 vs 依赖(Allen, 1965; Hollander & Willis, 1967)。顺从者和反顺从者都会对群体规范做出反应,并以此作为行为的基础:顺从指的是同意规范,反顺从指的是不同意规范。二者都会指导人们做出相应的行为。在另一个维度上,相比依赖的人,独立的人并不会在自己做决策的时候过分看重群体规范。

群体规范并不能覆盖所有的行为。很少有群体会关注群体成员喜欢吃什么食物或喜欢喝什么饮料。群体规范主要处理的是那些影响完成群体任务的行为以及维持群体自身所需的能力。一般而言,个体行为与群体目标达成和群体维持之间越是相关,个体行为就会承受越大的使其顺从的压力。许多年前,对工业组织的观察就已经发现工作群体的成员一般会建立大多数成员都拥护的生产准则(规范)(Homans,1950;Roethlisberger & Dicksonm 1939)。当有工人严重偏离了准则的时候,他就会被嘲弄或受到其他惩罚。比如,如果一个工人的产量太高,别的工人就会叫他"速度之王"或"马屁精";如果一个工人产量太低,别的工人就会叫他"骗子"。Schachter(1951;Schacter et al.,1954)和Emerson(1954)在对偏离群体规范的行为开展的研究中发现,偏离的行为与群体目标越相关,偏离者被其他成员排斥的程度就会越强。Festinger(1950)和Allen(1965)提出,如果目标的达成依赖于群体成员做出的合作行为,那么他们承受的遵从任务相关规范的压力就会更大。Raven 和 Rietsema(1957)发现,对群体成员而言,群体目标和达成目标的途径越是清晰,在任务中做出符合要求的行为的压力就越大。一般来说,如果不顺从的行为被群体成员认为可能会提升群体达成目标或维持下去的能力,那么这些行为就会被接纳。反之,如果不顺从的行为被认为会干扰目标达成或群体维持,那么这些行为就不会被接受。

执行群体规范

我们可以通过好几种途径来建立规范(Johnson,1970)。一个成员可能会直接说出规范,然后要求其他成员接受。例如,"我想我们应该在这个问题上公开表达自己的感受"。我们也可以通过模范的形式产生规范。即,群体成员通过观察其他人的行为来学习顺从群体规范。规范也可以从其他群体中直接引入。诸如**社会责任**(你应该帮助需要帮助的人)、**公平竞争**(你不能落井下石)和**互惠**(别人帮了你,你也要帮他作为回报)等规范都是从更广泛的文化中引入的。在所有的方法中,群体讨论可能是最有效的形成群体规范的方法。

Johnson(1970)提出了一套建立和支持群体规范的一般性指导原则。当符合下列情况时,群体成员就会接受和内化群体规范:

1. 承认存在规范,看到其他成员接受并遵守规范,感到自己对规范负有的承诺。

2. 将规范的作用理解为帮助达成群体成员承诺完成的目标。因此,对于群体成员来说,厘清顺从规范如何能够帮助他们达成目标是非常有帮助的。

3. 对规范持有主人翁精神。参与建立规范会产生这种主人翁精神。

4. 在有人违反规则后马上强调规范。坚持强调规范能提升成员对规范的理解和承诺水平。

5. 观察合适的榜样以及顺从规范的样例,而且存在把期望的行为付诸实践的机会。

6. 引入促进目标达成、群体维持和发展的文化规范。

7. 知道规范是有灵活性的,因此在任何时间都可以用更合适的规范替代已有规范来增强群体效能。

群体心理

在1212年,德国和法国的儿童和青年响应教会的号召发起了儿童十字军东征,前去夺回耶路撒冷。他们坚信只有纯净的心灵才能够帮助他们成功地从穆斯林的手中夺回圣地。在德国,一个叫尼古拉斯的男孩带领着孩子们从一个城镇跋涉到另一个城镇,不断地壮大队伍。他们跨过阿尔卑斯山,穿过意大利,最后到达海边。这些孩子期望大海能够自己分开,这样他们就能直接走到圣地了。但是,海水并没有分开。这些孩子一片茫然,有些自己回家了,有些被商人卖为奴隶。没有人知道最后有没有孩子到达了圣地。为什么成千上万的孩子会加入十字军?为什么他们的父母允许他们这么做?

群体成员有时候会做出**集体行为**(collective behavior)。在集体行为中,人们会自发地做出非典型行为,例如,暴动、恐慌和群体性癔症(自动爆发的非典型思维、感受和行为,其中包括心因性疾病、普遍的幻觉和奇异的行为[Pennebaker, 1982; Phoon, 1982])。例如,在1903年,芝加哥易洛魁剧院发生过一次恐慌事件。当时剧院后台失火了,但是火灾规模不大,管理人员尝试让观众们都冷静下来。然而,当人群看到火苗后,观众们都冲向出口。在逃命的时候,有人在从消防通道跳到人行道时摔死了,有一些人被烧死了,更多人则是在逃跑的时候被其他人踩死。最后,在这场事故中约有600人丧命。

人们提出过很多种解释试图来说明这种群体行为:

第一种是Le Bon提出的**群体心理**(group mind)。Gustave Le Bon于

1895年出版了他的经典研究《乌合之众》,书中对人们在人群中为什么会丧失自己的责任感做出了一种解释。Le Bon认为,群体中的人表现得"冲动、易怒、无法推理",并且会"情绪激化"(p.40)。无论群体中单独个体的个人品质怎么样,一旦他们处于"心理统一的人群的法则"之下,他们就会以冲动、非理性和极端的方法行事。Le Bon认为群体行为是三种机制共同作用的结果:一是匿名性:人们在别人无法认出自己的时候会觉得对自己的行为负有较少的责任。由于群体创造了相对的匿名性,人们在群体中的责任感会下降,所以人们会出于认为自己不会为自身的行为负责而做出某些行为。二是传染性:像疾病传染一样,情绪状态也会从一个人传播到另一个人。Le Bon是一个内科医生,他将集体思维视为一种会从一个成员传播到整个群体的疾病。这种作用会使身处群体中的人们以非常相似的方法行事。三是受暗示性:群体成员倾向于完全接纳建议,就好像被催眠了一样。

第二种对集体行为的解释是**趋同理论**(convergence theory)。根据趋同理论的观点,那些具有相容的需求、欲望、动机和情绪的人汇聚到了一起之后,群体成员的身份使先前被控制的行为自发释放了出来,由此产生群体行为(Freud,1922;Turner & Killian,1987)。那些拥有相似信念和倾向的人通过一个特殊的事件汇聚到了一起。成员们会把相同的情绪带到群体中(如,抗议示威),最终整个群体就会把这种情绪付诸实践。趋同理论力图找出导致人们做出相似行为的潜在倾向,会将具有这些倾向的人聚集在一起的环境,以及导致这些倾向表现出来的事件类型。Sigmund Freud(1922)认为,人们通过加入群体来满足他们受到压抑的无意识欲望。如果不通过这种形式,这些无意识欲望将无法得到满足。在群体情境下,对自己行为的控制转移到了领导者或其他成员身上。这时候,所有人都从抑制和愧疚的束缚中解放了出来,先前受到压抑的需求开始激发行为。非典型行为由此产生。

第三种解释是**新兴规范理论**(emergent-norm theory)。Ralph Turner和Lewis Killian(1987)指出,人群具有异质性,并不存在"心理统一体"。实际上,人们都会遵守与特定情境有关的规范。他们认为所有的群体都拥有一定数量的共同成分。人群形成于没有行动计划的模糊情境中。群体成员会体验到紧迫感。随着群体越来越大,规范就产生了,并且整个群体会对适当的情绪、意象和行为开展沟通。群体成员变得非常容易受与新兴规范相一致的建议影响。因此,人们会做出他们平时抑制起来的行为。

第四种解释是**去个体化理论**(deindividuation theory)。去个体化指的是一种相对匿名的状态,在这种状态下群体成员感到自己不会被单独区分或识别出来(Festinger, Pepitone, & Newcomb, 1952)。当人们不会被其他人认出来时,他们就更可能做出反社会行为。Festinger、Pepitone 和 Newcomb(1952)指出,群体中的人们感到他们自己"浸没在群体中",失去了他们的个人身份。这种状态会导致"内部约束降低",在极端情况下会产生非典型行为。Philip Zimbardo(1970)将去个体化分为去个体化情境(输入)、去个体化状态(内部变化)和去个体化行为(输出)来解释内部约束降低。

去个体化情境(输入)包括匿名、责任降低、大群体成员身份和唤起。当其他人不能认出或指出某个人并对他进行评价、批判、判断或惩罚的时候,群体中就形成了匿名状态。顺从权威者的要求、将结果和行为分离以及把责任分散到群体成员之间都能够降低个人肩负的责任。随着群体规模增大,去个体化程度也会增强。最后,改变当时的观点、感官超载、高度参与以及缺乏情境结构都会提升唤起水平。

去个体化状态(内部变化)指的是在情绪、记忆和**自我调节**(self-regulation)上发生的巨大变化。去个体化的体验表现为:(a) 失去自我觉知(较低的自我意识、缺乏有意识的计划、不能控制言语以及做出被禁止的行为);(b) 感知变化(专注与判断失调、感到时间变快或变慢、极端情绪、不现实感和知觉扭曲)。低自我觉知和感知变化会使群体成员降低他们对限制行为的阈值。去个体化的人会在群体情境下丧失自我觉知与个人身份。他们会体验到认知和情绪上产生包括专注与判断失调、感到时间变快或变慢、极端情绪、不现实感、知觉扭曲和强烈的快感在内的变化。

去个体化行为(输出)指的是用冲动和混乱取代理性和秩序。人们会做出诸如暴力和破坏行为等极端、非典型的行为或极化行为。Zimbardo(1975)指出,那些减弱个体独特感和个体感的情境是类似于侵犯、破坏、偷窃、欺骗等反社会行为以及整体上对他人漠不关心的源头。去个体化的人会对那些指向不被约束的行为的情绪和情境线索做出强烈反应,并且他们很少在意规范、个人惩罚或长期性的后果。

关于群体心理的研究和理论证明,权力不仅能被群体中的个体使用,也能够被作为一个整体的群体运用。例如暴动和群体性癔症之类的集体行为或许能够用群体心理、拥有相似信念和倾向的人汇聚在一起,以及遵守群体中新产生的规范或去个体化进行解释。不过需要记住的是,集体行为和其他群体影响同样能激励群体成员做出利他行为等积极的行为方式。

重要概念回顾

将概念和定义进行匹配。完成后找一个同伴对一下你们的答案。

_____ 1. 权力　　　　（1）指导群体成员行为的行为与信念的规定模式。
_____ 2. 高权力　　　（2）群体影响导致的行为变化。
_____ 3. 低权力　　　（3）内心不接受的行为变化。
_____ 4. 权力多数派　（4）影响其他人达成目标的能力。
_____ 5. 权力少数派　（5）群体成员不会感到被选出或被识别的相对匿名的状态。
_____ 6. 规范　　　　（6）个体自发做出的诸如暴动、恐慌和大规模的歇斯底里症等非典型行为。
_____ 7. 顺从　　　　（7）能对其他人达成目标造成相当大影响的能力。
_____ 8. 妥协　　　　（8）只能对其他人达成目标造成很小影响的能力。
_____ 9. 集体行为　　（9）对如何分配重要资源拥有主要控制权的群体（这个群体在人数上可能是少数派）。
_____ 10. 去个体化　 （10）对如何分配重要资源拥有很小的控制权的群体（这个群体在人数上可能是多数派）。

练习6.9　你的权力行为

在学习完本章内容后，再一次关注你运用权力的行为对你来说是很有帮助的。找两个你熟悉的人一起组成3人小组，这两个人必须和你一起参与过本书中的练习。接下来完成下面的任务，这项练习耗时大约两个小时。

1. 每个人安静地反思每个成员是怎么运用权力的。根据其他人如何使用权力，使用动物、歌曲或书籍对每个人做出反馈。每个人都需要解释为什么自己选择了这个动物、这首歌或这本书。

2. 写下你自己在建设性地和有效地运用权力上具备的强项。将你写下的内容与其他两个人分享。你们三个人可以相互补充。

3. 写下你需要进一步掌握的能够使你更有建设性、更有效地使用权力的个体技能。将你写下的内容与其他两个人分享，然后你们再相互补充。

4. 讨论自己使用权力时的感受，以及为什么会做出那样的反应。你们要互相帮助，一起思考其他对使用权力做出反应的方法。

5. 使用杂志图片和其他任意材料，制作一幅有关你如何使用权力的拼贴画。将你的拼贴画与其他人分享，并为其他人的拼贴画出谋划策。

个人与关系观点

群体动力学的研究领域中存在一定分歧：一部分社会科学家关注个体变量，而另一部分社会科学家则关注关系变量。对人类行为的个体取向促使研究者去搜寻管理个体行为的法则，并将注意力集中于个体态度、人格特质、技能、天赋、基因和其他导致行为的源头。这些原因通常被认为是静态的、在任何时刻都存在，并且能够在物质上，通常是神经心理学上得到体现。

与关注个体的取向相对，关注关系的学者寻找的是管理个体与其他人交互的性质的法则。通过对关系进行深入研究，他们发现了权力、冲突、爱与合作等动力系统。在交互模式中存在着有规律的节奏性变化，关系取向的研究者趋向于去发现造成这种节奏的原因。这种关系的节奏在特定的情境下会随着时间的推移暴露出来。关系在本质上是变动的而非静态的，并且会受到情境的影响。关系的节律不一定能直接反映出来，它类似于重力和电力，只能通过观察到的由它带来的效应进行识别。

总结

权力是影响自己、他人和环境结果的能力。当权力能够提升群体效能的时候，权力就是建设性的；而当权力会对群体效能产生干扰的时候，权力就是破坏性的。虽然对权力的主流观点关注的是权力潜在的破坏性，但是，权力的使用也会带来许多潜在的积极结果。事实上，积极地使用权力对群体效能而言是必须的。

影响力的动态相互依赖观认为，"谁以什么程度影响谁"这个问题的答案在群体成员努力达成群体目标的过程中持续发生着变化。因此，权力是一种人际关系的属性。在人际关系中，人们为了成果和资源形成互相依赖关系。无论在什么样的关系中，权力的使用都是不可避免的、必需的，以及持续变化的，而且遍及关系中的所有方面。权力的使用会受到使用背景的巨大影响。在竞争环境下，人们倾向于认为权力是一种有限的零和资源，应该被积累和储藏起来，只能单向作用，并且有与生俱来的强制性。强制使用权力会导致出现抵抗、心理逆反，以及怨恨、讨厌掌权者等现象。在合作环境下，人们倾向于将权力看作是具有可扩展的，有时候是可分享的属性，会认为权力以一种双向的方式发挥作用,而且具有非强制性。合作环境下权力的关键之处在于可诱导性,指的是对向其他群体成员施加影响以及被其他成员所影响的开放程度。

影响力的特质因素观将权力看作是人的一种属性。这种观点认为某些人生来就具有影响其他人的能力。权力的特质因素观的两个理论取向分别是说服与社会支配。说服取向认为人们通过(1)变得可信与有吸引力;(2)以使用正反两面的信息、行为导向的信息以及与成员现有的想法不同的信息的形式组织消息;(3)说服那些低自尊的人、不聪明的人、未就将要被影响得到警告的人、在信息呈现的时候不专心的人、认为要被改变的态度并不重要的人、扮演与自己真实想法相反的角色来行使权力。社会支配理论认为资源是有限的,因此获取资源的行为会导致群体成员之间产生竞争。一个人成功地通过竞争取得有限资源的能力决定了他在社会层级上所处的位置。

权力可能来自个人带来奖励的能力、带来惩罚的能力、合法的权威位置、成为他人参照、作为专家或拥有群体需要的信息。当权力被不平等分配时,高、低权力者都会经历一段困难。虽然人们在关系中总是使用着权力,但是人们只有在冲突中最能意识到权力的运用。

除了直接使用权力以外,人们也能通过群体规范的形式间接使用权力。此外,集体行为可能来自群体心理、拥有相似信念和倾向的人汇聚在一起、遵守群体中新产生的规范或成员去个体化四种来源。

现在你应该已经很好地理解了权力是什么以及权力如何帮助或妨碍群体运作。你也已经在练习中体验过高、低权力的情境了。在下一章中,你将会学习如何开展有效的群体决策。

第 7 章

决　策

本章要学习的基本概念

这里列出了本章中介绍的主要概念。在教学中可以将学生分成两人小组,每一组学生需要(1)对每一个概念下定义,在阅读中关注文中怎么定义这些概念以及针对概念开展哪些讨论;(2)确保两个人都理解这些概念的定义。接下来再组成4人小组。比较4人小组中两两各自学习的概念是否存在差异,如果存在差异就再一次在文中查找并下定义,直到所有成员都认同为止。

概念:

决策(Decision)

有效群体决策(Effective group decision)

达成共识(Consensus)

多数票决(Majority vote)

少数人决定(Minority control)

平均观点(Averaging opinions)

防御性回避(Defensive avoidance)

群体思维(Groupthink)

寻求一致(Concurrence seeking)

消减失调(Dissonance reduction)

警觉(Vigilance)

批判性评价(Critical evaluation)

做出有效的决策

想象一下，你正在街上开车。突然，一名警察因为你违反了交通规则把你拦了下来，随后他又因为觉得你的长相和先前附近发生的银行抢劫案的劫匪很像，所以就把你逮捕了。让你感到害怕的是，有不少于6个目击者确认你就是那个劫匪。因为抢劫案发生的时候你正在独自开车，所以你也无法提供有效的不在场证明，也没有人在意你对自己清白的申诉。这种折磨一直持续到你上法庭面对控方的时候。在审理开始后，你发现自己与将认定我是否有罪的陪审团成员的距离是如此之近。陪审团成员彼此不认识，他们都是随机从你所在的社区选出来的，没有学习过法律，并且对于群体决策也不熟悉。就是这样一群人掌握着你的命运。你的未来和你的幸福都握在这群人手中。

由一群陪审团成员来给嫌疑人定罪的做法传承自数百年前确立的司法制度。早在11世纪时，陪审团就承担起了举证和评估证据的职责。逐渐地，陪审团的责任变成了在有人违法后对每个人的证词进行权衡以找出真相。

陪审团只是我们社会中需要做出至关重要的决策的小群体之一罢了。有许多群体之所以存在，就是要为我们的社会来做决策。政府、军队、大公司和几乎所有社会实体都把它们的重要决策托付给群体。因此，大部分影响我们日常生活和社会未来走向的法律、政策和实践都是由团队、委员会、董事会和其他类似的群体决定的，而不是由单独的个体拍板决定的。决策的好坏取决于这些做决策的群体到底有多公正。

群体决策的目的是在充分考虑、充分理解的基础上，对以每个成员都愿意达成的目标为目的的现实行为做出决定。**群体决策**（group decision）指的是群体成员之间达成一些有关于哪些做法最有利于实现群体目标的一致意见。做出决定只是目标导向群体在整体的问题解决过程中的一个步骤而已。在对问题做出定义，思考可供选择的做法，并且权衡每种做法的优势和不足之后，群体就要从中选出最好的做法去实行。

一般而言，群体会尽可能有效地做出他们的决定。**有效的群体决策**（effective group decision）有5个主要特征：

1. 所有成员的资源都得到充分利用。
2. 时间得到很好的使用。
3. 决策正确或质量高。

4. 决策结果能被群体成员完全执行。

5. 群体的问题解决能力得到提升,或至少不会降低。

以上标准满足得越多,群体所做的决定就越有效。如果五条中一条都没有满足,做出的决策就不能说是有效的。

并不是每个人都认为进行群体决策是个好主意。近几十年以来,社会科学家对究竟是个体还是群体能够做出更好的决定始终存在着争议。因此,本章中将要讨论的第一个问题就是对个体决策和群体决策的效能进行比较。接下来会分别介绍群体决策中有助于做出决定的不同方法。随后,我们会进一步介绍能够促进或阻碍有效群体决策的因素,最后再概括性地讨论一下群体可以用来确保开展有效决策的过程。我们在图7.1中对在本章中将如何展开这些问题进行了说明。

个体决策与群体决策	
过程增益	参与和承诺
互相更正错误	行为和态度改变
社会促进	任务类型
冒险	潜在群体生产力
决策方法	
权威者决定,无需群体讨论	少数人决定
专家决定	多数人决定
平均化个体观点	达成共识
讨论后由权威者决定	时间和决策
关键成分	**阻碍因素**
积极相互依赖	群体不成熟　　缺少异质性
面对面促进式交互	优势反应　　　产出阻塞
个人责任感	社会惰化　　　不适当的规模
社会技能	搭便车　　　　减少失调
群体过程	不做傻瓜　　　缺乏技能
	群体思维　　　缺乏对贡献的激励
	目标冲突　　　阻碍贡献
	群体成员自我中心
考虑周到的决策	
识别并定义问题	确定解决方案
搜集问题信息	第二次机会会议
制定备选解决方案	向组织提建议
决策范围分析	评价执行是否成功
预警分析	
障碍	
决策理论的问题	

图7.1　本章概览

练习7.1 个体决策和群体决策

个体决策和群体决策在效能上孰优孰劣？这个问题存在着争议。此项练习的目的是对这个争议开展批判性讨论。

1. **分组**：组成4人团队。每个团队需要写一段文字，在这段文中要说明自己团队持有的认为个体决策还是群体决策更有效的观点。

2. **分小组与分配观点**：把每个团队分成两个小组，把个体决策比群体决策更有效的观点分配给第一个小组，并且发给他们《概述一》。把群体决策比个体决策更有效的观点分配给第二个小组，并且发给他们《概述二》。接下来回顾一下建设性争论的过程和指导原则。

3. **准备观点**：两个小组的成员有10分钟的时间来准备一个支持自己观点的有说服力的报告。报告时长为3分钟。本章中的任何内容或决策领域的任何内容都可以加入报告中。每一个小组的两个成员都必须做好报告的准备。

4. **报告观点**：两个小组互相交换一名成员，形成两个新的小组。在每个小组中，两个成员互相向对方报告他们所持有的观点。倾听的一方要记笔记并提问澄清任何自己没能完全理解的地方。每个人只能报告3分钟。

5. **攻辩与答辩**：本环节有10分钟时间。每个人都要批判性地分析对方的观点，指出对方观点存在的不足。每个人也要针对对方提出的质疑为自己的观点辩护。内容可以涉及理论、研究和事实，但是不要就意见和印象进行讨论。

6. **转换观点**：每个人要在两分钟内总结对方观点和对方持有的最佳推论。总结应当完整、准确。

7. **共同报告**：每个小组都要写下一段总结和解释他们认为个体决策和群体决策哪个更有效的结论。这时候要整合两方提出的最佳推论，提出双方都认可的观点。所写的内容应当包括理论、研究和事实。

8. **结论和评价**：重新回到4人团队，比较两个小组分别得到的结果。接下来，成员们再写下3条有关他们在考虑个体决策和群体决策相对优势的过程中学到的东西。最后，团队成员告诉彼此自己喜欢与对方一起工作的一个原因。

概述一：个体能做出更好的决策

你的观点是个体做出的决策比群体做出的决策质量更高。为支持你的观点，你可以使用以下两段引文与本章中任何你觉得可以使用的材料，以及你在其他阅读材料中学到的东西。

群体成员会阻碍道德观念并束缚道德想象力,这是因为我们在这之后会不加批判地让别人替我们思考(Labarre,1972,p.14)。

当一百个聪明人加入一个群体后,这个群体就会变成一个傻瓜。这是因为每个人都被自己和其他人之间不同的地方束缚了起来(Jung,1957,p.80)。

概述二:群体能做出更好的决策

你的观点是群体做出的决策比个体做出的决策质量更高。为支持你的观点,你可以使用以下这段引文与本章中任何你觉得可以使用的材料,以及你在其他阅读材料中学到的东西。

群体所做行为与个体做出的行为相比具有两个潜在优势。第一个优势是问题解决中体现出的思维量、资源范围和批判性检查。第二个优势是人们愿意执行自己参与做出的决策……群体有时候比普通成员更理智、稳健、平衡与智慧……一个好的群体应当使它的成员比在他们单独学习时表现得更加理性、更愿进行自我批判并且更加能够根据客观证据改变自己的个人偏见(Watson & Johnson,1972,pp.130-131)。

个体决策和群体决策

人多智广。

——海伍德

是群体的绩效更高还是个体的绩效更高?Goodwin Watson(1931)开展的研究是最早比较个体和群体决策的研究之一。Watson于威斯康星大学获得艺术学学士学位,随后又在哥伦比亚大学获得硕士和博士学位。在1925年至1962年期间,他执教于哥伦比亚大学。作为一个精力充沛且致力于学术的心理学家,Watson反对几乎所有对标准化智力测验所具有价值的歧视和质疑。在1931年的一项研究中,他选用了同一种智力测验的三个等值复本,每一个量表都包含了聪明的成年人能够完成的9个任务。随后,他招募了68名研究生参与实验。在独自完成任务的条件下,研究者让被试独自完成第一和第三个测验,随后,将所有被试的分数平均。在完成第二个测验的时候,研究者让被试组成 4—5 人的小组合作完成测试。每个小组不能对合作任务进行练习,并且整个过程限时 10 分钟。结果表明,15 个小组中有 11 个小组在合作阶段的得分比单独完成时的平均得分高;15 个小组中有 6 个小组的得分比他们的小组成员在单独完成时得到的最高分更高。最典型的小组在合作情况下的得分处于所属成员单独完成时得分的最高 30% 位置上。其他大量研究也发现,经过群体讨论后做出的决策超过了个体成员的平均水平和小组里得到的最高水平(e.g. Barnlund, 1959; Watson, Michaelsen, & Sharp, 1991)。Marjorie Shaw(1932)的研究也验证了在决策上群体比个体表现出的优越性。在这项研究中,研究者要求一个被试和一组 4 个被试分别尝试解决一系列称为尤里卡任务的智力谜题。在这个任务中,如果使用了正确的方法,被试就能很明白地知道自己的答案是否正确(Lorge, Fox, Davitz, & Brenner, 1958)。其中的一个谜题是这样的:有 3 对夫妇要渡河,河上只有一条船,这条船一次只能运送 3 个人;只有丈夫们能够划船,并且没有丈夫愿意自己的妻子在自己不在场的情况下和其他男子待在一起。最后,只有 14% 单独解谜的被试解开了谜题,但是却有 60% 的小组解开了谜题。

当要做很重要的决策时,包括世界领袖在内的大部分人都会向群体寻求帮助。合作的小群体能够比单独的个体做出更有效的决策(Johnson & Johnson, 1989, 2005a, 2009b)。例如,内科医生通过会诊的形式做出的诊断比单独一个内科医生的诊断更准确(Glick & Staley, 2007);即使对小偷来说,团伙作案的小偷比单独行窃的小偷更难被逮到(Warr, 2002)。

根据这些研究,Thorndike(1938)总结提出在进行问题解决和决策的时候,群体比个体做得更好。更新的综述中也指出群体比个体学得更快、更少犯错、对信息回忆更佳、做出的决策更好,并且产出的质量更高(Baron, Kerr, & Miller, 1992; Davis, 1969; Hohnson & Johnson, 1989; Laughlin, 1980)。

为什么在决策中群体比个体更有优势?

根据 Goodwin Watson 的研究,第一个原因是**过程增益**(process gain):群体成员之间的交互能够产生任何成员自己无法单独取得的想法、领悟和策略。群体讨论能够使成员做出在讨论前没有人想到过的决定(Falk & Johnson, 1977; Hall & Williams, 1966);并且,对问题开展的群体讨论能够引发成员思考如何能够比一个人单独工作更好地解决问题(Johnson, Skon, & Johnson, 1980; Skon, Johnson, & Johnson, 1981)。Ames 和 Murray(1982)也发现当两个不知道守恒原理的儿童共同解决守恒问题时,他们能够批判性地审视并正确地解决问题。实验中只有6%的单独解答问题的儿童能够在后测上做出答案和解释,但是有42%合作完成的儿童做到了这一点。我们基本可以认为,过程增益通常发生在群体中,这是因为讨论通常能够引出单独工作时想不到的想法(图7.2)。

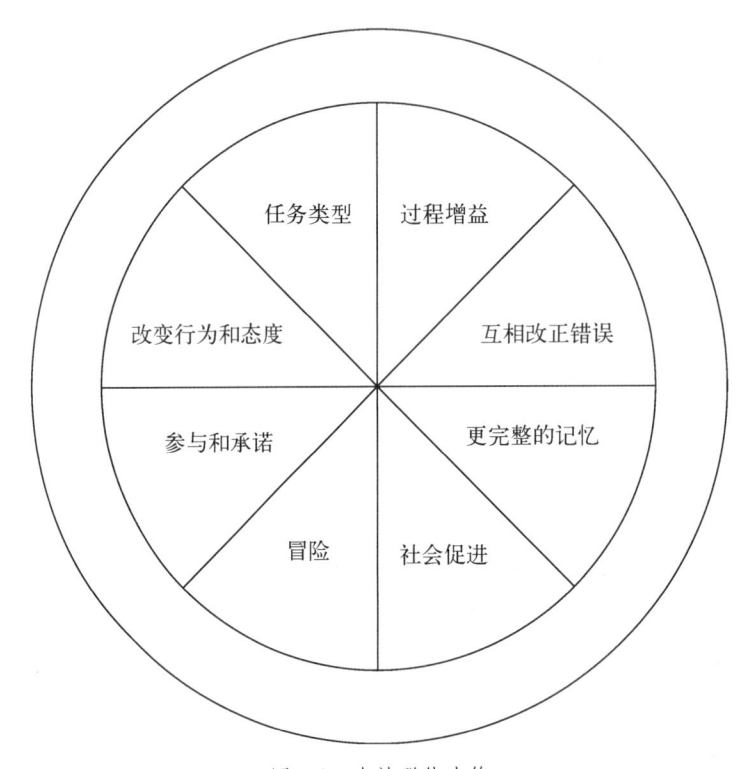

图 7.2　有效群体决策

第二个原因是在群体中更容易识别出并驳回错误的解决方法(Shaw,1932)。例如,在群体中能够修正随机误差和被忽视的盲点(人们更容易看到别人的错误),而且成员也能对其他人所犯的错误做出补救(Ziller,1957)。

第三个原因是群体比个体而言更能对事实和事件保持准确的记忆。Bekhterev 和 DeLange(1924)在研究中向一组被试短暂呈现了一张图,随后要求他们写下他们记得的图片里的任何细节。在群体开展讨论以对每个条目达成一致意见的过程中,成员回忆内容中的许多错误都被改正了。Villasenor(1977)指出,Juan Corona 案件审判的陪审团在共同回忆时,比这些成员单独回忆时想起了更多的证据——这被称为**交互记忆**(transactive memory),指的是每个人所拥有的知识以及通过沟通交流知识的途径(Wegner,1995)。多人之间的交互记忆比单独个体的记忆更为有效。大部分群体都有交互记忆。通过交互记忆，群体能够比单独个体处理更多的信息（Hollingshead, Fulk, & Monge, 2002）。

第四个原因是群体成员可能会分享其他成员不知道的独特信息。在群体决策中，有一些信息是所有成员都知道的，而有一些信息只有某一个或少数成员知道。当群体成员能够自由地分享信息时，他们就能够做出比独自一人时更好的决策（Thompson, Levine, & Messick, 1999）。但是，如果所有成员都拥有一样的信息，这时候群体相对于个体的优势就不存在了。决策的质量既取决于成员分享独特的信息，也取决于群体对所有人分享的信息进行总结。Kelly 和 Karau（1999）发现，群体更喜欢关注那些独特的信息。然而，独特的信息更有可能在讨论了一定时间后才分享给群体，这就意味着群体讨论需要维持足够长的时间，以便于引出所有人各自知道的信息（Larson, Christensen, Franz, & Abbott, 1998; Larson, Foster-Fishman, & Franz, 1998）。群体可以把成员们分派到不同的专业领域，这样他们就知道自己要单独为特定信息负责。在无效群体中，如果成员能够明白谁需要对某类信息负责并花时间去讨论那些独特的信息，他们就能打破重要信息无法被共享的困境（Stasser, 2000）。

以下是其他有关群体为何能比个体做出更好决策的原因：

1. 群体会产生更高的成就动机。
2. 群体决策比个体决策更冒风险、群体极化程度越高。
3. 参与决策提升了成员对执行决策的承诺。
4. 参与决策促进执行决策所要求的行为和态度发生改变。
5. 群体成员的多样性提升了可利用资源的丰富性。
6. 面对面的讨论提升了推理和创新的品质。

接下来会分别就这些原因进行介绍。然后我们再来看群体决策是否充分发挥了它们的潜力。

社会促进

有他人在场会对人们的表现带来促进还是不良影响？对于这种他人在场情况的研究发现在类似绕钓鱼线轴（Triplett, 1898）、穿熟悉的服饰（Markus, 1978）、识别明显的刺激（Cottrell, Wack, Sekerak, & Rittle, 1968）、完成简单迷津（Hunt & Hillery, 1973）和临摹简单材料（Sanders & Baron, 1975）等大量任务中，有他人在场均能提升人们的表现。但是，他人在场也会给诸如解决困难的回文问题（Green 1977）、穿不熟悉的服饰（Markus, 1978）、识别新异刺激(Cottrell, et al., 1968)、完成复杂迷津(Hunt & Hillery, 1973)和临摹复杂材料(Sanders & Baron, 1975)等任务中的表现带来不良影响。也就是说,如果任务是简单的、熟练掌握的,那么他人在场就能够促进任务表现;而当任务是困难、复杂或新异的,那么他人在场就会给我们的行为造成不利影响。除了人类以外,在许多不同的物种身上也存在这种社会促进和社会抑制效应。

有好几种理论能够对社会促进和社会抑制效应进行解释。Zajonc(1965)在一篇有相当影响的论文中指出,他人在场会提升生理唤醒水平,随后这种高唤起水平提升了产生优势反应或产生最可能发生的反应的可能性。如果那些掌握良好的优势反应中包含了能够使人成功的行为(在简单任务情况下),那么人们就会表现得更好。如果那些掌握良好的优势反应中主要包含的是会导致表现变差的行为(在困难任务情况下),那么人们的表现就会变差。Robert Baron等人(1978)认为,社会促进之所以产生,是因为观众、共同行为者,甚至是旁观者的存在导致行为人的注意力被诱导。即行为人的注意力会在关注其他人和关注当前任务之间发生冲突。由于行为人希望关注的范围远超出自己能够控制的程度,这种冲突就会导致高唤起和紧张状态,进而造成社会促进或社会抑制。注意力分散会导致注意冲突,也能提升人们在简单任务中的表现(Baron, 1986; Sanders, 1981)。Duval和Wicklund(1972)提出,社会促进产生的原因是(a) 观众或共同行为者提高了自我意识,和(b) 自我意识高的个体会更努力完成任务。社会抑制之所以发生在困难任务中,是因为拥有自我意识的个体发现自己表现不够好后动机水平会降低,并因此停止继续尝试。Bond(1982)指出,观众或共同行为者是通过提升人们对向他人凸显积极自我形象的关注程度来影响任务表现的。基于这种自我呈现的观点,困难任务中出现的社会抑制效应的原因是行为人害怕失败带来的窘迫,这种担忧导致表现受到影响。最后,社会促进也可能是由**评价焦虑**(evaluation apprehension;即担心被评价)导致的。导致唤起状态和社会促进的并不是"有他人在场",而是"有会评价我们表现的人在场"(Blascovich, Mendes, Hunter, & Salomon, 1999; Bond, Atoum, & Van Leeuwen, 1996; Jackson & Williams, 1985)。当有其他人在评价你的表现时,表现得不好就会让你感到窘迫,表现得好就会让你感到高兴。

根据这些对社会促进的研究,我们可以认为群体决策之所以比个体决策更有效,其原因在于群体中成员之间的合作和社会支持会调节唤起水平,降低竞争与评价焦虑。也就是说,群体中积极相互依赖与社会支持水平越高,社会促进程度就会越强,社会抑制程度就会越弱。

群体极化

群体讨论可能会因为采纳更为极端的观点而导致群体做出极化的决策。**群体极化**(group polarization)指的是在群体中成员倾向于做出比自己一开始更为极端的决策的现象(Brauer, Judd, & Jacquelin, 2001; Moscovici & Zavalloni, 1969)。如果成员一开始就倾向于冒风险,群体决策的结果就会更加冒风险;如果群体成员一开始非常小心,群体决策的结果就会更加小心(Friedkin, 1999)。不过,当群体面临需要创造性思维和新观点的情境时,更加冒风险的倾向就能提升群体决策的质量。

1961年,就读于麻省理工工商管理专业的James Stoner完成了一篇有关个体和群体之间冒险行为比较的硕士论文。他在这项研究中力图检验群体持有的观念通常比个体持有的观念更为保守这个观点。他向被试呈现了一系列某个虚假人物面对的决策困境。被试的任务是对这个虚假人物要冒多大风险提供建议。例如,你可以想一想你会给以下情景中的这个人提什么建议:

亨利是一个被人们认为有很强创作天赋的作家。但是,靠写廉价西部片故事远不能使他过上舒适的生活。最近,他产生了一个想法,他或许能够写出一部可能具有重要意义的小说。如果写出了这部小说,而且这部小说如果能够被读者接纳的话,那么这部小说就能够在文学界产生很大影响,并且能够极大地推动他的事业。但是,在另一方面,如果他没能写出这部小说,或者小说没能得到读者的认可,他就等于把相当多的时间和精力花费在这件不带来任何收益的事情上。

想象一下,你现在正在给亨利提建议。请选出你认为在最低的成功可能性为多少时,亨利会写小说。

如果小说能获得成功的可能性为_____时,亨利会尝试写小说。

_____ 10% _____ 20% _____ 30%
_____ 40% _____ 50% _____ 60%
_____ 70% _____ 80% _____ 90%
_____ 100%(勾选出你认为在多大成功可能性下,亨利会考虑写小说)

在研究中,被试完成一系列这样的情境任务后,再分成5人左右的小组,再对每个情境中的选择进行讨论,并对情境中的人应该承受多大风险达成一致意见。结果出乎大多数人的意料,群体做出的选择比在讨论前个体做出的选择冒的风险更高。这一发现被称为"风险偏移"现象。随后,有至少300项研究关注了这个问题,大部分研究都沿用了Stoner的方法。这些研究都发现群体决策确实更加冒风险。另外有一些研究表明,群体讨论增强了态度、信念、价值观、判断和知觉各方面的程度(Myers,1982;图7.3)。

A先生是一个电气工程师。他已经结婚了,并育有一个孩子。他在5年前大学毕业后就一直在一家大型电子公司工作。这份工作保证他能够成为终身雇员,能领到一份中等水平的薪水,并且在退休后能够得到一份可观的养老金。但是,他的工资在退休前得到提升的可能性微乎其微。在参加一次会议的时候,A先生得到一个跳槽去一家刚创立的小型企业工作的机会,但是这家企业的未来有很大的不确定性。不过,这份新工作的起薪很高,并且如果公司在与更大的公司的竞争中生存下来后,A先生就会成为公司的股东。

想象一下,你现在正在给A先生提建议。下面列出的是这家公司具有良好经济效益的可能性。

选出你认为可以建议A先生换这份新工作所需要的最低概率。

_____ 这个公司成功的概率为10%。
_____ 这个公司成功的概率为20%。
_____ 这个公司成功的概率为30%。
_____ 这个公司成功的概率为40%。
_____ 这个公司成功的概率为50%。
_____ 这个公司成功的概率为60%。
_____ 这个公司成功的概率为70%。
_____ 这个公司成功的概率为80%。
_____ 这个公司成功的概率为90%。
_____ 如果你认为无论概率多大,A先生都不应该换工作,就选这个选项。

图7.3 选择困境问卷项目

资料来源:Wallach, Kogan, & Bem.(1962). Group influence on individual risk taking. *Journal of Abnormal and Social Psychology*,65,75-86。

后来,研究者发现,虽然群体讨论通常会改变个体的想法,但是,这种改变并不总是使群体倾向于变得更加冒险,也有可能会使群体变得更加谨慎(**风险偏移**;risky shift;Fraser,1971;Myers & Bishop,1970)。综合两种现象可以得出,群体成员的观点在讨论后会更加极化。群体极化这个术语随后取代了风险偏移。讨论会增强群体成员先前持有的观点(图7.4)。对于群体极化效应,目前至少有以下几种解释:

1. 规范影响。因为群体成员想要给他人留下好形象,所以他们会(1)比较自己和他人的观点,并且(2)修改自己的观点,使之强烈支持群体的观点。这种规范影响较多出现于有关价值观、品位和偏好,而非实质性问题的情况下(Laughlin & Early,1982),也可以出现在情境或主题模糊的情况下(Boster &

Hale，1989)。

2. 信息影响。群体成员学习到了一些新的信息后，这些信息改变了他们的想法，因此产生群体极化(Kaplan & Miller，1987)。群体成员在面对一些(1) 有力的(有逻辑的,考虑周详的)和(2) 对一些成员而言是新异的信息时会出现这种情况(Burnstein & Vinokur，1977；Isenberg，1986)。

3. 社会认同。个体期望群体并被认可、成为其中一员的愿望,会使群体变得极化(Isenberg，1986；Kaplan & Miller，1987)。

4. 酒精影响。有趣的是,有研究发现那些成员喝醉酒的群体更容易做出冒风险的决策（Sayette et al.，2004；Schweitzer & Kerr，2000）。这些群体也更倾向于进行竞争,较少进行合作(Hopthrow et al.，2007)。不过在某些特定情境下,喝醉酒的群体成员会怀疑自己做出的判断,因此会更加仔细地检查自己在决策中的错误和误解,最终反而比清醒的群体成员更加谨慎（Abrams et al.，2006)。

当群体所做的决策会给所有群体成员带来真实的、共同的、高代价的后果时,群体极化效应就会减弱,甚至还会反转(Baron, Roper, & Baron, 1974)。

图 7.4 显示群体极化假设预期群体成员的态度在经过讨论后会加强。例如,在生活困境问题中(亨利选择是否写小说的例子),如果人们一开始倾向于偏好冒险,那么他们在讨论后就会更倾向于冒险;如果一开始偏向保守,那么他们在讨论后就会更加保守。

参与决策

所有成员都应当参与到群体决策中。这主要是出于两个原因。第一个原因是完全运用每个成员拥有的资源能够提升决策质量。参与决策的群体成员数量越多,群体决策可以使用的资源也就越多,决策的质量也就越高。在决策后参与实施决策结果的人需要非常明确地知道决策结果是什么。如果要做到这一点,最好的方法就是参与到决策中去。

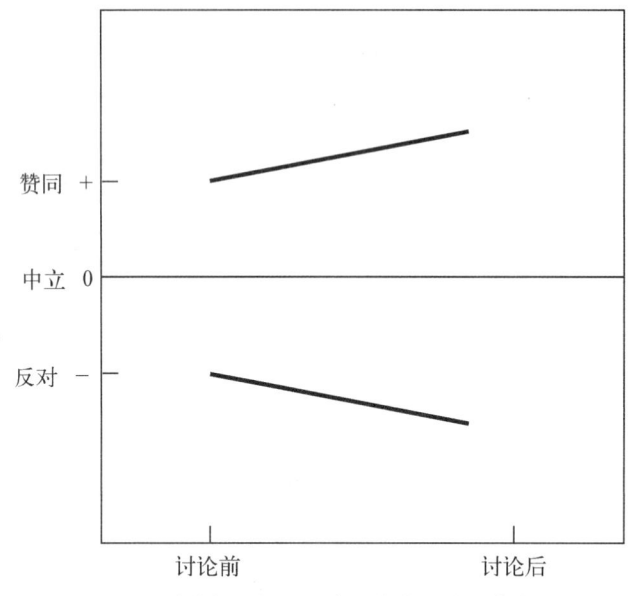

图 7.4　群体极化假设预期群体成员的态度变化

第二个原因是参与决策能够提升群体成员对实施决策结果的承诺水平。参与决策能够提升群体成员对群体具有的忠诚度，并且也能够提升成员们持续关注决策直到得到成果的承诺水平。20 世纪 40 年代开展过一项非常著名的考察工人参与有关如何开展工作的决策的研究。当时，库尔特·勒温的同事和服装厂的人事经理共同开展了一项旨在避免工人对改变工作活动产生抵制反应的研究(French & Coch, 1948)。工厂中有一些工人通过辞职、降低生产效率、对工厂和同事说出敌意性话语的方式来抵抗管理上的改变。French 和 Coch 设计了三种方案来帮助开展改变工作职责的变革。在第一组中，研究者告诉工人有关工作变化和对他们的期望的内容。这一组工人并不参与到决策中。在第二组中，工人指定的代表与管理层会面，一起探讨工作改变中涉及的问题。在第三组中，所有工人都和管理层会面，积极参与讨论、分享建议，并且所有人一起设计最有效的掌握新工作的方法。

实验得到了非常有戏剧性的结果。不参与决策的小组的绩效直接下跌了 20%，并且再也没能恢复到原先的绩效水平。此外，这个小组中有 9% 的成员离职。这一组中也明显出现了对上级的敌意、怠工、抱怨工会等侵犯行为。这些现象表明小组的斗志极大地降低了。通过代表参与决策的小组花费了两周时间才恢复到改变前的绩效水平。这个小组中的成员对改变持有合作的态度，没有人离职。全体成员都参与决策的小组取得的结果是最为好的。在职责改变后,他们仅花了两天时间就恢复到了原先的绩效水平,随后绩效持续上升,最后达到比原先高14%的水平。这一组中没有人辞职,所有的成员都和上级相处融洽,也没有发生任何侵犯行为。在一项有关的研究中,Zander和Armstrong(1972)甚至发现,当拖鞋厂的工人团队可以自己设定每天的生产目标时,他们自己设定的目标比经理设定的标准更高。

可能只有在(1)决策有关的问题并不需要大部分成员参与其中,(2)决策内容很容易在群体成员中开展合作或者成员很容易理解要做什么,以及(3)需要很快做出决策的情况下,群体只需要一个或数个成员来做出决定。

改变行为模式和态度

> 影响一群人比分别影响每个人更容易。
> ——库尔特·勒温(Lewin,1951,p.228)

参与群体的决策讨论能够影响人们随后的行为和态度。在第二次世界大战中,美国政府在公众对食物配给制的反响上以及如何使公众多吃替代食品方面存在担忧。库尔特·勒温被召到华盛顿为政府提供帮助。他和他的同事开展了一系列研究来考察通过什么样的方法能够有效地影响人们的行为和态度(即吃那些不合他们意的食物)。在第一个研究中,勒温尝试鼓励主妇们使用那些不太受欢迎的肉制品来烹饪菜肴,如肝脏和胸腺(Lewin,1943)。被试是6组年龄在13—17岁之间的红十字会志愿者。研究者为3个小组开设了一场有趣的讲座,讲座告诉他们要更多食用这些肉制品。另外3个小组分别开展了一场最后会得出和讲座同样结论的讨论。在讨论结束后,每个小组的组长要求愿意尝试食用这些不受欢迎的肉制品的小组成员举手示意。后续的调查显示,在听了讲座的小组中,只有3%的成员购买了那些肉制品;而在经过群体决策的小组中,则有32%的成员购买了那些肉制品。Radke和Klishurich(1947)的一项比较讲座和群体讨论对提升牛奶消费作用的研究也得到了类似的结果。另外还有一项研究比较了阅读有关给婴儿喂食橙汁与鱼肝油的有趣文章和参与对同样信息的群体讨论这两种形式对来自农场的首次生育的母亲造成的影响(Radke & Klishurich,1947)。同样地,群体决策过程更有效地使母亲们给孩子喂食更多的橙汁和鱼肝油。

大量研究都验证了勒温及同事的发现(Kostick,1957;Levine & Butler,1952)。这些研究考察了群体讨论带来成功的两种可能原因:大家对同伴的承诺以及群体中知觉到的一致性程度(Bennett, 1955; Pelz, 1958; Pennington, Haravey, & Bass, 1958)。在人们参与以改变行为或态度为目的的群体讨论后,如果他们同时对群体做出承诺并认为其他成员也会执行决定,那么此时人们就更有可能执行讨论得出的决定。另外,群体领导的性质也得到了研究。参与型领导(鼓励所有成员参与讨论,考虑每个人的想法,避免做出偶然性的决策,督促成员按时完成群体分配的任务)在改变成员的态度上比监督型领导更有效(不参与讨论,只负责检查工作是否在规定时间内完成; Preston & Heintz, 1949)。相比监督型群体的成员,参与型群体的成员对他们所做决策更为满意,认为任务更有趣、更有意义,并且认为他们的群体讨论更加友好和愉快。

任务类型

群体与个体哪个更加有效?这个问题的答案可能取决于任务形式。如果任务要求大家共同努力(如在拔河的时候一起拉绳子),群体就会比个体做得更好(即使个人的能力与群体相当)。但是,如果任务需要做出极端精确的行为来共同合作(如切分钻石、驾车),那么受过良好训练的个体的表现就会优于群体。Steiner(1966; 1972)提出,任务可以根据(a) 可分的(能够划分为部分)或整体的(作为整体完成)和(b) 最大化的(工作的数量和速度)或最优的(工作质量)分类。在可分的、最大化的和最优的任务上,群体比个体做得更好。而在整体性的任务上,群体和个体之间的优劣相对复杂。Steiner 认为存在四种**整体性任务**(unitary task):**析取型**(disjunctive;群体取成员中的最好成绩作为自己的成绩),**合取型**(conjunctive;群体取成员中的最差成绩作为自己的成绩),**累加型**(additive;群体取所有成员的总分作为自己的成绩),和**任意型**(discretionary;群体任意决定取哪些成员的分数相加作为自己的成绩)。

Baron、Kerr 和 Miller(1992)运用了一个形象的例子来说明这种任务分类形式。想象一下,现在有三支 400 米跑队伍,每支队伍有 4 名运动员。A 队的 4 个队员用时分别为 46 秒、47 秒、47 秒和 49 秒;B 队的 4 个队员用时分别为 44 秒、45 秒、49 秒和 53 秒;C 队的 4 个队员用时分别为 45 秒、45 秒、46 秒和 51 秒。那么,哪个团队最终获胜?这个问题的答案取决于我们如何定义团队的成绩。如果我们认为第一个越过终点线的运动员所属的团队获胜,那么获胜的就是 B 队(析取型任务的要求)。如果我们认为只有每个成员都跑过终点线才算这个团队完成比赛,那么获胜的就是 A 队(合取型任务的要求)。如果团队得分只是把所有运动员的时间简单地加起来,那么获胜的就是 C 队(累加型任务的要求)。总之,虽然群体在几乎所有任务上都表现得比个人好,但是某些任务上,个人的表现可能比群体更为出色。

潜在的群体生产力

许多心理学家认为群体在具体到每个成员的生产力上是不如个体的。例如,如果不只是简单地比较群体和个体在完成任务上耗费的时间(大部分研究都以此作为群体更优的证据),而是比较所有人花费在上面的时间的话(即群体花费时间乘以总人数),就可以发现个体比群体所花费的时间要少。例如,如果有一个 6 人小组花了 42 分钟做出决定,那么对于这个小组来说,他们实际上在决策上花了 252 分钟。即使一个人自己做决策需要花费的时间是这个小组用时的两倍,那么他也仅需要花费 84 分钟而已。不过,个人层面花费的时间并不能代表决策的质量。

但是,完全着眼于个人层面耗时的做法忽视了其他在群体决策中发挥作用的因素。Steiner(1966,1972)指出,群体是否比个体的生产力更高并不重要,重要的是群体是否表现出他们应当具有的生产力。他将群体在任务中能达到的最高的生产力水平称为群体的潜在生产力,并指出潜在生产力依赖于成员的资源和任务要求这两个因素。他提出,当群体成员无法最优化地组织他们拥有的力量而产生合作性损失的时候,或当群体成员没有被最有效地激励而产生动机性损失的时候,这些过程损失就会使群体很难发挥出他们的潜能。也就是说:

实际生产力＝潜在生产力－过程损失

Steiner 的模型中存在一些问题。第一,这个模型假定存在唯一的潜在生产力,并且这个生产力决定了群体绩效的最高水平。对于非常简单的任务来说确实是这样的,但是在一些复杂的任务中通常存在更多决定群体潜在生产力的途径。第二,Steiner 认为个体在群体中工作的动机只会比个体工作时弱。但是,人们经常在群体情境下具有更强的动机(Hackman & Morris, 1975)。群体在可能产生动机性损失的情况下也有可能给人们带来动机性增益(如对社会促进的研究)。最后,Steiner 似乎认为个体总是能够达到他们的最高潜能。实际上,个体很少有机会达到他们的最高潜能。这是因为个体的潜能同样也受到个人拥有资源和任务要求的影响。另外,人们可能会因为缺乏动机而受到过程损失的影响。

成员多样性

异质群体比同质群体更优(Jackson，1992；Levine & Moreland，1998；Schulz-Hardt，Jochims，& Frey，2002)。大部分的问题解决群体需要拥有至少一个具有成就动机或能积极参与的成员(否则群体不会做任何工作)，需要一个好奇且有想象力的成员(否则群体不会产生任何好的或新异的想法)，以及一个和蔼可亲且能起到支持作用的成员(否则群体成员无法凝聚在一起工作；Morrison，1993)。在有生产力的群体中，成员之间通常能够互相补充。当任务只需要有一个成员能够得出正确答案，以及需要新的解决方法、灵活性和对变化情境作快速调整的时候，异质的群体成员结构通常能为完成任务带来帮助(Nemeth，1992)。例如，如果让许多不同科学分支领域的科学家组成团队一起工作，他们就会表现得更好；来自不同专业和教育背景的管理团队也会表现出更高水平的创新性(Bantel & Jackson，1989；Wiersema & Bantel，1992)。

多样性也会使群体付出代价。如果任务要求每个成员都非常好地履行自己的角色，那么经验上的多样性就可能会破坏成员们在任务上的表现。成员在人格、价值观或背景上差异非常大的商业团队通常会出现较高的流动率(Cohen & Bailey，1997；McCain，O'Reilly，& Pfeffer，1983)。高度异质化的群体中的沟通频率更低，成员之间更加拘谨(Zenger & Lawrence，1989)。异质群体带来的益处必须得到重视，但是我们同时也要考虑到异质性会给群体造成的损失。

以计算机为媒介的决策

人们越来越多地使用电子邮件、聊天室和即时通信系统与其他人进行沟通。以计算机为媒介的沟通并不只具有沟通的作用，也能把分布在全世界各地的人们聚集在一起进行决策。这样做的优势是显而易见的。通过让处于不同办公室、城市甚至国家的群体成员在网络上进行交互并做出决策，就能够极大地降低组织的金钱投入以及所有人在路途上耗费的时间。然而，这种节约却会为有效决策带来阻碍。一项元分析的结果表明，一般而言，通过电脑进行沟通的群体所做的决策比不上当面沟通的群体所做的决策(Baltes，Dickson，Sherman，Bauer，& LaGanke，2002)。然而，当群体有无限时间来匿名地讨论问题时,以计算机为媒介的决策就会如同面对面的决策一样有效。可是,在实际生活中几乎不存在这种条件。

面对面的交互在很多方面比基于电子渠道的交互更有优势。面对面的交互更有活力,沟通的信息也更为丰富;群体成员通过面对面的交互能够对他人产生信任和理解(Prusak & Cohen, 2001)。在正式会议中确实是这样的,对于那些在茶歇或其他非正式场合中存在非正式或个人交流机会的会议来说更是这样。电话、视频会议、电子邮件和其他新方法都有相似的问题:人们无法通过这些方法形成紧密的人际关系。人们能够通过面对面交互建立个人关系,形成群体凝聚力和成员对群体的承诺。与面对面交互相比,以电子渠道交互的群体会使人们错失形成友谊、获取有用的建议和得到关注的机会。电子渠道交互中是没有非言语沟通的。群体所处的工作空间通常会设有一些过道、角落或休闲区,以促进人们彼此之间发生面对面的接触和交换。群体成员在电子渠道上开展的交互越多,他们就越需要面对面地会面。面对面的会面能够使他们在电子渠道上进行的交互更为有效。从这点来看,"离久情疏"似乎是有效决策的一个重要影响因素。

当群体决策失败时

群体所做的决策未必总是优于个体做出的决策。有时候,群体甚至做不到加工正确或有关的信息。有时候,即使有人拥有有关的信息,这些有关的信息也可能在群体中未能得到有效的分享(Sargis & Larson, 2002)。即使在群体中成功地分享了信息,这些信息依旧可能会经由有偏的方式得到加工。如同个体独自进行思考一样,群体也会偏好那些符合他们最初观点的信息(Brownstein, 2003; Frey & Schulz-Hardt, 2001; Kray & Gallinsky, 2003)。此外,成员多样性高的群体在一开始可能会面临很多困难。学会必要的社会技能并且能够适应各自的文化背景是克服这些困难的必经之路(Watson, Kumar, & Michaelsen, 1993)。直到群体相对个体决策具有明显优势之前,群体需要不断地发展。

因为众多原因,即使群体通常不能完全发挥出自己的潜能,群体通常还是能够做出比个体更好的决策。我们的生活中有许多种做决策的方法,而且也存在很多能够提升群体决策效能的因素和抑制群体做出良好决策的因素。接下来会分别介绍这些方法和因素。

练习7.2 豆罐(I)

这个练习的目的是比较群体成员对接下来将要介绍的7种决策方式的反应。这个练习需要一个大罐子,在大罐子里需要事先倒入一定数量的豆子。协调者的指导过程如下:

1. 在参与者面前放一大罐豆子。你事先要知道罐子里豆子的准确数量。告诉参与者他们的任务是估计罐子里豆子的数量。

2. 将参与者分入6人小组。这个练习最理想的小组数量是7组。任命一名成员作为记录员。当小组确定答案后,所有成员都需要完成一份决策后问卷(练习结束的时候做)。记录员要负责收集问卷的结果,并计算每道题上小组成员的平均分。

3. 告诉所有小组,他们需要各自估计罐子里豆子的数量。把下面的决策方法分派给不同小组。每种方法对应的指导语如下:

(1) 由最有权威的人做出决定。由协调者指定一名成员作为领导者。这个领导者通过命令指定其他成员在等待决策结果时候采取的坐姿以及决定在做决策的时候让其他人做些什么来行使他的权力。由领导者估计罐子里有多少豆子,并把他的决定告诉整个小组。随后,所有的成员完成决策后问卷。

(2) 由拥有专业知识最多的人做决策。协调者任命数学最好的人作为领导者。由这个专家估计罐子里有多少豆子,并把他的决定告诉整个小组。随后,所有的成员完成决策后问卷。

(3) 平均每个成员的决策结果作为小组决策的结果。每个成员背对中央,使每个人无法看到其他人的答案。每个成员独立估计罐子里豆子的数量,其间不能与其他人交流。记录员询问每个成员的估计值,再求出估计值的平均数。计算结果就是小组的决策结果。随后,所有的成员完成决策后问卷。

(4) 在小组讨论后,由最有权威的人做出决策。协调者指定一名成员作为领导者,由这位领导者召集开会。在会上,小组成员就罐子里豆子的数量开展讨论。当领导者认为自己知道了罐子里豆子的数量时,就把自己的决定告诉整个小组。小组并不进行协商或少数服从多数的投票,直接由领导者选择他认为最佳的答案,并对决策完全负责。随后,所有的成员完成决策后问卷。

(5) 由少数小组成员做出决策。协调者指定两名成员组成执行委员会。委员会回避其他成员,通过讨论判断罐子里有多少豆子,再为小组做出决策。随后,所有的成员完成决策后问卷。

（6）少数服从多数。每个成员都要估计罐子里豆子的数量，然后整个小组投票从中选出代表自己小组的决策结果。当大部分成员都同意某个决策结果后，这个结果就是小组的决策结果。随后，所有的成员完成决策后问卷。

（7）达成共识。所有成员都要参与针对罐子里豆子数量的讨论。讨论一直要持续到所有成员都接受并支持小组的决策为止。这个过程要遵循共识决策的基本准则。当得到大家都同意的估计值后，所有的成员完成决策后问卷。

4. 收集决策后问卷，把结果录入概要表中。接下来要求每个小组报告他们从这些结果中学到的 4 个结论。然后，小组之间互相分享他们得到的结论。接下来，在所有参与者的范围内开展一场有关这些结论是否支持本章所述内容的讨论。讨论中需要指出以下几个关系：

（1）成员在群体中感到自己被理解和有影响力的程度与自己的资源被较好运用的程度之间的关系。

（2）成员对决策的坚定程度和对实施决策的负责程度与对实施决策的承诺水平之间的关系。

（3）成员对自己的参与和群体氛围积极性的满意度与群体的问题解决能力之间的关系。

5. 公布每一个小组估计的正确程度。通常而言，参与决策的群体成员数量越多，决策结果就越准确。

决策后问卷

在一张纸上写下你对这些问题的答案，完成后交给记录员。

1. 你感到你的小组在多大程度上理解和倾听了你的想法？

　　　　完全不 1：2：3：4：5：6：7：8：9 完全是

2. 你感到你对小组的决策有多大影响？

　　　　完全没有 1：2：3：4：5：6：7：8：9 非常大

3. 你对小组所做的决策有多坚定？

　　　非常不坚定 1：2：3：4：5：6：7：8：9 非常坚定

4. 你感到要对执行决策付出多少责任？

　　　　不需要 1：2：3：4：5：6：7：8：9 非常大

5. 你对自己在小组的决策中参与的质和量有多满意？

　　　非常不满意 1：2：3：4：5：6：7：8：9 非常满意

6. 用一个形容词来描述你所在的小组在决策时的氛围_____

决策后问卷的结果

决策方法	理解	影响	承诺	责任	满意度	气氛
不经讨论,由权威者决定						
专家成员						
成员结果求平均						
讨论后由权威者决定						
少数决定						
多数决定						
达成共识						

决策的方法

从抛硬币到认真讨论再到经过多数人同意,群体有很多种做出决策的方法。这一节中将会介绍 7 种主要的群体决策方法。每种决策方法都有各自的用途以及各自适合的特定情境。每种方法也分别会为群体在未来的运作带来特定的影响。有效群体的成员应当做到理解每种决策方法,并且能够根据以下情境特征选出最合适的方法:

1. 需要做的决策的类型。
2. 可用的时间和资源。
3. 群体的过往。
4. 正在完成的任务的性质。
5. 群体希望营造的氛围。
6. 群体所处的背景。

表 7.1 中列举了本节中介绍的 7 种决策方法各自具有的优势和劣势。

表 7.1 决策方法的优势和劣势

决策方法	劣 势	优 势
1. 不经讨论,由权威者决定	一个人拥有的资源不可能应对所有决策;失去了群体交互带来的优势;其他成员不会为执行决策结果做出承诺;怨恨和不满可能会导致破坏行为,使群体效能恶化;无法使用其他成员的资源。	满足管理需要;对于简单、日常的决策很有用;当决策时间有限、群体成员希望领导者做出决策以及群体成员缺乏使用其他决策方法所需的技能和信息的时候可以使用这个方法。

续 表

决策方法	劣 势	优 势
2. 专家决定	很难确定到底谁是专家；无法建立起对执行决定的承诺；失去了群体交互带来的优势；怨恨和不满可能会导致破坏行为，使群体效能恶化；无法使用其他成员的资源。	当某一个成员的专业技能远超其他成员，而且他们无法从讨论中获益的时候可以使用这个方法；在不需要很多人参与执行决定的时候可以使用这个方法。
3. 平均个体观点做出决策	群体成员之间的交互并不足以使成员从互相的资源和群体讨论中获益；成员对执行决策结果不存在承诺；未解决的冲突和争议可能会破坏群体在未来的效能。	当组织群体成员开展讨论的做法存在困难，要在有限的时间里做出紧急的决策，以及群体成员缺乏以其他方法做出决策的技巧和信息时适合使用这个方法；适合简单的日常决策。
4. 讨论后由权威者决定	无法对实施决定形成承诺；无法解决群体成员之间的争议和冲突；可能会造成群体成员通过竞争来给领导者留下深刻印象，或只告诉领导者他们认为领导者想要听的内容的行为。	比前三种方法利用了更多群体成员的资源；能够从群体讨论中获得一些益处。
5. 少数人决定	无法使用许多群体成员拥有的资源；无法对执行决策形成广泛的承诺；无法解决可能会危害未来群体效能的冲突和争议；无法从群体交互中得到很多益处。	当无法将所有人聚在一起决策时，因为有时间压力而必须将责任交给委员会时，只有少数成员拥有相关资源时，以及并不需要群体成员广泛参与来执行决策的时候适合使用这种方法；简单的日常决策。
6. 多数人决定	会使少数成员疏离，由此损害群体在未来的效能；可能会损失许多成员掌握的有关资源；未能建立对执行决策完全的承诺；无法得到群体交互所能带来的全部益处。	当没有足够的时间进行协商或当决策并没有重要到需要进行协商，并且执行决策并不需要所有成员为之做出承诺的时候可以使用这种方法；对问题进行大量讨论的做法对群体的重要性并不高。
7. 达成共识	要花费许多时间、心理能量，而且需要具备高水平的技能；时间压力必须很小，在整个过程中不能有突发事件。	产生创新的、有创造力、高质量的决策；促使所有成员对执行决策做出承诺；使用所有成员的资源；提升群体在未来进行决策的能力；适用于进行严肃的、重要的以及复杂的，需要所有成员为之做出承诺的决策。

方法1：不经讨论，由权威者决定

由一名指定的领导者做出所有的决定，这位领导者并不需要以任何形式与群体成员商量。这种方法在组织中相当常见。因为在执行上耗时非常短，所以这种决策方法的效率很高。但是，这并不是一种非常有效的方法。即使领导者是一个有能力挑选出对决策有用的正确信息的优秀倾听者，执行决定的依旧是那些成员。他们可能不理解决策结果是什么或者他们需要去做什么；他们可能会反对决定，并且不愿意去执行；即使其他成员都同意领导者做出的决定，他们也可能缺乏对执行决定所需的承诺。在这种方法下，执行决策结果的程度是非常关键的。

方法2：由专家决定

让群体中最为专业的成员来为群体进行决策，来决定群体接下来怎么做。如果要使用这个方法，就要先选出专家，让选出的专家考虑问题，随后再让专家把自己的决定告诉所有成员。整个群体不需要对问题开展讨论。

这个方法中存在的最主要的问题是如何判断谁是最专业的成员。在大部分复杂问题中，群体成员会在最佳的判断标准上产生分歧，这就使得他们很难从自己中间找出最专业的成员。受欢迎程度和掌握的权力高低会干扰根据专业度进行的选择。举个经典的例子来说明这个问题。想象一下，现在有一个只有本科文凭的将军和几个拥有工程学博士学位的上尉在一起讨论怎么造一座桥。毫无疑问，他们会采用将军提出的方案。这仅仅是因为将军在这些人中最有权力而已。众所周知，人们通常会高估拥有高权力的人所具有的专业水平，并同时会低估其他人的专业水平。这种方法想要起到良好的效果，就必须事先具备明确、有效地判断出谁是专家的方法。另外，这种方法实际上也无法让其他群体成员参与其中，这会影响群体执行决定的效果。

方法3：平均个体观点做出决策

首先让每个成员分别反馈自己的观点，随后再将这些观点平均起来。例如，当使用平均的方法时，一个群体的领导者先要询问每个人的想法，然后把最普遍的想法用于群体决策。这个方法和多数人投票很像。不过，在这种方法中，少于半数的人所持有的想法也同样有机会成为群体的决策结果（最普遍的观点并不一定是半数以上的人所持有的观点），而且也不需要在群体成员之间开展直接的讨论。

由于能够排除人为误差和极端观点的影响，平均个体观点的方法是一种比由指定的领导者做出决策（不经过讨论）更好的决策方法。至少使用这种方法的人会征求每个人的意见。平均方法的不足之处在于懂得最少的人的意见会干扰懂得最多的人的意见。让最专业的成员做出决定的方法始终比这种基于平均的方法更好。并且,虽然群体成员在做出决策前都被咨询到了,但是相对而言他们还是没能参与到决策本身。如果需要所有成员共同努力来执行决策结果,那么决策的效能就会很弱。

人们已经开发出了一些在平均群体观点的同时排除或控制群体成员之间交互的决策程序。Delphi(德尔菲)法是兰德公司的 Dalkey、Helmer 等人开发的一种能够激发专家观点来提升预测性判断质量(如,经济预测和福利成本)的实践性程序(Dalkey,1969,1975)。在使用这种方法的时候,成员首先要对焦点问题进行评估。随后,组织者匿名地收集与总结每个成员的观点。接下来,在所有成员之间传阅整理好的所有观点。每个成员再对自己先前的评估内容进行修改。接下来再重复这个流程,直到每个人的观点都稳定下来,即成员们不再修改自己的观点。所有成员估计结果的中位数或平均数就是整个小组的估计值。Dalkey(1969)认为,Delphi 法避免了"处于支配地位的个体,或无关的沟通,以及顺从群体的压力导致的偏向性"(p.408)。

名义群体技术(nominal group technique)这种方法首先是由个体对问题进行评估。接下来大家不经过讨论,直接提出有关问题的任何想法。随后,每个成员在面对面的会议上提出自己的观点。这些观点都会被记录下来。当所有观点都被记录下来之后,开展群体讨论。群体讨论的目的是对提出的观点进行澄清。最后,每个成员都要对这些观点进行排序。将排序的结果进行整合得到的就是群体的判断结果(Delbecq, Van de Ven, & Gustafson, 1975)。

这些方法都建立在因为群体结构差异以及成员缺乏交互技巧,所以最好避免群体成员之间进行交互的假设基础上。因此,只有当其他决策方法都失败的时候才可以考虑使用这些方法。

方法 4: 群体讨论后由权威者决定

许多群体中都拥有权威结构。在这种权威结构中由指定的领导者负责做出决策。在商业或政府机关等机构中的群体通常会采用这种决策方法。指定的领导者会召集成员开会,在会上提出问题、听取讨论,直到领导者确定应该做出什么决策为止。随后,领导者把自己的决定告诉整个群体。

听取群体讨论通常能够提升群体领导者所做决策的准确性。领导者进行倾听的技能越强,群体讨论带来的效益就越高。虽然群体成员能够参与讨论,但是他们并不参与决策,这也就无法提升决策的效能。在群体讨论中,群体成员可能会通过竞争来给领导者留下深刻印象,或者只告诉领导者那些他们认为领导者想要听的内容。

方法 5:少数人决定

由两个或以上,但不超过总人数 50% 的成员组成的少数人群能够使用一些形式做出群体决策。这些形式中有些是合理的,有些是不合理的。这种决策方法称为**少数人决定**(minority control)。少数派成员作为为群体做出决策的执行委员会进行决策是一种合理的形式。由少数派成员组成考虑特定问题以及决定群体应当采取什么行动的临时委员会也是一种合理的形式。仓促行事则是一种不合理的形式。当两个或以上成员要对行动做出快速决定时,他们就会仓促行事。当这些人做出决定后,他们会突然问其他成员"有人反对吗",如果没有人立即反对,他们就会接着说"我们就这么定了"。或者,也可以表现为由少数成员强制性地建议做一系列行为——暗示不同意的人就是在对抗——随后,他们会赶在其他成员仔细考虑这个问题之前就推动实行。他们认为人们的沉默就表示认同。但是,通常情况下沉默可能表示成员需要更多时间来组织他们的想法,或者是出于他们对自己是唯一一个持反对意见的人的担忧。

参与决策的少数派成员会对执行决策结果做出承诺。但是,多数成员并不仅仅没有对决策做出承诺,他们甚至会希望阻碍决策实行。当群体拥有大量需要做出的决策,但是并没有足够的时间来讨论所有决策的时候,决策委员会就会是一种很有效的方法。当需要做许多执行上不用其他成员参与或提供支持的决策时,这种方法也很有效。但是从总体上来说,由少数派做出决策并不是一个好方法。

方法 6:多数人决定

多数票决是在美国运用得最广的群体决策方法,已经成了一种惯例。在使用这种方法的时候,只要有至少 51% 的成员投票同意某种行动时,他们就可以终止讨论。从表面上看,多数票决很像我们的选举系统。但是,选举和大多数群体中使用的多数票决在关键方面存在差别。在美国的政治体系中,权力法案和宪法保护了少数群体的权益,而且政治上的少数群体通常能够得到同等的机会使自己在下一次选举中竞争成为多数群体。然而在大多数的群体中,少数人的意见并不总是能够得到捍卫。并且作为一种反击,他们可能会拒绝贡献自己的资源来帮助执行决策。只有当他们相信自己的观点得到公平对待并且会在未来得到考虑时,持有少数派观点的成员才会支持多数派的观点。如果要采用多数票决的方法,群体就必须确定已经创设出让群体成员感到他们拥有"申诉"机会并感到有义务支持多数派决定的氛围。当然,当不需要每个人都为执行决策做出承诺时,多数票决就会是一种很好的方法。

方法7: 达成共识

达成共识是最为有效的群体决策方法,但是它花费的时间和资源是所有方法中最多的。**达成共识**(consensus)指的是每个人都同意采取同一种行动。要达到这个目的,通常就需要充分地进行开放性沟通,并且要取得足够的社会支持,使每个成员都相信自己有公平的影响决策的机会。当通过达成共识做出决策后,所有成员就都已经理解了决策结果并准备好为实施决策提供支持。那些对于决策持有疑问的人会公开表达他们愿意暂时同意试用当前的决策结果。有时候,经由达成共识做出的决策也被称为协同决策。

为取得共识,群体成员必须拥有足够的时间来彻底讨论他们的观点。群体成员要相信他们的观点被其他人倾听、考虑和理解了。他们也应该通过(a)综合其他信息,(b)澄清问题,和(c)激励群体寻求更好的备选行为的方式来找寻不同的观点。共识决策的基本准则如下:

1. 寻找观点之间的差异。差异自然会存在,并且也能预料到。由于需要取得大量信息和观点才能做到这一点,所以需要让所有人都参与到决策中来。这样做才能产生可以使群体想出更合适的解决方法的机遇。

2. 明确地且尽可能有逻辑地提出你的观点。这个时候要表现得有说服力。提出支持你的观点的最佳例子。仔细听取其他成员的反馈,并在继续支持自己的观点前仔细考虑这些反馈信息。

3. 批判性分析其他观点。指出其他观点存在的不足,给予这些观点"严酷考验",最后听取观点支持者的反馈。

4. 鼓励所有成员提出自己认为最好的方法。

5. 当你在逻辑上被说服后,改变你的想法。不要轻易妥协,也不要回避冲突。你只应该听从那些建立在客观的、逻辑上有道理的基础上的观点。

6. 避免使用减少冲突的方法,如多数票决、掷硬币、平均和讨价还价。

7. 坚持以做出最好的决策为目标。在讨论僵持不下的时候不要认为必须有人输、有人赢。相反,你们应该去找到另一个全体成员最能够接受的替代选择。

达成共识是形成创新的、有创造性的、高质量的决策的最佳方法。这种决策会使(1)所有成员都愿意为执行决策做出承诺,(2)所有群体成员的资源都得到使用,(3)群体未来开展决策的效能得到提升。达成共识是很难实现的(Kerr et al., 1976)。努力达成共识会导致群体成员之间产生更多的冲突,观点变换得越来越多,获得结论的耗时变得更长,成员对所做决策的正确性更为自信(Nemeth, 1977)。为达成共识,群体的领导者应该鼓励所有成员参与其中,鼓励成员表达不同意见,而且要以接纳的态度对待不同观点(Torrance, 1957)。群体领导者也要鼓励少数派成员发表意见,并且要鼓励群体成员之间的碰撞(Maier & Solem, 1952)。

启发式

人们经常在启发式的帮助下做出决策。启发式是一种能够帮助人们又快速又有效率地做出决策的认知捷径。它也是一种能够帮助人们缩短决策时间,不需要一直停下来思考接下来做什么的经验准则。虽然启发式在大部分情境下都能帮助人们进行决策,但是也会带来系统误差或偏向性。

有三种普遍存在的启发式:

第一,易得性启发式。这种启发式指的是一种依赖于与脑海中所呈现的与情境相似的**样例**(example)集合的心理捷径,这种捷径在很大程度上是无意识的(Tversky, Kahneman, & Bazerman, 2005)。群体成员接触相似情境的频率以及这些情境对他们而言有多难忘将会决定是否会产生这种启发式(Tversky & Kahneman, 1983)。人们事先知道一些空难事件,随后在脑中形成认为乘飞机会很容易坠毁的想法就是易得性启发式的结果。

第二,锚定启发式。当群体成员在决策中依赖他们得到的第一份信息("锚")来做出后续的判断时使用的就是锚定启发式。一旦锚定了,群体成员就会以锚定点为中心调整他们后续的判断,而且他们也会根据锚定点来解释其他的信息。例如,一个古董最开始的定价就设定了随后进行协商的标准;因此,即使后续的报价高于古董的真实价值,只要这个报价低于一开始提议的价格,人们就会认为这个价格是合理的。

第三,代表性启发式。当群体成员根据先前形成的对情境的经验或信念模式将一个情境归入某个类别时,他们使用的就是代表性启发式。赌徒谬误就是这种启发式最著名的例子之一。即群体成员相信某个事件的发生概率会受到先前行为的影响,然而事实上概率并不会发生变化。例如,如果掷10次硬币,每一次都是正面在上,有的人就会根据赌徒谬误认为第 11 次掷硬币再出现正面的概率非常低。可是事实上,出现正面的概率并不会发生改变。无论掷多少次,硬币正面或反面向上的概率都是 50%。

时间和决策之间的关系

每一种决策的方法需要花费的时间不同。参与决策的人数越多,做出决定的时间就越长。图 7.5 中总结了参与决策的人数、使用的决策方法、决策质量和做出决策耗时之间的关系。然而,如果同时考虑做出决策和执行决策的时间,对时间的预测就不会像图中那么明确了。额外花费时间来达成共识决策,通常能极大地降低执行决策所需的时间。因此,许多研究群体的权威学者都认为,如果整体地考虑决策过程和执行过程,那么达成共识就是花费时间最少的决策方法。

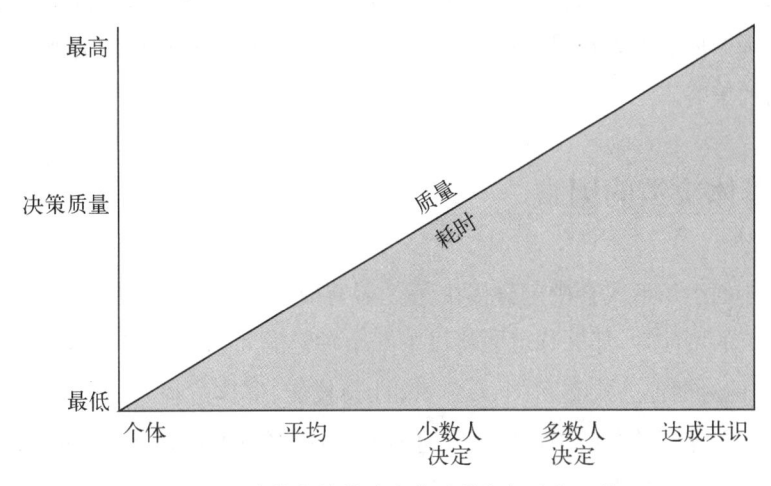

图 7.5 决策者数量对决策质量和耗时的函数

一般来说,群体决策在重要问题上比一个人拿主意更好。但是,这并不代表群体决策总是更容易或更有效。有一些群体在决策时会遇到很多困难。而且群体也会像个体一样做出糟糕的决策。为帮助确保群体能够做出有效的决策,群体成员不止需要利用好那些能够促进有效决策的因素,同时也要关注那些会阻碍进行有效决策的因素。

情境变化和决策

人类可能从存在于世上的那一刻就开始关注小群体的效能了。早在公元前146年就已经留下了有关小群体表现的书面论述。波利比奥斯在他的《历史》(The History)中记下了罗马士兵计划并摧毁迦太基的过程。随后,在450年的时候,韦格蒂乌斯撰写了一部有关如何提升罗马军队中小单位作战表现的指导手册(De Re Militare)。军队是很好的小群体决策样例,这是因为在战斗中群体需要快速做出重要的决策。军事群体具有所有成员都要参与执行决策结果,所有成员都处于需要调整或重新决策的快速变化情境中,未取得需要信息或未充分利用群体资源(有些成员保持沉默)会造成破坏性结果。

在战斗情境中的军事单位所做的决策中,小群体做决策必须不断根据变化的情境做出改变的这种性质引起了研究者的兴趣。战斗情境中做决策需要建立在准确理解当前情境、聚焦于群体目标、持续评估环境和情境、灵活地对待达成目标的方法、快速加工信息、从挫折中快速恢复、保持适应力、愿意冒风险等能力的基础上。当在快速变换的情境中做出并执行决策时,群体成员必须不断地评估当前情境的性质。与此同时,他们也必须评估几种可能的方法各自成功达成目标的可能性。在最终达成目标前,群体成员必须根据他们的评估结果调整自己的策略。

提升群体决策的因素

群体的组织形式会决定群体决策是否有效。如果你希望最大化群体做出良好决策的可能性,那么你就要将以下5个关键的元素整合到群体中:积极相互依赖、面对面促进式交互、个人负责、社会技能、群体过程(见第1章)。由于我们已经在先前的章节中讨论过促进有效群体决策的因素,接下来我们将聚焦于介绍那些会妨碍做出有效决策的因素。

妨碍群体决策的因素

虽然群体能够做出比个体更高质量的决策,但是群体本身并没有什么神奇之处,在一些情况下群体的效率并不会得以体现,在另一些情境下群体则根本无效。接下来将介绍一些会对有效群体决策造成阻碍的因素。

群体不成熟

在许多群体决策的研究中,研究者将大学生被试随机分配入小组,让他们在这些小组中和陌生人一起共事一段时间。这样随机、暂时的临时群体没有时间变得足够成熟,也就无法发挥出群体的全部功效。群体成员需要时间和共同工作的经历使他们的群体成为成熟的决策群体。即使所有的成员都拥有群体技能并且曾经都是有效的群体中的一员,他们依旧需要时间和经验来调整他们的行为以适应新群体的动力学特征。**群体成熟**(group maturity)指的是群体成员一起工作足够长的时间,因此不需要有意识的计划或思考就能协调他们的行为并自发地进行互补。有些群体甚至要花费数年的时间才能变得成熟。

无差别地做出优势反应

糟糕的决策通常来自群体成员根据他们自己的**优势反应**(dominant response;群体成员一开始拥有的主要观点)快速地在备选行动中做出选择的做法。这种做法缩短了找到可能的备选行为的过程,但是也绕过了对一开始提供的备选项进行评价和选择的过程(Maier & Thurber, 1969)。Berlyne(1965)和Maier(1970)都认为,反应是按层次排列的,当问题出现后,只需要稍加思考就能得出的优势反应可能会带来正确的解决方案。优势反应可以基于(1)诸如饥饿等影响人们关注外界刺激的身体状态(Levine, Chein, & Murphy, 1942; McClelland & Atkinson, 1948),(2)诸如态度和信念等影响人们知觉的心理状态(Allport & Postman, 1945; Iverson & Schwab, 1967; Shiplet & Veroff, 1952),(3)导致信息知觉歪曲的一般文化视角(Bartlett, 1932),(4)导致不同人对同一个词产生不同理解的心理定势(Foley & MacMillan, 1943),(5)使人们对模糊事件进行有偏向性解释以及对某些信息特别敏感的期待(Bruner & Minturn, 1955),(6)聚焦于最早想到的合理解决方法(Simon, 1976),(7)导致未能对可用信息进行认知加工以及未能完全考虑其他理解信息方法的懒惰(Langer, Blank, & Chanowitz, 1978; Taylor, 1980),以及(8)采用先前有效的解决方法(Luchins, 1942)。在群体决策中,每个成员都有自己的优势反应,这些优势反应一起构成了群体的反应层级。

社会惰化:躲在人群里

在有些群体中(如运动队或作战单位)存在着一些会使群体成员的表现远超出预期的因素(如扩散性兴奋、赞赏尽最大努力的规范,对于承诺、忠诚和义务的紧张感)。例如,在1989年进行的一场大学篮球赛中,俄亥俄州立大学队的Jay Burson在颈椎骨折之后依旧坚持比赛。在其他的许多事例中,人们也大多因为自己对其他成员的热爱和忠诚而加倍努力或承担巨大风险。此外,当群体成员相信群体会因为成员中最差的表现而失败时,那些明确知道自己做得不是最好的成员所拥有的动机会提升,并会增加对群体做出的贡献(Hertel, Kerr, & Messe, 2000; Messe, Hertel, Kerr, Lount, & Park, 2002)。这些成员不希望自己成为群体"最薄弱的一环"。然而,与这些提升动机的现象相反,大部分的研究者关注的是群体成员的动机为什么会降低。

马克思·林格尔曼是法国的一位农业工程教授,他的研究兴趣在于测量人力、牛和机器在拖拉重物任务上的相对效能。他在一系列研究中通过要求被试和两人、3人或8人组成团队一起拖动系在压力计上的绳索来研究加成性任务(Moede, 1927)。结果很显然,两个人组成的群体比一个人拉得更用力,3个人组成的群体比两个人拉得更用力。但是,对结果平均后却发现,单独个人的拉力为63千克,两个人共同的拉力为118千克,3个人共同的拉力为160千克,而八个人共同的拉力为248千克。这个结果最有趣的地方在于每加入一个人之后,团队在拉力上的提升小于一个人单独能做到的63千克。例如,3人团队的表现仅相当于2.5个人单独拉绳子时测得的拉力。对于四人团队而言,数据显示每个人贡献的力量仅为单独个人的77%;对于8人团队而言,每个人的出力仅仅为单独个人的49%。群体成员的数量和个体在加成性任务上的行为表现存在相反的关系,这被称为**林格尔曼效应**(Ringelmann effect)。在群体完成智力谜题、创造性任务,以及直觉判断和复杂推理任务中都发现了同样的现象(Gibb, 1951; Taylor & Faust, 1952; Ziller, 1957)。

Ingham、Levinger、Graves和Peckham(1974)复制了林格尔曼的研究,试图探讨研究中所发现的个体投入上的降低到底是来自群体过程中存在的问题(例如,协调成员投入上存在困难;比如,拉绳子的时候人们必须都站在能握牢绳子的位置上,并且每个人都要在同一个时刻用力或停下),还是来自群体惰化。他们发现随着群体规模变大,群体成员拉绳子的行为变得更不投入,这说明至少有一部分原因是他们的动机降低了。几年后,研究者开展了另一项任务,在这项任务中研究者要求被试尽可能大声地欢呼,结果再次重复了该效应(Latané, Williams, & Harkings, 1979)。Latané将这种动机降低的现象称为社会惰化。**社会惰化**(social loafing)指的是当人们与其他人一起完成加成性任务的时候,人们会降低付出的努力的现象。**加成性任务**(additive task)指的是将个体成员各自所做的努力整合起来以最大化群体产出的任务。研究发现,在诸如拉绳子、呼喊、鼓掌、评价诗歌和社论、欢呼、骑车、泵水或空气、提出想法、打字和探测信号等许多加成性任务中都出现了社会惰化现象。社会惰化也在印度（Weiner, Pandy, & Latané, 1981）、日本（Williams & Williams, 1984）和中国（Gabrenya, Wang, & Latané, 1983）等许多不同的文化下得到验证。

在有些任务中，社会惰化是合理的。例如，如果有一件只需要3个人就能提起的重物，当6个人负责提的时候，他们就不需要用全力来完成这项任务。然而，在大部分的情境中都需要并期望所有群体成员付出全力。有些情境和社会因素会对社会惰化的强度产生重要影响。例如，当群体成员的贡献无法被识别的时候（Williams, Harkings, & Latané, 1982），当自己的努力有可能是多余的时候（Harkins & Peyyt, 1982），当群体凝聚力低的时候（Williams, 1981），当群体成员对最终结果所负责任降低的时候（Petty, Harkings, Williams, & Latané, 1977），当任务无聊的时候（与有挑战性、吸引人或让人参与的任务相比；Brickner, Harkins, & Ostrom, 1986），当没有为群体做出承诺的精神的时候（Hackman, 1987），以及当群体成员认为其他成员正处于懈怠状态的时候（Zaccaro, 1984），尤其容易发生社会惰化。研究显示，在完成加成性任务的时候,如果群体成员认为他们被"淹没"在人群中,并因此不用负责任或别人无法评价他们做出的贡献时,他们的责任就被分散了。

一项基于大约80项研究的元分析显示,人们可以通过(1)使得每个成员的贡献都变得可识别,(2)使任务目标对个人而言是有意义的、有挑战性的、重要的、可参与的、有吸引力的和有内在兴趣的,(3)任务完成得好能得到重奖,(4)成员认识到每个人的付出都会使群体表现得更好,(5)提高群体凝聚力,(6)每个成员的表现都会受到其他人和权威者(如老板或教师)评价的方法来降低或避免社会惰化。

搭便车:不劳而获

当你独自完成一项任务的时候,你要自己为成功或失败结果负责。然而,当你在群体中工作时,通常所有成员会一起承担群体取得成功或失败结果的责任。例如,在突发事故中,帮助他人的责任分散到了所有旁观者身上。事实上,群体越大,任何特定个体提供帮助的可能性反而会越小(Darley & Latané, 1968; Latané & Nida, 1981)。同样地,假设你和几个人一起合租一间公寓,如果有人为大家烧晚饭,其他人就不会承担起做饭的责任。那些只需要一个人完成,但会惠及所有成员的任务称为**析取任务**(disjunctive task)。

虽然个体在析取任务中只需要对完成任务承担较少的责任,但是有些成员会在这种任务中做出**搭便车**的行为(free ride; Olson, 1965)。搭便车指的是个体自己不付出,却从其他成员的工作中获益的行为。通常而言,人们之所以做出搭便车的行为是因为他们认为自己的努力是不被需要的,即认为自己是可有可无的(Kerr, 1983; Kerr & Bruun, 1983)。当群体成员发现自己为群体所做的贡献无足轻重时(如群体的成败和他们是否付出努力关系微弱),他们就不太可能再为群体付出努力了。此外,对于个体而言,提供帮助所需要付出的代价越高,他们对自己是否无足轻重就越为敏感,这就会使他们降低对任务的投入。搭便车这种不劳而获的行为和社会惰化是不一样的。

知觉到不平等导致动机丧失:不做傻瓜

当你与别人合租的时候,如果你发现只有自己在负责打扫工作——即,其他人都在享受你打扫房间的成果,但并不承担打扫公寓的责任,你会怎么做?Kerr(1983)将其他群体成员搭便车时,人们降低自己投入的行为倾向称为**傻瓜效应**(sucker effect)。他发现人们在自己身边有搭便车的同伴时会降低自己的投入水平(也因此降低了自己的报酬),而不是继续当傻瓜。不过,这并不意味着每个人都必须为群体付出同等的努力。当人们努力为群体付出,但是并没能达到目标时,成员们并不会感到自己是个傻瓜(Kerr,1983;Tjosvold, Johnson,& Johnson,1981)。

群体思维和防御性回避

哥伦比亚号航天飞机在返回大气层的时候因为机翼严重受损而解体,机上七名宇航员全部罹难。事故调查组对 NASA 的决策文化开展过调查。要做出有效的决策,就需要认真考虑备选的观点。但是,任务管理团队的主席否决了怀疑机翼已经在发射时受损的低职级工程师要求获取卫星照片的请求。在调查中,当她被问及如何征求不同意见时,她无言以对(Langewiesche,2003,p.82)。交谈内容如下:

调查官:"作为管理者,你是怎么征求不同意见的?"

管理者:"嗯,当我听到不同意见时……"

调查官:"通常你可能不会听到这些不同意见……那么,你是通过什么方法获取这些意见的呢?"

管理者:【没有回答】

决策者通常不愿意采取行动。他们被冲突、怀疑和担忧所困扰,要与渴望、期望和忠诚之间的冲突作斗争。为应对这些困难,决策者有时候会采用**防御性回避**(defensive avoidance)的方法——拖延、合理化或否认对选择负责。当群体决策被防御性回避主导时,人们通常会做出糟糕的决定。社会心理学家 Irving Janis(1971,1982)分析了一些惨败事件中的决策过程:

1. 珍珠港事件:在 1941 年珍珠港事件前的一周时间里,夏威夷的军事指挥官得到了许多有关日本正在准备对某地开展袭击的信息。随后,军事情报部门对日本航空母舰的无线电监控也失灵了。在那之前,舰队和夏威夷方向保持着大量的无线电通信。如果此时进行空中侦查就可能找到这些航空母舰,或者至少能够在袭击前发出警报。但是指挥官并没有考虑这些预警信息。

2. 猪湾入侵:1961 年,1 400 名受过 CIA 训练的古巴流亡分子入侵古巴,几乎所有的流亡分子都很快被击毙或逮捕。美国因此蒙羞,而古巴和苏联之间的关系变得更为紧密。肯尼迪总统曾感慨道:"我们怎么会那么傻?"

3. 越南战争:在 1964—1967 年,约翰逊总统和他的"周二午餐团"政治幕僚逐步扩大越南战争。他们认为越南战场的战事升级(空袭、毁坏庄稼、扫荡)能够将越南政府逼回谈判桌上。他们无视政府智囊团和几乎所有盟友对战争烈度升级这一决策做出的警告。结果,这场战争夺去了超过 56 500 名美国人和超过 106 万越南人的生命,约翰逊总统也因此下台,战争造成的巨额赤字也成为 20 世纪 70 年代通货膨胀的诱因。

Janis(1972,1982)使用群体思维来形容这些灾难中的决策过程。**群体思维**(groupthink)指的是大家努力达成全体一致结果的行为,但是这个过程中会无视群体成员实际去评估其他行为的动机,并会由此导致(1)心理效能、现实检验和道德判断的衰退,(2)无视与自己的决定不一致的外部信息。群体思维会导致产生**寻求一致**(concurrence seeking),即,群体成员会为了避免产生任何不同意见或论据而抑制讨论、强调赞同,以及不对其他想法和行为做出现实性评价。当寻求一致主导着群体的时候,群体中就会产生极快地进行妥协并对持不同意见者进行审查的现象。当群体成员感受到要互相赞同的强大压力时,他们就无法开展有效的讨论了(Postemes, Spears, & Cihangir, 2001; Quinn & Schlenker, 2002)。

在群体凝聚力高的情况下,当群体受到外部威胁时,如果领导者是指令式的和有活力的,并且群体并不打算寻找或评价其他选项的时候,群体思维会加剧(图 7.6)。群体成员会通过分享错误的观点和合理化的想法来支持那些得到领导者青睐的观点。在寻求一致和避免分歧的时候,群体成员会陷入群体思维的陷阱:

1. 自我审查:每个成员会把自己对群体一致持有观点的疑虑最小化。

2. 对一致同意的错觉:每个成员都会认为除了自己以外的所有人都持同意态度。而且他们还会错误地认为其他成员表现出的沉默代表他们同意(**多数无知**;pluralistic ignorance)。

3. 对分歧者施压:迫使任何表示怀疑的人顺从。

4. 思想守卫:有些群体成员会阻止分歧者提出反对意见。

5. 坚不可摧的错觉:群体成员会产生坚不可摧的错觉,表现为一种盲目乐观以及过于冒险的倾向。他们常常认为自己的群体是不会受到攻击和指责的。

6. 合理化:群体成员为将要做的行为进行辩护,通过这种方式防止产生疑虑和适当的复议。

7. 道德错觉:群体成员会忽视他们所青睐的行为将会导致的道德后果,并会认为群体的行为是道德的。

8. 刻板印象和道德排斥：群体成员认为对手和潜在的批评者都太弱、太愚蠢，所以这些人不会给出有效的反馈；或者会认为这些人太坏了，不相信他们真的会协商。

前提条件
1. 高度凝聚力
2. 不受外界影响
3. 缺乏收集与评估信息的方法
4. 指示型领导
5. 对找到比领导者或其他有影响力的成员偏好的解决方法更好的方法感到无望，并且高度紧张

↓

寻求一致的倾向

↓

群体思维的表现
1. 坚不可摧的错觉
2. 集体合理化
3. 相信群体拥有与生俱来的道德性
4. 对外群体持有刻板印象
5. 对分歧者施压
6. 自我审查
7. 无分歧错觉
8. 思想守卫

↓

防御性决策的表现
1. 未能完全考察其他选项
2. 未能完全考察反对意见
3. 未能意识到当前选择的风险
4. 信息收集水平差
5. 加工手头信息时存在选择性偏向
6. 没有重新评价备选项
7. 没有制订应急计划

图 7.6　群体思维模型

群体思维的这些方面使得群体决策过程存在很多缺陷。例如，未能全面考察其他选项和观点，没能发现偏好的选项上存在的风险，信息收集的质量差，加工信息的时候存在选择性偏向，没有重新考察备选项，以及没有应对意外情况

的计划。

Aldag 和 Fuller(1993)对有关文献进行综述后总结指出,大部分有关群体思维的研究结果都来自对灾难性事件中所做决策的回溯性个案研究,而不是关注做出好、坏决策的决策过程之间差异的比较研究。从整体上看,这类研究无法为群体思维现象的效能提供证据,也无法证明群体思维就一定会带来消极结果。很少有研究通过有控制的实验研究来考察群体思维过程。有一些实验室研究表明具有高凝聚力的群体通常不会出现 Janis 的理论中预期的低下的讨论质量(Flowers,1977;Leana,1985),但是指示型领导却会导致群体问题解决水平低下(Flowers,1977)。

因为我们无法确定 Janis 是否忽略了相反的案例,所以我们要谨慎地看待 Janis 列出的历史事件(Longley & Pruitt,1980)。Tetlock(1979)对一些重要决策者所做的公开讲话进行了内容分析。结果发现,在那些 Janis 将其作为群体思维样例的政治决策事件中,决策者的思考确实比非群体决策情况下简单。Herek、Janis 和 Huth(1987)发现群体思维和问题解决结果之间存在负相关,群体思维越强,决策结果越糟糕。McCauley(1989)分析了这些例子后,发现 Janis 所举的例子里有两个群体思维事件中的决策是在压力下做出的,决策者对此有一定保留。McCauley 的分析还发现,一开始就提出观点的领导者(指示型领导)、同质成员,以及群体不受外界影响是产生群体思维的关键因素。

群体成员之间糟糕的冲突管理

群体中始终存在冲突。如果人们能建设性地解决冲突,那么冲突反而会提升群体效能。但是,当解决冲突的方式不当时,群体效能就会降低。在有些情况下,群体成员在目标上存在的冲突会导致有些群体成员(或有意识或无意识地)希望破坏整个群体做出的努力;在另一些情况下,有些成员会为了满足自己的需要去干扰群体做出有效决策的行为。在冲突中,群体成员会以一种降低共同工作效能的方式与他人竞争。即使成员们一开始都是任务导向的,并且都担心自己取得的结果,但是他们仍然有可能对怎样进行下去持有不同观点,而且也有可能无法建设性地解决他们面临的冲突。

群体成员的自我中心

是否能够从其他角度看待讨论的问题是进行有效决策的关键能力。当群体成员只从自己的角度呈现自己的观点,而且很不友好地去评价其他成员的信息和结论与自己观点之间的差异时,他们就会造成各种意见僵持不下的局面。强调理解其他成员的观点能够使人们做出比采用自我中心观点时更优的决策(Falk & Johnson, 1977; Johnson, 1972, 1977)。执着于自己个人观点的成员数量越多或成员拒绝考虑其他人观点的程度越高,群体决策的质量就越差。

缺乏异质性

必要的信息、技能和观点是否得到完全展现将会决定一个群体是否高效。群体成员的同质性越高,每个成员可以为整个群体增加的信息量就越少。总的来说,同质群体做出的决策没有异质群体所做的决策有效。群体的异质性越高,群体成员之间就会愈发频繁地发生冲突(Bass, 1960; Hoffman, 1959),群体成员会对彼此做出的不正确反应更为抵触(Goldman, Dietz, & McGlynn, 1968),但是群体生产力会变得更高(Goldman, Dietz, et al., 1968; Hoffman & Maier, 1961)。

干扰或生产阻碍

因为每个时刻只有一个人能说话(人们也只能听到一个人说的话),所以人们在讨论中要等待轮到自己发言。有时候这段等待的时间太过于漫长,以至于还没轮到自己发言,讨论的话题就变了。在这个时候,你可能会完全抛弃自己准备好的想法,群体就会由此遭受到损失;当然,你也可以继续提出自己的观点,这就会把群体讨论的主题切换回先前的问题。当某个成员的行为妨碍了其他成员的行为时,就发生了**生产阻碍**(production blocking)。生产阻碍会降低决策的效能。例如,当群体的任务是提出尽可能多的想法时,他们提出的想法数量可能只有**名义群体**(nominal group)提出数量的一半或更低(Diehl & Stroebe, 1987; Lamm & Trommsdorff, 1973)。这背后的原因就是生产阻碍:每一刻只能有一个成员说话。

不适当的群体规模

有一些决策需要许多人一起参与,而有一些决策则只需要一个人或两个人完成。不适当的群体规模可能会通过以下形式干扰群体决策的效能:

1. 群体职能规模和实际规模之间的差距越大,群体就越无效。Stephan 和 Mishler(1952)发现讨论中积极发言的成员数量会随着群体规模的增大而减少。也就是说,随着群体规模增大,主动解决问题的成员会变得越来越少。群体职能规模可以远小于实际规模。Bray、Kerr 和 Atkin(1978)发现在大多数的情况下,当只有两个人一起决策的时候,他们解决问题的速度几乎和反应最快的那个成员一样。然而,在那些超过 9 个成员的群体中,只有很少成员会担当主导的角色,其他人则会表现得很被动(Watson & Johnson, 1972)。

2. 群体成员越是看低个体的努力对群体成功的作用,群体效能就越低。一般来说,随着群体规模变大,群体成员就越不倾向于认为自己的贡献对于群体的成功有重要作用(Kerr, 1989;Olson, 1965)。如同在前文中所提到过的,社会惰化水平会随着群体规模增大而提升。Morgan、Coates 和 Rebbin(1970)发现,在 5 人的小群体中,哪怕只有 1 个人缺席,团队的绩效就反而会变得更好。这可能是因为在少了一个人的情况下,剩下的成员都认为自己的贡献对团队而言变得更加必要了。最后,随着群体规模扩大,人们也越容易改变自己的观点以迎合他们知觉到的群体所持有的意见(Gerard et al., 1968;Rosenberg, 1961)。

3. 一般来说,群体结构越复杂,就要花费更多时间进行组织,群体效能就越低。群体需要一定的时间来进行组织,而个体层面却不需要经历这一个环节(Bales & Strodtbeck, 1951)。一般情况下,当群体所要完成的任务很复杂,或包含许多步骤,抑或群体本身就包含许多子群体和委员会时,就可以预见群体决策过程会花费相当多的时间。而且这种类型的群体所做决策的效能比不上更精简的群体所做的决策。

4. 成员对群体的认同感越低,群体效能越低。Kramer 和 Brewer(1986)发现强烈的归属感或社会认同能使人们做出合作行为。他们指出,你越认定自己是群体的一员,你就越不会将自己的利益和群体的利益相区分。人们更容易对小群体而不是大群体产生认同。

5. 遵从群体规范的成员越少,群体效能越低。通过监控成员的行为来检测他们是否做出违反规范的行为才能强化群体规范。同样,针对违反规范的行为进行的惩罚必须要能够让违规个体切实受到影响才行。缩小群体规模能够使监控变得更容易,并能同时提升成员对群体的依附性,群体对成员的排斥在这种情况下就更具有惩罚性了(Fox, 1985)。

过早终止和消减失调

过早做出决策,随后再尝试消减群体成员的失调感,这种做法会产生无效的决策。根据认知失调理论(Festinger, 1957),无论何时,只要人们必须从两个选项之间选择其一时,他们身上就会产生决策后失调。当人们同时在脑中处理相互冲突的两种认知内容时,就会产生**认知失调**(cognitive dissonance)。例如,如果一个群体成员知道群体选择了一个最想要的选项后,又发现另一个选项也同样具有吸引力,这时候就会产生失调感。在产生失调感后,人们通常会试图去降低或消除这种失调感。降低失调感的方法之一是提升对已经做出的决策结果的喜好度并同时降低对未选中结果的喜好度。决策越是重要、越是困难,群体成员就越有可能去寻找支持他们已经做出的选择的证据,同时还会降低未被选中的选项具有的吸引力。这样,他们在决策后就会认为自己所选对象的吸引力更高(与其他选项相比)。如果群体需要重新考虑决策结果或重新进行选择,**消减失调**(dissonance reduction)就会干扰他们的行为。

成员缺乏有关的技能

如果群体成员不具备完成任务和有效共事所需的技能,他们一起做的决策将会变得无效。技能分为两类——人们需要用来完成任务的技能(任务-工作技能)和在群体中工作所需要的技能(群体-工作技能)。缺乏能力的成员可能会使整个群体在表现上不如一个有这种能力的个体。例如,一个熟练的伐木工人做砍伐、修整、切割和运送原木的工作能够做得比一群大学教授更好。对群体成员来说,仅知道问题的正确答案是远远不够的,他们还必须能够与其他成员一起分享解决方案,并说服其他成员接纳这个方案。成员在群体中的地位(Torrance, 1954)、成员对自己提出方案的信心(Johnson & Torcivia, 1967),以及自己参与讨论的程度(Thomas & Fink, 1961)等因素都会影响这个过程。也就是说,当问题解决群体中最有能力的成员缺乏信心、处于低地位或本身不健谈的话,群体就不太可能完全利用到这个成员拥有的资源。如果任务-工作技能和群体-工作技能都很低,群体决策的质量无疑会受到影响。

缺乏个体贡献激励与存在贡献的障碍

Shepperd(1993)根据一项元分析的结果指出,当为群体做贡献的激励程度低下时,群体就只会为达成群体目标付出很少的努力。相应地,也可能有一些障碍破坏了成员贡献的价值,使得成员不愿意为之努力。当成员需要为群体贡献出自己本可以花在其他激励程度更高的活动上的时间和精力时,或当群体成员认为其他人在剥削自己的付出时,他就不会再愿意为群体做贡献了。

练习 7.3 冬季求生

这个练习的目的是比较不同决策方法在效能上的差异。这些方法包括(1) 由指定的领导者直接做出决策,(2) 吸收每个成员的观点,(3) 由专家决定,(4) 讨论后由指定的领导者决定,(5) 先达成共识再做出决定。其中有三种决策方法并不需要进行群体讨论。这个练习需要至少 4 个小组,每个小组需要 8—12 名成员。不过,因为最终结果是很典型的,所以在必要的情况下,小组数量和每组的成员人数可以酌情减少。这项练习耗时约 2 小时。

需要如下材料:

观察者指导语

情境和决策表的指导语

小组汇总表

达成共识决策小组的指导语

领导者决策小组的指导语

汇总表

协调者的工作流程如下:

1. 告诉参与者,这个练习的目的是对几种决策方法进行比较。然后,告诉参与者群体决策是群体最重要的作用之一,大部分重要的决策都是由群体而非个人做出的。虽然大部分的决策都是日常性质的,但是也有很多决策是至关重要的。现在每个小组做的决策都将决定他们是否能生存下去。

2. 将所有参与者分成小组,每组大约 8 个人——6 个任务参与者和 2 个观察者。给每个小组分配一个编号或起个名字,以便于识别。将所有观察者叫到场地中央,简单交代一下之后,把情境描述和决策表发放给任务参与者。接下来与参与者一起熟悉情境,并再次强调他们是否能生存下来将取决于他们做出的决策。在一半的小组中为每组指定一名领导者,而在另一半小组中不提及领导的事情。接下来,让参与者各自安静地做出自己的选择,这个结果是他们单独决策做出的选择结果。这个环节限时 15 分钟。除了选择以外,参与者还要把自己的选择誊写在一张纸上。每个参与者都要在纸上写下自己小组的编号或名字。被选中作为领导者的参与者另外需要在自己那张誊写选择结果的纸上写下"领导者"三个字。15 分钟后,把这些纸收起来。

3. 在参与者独自完成决策表的时候向观察者说明任务情况。给每个观察者发一份观察者指导语以及描述与决策表(让他们知道小组的任务是什么)。确定每个观察者都理解他们的任务是什么。

4. 给每个成员发一张小组汇总表和小组对应的指导语(有领导者和无领导者的小组拿到的指导语不同)。观察者也会得到自己所属小组的指导语。每个小组要间隔足够远,确保互相之间无法听到其他小组的讨论内容,也不能让他们发现不同小组拿到的指导语不同。每个小组有45分钟时间来决定决策表上物品的排序,然后要将小组得到的结果写在一张纸上,并在纸上写上自己小组的编号或名字。

5. 当小组完成任务后,使用以下方法为每个参与者单独决策的结果计分:

(1) 算出参与者的答案和正确答案之间得分的净差值(答案见附录)。例如,如果参与者的答案是9,而正确答案是12,那么净差值就是3。对每个答案和正确答案之间的差值取绝对值,不要保留正负号。

(2) 把这些净差值加起来,结果就是这个参与者的得分。分数越低就代表这个参与者的排序越准确。

(3) 把每个组里成员的得分分别加起来,再除以小组人数,得到小组平均分。

(4) 在每组内,将成绩从好到差排序。后续可以使用这个排序结果来比较有多少成员的个人成绩比小组成绩好。

(5) 在发给小组的指导语后附的汇总表上写下每个小组的平均成绩和每个小组的最好成绩。

6. 在过了40分钟后,提示参与者还有5分钟时间。45分钟时间到后,让每个小组在30秒内完成他们小组的排序,并在纸上写下小组的编号或名字。随后尽快计算出小组的得分并写入汇总表。如果你觉得来不及,请几名观察者帮助你。

7. 将所有参与者召集到一起,把正确的答案和答案背后的原因呈现给他们看。然后告诉他们怎么计分,最后让他们为自己计分。

观察者指导语

这个练习旨在考察群体决策的过程。练习中需要解决的关键问题是团队如何有效利用成员所拥有的资源,以及成员对决策的认同和为执行决策所作承诺的水平,会对未来团队做决策产生什么样的影响,以及决策时团队成员会有

什么样的感受和反应。作为观察者,你要关注以下内容:

1. 谁参与了讨论,谁没参与讨论?谁参与得最多?

2. 谁影响了决策?谁没对决策造成影响?是通过什么形式影响的(专业、性别、嗓门大)?

3. 谁参与了整个过程?谁没有?

4. 小组成员的主要感受是什么?你如何描述会议期间小组中的氛围?

5. 小组中出现了什么领导行为?缺失了什么领导行为?你可以使用先前章节中介绍的任务取向的行为和维持取向的行为来回答。

6. 成员的资源得到或未得到利用的原因是什么?

冬季求生练习:情境

你们遭遇了空难。你们现在位于明尼苏达北面、马尼托巴湖南面的森林里。现在是1月中旬,目前是上午11:32。你们乘坐的小型飞机坠毁在湖里,飞行员已经死了。飞行员的尸体已经随着飞机残骸沉入了湖里。你们当中没有人受伤,你们的衣服也是干燥的。

空难在顷刻间发生,飞行员没有时间呼救或提醒你们,他当时正在努力回避暴风雨带来的危险,你们都明白飞机已经偏离了航线。在坠机前不久,飞行员曾经告诉过你们当时飞机在一个小镇西北方20英里的地方,而且这个小镇是离你们最近的有人烟的地方。

你们现在身处一片浓密的丛林里,丛林被湖泊和河流分成一块一块的。风大的地方的积雪深及脚踝,其他地方的积雪甚至可以没到膝盖。最近的气象报告显示,这片地区白天的气温大约为零下32℃,夜间的气温大约为零下40℃。附近有很多枯木和树枝,你们身上穿的都是冬天城市中常见的服装——套装、便鞋和大衣。

在你们从飞机上逃出来的时候,有几个成员带出了一些物品,一共有12件。你们的任务是根据这些物品对你们求生的重要性进行排序,最重要的标为1,最不重要的标为12。

假定飞机上逃出的乘客数量等于你们小组的人数,并且你们决定大家待在一起。

冬季求生决策表

根据对你们生存的重要性,将下面物品排序。1代表最重要,12代表最不重要。

_____ 钢丝绒
_____ 每人一张报纸
_____ 指南针
_____ 手斧
_____ 打火机（没有燃料）
_____ 有子弹的.45口径手枪
_____ 塑料做的地区航空地图
_____ 几块6×6米的厚实帆布
_____ 每个人都有的额外的衬衣和裤子
_____ 一罐油脂
_____ 一升50%酒精浓度的威士忌
_____ 家庭装巧克力条（每人一根）

无领导者小组的指导语

这是一个有关群体决策的练习。你们小组需要使用整个群体达成共识的方法做出决策。这就意味着你们最终的决策结果需要得到每个人的同意。达成共识的结果是很难达到的，所以没有一种排名结果会得到所有成员的支持。接下来，你们要尝试以小组的形式做出决策，得到一个使所有成员都至少部分同意的结果。以下是达成共识的一些准则：

1. 不要为你们自己的观点进行盲目的争吵。要尽可能明确、有逻辑地呈现你们的观点，在你提出自己的观点之前，要倾听其他成员的反馈并仔细考虑他们的想法。

2. 不要为达成一致或避免冲突而轻易改变自己的想法。你要支持那些你至少有些同意的解决方案。你只应该接受那些有客观性和逻辑基础的观点。

3. 不要使用多数票决、掷硬币、平均和讨价还价等降低冲突的方法。

4. 要寻找不同意见。有不同意见是很自然也很正常的。尝试让每个人都参与到决策过程中。反对意见能够提升群体决策的水平，这是因为人们能从不同意见中得到更多的信息和观点，这些信息和观点能够提升人们找到更好的解决方法的机会。

5. 不要认为讨论中必须有输有赢。应当努力寻找大家都更能接受的方案。

6. 你们要在假设下开展讨论、互相仔细倾听、鼓励所有成员参与——这些是通过达成共识做出决策的关键因素。

冬季求生：小组总结表

物　品	成　员						总结
	1	2	3	4	5	6	
钢丝绒							
报纸							
指南针							
手斧							
打火机							
.45口径手枪							
区域航空图							
帆布							
衬衣和裤子							
油脂							
威士忌							
巧克力							

有领导者小组的指导语

这是一个有关领导者在参与小组讨论后如何做出决策的练习。你们小组需要对这些求生物品的排序进行讨论，但是最终决策将由指定的领导者做出。你们小组的领导者要在45分钟内提交他对排序的决定。其他成员的任务是尽可能地为领导者决定排序提供帮助。

总结表：决策准确度

小组	小组讨论前			小组讨论后		与领导者得分差距	与平均得分差距	与最高分差距	高于小组得分的成员数量
	领导者的得分	平均得分	最高分	领导者小组得分	达成共识小组得分				
1									
2									
3									
4									

练习 7.4 它们会要了我们的命

这个练习的流程同练习 7.3。

它们会要了我们的命　排名表

《丹斯评论》(*Dun's Review*)在最近的一项调查中根据每年的死亡统计结果列出了美国最为危险的产品或活动。以下列出的是 15 样造成死亡的元凶。你们的任务是根据它们每年造成死亡的数量对它们的危险程度进行排序。1 代表最危险,15 代表最不危险。正确答案见附录。

_____游泳	_____核能	_____自行车
_____铁路	_____吸烟	_____打火机
_____当警察	_____摩托车	_____爬山
_____家用电器	_____杀虫剂	_____疫苗
_____酒精	_____手枪	_____手术

考虑周到的决策

做出一个让每个成员都致力于执行的考虑周到的决策比听上去更加困难。问题解决情境会向人们提出做决策的要求。我们必须先了解问题解决的过程是什么样的,才能思考通过什么步骤做出考虑周到的决策(Johnson & Johnson, 1989)。问题解决有 6 个步骤:(1) 群体要识别并定义问题;(2) 收集和组织与问题有关的可用信息;(3) 群体考虑并制定备选的行动方案;(4) 群体考虑并制定备选的解决方法;(5) 群体决定采用什么行动方案;(6) 群体评价执行结果的有效程度。如果群体隶属于一个更大的组织,那么他们就可能会把自己的决策结果作为一种建议提交上去。这个过程有时候被称为群体决策的功能理论。

识别与定义问题或事件

群体决策的第一步是识别和定义问题。**问题**(problem)指的是事件当前状态和期望状态之间的不匹配状态或差别。问题解决需要先获取有关群体应当成为什么样的和有关群体现在处于什么情况的有效信息。问题定义得

越准确、越清晰,问题解决过程的其他步骤就越容易完成。定义问题有三个步骤:

1. 在"事件的理想状态是什么"这个问题的答案上达成一致(即群体的打算、目标)。

2. 取得对当前事件状态有效的、可靠的、可直接检验的、描述性的(而非推断或评价性的)、准确的信息。

3. 彻底讨论事件的期望状态和实际状态之间的差异,要认识到这二者之间的不匹配会产生解决问题的承诺和动机。

问题解决群体通常会在没有对问题做到明确化和达成一致理解的情况下就急着拿出解决方案。实际上,成员们应该在评价问题的重要性之前先确认每个人都理解了问题。也就是说,群体成员必须对问题形成共同的认识上和情感上的理解。可以通过以下步骤澄清问题:

1. 列出有关问题的陈述。在这一步中要尽可能实质性地描述问题,其中要包括人物、地点和资源信息,还要尽可能多地纳入成员们愿意提出的不同说法。把这些内容写在黑板上,让所有人都能看到。不要就这些语句是否完美进行争论。

2. 重新表述收集到的陈述句,其中要包含对事件的期望状态和实际状态的描述。在这一步中要排除那些超出群体拥有的资源能够解决的定义。再从中选出群体成员认为最准确的定义。**确定下来的问题应当是重要的、可解决的和紧迫的。**

3. 详细地写下当问题解决后群体会怎么样。情境描述得越详细、越具体越好。

收集和组织与问题有关的信息

问题解决的第二步是诊断问题的产生、程度和性质。在这一步中需要收集有效的信息。随后,需要彻底讨论并分析这些信息,以确保所有群体成员都理解这些信息。在这个过程中需要明确问题的实际出现频率,以及帮助和阻碍群体趋向事件理想状态的力量。确认问题情境中带来影响的力量的方法被称为**力场分析**(force field analysis;Lewin,1953;Myrdal,1944)。在力场分析中,问题被视为作用在不同方向上的力量的一种平衡状态,这些力量中有些帮助事件向期望的状态发生变化,有些则阻碍这种变化。帮助性力量和阻碍性力量的平衡状态就是事件当前的状态——**准稳定的均衡**（quasi-stationary equilibrium）。通过改变力量就可以使这种状态发生改变。在图7.7中，右边指的是群体为事件向理想状态发展所做的努力，用正号表示。而左边指的是使事件向变得糟糕的状态发展的力量，用负号表示。当中的竖线表示的是事件的当前状态——处于中间位置。每一个事件都会受到许多力量的作用，有些力量阻碍变化，而另一些则帮助变化。在力场分析时需要遵循两个基本步骤：

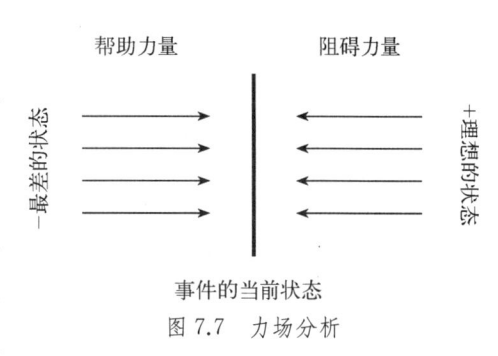

1. 首先通过头脑风暴的形式列出所有起到帮助性作用的力量，然后再用同样的方法列出所有起到阻碍性作用的力量。列表中应当包含所有无论是心理上、人际上、组织上还是社会上的可能力量。如果某个力量可以被视为许多变量的综合体，那么就要将组成这个力量的每个变量分别列出来。在这一步中不要对成员们提出的观点进行评价；必须公开地征求并呈现每个人的想法。

2. 根据这些力量对当前情境造成影响的重要性将这些力量排序。所有成员要对最重要的帮助性力量和阻碍性力量达成共识（每一类可能有3—6种）。随后再根据解决的容易程度来评估这些力量的重要性。不要花时间去讨论那些本群体用当前所拥有的资源无法施加影响的力量。

例如，在学校中开展合作学习的行为就是帮助教师施行合作学习的帮助力量和阻碍教师施行合作学习的阻碍力量之间的平衡。当教师认识到合作学习能够提升学生的成绩、推理能力、社会技能和社会支持之后，这些力量就能够促进他们采用合作学习的形式。如果教师习惯于使用其他方法，教师不愿意花时间学习如何使用合作学习的教学方法，教师缺乏改变他们标准化课程的意愿，以及教师没能完全理解合作学习是什么等情况都会阻碍他们采用合作学习的教学形式（图7.8）。

在收集对了解问题性质和当前程度有用的信息这一步骤中通常存在两个主要的障碍。第一个障碍是得不到必要的信息。当得到的信息很少时，成员们对问题的定义就不会很恰当，人们也就只能想出很少的解决方案，而且这些方案带来的潜在后果也难以得到适当的分析。所以，这种情况下最终得到的解决方案可能并不适当。在群体中存在被称为集体信息加工的由群体成员共同努

```
        帮助力量                    阻碍力量

      提高成绩      ▶        ◀  习惯当前状态
      推理能力更好   ▶        ◀  学习要花时间
  不   提升社会技能   ▶        ◀  害怕改变         依
  使   提高自尊      ▶        ◀  复习要花时间     旧
  用   增加社会支持   ▶        ◀  不理解           使
      喜欢上学      ▶        ◀  教师疏远         用

                      当前使用程度
                   图 7.8  开展合作学习
```

力提升对信息的记忆、交换和加工水平的过程。第二个障碍是群体中的沟通很差。群体成员之间糟糕的沟通不仅会导致和缺乏信息同样的效果,也会在需要群体成员合作执行的时候带来困难。

考虑并制定备选的解决方案

　　问题解决的第三步就是分析并制订解决问题的可选方案。在很多时候,群体之所以会做出糟糕的决策,是因为他们没有想到合适的解决方案或未能很好地在众多方案中进行选择。在做出最终决定前对每个选项的优劣进行系统化分析或许就是进行有效决策最重要的因素。使用外部的系统化的批判性评价过程,可以降低忽视合理化某个选项的可能性。如果决策者知道有哪些备选的选项,并且能够准确地判断每个选项的优劣,那么他们就能选出优势大于劣势的解决方案。

　　找寻并分析问题解决方法需要创造性、发散性和发明性的推理。这种"高水平"思维和分析的方法主要来自理智上的分歧和挑战(即争论)。在第8章中会对争论进行介绍。因为决策就是在备选的选项之间做出选择,所以所有的决策过程中都有争论。支持不同方法的小组为问题解决群体带来争论。为完全地参与到争论过程中,群体成员必须要准备一个观点,支持这个观点并应对批判,同时也要批判性地评价其他观点。在这个过程中要做到能够从各个视角来看待要解决的问题,最终做到在所有解决方案中取长补短。

　　力场分析。力场分析是一种特别有用的能够明确问题解决策略的方法。这种方法基于平衡点的位置只有在帮助力量和阻碍力量发生变化时才会发生变化,当前状态才会随之发生改变的观点。很显然,有两种最基本的改变两类力量之间均衡状态的方法：增加帮助力量和降低阻碍力量。在这两种方法中，降低或消除阻碍力量是最佳的策略。增加帮助力量虽然能够提升改变当前状态的压力，但是同时也会提升人们对变化的抵制，并由此降低这种策略的效力。因为消除阻碍力量不会造成抵制，所以降低阻碍力量通常是两种方法之间更为有效的方法。此外，作用在当前情境上的力量越少，处于情境中的人们所感受到的紧张水平也就越低。

改变平衡状态的两种方法并不互相排斥。有时候，你需要在降低阻碍力量的同时增加帮助力量。如果能做到这一点，那就会非常有效。同时改变两种力量的方法之一就是将阻碍力量变为帮助力量。有效改变阻碍力量的作用方向的策略之一就是吸纳一些反对改变的人参与到诊断问题和提出解决方案的过程中（Watson & Johnson, 1972）。**人们会喜欢并肯定那些由自己做出的改变，而且会抵制其他人施加给他们的改变。**在诊断和计划改变方法的过程中纳入那些反对者通常会使计划过程变得更加困难，但是这种做法确实能够保证这些成员会认同这些改变。同样，这能帮助我们在实施策略前先澄清对意见的误解和偏差，而且也能够有效地利用反对意见带来的资源。

因为群体成员能够通过力场分析理清楚哪些因素会阻碍他们进行改变，所以力场分析在问题解决的这一步骤上是非常有用的。任何改变都是诸多因素共同作用的结果，有效的改变策略也就需要包含指向多种因素的多重行为。当群体同时改变几个因素的时候，造成的提升将会是持久性的。

在寻找进行改变的可能策略时，群体成员应该提出尽可能多的方法来降低阻碍群体向期望状态变化的力量。他们要从所有群体成员那里获取想法。如果群体成员想不出足够的主意时，他们可以去咨询外部人员。邀请一名对问题有实质性了解的专家参与其中通常会带来极大的帮助。群体应该鼓励发散性思维，让成员思考每种阻碍力量，然后再一起找出降低力量强度或彻底消除这种力量的方法。

警觉分析。Janis和Mann（1977）建议采用他们认为能够减少防御性回避以及确保能够警觉地考虑每个备选的解决方案的方法。按照这种方法，群体需要根据以下四个因素来评估每个备选的解决方案：

1. 群体成员切实的收益和损失。
2. 诸如组织的其他成员等重要他人的切实收益和损失。
3. 成员的自我肯定和自我否定（如果我们选了某个选项，是否会感到骄傲或惭愧)。

4. 群体被重要他人肯定或否定(对我们而言很重要的他人是否认为我们做出了正确的决策)。

群体可以通过以下方法,借助上面这四个因素来分析每种备选方案:

1. 使用平衡表来评价每一种行为。在平衡表中要列出采纳某个备选方案后可能带来的实际收益和损失。

2. 根据重要性,用10点量表给每个选择的损失和收益打分,1代表"不重要",10代表"极度重要"。

3. 在完成每个行为的平衡表后,比较这些平衡表,再将各个行为按照最理想到最不理想的顺序排列。

使用平衡表进行系统化评估与保证对决策的满意度、对决策的承诺水平和决策的正确性息息相关(Janis & Mann, 1977)。

群体成员也可以使用其他的一些方法来促进做出高质量的决策。这些决策过程都聚焦于避免群体思维和构建系统化的评价体系两个方面。这些过程包括(Janis & Mann, 1977; Mann & Janis, 1983):

1. 公平的领导。领导者不要在一开始就提出自己的观点,这样其他成员就不会不加批判地采纳这个观点了。领导者不要在一开始提出自己的偏好和期望,也不要支持某个特定的提议。领导者要让成员们营造出开放性探究的氛围,使成员公平地对大量备选方案进行探索。

2. 每个成员都要担当批判性评价者的角色。领导者应当鼓励群体成员自由地表达怀疑和反对意见。领导者要让每个成员都担当批判性评价者的角色,让大家自由地提出反对与怀疑意见,并且也要接受其他人提出的批评意见,而不是把不同意见藏在心里。

3. 唱反调的人。指定一个或几个成员专门质疑支持主要观点的人所持有的证据。选一些成员专门支持那些不受欢迎的观点。

4. 外部专家。邀请外部专家参与群体会议,并请他们质疑群体成员持有的观点。

障碍。在考虑并制订问题的备选解决方案的过程中存在许多障碍。第一种障碍来自**未能找出适当的做法**。如果没有找到做法,自然就无法继续进行思考和评价了。第二种障碍来自没有进行适当的分析与评估就**过早地排除了备**

选方案，或做出不成熟的选择。有时候群体之所以做出糟糕的决策，并不是因为他们没有想到合适的选项，而是他们在思考和评价备选选项的时候表现得太差了(Maier & Thurber, 1969)。对大部分人而言，想法都是很脆弱的，很容易被冷漠的反应破坏。在问题解决中，群体应当避免在观点刚形成的时候就施加打击，而要创造一个支持表达和汇集大量类型观点的氛围。所有的解决方案都应该得到同等的被倾听的机会。只有这样才能使群体避免固着于一开始提出的合理方案上，并且能够做到批判性地对所有备选项进行评价。第三种障碍来自**一致性的压力**。一致和服从带来的压力会对产生不同意见造成阻碍。在问题解决中，发散性思维和聚合性思维都很重要。第四种阻碍来自**缺乏探究和问题解决技能**。有些群体可能需要针对如何使用探究和问题解决方法开展特殊的训练。群体中的专家可以承担训练任务，或者也可以向群体外部的专家寻求帮助。第五种阻碍来自**缺乏帮助成员们进行分析和综合的程序**。要想找到新的解决方法，就必须对引发问题的作用力进行系统化的理解和分析。

做出决定

一旦找出了所有可能的解决方案，并且对这些方案都使用专门的术语进行定义后，群体就需要从这些解决方案中选出一个解决方案加以实施。做决策指的是考虑可能的备选项后再从中选出一个。群体决策的目的是决定一个被充分考虑、理解的现实可行的方法，以此实现每个成员希望达成的目标。如果可能的话，最好让群体成员对决策达成共识。正如本章中已经说明的那样，达成共识的状态是很难达到的，这个过程会使得群体成员之间发生冲突、改变观点，而且会耗费更长时间才能做出决定。然而，为达成共识花费时间和精力是值得的，这种方法能够增强群体成员对他们所做决策正确性的信心。

第二次机会会议。即使通过达成共识做出决策，有时候依旧会存在群体成员执着于某一个选项而未能彻底思考这个选项可能带来的所有结果的情况。通过**第二次机会会议**(second-chance meeting)可以避免做出过于草率的决定。当阿尔弗雷德·斯隆还是通用汽车总裁的时候，曾经有一次为了一个重要决定召开了常务会议。在会议最后，他总结道"先生们，我想我们都已经完全同意这个决定了……我提议在下一次会议上进一步就这个决定进行讨论。在这段时间里大家可以想一些反对意见，你们有可能会对这个决定本身取得更多的认识。"在初次达成共识后,可以通过开第二次机会会议来鼓励所有成员把任何保留的怀疑和批评都表达出来。第二次开会的机会能够帮助群体避免不成熟的共识性结果和寻求一致性带来的影响。

社会上普遍认为,在酒精的作用下人们会较少抑制自己,更容易表达那些在清醒的时候不会表示出的怀疑。根据希罗多德的记载,古代波斯人会对重要决定做两次决策——第一次在清醒的时候,第二次在喝醉的时候。根据塔西佗的记载,罗马时期的日耳曼人也会这么做。在日本,当决策场合强调和谐和礼貌的时候,日本人通常会在下班后到酒吧里再重新考虑做出的决策。每个参与的人在喝了几杯酒后便不再那么注意礼貌,他们就会开始"清酒对话",这时候人们就能得知群体成员对决策的真实想法。介绍这些例子并不是指一定要在决策的时候喝酒,而是要强调群体必须要把第二次机会会议看作是一个能够去确认人们是否彻底、真诚地表达了自己观点的机会。比如,一个群体可以决定在做出决策的一周之后再进行一次相对随便的后续讨论。

评价执行的程度和成就

群体成员的责任并不会随着做出决策而终止。在决策后,群体还需要执行他们的决策结果。执行决策是一个做出必要行为使决策得以兑现的过程。这一过程需要有关群体成员对所做的决策做出承诺。如果不执行,决策就是没有用的。

如果要评价群体决定执行的解决方案有多么有效,成员就必须判断这个解决方案执行得怎么样、取得了什么效果。回答第一个问题的方法称为**过程评价**(process evaluation)。这种方法关注的是执行决策的过程。回答第二个问题的方法称为**结果评价**(outcome evaluation)。这种方法需要评价或判断执行的结果。制订计划的人必须为执行效果制定评价标准。结果评价的主要标准就是当前的状态在执行后是否离期望的状态更近了。群体要记录下决策执行的程度和决策中遇到的阻碍,而且还要对决策是否成功做出评价。例如,一个公司可能会通过结果评价的方式来评价运用新软件对公司通信带来的提升作用:是否有越来越多的职员使用电子邮件来互相交流?日程表是否让职员更有效地安排会议了?是否有一些职员拒绝学习新的软件?

如果群体发现虽然自己的决策被成功地执行了,但却并没有给当前状态带来推动,这时候就需要另外寻找并执行新的方案。群体的任务就是解决问题,提升当前的处境,无论在此过程中他们需要做多少次决策、执行多少次决策。然而,在解决了一系列问题后通常会引入一些其他问题。在尝试一些方法的时候,群体可能会发现这些策略并不能解决情境中最关键的问题。因此,最后得到的评价结果应该向整个群体说明哪些问题已经解决了、解决到什么程度,哪些问题依旧未被解决,以及出现了什么新的问题。随后根据评价结果再明确需要解决的问题是什么,对问题进行诊断,开始新的问题解决过程。

数字化决策技能

个体除了需要成为有生产力的、负责任的群体成员以外,他们也需要具备数字化技能。通过数字化技能,群体成员可以运用网络技术既安全又负责地参与在线决策。如同所有的技能一样,这当中也包括对群体做出承诺、合作与避免竞争。在许多方面,在网络上做一个好的成员和做一个好的合作者是一样的。大部分技术都是用来达成共同目标的,因此会促成合作。信息技术使得群体成员可以在身处不同地点的时候依旧能够使用资源和共享空间来完成任务与达成群体目标。技术也能使群体成员可以使用分散在世界各地的资源来完成任务与达成群体目标。此外,群体成员在网络上的行为也能赋予他们群体成员的身份。社交网络使得分散在不同城市、不同国家的人能够组成群体、共同工作。数字化决策技能也因此成为 21 世纪的人们生活的重要方面。

决策中可能存在的问题

> 如果两个人总是互相同意,那么其中一个人就是可有可无的。
>
> ——小威廉·里格利

群体决策并不总是事事顺利的。虽然群体做的决策通常比个体所做的更有效,但是群体决策花费的时间更长,过程中存在的"陷阱"也更多。群体决策可能会面临如下问题:

1. 群体成员在一开始对采纳某个做法存在偏好,所以他们会去论证自己偏向的做法,反对改变他们的想法,并且会根据这种最初存在的偏好做出最终决策(Brodbeck, Kerschreiter, Mojzisch, Frey, & Schulz-Hardt, 2002; Greitemeyer & Schulz-Hardt, 2003; Henningsen & Henningsen, 2003)。

2. 如同有人会受到最开始偏好的影响一样,群体成员也会倾向于关注那些证实自己最开始持有的想法和观点的信息,并且在表面上不加评判地接纳这些信息,还会同时忽略那些不支持自己观点的信息或对这些信息进行高度批判性的评价(Hart et al., 2009; Lord, Ross, & Lepper, 1979)。群体成员在决策中会频繁地调整他们的观点,而不是挑战当前的观点(即他们会寻求支持性的信息并忽视相反的信息)。偏向验证性信息会增强群体成员的态度、信念、评价、判断和知觉。尤其当这种偏向是基于偏见、信仰或传统所带来的信念,而非实际证据产生的时候,偏见导致的影响更为突出(Hart et al., 2009; Myers, 1982; Sunstein, 2002)。这种偏向也会降低群体发现新方法或对少数派观点进行客观检验的能力(Schulz-Hardt, Hachims, & Frey, 2002)。例如,持有高度种族偏见的个体在与其他具有偏见的个体一起讨论种族问题的时候,他们的偏见水平会变得更高。然而,当群体中有持反对意见的成员时,证实偏向就会降低;当有两个持反对意见者时,偏向甚至会消失。因此,群体中最好有一些拥有大量经验和想法的成员和一些反对其他人意见的成员。

3. 只要存在寻求证实性信息的偏向就说明并不是所有的想法都以同等强度呈现在群体中(Johnson & Johnson, 2007)。人们会倾向于在呈现自己喜欢的观点时表现得更为确信。人们会强烈地提出并支持最开始偏好的想法和支持这些想法的信息,而这些观点并不会受到批判性的考量。人们喜爱程度稍低的观点则会以较弱的形式呈现,并且会受到高度批判。如果要克服这种偏向,就需要确保所有选项都得到同样强度的推荐,并且得到同等的被完全倾听的机会。

4. 群体成员有对共享信息(两个或更多成员都知道的信息)开展讨论而不对非共享信息开展讨论的倾向(Wittenbaum, Hollingshead, & Botero, 2004)。不过,当群体努力做出最佳决策、会议持续较长时间(会议一开始会讨论共享信息)、群体中意见分歧增加、倡导进行讨论、强调异议的重要性,或在经过一次讨论后就要做出决定(而不是在后续讨论中再返回讨论先前的决策)的情况下,这种倾向性就没有那么明显了(Greitemeyer, Schulz-Hardt, Brodbeck, & Frey, 2006;Kloche, 2007;Larson, Foster-Fishman, & Keys, 1994;Reimer, Reimer, & Hinsz, 2008;Scholten, van Knippenberg, Nijstad, & De Dreu, 2007;Smith, 2008;Winquist & Larson, 1998)。

5. 群体决策中存在一致性偏向。即,群体成员会将他们的观点和态度改成与大多数群体成员一致,哪怕这种观点和态度与他们自己的判断相反(Haslam, 2004;Sanders & Baron, 1977)。有时候这些成员会做过头,反而变得比其他成员更加极端(Weigold & Schlenker, 1991)。这种变化降低了群体中观点的多样性,还会导致多数无知的现象。当一个成员认为其他成员都同意,并且认为自己是唯一不同意的人,但事实上几乎所有人都不同意这种行为时,就出现了多数无知这种现象。多数无知会导致大家做出的决策并不是他们真正想要的结果。不过,一致性偏差还是会带来一些好处的。例如,群体成员在达成共同目标的过程中会变得更为合作、更有效(Peterson & Nemeth, 1996)。然而,这种现象会导致人们付出包括损失多样性观点和创造性在内的代价(Gruenfeld, 1995;Nemeth, 1986;Nemeth & Wachtler, 1973)。受一致性压力影响的人数越多,群体就越不可能提出新的、发散性的、有创新性的想法(Nemeth & Staw, 1989)。

6. 群体成员会为大多数成员所支持的或与社会主导价值相一致的观点提出更多的支持性论据(Burnstein & Vinokur, 1973, 1977;Vinokur & Burnstein, 1974, 1978)。由于群体成员会因为其他成员的论据改变自己的观点,所以他们更加确信占主导地位的观点是正确的。群体成员也同样可能通过支持大多数人持有的观点进行自我说服。此外,群体成员也能够把那些受人们欢迎的观点记得更准确、更持久(Brauer, Judd, & Gliner, 1995)。

7. 在诸如时间压力、吵闹、疲劳或比较模糊的特定情境下,群体成员会寻求尽快达成共识以维持群体团结,而且会把反对意见和冲突视为破坏群体团结的行为(Kruglanski, Pierro, Mannetti, & DeGrada, 2006)。群体通过快速、明确的决策来取得**认知闭合**(cognitive closure)的效果,以此终结不确定、疑惑或模糊的状态。以牺牲决策质量为代价获取群体团结的做法被称为**群体中心主义**(group centrism)。

8. 最后,群体决策在专业性上也存在盲区。大部分重要的群体决策都需要一个以上的专家参与其中。并且,如同 Tversky 和 Kahneman(1981)所指出的那样,大部分的决策者未能意识到还存在其他的视角和参照框架,而且也没能够觉察到他们对选项的相对吸引力造成的潜在影响。所以,两个拥有不同信息、持有不同视角的专家会在没有认识到自己参考框架局限性的基础上做出相反的决策。专家只能看到自己专精的那个领域,无法看到"整个世界"。但是这些专家却会高估自己的专业知识对决策的重要性,并且会以一种有偏向的方式来检验有关的信息。这个时候就会产生冲突和争论。由于大部分决策都是在不确定的情况下做出的(其他选项能够得到期望结果的可能性未知),因此,这时候发生的冲突是很难解决的。

建设性争论可以帮助解决群体决策中的大部分问题。在这个过程中,群体成员需要遵循结构化的过程,做到互相反对与挑战其他人的推理和结论。在下一章中会对建设性争论进行介绍。

决策理论的问题

在小群体决策的理论化和研究上存在着至少两个主要问题。第一个问题是大部分研究关注的是群体所做决策的质量高低。在现实世界中,由于许多决策带来的长期影响是无法衡量的,所以很难用成功或失败来形容它们。如果要评价长远的成功或失败,就必须考虑决策带来的消极结果,如果采用了其他方法可能带来的积极结果,决策带来的积极结果,以及采用了其他方法可能带来的消极结果。显然,如果无法明确这些因素,评价就会是非常困难的。

第二个问题在于许多对于决策的理论和研究都假定决策者是完全了解情况的(他们知道所有可能的行为和每种行为的可能结果)、非常敏感的(他们把所有选项的复杂性都看得很透彻)、永远理性的(他们始终会最大化行为的产出)。然而,现实生活中的决策者并不总是完全知晓的(他们并不知道所有可能的行为,也不完全知道可能的结果)、不完全明白各种选项之间的交互作用,并且很少做到完全理性。现实生活中的决策者通常会被冲突、质疑和担忧所困扰。他们在忠诚、反感和渴望之间挣扎,会拖延决策、对决策合理化以及否认他们对决策负有的责任。许多决策者只希望决策结果能够满足自己最少的要求就好(**满意法**;satisficing)或非常快地做出决策,而不是选择最大化利益的方法(Hoffman,1961;Simon,1976)。无效的群体会使用许多诸如"把问题告诉专家,专家怎么说我们就怎么做——这样就够了"或"按照上一次起效的方法来做,如果上次的方法没有起作用,就用相反的方法"的决策规则。现实生活中的决策者其实也明白理想的决策过程中收集、分析大量信息的做法需要群体为之花费大量时间、精力和金钱。

研究者可以通过研究决策的过程而不只是关注决策的质量,以及提出一些帮助现实生活中决策者更加系统化、理性化的决策程序来解决这两个问题。

练习 7.5　问题诊断程序

这个程序的目的是帮助在群体中一起工作的人对问题做出诊断。诊断程序包括 11 个步骤,每个步骤都有整体上和各自的意义、问题和指导语。请确定你已经理解并完成了先前的每一步之后再进入下一步。

1. 明确你想要解决的问题。根据你怎么看这个问题对问题做出描述。

_____

_____

2. 大部分问题都能重新表述为包含以下两个方面的形式:
(1) 现在情况怎么样。
(2) 你希望情况变得怎么样(理想状态)。
根据这两个方面重新表述你的问题:

_____

_____

3. 大部分问题都受到推动变化和阻碍变化的力量,即帮助力量和阻碍力量的影响。列出影响当前状况的帮助力量和阻碍力量是一种很有用的问题分析方法。想一想你的问题中有哪些帮助力量和阻碍力量，把它们列在表中。尽可能多地列出这些力量，不要担心哪个比较重要。如果有需要可以另外附纸。

帮　　助	阻　　碍

4. 回顾你在两列中写下的内容。划出那些你认为现在最重要的和你认为能够改变的力量。根据你的问题，这些力量中应当有一种力量特别突出，或者同时存在两到三种特别重要的帮助力量和两到三种特别重要的阻碍力量。

5. 现在，看那些你划出来的阻碍力量，写出一些你认为自己能够计划并实施的可以降低这些力量带来影响或彻底消除这些力量的行为步骤。你可以使用头脑风暴。请写下尽可能多的行为，不要担心这些方法是否有效或是否可实现。之后再从其中寻找最合适的方法。

阻碍力量 A - 降低这种力量的方法为：_____

阻碍力量 B - 降低这种力量的方法为：_____

阻碍力量 C - 降低这种力量的方法为：_____

6. 接下来用相同的方法考虑那些你划出的帮助力量。针对每种帮助力量，写下你能想到的所有能够提升这种力量的行为。

帮助力量 A - 提升这种力量的方法为：_____

帮助力量 B - 提升这种力量的方法为：_____

帮助力量 C - 提升这种力量的方法为：_____

7. 现在你已经列出能够改变影响你面临的问题情境的关键力量的行为。回顾你写下的行为，划出那些你认为有希望实现的行为。

8. 把你划出的行为步骤列在下表中。接下来，为每个步骤列出做出这步行为所需要的并且你能够获得的材料、人员和其他资源。

行为步骤	可用资源

9. 回顾你写下的行为步骤和资源,思考它们如何组合才能形成全面的行动计划。删掉那些不符合整体计划的项目,加入一些能够对整个计划起到促进作用的行为步骤和资源,并思考这些行为的顺序应当怎样排列。

_____
_____

10. 设计一个方法来评估你的行为程序在执行后表现出的效能。现在就考虑这个问题,并写下你将会使用的评估方法。

_____
_____

11. 你现在拥有了一份解决当前问题情境的行动计划。接下来就要执行你的计划了。

练习 7.6　豆罐(Ⅱ)

这个练习的目的是向参与者演示参与决策过程的人数会影响决策的准确性。这个练习耗时大约 1 小时。只需要准备一罐事先知道具体数量的豆子。协调者的任务如下:

1. 向参与者解释这个练习关注的是不同人员组合对决策准确性的作用。在参与者面前放一大罐豆子,告诉参与者他们的任务是估计罐子里豆子的数量。你需要事先知道罐子里到底有多少颗豆子。

2. 让每个参与者独自估计豆子的数量,记录他们的估计值。

3. 让每个参与者找一个同伴组成 2 人团队,然后再估计豆子的数量。记录每个团队的估计值。

4. 每两个 2 人团队组成一个 4 人团队,再估计豆子的数量。记录每个团队的估计值。

5. 每两个 4 人团队组成一个 8 人团队，再估计豆子的数量。记录每个团队的估计值。

6. 每两个 8 人团队组成一个 16 人团队，再估计豆子的数量。记录每个团队的估计值。

7. 询问最终的估计值，随后告诉参与者豆子的准确数量。所有参与者再组成 8 人团队，就他们在练习中的体验开展讨论，如，在决策过程中的感受，团队是怎么运作的。最后，再以 8 人团队的形式提出有关成员人数增加对决策准确性造成的影响以及成员数量怎样影响决策准确性的结论。每个团队要把自己得出的结论分享给其他参与者，随后所有参与者对得出的结论开展讨论。

练习 7.7　你的决策行为

在结束这章的学习之前仔细思考一下你自己的决策行为对你而言是大有帮助的。你在决策群体中经常做出什么行为？你想要怎么做？为回答这些问题，接下来你需要和 2 名同伴一起完成下面的练习。

1. 把你们身上的零钱全都放在中间。使用达成共识的方法决定如何使用这些钱。注意观察决策中每个人的行为。如，你们每个人是怎么表现的？你们表现出来什么样的任务功能和维持功能？你对自己的表现感到怎么样？你在决策中做出多少自己的习惯行为？

2. 回顾一下第 5 章中介绍的群体任务功能和维持功能。讨论一下还有哪些功能？例如：

（1）**澄清或精细化**。对想法或建议做出解释或反馈；消除疑惑；提出新方案或其他观点；举例子。

（2）**总结**。把有关的想法汇总到一起；复述讨论过的建议。

（3）**一致检验**。检查群体在多大程度上达成了共识；检验群体是否接近做出决定的程度。

（4）**沟通感受**。表达自己对群体正在讨论的问题以及群体运作方式的感受。

（5）**证实感受**。询问其他成员的感受；检查自己对其他人感受的感知是否正确。

3. 你是否得到一些针对你的行为并且旨在提升你对自己行为意识的反馈？你现在如何描述你在决策情境中的行为？

4. 三个人作为一个团队，一起决定什么时候结束这个练习。

我的行为问卷

这个问卷的目的是帮助你了解决策时自己在群体中是如何表现的。不同的人在作为群体成员进行决策时的表现是不同的。此外，同一个人在不同时间的表现也是不同的，这取决于群体、需要做的决策和环境的共同作用。一般情况下，你在群体中做决策的时候会怎样表现呢？在下面的问题中，请选出你认为最符合你在群体决策中的表现的一项。请尽可能客观、诚实地选择，你的选择结果只有你自己知道。

1. 当我所属的群体在进行决策时，我会：

    ＿＿＿＿＿被动服从他人。

    ＿＿＿＿＿努力找出大家都满意的决定，不考虑这个决定到底是不是个好决定。

    ＿＿＿＿＿完全分析各个选项的价值，不考虑群体成员的感受或他们是否满意。

    ＿＿＿＿＿寻找有用的备选方案，即使我个人并不认为这些方案是最好的。

    ＿＿＿＿＿找出一个建立在所有成员都理解的基础上的，强有力的、有创造性的决定。

2. 当我所属的群体面临决策时，我会：

    ＿＿＿＿＿对决策或其他成员没什么兴趣。

    ＿＿＿＿＿主要考虑怎么和其他成员和谐共处，并不担心决策的结果如何。

    ＿＿＿＿＿努力做出好的决定，并且只把其他成员看作是提供有助于做出更好决策的资源贡献者。

    ＿＿＿＿＿在成员间营造良好的关系并找出好的问题解决方案，但是为了完成任务，这两方面都可以有所牺牲。

    ＿＿＿＿＿避免妥协，通过以现实的方式看待问题做出决策，试图让每个人都同意、满意。

3. 当我所属的群体做决策时，我会：

    ＿＿＿＿＿等待群体告诉我要做什么，并接受群体给予我的任何建议。

    ＿＿＿＿＿通过鼓舞士气、询问意见来帮助其他人参与其中。

_____提供信息，对群体完成任务的工作进行评价，设定行为的基本准则，确保每个人都在为任务出力。

_____定期总结讨论过的内容，让事情变得更清晰，并鼓励成员们有所妥协。

_____帮助群体思考备选的方案，讨论备选方案的可操作性水平如何，并找出群体能够达成一致的方法。

你可以在练习5.3中使用过的任务维持网格上画出自己的评价结果。以上每道题都有5个选项。每道题的第一个选项代表的是(6,6)模式；表明该个体对维持群体或帮助群体完成决策任务没有或只有很小的兴趣。第二个选项代表的是(6,30)模式；表明个体关注群体关系，但忽视任务。第三个选项代表的是(30,6)模式；表明个体关注任务完成，但忽视群体关系。第四个选项代表的是(18,18)；表明个体在任务和关系之间采取折中的方法，以便做出决策。第五个选项代表的是(30,30)；表明个体试图做出有创造力的、达成共识的决策，并同时强调群体的任务完成功能和关系维持功能。

看看你的三个答案，把每个答案都画在任务维持网格上。接下来在你们三个人中讨论你们各自得到的结果，再把这个结果和先前章节中有关领导调查的结果以及你自己希望的表现进行比较。

总结

在通常情况下，群体做的决策比个体做的决策更为有效。群体能够运用从由最权威的人决定，到吸收个体观点，再到群体达成共识等全部七种方式进行决策。在使用这些决策方法的时候，成员们需要认真考虑积极相互依赖、促进式交互、个人责任、社会技能和群体过程等因素。

群体会遇到一些阻碍群体决策的因素。这些因素包括群体不成熟、采纳优势反应、社会惰化、搭便车、不想做傻瓜、群体思维、目标冲突、成员自我中心、同质性、产出阻碍、不适当的规模、降低失调感以及缺乏必要的任务技能和群体工作技能。为组织好群体决策中的关键因素并同时避免阻碍因素，群体必须做出考虑周到的决策。做出一个考虑周到的决策需要经过识别与定义问题，收集诊断问题所需的信息，形成备选的解决方案，决定要执行的解决方案，把群体的建议提供给更大的组织（如果合适的话），以及评价实施的结果以判断问题是否得到解决等步骤。

决策的关键之处是要在备选的解决方案中做出选择。要有效地做到这一点，人们就必须鼓励群体成员之间就偏好、分析、结论和理论进行争论，随后再建设性地解决这些冲突。下一章将聚焦于如何组织对于决策的争论，以及如何确保这种争论能够使成员创造性地解决问题。

心理学核心课

走到一起来！
群体理论与团队技巧（第12版）下

[美] 戴维·W. 约翰逊 弗兰克·P. 约翰逊 著
David W. Johnson Frank P. Johnson

谈晨皓 陈琳珏 译

上海社会科学院出版社

既然对于任何事物的普遍或一般观点很少或从来不是全部真相。那么,只有通过与对立观点相碰撞才能看到真相的全貌。

——约翰·穆勒(John Stuart Mill,1979)

第 8 章

争论与创造力

本章要学习的基本概念

这里列出了本章中介绍的主要概念。在教学中可以将学生分成两人小组,每一组学生需要(1)对每一个概念下定义,在阅读中关注文中怎么定义这些概念以及针对概念开展哪些讨论;(2)确保两个人都理解这些概念的定义。接下来再组成 4 人小组。比较 4 人小组中两两各自学习的概念是否存在差异,如果存在差异就再一次在文中查找并下定义,直到所有成员都认同为止。

概念:

争论(Controversy)
辩论(Debate)
概念冲突(Conceptual conflict)
寻求一致(Concurrence seeking)
认知视角(Cognitive perspective)
观点差异(Differentiation of positions)

观点整合(Integration of positions)
认识性好奇(Epistemic curiosity)
观点采择(Perspective taking)
创造力(Creativity)
思想开放(Open-mindedness)
教条主义(Dogmatism)
头脑风暴(Brainstorming)

争论与决策

对于大部分群体来说,只有通过持续进步、创新、找到创造性的解决方法来面对挑战才能使自己始终具有效能。创造性想法是大部分成功群体的生命源泉(Amabile, 1996; Collins & Porras, 1994)。创造性是革新的必要原料,那些擅长于激发成员想出创造性解决方法的组织具有很大的优势(Kanter, 1988)。一个创造性想法可能具有很大的价值。例如,曾经有一个职员想出一种"失败"的黏合剂,但是这个想法随后造就了3M公司的即时贴产品(Collins & Porras, 1994),为这家公司带来了难以统计的收益(Von Hippel, Thomke, & Sonnack, 1999)。当群体表示他们需要定期地"彻底改良自己"的时候,其实就表示他们需要创造力和创造性决策了。摩托罗拉公司把这种做法称为"自我更新";菲利普莫里斯公司把这种做法称为"个人主动";索尼公司把这种做法称为"成为先驱者"。再造会产生**创新**(innovation)。人们通过这个过程在组织层面成功执行新的方法和程序。许多群体在形成能够提出新方向的新想法上存在着相当大的压力(Amabile, 1996)。然而,许多创造性的想法会因为被人们认为太冒风险或威胁到现状而立即遭到否定(Staw, 1995)。与当前状态保持一致的压力是对创造力和创新的严重阻碍。所以,如果要进行创新,人们就必须降低或消除一致性的压力(Nemeth, 1977)。赞赏、期待,甚至奖励都不能必然地提升创造力和创新水平。动机和投入上的提升可能会使主题变得多样化,但是却不太可能在观点或再造上带来重要的改变。通常只有在群体文化允许、鼓励并欢迎发散性和独立思考的时候,人们才能创造性地解决问题、做出决策(Nemeth & Staw, 1989)。群体创造力只有在成员们能够自由表达发散性意见的时候才会产生,这是因为在这种情况下即使意见不正确,这些意见也依旧能够促使群体成员更加有创造性地思考和解决问题(Gruenfeld, 1995; Nemeth, 1986)。群体需要的是一个可以确保决策能够最优化创造力和潜在创新的制度化过程。建设性争论就是其中的一种。

争论的性质

有一家公司要根据为有特殊需求的人提供安居服务的业务进行重组。在重组过程中，CEO 和 8 名经理将一起决定是否要将两个部门合并。为确保能够做出最好的决定，CEO 设立了两支队伍，每队由四名经理组成。这两个队伍分别为支持"两个部门整合成一个部门"队和"维持两个部门"队。CEO 先给他们 10 天来准备支持自己观点的最佳论据，其中要详细分析有关的长期耗费、收益和效率。接下来，经理们有 3 个小时的时间来呈现他们各自的观点。随后，双方就这两个部门的未来发展开展讨论，互相挑战对方的观点，做出推理和总结。在几个小时的讨论后，双方总结出对方观点的最佳论据，并确保所有成员都能从两方面来看待当前面临的问题。在进一步的考虑后，他们明确地认识到公司依旧需要两个部门，但是每个部门的构成需要进行调整。通过建设性争论过程，CEO 确保了经理团队做出的是高质量的决策。

在达成共识以前先找到并考虑一些备选的行动——这种做法会在决策中引入冲突。在成员讨论将要做的决策的时候，他们之间就会浮现出不同的想法、观点、信念和信息，并会产生碰撞。这时候就产生了**争论**（controversy）——在某人的想法、信息、结论、理论和观点与其他人的不一致，但大家都寻求达成共识的时候所产生的冲突。图 8.1 中总结了这个过程。这个词来自拉丁语 controversia（由代表反对的 contra 和代表转变的 vertere 或 versus 合成），从构成上可以发现它的含义是"反目"。人们能够通过被亚里士多德称为**深思熟虑的论述**（deliberate discourse；讨论行为的优势和劣势）的方法来解决冲突，这种方法旨在合成出新的解决方法（即，创造性问题解决）。争论管理过程包含如下步骤（Johnson, 1970; Johnson, F. Johnson, & Johnson, 1976; Johnson & R. Johnson, 1979, 1989, 2007, 2009）：

1. **研究并准备自己的观点。**每两人组成一个专门支持某个观点的小组。每个小组需要（a）研究分配给他们的备选行为，尽可能寻找出所有支持这个行为的证据；（b）组织小组找到的资料，把这些资料整合成一致、合理的观点；（c）计划如何将自己的观点公正、完整地呈现给所有群体成员，确保他们能够理解并相信观点是有效的。

2. **呈现并支持自己的观点。**每一个小组都要有力、诚恳、有说服力地提出自己的观点。其他人要仔细地、批判性地听取报告，在这个过程中要持有开放的心态。

3. **参与公开讨论。**每个小组（a）继续提倡自己的观点，（b）尝试驳倒对立的观点，（c）反驳他人对自己观点的攻击。每个备选的行为都要经历"火的试炼"。

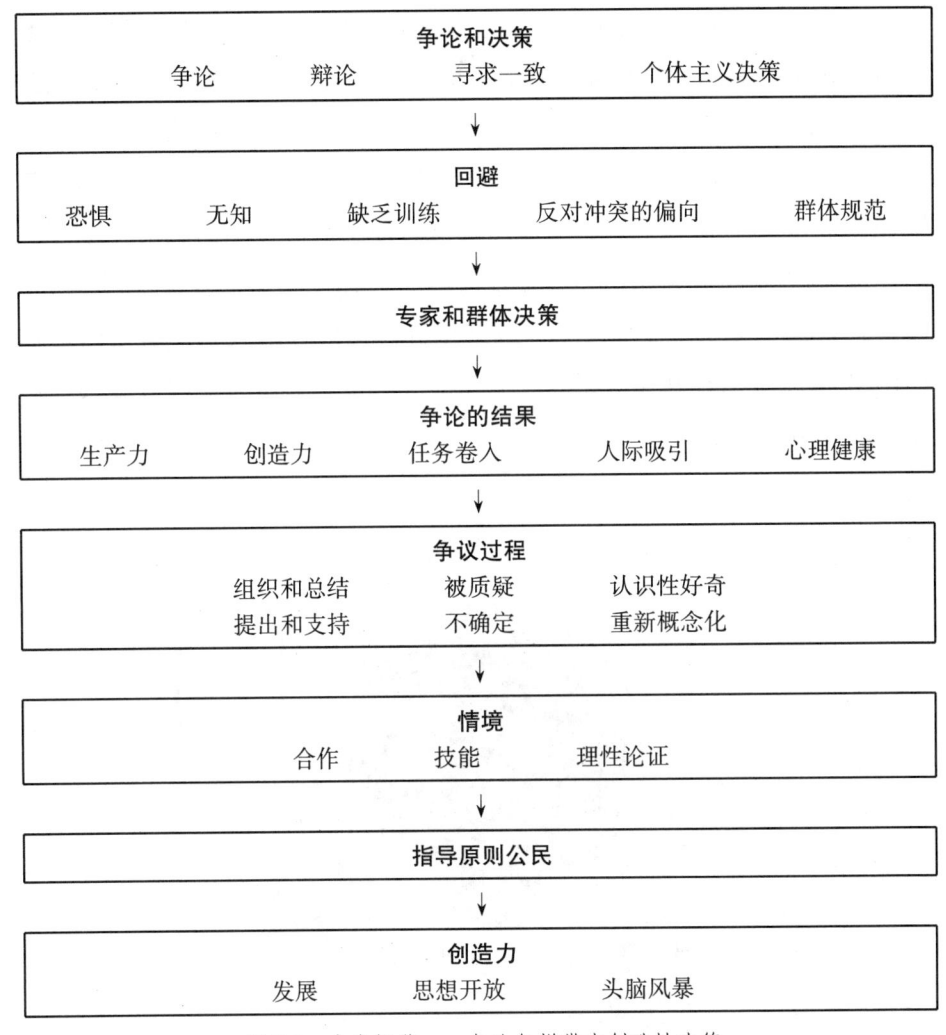

```
┌─────────────────────────────────────────────────┐
│                  争论和决策                      │
│      争论    辩论    寻求一致   个体主义决策     │
└─────────────────────────────────────────────────┘
                        ↓
┌─────────────────────────────────────────────────┐
│                    回避                          │
│   恐惧   无知   缺乏训练   反对冲突的偏向  群体规范│
└─────────────────────────────────────────────────┘
                        ↓
┌─────────────────────────────────────────────────┐
│                专家和群体决策                    │
└─────────────────────────────────────────────────┘
                        ↓
┌─────────────────────────────────────────────────┐
│                  争论的结果                      │
│   生产力   创造力   任务卷入   人际吸引  心理健康│
└─────────────────────────────────────────────────┘
                        ↓
┌─────────────────────────────────────────────────┐
│                  争议过程                        │
│   组织和总结    被质疑     认识性好奇            │
│   提出和支持    不确定     重新概念化            │
└─────────────────────────────────────────────────┘
                        ↓
┌─────────────────────────────────────────────────┐
│                    情境                          │
│        合作      技能      理性论证              │
└─────────────────────────────────────────────────┘
                        ↓
┌─────────────────────────────────────────────────┐
│                指导原则公民                      │
└─────────────────────────────────────────────────┘
                        ↓
┌─────────────────────────────────────────────────┐
│                   创造力                         │
│       发展     思想开放    头脑风暴              │
└─────────────────────────────────────────────────┘
```

图 8.1 本章概览——争论怎样带来创造性决策

4. 转换观点。每个小组转而支持其他小组的观点。在为对立的观点进行辩护的时候，小组成员也要使用有力的、诚恳的、有说服力的形式。如果他们想到了一些原先持有这个观点的小组没想到的新信息，就把这些信息加入进去。小组成员要努力同时从所有角度看待问题。

5. 通过对执行什么行为达成共识，做出决策。群体成员放下所有观点立场，把他们所知晓的所有信息整合到一起形成一个所有成员都同意的合理决定。这就需要通过综合与整合各方的最佳信息与推论对问题进行重新概念化。群体决策反映的是他们最合理的判断结果。

人们通常会拿结构化的争论与寻求一致、辩论和个体主义决策相比较。当群体成员为避免任何不同意见和争端、强调一致、回避对备选的想法或行为进行现实性评价的时候,他们就会抑制讨论,从而出现**寻求一致**(concurrence seeking)的现象。如果一个群体寻求一致,那么这个群体就会规定自己的成员不能质疑,而是要很快妥协。大部分群体决策情境都由寻求一致所主导(Walton,1987)。寻求一致和 Janis(1982)所提出的**群体思维**(groupthink)概念很接近。群体思维指的是决策群体中的成员不顾自己的怀疑,为逐渐达成共识的想法是否被其他成员所接受而感到忧虑。群体思维和寻求一致背后的动机是希望维持群体内的和谐气氛。这是因为在群体中,每个成员都互相依赖以应对外部危机带来的压力并同时起到维持自尊的作用。

当两个或更多个体互相就不相容的观点进行争辩,并且有专人会根据各方呈现观点的说服力来判断输赢的时候,他们所进行的就是**辩论**(debate)。举个例子,群体中的每个成员都会分配到一个有关需要对有害垃圾设立更多/更少规定的观点。在每个成员都提出自己的观点后,由一名权威者选出呈现观点最好的那个成员作为赢家。这就是辩论。

当每个个体不与其他人交流,各自独立地进行决策时,他们进行的就是**个体主义决策**(individualistic decision making)。在这种情况下,每个决策者不与其他人进行交互,也不和其他人讨论决策相关的信息,直接由自己做出决策。在表 8.1 中总结了争论、辩论、寻求一致和个体主义决策的过程。

表 8.1　争论、辩论、寻求一致和个体主义决策的过程

争　论	辩　论	寻求一致	个体主义决策
分类、组织信息以获取结论	分类、组织信息以获取结论	分类、组织信息以获取结论	分类、组织信息以获取结论
提出、支持、详细阐述观点和原因	提出、支持、详细阐述观点和原因	提出、支持、详细阐述观点和原因	不口头表达自己的观点
受到反对观点挑战，引发**概念冲突**（conceptual conflict）和对自己观点正确性的不确定感	受到反对观点挑战，引发概念冲突和对自己观点正确性的不确定感	受到反对观点挑战，引发概念冲突和对自己观点正确性的不确定感	仅看到一种观点，由此高度确认自己观点的正确性
认识性好奇驱使个体去搜寻新信息和观点	封闭性思维导致个体排斥冲突信息和观点	对差异感到恐惧，出于封闭性思维，继续坚持自己的观点	持续高度确认自己观点的正确性
重新概念化、综合、整合	出于封闭性思维，继续坚持自己的观点	向主导观点迅速妥协	继续坚持自己的观点
高度的成就感、积极关系、心理健康	中等的成就感、关系和心理健康	低水平的成就感、关系和心理健康	低水平的成就感、关系和心理健康

资料来源：D. W. Johnson and R. Johnson. (2007). *Constructive controversy：Intellectual challenge in the classroom* (4th ed.)Edina, MN：Interaction Book Company。

在概念上与争论非常接近的是异议（dissent）和论证（argumentation）。**异议**指的是意见或结论上的差异，尤其是与大多数人的差异。异议通常会使人进行论证。**论据**（argument）指的是由至少一个理由支持的论点或主张，**争辩**（arguing）是一种两个或更多人一起交谈的社交过程，在这个过程中人们会构建、呈现、质疑论据。由于在争辩中，论点和支持性论据会被反面的论点及其论据攻辩，所以通常也被称作**辩证论证**（dialectical argumentation）。协作式论证（目标是合作探索并评论不同想法、观点和结论）和对抗式论证（目标是"赢"得论证，就和辩论一样）是争论的两种不同形式（Brown & Renshaw，2000；Gilbert，1997；见表 8.2）。

表 8.2　决策过程的性质

	争论	辩论	寻求一致	个体主义
积极目标相互依赖	是	否	是	否
资源相互依赖	是	是	否	否
消极目标相互依赖	否	是	否	否
冲突	是	是	否	否

资料来源：D. W. Johnson and R. Johnson. (2007). *Constructive controversy：Intellectual challenge in the classroom* (4th ed.)Edina, MN：Interaction Book Company。

在决策情境中，争论是很常见的。例如，在矿业中，工程师常常与土地使用、空气与水污染、健康与安全等问题打交道。设计生产过程中的复杂性，平衡环境和生产利益，以及大量其他因素都会使工程师们彼此之间发生争论。每一个做出有效决策的场景都离不开争论做出的贡献。决策过程在本质上就是争论性的，是一个在得出决定前先提出备选的解决方案再加以考虑的过程。在做出决策后，争论就结束了，参与者们会把自己托付给共同得出的行动方针。

练习8.1 争论：彼得·潘是对是错？

任务：在《彼得·潘》这本书中，主人公可以选择留在能够永葆青春的永无岛上(Never-Never Land)。留在岛上是一个好主意吗？你是否想留在岛上而且永远长不大？将你的结论写下来，并且解释你对"彼得·潘对吗？你是应该长大还是永远是个孩子？"这一问题的回答和理由。这个问题中存在两种观点：

1. 长不大，始终是个孩子比较好。
2. 长大，不再是个孩子比较好。

合作：每个团队完成一份报告，这份报告要取得每个人的同意，并且每个人要能够解释为什么这个选择比较好。

过程：

1. 复习第1章中介绍的建设性争论过程。

2. **搜寻信息，为提出你的观点做准备：**组成四人团队，每个团队分为两个两人小组。协调者给两个小组随机分配一个观点。和你的同伴一起计划如何向另一个小组尽可能好地呈现自己的观点。要确保自己的观点能够被完整地倾听。研究你们的观点，搜寻尽可能多的支持你们观点的信息。最后要确认你们两个人都准备好进行报告了。

3. **提出并支持你的观点：**有说服力地结合事例提出你们的观点。这个过程越令人信服越好。当对方介绍他们的观点时，你要记笔记，并要求对方澄清任何你不理解的地方。

4. **公开讨论：**有说服力地为自己的观点辩护。提出尽可能多的支持己方观点的事实信息。批判性地评价对方的论据，质疑他们的信息和推论，并就对方对你们论点做出的攻击进行辩护。记住,如果你要写出一份优秀的报告,那就必须很好地了解问题的两个方面。

5. **转换视角**:变换观点,提出支持对方观点的证据。对方小组也会这么做。努力同时从两个角度看当前的问题。

6. **综合**:放下所有观点。整合支持每一方观点的最佳证据和推论,形成一个所有成员都同意的共同观点。接下来(a)完成团队报告,(b)向所有人报告你们的结论,(c)每个人再独立地分别从两个观点完成这个任务,(d)评价你在群体中的工作表现如何,以及以后再有这样的机会,你将怎样做使自己表现得更好。

练习8.2　我在争论中如何表现

这个练习能够让你认识到自己在争论中的典型行为,也能够使群体更明白成员在争论中的行为模式。过程如下:

1. 自己独立完成下面的问卷。
2. 使用计分表,得出(a)你的分数和(b)所有成员的平均分。
3. 就(a)在争议中使用最频繁的策略和(b)如何建设性地进行争论开展讨论。

接下来的每个问题中都描述了争议中的一种行为。如果你一直这样做,就写"5";如果你经常这样做,就写"4";如果你有时这样做,就写"3";如果你很少这样做,就写"2";如果你从不这样做,就写"1"。

_____ 1. 我会回避那些与我争论的人。
_____ 2. 当我不同意其他人的观点的时候,我会坚持让他们改变自己的想法。
_____ 3. 当我不关心决策的时候,我会赞同那些最关心这个决策的人持有的意见。
_____ 4. 只有当超过半数的成员同意某一个观点的时候,我才会参与讨论。
_____ 5. 当其他人不同意我的观点时,我会将这个状况视为一个学习和提升自己观点和推论的机会。

_____ 6. 当其他人不同意我的观点时,我会保留自己的想法和意见。

_____ 7. 当我和别人发生争执时,我会越来越确定我是正确的,并且会越来越强硬地为自己的观点辩护。

_____ 8. 当决策于我没有利害关系的时候,我会支持那些逻辑和信息上最合理的人。

_____ 9. 一旦大多数人做出了决定,决策就完成了。

_____ 10. 当其他人不同意我的观点时,我会鼓励他们完全表达自己的想法和观点,尝试去澄清他们的观点和我的观点之间存在的差异。然后再去找寻一个融合了双方的最佳想法的新观点。

_____ 11. 当我认为其他人会不同意我的观点时,我会很小心地不分享我的想法和观点。

_____ 12. 我将自己对他人的不同意见视为一个决定"你输我赢"的机会。

_____ 13. 当决策结果并不会影响到我的时候,我就会支持那些在推论和阐述上最有说服力的人。

_____ 14. 即使我不同意,我也会追随主流观点。

_____ 15. 当我不同意其他人的观点时,我会仔细听取他们的想法和观点,如果他们的信息和推论能说服我,我就会改变自己的想法。

_____ 16. 我拒绝与他人发生争论。

_____ 17. 当我和其他人意见不同时,我会试图用自己的事实和推论来压倒他们的观点。

_____ 18. 当没有一个备选的选项能够吸引我时,我会支持自己最感兴趣的那群人。

_____ 19. 我认为应该听从大多数人的意见。

_____ 20. 当其他人不同意我的观点时,我会试图澄清我们的观点和意见之间的差异,找到相同点,再寻找到创造性地整合所有观点和信息的方法。

_____ 21. 当其他人不同意我的观点时,我会保持安静,并且在将来回避这些人。

_____ 22. 当我和其他人发生分歧时,我会说服他们,让他们知道我是正确的,他们才是错误的。

_____ 23. 如果我不知道什么选择是最好的,我就会同意那些和我关系最好的人持有的观点。

_____ 24. 无论什么时候,我都会同意大部分人持有的观点。

_____ 25. 当我与他人争执时,我会始终牢记我们要通过最佳地整合大家的事实和推论来做出最好的决策。

我在争论中如何表现:计分表

回避	获胜	赞同	多数人决定	整合
____ 1	____ 2	____ 3	____ 4	____ 5
____ 6	____ 7	____ 8	____ 9	____ 10
____ 11	____ 12	____ 13	____ 14	____ 15
____ 16	____ 17	____ 18	____ 19	____ 20
____ 21	____ 22	____ 23	____ 24	____ 25
____ 总计	____ 总计	____ 总计	____ 总计	____ 总计

每一种决策方法上的得分越高,就代表使用这种方法越频繁。得分越低,就代表你越少使用这种方法。

争论/决策过程:你像什么?

不同的人会使用不同的策略来做出决策并解决决策带来的冲突。我们都非常熟悉这些策略,而且这些策略看起来都已经是我们的自动化行为模式了。因为我们的决策过程是习得的行为,所以我们是可以改变它们的。在进行争论的时候,你应当关注两个方面:

1. **要做出一个整合了所有观点中最佳的推论和信息的决策**。决策中,人们需要在一些针对不同观点的行动方案中做出选择。我们可以在最不重要到最重要的连续体上对做出最佳决策的目标进行评价。

2. **维持和其他成员之间有效的工作关系**。有些关系是暂时的,有些关系则是永久的。我们可以在最不重要到最重要的连续体上对自己与其他成员的关系进行评价。

做出决策时需要同时考虑这个决策的目标对群体的重要性以及群体成员认为彼此之间关系的重要性两个方面。这两个方面共同形成了五种作用于决策的策略。

高重要性

关系	赞同	综合，整合
	多数人决定	
	回避	获胜

目标

低重要性　　　　　　　　　　　　　　　　　　　　　　高重要性

  1. **大象(综合、整合)**：大象认为目标和关系都很重要。当这两者都很重要的时候，人们会尝试去综合或整合大量备选的行动。他们会寻找一个使自己和其他成员完全实现目标并解决彼此之间的任何紧张状态和消极感受的决策。这种策略需要做到高度的信任、完全解释观点的合理性以及明确其他人的观点的合理性。

  2. **金毛犬(赞同)**：金毛犬认为关系是最重要的，而做出什么决策对他们来说相对次要。因此，他们关注于赞同其他人，以此维持尽可能高水平的群体关系。当其他人更加关注于决策本身时，这些人会倾向于使自己转而偏好其他人的选择。

  3. **熊(获胜)**：熊不关心关系，他们认为采纳自己所期望的行动是非常重要的。当决策本身非常重要而群体关系不重要时，这些群体成员就会想要控制决策的结果。这时候的决策情境就像在比较谁更有权力、谁更有说服力。

  4. **企鹅(多数人决定)**：企鹅在决策和关系上都持有中等水平的关注度。当决策和关系都只有中等水平的重要性时，很明显，没有一个人能够得到自己想要的东西。因此，人们在这种情况下会进行投票，最终采纳大多数人的意见。当群体成员希望从所有的观点上综合或整合出最佳的决定，但时间上并不允许他们这样做的时候,他们就会使用这种策略。

5. **鸵鸟(回避)**:鸵鸟会把自己的头埋在沙子里来回避决策。他们既不关心目标,也不关心关系。当决策不重要,并且他们和其他人的关系也不会有下文时,人们可能会"把头埋在沙子里"来回避问题和其他人。

我在争论中如何表现:群体计分表

	1	2	3	4	5	总分
综合、整合						
多数人决定						
赞同						
获胜						
回避						

过程

1. 根据你的实际情况,按最常使用=1,到最少使用=5评分。
2. 每个成员在表中对应自己小组的格子里写下自己的分数。
3. 每一个单元格求和。例如,如果三个成员在回避上评分为4,那么就在这个小组的格子里写下12。
4. 每一行求和,把每一行所有单元格的总分加起来。
5. 分数最低的那一行代表的决策策略是所有人最倾向使用的策略。

练习 8.3　困于沙漠

沙漠的夜晚是最美丽的。但是,被困在沙漠中却是最为致命的。在这种情况下,有效的决策能够决定生死。也因此,有关于群体应当怎么做的争论会导致成员出现强烈的情绪反应,这时候就需要采用建设性的争论技能。这个练习的目的在于检验生存困境中群体争议的动力学特征和对决策的影响。练习所需的材料包括一份情境介绍、一份群体决策表、一份决策后问卷、一张总结表、一份争论观察表和一份建设性争论检查表。这项练习需要大约一个小时。协调者的任务如下:

1. 告知参与者这项练习的目的,介绍整个过程和需要完成的任务。
2. 把所有人分成5组。发给每组一份"困在沙漠情境介绍"和一份如何进

行角色扮演的说明。每个小组的角色扮演说明如下:

(1) **第一组**:你们的观点是如果要活下来,所有人就应该步行到最近的牧场。认真计划怎么实现你们的观点。选择5—6项你们认为对执行你们计划最重要的物品,并按1(最重要)到5或6(最不重要)排序。

(2) **第二组**:你们的观点是如果要活下来,所有人就应该发信号给搜救飞机和车辆。认真计划怎么实现你们的观点。选择5—6项你们认为对执行你们计划最重要的物品,并按1(最重要)到5或6(最不重要)排序。

(3) **第三组**:你们的观点是如果要活下来,所有人就应该避免高温和严寒带来的危险。认真计划怎么实现你们的观点。选择5—6项你们认为对执行你们计划最重要的物品,并按1(最重要)到5或6(最不重要)排序。

(4) **第四组**:你们的观点是如果要活下来,所有人就应该待在失事地点并降低活动量。认真计划怎么实现你们的观点。选择5—6项你们认为对执行你们计划最重要的物品,并按1(最重要)到5或6(最不重要)排序。

(5) **第五组**:你们是观察者。你们的职责是用观察表记录每个成员在练习中的反应。每个观察者需要两张观察表。协调者在练习开始前需要确认每个观察者都理解了自己的职责并指导他们如何使用表格。

3. 在每一组中,把组员分成多个两人准备小组(如果组员数量是奇数,则有一组是3个人)。准备小组的任务如下:

(1) 为他们分配到的观点寻找支持理由。

(2) 选择5—6项他们认为对执行计划最重要的物品,并按1(最重要)到5或6(最不重要)排序。

(3) 准备如何有说服力地报告自己的观点并准备好相应的理由。

4. 介绍情境。让每个小组开始阅读情境介绍和他们的角色分配说明。告诉他们需要为自己的观点找到尽可能好的理由并准备进行一场有说服力的演说。这个环节限时15分钟。

5. 把所有人打乱,重新组成几个5人小组。每个小组的5个人分别来自先前的5个小组。也就是说,新的小组中的每个成员都代表一个不同的观点(除了观察者)。

6. 新的小组一起阅读情境介绍,然后把12个物品根据重要性按1(最重要)到12(最不重要)的顺序排序。最终结果必须得到所有成员的同意,并且每个人都要能说出为什么这样排序。这个环节限时20分钟。

7. 让参与者完成决策后问卷,在完成后把问卷交给观察者。协调者公布专家给出的正确答案,观察者要计算出小组在问卷每个问题上的均分。让每个小组各自计算自己的决策结果得分。

8. 在总结表上记下每个小组的得分。

9. 组织每个小组讨论自己的体验并参考下列方面得出至少 4 个结论:

(1) 决策和问卷结果

(2) 观察者收集的信息

(3) 群体成员的印象

(4) 建设性争论检查表

10. 所有人一起分享他们从练习中得出的结论。

困于沙漠的情境

你是一个地理俱乐部的成员,你们在进行一次研究新墨西哥沙漠中某个不寻常的岩层的野外旅行。现在是 7 月的最后一个星期,为了能够看到远离公路的岩层,你们驶离了前人留下的路,周围也看不到其他路。在上午 10:30 的时候,你们的中巴车出了事故,翻下了大约 6 米深的峡谷并起火燃烧。驾驶员和专业向导在事故中丧生。不过,幸存下来的你们并没有受伤。

你们知道事故地点离最近的农场大约 72 千米,除此以外就没有更近的人类聚居地了。如果你们到晚上都没有和旅馆联系,人们就会发现你们失踪了。有些人知道你们所在的大概位置,但是没有人知道你们所在的确切位置。

你们周围的环境既崎岖又干燥。附近有一个很浅的小池塘,但是水塘里满是泥泞、动物粪尿和死老鼠。在出发前你们听到天气预报通知气温会达到 42℃,地表温度则会达到 53℃,因此你们每个人都穿了轻便的夏装。每个人都戴了遮阳帽和太阳镜。

从中巴车逃出来的时候,你们抢救出了 12 件物品。你们的任务是根据这些物品对你们生存的重要性排序,1 代表最重要,12 代表最不重要。

现在假定俱乐部成员和你们小组中的成员数量一样,并且整个小组已经决定一起行动了。

困于沙漠: 决策表

根据这些物品对你们生存的重要性排序,1 代表最重要,12 代表最不重要。

＿＿＿＿指南针

＿＿＿＿一块 6×6 米的厚实、亮蓝色帆布

_____一本叫做《沙漠星球》的书

_____汽车后视镜

_____大砍刀

_____手电筒(两节电池大小)

_____每人一件夹克

_____每人一块透明的塑料地垫(1.8×1.2米)

_____有子弹的.38口径手枪

_____每人一个装有2升水的水壶

_____当地准确的地图

_____一大盒火柴

困于沙漠：决策后问卷

1. 小组内其他成员在多大程度上倾听并理解了你的想法？

完全没有 1：2：3：4：5：6：7：8：9 极为充分

2. 你感到自己对群体决策造成了多大的影响？

完全没有 1：2：3：4：5：6：7：8：9 影响极大

3. 你在多大程度上感到自己对群体决策负有承诺和责任？

完全无责 1：2：3：4：5：6：7：8：9 完全负责

4. 你对群体的表现感到有多满意？

完全不满意 1：2：3：4：5：6：7：8：9 完全满意

5. 你从讨论中学到了多少东西？

完全没有 1：2：3：4：5：6：7：8：9 学到了很多

6. 写出两个形容你现在感受的形容词_____

建设性争论检查表

_____1. 没有输赢，只有成功、创造性、有生产力的决策。群体成员之间的合作比竞争更应该得到重视。

_____2. 成员之间在观点上会出现不一致。

_____3. 所有成员的贡献都应当得到倾听、尊重和认真对待。

_____4. 有效的沟通技能是倾听、尊重和认真对待。

_____5. 要从所有可行的角度来看待事件和问题。

_____6. 群体成员要批判的是想法和观点，而不是人。即使不同意他人的观点,也要认同他具有的能力。

_____ 7. 群体成员要将不同意视为一个有趣的学习机会,而不要看成别人拒绝自己或是别人认为自己无能,抑或是忽视自己的信号。

_____ 8. 对群体成员观点的分歧和整合过程要有适当的步调。要先关注分歧,再进行整合。

_____ 9. 允许存在情绪,并且要鼓励成员表达自己的情绪。

_____ 10. 遵循理性争辩的原则。群体成员要提出组织好的信息来支持自己的观点,推论要符合逻辑,并且当其他人提出具有说服力的论据和证据时要能够改变自己的想法。

_____ 11. 要同等程度地考虑所有成员的论据,不要被提出论据的成员拥有的权力所影响。

总结表:决策后问卷的结果

小组	小组分数	理解	影响	承诺	满意	学习	感受
1							
2							
3							
4							

根据问卷结果计算小组分数均值,并把结果写在对应的列上。在"感受"这一列中写问卷中最具有代表性的形容词。

争论观察表

行　　为	参　与　者			
贡献想法和意见				
询问他人的想法和意见				
关注共同目标				
关注输赢竞争				
询问他人的证据、事实和理由				
解释、总结				

续 表

行　　为	参　与　者			
批评、不同意他人的想法				
批评其他人				
区分观点				
整合观点				
其他				

在每一栏上写下成员的名字,在决策中记录每个成员出现的行为。

练习8.4　谁该得到青霉素?

这个练习的目的是在社会问题中检验争论具有的动力学特征。所需材料为一份情境描述、一份医学观点的简介、一份军事观点的简介、一份决策后问卷、一张总结表、一份争论观察表和一份建设性争论检查表。后四项材料在练习8.5、8.6、8.7还会用到。这个练习大约耗时90分钟。协调者的任务如下:

1. 告知参与者这个练习的目的,并介绍整个过程和需要完成的任务。

2. 把所有参与者分成5人团队。每一个团队中由一名成员自愿担任观察者。观察者的任务是使用争论观察表记录每个成员在团队中的表现。

3. 每一个团队中剩下的4个人平均分成两组。把医学观点和军事观点简介分别发给两个小组。

4. 介绍情境。让小组成员们在15—20分钟里以简介中提供的信息为例,为自己分配到的观点准备好理由。

5. 每一个团队的四个成员再度聚集在一起。接下来,每个团队要做出一个让所有人都同意的决策。这个决策结果应当反映出整个团队的最高推理水平。团队讨论需要遵循以下步骤:

(1) 每一个小组都要有说服力地提出自己的观点。同时,另一个小组要记笔记,如果有不清楚的地方就要提问,确保自己彻底理解。

(2) 进行自由讨论。每一个小组的成员都要(1)有说服力地为自己的观点争辩,提出尽可能多的支持自己观点的事实;(2)批判性地听取对方小组的论点,询问对方的依据。你们需要处理的是一个复杂的事件,因此所有成员都需要知道两方面的信息,这样才能做出考虑周到的决策。

6. 两个小组互换观点,互相为对方的观点做出尽可能有说服力的辩护。

成员们要试着找出是不是有新的能够支持自己观点的证据,然后再进一步精细化自己的观点。

7. 通过以下步骤,指导每个团队共同决策:

(1) 总结双方观点中最佳的论据。

(2) 细化他们所知道的有关第二次世界大战和非洲战役的知识。

(3) 在成员之间达成共识。

(4) 把支持做出决定的理由组织好,再报告给所有人听。这时候要准备好应对那些与自己团队观点不同的团队对决策效能提出的质疑。

8. 让所有参与者完成决策后问卷。由每个团队中的观察者来计算每个问题上的均分。

9. 在所有人面前总结每个团队的决策结果。接下来,再结合总结表对决策后问卷的结果做出总结。

10. 安排每个团队参考下列方面讨论自己的体验:

(1) 决策和问卷结果

(2) 观察者收集的信息

(3) 群体成员的印象

(4) 建设性争论检查表

11. 使用下面的问题帮助开展有关成员如何进行争论的讨论:

(1) 团队是怎样解决成员间意见不一致的?(参考建设性争论检查表)

(2) 根据对争论的经验,可以得出什么有关于群体建设性解决争论的结论?

(3) 群体成员的意见是否因为群体讨论而发生改变?成员们是否在转换观点的过程中从对方的观点上得到了启发?群体成员是否学到了有关第二次世界大战的新知识?

(4) 成员们学到了哪些有关自己和其他成员的东西?每个成员会如何应对争论?

12. 每个团队与其他所有人一起分享自己得到的有关建设性解决争论的结论。

谁该得到青霉素:练习情境

青霉素是一种预防感染的药物。1943年的时候,在北非的美国军队中青霉素供应不足。现在,你们需要在是应该把数量紧缺的青霉素用于治疗因性病感染入院的成千上万的病人,还是应该把这些青霉素用于治疗在前线受伤的成千上万的士兵这两种做法之间做出决策。如果你是一个军医,你会怎么使用这些青霉素?

_____性病患者

_____战场伤员

把你的观点和理由分享给整个团队。除非你在逻辑上被他人说服,否则你就要坚守自己的观点。同时,你要帮助你的团队在这个问题的答案上达成共识。

简介:医学观点——谁该得到青霉素

你的观点是把青霉素用于伤员。无论你是否同意这个观点,你都要尽可能强有力、真诚地为这个观点辩护。你需要使用有意义且合理的论据,并尽可能有创造力地找到新的论据来支持你的观点。你可以收集资料,可以询问其他团队中可能知道你所需信息的成员。记住,你需要掌握自己的观点和军事观点这两方面的理由。你要质疑军事观点,要找到这些观点上存在的逻辑漏洞,再索要支持这些论据的事实和信息。

1. 我们的职责是治疗伤员,并尽可能挽救更多生命。没有青霉素的话,很多本不该送命的伤员会死去。不使用青霉素,小伤口会感染,恶化成大伤口,甚至直接威胁生命。

2. 我们使用的策略必须基于人的生命是神圣的这一前提。如果一个人毫无必要地死去了,我们就辜负了自己的职责。那些为我们取得胜利做出很大牺牲的士兵必须得到我们所能提供的最好的照料、关心和资源。我们的士兵必须比德国兵作战更勇猛才行。

3. 军队的士气是很重要的。没有什么能够比知道自己受伤后可以得到最顶尖的治疗更能鼓舞士气的了。

4. 国内的士气也很重要。人们正在为我们打赢这场战争努力生产物资。没有什么能够比国内的人们知道自己的丈夫、儿子和兄弟能够得到最有效的医疗保障更能鼓舞士气的了。如果有流言传回国内,让人们知道我们因为缺乏医疗造成不必要的死亡,将会造成破坏性的结果。

5. 即使现在是战争期间,我们也不能丧失人性。我们用纳粹的方法行事将使我们无法击败德国人。

6. 当前北非战势不利。隆美尔和他的德国军队势如破竹。我们正处于被赶出非洲的边缘。如果真的变成那样,我们就输掉了战争。所以,我们必须遏制住隆美尔。

7. 没有新的部队和补给增援了。因为德国潜艇控制了大西洋,所以运输船只无法靠近非洲的港口。我们不得不依靠现有的物资支撑下去。

8. 作为一种特效药,青霉素如果被用来治疗创伤,就可以挽救无数生命。

简介:军事观点——谁该得到青霉素

你的观点是把青霉素用于性病患者。无论你是否同意这个观点,你都要尽可能强有力、真诚地为这个观点辩护。你需要使用有意义且合理的论据,并尽可能有创造力地找到新的论据来支持你的观点。你可以收集资料,可以询问其他团队中可能知道你所需信息的成员。记住,你需要掌握自己的观点和医学观点这两方面的理由。你要质疑医学观点,要找到该观点上存在的逻辑漏洞,再索要支持这些论据的事实和信息。

1. 我们的职责是不惜一切代价为我们的国家打赢战争。如果我们在非洲失败,我们就会把整个欧洲拱手让给希特勒,最后,我们可能要在美国的土地上作战。

2. 我们取胜的战略必须建立在让最多的人得到最多的利益这一前提下。我们可能必须牺牲一些士兵来赢得战争、保卫民主和解放欧洲。

3. 军队的士气是至关重要的。我们的士兵必须比德国士兵作战更勇猛。没有什么比知道增援部队即将到达前线的消息更能鼓舞人心的了。

4. 国内的士气也至关重要。国内的人们必须为生产我们在战争中需要的物资做出牺牲。没有什么比听到战斗胜利和战役取得进展这样的消息更能提升士气的了。胜利让国内的民众更愿意奉献。

5. 当前北非战事不利。隆美尔和他的德国军队势如破竹。我们正处于被赶出非洲的边缘。如果真的变成那样,我们就输掉了战争。所以我们必须不惜一切代价遏制住隆美尔。

6. 青霉素是一种治疗性病的特效药。在用药 24 小时之内就能为性病患者解除病痛,让他们回到战场继续战斗。

练习 8.5 辐射尘掩蔽所

这个练习中会提供给参与者一个将导致发生争论的决策情境。练习过程如下:

1. 组成 6 人团队,其中一名成员自愿担任观察者。观察者使用争论观察表进行记录。

2. 每个成员都要完成辐射尘掩蔽所排序任务。

3. 团队通过达成共识的形式来决定辐射尘掩蔽所中物品的最佳排序。每个团队只能得出一个排序结果；每个成员都必须同意这个结果，并且要能够解释这样排序的原因。

4. 成员完成决策后问卷。观察者计算团队在每个题目上的均分，把结果记录在总结表上。

5. 比较专家给出的排名（见附录）和每个团队各自得出的排名计算出准确的分数。即，算出自己得出的排名和专家给出的排名之间差值的绝对值，然后再对这些绝对值求和。求和得出的分数越低，就代表排名结果越准确。

6. 根据观察者记录的信息、决策后问卷的结果、成员的印象和排名的得分，围绕团队中是如何解决争论的开展讨论。可以参考建设性争论检查表和练习 8.4 中的问题组织讨论。整个团队需要写下他们得出了哪些有关建设性解决争论的结论。

7. 每个团队与其他所有人分享自己的结论。

辐射尘掩蔽所练习：排序任务

现在你们得知很有可能会爆发一场核战争，并且已经发出了警报。你们的团队有一个小型的地下辐射尘掩蔽所。在发布攻击警报后，你们必须即刻进入掩蔽所。同时，你们还得决定需要带什么物品进入掩蔽所，以帮助你们在攻击时及随后的日子里生存下来。因为你们在直接爆炸区域之外，所以你们将来要面临的最大威胁是辐射尘。为帮助你们做出决定，你们可以先根据下面列出的物品对你们的重要性打分。

两个有盖垃圾桶（一大一小）	泡沫灭火器
扫帚	手电筒和电池
盛水的容器	用电池的收音机
毯子	肥皂和毛巾
罐装燃料炉	装有碘酒和药品的急救包
火柴和蜡烛	厨具和餐具
罐头和脱水食物	测量辐射量的计数器
含氯的液体漂白剂	

建设性争论理论

决策情境中的冲突的构建形式将会决定群体成员与其他成员交互的形式,这会随之决定决策和其他有关产出的质量。群体成员之间的冲突,即群体成员之间采取的行动形式可以被视为一个连续体。这个连续体的一端是建设性争论,另一端则是寻求一致。在决策情境中的每一种有组织的冲突都会导致群体成员之间产生不同交互过程。

争论过程

> 观点差异引发质疑,质疑带来真相。
>
> ——托马斯·杰弗逊

图 8.2 中列举了争论怎样为人们带来高质量的决策、生产力、积极关系、心理健康和其他积极的成果。在建设性争论中,决策者通过以下过程推进决策(Johnson & Johnson,1979,1989,2000,2003a,2005b,2009b;Johnson,Johnson,& Tjosvold,2000):

1. 当人们面临问题或决策时,他们会基于类别以及对当前不完备信息的组织、经验和观点形成最初的结论。并且,人们对这种最初的结论具有高度的信心(随之停止认识过程)。

2. 当人们向他人提出自己的结论和背后的理由时,他们就会开始进行认知练习和运用高阶推理策略。这个过程会加深他们对问题或决策的理解。

3. 人们会看到其他人根据自己的信息、经验和观点所做出的不同结论。这时候,他们会对自己的结论感到不确定,概念冲突或失调感也随之被唤起。这时候,人们会重新启动认识过程。

4. 人们不确定自己的观点是否正确,随之会产生概念冲突和失调感。

5. 不确定感、概念冲突和失调感会导致人们产生**认识性好奇**(epistemic curiosity;Berlyne,1965)。出于对解决当前的不确定状态的期望,人们会主动搜寻(1)更多信息和新的经验(增加特定内容)和(2)更适当的**认知视角**(cognitive perspective)和推论过程(效能更高)。这个时候就会产生发散性注

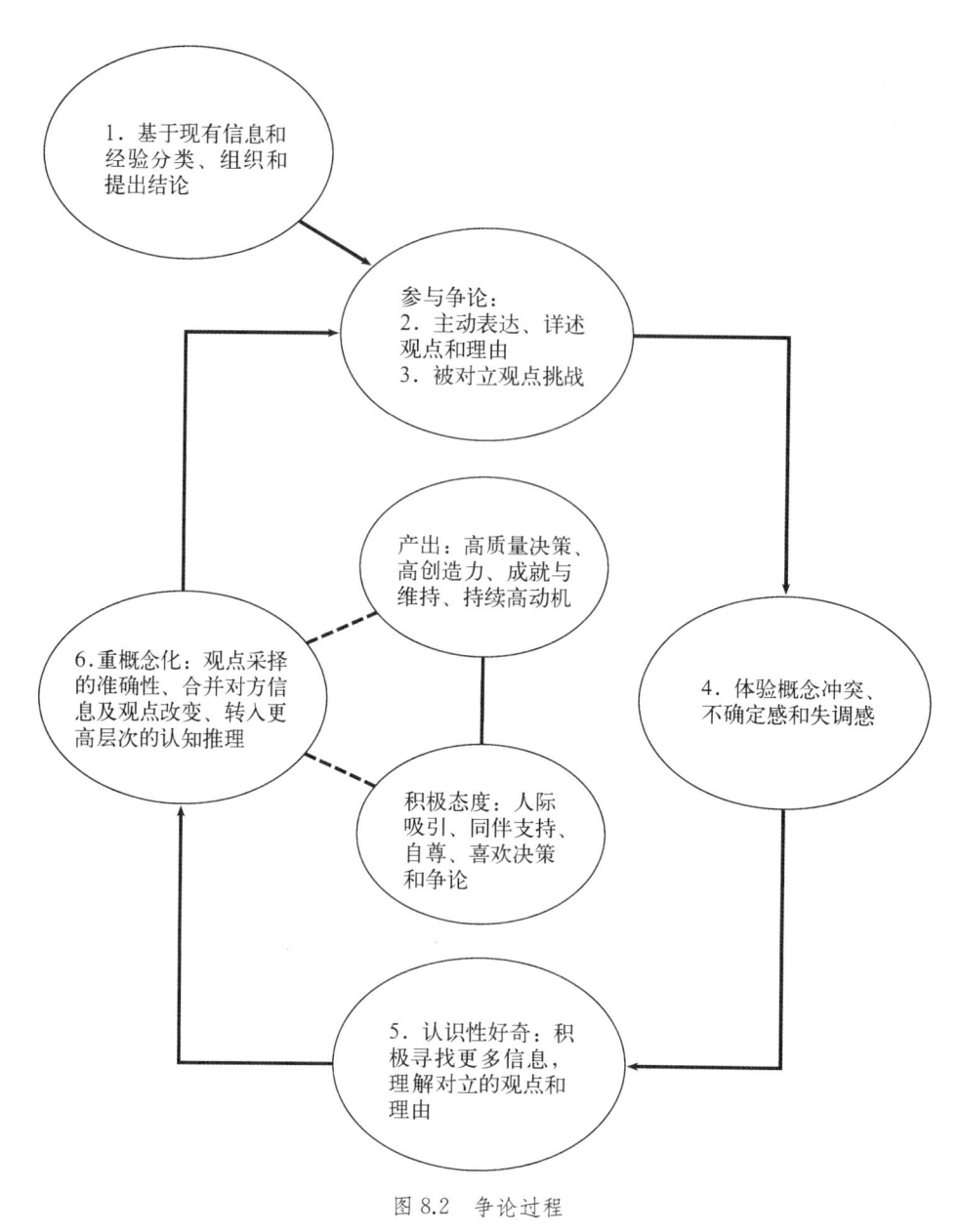

```
┌─────────────┐
│ 1.基于现有信息和 │
│ 经验分类、组织和  │
│ 提出结论       │
└──────┬──────┘
       ↓
┌─────────────┐
│ 参与争论：     │
│ 2.主动表达、详述 │
│ 观点和理由     │
│ 3.被对立观点挑战 │
└─────────────┘
```

图 8.2 争论过程

资料来源：D. W. Johnson and R. Johnson. (2007). *Constructive controversy*: *Intellectual challenge in the classroom* (4th ed.) Edina, MN: Interaction Book Company。

意和发散性思维。

6. 通过理解、接纳他人的观点和推论来改变自己的认知视角和推论过程，人们就能提出一个重新概念化的、重新组织的结论。这时候就能得到新的解决方案和决策。一般来说，这时候的决策质量更高。

接下来会分别深入介绍这些过程(图 8.3)。

图 8.3　争论示意图

资料来源：D. W. Johnson and R. Johnson. (2007). *Constructive controversy: Intellectual challenge in the classroom* (4th ed.)Edina, MN: Interaction Book Company。

第 1 步：组织信息、得出结论

为做出高质量的决策，个体必须想出合适的备选选项，好好评价这些选项，并且要从中选出最好的那个选项。当个体面对一个问题或决策时，就要根据当前具有的知识、观点、优势反应、期望和过去的经验得出最初的结论。

第 2 步：提出并提倡观点

著名记者爱德华·默罗曾说过，"要想有说服力，就得可信；要想可信，就得可靠；要想可靠，就必须诚实。"在争论中，个体要向那些持有不同观点的人提出并捍卫自己的观点。这么做的目的是使群体其他成员转而同意自己的观点。要达到说服他人的目的，就需要让其他成员认为自己的观点是正确的。当某人提出一个观点并给出为什么其他人应该采纳这个观点的理由时所做的行为就是**提倡**（advocacy）。随后，人们要通过旨在说服他人采纳、改变或放弃观点的辩论和抗辩过程做出决策、得出结论。当其他成员意识到有人正在试图说服他们的时候，他们就会仔细检查这个观点并批判性地进行分析，以此抵抗他人的说服行为（Baker & Petty, 1994; Erb, Bohner, Rank, & Einwiller, 2002; Hewstone & Martin, 2008; Mackie, 1987）。提倡一个观点并抵御他人的反驳需要相当程度的认知排练和详细阐述。不过，这个过程同时也会加深自己对观点的理解，能够发现更高层次的推理过程，能够发现更多信息和许多不同的事实，并且会改变已有知识的凸显程度。在提倡某个观点的时候，个体对这个观点的承诺水平也会有所提升。人们通常对自己最初的结论拥有高度的信心（停止认识过程）。

第3步：被反对观点挑战

> "没有什么能逃过我的眼睛！"我自负地说。
> "我相信我没有遗漏任何细节。"
> "很抱歉，我亲爱的华生。你大部分的推理都是错的。当我说到你提醒了我的时候，直白地说吧，我指的是发现了你的谬误，而这恰好把我导向了事实。"
>
> ——柯南道尔爵士，《巴斯克维尔猎犬》

在争论中，人们提倡某个观点的行为会挑战到其他人提倡的观点。人们会批判性地分析他人的观点，以此找到这个观点的弱点和优点。人们在驳斥他人观点的时候，也要面对他人对自己观点的驳斥。在这个时候，人们也会意识到自己需要学习呈现给他们的信息，并且也要理解其他成员的观点。因此，参与争论的个体会学习他人的观点并做到理解、欣赏这些观点（Johnson, 2015; Johnson & Johnson, 1979, 1989, 2000, 2003a, 2005b, 2007, 2009b）。当群体成员听到有人提倡那些与他们对立的观点时，就会开始新一轮的认知分析，这能让他们放手创造出其他原创结论。面对观点的错误之处也能够让人们产生更多的发散性思维，提出新颖的、认识更为深刻的解决方案——认识过程又继续进行了。

在非例行的任务中，对于决策性质的冲突可能会导致群体成员更加批判性地评价信息（Postmes, Spears, & Cihangir, 2001），并会打破群体在完全考虑所有可能选项之前就达成共识的倾向性（Janis, 1971, 1972）。反对者会运用发散性思维，从多个角度展开思考。虽然成员们在一开始会认为反对者是错误的，但是随着反对者的坚持，人们就会认为事件有些复杂，进而再重新进行评估。这时候就会运用发散性思维，考虑不同来源的多重信息。总而言之，这种变化会提升决策质量和找到创造性解决方案的可能性(Nemeth，1986，1994)。

第4步：概念冲突和不确定性

当群体成员听到他们的伙伴提倡其他观点，或他们自己的观点遭到批判或反驳，或与他们结论不一致的信息挑战了他们的观点时，就会产生概念冲突、失调感和不确定感。群体成员不同意的程度越强、频率越高、反对人数越多、竞争气氛越浓、感到被冒犯的程度越强，人们感受到的概念冲突、失调和不确定的感受也就越强(Johnson，2015；Johnson & Johnson，1979，1989，2000，2003a，2005b，2007，2009b)。

第5步：认识性好奇和观点采择

麦克白说，"站住，你这个不完美的演说家，告诉我更多。"当在合作情境中面对知识性的对立意见时，个体会从其他人那里寻求更多信息，力图看到问题所有方面的信息，也会使用更多的方法来看待事实(Nemeth & Goncalo，2005；Nemeth & Rogers，1996)。概念冲突促使人们主动去寻找更多的信息(认识性好奇)，期望通过这种方式消除不确定性。认识性好奇的表现包括主动地(a)寻求更多信息，(b)想办法理解对立观点和理由，(c)试图从对立观点的角度来看待问题。

第6步：重概念化、综合和整合

安德烈·纪德曾说过，"一个人只有在接纳所面对的挑战之后，才算完全克服了这个挑战。"没有什么能够比争论更符合这句话了。当人们为找出其他选项并分配成员去为每个选项寻找最佳证据而开展争论时，争论的目的已经不再是单纯地从所有选项中选出一个选项了。在这个时候，争论的目的变成从所有选项中综合出最佳的推论和结论。**综合**(synthesizing)指的是个体整合大量不同的想法和事实来形成一个观点。人们开动脑筋将观点和事实拼凑在一起，再使用归纳推理的方法把大量信息整合成一个结论或小结。综合是一个创造性的过程，在这个过程中，人们会从大量证据中看到新模式，从许多不同视角来审视事件，并会产生许多种整合证据的方法。这个过程就需要**概率论**(probabilistic；知识只在一定程度上成立)而非**二元论**(dualistic；只有对错，无法质疑权威)或**相对思维**(relativistic thinking；权威有时候是对的，但是他的对错取决于你的观点)。综合有两重目的，分别是做出最好的决策，以及找到一个所有成员都能致力于执行的观点。当决策需要达成共识的时候,持反对意见的成员会更持久地维持他们自己的观点,对决策的深思熟虑会更加"稳健",而且群体成员会认为这样更加公正(Nemeth,1977)。

寻求一致的过程

当群体希望在各个成员之间达成观点一致以快速做出决策的时候,群体成员就会避免提出任何不同意见或反驳其他人;在这个时候,他们还会强调赞同,并且会回避对其他想法和行为进行现实性评价(见表8.3)。也就是说,在这个时候,每个人都承受着遵从主导性的、大部分人都持有的意见的压力。因为对一致性的要求提升了主流观点的支配地位,所以,这时候达成的共识是有问题的——虽然成员们同意某个观点,但是他们并不真的认为这就是最好的行为。更具体地说,寻求一致包含如下过程:

表 8.3　争论过程和寻求一致

争　论	寻　求　一　致
根据自己所知道的信息形成最初的观点。	根据自己所知道的信息形成最初的观点。
提出、提倡、阐述观点和理由。	提出、提倡、阐述观点和理由。
被对立观点挑战会导致概念冲突以及对自己观点的正确性的不确定感。	由多数人产生的压力导致异议者顺从于大部分人的观点;在顺从公共的立场和自己的想法之间产生冲突。
概念冲突、不确定感、失调感。	个人观点和公共观点之间的冲突。
认识性好奇促使个体主动搜寻新信息和观点。	搜寻能支持并加强优势观点的确认性信息。
重新概念化、综合、整合过程使得达成的共识考虑到了所有的观点。	达成基于大部分人观点的共识;由于有些成员公开同意但私底下反对,所以其实未能达成共识。

第1步:推断出优势观点。当面对需要解决的问题或需要做出的决策时,最有权力的群体成员(如老板)或大部分成员会通过对他们当前的知识、观点、优势反应、期望和过去的经验进行分析,形成最初的观点。这个时候,他们对自己提出的观点具有高度的信心(并会停止争论过程)。

第2步:提出并提倡优势观点。最有权力的成员或多数成员提出并提倡优势观点。他们可能会或详细或简明地解释这个观点,期望所有成员会马上同意并采纳。当他们提出自己的结论和理由时,他们会在说的同时对他们的立场进行认知练习和重新构建,但具体程度取决于他们对自己立场的理解深度和对高阶推理策略的熟悉程度。此外,在这个过程中,他们会提升对自己观点的承诺水平,这会导致他们在思想上对其他观点变得封闭。

第3步:面对同意和顺从的需要。群体成员会被要求同意推荐的观点。这种要求既来自内部,也来自外部。这种对顺从的要求造成的压力会导致评价性恐惧。也就是说,那些不同意的人会受到糟糕的评价和拒绝(Diehl & Stroebe, 1987)。对顺从的压力会使成员避免提出新想法,这就扼杀了创造力(Moscovici, 1985b)。处于支配性地位的个体或大部分成员会把他们对事件的观点强加给其他成员,因此所有成员都会从优势性的参照框架来看待问题,这就会导致思维聚合与关注点狭窄的现象。

第4步:公开立场和个人立场之间发生冲突。那些不同意优势观点的成员需要进行选择:同意优势观点或表达出自己的不同意见,但选择了后者就意味着可能要承受人际上被嘲弄、拒绝、放逐和被讨厌的后果(Freese & Fay, 2001; Nemeth & Goncalo, 2011)。群体中最有权力的人或大部分成员提倡某个观点会造成公开顺从和私人信念之间的冲突。当异议者保持沉默的时候,这种冲突会给异议者自身带来相当大的痛苦;但是,如果异议者说出自己的想法,他们所承受的压力可能会更大(Van Dyne & Saavadra, 1996)。异议者会认识到,如果他们坚持提出反对意见,就可能会(a)被同伴和上级做出消极评价、被讨厌或被孤立;或(b)破坏性地处理冲突可能会导致群体分裂成互相对立的几个部分。由于这些潜在的威胁,许多异议者发现还是保持沉默、压抑自己的真实观点更加容易。

第5步:寻求一致信息。成员们会不经过批判性分析,公开地同意优势观点,并给出支持优势观点的理由。此外,他们还会搜寻能够支持优势观点的证据,而且只会从有利于优势观点的角度来看待这些证据(由此消除了从其他角度考虑该观点的可能性)。这时候,思维就会发生聚合,群体成员的关注点会变得狭窄。异议者通常会出于两个原因采纳大部分人所持有的观点:他们认为人数决定了什么是真相,因此,大部分人持有的观点总是对的;或者由于他们害怕公开表达异议会被嘲弄和拒绝,因此他们假装接受大部分人持有的观点,使自己能得到他人喜欢和接纳。除了采纳大部分人的观点以外,他们也会以一种有偏向的方法来搜寻信息,为的是证实大部分人持有的观点是正确的。他们也会采用大部分人解决问题的策略,以避免发生因为使用其他策略而使自己遭到排斥这种可能情况。所以,这时候的群体成员将无法找到原创的问题解决方法(Nemeth & Wachtler, 1983)。

第6步:公共的共识。所有成员都同意群体将要采取的行为,但有些成员私底下认为采取其他行为会更有效。

争论产出

> 你从那些仰慕你,对你和善,而且站在你一边的人身上学到了什么?
> 那些责问你,与你争论的人就没有教会你什么吗?
> ——沃尔特·惠特曼(Walt Whitman, 1860)

在压制争议、强调一致性的时候,决策就会出现一些问题。例如,当NASA决定发射挑战者号航天飞机的时候,Morton Thiokal公司(制造火箭助推器的公司)和Rockwell International(生产人造卫星的公司)的工程师认为低于冰点的气温会带来危险,所以他们反对发射。Thiokol公司的工程师担心寒冷的气温会使得火箭的4个部分之间的连接处的橡胶密封圈变脆,无法承受火箭发出的高温气体。在悲剧发生前的几个月,公司的顶级专家就已经在备忘录中提出了密封圈接口就像"跳球"一样不稳定;如果密封圈失效,那就是一场"最高代价的灾难"(Magnuson, 1986)。在发射前一晚的团队讨论中,工程师们向他们半信半疑的经理和希望按期发射的NASA官员提出需要延期发射的意见。但是,因为工程师们无法证明肯定存在危险,所以他们都保持了沉默(不会受到伤害的错觉)。在这个时候,工程师们还承受着顺从的压力。例如,一名NASA官员抱怨道"我的天啊,Thiokol,你们想要什么时候发射?明年4月吗?"随后,NASA官员和Thiokol经理们联合起来把工程师们从决策团队中赶了出去(全体一致错觉)。最后,需要做出最终决策的NASA最高执行官员并不知道工程师们的担忧,也不知道Rockwell官员的保留意见。因为根本不知晓反对意见,所以最高执行官员自信地发出了发射挑战者号的指令。1986年1月28日,挑战者号在发射数分钟后爆炸,7名宇航员罹难。

这种错误决策是如何发生的？这当中的原因就是缺乏争论。NASA官员并没有给予延迟发射这个选项一个得到公平、完整倾听的机会。他们非但没有利用反对意见，反而打压了反对意见。通常，在群体讨论中，如果对一个方案的支持程度逐渐提升，那么采纳其他更好想法的可能性就会随之降低。群体讨论会加剧过度自信的现象，并因此带来对判断准确性的错觉（Dunning & Ross，1988），少数人持有的观点会遭到压制。在一项研究中，研究者通过实验设计只让6人团队中的其中一名成员知道问题的正确答案。但是，结果发现，在75%的情况下这个成员无法说服其他成员采纳自己的答案。这背后的原因就是团队并没有给予这个答案一个公平、完整的倾听机会（Laughlin，1980；Laughlin & Adamopoulos，1980）。其他意见没有得到认真考虑，少数人的意见无法表达，群体成员之间的不同意见被压抑是导致群体决策错误的原因。

不经过争论，群体决策就很难做到最好。已经有超过25项实证研究对争论进行了探索。这些研究以及其他研究的性质和结果能够为争论促进生产力、决策质量、创造力、任务卷入度、积极人际关系和心理健康提供坚实的证据。

决策与问题解决的质量

元分析的结果表明，争论能够使人更好地掌握并保留信息和习得的技能，比不争论（效应量为0.70）、辩论（效应量为0.62）或个体努力（效应量为0.76）时更好（Johnson & Johnson，2009a）。尤其是在进行建设性争论的时候，与寻求一致、辩论和个体努力相比，群体成员表现出（1）对自己和他人观点有关信息和推论更强的回忆能力，（2）能更熟练地将得到的经验迁移到其他情境中，（3）能够更好地从大量情境中总结出规律。此外，建设性争论可能使人们得到不同的视角，因此能够做出高质量的决策（包括道德困境中的决策），能够高质量地解决复杂问题（Boulding，1964；Glidewell，1953；Hall & Williams，1966，1970；Hoffman, Harburg, & Maier，1962a；Hoffman & Maier，1961；Maier & Hoffman，1964；Maier & Solem，1952）；不满足共同利益的方案最终会变成整合性的、高质量的解决方案（Lovelace, Shapiro, & Weingart，2001；Nauta, DeDreu, & Van Der Vaart，2002）。争论也会促使人们进行认知练习，促进对双方观点的准确理解（Smith, Johnson, & Johnson，1981），而且能够提升口头交流的精细程度（Smith, Johnson, & Johnson，1984）。最后，争论也会使群体成员向工作中投入更多生理和心理能量。

这些研究结果也得到了对异议的研究的验证。研究者发现异议能够提升群体决策的质量（Nemethm 1995）。Dooley和Fryxell（1999）在一项针对美国医院的研究中发现,异议与能够做出高质量决策的团队之间存在正相关。这些团队会保留异议并同时走向共识。异议能够提升群体在整体上的表现(Jehn, Northcraft, & Neale, 1999),其中的一部分原因是异议提升了人们对任务的理解深度(Amason & Schweiger, 1994),并且促使人们去考虑新的观点(Baron, 1991)。

人们针对争论和问题解决提出了一个有趣的问题:"如果人们提出两个互相冲突但都是错误的解决方法,这时候是否可以产生一个正确的方法?"以成人和儿童为研究对象的大量研究都发现,即使争论中的一方或双方都提出了错误的信息,决策、推理的水平和学习程度还是得到了显著的提升。Ames 和 Murray(1982)比较了争论、模式化地和非社会地呈现信息,对认知不成熟、未获得守恒性的儿童在守恒任务上造成的影响。在任务中,研究者向儿童呈现与他们一开始持有的观点不同的错误信息。结果发现,在守恒任务上存在着中等但统计意义上显著的提升效应。3 名在一开始得分为 0 分的儿童(总分 18 分)在后测中得了 16—18 分;11 名在一开始得了 0 分的儿童在后测中得了 5—15 分。研究者由此提出,冲突**本身**(qua)并不只是在认知上起到推动作用,冲突的解决方法更可能导向正确表现。在有限的方法中,两个错误的方法可能会带来一个正确的方法。Nemeth 和 Wachtler(1983)发现,相比于呈现与已有观点一致的内容,把一个可信的少数派观点(即使是错误的)呈现给被试之后,被试就能提出更多解决方案,也能想到更多正确方法。例如,对认知推理的大量研究都关注于如何对不具备守恒性的儿童施加影响,使之能够获得关键的守恒思维。目前已经发现,向这些儿童呈现与他们最初的观点相冲突的错误信息就能够提升一些认知能力。不过,这种提升在程度上低于接受正确信息带来的作用(Cook & Murray, 1973; Doise, Mugny, & Perret-Clermont, 1976; Murray, 1972)。在争论后进行的后测证明儿童表现出了明显的进步。Doise 和 Mugny (1979)发现,当儿童与一个做出错误反应的处于同等认知水平的伙伴进行接触之后,两人在分别进行的后测上都表现得更好;在面对错误反应(Mugny et al., 1975—1976),甚至在做出错得离谱的反应的时候也得到了同样的结果(Mugny, Levy, & Doise, 1978)。Schwartz、Neuman 和 Biezuner(2000)发现,那些在数学上存在系统化错误,而且自己不承认这些错误的儿童在组队后反而能做出正确答案,哪怕两个人一开始各自做的答案都是错误的。与其说争论过程的价值在于纠正对立的观点,不如说人们通过这个过程促进了注意和思维水平。当人们面对许多观点的时候,他们就会进行更多的认知加工,即使这些观点都是错误的。也就是说，当人们对两个不够完美的选项进行争论和挑战的时候，他们就能够提出更好、更有效的行动。

创造力

> 万物负阴而抱阳，冲气以为和。
>
> ——《道德经》

个体之间对不同信息和想法产生的反对和争执是取得创造性观点的重要方面。从研究中我们可以总结出，争论能够通过(a)使个体从不同角度看待问题，和(b)以能够为解决方案带来新取向的途径对问题进行重构这两种形式促进个体产生创造性的顿悟。有证据表明，争论能够提升观点的数量和质量，给人带来刺激和愉悦感，并能提升创造性问题解决中体现出的原创性(Bahn, 1964; Bolen & Torrance, 1978; Dunnette, Campbell, & Jaastad, 1963; Falk & Johnson, 1977; Gruber, 2006; Maier, 1970; Peters & Torrance, 1972; Torrance, 1970, 1971, 1973; Triandis, Bass, Ewen, & Mikesele, 1963)。接触到其他有可信度的观点能够帮助人们提出更多新异的解决方案(Nemeth & Wachtler, 1983)、不同的策略(Neweth & Kwan, 1987)和原创性的观点(Carnvale & Probst, 1998)。合作取向能够比个体主义取向或竞争取向促成更多创造性结果(Carnvale & Probst, 1998; Gruber, 2006)。竞争反而会使人们做出严格的判断，不仅会降低人们对复杂性的认识，抑制人们考虑其他观点，还会降低人们的创造性(Carnvale & Probst, 1998)。Gruber(2006)指出，对于有些问题而言，对不同观点进行整合是必须的。并且有证据表明，相比不争论的情况下，争论能够为问题带来更多具有创造性的解决方案，也能使成员更加满意(Glidewell, 1953; Hall & Williams, 1966, 1970; Hoffman, Harburg, & Maier, 1962a; Maier & Hoffman, 1964; Rogers, 1970a)。允许人们反对、互相批评对方的观点、提出异议能够使人们产生新的想法，为群体带来创造力(Nemeth et al., 2004; Postmes, Spears, & Cihangir, 2001)。另外，群体成员的异质性越高（人格、性别、态度、背景、社会阶层、推理策略、认知视角、信息、能力、技能），他们在争论上花费的时间就越多(Nijhof & Kommers, 1982)，但是达成的成就和生产力越高(Fiedler, Meuwese, & Conk, 1961; Frick, 1973; Johnson, 1977; Torrance, 1961; Webb, 1977)。研究进一步发现，争论会激励人们深入挖掘问题、提出问题并解决问题。当成员们运用了大量观点,表现出高度的情绪卷入,并且承诺解决问题的时候,群体就会随之受益。

有确凿的研究结果表明,异议会使人表现出比顺应优势或主流观点(这会激发一致性思维)时更强的原创性(Nemeth & Kwan,1985)。面对异议的人会提出更多有创造性的问题解决方法(Nemeth,Brown,& Rogers,2001)。即使异议是错误的,它也能激发出创造性(De Dreu & West,2001;Gruenfeld,1995;Simons & Peterson,2000)。Van Dyne 和 Saavadra(1996)在一项对自然工作团队的现场研究发现,拥有一名异议者的团队比那些没有异议者的团队的发散性思维水平更高,能够提出更多原创的产品方案。Peterson、Owens、Tetlock、Fan 和 Martorana(1998)发现,七家"财富五百强"公司中最为成功的顶级管理团队在非公开会议上都鼓励成员表达异议。

争论和创造力之间存在着非常强的联系,本章随后的内容中将继续讨论这个问题。

高阶推理

进行建设性争论的成员更常采用高阶推理和元认知思维,这一倾向高于寻求一致($ES=0.84$)、辩论($ES=1.38$)和个体主义($ES=1.10$)的情况。在一项研究中,研究者安排一个获得守恒性的儿童和一个没有获得守恒性的儿童一起完成守恒任务,让他们一直争论,直到达成一致意见或形成僵局为止。结果发现,在这种情况下,获得守恒性的儿童的观点会处于优势地位,而没有获得守恒性的儿童则会习得如何完成守恒任务(Ames & Murray,1982)。这种改变可能是单向的,而且是难以变化的。理解了守恒性的儿童不会再采用错误的策略,未获得守恒性的儿童则会逐渐对守恒性有深入的理解。Walker(1983)发现,当学生见到与他们自己观点不一致,而且处于他们当前或即将达到的推理能力阶段的解释时,他们的推理能力就会得到提升。Tichy、Johnson、Johnson 和 Roseth(2010)考察了争论和个体主义对道德发展的四个成分带来影响的差异(Rest,Narvaez,Bedeay,& Thoma,1999)。结果发现,争论明显提升了人们的道德动机、道德判断和道德特质水平,使人们更快地掌握大量道德能力。

任务卷入

任务卷入(task involvement)指的是个体为追求任务成就所投入的生理和心理能量的质量和数量。任务卷入程度可以体现在参与者对任务和争论的态度上。进行争论的个体会变得喜欢这个任务,并且在总体上对任务持有的态度比那些采用寻求一致、个体努力或辩论的人更为积极。此外,争论带来的更高程度的任务卷入还会体现为对解决问题有更高水平的情感承诺、更高的激励感,以及会更加享受整个过程(Johnson,2015;Johnson & Johnson,1979,1989,2000,2003a,2005b;Johnson,Johnson,& Tjosvold,2000)。如同塞缪尔·约翰逊说的那样,"我武断地提出观点并被他人反驳,在这种观点的冲突中,我高兴了起来。"

增进理解的动机

进行争论的人们会产生学习与事件有关的信息和根据最佳推论做出判断的持续动机,在这些方面上远强于使用寻求一致($ES=0.68$)、辩论($ES=0.73$)或个体主义($ES=0.64$;见表8.4)的个体。进行争论的人们会寻求(1)更多的信息和新的经验(特定内容增加),以及(2)更加适当的认知视角和推理过程(效能提升),以此期望化解当前的不确定性。同时,他们也会主动地去学习、理解并欣赏其他人持有的观点。例如,Lowry和Johnson(1981)发现,参与争论的学生会比那些寻求一致的学生阅读更多的图书馆资料,花费更多精力来复习课堂资料,在休息期间会更常去看可选看的影片,而且还会更频繁地向他人寻求信息。

表 8.4 争论影响生产力的平均效应量

因变量	争论/寻求一致	争论/辩论	争论/个体主义
成就	0.70	0.62	0.76
认知推理	0.84	1.38	1.10
观点采择	0.97	0.20	0.59
动机	0.68	0.73	0.65
对任务的态度	0.35	0.84	0.72
人际吸引	0.32	0.67	0.80
社会支持	0.50	0.83	2.18
自尊	0.56	0.58	0.85

资料来源:D. W. Johnson and R. Johnson. (2007). *Constructive controversy: Intellectual challenge in the classroom* (4th ed.)Edina, MN: Interaction Book Company。

对问题的态度发生改变

参与争论会使人们对问题的态度发生变化,这种变化比进行寻求一致、不进行争论或个体主义的时候更强(Johnson & Johnson, 19985; R. Johnson, Johnson, Scott, & Ramblae, 1985)。相对应地,多数群体成员和坚持意见的少数群体成员之间发生的对目标的观点冲突也会导致态度改变(Nemeth & Owens, 1996)。群体中的不同意见会引入大量信息和更为多样化的事实依据。已知的信息在凸显程度上的变化会反过来使判断发生变化(Anderson & Graesser, 1976; Kaplan, 1977; Kaplan & Miller, 1977; Nijhof & Kommers, 1982; Vinokur & Burnstein, 1974)。经历过争论后,人们会重新评价自己对事件的态度,并会将对立的论据包含到自己的态度中。争论带来的态度改变是相对持久的(不仅仅是对争论经验本身的一种反应)。

争论参与者之间的人际吸引

过去认为,争论和辩论中存在反对、论证和反驳等会导致个体之间互相讨厌,阻碍形成良好关系。然而研究发现,事实上并不是这样的(Johnson, 2015; Johnson & Johnson, 1979, 1989, 2000, 2003a, 2005b, 2009b; Johnson, Johnson, & Tjosvold, 2000)。建设性争论能够促进参与者之间的关系,这种效应强于寻求一致($ES=0.32$)、辩论($ES=0.67$)或个体主义($ES=0.80$;见表8.4)的情况。辩论会提升人际吸引的水平,这种作用高于个体努力带来的效果($ES=0.46$)。充满激情的异议和智力上的挑战能够把人们紧紧地联系在一起,形成更有意义的人际关系。

社会支持

建设性争论能够带来比寻求一致($ES=0.50$)、辩论($ES=0.83$)和个体努力($ES=2.18$;见表8.4)情况下更高的社会支持水平。辩论带来的社会支持水平比个体努力更高($ES=0.85$)。建设性争论与任务支持和个人支持之间具有统计意义上显著的相关(Tjosvold, XueHuang, Johnson, & Johnson, 2008)。

心理健康和社会能力

参与建设性争论的经验能够提升心理健康中的许多成分(Johnson, 2015; Johnson & Johnson, 1979, 1989, 2000, 2003a, 2005b, 2009b, 2015; Johnson, Johnson, & Tjosvold, 2000)。与寻求一致、辩论和个体努力相比,争论能够明显地提升任务取向的自尊、认知推理、道德推理和观点采择的准确性水平。

自尊。当人们在当前的争论中对自己产生良好的体验时(无论是否同意争论的观点),他们就可能在未来再次参与争论。建设性争论能够带来比寻求一致($ES=0.56$)、辩论($ES=0.58$)和个体努力($ES=0.85$;见表8.4)情况下更高的自尊水平。另外,辩论产生的自尊水平高于个体努力产生的自尊水平($ES=0.45$)。建设性争论与任务相关的自尊之间存在统计学意义上显著的相关关系(Tjosvold et al., 2008)。

观点采择。理解和考虑所有观点对于讨论困难问题、做出共同且理由充分的判断和提升对执行决策的承诺而言是非常有帮助的。大部分群体成员通常都无法意识到其他成员的观点与参照框架,也无法意识到它们对积累和理解信息带来的潜在价值(Tversky & Kahneman, 1981)。群体成员会从不同的角度来解释信息,得到完全相反的结论,但却无法意识到他们在思维上存在的局限性。此外,群体成员会很容易使用有偏的方法来加工信息,接受表面上与观点一致的证据,对反对的证据进行严格的批判性评价(Lord, Ross, Lepper, 1979)。建设性争论能够使人们比在寻求一致($ES=0.97$)、辩论($ES=0.20$)和个体努力($ES=0.59$;见表8.4)情况下更准确、更完整地理解对立的观点。相比回避争论,进行争论反而能够使人们更好理解其他人的认知观点。在有关的研究中发现,在估计对手可能使用什么样的推论方法来解决未来会发生的问题时,那些进行争论的人比那些不争论的人表现得更好。无论个体来自高、中还是低成就群体,只要进行过争论(与寻求一致或个体努力相比),他们都能够更好地理解与自己对立的观点。观点采择能力越高,就越有可能发现以互惠形式解决冲突的方法(Galinsky, Maddux, Gilin, & White, 2008)。也有研究者发现,当人们对他人做出的推论进行变换、扩展或总结性评论的时候,对道德的讨论就会变得更加有效(Berkowitz & Gibbs, 1983; Berkowitz, Gibb, & Broughton, 1980)。

开放思想。在合作情境下开展争论的人们会用比竞争情境下更为开放的思想来听取对立观点(Tjosvold & Johnson, 1978)。Tjosvold和Johnson发现,在竞争情境下,人们会表现出不愿意承认对立观点的封闭思维倾向,而且会封闭性地拒绝将任何观点整合入自己的观点中。在竞争的场合中,人们会出于防御性地维护自己观点的偏向,忽视从争论中进一步取得理解(Tjosvold & Johnson, 1978)。

决定争论是否具有建设性的条件

> 与他较量增强了我们的神经,磨炼了我们的技能。我们的敌人是我们的帮手。
>
> ——埃德蒙·伯克,《论法国大革命》

虽然争论能够带来有利的结果,但是并非在所有情境中都是如此。在所有类型的冲突中,争论都有带来建设性的结果或破坏性的结果的可能性。那么,争论究竟会带来积极结果还是消极结果?这取决于争论发生在什么样的条件下,以及人们用什么方法来处理争论。其中的关键因素包括争论发生的背景、群体成员社会技能的水平以及群体成员进行理性争辩的能力(Johnson,2015;Johnson & Johnson,1979,1989,2000,2003a,2005b,2009a;Johnson,Johnson,& Tjosvold,2000)。

合作性目标结构

冲突发生的背景会对冲突表现出建设性还是破坏性产生很大影响(Deutsch,1973)。争论有两种背景:合作性与竞争性。与竞争性背景相比,合作性背景能够促进产生(a)更频繁、更准确、更完整的沟通,群体成员在这个过程中能够有效使用其他人的信息,并且能将这些信息整合入自己的思考中;(b)支持性的气氛,群体成员感到能够安全地挑战其他人的观点;(c)对争论有效和有价值的信念;(d)准确的观点采择,成员由此理解其他人的感受以及他们会产生这样的感受的原因;(e)将冲突定性为需要解决的问题(而不是输-赢的情境);(f)发现不同观点之间具有更多的相似之处。

Dean Tjosvold 和同事们在一系列研究中考察了合作和竞争背景对争论的影响(Tjosvold,1995a)。他们发现在竞争性背景下做出的争论会导致封闭思维,表现出对对立的观点和信息不感兴趣与拒斥,拒绝将任何对立观点融合入自己的观点中,而且还会防御性地维护自己的观点。当竞争者不确定自己的观点是不是正确的时候,他们就会选择将自己的观点暴露在一些很容易被否定的信息前。这可能是因为驳斥这些信息能够增加他们对自己持有观点的信心。回避争论会使人们对对立观点和信息缺乏兴趣或基本不知晓,使他们做出只反映了自己观点的决策。与之相反,在合作性背景中,争论会在讨论对立观点时带来舒适、愉快和有益的感受，会使人们用开放思维去聆听对立观点，促使人们听取对方更多的论据，使人们能够更为准确地理解对方的观点，并且还可以使人们将自己的观点和对方的结论与推论整合到一起，提出更为整合化的最终观点。

有技巧地反对

如果要有效地进行争论，那么人们就必须具备一些重要的社会技能（Johnson，1991；2006，2015；Johnson & Johnson，1089，2000，2003a，2005b）。其中，最为重要的技能之一就是在认同某人能力的同时表达自己不同意他的观点。当你反对某人的观点，但同时又表达出对方能力不足的时候，对方就会更加坚持自己的观点，并且会更加排斥你提出的信息和推论。不过，当你反对某个人的观点，但同时承认对方的能力时，对方就会更喜欢你，更少批判你的观点，对学习你的观点存在更大的兴趣，而且还会更愿意将你的信息和推论整合到他自己对问题的分析过程里。

如果要创造性地综合争论中所有的观点，群体成员就需要准确地评估每个观点的效能和相对优点。要达成这一目标，就需要成员们站在别人的立场上，从别人的视角来看待问题。观点采择是确保人们能够使用其他成员可以理解

的方式来呈现有关信息以及能够准确理解其他成员信息的一种关键能力(Johnson，1971a)。观点采择能够促进人们做出有创造性的、高质量的问题解决行为(Falk & Johnson，1977；Johnson，1977)。观点采择同样也能促进人们对信息交换过程、对其他成员和对群体任务持有更积极的看法。

第三类技能是区别不同观点(找到观点之间的不同点)，随后把各个观点中的最佳信息和推论归纳到一起，整合起来(把几个观点整合成一个新的、创新的观点)。区别必须在整合前完成。在区别过程中，人们需要找到并澄清不同成员观点、信息、结论、理论和意见之间的差异。在找寻新的、创造性的解决方案前，必须先提出并彻底探索所有的观点差异，只有这样才能使所有成员都感到满意。整合的结果所能够达到的最高水平取决于区别过程做得有多好。大部分争论在达成最终决策前都经历过一系列的区别和整合过程。

理性争辩

在争论中，群体成员应当遵守理性争辩的原则(Johnson，2015)。成员们在提出自己的观点和理由的同时要请其他人提供能证明他们的分析和结论有效性的证据。理性争辩包括形成观点、收集与组织有关信息、使用演绎和归纳的逻辑，以及根据当前理解提出暂时性结论的过程。在这个过程中，群体成员需要保持开放思维，保证当其他人提出的信息、理由、证据和逻辑推论具有说服力并且可信的时候能够对自己的观点和结论做出改变。要想开展建设性争论，就必须具备收集、组织与呈现信息的能力，进行挑战和反对的能力，以及进行逻辑推论的能力。

促进建设性争论的因素

1. **合作背景**。在合作背景中，信息沟通更为准确、完整，也会受到鼓励，信息也会得到更好的使用。在合作背景中进行的争论能够促使人们开放思维，使他们能够听取对立观点；而竞争情境中的争论则会导致封闭思维，使人们不愿意向对立观点让步，也不愿意将其他观点整合到自己的观点中。
2. **异质成员**。个体之间的异质性能够促进争论的产生，并且能为决策带来更为多样化的交互模式和信息资源。
3. **参与者拥有的有关信息**。个体对事件知晓的信息越多，他们的决策就会愈加成功。
4. **社会技能**。如果要形成建设性的争论，个体就需要具备诸如反对某人观点但同时承认对方能力这种技能，也要具备能够从许多视角看待同一个问题的能力。
5. **理性争辩**。理性争辩包括形成观点、收集与组织有关信息、使用演绎和归纳的逻辑，以及根据当前理解提出暂时性结论的过程。

基于探究的提倡

如果在决策中能够自由、开放地表达对立观点，那么人们就更容易接近真相。在古代雅典的民主与开放社会的传统中，群体应当鼓励而不是抑制成员们表达对立观点。也就是说，在建设性争论中，群体成员要使用基于探究的提倡方法。**提倡**（advocacy）指的是提出观点并说明为什么其他人应当采纳这个观点的理由。**探究**（inquiry）指的是调查某个问题以找到最佳的答案或行动；这个过程包括提问题和搜寻、学习必要的事实来回答问题。探究通常始于一个焦点。焦点指的是捕获并维持参与者的注意和促使他们开展调查的事物。缺乏兴趣的人是不会进行探究的。当群体成员认定了需要解决的问题是什么之后，他们就会提出解决问题的备选行动方案，这时就产生了探究的焦点。因此，**基于探究的提倡**（inquiry-based advocacy）指的就是两个或以上派别提出相对立的观点来研究某个问题，确定做出有关于最佳行动的合理判断所需的根本事实与逻辑推论。

少数人的影响、争论和决策

多数人的想法和态度会影响其他成员的判断。少数成员通常会对大部分人持有的想法做出妥协，而且在特定情况下甚至会扭曲自己的知觉，让自己使用和多数人一样的方法来看待问题（Asch，1952，1956，1957）。多数人有时候会让持反对意见的人保持沉默，会排斥那些提出异议的人，而且还会劝说所有成员都采纳他们的观点。那么，少数成员是否能对多数人产生影响呢？

当持有少数派观点的成员劝说持有多数派观点的成员改变他们的想法并赞同少数派观点的时候，就会出现**众从**现象（minority influence；Moscovici，1985a，1985b；Moscovici, Mucchi-Faina, & Maass, 1994；Wood, Lundgred, Ouellette, Busceme, & Blackstone, 1994）。不过这种现象是很难达到的。这是因为（a）少数派观点只能够对持有多数派观点的成员产生很小的社会压力或规范压力；（b）同时表达某个观点的人越多，就越能够使人感到这个观点可信和有效力。由于那些持有少数派观点的人不太可能借助社会奖励和惩罚的力量，所以他们面对的是一场艰苦的斗争。这些人必须准备好强有力的论据，要可信地表达这些论据，还要激励其他成员一起做出最好的决策。当满足以下情况的时候，少数人持有的观点会有很强的说服力：

1. 他们坚持自己的观点，无论什么时候都保持一致。通过持续表达自己的观点，少数群体成员能够证明他们的观点很明显地说服了他们自己，所以应该也能说服其他人。

2. 他们曾经是多数派。如果有人改变自己原先的观点，那就等于为新接受的观点增加了可信度。

3. 他们愿意适当妥协。那些愿意协商的人通常会被人看作是一个通情达理的、灵活的人。那些被看作很强硬的人会被人们认为是不可信的。

4. 他们至少能够从其他人那里获得一些支持。两个及以上持有某一种少数派观点的人看上去会更加可信。

5. 提出观点的时候要让这个观点就像能够和多数派观点相容似的，也就是说，要让人们觉得这个观点只是稍微超前一点而已。这就能使持多数派观点的成员更加容易转变自己的观点。

6. 所有成员都希望做出准确的决策，因此非常关心论据的质量。

从众和众从是不同的（Moscovici，1980）。多数人会导致顺从，尤其是公开顺从的现象。这时候会造成公开顺从和个人想法之间产生冲突。顺从不需要进行仔细思考。多数群体可能会从多数人的角度激发对问题的思考，此时关注点就会变得狭窄，思维会变得聚合（Nemeth，1976，1986）。人们会认为数量决定真相。此外，人们之所以赞同多数人的观点也可能是因为这么做可以被别人喜欢和接纳。

少数成员制造了多数派的想法和少数派的想法之间的冲突。这种冲突可能会促使人们去仔细思考少数派观点，这就提供了一个改变多数派想法的机会（虽然也有研究表明人们会系统化加工多数人持有的观点；Baker & Petty，1994；Erb，Bohner，Rank，& Einwiller，2002；Mackie，1987）。多数成员在一开始会认定少数派观点一定是错的，但是少数成员坚持自己观点的行为又表明问题可能很复杂，这就使得多数成员会重新去评估问题（Nemeth，1976，1986）。总而言之，这个过程提升了决策的质量，能够使人们找到创造性地解决问题的方法（Nemeth，1986，1995）。不过，就算少数派观点具有说服力，他们所造成的影响可能依旧是间接或隐含性的。多数成员中的一些人会在私底下认同这些观点，但是并不愿意在公开场合做出表态。完美呈现的少数派观点的论据或许不会马上显示出说服力，但是可能会促使人们重新去评估自己的想法,并且会更加努力、有创造性地思考问题(DeDreu & West,2001;Martin, Gardikiotis, & Hewstone,2002)。随着时间的流逝,这种重新评估会使人们改变自己的想法。Hewstone 和 Martin(2008)指出,目前的研究支持转换理论——只有占少数的那些成员会加工信息。当少数成员想要仔细听取多数成员的论据内容的时候,他们就会加工多数成员传递的信息。

争论的目的之一就是确保少数成员的意见能够在同等机会上影响群体决策。当所有的备选行动都有一群人支持时,少数人支持的观点就能得到评判了。此外,因为争论的目的是整合所有观点上的最佳信息和推论,所以在争论的过程中强调的是信息造成的影响,而不是顺从多数派观点。

组织建设性争论

有效的决策在很大程度上依赖于建设性地开展争论。然而,建设性争论并不是说一句"让我们争辩吧"这么简单。为确保群体争论能够带来积极结果而不是产生斗嘴、防御和互不往来等现象,成员们就需要遵循以下步骤进行争论:

1. 提出一些经过考虑的、能够解决问题的行动。

2. 组成多个提倡小组:确保每种行动都能得到公平、完整的倾听。分配两到三名成员组成提倡小组,他们要为自己分配到的观点提出最佳的证据。向他们强调争论的目标是做出最佳的决策。

3. 进行争论:

(1) 每个小组都要研究自己的观点,准备好有说服力的演说以说服其他成员承认自己的观点是有效的。

(2) 每个小组都要不断地向所有人提出自己分配到的观点的论据。其他小组要仔细听取报告、记笔记,努力学习报告中提供的信息。

(3) 开展一场包含支持、驳斥和反驳的开放式讨论。每个小组要给予其他小组的观点"火的试炼"。即通过质疑他人信息和逻辑的有效性来驳斥他们的观点。在尝试说服他人的时候,也要注意应对他人对自己观点提出的质疑。在这个过程中要鼓励所有成员开展激烈的辩论,也要鼓励大家试着做一个故意唱反调的人。

(4) 提倡小组互相交换观点,试着去诚恳地、有力地论证对立的观点。

(5) 群体成员放下自己提倡的观点,然后基于他们对事件的最为合理的判断达成共识,然后再做出决策。这时候做出的决策通常是多个观点的整合结果。

(6) 群体成员讨论群体功能体现得怎么样,以及在下一次争论中要怎样做才能表现得更好。

4. 执行决策：一旦做出决策，所有成员都要致力于执行决策。

成为一个民主的公民

民主(democracy)这个词来自希腊语的 demokratia，是 demos(希腊语"公民"的意思)和 kratos(希腊语"统治"的意思)结合而成的。托马斯·杰弗逊认为，要想由公民进行统治就需要有自由和开放性的讨论。他进一步认为，知识，而不是人们生来就有的社会等级，才是社会中影响力的根基。因此，他认为美国式民主的前提是"真相"产生于自由和开放式讨论。在这种讨论中，人们能够提倡反对观点，反对观点也能得到极力争辩。在决策之前，每个公民都有提倡自己观点的机会。随后，通过投票和多数人决定的规则做出决策。在决策后，因为少数群体成员知道(1)他们的观点被公平、完整地听取了，和(2)他们在 2 年或 4 年后还有机会，所以少数群体会愿意遵循多数群体的观点。

对于想要成为好公民的人来说，他们需要先学会如何参与有关社群和社会问题的集体决策(Dalton, 2007)。这种决策也被称为政治话语(Johnson, 2015; Johnson & Johnson, 2000)。托马斯·杰弗逊、詹姆斯·麦迪逊和其他美利坚合众国的缔造者们都将政治话语视为民主主义的核心。对立观点的碰撞能够提升公民对于问题的理解和决策的质量，使公民能够保持开放思维，并且能够在逻辑上可以被说服的时候愿意对自己的想法做出改变。一般来说，在美国学校中接受的政治教育是不够的(Parker, 2006)。学生需要学习一种"争辩的文化"(Walzer, 2004, p.107)。当学生进行争论时，他们也会习得对成为一个有效的公民所必需的程序。在美国的小学和中学中，教师结合合作学习和建设性争论教学生如何成为一个公民(Hovhannisyan, Varrella, Johnson, & Johnson, 2005; Johnson & Johnson, 2003a, 2005b)。作为民主项目的一个组成部分，研究者已经在阿塞拜疆、捷克、立陶宛和美国(芝加哥、哥伦比亚、洛杉矶)由中学教师对 1 109 名学生开展建设性争论教学(Averym, Freeman, Greenwalt, & Trout, 2006)。

小结

人们在决策中通常要先思考可能的备选项，然后再从中选择其一。所有的决策情境中都存在一些有关于哪个备选项应当被选中的冲突。在决策群体中，冲突以争论的形式体现。当群体把主要的备选项分配给各个支持小组，要求各个小组为分配的选项找到最佳的理由，并要求他们计划如何向其他人提出自己的观点的时候，争论就开始了。随后，每个小组都要向其他成员展现并提倡自己的观点。接下来，所有成员要在讨论环节中驳斥其他人的观点，反驳其他人对自己观点发起的攻击。在这一步之后，各个小组要交换各自提倡的观点，再诚恳地、有力地提出支持对立观点的最佳理由。最后，所有成员放下各自提倡的观点，基于他们对事件的最为合理的判断达成共识，这时候需要整合所有观点中的最佳信息和推论。

群体成员在一开始的时候就要对事件做出结论，再把自己的结论呈现给整个群体，随后再面对对立意见，再以概念冲突或失调感的形式感受到不确定性，然后会体验到认识性好奇并由此搜寻更多的信息和更好的观点，最后再根据对自己所知进行重新组织和重概念化的结果提出新的结论。以上就是建设性争论过程的基本框架。当情境背景是合作性的时候，或当成员之间存在一定异质性的时候，或当信息和专业技能没有集中在少数人手中的时候，或当群体成员具有必要的冲突技能的时候，或当成员遵循理性论证的准则的时候，争论就会是建设性的。相反观点之间发生的碰撞是在争论中产生创造性的关键之处。

检验你的理解

请在下面的表中匹配定义和概念。找一个同伴一起比较你们的答案并解释你们自己做出每个选择的理由。

答案	概念	定义
_____	建设性争论	(1) 两个或更多个体一起对不一致的观点进行争论，最后由裁判根据谁在呈现观点中表现得最好来决定谁获胜。
_____	深思熟虑的论述	(2) 决策群体的成员放下他们对达成的共识所倾向的政策是否为其他成员所接受而感到的怀疑和不安。
_____	创造性问题解决	(3) 群体成员为避免任何争论而强调同意，避免对备选想法和行为进行现实评价而抑制讨论。
_____	辩论	(4) 个体按照自己的节奏，使用自己的资料独自工作，不与其他人交互。
_____	寻求一致	(5) 形成对问题的新异解决方案的讨论。
_____	个体努力	(6) 一个成员的想法、信息、结论、理论和观点与其他人不同，随后他们寻求达成一致。
_____	群体思维	(7) 对被提议的行为具有的优势和不足开展讨论。

练习 8.6　约翰逊学校

组成6人小组。给每个小组发一套卡片,每个成员抽取一张。卡片上印上以下内容,每张卡片呈现一条信息:

1. 最强壮的教练在第二次课上教摔跤。

特拉克是约翰逊学校的运动教练。

戴尔为学校招募了啦啦队队长。

2. 你的团队成员拥有解决以下问题所需的全部信息(只有一个答案是正确的):约翰逊学校的教练团队以什么课程顺序教运动课?你的团队所拥有的一些信息与这个问题无关,这些信息对你们解决问题没有帮助。

3. 弗兰克在第三次课上教摔跤。

最强壮的教练从教的时间比其他教练长。

埃德最喜欢的运动是吃饭。

4. 大卫最喜欢的运动是最强壮的教练教的第一种运动。

每个教练都教所有的运动。

凯斯喜欢指点别人而不喜欢自己做。

5. 海伦从教的时间比其他教练都长。

大卫在第三次课上教篮球。

每个教练都在第二次课上教自己最喜欢的运动。

6. 罗杰最喜欢教高尔夫球。

每个教练都比其他教练更加喜欢某一种运动。

所有教练都同时上课。

给参与者的指导语如下:你们手头有找到并解决一个问题所需的所有信息。限时20—40分钟完成任务。你们必须遵守一个规则,那就是你们可以把自己卡片上的信息告诉其他成员,但是你们不能把自己的卡片给别人看。团队中所有的沟通都必须是口头的。再强调一遍,你不能让其他人读你的卡片上的信息,你只能告诉他们卡片上写了什么。

练习 8.7　回避争论

人们通常能找到避免直接冲突的巧妙方法。当你试图避免冲突的时候,你会怎么做？你所在的群体中的其他成员会怎么做？

接下来这个练习的目的在于让你知道当你希望回避争论的时候，其他成员如何看待你的行为。参与者可以以此检验自己在争论中所做的行为。理解回避行为或人们如何避免回应对于提升自己对建设性行为的意识同样有用。协调者的任务如下：

1. 说明这个练习是每个成员从其他成员处得到对自己行为反馈的机会。

2. 每个成员在墙上贴一张纸，在纸的最上方清楚地写下自己的名字。

3. 所有人在房间里走动，在纸上写下对这张纸的主人在希望回避争论时所做举动的印象。你可以用下面附的检查表来激发想法。

4. 所有成员都要根据检查表来反思自己的行为，再阅读其他成员在纸上写给自己的反馈。

5. 将所有人分成3人小组，在小组中讨论自己纸上的内容、对自己行为的知觉以及在练习中获得的感受。虽然这些避免直接面对争论的防御行为对群体无益，甚至还会造成破坏性的结果，但是有时候这种行为也能带来帮助，对个体具有建设性价值。参与者可以探讨一下是否存在既能保护自己，又不会损害群体的方法。

防御争论的行为

鸵鸟：否认争论的存在；拒绝看到实际存在的或潜在的异议。

乌龟：当其他人不同意的时候，从问题面前退缩。

旅鼠：放弃自己的观点，接纳其他人的观点或想法。

黄鼠狼：通过声明问题不重要，自己没有反对意见，或者自己没有经验等理由进行合理化。

猩猩：通过强迫他人接纳自己的观点和意见对他人进行压制。

猫头鹰：理智地对待问题和观点，把自己的感受和情绪隐藏起来。

绵羊：阐述、支持并顺从群体规范，禁止在群体中表达反对意见或异议。

练习8.8 对创造性的信念

这个练习的目的是开展有关创造力本质的讨论。过程如下：

1. 自己回答下列有关创造力的问题：

1) 创造力和智力(1) 无关；(2) 高度相关，因为创造力促进认知发展。

2) 创造力是(1)一种稳定的特质,有些人生来就有,有些人则没有;(2)一种问题解决的过程,其特征是群体成员之间的交互和来自外界环境的挑战。

3) 创造力(1)在不同情境中保持同样的水平——一个有创造力的人在任何情境下都有创造力;(2)在不同情境之间有很大差异,取决于问题解决过程。

4) 创造力(1)因为是生来的特质,所以无法教会;(2)因为是一种问题解决过程,所以可以教会。

5) 学校的角色是(1)发现或找出有创造性的成员,把他们安排到提高班里,确保他们的创造力得以发挥;(2)提供挑战,教导创造力所需的问题解决技能,发展所有人的创造力。

2. 组成6人小组,对每个问题的答案达成共识。

3. 小组之间互相比较各自得到的答案。

创造力

创造性个体的神话深深地根植于西方社会中。米开朗琪罗、毕加索、查尔斯·狄更斯,以及许许多多其他具有创造性的名人们都被看作是一些独自工作、创造出伟大艺术作品的非凡人物。我们很容易想起历史上这些孤独的创造天才,但是在事实上,新异的、伟大的东西都是由一群人而非一个人成功创造的。创造力是社会性、人际性的,而非个体性的。要达成重要的目标,就需要许多有才能的人共同努力才行。无论一个人有多么聪明或多有创造性,一个人是无法做成环球贸易的,同样地,一个人也无法解开人类大脑的谜团。大多数指向个体、群体和社会的问题都过于庞大。然而,即使在社会科学中,创造力的社会性质依旧被人们排斥或忽视。我们的"神话"和现实是脱节的。虽然已经有了很多证据,但是我们还是死死地抱住创造的"伟大的人"理论,忽视创造的"伟大的群体"理论。事实上,在伟大的群体中,创造会很活跃。

创造(Creativity)是产生新事物的过程。毕加索和布拉克(创立了立体派)两人之间的合作就是创造力社会性质的体现。这两个画家打扮接近,都喜欢穿工装,打趣地将自己比作莱特兄弟(毕加索称呼布拉克为"威尔伯")。他们在几年里几乎每天都见面,不断讨论革命性的新风格,在作画上尽可能相似;会对将要画什么开展激烈讨论,然后分别花整天的时间作画。每个晚上,他们都会冲到对方的公寓里去看对方画得怎么样了,然后再激烈地批判对方的工作。除非两个人都对画作感到满意,否则作品就不能算是完成了。

  几乎每个晚上,我都会去布拉克的工作室,或者布拉克会来我的工作室。我们都要看对方在这一天里做了什么。我们互相批判对方的作品。除非我们都认为油画完成了,否则这个作品就不算完成。

——毕加索(给弗朗索瓦丝·吉洛的信)

  我和毕加索在那些岁月里互相讲过的话不会再对其他人讲了,即使讲给别人听,他们也没法理解。这种关系就像在爬山的时候绑在一起的人一样。

——布拉克

  尽管有这个故事和其他创造力所具有的社会性质的例子,但是早期研究还是主要集中在个体层面,这些研究尤其关注于找到能够区分出高创造性个体的特质(Helson, 1996)。对人格特质的大量研究支持了创造来自单独工作的孤独天才的大脑这种普遍被人相信的观点(Perry-Smith & Shalley, 2003)。然而,在 20 世纪 90 年代,对于创造力的研究降低了对个体特质的关注度(Helson, 1996),转而开始关注社会情境对创造力的影响,以及通过合作产生创造性想法的群体(Amabile, 1996; Bennis, 1998; Paulus & Nijstad, 2003; Perry-Smith, 2006)。创造力的社会性质和创造过程开始得到广泛的关注。

创造过程

  创造过程包括一系列相互重叠的环节(Johnson, 1979):

  1. 群体成员必须认识到存在问题,而且这个问题要具有足够的挑战性,这样才能够促使他们去解决它。群体成员需要唤起足够高的动机状态。这种动机状态使他们无论遇到挫折还是死胡同都能够继续解决下去。只有这样才可能创新。但是,动机水平也不能太高,否则就会使成员受到打击或把自己困住(Johnson, 1979)。内部动机是创造力的源泉(Amabile, 1996)。当人们享受于完成群体任务时,他们就会灵活地加工信息、体验到积极情绪、更愿意冒风险,并且会更加坚持努力以达成目标(Eisbach & Hargadon, 2006; Shalley, Zhou, & Oldham, 2004)。争论以及群体固有的一种观念——花费时间和努力就能够找到或想出方法来解决看似无解的问题,能够提升个体坚持下去的动机。

2. 群体成员要收集必需的知识和资源,还要设计一项认真的、长期的问题解决计划。沉浸在其中的成员数量越多,成员就越关注于问题本身;获取有关的信息和背景越多,他们就越有可能创造性地顿悟问题。

3. 要强调合作背景,群体中必须具备必要的社会支持水平,不能让成员感到被威胁或承受了太多的压力(Deutsch,1969;Rokeach,1960;Stein,1968)。感到威胁会提升群体成员的防御行为,降低他们对于不确定性的耐受度,同时还会降低他们对于新的、不熟悉的观点的接纳度。过大的压力会使思维出现定势。感到威胁和承受压力会使成员无法有效地脱离原先的观点,在这种情况下,他们也就无法从新的视角看待问题了。

4. 成员最初的观点和结论需要接受持有其他观点和结论的成员提出的挑战和质疑。理性的质疑会导致不确定感的产生,这种感受会促使人们去搜寻更多信息、找寻新的观点,探寻对问题的顿悟。创造性的顿悟通常来自(a)是否存在多元信息和观点,以及(b)群体成员反对并挑战其他人的推论和观点。成员的多样性越高,群体就越可能得出创造性的解决方案。观点分歧的成员要通过反对和质疑其他人的推论和观点来帮助自己理解他人的观点,认识到观点是否有效,以及把观点和想法整合在一起形成新的、不同模式的观点。群体成员之间发生的争论会激发出新的想法和途径,拓宽可用方法的范围,使一个或多个成员在一刹那产生顿悟或灵感。创造性的顿悟通常会伴随着强烈的情绪体验,会让人感受到启发和兴奋,更容易想到暂时性的解决方案。

5. 群体成员要找出看待同一个问题的不同视角和方法,这样他们就能够在重新构建的问题中纳入那些能够产生新的解决方案的方向。如果要形成有用且新异的观点,那么他们就必须采纳其他人的观点;这么做的意愿来自亲社会动机——愿意考虑他人的利益(De Drey & Nauta,2009;De Dreu,Weingart,& Kwon,2000)。内部动机与亲社会动机相结合能够产生最高程度的观点采择能力(Grant & Berry,2011)。有时候,我们会需要外部人员来帮助我们认识到自己在分析、思维路径和结论上存在的局限性。这种理智上的质疑会促使我们重新考虑自己所下的结论,再重新开阔自己的视野。

6. 群体成员在未能想出适当的解决方案时会感到气馁、紧张与不舒服,这种瓶颈期会使成员出现暂时性的退缩。为了能让群体成员找到有创造性的答案,必须留给他们进行反思的时间。在这期间不要让他们立马给出答案。创造性思维**"通常具有包含一段紧张状态与一段停止状态的特点"**(Treffinger,Speedie,& Brunner,1974,p.21)。在争议的所有方面都呈现出来后,在让群体成员尝试将信息整合成新的模式之前,应当给予他们大约一天的时间进行思考。

7. 最后,群体成员会提出新的、独特的问题解决方案,完善执行上的细节,并对方案的现实性进行检验。在群体成员反思其他解决方案后,他们应该重新聚在一起再做出最后的决定。这时候做出的决定需要在现实世界环境中执行,通过这个形式来考察该方案是否确实能够解决问题。如果通过执行取得了成功,群体成员就可以将这个有效的解决方案提交给有关的需求者了。

发展与培养创造力

如何提升群体的创造性思维?这个问题可不简单。下列是一些可以提升创造力的操作步骤:

1. 重申群体要"尽可能做出最佳的决策"这个合作目标。要建立起合作情境。

2. 促进群体成员在观点、意见、信息、理论和想法上产生冲突。群体成员要提出不同观点,批判性地分析其他人的观点和推论,挑战其他人的观点并提出不同的想法,将已知的事实整合出新的组合与关系。成员们要热忱地对待原创性思维,并且要沉浸到问题解决中去。

3. 辟出专门的时间让成员反思争论过程中产生的不同观点和想法。鼓励他们无论遇到什么困难都要坚持解决问题。只有努力才能产生创造性的顿悟,很快地做出反应是达不到这一点的。像爱因斯坦和毕加索这样富有创造性的人在获得顿悟前都经历过极大的困难。

4. 要开会做出最终决定,不要在匆忙中做判断。创造性顿悟是急不来的。

《创造性思考:想象力训练指南》(*Think Creatively: A to Training Imagination*)是一本教导读者如何提升创造力的专著。作者 David 和 Houtman(1968)在这本书中提出了 4 种能够帮助人们产生创新观点的方法:部分转变法、棋盘法、清单法和寻找相似性法。接下来将分别对这几种方法进行介绍。

1) **部分转变法**(part-changing method)指的是让群体成员在事物之间寻找一些可以改变的部分或属性。例如:

一把椅子有 4 个属性——颜色、形状、尺寸和坚硬度。你可以通过罗列出 15 种不同的颜色、10 种不同形状、5 种尺寸和 5 级坚硬度来研发新款式的椅子。试着提出不同的想法,在这过程中,你不需要考虑提出的想法是不是好。尝试去思考怎么对椅子的每个部分进行改变。请在这个过程中运用你的想象力。

2) **棋盘法**(checkerboard method)指的是画出棋盘状网格图,在横轴和纵轴上留出填写词语或短语的空间。在轴上列出不同属性组合后,由群体成员思考通过将每一对属性彼此交互或整合能够得出的方案。例如:

你的团队要开发一种新的运动。纵轴代表你们要用的材料和器械,横轴代表运动员要做的事情(如跑、击打、踢等)。随后把每根轴上的项目分别组合起来。然后再去审视你们组合出的内容。

3) **清单法**(checklist method)指的是先列出清单,再使用清单来确认自己没有遗漏某些内容。群体可以在任何对象或问题上使用这种方法。David 和 Houtman 给出下面这个清单作为样例:

(1) 改变颜色

(2) 改变大小

(3) 改变形状

(4) 使用新的或不同的材料

(5) 增加或去除一些东西

(6) 重新组合

(7) 重新进行设计

寻找相似性法(find-something-similar method)指的是鼓励群体成员去思考世界上其他做着同样事情的人、动物或社会单元会怎么做,来帮助他们产生新的想法。例如:

想象一下，现在你所在的城市面临着停车问题。请通过思考蜜蜂、松鼠、蚂蚁、鞋店、服装店等其他对象是如何储存东西的来试着提出一个解决方法。

William J. Gordon(1961)提出的**类比法**（synectics）是另一种可以用来提升群体成员创造力的方法。Gordon强调，进行创新时的心理状态是非常重要的，而且人们还要利用隐喻来帮助自己达到适当的心理状态。对此，他提出了3种存在内部关联的技术。这3种技术能够使陌生事物对于我们变得熟悉，也能够反过来使我们熟悉的事物变得陌生。

1. **个人类比**（personal analogy）。个体想象自己作为被研究现象的一部分时会体验到什么感受。比如，可以询问成员们如果自己是一句不完整的句子，或者自己就是保罗·里维尔的马，这时候他们会有什么感受。

2. **直接类比**（direct analogy）。群体成员要想象一个类似的情境，以此帮助自己在当前研究的情境中产生顿悟。例如，让群体成员们去试着解释书本为什么像灯泡或者海狸啃木头为什么像打字机。

3. **强压冲突**（compressed conflict）。强制要求群体成员从两种框架或参考系来看待同一个事物或概念。例如，让他们举例说明什么是排斥的吸引力，什么是合作性竞争。

📖 **练习8.9　创造力**

完成这个任务时体现出的创造力取决于群体在多大程度上想要解决它。要将所有参与者分成3人小组。每个小组的任务是用4根首尾相连的线段穿过图中的9个点（答案见附录）。

· · ·

· · ·

· · ·

📖 **练习8.10　乔·涂鸦虫**

这个任务取自 Rokeach(1960)的研究，要想完成这个任务就必须要依靠群体来发挥创造力。协调者的任务如下：

1. 将所有参与者分成3人小组。

2. 把印有问题的纸张发给每个小组，告诉参与者纸上囊括了所有必要的信息。问题是为什么食物离乔只有1米的距离，而他需要跳4次才能拿到食物。每个小组有30分钟用来寻找答案。告诉参与者们，如果他们没有解出问题的话，你会在任务进行15分钟、20分钟和25分钟的时候分别给出提示。

3. 在任务开始15分钟后给出第一个提示，20分钟后给出第二个提示，25分钟后给出第三个提示(提示见附录)。

4. 30分钟之后终止任务，公布正确答案(见附录)。在将答案解释清楚之后，开展一场有关个人如何在自己的信念系统之外解决问题的讨论。随后组织每个小组就如何共同工作、互相倾听、处理争论等问题开展讨论。

问题

乔·涂鸦虫一直跳来跳去地做着运动，这时候，它的主人在它西面1米开外的地方放了一堆食物。乔发现这堆食物比它大。乔发现食物后就停止运动，面向北方。经历了刚才的运动，非常饥饿的乔希望尽快吃到食物。乔在环顾了四周以后说道"我需要跳4次才能够吃到食物。"请问，乔为什么要跳4次才能吃到食物呢？

乔·涂鸦虫是一种想象出来的奇怪虫子，它有以下能做的和不能做的事情：(a)它只能向4个方向跳跃(不能跳对角线，如西南方)；(b)一旦它开始跳，就必须连续向同一个方向跳4下之后才能换方向；(c)它只会跳，不会爬、飞或走；(d)它的每一跳不会短于2.5厘米，但是也不会超过3米；(e)它不会转身。

开放与封闭的信念系统

创造性地解决问题的关键因素之一就是要能够从不同角度开放地看待问题。当群体成员愿意关注、理解和领悟那些与自己不同的信息、观点、假设、信念结论和想法时，群体成员就是在思想上开放的。当群体成员抵触这些机会的时候，他们的思想就是封闭的、教条的。群体成员在多大程度上能够根据有关信息自身具有的价值去接受、评价与执行它们——而不是仅仅从自己的角度——决定了每个成员思想的开放程度(Rokeach, 1960)。如果不能够从许多不同角度来看待问题,群体成员就不能对问题做出彻底的分析,也就无法做到综合大量观点来形成有创造性的解决方案。争论就是发现待解决问题的新视角的关键要素。

那么,怎样才能知道一个群体是开放思想的还是封闭思想的呢?**封闭思想群体**(closed-minded group)(1)强调他们相信的和不相信的事物之间的差异;(2)否认与自己信念相反的信息;(3)拥有未经检验的矛盾信念;(4)把自己相信和反对的事物间存在的联系视为一种无关大体的相似性而抛弃;(5)回避去探索和考虑信念之间的差异;(6)歪曲与自己信念不符的信息。**开放思想群体**(open-minded group)(1)寻求对立和不同的信念;(2)发现新的信念;(3)记住并思考那些与自己当前想法不同的信息;(4)组织新的信念去解决问题。开放思想是创造性解决问题的必须因素。

Rokeach(1954,1960)提出了"教条主义"这个概念,用来区分那些信念系统开放或封闭的人。**教条主义**(dogmatism)是一种建立在围绕着绝对权威的一系列核心信念上的,相对封闭的,针对现实的信念和怀疑体系,在此基础上产生偏执的准则。与思想开放的人相比,思想封闭的人具有以下特点(Ehrlich & Lee, 1969; Vacchiano, Strauss, & Hochman, 1968):

1. 难以学习新信念或改变旧信念。

2. 在问题解决过程中难以形成新的信念,也难以将新的信念整合到已有的认知系统中,因此会在涉及新信念的问题解决任务上花费更长时间。

3. 难以接受与自己信念不符的信息。

4. 对改变自己的信念更加抵触。

5. 更频繁地拒绝那些可能威胁到自己知觉和态度体系的信息。

6. 很难想起与自己信念不符合的信息。

7. 对与自己信念一致的信息做出更为积极的评价。

8. 在区分信息和信息源上存在困难,所以他们会混淆权威的地位和权威所说的话的可靠性。也就是说,教条主义的人会认为权威说的话就是真理,同时认为地位较低的人说的话不可靠。

9. 在冲突情境中能解决的问题更少,更加不乐意做出妥协行为,更有可能将妥协视为一种失败。

提出创造性的解决方案需要思想的开放。要做到思想开放,群体成员就必须拥有放弃自己当前对于情境的信念并采纳新信念的意愿。新的信念能够帮助他们整合出前所未见但行之有效的解决方案。用新信念代替旧信念的过程构成了问题解决中的分析阶段。一旦新的信念压制了旧的信念,群体成员就必须以解决问题为导向,重新组织他们的新信念。这个组织过程构成了问题解决中的综合阶段。

例如,在完成练习8.10的时候,群体成员必须一个一个地克服三个已有的信念,再用三个新的信念加以取代。任务中要取代的第一个信念是"面对"信念。即在日常生活中,我们在吃东西的时候必须要面对食物。但是,乔或许并不需要面对食物才能进食——它可以站在食物上面。第二个信念是"方向"信念。在日常生活中,我们可以自由地改变前进方向,但是乔不行,它只能面对北方。它唯一能改变方向的方法就是向前后左右跳跃。第三个信念是移动信念。在日常生活中,没有什么能够阻止我们改变自己前进的方向。但是乔只能向东、南、西、北四个方向移动,并且每次移动时必须连续跳四次。许多人都会认为乔在这个过程中所处的位置只能是一次移动的末尾,而不会想到它可以处于一次移动的中间位置。

通过对旧信念进行质疑和反驳,人们就能够使用可以提供全新的方向和视角的新信念来替换那些会限制群体思维的旧信念。冲突在认知上激发出的灵光能够带来创造性顿悟。如果群体成员想要创造性地解决问题,他们就必须保持思想的开放性,愿意被对立观点挑战。只有这样,成员们才能做到从多个角度看待问题,最终得到有创造性的整合性问题解决方案。

头脑风暴

问题解决需要依靠互相冲突的分歧观点。如果群体成员没法提供大量互相冲突的想法,那么群体在解决问题的时候就会很痛苦。所以,为了做到(1)鼓励进行发散性思维,(2)在短时间内提出大量不同观点,和(3)确保所有成员都完全参与其中,人们开发出了头脑风暴这种方法。**头脑风暴**(brainstorming)是一种要求群体成员不加限制地提出尽可能多的想法,并且不对这些想法进行任何评价来提升创造力的方法。之所以在这个过程中不进行评价,目的是降低"对评价的恐惧"造成的影响。自由联想产生的想法能够开拓出新的思维路径。头脑风暴能够提升成员的参与度和卷入度,能让他们在相对短的时间里产生大量想法,并且可以降低成员为给权威者留下印象而力求找到"正确答案"的需求。在头脑风暴中需要遵循以下规则:

1. 禁止一切对观点的批评或评价。只要简单地将自己的观点呈现在众人面前就好了。

2. 拖延做出决策的时间,以便于能够自然而然地出现意料之外的疯狂想法。现实性思考在这个时候并不重要,在这个阶段中需要的是随心所欲。

3. 注重观点的数量而不是质量。应当提出所有想到的观点,不要因为任何人而排除某些观点。观点的数量越多,群体找到好观点的可能性就越大。

4. 在可能的情况下,以其他成员的观点为基础进行思考。共同运用你们的创造力。每个人都可以自由地添加自己的想法,将不同的建议相结合才能得到有趣的整合结果。

5. 聚焦于一个问题或事件。不要在不同问题之间跳来跳去,也不要运用头脑风暴来解决复杂的、多重的问题。

6. 创造一个随意、放松、合作的氛围。

7. 确认所有成员的观点都得到倾听,无论他有多害羞或勉强。

8. 把所有观点都记录下来。

在头脑风暴之后,要把所有记录下来的观点分类,然后整个群体一起批判性地对这些观点的可行性进行评估。接下来再根据评估结果制定优先顺序,执行最佳的观点。

为什么要进行头脑风暴?因为存在专横的人、对他人能力与智力的刻板印象,以及人际冲突、保持沉默和不参与的习惯模式、害怕被嘲笑或评价等,许多想法会很快被压制,甚至根本不会形成。就好像一个管理着一群经理的副总裁说的:"提出反对意见的人就要收拾好自己的东西,戴上自己的帽子,然后说'我辞职。'"

头脑风暴只存在一个问题。大部分研究都指出,这种方法并不如让同样数量的人单独想点子更有效,而且后者并不需要任何的群体经历(Diehl & Stroebe, 1987; Mullen, Johnson, & Salas, 1991)。使头脑风暴缺乏效能的主要原因可能是群体中发生了生产阻碍。**生产阻碍**(production blocking)主要反映在同一时间只有一个人能够发言这个群体规范上。虽然人们在头脑风暴的过程中能够想到很多想法,但是这个规范使这些想法可能在等待的时候就被忘了或被自己筛除了。群体(与独立的个体相比)必然存在着无法在短时间内提出大量想法的缺陷。但是,头脑风暴这种方法还是得到了广泛的应用。这背后的原因可能是(a)人们喜欢在群体中工作,因此有在群体背景下提出更多想法的动机(Stroebe, Diehl, & Abakoumkin, 1992);(b)群体头脑风暴的动力学性质使得参与者能在问题解决后期的步骤中更好地进行分析、改良和执行。

人们能够通过从长时概念记忆中提取有关信息,将注意力集中到提出观点上(Brown & Paulus, 2002)。从这点来看,个体并不能对他们不熟悉的主题有效地开展头脑风暴。这是因为那些与当前激活的观点紧密关联的概念比那些联系不那么紧密的概念的可及性更高。因此,在头脑风暴中存在着产生聚合性思维的倾向。即,人们会在某个类别中思考,并且始终从这个类别中提出观点。相反,发散性思维者则倾向于在不同类别间不断跳跃、变换着形成观点。相比聚合性思维,人们能够通过发散性思维提出更多观点。有两个因素对于促进发散性思维而言是非常重要的,其一是启动,即让可获取的类别变得更多;其二是注意。

启动(priming)指的是向进行头脑风暴的人呈现低可及类别中的观点。**可及类别**(accessible categories)指的是那些反映了个人经验的类别,而**不可及类别**(inaccessible categories)指的是那些与个人经验无关的概念。要想从概念类别中提出观点,那么这个类别必须是可及的(Brown & Paulus, 2002)。例如,在使用头脑风暴来思考怎么提升生活质量的时候,住在美国的富人不太可能会想到避免挨饿的观点;但是,如果一个来自农业国家的人提到了挨饿这个概念,那么美国富人就可能根据他的阅读或旅行经历想到有关的观点。把低可及类别中的观点呈现给头脑风暴参与者看,就能够帮助他们从这些低可及性类别中提出更多观点,增加整体上的观点数量。也就是说,启动那些个人不太可能涉及的类别中的信息就能够提升群体的产出。

只有当群体成员互相关注彼此的观点时,其他成员所做的启动才有效。**注意**(attention)反映的是成员以当前发言者的观点作为提出自己接下来观点的基础(与继续使用自己的思路相反)的可能性。通常情况下,人们越是注意其他成员,头脑风暴的结果就越好。这可能是因为被启动的成员会变得能够从那些对于自己可及性较低的类别出发提出观点(Brown & Paulus, 2002)。当群体成员异质性高,以及对于问题拥有不同的知识和视角的时候更是这样。

我们有理由相信并不存在有创造性的个人,有的只是有创造性的群体。我们思维的方式会受到我们与之交谈、互动的其他人的思维影响。要使群体变得能鼓励、支持、奖励潜在的创造力是很容易的。其他人的观点能够启发我们产生自己的观点。一个成员的理论可能会激起其他成员的各种新想法,从而帮助群体构建出一个更有创造性的理论。当同时采用寻求异质性和运用争论的方法时，我们就可能得到数不清的创造性问题解决方案。

练习 8.11 头脑风暴

这个练习的目的是通过暂时抑制批评和评价来获得对问题的大量想法和解决方案。也就是说，目的是体验头脑风暴的过程。过程如下：

1. 团队一起阅读头脑风暴的基本规则。

2. 给团队提出如下问题：本书的作者之一被抛弃在一座荒岛的海滩上，全身赤裸，浑身上下只有一条有着玻璃做的和平符号的皮带。

3. 团队有 15 分钟的时间来想办法解决这个困境。

4. 然后，再安排 15 分钟的时间，让成员从想出的方法中批判性地选出最佳的观点。

5. 团队就头脑风暴的规则运用得如何、结果怎样、是否提升了创造力、是否帮助团队为皮带找到有趣的用法展开讨论。

在第一次头脑风暴练习后，团队应当再选择一个要解决的特定问题，再用头脑风暴的方法看看是否能找到新的、有创造力的方法。如果需要进行第二次练习，可以使用下面这个故事：

一个位于新墨西哥内陆地区的小批发商打电话给他在圣达菲的采购商，提出一份从墨西哥进口大量烟斗通条的订单。采购商同意了这笔订单，而且同意先赊账以便资金运转。一个月后，烟斗通条到货了，采购商接到了批发商的电话：他的大商店和代销店都被烧毁了，所以没有办法再做生意。采购商面临着要卖掉两万根烟斗通条的问题。

团队成员要在一分钟里想出尽可能多的有关怎么卖出烟斗通条的想法（安排一个记录者负责计算不同观点的数量；一个相对有自发性的团队能够在 1 分钟以内想出大约 25 个观点，如果团队没法想出多于 15 个观点，就说明他们需要在头脑风暴上接受更多训练）。

在使用头脑风暴解决群体任务的时候，比较关键的一点是要先很好地定义并明确问题。此外，这个问题必须是群体有能力去处理的。如果可能的话，最好提前告诉群体成员将要探索的问题是什么，这样他们就能事先进行一些思考。

练习 8.12 创造力热身

你是不是感到生活千篇一律？与人分享新异或狂野想法会不会让你感到窘迫？你有没有因为自己的想法太脱离主题而选择放弃？你会不会因为对自己的想法太过于严格而不知道怎么开始？

下面是 6 个可以放松群体思维并能为发挥群体创造力进行热身的有趣的小练习：

1. 团队所有人坐成一圈（人数限定为 8 个人）。先由最靠近窗户的成员说出自己脑海中首先浮现出的东西。讲话要简短，不要超过一两句话。接下来不要停顿，从坐在这个成员左边的成员开始说自己脑海中首先浮现出的是什么。他所说的内容必须在某些方面与第一个成员说的内容有联系。这种联系可以是任何形式——如联想、对比、另一种可能性、延续下去等。这个过程要保持较高的速度，并且要至少进行三轮。结束后，所有成员一起讨论自己在练习中的感受，然后对整个过程做出评价。

2. 团队所有人坐成一圈。先确定一个问题或事件。先由坐得最靠近门的成员说出自己的解决方案。接下来从左侧的成员开始说自己的方案，后面的人的回答要尽可能多地以前面成员的回答为基础。这个过程要一直进行下去，直到取得一个所有成员都基本同意的方案为止。如果有成员想不出能够添加什么内容进去，就跳过这个成员。最后，所有成员对练习中的感受和反应开展讨论。

3. 团队所有人坐成一圈，先明确一个团队问题或事件。第一个成员提出自己对问题的解决方案。第二个成员马上说出自己反对第一个成员的方案的地方。接着，第三个成员马上说出自己反对第二个成员提出的问题的地方。这个过程要一直持续至少三轮。这个练习强调的是在争辩中产生新想法。最后，所有成员对练习中的感受和反应开展讨论。

4. 团队所有人躺在地上，所有人的头朝向房间中心。第一个人开始说在自己的想象中这个团队可以是什么样子的。两三分钟后轮到下一个成员，这个成员要在第一个成员的基础上加入自己的联想和想象。每个人要轮到至少 3 次。最后，所有成员对练习中的感受和反应开展讨论。

5. 团队先取得各种各样的材料，如黏土、水彩笔、机械积木、杂志、报纸等等。成员们要试着用这些材料创造出一些东西——如壁饰、拼贴画或美术设计。如果同时有多于一个团队参与练习，那么在练习最后要互相就对方团队的创意产物开展讨论。

6. 团队去森林里进行一次远足。每个成员都当一会儿领导者,带领团队前进。每个成员都要说出他在担任领导者角色的时候体会到了什么、看到了什么。最后就群体成员从彼此间、团队中和穿越森林的过程中学到了什么开展讨论。

练习 8.13　你在争论中的行为(Ⅱ)

你在争论中表现如何?你的行为是否在学习本章后发生了改变?现在你会怎么描述你的行为?

1. 当难以做出决策的时候:

　　_____我会寻找那些同意我、与我的看法一致的人。

　　_____我会寻找那些反对我、与我的看法很不一致的人。

2. 当我不同意其他成员的观点时,我会:

　　_____越来越确定我是正确的,并会试图压制任何与自己对立的观点。最终的决策反映的是我想要做的东西,代表我"赢了"。

　　_____陈述我的观点但同时仔细听取别人的想法。当我在逻辑上被说服后,我就会改变自己的想法。

3. 当其他成员不同意我的观点时,我会:

　　_____感到受伤和被拒绝。

　　_____相信他们可能有很重要的信息和领悟,可以帮助我更好地理解情境。

4. 当其他群体成员不认可我时,我会:

　　_____试图从他们的角度思考、看待问题。

　　_____为他们不能像我一样准确、完整地看待问题感到疑惑。

5. 当其他成员不认可我时,我会:

　　_____开诚布公地说出我的观点和感受。

　　_____保持安静,坐等讨论结果。

6. 当我卷入一场争论时,我会:

　　_____把其他人的观点融入我的想法中,试图从所有角度来看待问题,并且寻找一个比原来观点更有创造性的综合观点。

　　_____越来越确定自己是正确的,并且会越来越坚决地为自己的观点争辩。

7. 群体成员之间的反对和辩论是：

_____建设性的，因为这个过程澄清了事实，提升了群体成员的卷入度和承诺水平，同时也提升了决策的创造性和质量。

_____破坏性的，因为这个过程会使成员之间互相讨厌、拒绝和防御。

将你的答案与你一开始学习本章时的答案进行比较。你发生变化了吗？你现在会如何形容你在争论情境中的行为？请描述你在争论中的行为，再把自己的行为与两个很熟悉你的、和你一起参与过一些争论练习的成员分享。请他们增添或修改你的自我描述内容。

总结

一家大型制药公司面临着要收购还是建造一间化工厂的决策（The Wall Street Journal，October 22，1975）。为最大化得到最佳决策的可能性，总裁设立了两支分别提倡"收购"和"建造"选项的团队，使得这两个观点都能得到公平且完整的倾听。**提倡团队**（advocacy team）指的是准备并提出决策群体待选的某个特定选项的子团队。"收购"团队的任务是准备并提出收购一家化工厂的最佳例证，而"建造"团队的任务则是准备并提出在公司国内总部附近建造一家化工厂的最佳例证。"收购"团队找到 100 家符合公司需求的化工厂，然后从中挑选出 20 家，接下来再进一步缩小范围到 3 家，最后从中选出一家最理想的工厂作为收购对象。"建造"团队联系了许多工程公司，在经过 4 个月的斟酌后，他们选出了一个最理想的工厂设计方案。在团队创立 9 个月后，这两支团队在各自获取的有关花费、便捷性和效率的细节信息基础上（1）提交了他们选出的最佳案例，（2）质疑对方的信息、推论和结论。在激烈的讨论中，他们认识到这两种方案在金钱上的花费相当。因此，由于新建工厂能够选择把工厂建立在离公司总部附近的很方便的地方，所以他们最后选择了"建造"这个选项。这就是一个结构化使用争论以产生高质量决策的过程。

从定义来看，因为要从一些选项中选出一个选项，所以所有的决策情境都包含一定程度的冲突。在决策群体中，冲突会以争论的形式体现。当某个个体的想法、信息、结论、理念和观点与其他人的不同,但是大家愿意寻求一致意见的时候,他们之间就会产生争论。这种在个体之间发生的理性冲突既可以被回避和压抑,也能被组织与鼓励。

观点、结论、理论、信息、想法、意见和偏好之间的冲突是不可避免的。在合作环境中适当地运用争论能够帮助群体做出更好的决策。当群体所做决策的主要选项分别被不同团队所提倡的时候,争论过程就开始了。每个团队都要深入地发展自己的选项,计划如何向其他成员呈现最佳的事例。通过围绕着说服他人采纳、修改或放弃观点的争辩与抗辩的过程,群体就能做出高质量的决策和结论。当面对对立的观点、对观点的批评,以及和结论不一致的信息时,群体成员会经历概念冲突。概念冲突会使成员产生认识性好奇,并由此激发出发散性注意与发散性思维。随后,群体成员会重新组织和概念化他们提出的结论。

当情境背景是合作性的时候,成员之间存在异质性的时候,信息与专业技能不集中在少数人身上的时候,成员拥有必要的冲突技能的时候,以及遵循理性争辩的原则的时候,争论就会是建设性的。

争论的关键方面之一在于人们能够从对立观点之间的碰撞中获取创造性。创造是产生新事物的过程。如果要鼓励进行创造性思维,群体成员就要先创建一个合作的氛围,确保不同观点和想法都能得到重视,而且也需要有足够的时间让成员们去考虑他们能够想到的各种方法。形成创造性观点的方法包括部分改变法、棋盘法、清单法和寻找相似性法。类比法也是一种提升创造力的方法。这种方法通过将隐喻与心理状态相联系,使个体能够通过转换视角来提出新观点。

群体的思想开放和思想封闭程度是在问题解决中成功开展争论与使用创造力的关键。是否能找到有创造性的解决方案取决于群体是否对新观点、不同视角、冲突想法和对立的信念具有开放的思想。头脑风暴是一种让群体成员在一段时间里想出尽可能多的想法的方法。这种方法同样能够帮助群体产生创造力。在头脑风暴的过程中不会对产生的想法做出评价,所以头脑风暴需要开放的思想。群体成员在头脑风暴中要抛出自己的想法,运用其他人的想法,把整个过程带入新的方向。

本章关注于使用争论过程来提升群体决策的创造性和质量。在下一章中将会关注与建设性解决利益冲突有关的主题。

第 9 章

利益冲突管理

本章要学习的基本概念

这里列出了本章中介绍的主要概念。在教学中可以将学生分成二人小组,每一组学生需要 a) 对每一个概念下定义,在阅读中关注文中怎么定义这些概念以及针对概念开展哪些讨论;b) 确保两个人都理解这些概念的定义。接下来再组成 4 人小组。比较 4 人小组中两两各自学习的概念是否存在差异,如果存在差异就再一次在文中查找并下定义,直到所有成员都认同为止。

概念:

积极冲突群体(Conflict-positive group)

利益冲突(Conflicts of interest)

协商(Negotiation)

缓和(Smoothing)

强迫(Forcing)

折中(Compromise)

回避(Withdrawal)

分配式、输赢协商(Distributive, win-lose negotiations)

整合式问题解决协商(Integrative, problem-solving)

信任困境(Dilemma of trust)

开放和诚实困境(Dilemma of openness and honesty)

互惠规范(Norm of reciprocity)

目标困境(Goal dilemma)

整合式协商的步骤(Steps of

integrative negotiating)

心理逆反(Psychological reactance)

归因理论(Attribution theory)

基本归因错误(Fundamental attribution error)

自我实现预言(Self-fulfilling prophecy)

上位目标(Superordinate goal)

调解(Mediation)

积极冲突群体

只有建设性地处理成员间的利益冲突才能使群体变得有效。群体可以是积极冲突的也可以是消极冲突的(Tjosvold，1991b；表9.1)。在**消极冲突群体**中(conflict-negative group)，成员们会压抑和回避冲突。一旦出现冲突，他们就会用破坏性的方法处理冲突。在**积极冲突群体**中(conflict-positive group)，冲突会受到鼓励，并且会得到建设性的解决。群体通过这种方式来最大化冲突在总体上提升决策质量、问题解决和群体生活水平上的潜能。群体成员会创造、鼓励、支持发生冲突的可能性。

表9.1 消极冲突群体和积极冲突群体

消极冲突群体	积极冲突群体
认为冲突只有一种形式	认为冲突有多种类型
将冲突看作难题	将冲突看作解决方案的一部分
回避、压抑、克制冲突	寻找并鼓励冲突
认为冲突本身是破坏性的	认为冲突具有潜在建设性的
认为冲突没有价值	认为冲突有很大价值
相信冲突会导致焦虑和防御	相信冲突会引发兴奋、兴趣和关注
个体追求"胜利"	个体追求"解决问题"

要想创建积极冲突群体，你就必须明白：

1. 利益冲突的性质。
2. 最常用于解决利益冲突的五个策略。
3. 分配式和整合式协商的性质。
4. 开展整合式协商的步骤。
5. 群际冲突的性质。
6. 如何在群际冲突中使用建设性解决程序。

利益冲突的性质

根据《世界图书大词典》，**冲突**(conflict)指的是一次打斗、一次竞争、一场战斗、一次争论、一场辩论或口角。冲突可以小到一次争论，也可以大到一场战争。冲突这个词来自拉丁语conflictus，意思是"用力撞在一起"。有时候，群体成员的期望和目标"撞在一起"后会产生破坏性的效果。然而，如果要理解什么是利益冲突，就必须先对利益进行定义。

我们都是有各自的愿望、需求和目标的独一无二的个体。因此，我们只要在一起工作，就不可避免地会产生利益冲突。要想了解利益冲突是什么，我们就必须先搞明白愿望、需求和目标分别是什么(Johnson & Johnson, 2005b；表9.2)。我们每个人都有很多想要的东西。**愿望**(want)指的是对某物的渴望。每个人都有一些独特的愿望。**需求**(need)对于生存是必需的。需求更具有普遍性，每个人都有生存和繁衍(获得水、食物、住处和性)、归属(体验爱、分享与合作)、拥有权力、拥有自由、获得快乐的需求(Glasser, 1984)。我们在愿望和需求的基础上设立目标。**目标**(goal)是我们看重并努力达成的事件的理想状态。人们的目标通过社会相互依赖关系彼此联系起来。当我们拥有共同目标时，我们就处于合作关系中。而当我们的目标彼此对立时，我们就处于竞争关系中。我们的**利益**(interest)就是通过达成目标获得的潜在收益。

表9.2　理解利益冲突

概　念	定　义
愿　望	想要某物
需　求	以生存下去为目的，被普遍需要的必需品
目　标	想让事件在未来达到的理想状态
利　益	达成目标后能给人带来的潜在收益
利益冲突	A做出达成自己目标的行为并同时避免、阻碍或干扰B做出达成B的目标的行为
协商/谈判	利益相同或相反的人通过达成一致意见进行和解的过程

当一个人试图最大化自己的收益，同时防止、阻碍、干扰、伤害或用其他手段削弱他人最大化他们自己收益的行为时，就出现了**利益冲突**(conflict of interest; Deutsch, 1973)。利益冲突可以产生于(a)愿望、需求、目标和价值观的差异，(b)特定资源的稀缺性，如权力、影响力、金钱、时间、空间、受欢迎度和

职位,以及(c)竞争。利益冲突可以自然而然地产生,也可以被故意促成,所以利益冲突是非常常见的一种现象。如何管理利益冲突是群体效能的一个重要方面。

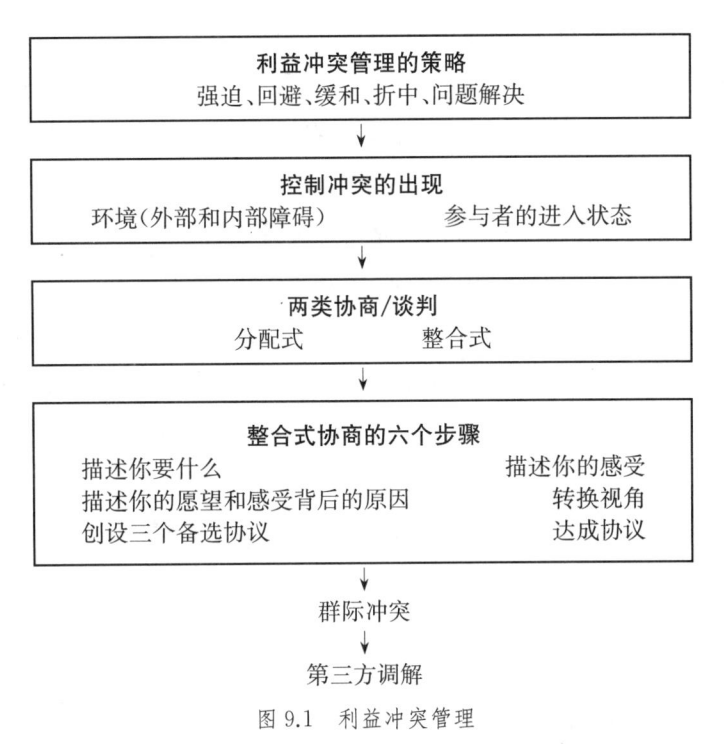

```
┌─────────────────────────────────────┐
│        利益冲突管理的策略            │
│   强迫、回避、缓和、折中、问题解决   │
└─────────────────────────────────────┘
                  ↓
┌─────────────────────────────────────┐
│          控制冲突的出现              │
│ 环境(外部和内部障碍)  参与者的进入状态│
└─────────────────────────────────────┘
                  ↓
┌─────────────────────────────────────┐
│          两类协商/谈判               │
│      分配式          整合式          │
└─────────────────────────────────────┘
                  ↓
┌─────────────────────────────────────┐
│        整合式协商的六个步骤          │
│  描述你要什么          描述你的感受  │
│  描述你的愿望和感受背后的原因 转换视角│
│  创设三个备选协议      达成协议      │
└─────────────────────────────────────┘
                  ↓
              群际冲突
                  ↓
              第三方调解
```

图 9.1 利益冲突管理

冲突可以是建设性的也可以是破坏性的

任何冲突都可能带来建设性或破坏性的结果(Deutsch,1973;Johnson,1970;Johnson & Johnson,2007)。破坏性的冲突会导致愤怒、敌意和持久的仇恨,甚至还会带来暴力。冲突也会给人带来痛苦和悲伤。人们可以通过诉讼、离婚和战争的形式终结冲突。破坏性地解决冲突会让群体付出高昂的代价,会损害群体的效能,破坏人际关系,破坏工作,拖延并降低教学与学习效果,还会破坏个体对群体目标的承诺、安全感和个人感受(Janz & Tjosvold,1985)。糟糕的冲突管理会导致成员把时间都花费在互相算计、彼此争斗上,而不是一起努力达成群体目标。

然而,冲突也能够带来一些重要的**积极效果**(positive outcome)。冲突能够让成员们把注意集中在需要解决的问题上,并且激励成员去解决这些问题。冲突能够使群体成员明白他们需要做出怎样的改变。通过冲突,功能不良的行为模式会被凸显出来。冲突能够澄清群体成员关心的到底是什么，以及他们到底为谁负责。冲突能够澄清群体成员的特征和价值观，也能帮助群体成员认识到其他成员的价值观和特征。冲突能够避免恼怒和愤恨情绪对成员之间的关系造成影响，也能够加强他们对自己可以建设性地解决冲突的信心。人们也能够通过冲突释放出愤怒、焦虑、不安全感和悲伤情感。如果这些情感积压在自己身上的话，人们在精神和身体上就会出现问题。冲突也能给人带来乐趣。如果没有冲突，生活就会很无聊。

冲突是否具有建设性或破坏性，是由冲突管理的方式导致的。我们可以把具有以下性质的冲突看作**建设性**(constructive)冲突：

1. 人们能够通过冲突提出可以让所有参与者都达成自己目标的协议。这个协议能够最大化共同收益、给每个人带来好处，并且符合每个人的最佳利益。

2. 以提升参与者之间相互喜欢、尊敬和信任程度的形式加强成员之间的关系。

3. 提升参与者在未来与其他人建设性地解决冲突的能力。

冲突和攻击

大量文献指出，破坏性的冲突管理和人际攻击之间存在着关联。**攻击**(aggression)是一种旨在伤害他人的身体(如打、踢、推)或言语(如辱骂、诅咒、威胁)行为(Baron & Richardson, 1994; Bushman & Anderson, 2001)。这个定义中提到了三个重要方面，即：攻击是行为(与思维相对)，攻击是有意的(与偶然的相对)，以及攻击旨在伤害他人。攻击与**自我肯定**(assertiveness)不同，后者是一种表达信心或支配的行为。另外，恶意攻击和游戏性攻击(通常会带来欢笑)也是不同的。

攻击可以进一步分为间接攻击和直接攻击。**间接攻击**(indirect aggression)指的是没有外在的面对面冲突的以伤害他人为意图的行为，例如散播恶意谣言。**直接攻击**(direct aggression)指的是意图当面伤害他人的行为。此外，**情绪攻击**(emotional aggression)指的是出于无法控制的情绪而做出的伤害行为。与之不同的是**工具性攻击**(instrumental aggression)，这是一种为达成目标而伤害他人的攻击行为(Berkowitz, 1993)。对他人的**替代性攻击**(displaced aggression)指的是个体对某些并不是激怒他的对象的人做出的攻击行为(Dollard, Doob, Miller, Mowere, & Sears, 1939; Marcus-Newhall,

Pedersen, Carlson, & Miller, 2000)。一项元分析表明,替代性攻击的强度受到激怒个体的人和被该个体替代性攻击的对象之间的相似度影响(Marcus-Newhall, Pedersen, Carlson, & Miller, 2000)。

攻击与许多因素有关,其中包括同质化(Zimbardo,1970),出现攻击的启动信息(Anderson, Benjamin, & Bartholomew, 1998; Berkowitz & Lepage, 1967),温度和其他环境因素(Anderson, Anderson, Dorr, DeNeve, & Flanagan, 2000),对达到目标的急切程度(Berkowitz, 1993)和挑衅(Bettencourt & Miller, 1996)。例如,在视线范围内能看到武器就会加强攻击行为,尤其会增强对外群体成员的攻击行为(Carlson, Marcus-Newhall, & Miller, 1990)。在冲突情境中,攻击通常会使对方做出反击。此外,对方也会感到害怕、愤怒,并会产生复仇的动机。这些现象也是破坏性冲突管理的标志。

挫折和攻击之间的关系也是社会心理学在长久以来对敌意和身体暴力做出的一种解释(Dollard, Doob, Miller, Mowere, & Sears, 1939)。**挫折攻击过程**(frustration-aggression process)指的是(Berkowitz,1978):那些因为个人局限或外界影响而无法达成理想目标的个体有时候会体验到挫折;挫折会产生通过攻击形式做出反应的准备状态,如果情境线索出现了"释放"信号,这种准备状态就会以敌意和暴力发泄出来。因此,当协商者遭受到越来越多挫折并接收到其他人发出的挑衅或敌意信号时,他们就会做出言语暴力或身体暴力行为。

群体成员通常会攻击那些从没有伤害过他们的外群体成员,这是群际攻击具有的一个比较有意思的现象。Lickel、Schmader 和 Miller(2003)将这种替代的攻击行为定义为群体成员对外群体成员的挑衅做出攻击行为,该攻击行为并不是出于自己受到他人伤害的原因,而是因为群体中的其他成员受到了伤害。群众暴动就是这种替代攻击的一个例子。在这种情况下,并不是所有群众都遭受了与受害者一样的伤害,但是那些没有受到同样伤害的人却会做出攻击行为。

练习9.1 你的冲突管理策略

每个人都会用不同的方法来处理冲突。你用来处理冲突的方法可能与你朋友或熟人使用的方法有很大的不同。这个练习将提供给你一个了解自己使用什么冲突策略以及将自己和他人的策略进行比较的机会。过程如下：

1. 组成6人小组。确认你们彼此都认识，小组中不能有陌生人。

2. 每个人独自完成下面所附的问卷。

3. 每个人独自阅读冲突策略的介绍。然后每个人裁出5张纸条，在纸条上写上除你以外每个人的名字，每张纸条对应一个人。

4. 在每张纸条上写下最符合纸条上这个人行为的冲突策略。

5. 在所有成员完成后，按照名字把纸条交给那个人。当然，你也会收到5张纸条。你得到的每一张纸条上都写了在其他成员眼中你使用的冲突风格是什么。同样地，其他每个人也会各自得到5张纸条，每张纸条上都写了有关他使用的冲突策略的描述。

6. 使用冲突策略问卷后的计分表对你的问卷结果计分。从最常使用到最少使用的顺序将五种策略排序。从结果中就能看出你怎么看待自己的冲突策略了。使用率排第二的策略就是你的备用策略。当你的第一种策略无效时，你就会选用这种策略。

7. 每个人都要向其他人介绍自己的问卷结果。通过抽签决定由谁先报告。问卷结果代表的是对自己使用的冲突策略的看法。接下来再念出每一张纸条上所写的其他成员对自己的冲突策略的看法。随后，报告的成员要请其他成员举出几个他们曾经看到自己在冲突中如何表现的例子。小组成员应当使用建设性反馈的原则做出回答。从第一个报告者左边的成员依次进行下去，直到所有成员都报告过为止。

8. 每个小组各自就每种冲突策略具有的优势和劣势开展讨论。

你在冲突中会怎么做

接下来是一些描述不同的冲突解决策略的谚语。这些谚语反映了冲突解决中的传统智慧。仔细阅读每一条谚语，根据下面的标准判断每一条谚语有多符合你在冲突中做出的行为。

5＝我通常都是这样

4＝我经常这样

3＝我有时这样

2＝我很少这样

1＝我从不这样

_____ 1. 避免争执比退出争执容易。

_____ 2. 如果你不能让别人像你一样思考,那么就让他按你所想的去做。
_____ 3. 甜言蜜语比铁石心肠有用。
_____ 4. 这次你帮我忙,下次我会帮你忙。
_____ 5. 你过来,我们一起辩论吧。
_____ 6. 争执中先停止的人最值得赞扬。
_____ 7. 强权即公理。
_____ 8. 好听的话使路途平坦。
_____ 9. 有总比没有好。
_____ 10. 真理来自知识而不是大多数人的观点。
_____ 11. 在战场上能打还会逃的人,有机会再上战场。
_____ 12. 善于征服的人使敌人不战而退。
_____ 13. 用仁慈杀死你的敌人。
_____ 14. 公平交换避免纷争。
_____ 15. 没有人有最终答案,但是每个人都可以为答案出一份力。
_____ 16. 离开那些与你意见不一致的人。
_____ 17. 相信自己会赢的人才会获得胜利。
_____ 18. 说好话花费少、价值高。
_____ 19. 以牙还牙是公平的。
_____ 20. 只有愿意适时改变自己观点的人才能从其他人持有的真相中获益。
_____ 21. 远离喜欢争吵的人,他们只会把你的生活变成悲剧。
_____ 22. 勇者会让敌人闻风而逃。
_____ 23. 柔和的话语能营造出和谐。
_____ 24. 送给他人礼物能交到好朋友。
_____ 25. 公开冲突、直面冲突,这时候才能找到最好的解决方法。
_____ 26. 避免冲突是处理冲突的最佳方法。
_____ 27. 向你想要达到的地方迈出脚步。
_____ 28. 和善胜于愤怒。
_____ 29. 得到一部分比什么都得不到要来得好。
_____ 30. 坦诚、诚实和信任能让人达成一切。
_____ 31. 没有什么值得你为它战斗。
_____ 32. 世界上有两种人:胜利者和失败者。

_____ 33. 有人用石头砸你时,你用棉花扔回去。

_____ 34. 双方各退一步,就能公平解决。

_____ 35. 不停深入就能发现真理。

计分表

回 避	强 迫	缓 和	折 中	问题解决
_____ 1.	_____ 2.	_____ 3.	_____ 4.	_____ 5.
_____ 6.	_____ 7.	_____ 8.	_____ 9.	_____ 10.
_____ 11.	_____ 12.	_____ 13.	_____ 14.	_____ 15.
_____ 16.	_____ 17.	_____ 18.	_____ 19.	_____ 20.
_____ 21.	_____ 22.	_____ 23.	_____ 24.	_____ 25.
_____ 26.	_____ 27.	_____ 28.	_____ 29.	_____ 30.
_____ 31.	_____ 32.	_____ 33.	_____ 34.	_____ 35.
_____ 总计	_____ 总计	_____ 总计	_____ 总计	_____ 总计

哪一类冲突管理策略总分越高,就代表你越是倾向于使用这种策略。总分越低,就代表你越不倾向于使用这种策略。

冲突管理策略:你像什么?

解决利益冲突就像在寒冷的湖水里游泳。有一些人喜欢先试试水温。这些人会先把一只脚伸进去,再慢慢浸入湖水,使自己逐渐适应湖水的温度。另一些人喜欢先做好热身,然后一个猛子扎到湖水里,这样他们就能迅速克服寒冷。同样地,不同的人会使用不同的策略进行冲突管理。我们通常在小时候就已经习得了这些策略,随后这些策略看上去就像是在前意识水平上自动地发挥作用一样——我们看上去做的是自然而然的行为,但是我们确实拥有自己的策略。由于这种策略是习得的,所以我们可以通过学习新的、更有效的冲突管理方法进行改变。

当我们身陷冲突时,我们不得不关注两个方面(Johnson & Johnson, 2005b):

1. 取得一个满足我们愿望以及达成我们目标的协议。我们之所以会发生冲突,是因为我们的目标或利益与其他人的目标或利益之间存在冲突。我们的目标可以被置于一个从"不重要"到"高度重要"的连续体中。

2. 与其他人维持恰当的关系。有一些关系是暂时的,有一些关系则是永久的。我们和其他人的关系也可以被置于一个从"不重要"到"高度重要"的连续体中。

冲突解决的双重关注模型来自 Blake 和 Mouton(1964)的管理方格理论,已经有一些理论学者对此进行过阐释(Cosier & Ruble, 1981; Filley, 1975; Johnson, 1978; Pruitt & Rubin, 1986; Rahim, 1983; Thomas, 1976)。研究者有时候也会使用其他名称来指代这两种关注对象,如"关注自我"和"关注他人"。也就是说,你在利益冲突中的行为取决于你的目标对你有多重要,以及你认为这段关系对你有多重要。基于对这两方面的关注,人们会使用 5 种管理冲突的基本策略:

1. 猫头鹰(问题解决协商):猫头鹰把目标和关系的价值看得很高。当目标和关系对你都非常重要时,你就会使用问题解决协商来化解冲突。猫头鹰会寻找一种确保你和其他成员都完全达成各自的目标并消除彼此之间存在的紧张或其他消极感受的解决方案。使用这种策略的时候需要冒一定的风险,比如,你需要表露出你的潜在利益,同时期望其他人也这样做。

2. 泰迪熊(缓和):对于泰迪熊来说,关系是最重要的,而目标则相对次要。当目标对你来说相对次要,而关系对你而言高度重要的时候,你就会放弃你的目标,尽可能维持最高质量的关系。当你认为其他人的利益比你的更大、更重要时,你就会进行缓和并帮助其他人达成他们的目标。

3. 鲨鱼(强迫或输赢协商):鲨鱼认为关系不重要,并且会试图通过强迫他人让步来压倒对方,这样就能够达成他自己的目标了。当目标非常重要,但是关系却不重要时,你会通过强迫或劝服他人放弃的方式使自己能够达成目标。这些人用来取胜的策略包括威胁、身体或言语攻击、施加处罚(如果对方屈服就撤销处罚)、不经对方同意就先发制人解决冲突(如,把他人坚称是自己的书带回家)。劝服他人放弃的策略包括提出有说服力的论据、给出最后期限、表明自己不可能改变观点、提出远超出可接受范围的要求。

4. 狐狸(折中):狐狸对目标和关系都持有中等程度的关注。当目标和关系对你只有中等程度的重要性的时候,如果此时你们都无法得到自己想要的东西,这时候你可能会放弃你的部分目标,同时再牺牲部分关系以达成协议。折中有时候就是只满足一半,或通过抛硬币来确定以谁的决定为准。当双方都想进行问题解决协商,但是并没有时间这样做的时候,人们就会使用折中的方法来解决冲突。

5. 海龟(回避):海龟会缩回他们的壳里避免冲突。他们既不看重目标,也不看重关系。当目标不重要,同时你也不需要维持关系的时候,你可能会想要放弃你的目标和关系,以此回避这个问题和其他人。例如,回避有敌意的陌生人可能是一个最好的选择。有时候你可能会希望回避冲突,直到你和其他人都冷静下来,能够控制住自己的情绪后再解决问题。

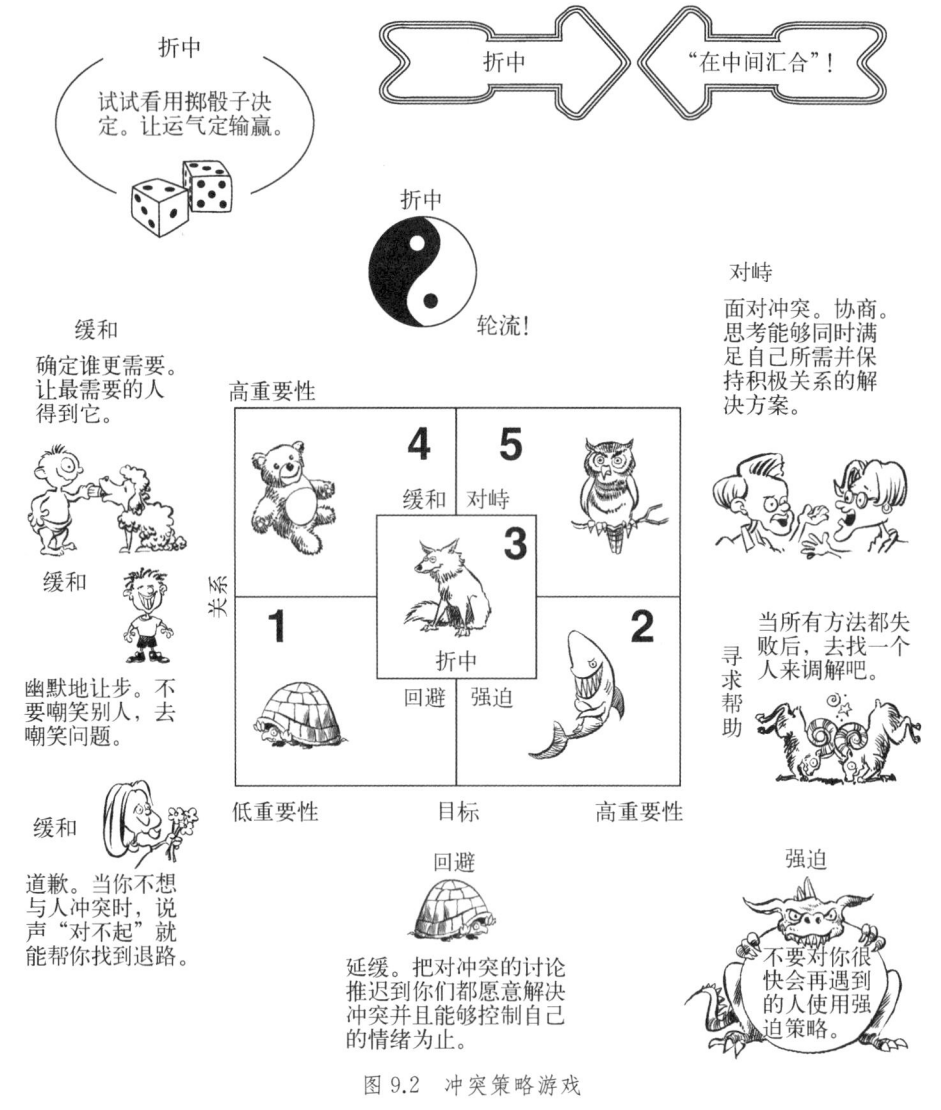

折中
试试看用掷骰子决定。让运气定输赢。

折中 "在中间汇合"!

折中
轮流!

对峙
面对冲突。协商。思考能够同时满足自己所需并保持积极关系的解决方案。

缓和
确定谁更需要。让最需要的人得到它。

高重要性

	4 缓和	5 对峙
关系	3 折中	
	1 回避	2 强迫

缓和
幽默地让步。不要嘲笑别人,去嘲笑问题。

当所有方法都失败后,去找一个人来调解吧。

寻求帮助

缓和
道歉。当你不想与人冲突时,说声"对不起"就能帮你找到退路。

低重要性　　目标　　高重要性

回避
延缓。把对冲突的讨论推迟到你们都愿意解决冲突并且能够控制自己的情绪为止。

强迫
不要对你很快会再遇到的人使用强迫策略。

图9.2 冲突策略游戏

资料来源:D. W. Johnson & R. Johnson, Teaching students to be peacemakers (3rd ed.). (Edina, MN: Interactive Book Company, 2005b)得到作者授权。

在使用这些策略的时候,你需要考虑5个要点:

第一,为使自己具有管理冲突的能力,你必须能够完整地使用每一种策略。你需要通过练习掌握所有五种策略。你也不想成为一个只会一种方法的专才吧?每种策略只适宜在某一类特定的情境下使用,你可以根据自己对目标和关系的双重关注状态选择最合适于当下情境的冲突策略。

第二,有一些策略需要其他人参与,有一些则可以单独进行。无论其他人怎么做,你都可以通过回避或缓和的手段来放弃你自己的目标。当你试图使用强制、折中、问题解决这几种策略时,就需要其他人参与到这个过程中。

第三,这些策略不可以一起使用。在选用了一种策略之后,你就不太可能同时使用其他策略了。虽然回避策略有时候会和其他策略一起使用——例如,有时候会在开始问题解决协商前使用回避。但是,回避会表现出自己对目标缺乏承诺。反过来,协商则表示自己对结果有高度的承诺。另外,强迫表示对关系的承诺水平低,而缓和则表示对关系的承诺水平高。从本质上来说,这五种策略之间相互独立,当你使用了一种策略后,哪怕存在可能性,从一种策略有效地转换到另一种策略也是非常困难的。

第四,某些策略可能会恶化成其他策略。当你试图去回避的时候,其他人可能会纠缠着你,不允许你这样做。这时候你就会使用强迫的方式做出回应。当你试图去开展问题解决协商的时候,其他人可能会使用强迫做出回应,这时候你可能就会转向使用输赢策略来应对这些回应。当时间有限时,问题解决协商可能会变为折中策略。

第五,使用问题解决协商还是输赢协商,这取决于你对未来关系的知觉。当出现冲突时,相比潜在的长期损失,人们更看重短期收益。当你认为关系不重要时,你就会通过尝试强迫他人屈服或让步的方式获取胜利。关系之所以被认为不重要,或许是因为你们在将来可能只有很少的交互机会,或者因为你对对方的愤恨导致你只关注眼前。当你认为关系重要时,你就会尝试用让双方双赢的方式来解决问题。关系之所以被认为重要,可能是因为关系本身就是长期的,或者因为一些强烈的积极情绪(如喜欢和尊敬)将你和他人绑定在了一起。

当个体之间交互频繁而且持久时,未来的不确定性造成的影响就会非常突出。**持久性**(durability)使个体很难忘记自己如何对待他人以及如何被他人对待。**频繁性**(frequency)通过突出今天的结果对明天行为的作用促进了稳定性。当个体认识到他会和另一个人频繁共事,并且会在很长一段时间内持续这段关系时,他们就会将合作的长期价值看得重于利用他人的短期价值。在正在发生的关系中,未来比现在更有价值,因此关系的质量比当前协商得出的任何结果都更加重要。

现场研究发现,问题解决与建设性解决冲突和高组织绩效之间有着很强的联系,而强迫他人采纳某人的观点则与无效的冲突管理有关(Burke, 1969, 1970; Lawrence & Lorsch, 1967)。实证研究发现,高度关注自己个人和他人的收益会带来高共同收益。高度关注个人的收益,较低水平关注他人的收益会导致人们试图进行支配和劝服。最后,较低水平关注自己收益,但是高度关注他人收益会导致低共同收益(Ben-Yoav & Pruitt, 1984a, 1984b; Carnevale & Keenan, 1990; Pruitt & Syna, 1983)。

控制冲突发生

> 未必你面对的所有事情都能改变。但是,如果你不去面对,那么什么事都改变不了。
>
> ——詹姆斯·鲍德温

在出现利益冲突的时候,最好的对策就是面对冲突并解决冲突。当你理解引发冲突的环境以及冲突参与者的进入状态时,你就能控制冲突的产生。引发冲突的环境包括对进行协商的阻碍以及**激发冲突的事件**两方面(Walton, 1987)。对表达冲突的阻碍既可以来自内部也可以来自外部。**内部阻碍**(internal barriers)包括消极态度、价值观、害怕、焦虑和回避冲突的习惯模式。**外部阻碍**(external barriers)包括任务要求、对回避冲突的群体规范、维持良好公众形象的压力和对我方与对方力量之间差异的知觉。物理隔离是一种经常使用的防止表现利益冲突的手段。将成员安置在不同地点,避免某些人出现在同一间房间里,以及把某些成员开除出群体,这些方法都能避免利益冲突的爆发。**激发事件**(triggering event)既可以像两个人靠得很近这么简单,也可以像两个成员正在竞争那么复杂。对敏感问题的消极评价、讽刺、批评都是常见的激发事件。感到被剥夺、忽略、忽视也是常见的激发事件。有一些事件可能会激发出破坏性的冲突循环,另一些事件可能会激发问题解决行为。群体成员应该尝试去最大化那些能够促使问题解决的事件的出现频率。

在找出妨碍协商的因素和激发公开表现冲突的事件后,群体成员就可以选择解决冲突的时间和地点了。如果不太适合当即就对冲突进行处理,那么可以考虑通过增加表达冲突的阻碍和移除激发冲突表现的事件来避免冲突。如果可以马上对冲突进行处理,那么就可以考虑通过加强激发事件和减少阻碍的形式来促进成员直接面对冲突。

控制出现冲突的第二个因素是争论者的进入状态。**进入状态**(entry state)是人们建设性地处理冲突的能力。自我觉察水平、行为控制能力、沟通技能和一般人际效能感是群体成员进入状态的重要因素(Johnson,2006)。过于焦虑、防御、心理不稳定或缺乏动机,这些因素都会导致人们无法有效解决冲突。群体成员的进入状态可能会因为得到群体成员的支持或协商而得到提升。

并不是所有利益冲突都是可以解决的。人们总能公开解决冲突——这种假设是错误的。在很多情况下,人们最好的选择是回避冲突。然而,通常通过仔细注意其他人的进入状态和避免冲突的环境,我们就可以选择出适合建设性解决冲突的最佳时间点。

协商的性质

协商渗透于我们日常生活的方方面面。然而,要做到技巧高超、行事优雅的协商是不容易的。人们必须经过学习才能做到这一点。**协商**(negotiation)是一个过程,在这个过程中由具有共同或相反利益的人尝试达成大家如何彼此付出并获取收益的协议(Johnson & Johnson,2005b)。协商中包括**分配问题**(distribute issues),在这种问题中群体成员只有在其他成员让步时才能获取收益;也包括**整合问题**(integrative issues),在这种问题中需要两个人共同努力来寻求双方共赢的解决方案(图9.3)。实际上你在协商中花了很多时间,只不过你可能并没有意识到你正在这么做而已。下面的检查表可以帮助你审视自己是否正在进行协商:

_____是否有其他人参与?你们是否互相依赖对方的信息(有关什么样的协议可以接受)以及达成的协议(你们只有在对方同意的时候才能得到自己想要的东西)?

_____在这个情境中是否同时出现了合作因素(都想达成协议)和竞争因素(都希望协议尽可能对自己有利)?

_____原发性收益和继发性收益都考虑到了吗?

_____双方是否已经就如何协商达成契约性规范了?

_____是否存在初始期、中间期和结束期?

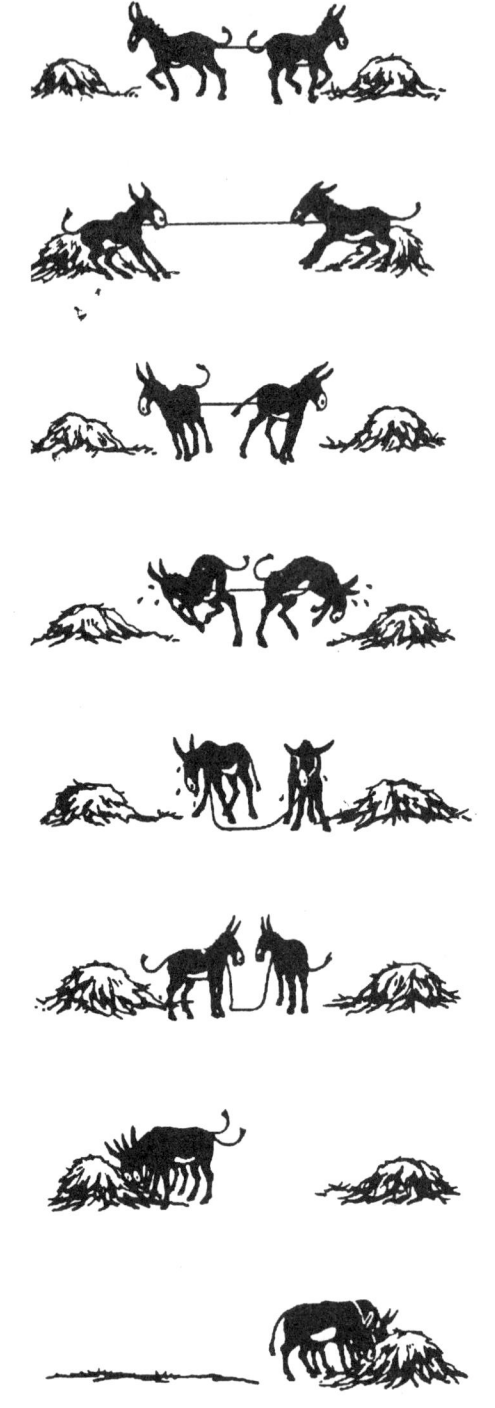

图 9.3 整合式协商

_____你是否希望提出一个有利于自己,同时不算太一边倒以至于让对方拒绝协商协议?

以上每一个条款都值得进行深入讨论。**第一**,在协商中存在三种形式的相互依赖关系:参与相互依赖、结果相互依赖和信息相互依赖。**参与相互依赖**(participation interdependence)指的是协商中必须有至少两方共同参与,这里的两方可以是两个人、两组人、两个组织,甚至是两个国家。**结果相互依赖**(outcome interdependence)指的是只有在其他协商者都同意的情况下才能达成协议。为解决冲突,争论双方必须承诺遵守协议,因此每一方都依赖于对方来取得自己的结果。当每个人都依赖于其他人提供的有关某个协议的信息时,这时候就出现了**信息相互依赖**(information interdependence)。信息可以从两方面得到保障:协商者可以开放、诚实地分享自己的期望,或者他们可以根据协商过程中他人做出的行为来推断出他人的期望。因为在知道其他人的期望之前,协商者通常不知道他们自己的期望应该是什么样的,所以信息相互依赖其实是很复杂的。一旦双方都知道对方想要什么以及对方的底线时,他们就能找到最有效的协商立场。

信息相互依赖会产生两种困境:信任困境和诚实与开放困境。**信任困境**(dilemma of trust)指的是选择是否相信另一方。信任对方就要冒可能被利用的风险,但不信任对方就会降低达成协议的可能性。**诚实与开放困境**(dilemma of honesty and openness)指的是如果过快、过多地公开信息,自己就有可能会被人利用,但是如果拒绝公开信息,就可能会严重地破坏协商关系,从而使协商面临欺诈或不信任的问题。

第二,在协商中同时包含合作和竞争因素。人们会希望达成协议和希望使得协议尽可能对自己有利,这两种期望会导致产生混合动机情境。这两种动机互相会产生严重的干扰。合作和竞争因素之间的平衡将会决定协商如何进行。

第三,在协商中必须考虑原发性和继发性收益。**原发性收益**(primary gain)是每一方从协议中取得的主要收益。协议对哪一方更有利,哪一方的原发性收益就更高。继发性收益由协议对协商者未来的收益、与协商者有关的第三方的收益,以及对诸如群体成员之间的关系和第三方群体对协议的反应之类的会影响群体效能的因素造成的影响来决定。

第四,在协商中必须形成**契约性规范**(contractual norms)。协商者要通过这种规范确立进行协商和克服达成协议时遇到的困难的基本原则。其中有两项普遍适用的规范:**互惠规范**(norm of reciprocity;一方给予另一方好处或伤害后,另一方也应当同样"回报"好处或伤害给他)与**平等规范**(norm of equity;双方得到的利益或付出的代价应当相等)。

第五,协商有重要的时间维度。其中包括初始期、中间期和结束期。在开始进行协商、交换提议和信息、接受协议等不同阶段使用的策略是不同的,并且在有的时候甚至完全相反。

第六,协商者会面临**目标困境**(goal dilemma):如何达成一个对自己有利的协议?而且这个协议不是一个会被其他人拒绝的单边协议?在解决目标困境时,协商者必须提出可以被接受的提议,这个提议不仅能够为自己争取到最多的利益,也同时能够在最大可能上得到他人接纳。人们很少能做出完全成功的协议,每个协商者在协商过程中都必须对自己和其他人能够接受什么样的结果做出判断。

练习9.2 获取利润

这个练习的目的是让参与者在获利-损失情境中进行协商,并通过协商来体验议价过程中的动力学特征。这个练习至少花费1小时。协调者的步骤如下:

1. 介绍这个练习。告知参与者这个练习是一个考察两个利益不同的人之间开展协商的动力学特征的机会。练习中的协商发生在批发市场的卖方和买方之间。整个练习分为3个部分:(1)准备进行协商,(2)进行协商,(3)讨论协商中发生了什么。

2. 组成4人团队。再将每个团队分成两组。随机选一组作为买方,另一组则作为卖方。每一组都会得到大致利润的清单。他们的第一个任务是准备协商。每一组成员都要做到(1)理解利润单,这样他们就能知道什么样的协议对他们最有利,什么样的协议对他们最不利;(2)准备好通过协商得到一个对自己最有利的协议。利润单上有3类货物(石油、天然气、煤),每类货物有9种价格,分别用字母A到I表示。在每种价格后是参与者能够从售价中获取的利润。接下来可以通过回答4个问题的形式检验参与者是否理解了利润单。

(1) 对你们来说最重要的货物是什么?

(2) 对你们来说最不重要的货物是什么?

(3) 如果煤的售价为B,你能得到多少利润?

(4) 如果天然气的售价为D,你能得到多少利润?

3. 告诉参与者只能使用言语的形式进行协商。他们不能把自己的利润单给协商的另一方看。

4. 每一组成员里的其中一人和另一组的一人交换座位,使一个卖方面对一个买方。第二个任务就是开展协商,最终目标是获取一份包含3类货物(石油、天然气、煤)价格的协议,如 AAA、III、BDC。每个人都要做出提议并对他人的提议进行反馈。两人之间讨论的内容不做限制,但是不能把自己的利润单给对方看。当达成协议后,两人写下他们的协议并签字确认。随后,每个人独自写下(a)对对方最重要的货物是什么,(b)对对方最不重要的货物是什么。

5. 两组成员再回到4人团队中,一起讨论如下问题,完成第三个任务:

(1) 团队成员达成了什么协议?每个成员写下:① 买方的总利润,② 卖方的总利润,③ 两人的共同利润(把买方和卖方的总利润加起来)。

(2) 协商者如何对有关利润单的信息进行沟通?协商者如何从对方那里获悉他们的利润单上的信息?他们是否正确了解到什么货物对对方是最重要的,什么货物是最不重要的?信息是直接交流的(准确告诉对方自己的利润单上的信息)还是间接交流的(通过比较他人对不同提议的反应来推断对方的利润单上的信息)?

(3) 协商者是尝试获胜(牺牲他人利润,最大化自己利润)还是解决问题(最大化利润的总和)?

(4) 协商者对货物进行整体的交易还是一个一个地进行协商?

(5) 根据自己的经验和讨论结果,可以得出什么有关协商的结论?

6. 每个团队在其他人面前分享自己的结论。

两类协商

当你使用协商来解决利益冲突时,你还是有选择余地的。你可以选择使用像鲨鱼一样的强迫或分配式过程获得胜利,也可以选择像猫头鹰一样使用整合式或问题解决过程以共赢的形式解决冲突(表9.3)。这两种方式适用于不同情境。

表9.3 两类协商策略

分配式(输-赢)	整合式(问题解决)
提出非常有利于自己的公开提议,并且拒绝修改。	描述你想要什么。
从对方的公开提议中收集对方认为什么是可接受的协议的信息。	描述你的感受。
不断指出自己观点的正确性和其他人观点的错误性。	说明自己的愿望和感受背后的原因。

续表

分配式（输-赢）	整合式（问题解决）
使用威胁和承诺的方式说服对方只能接受这个提议。	转换视角。
坚持指出，如果要达成协议，对方必须答应自己的要求。	提出至少三种最大化共同利益的协议。
当自己的利益比其他人更多，或者无法取得更好的结果时，同意协议。	选择一个协议并同意这个协议。

分配式协商：输赢协商

> 人们……试图回避冲突或压制冲突，无论使用哪一种策略，回避和强迫都只会提升冲突的强度……他们本身会成为问题的一部分，而非解决方法。
>
> ——DeCecco 和 Richards(1974)

当你和不需要继续保持友好与合作关系的人（如汽车销售员）进行协商时，你会尝试通过协商取胜，这就意味着要让对方输。在**分配式协商**（distributive negotiation）中，协商的目标是最大化你自己的收益，并同时最小化他人的收益。此时，你会试图达成对你更有利的协议。当你的愿望、需求和目标很重要，而你和对方只会保持暂时性的临时关系时，你就会在协商中追求胜利。在有些文化中，这种**"讨价还价"**（bargaining）是一种生活方式，不仅为人带来娱乐，也是一种艺术形式。

协商者推测另一人可能采取的观点的过程反过来也会影响到另一个协商者对第一个协商者的观点做出的评价。通过公开提议和提出反对议案，协商者就能够影响其他人对可接受协议的期望。在理想情况下，采用输赢协商的协商者倾向于尽可能多地获取他人的偏好信息，同时向他人最低限度公开自己的偏好或进行误导。下面是一些有助于进行分配式协商的建议：

1. 识别协商的激发事件和阻碍。在最有利于自己且最不利于对手的时候挑起冲突。

2. 提出极端的初始提议（如果你期望付 1 500 美元，就提议 500 美元）。通过这个方法(1) 使协商范围偏向于你的利益，(2) 影响其他人对你的期望底线的估计（不让其他人知道你到底希望付多少),(3) 改变其他人对自己底线的信念,(4) 营造出"不好对付"的形象。这种强硬的形象能够影响到对方对自己能够在多大程度上施加影响的判断(也就是说,对方认为自己最后可能会同意怎样的条款)。

3. 慢慢地妥协(尝试让其他人先妥协)。放慢妥协行为,旨在创造出一个强硬的形象,并且影响对方对(1) 对他来说什么样的结果是可接受的和(2) 个体对合理结果的期望应该是什么这两个问题的期望。当对方重新推测可能达成协议的范围时,他们就会收集信息来减少达成协议的不确定性。协商者所做出的每个行为都会对影响对方做出下一步提议的决定。

4. 使用威胁、承诺的方法坚定地坚持自己的观点。并争取(1) 强迫、怂恿对方同意自己的提议,(2) 说服他人认为他们自己的愿望是不合理的、达不到的,(3) 改变他人对需要做出多少让步才能达成协议的评估。**威胁**(threat)指的是告知其他协商者如果他们做出不符合你的期望的行为,你就会伤害他们。**承诺**(promise)指的是告知其他协商者如果他们做出你想要的行为,你就会给他们好处。**先发制人的行为**(preemptive action)指的是在不经过他人同意的情况下直接解决冲突(如直接占领有争议的土地)。**说服性论证**(persuasive argument)则是指出自己观点的正确性以及其他人观点的错误性。坚持自己的观点不变的做法会暗示其他协商者肩负着协议能否被达成的责任。举例来说,你可以对别人说的话充耳不闻,除非他们对你说"同意"。

5. 做好可能无法达成协议的准备。每个协商者都会面临三种选择:(1) 同意根据当前条款达成协议,(2) 尝试通过进一步的协商来改进当前条款,(3) 终止未达成协议的协商,并且不再考虑重启协商。如果你不能接受无法达成协议的可能性,你就必须接受对方愿意提出的提议。

对于目标取向的群体而言,协商的输赢策略在根本上有着一定不足。虽然对于一些群体来说,这种方法通常会带来更大的原发性收益,但是却会破坏成员之间未来的合作,并且会显著降低继发性收益。因为输赢策略强调权力不平等,所以使用输赢策略就会破坏成员间的信任,阻碍对话和沟通,还会降低建设性解决冲突的可能性。如果协商者之间的权力是平等的,那么在他们之间就更容易形成合作关系(Deutsch,1973)。Walton(1987)指出,当权力分配不平等时,低权力者会自然而然地不信任高权力者,这是因为他们知道拥有权力的人会把权力用在获取自身利益上。通常,权力的差异越大,低权力者对高权力者的态度就会越消极,并且低权力者会更加不可能明确、有力地提出自己的观点。另一方面,掌握高权力的人会低估低权力者的积极意图,并且会在低权力者试图降低他们具有的权力时做出敌意性的反应。即使达成了协议,失败者也很少有动力去执行他们达成的协议,而且还会怨恨获胜者,甚至会试图去破坏协议。胜利者会发现他们很难执行定下的协议。胜利者和失败者之间的敌视会破坏人际关系。

为获得胜利,你会假定人际关系是不重要的,并且你们之间也不会有未来。这种假设通常是错误的。在你的生命中很少会发生与你协商的人不会再与你发生交互的情况。如果你为了获胜破坏了关系,但是你们在随后的日子里又会相遇,那么对方迟早会进行报复!所以,你在大多数情况下都会希望通过最大化共同利益的方式来解决冲突。以色列和埃及之间的协商就是这种做法最有名的例子之一。1978年10月,埃及和以色列坐到戴维营的谈判桌前,他们面对的是一场棘手的协商。埃及要求以色列马上归还整个西奈半岛;而以色列从1967年的中东战争后就一直占据着这块地方,所以他们表示自己寸土不让。虽然双方考虑过折中地选择每个国家只占领一半西奈半岛,但是没有一方同意这个观点。只要讨论的是双方占有多少比例的土地,两国就不可能达成任何协议。但是自从双方都发现以色列关心的是这块土地对以色列国土安全的价值,而埃及主要关心的是自己对半岛的主权之后,僵局就被打破了。最后,两个国家马上提出了整合的解决方案:以色列把西奈半岛归还给埃及,作为交换,埃及将西奈半岛设置为非军事区并且保留以色列在半岛上的空军基地。

整合式协商:通过协商来解决问题

想象一下,现在你正在和另一个人一起划船横渡海洋,但是你是没有办法凭一己之力划动这条船的。虽然你们两个人对怎么划船、要划多远、往哪个地方划等问题存在争论,但是你还是会像对自己一样为对方提供食物和饮水,不然你就会死在海上。你们的冲突成了你们两人共同的问题,需要你们以双赢的形式解决。**整合式协商**(integrative negotiation)的目标是最大化总体利益。与其他人维持高质量的关系比压过任何一个人更为重要。例如,在家庭中,确保家庭的存续通常比在任何一件事上获胜更重要。整合式协商需要冷静的头脑,要双方携手找出对大家都有利的协议。

在双方处于持续性关系的情况下,人们通常会使用被称为**一步协商**(one-step negotiation)的程序来解决冲突。这个方法指的是,每个人(a)评估自己利益的需求度,(b)评估对方利益的需求度,(c)同意按照需求最迫切的人的意思来解决冲突。有研究发现,当在夫妻之间分配决策权力时(每个人在做出与自己有关的决策时体验到更高的权力水平),婚姻满意度更高(Beach & Tesser,1993)。一步协商程序仅在这个过程是相互的情况下才起作用,即每个人都能在一半的情况下如愿以偿。持续性关系受到**相互回应规范**的引导(norm of mutual responsiveness;你帮助对方达成目标,对方帮助你达成目标);单向关系并不能维持很长的时间。

在双方都必须达成自己的目标的情况下就不适合使用一步协商这种方法了。这时候就要进行整合式协商。如果想通过整合式协商得到可以最大化共同利益的可行解决方案,就需要采取以下6个基本步骤:

1. 每个人用描述而非评价的形式解释自己想要什么。
2. 每个人用描述而非评价的形式解释自己有什么样的感受。
3. 每个人解释为什么自己想要这些东西,以及为什么会有这样的感受。
4. 通过总结对方的愿望和感受以及这些愿望和感受背后的原因来转换视角。
5. 双方提出至少3个可以最大化共同收益的协议供选择。
6. 双方选出看上去最明智的协议,并且同意遵守该协议。

练习9.3 用协商解决利益冲突

在这个练习中将进行一场有关如何使用协商来建设性解决利益冲突的讨论。过程如下:

1. 组成4人团队。每个团队分成两个小组。其中一个小组扮演克里斯的角色,另一个小组扮演帕特或教师的角色。下方列出的是一些利益冲突故事。每次选择一个冲突故事,根据分配的角色和冲突故事写下你对以下三个问题的答案:

(1)你想要得到什么?
(2)你有什么感受?
(3)使你产生这些愿望和感受的原因是什么?

2. 两个小组交换一名成员。即,使一个扮演克里斯的参与者和一个扮演帕特的参与者坐在一起。他们将在角色扮演过程中通过协商达成解决冲突的协议。如果表演能够带些戏剧化效果,那么角色扮演将更加有趣。

3. 所有人再回到4人团队。首先,每个人在团队中分享自己在角色扮演中达成了什么样的协议;接下来再对什么是导致冲突难以得到解决的原因这个问题开展讨论,并对如何建设性地解决利益冲突达成一致观点。最后把协商中提出的理想的协议写下来,每个团队要向其他所有人分享自己的解决方案。

冲突故事

1. 克里斯参加了一场大型讲座,他坐在靠走道的一张椅子上。在讲座开始前,克里斯把他的书放在桌子上,然后出去喝水。回来后,克里斯发现他的书被放在走道上,而帕特坐在那张椅子上。你会怎么做?请对交涉过程进行角色扮演。

2. 克里斯告诉帕特(一个朋友)自己喜欢班上哪个同学。第二天,他发现有几个人在议论这件事。克里斯把帕特叫出来询问这件事。你会怎么做?请对交涉过程进行角色扮演。

3. 克里斯已经病了好几个星期了。科学课教师拒绝延长克里斯的期末作业的截止期限。由于克里斯没能及时完成这个作业,他这门课的分数会很低。克里斯认为教师的行为是不公平的,他决定再和教师交涉。请对交涉过程进行角色扮演。

4. 克里斯借了帕特的历史书。第二天,克里斯把书还给帕特的时候,帕特发现这本书被弄得很脏,封面也被弄破了。帕特认为借了东西就得负责好好保管它。帕特用了20分钟时间才把书擦干净和用胶带修补好封面。克里斯嘲笑帕特并称他是"洁癖狂"。你会怎么做?请对交涉过程进行角色扮演。

哈姆雷特和他父亲的鬼魂

根据接下来的指导语,对哈姆雷特和他父亲鬼魂之间的协商开展角色扮演。

情境:场景发生在丹麦国王城堡的墙垛上。故事发生在午夜,这正是鬼魂出没的时候。哈姆雷特父亲的鬼魂出现了,召唤哈姆雷特跟它出去单独谈谈。他们之间存在一场需要解决的冲突。

找一个搭档,通过抛硬币来决定由谁扮演哈姆雷特,另一人则扮演哈姆雷特父亲的鬼魂。你们要使用问题解决协商来解决冲突。

鬼魂:我是你父亲的灵魂。听我说。如果你还爱我的话,你就必须报复那个邪恶怪异的、天理不容的杀人犯。我不是被毒蛇咬死的,那条咬我的"蛇"现在正戴着我的王冠。他是乱伦的禽兽,他勾引了你的母亲——一个貌似贞洁的王后。那天他趁着我在花园里睡着的时候把毒药灌到我的耳朵里。我唯一的兄弟、你的叔叔为了得到我的王位和妻子杀了我。太可怕了！多么可怕啊！你必须杀了他！你是我的儿子，为我的死复仇是你的责任。在没有向杀我的凶手复仇前我无法安息。你必须履行你的义务，好让我瞑目。这样的人当国王是不会让丹麦走向繁荣的。国王必须为丹麦的福祉着想，而不是为他自己。而且，如果他有了一个儿子的话，你就会失去王位继承权。

哈姆雷特：我不知道你是被谋杀的。这太让人震惊了，我以为你是被蛇咬死的。我的叔叔谋杀了你，这更令人吃惊，毕竟他非常友善，对我也很好。我当然希望正义得到伸张，但是我们不要操之过急。让我杀死他这个要求有些高了。第一，我太年轻，没有经验做到这件事。第二，杀死我的叔叔会破坏我未来的事业和生活质量。不要那么嗜血，考虑我的未来吧！第三，现在还不是让我杀人的时候，我才14岁！我正在恋爱，我还在上学。在我有能力杀人前，我还要很多年来学习和成长。第四，如果我杀了我的叔叔，我可能会下地狱。最后，杀死我的叔叔是一个很复杂的任务，如果我在他做善事的时候杀了他，他就会上天堂，这样有什么用？这不是一个"走进房间，刺死他"这样简单的任务，我不确定我是不是想这么做。

整合式协商的过程

第一步：描述你想要什么（你的兴趣）

在描述你想要什么的时候，你不仅要提出你的愿望，而且还要仔细倾听他人的愿望。描述你的愿望和目标的同时还要描述（而不是评价）其他人的行为，并要将冲突定义为共同问题，并且要将冲突定义得越小、越特殊越好。

当你描述自己的愿望是什么的时候，协商就开始了。每个人都有充分表达自己愿望、需求和目标的权利(Albert & Emmons, 1978；表9.4)。你有提出你想要什么的权利，其他人也有表达自己想要什么的权利。你要**自信地**(assertive)直接向对方提出你的愿望、需求和目标，表达方式要坦率、适当。这样既表现出对自己的尊重，也体现了对他人的尊重。自信通常和挑衅与谦和相对。**挑衅**(aggressive)和强制很相似，指的是试图通过在心理或生理上伤害他人来达到支配他人、使他人让步的目的。**谦和**(nonassertive)就像是一种不适当的缓和，指的是你什么都不说、放弃你的利益、保留你的愿望，让其他人达成他们的目标。自信与诸如自我调节、自主选择、有表现力、自我提升和达成想要的目标等积极人际行为有关(Eisenberg & Mussen;1995)。自信使人们能够解决问题、化解冲突,还能避免发生抑郁(Seligman,1995)。

表9.4 尊重自己和他人

我尊重自己	我尊重你
我对以下享有完全的权利:	**你对以下享有完全的权利:**
我的需求和愿望	你的需求和愿望
把我想要什么告诉你	把你想要什么告诉我
把我的感受告诉你	把你的感受告诉我
拒绝提供你要的东西	拒绝提供我要的东西
我们对互相协商有完全的权利	

如同每个人都有提出自己想要什么的权利一样,每个人都有拒绝满足别人的愿望的权利。当对方的愿望会损害你的利益或福祉时,你就有权拒绝这个愿望。因此,在提出你的愿望后,不要期望对方会完全按照你要求的那样去做。你要认识到,让对方了解你的愿望和强迫其他人遵从你的想法是不一样的。

针对愿望的沟通需要通过对自己的愿望和目标提出声明的形式来获取对自己利益的所有权。你需要遵循以下步骤来明确说明你的愿望和目标:

1. 在表明自己观点的时候,使用**我**、**我的**、**我自己**等字眼。

2. 明确、具体地说出自己的愿望、需求和目标,并且要体现出它们的合理性。

3. 承认其他人的目标也是问题的一部分。说明其他人的行动将会如何阻碍你实现愿望。此时,你要就事论事地讨论行为。描述行为的时候需要做到:

(1) 描述自己个人观点的时候使用**我**、**我的**、**我自己**等字眼。

(2) 描述你观察到的具体行为,不要对行为人的动机、人格或态度做出任何判断、评价或推论。

4. 关注长期合作关系。在长期合作关系中进行协商需要涉及如何调整关系使你们两个人能够更好地在一起工作。在交谈中,你需要运用关系声明。关系声明描述的是你们两人交互的方式。一个好的关系声明会说清楚明确的归属(即使用**我**、**我们**、**我们的**等字眼),而且还会描述你如何看待这段关系。"我认为我们需要讨论一下昨天的争议。"就是一个好的关系声明。

在呈现提议的时候,群体成员可能会过度强调有利于他们自己观点的因素,这种过度关注积极条款的倾向会导致成员选择性地保留与观点一致的信息。虽然为自己观点争辩能够提高自己的承诺水平(Hovland, Janis, & Kelley, 1953)。但是如果过于追求这种做法,反而会在说服的效果上取得相反的结果。Jack Brehm(1976; Brehm & Brehm, 1981)证明,那些被看作劝服性或有偏见的说服行为通常会招致他人拒绝,使他人更加坚持自己原来的观点。这种加强观点的现象被称作**心理逆反**(psychological reactance)———一种在自由意志受到威胁时产生的对重获自由的需求。例如,在 Brehm 的一项研究中有两名队员必须在 1-A 和 1-B 两个选项中做出选择;当被试的搭档说"我想选择 1-A"时,有 73% 的人选择了 1-A;但是当搭档说"我想我们都应该选择 1-A"时,则只有 40% 的人选择了 1-A(Brehm & Sensenig, 1966);同样地,在一项研究中有 83% 的群体成员拒绝做出和说出"我认为很明显,我们应该选择做任务 A"这句话的人一样的选择(Worchel & Brehm, 1971)。

倾听对方的愿望。协商是否能获得成功在很大程度上取决于你如何让对方知道如果接受了你的提议,对方的愿望和目标将如何得到满足。如果要说服对方接受你的观点,你就必须清楚地理解对方的兴趣和感受。这就要求你仔细去倾听并能从他人的观点看待问题。要做到仔细倾听,你就必须面对对方,在轮到你说话前保持安静,思考对方在说什么,并且要表现出你听懂了。仔细倾听的基本原则是**释义**(paraphrasing)———用你自己的话来重述对方说的内容、感受和意义。这个过程避免了进行判断和评价(你不可能在重述的时候进行判断),能给予信息发送者有关你是否理解的反馈(如果你未能完全理解,对方可以澄清他说的内容),还会传达出你想要理解对方说的内容和帮助你从对方的观点看待问题,从而提升沟通水平。释义也是有规则的。你在对某个观点做出回应前,必须正确地重述信息发送者说的内容、感受和意义,并且要让对方满意,这就是**释义规则**(paraphrasing rule;Johnson, 1971b)。当你进行释义的时候,你可以使用"你说了……我认为……" 这种句式。你要先说对方说了什么("你说了……"),然后再回应("我认为……")。释义对明确冲突来说是非常重要的,它能够帮助你们找到建设性的解决方案。

描述对方的行为。想象一下,你现在和一个好朋友发生了冲突。你的朋友认为你的行为是破坏性的。而你却认为你的行为是由外部环境、其他人的行为、做正确事的意愿等原因导致的,是情有可原的。因此,你会认为你的朋友应该理解并且原谅你。而你的朋友则坚持认为你的行为是你自己消极的人格特征导致的,如判断力差、不负责任、自私、漫不经心、喜欢炫耀和没能力。你感到被他深深地伤害了,并且进行了反击。你指责你的朋友是一个道德低下的人,因为他表现出不负责任、自私、判断力差和不关心你。你们都认为对方的归因是不对的,是不可理喻的。冲突由此升级。Harold Kelley 和他的同事(Kelley, 1979; Orvis, Kelley, & Butler, 1976)发现,仅在 41 例婚姻关系中就发生过 700 次冲突。

当个体做出破坏性的行为时,就会产生冲突或升级冲突。无论事后表现出怎样的体贴和关心,这些有害的破坏性行为带来的结果都很难被修复。无论破坏性行为最终是否会带来积极的结果,破坏性行为对于关系都有着极强的破坏力(Gottman, 1993; Jacobson & Margolin, 1979; Markman, 1981; Rusbult & Van Lange, 1996)。在冲突中通常有两类破坏性行为:

1. 直接伤害对方。

2. 将对方的行为推断为是由个性因素导致的结果(人格、信念、态度和价值观)。

避免做出直接的伤害行为是最好的方法。与控制自己的行为相反,你很难控制自己对其他人的行为做出的推论。尤其在冲突中,人们会倾向于将对方的行为归因为是由对方内部心理状态导致的(Blake & Mouton, 1962; Chesler & Franklin, 1968; Sherif & Sherif, 1969),但同时又会将自己的行为归因为是由情境因素导致的。这种现象被称为**基本归因错误**(fundamental attribution error; Ross, 1977; Ross & Nisbett, 1991)。对行为和事件原因进行的推论称为**归因**(attribution)。**归因理论**(attribution theory)认为,人们会频繁地通过直觉对因果形成假设,这样他们就能理解并预测发生的事件了(Heider, 1958)。归因在冲突中是很重要的,这是因为归因会影响到人们对他人动机和意图的知觉(Horai, 1977; Messe, Stollak, Larson, & Michaels, 1979)。如果归因准确,归因就能帮助群体成员互相理解。如果归因错误,归因就会使群体成员互相疏远,并会使得冲突变得更加难以解决。如果群体成员认为你正在试图给他们贴上病态、虚弱、没能力或没用的标签,他们就不会愿意在协商中变通(Brown, 1968; Pruitt & Johnson, 1970; Tjosvold, 1974, 1977)。

将冲突看作共同的问题

> 分裂之家，无可持存。
>
> ——亚伯拉罕·林肯

有两个司机在一条单车道的路上相向而行。他们很快就会撞到一起。如果他们两个人把这个情境视为一种"看谁先退缩"的竞争，他们就可能会撞车，甚至出人命。如果他们将这个情景视为一个要解决的问题，那么他们就会考虑如何让路才能解决当前面临的问题。当人们用竞争或输赢的方式来看待问题时，再小、再简单的冲突都会变成一个难以解决的大问题。反过来，如果人们用问题解决的视角来看待问题，那么再大、再难的问题也能变得容易解决。

被定义为需要解决的问题的冲突比那些被看作输赢的冲突更容易得到建设性的解决（Blake & Mouton, 1962; Deutsch & Lewicki, 1970）。在使用问题解决策略时，所有参加协商的人取得的总体利益更多（Lewis & Pruitt, 1971）。将冲突定义为需要解决的共同问题还能够提升沟通、信任、喜欢他人和合作的水平。

将冲突定义为小且特异的事件。 在定义冲突时，将冲突定义得越小、越特异，冲突就越容易解决（Deutsch, Canavan, & Rubin, 1971）。冲突的定义越整体、宽泛、模糊，就越难得到解决。例如，定义为"她总是撒谎"的冲突比定义为"她的陈述不真实"的冲突更难解决。

第二步：描述你的感受

> 我们很多人在做生意的时候，尤其是在我们非常确信自己的想法的时候，脾气会非常火爆。我父亲知道他必须把自己脾气释放出的破坏力降到最低。
>
> ——小托马斯·沃森，IBM名誉主席

为解决问题进行协商所要做的第二步是描述你的感受。要想说出你的感受，你就必须先意识到它们、接纳它们，并且要能够熟练地、建设性地表达它们。表达与控制你的感受是解决冲突中最为重要的一个方面（Johnson, 2006;

Johnson & Johnson，2005b）。**第一**，只有在公开承认并表达感受的情况下，冲突才能够得到解决。例如，如果个体压抑或隐藏他们的愤怒，那么他们虽然会在当前达成协议，但却会在其他人身上发泄出他们的怨恨和敌意。这不仅会破坏他们有效地和他人工作的能力以及建设性地解决未来冲突的能力，冲突也会随之重现。**第二**，亲密关系的建立和维持基于体验和分享感情。感情是将关系维系在一起的根本，同时也是加深关系，以及使关系变得更有效、更私人的途径。**第三**，不被接纳和承认的感受会妨碍判断，产生阻碍建设性解决冲突的不确定感，并且还会降低对行为的控制感。**第四**，你说出的感受是其他人知道你的感受和对你的感受做出回应的唯一途径。你越是尝试去把你的感受告诉他人，你就越会建设性地表达这些感受。

第三步：交换观点背后的理由

一旦你们两个人都说明了自己想要什么以及自己的感受，仔细地聆听了对方的话语，并将冲突定义为小的、特异的共同问题后，你们就要交换在冲突中自己持有的观点背后的理由。要做到这一点，协商者就必须：

1. 表达合作意向。
2. 提出自己的理由，倾听对方的理由。
3. 关注需求和利益，而不是观点。
4. 在尝试将利益整合到协议里之前，先澄清你和对方在利益上的差异。
5. 对他人授权。

表达合作意向：增大未来的不确定性。 在解决冲突的时候，你所能做的最有建设性的行为就是凸显彼此之间的长期合作关系。协商者可以采取三种做法：（1）强调以问题解决的方式处理冲突。你可以说"**这个情境表明我们将一起工作**"，"**让我们合作达成协议吧**"或"**让我们尝试达成对我们都有好处的协议吧**"。（2）提出你致力于最大化共同利益。成功的协商有赖于找出其他人的真实需求，并呈献给对方一条能得到自己利益的同时满足对方利益的途径。（3）通过说明自己对持续且成功地一起合作负有承诺，增大未来的不确定性。要做到这一点，你必须指出长期的共同目标以及你们两个人在不久的将来还会产生相互依赖关系。

表达出诸如威胁和惩罚的竞争意图会使冲突升级（Deutsch & Krauss，1960，1962）。想象一下，你现在经营着一家货运公司，承担着从 A 地运送货物到B地的生意。每次完成运送就可以得到60美分减去花费时间（每秒1美分）的报酬。在路途中，有一部分路程是单车道。如果你在路上遇到了相向而行的车，你们中的一人必须退回让对方先通过。如果对方不同意退让，你就可以选择关闭自己一侧的闸门，这样对方就必须退回去绕走另外一条很远的路。在对方退出后，你可以再打开闸门，让自己的车快速地通过这段路到达目的地。你觉得自己会怎么做？

Morton Deutsch 和 Robert Krauss(1960，1962)使用这种情境来研究威胁如何影响敌意、反威胁和拒绝妥协的现象。在单边威胁的情况下只有一方能够控制闸门；双边威胁的情况下双方都能控制一扇闸门；控制条件下则没有闸门。当没有闸门时，被试学会了轮流使用单车道，两人最终都获得了大约1美元的收益。当一方能控制闸门时，虽然掌管闸门的人损失相对较少，但是每人的平均损失还是达到了2.03美元。当双方各自控制一个闸门时，每个人的平均损失就达到了4.38美元。因此，威胁无利于收益，反而会增强冲突的破坏性成分。在考虑是否进行威胁时，请记住16世纪佛罗伦萨王子的老师尼可罗·马基雅维利的忠告：

我认为，人们避免对他人讲出威胁和侮辱话语的做法是很审慎的，因为这两种做法都……不能削弱敌人的力量；事实上，这种行为会使其他人变得小心，会让他们更加憎恨你，并且会更加不遗余力地去伤害你。

提出你的理由并倾听对方理由。 在整合式协商中，只是简单地说出你要什么和你的感受是不够的。你必须为你的愿望和感受提出理由。仅仅说"我现在就想用电脑，而且我对你不让我用电脑感到愤怒"是不够的。你必须具体地说"我今天要做完一份很重要的家庭作业，这是我最后的机会了"。说出理由的目的在于使对方明白原因，劝说他们同意你的要求。

在很多种情况下，你必须询问对方为什么持有这个观点。如果你想请一个朋友和你一起学习，她有可能会回答"不行"。除非你理解她为什么这么回答，否则你就无法找到能使她同意和你一起去学习的有创造性的方法。比如，你可以问她"我可以知道为什么吗？"如果她给出的答案很模糊，可以再补充问一句"你能说得更详细吗？当你说……的时候，你的意思是什么？我不确定我是不是理解了你的意思。"在询问的时候，你的语气和你的话语同样重要。如果你的语气听起来有些像是在挖苦，你的询问就可能事与愿违。

在你们双方都解释了自己的原因后，你们可能会同意或不同意帮助对方达成他的目标。以下两个因素将对你是否做出帮助对方达成他的目标的决定产生影响：

1. 你的目标对你有多重要？
2. （根据对方的理由）对方的目标对他有多重要？

你必须仔细地倾听对方所说的理由，判断他们所说的理由是否站得住脚。如果你认为对方的目标对他的重要性远胜于你的目标对你的重要性，你就可能同意帮助对方达成他们的目标。但是，你要记住，放弃你的目标来帮助其他人达成他们自己的目标，这种做法仅在对方也有50%可能性对你的时候才有效。这在本章中一步协商过程部分已经介绍过了。

如果对方提出的理由无效，你就要指出来告诉他，让他看到自己提议中不恰当的地方。如果你们谁都不愿意放弃自己的目标来帮助对方达成目标，你们两人就必须重申你们之间的合作关系，然后再去寻找更深层次的原因。

关注愿望和利益，而不是观点。 如果要成功地进行协商，提出一个令双方都满意的协议，你就必须根据对方的愿望和目标与其接触。举个例子来说明为什么要把利益从观点中区分出来。假设现在有一对姐妹，她们两个人都想要得到唯一的一个橘子。其中一个人想要用橘子皮做蛋糕，另一个人想要橘子肉做果汁。她们的观点"我想要这个橘子"在两人之间是对立的。但是可以发现，她们的利益却并不冲突。通常情况下，当冲突的双方表达出自己根本上在意的利益是什么的时候，他们就能找到同时适合彼此的解决方案。

整合式协商能否成功，取决于你是否能发现对方实际想要的是什么，以及能否提供一个自己和对方都能够得到自己想要的东西的途径。因此，如果你们要做出明智的决策，就需要协调彼此的愿望和目标，而不是协调观点。通常情况下，许多愿望和目标都会集中表现为几种观点。人们最常犯的错误就是认为其他人和你存在观点冲突就一定代表你们之间的利益是冲突的。实际上，冲突的观点背后的利益既可能是冲突的，也可能是不冲突的。要想找出对方的愿望和目标，你就必须多问"为什么"和"为什么不"，并且要去思考对方的选择。你要认识到对方可能拥有许多不同的愿望和目标。

关注愿望和目标而不是观点能够消除许多会对冲突带来破坏性影响的陷阱。其中有一种陷阱是由于对方不同意你的观点所带来的挫败感使你做出攻击行为。协商者在感受到对方的敌意时就会感到挫败，由此会做出言语或躯体攻击行为。持续地澄清自己的愿望与目标并寻求让所有人都能达成自己目标的新观点通常能够避免产生高水平的挫败感。

在整合前进行区分。只有在你理解自己和对方各自不同意什么的情况下，冲突才能得到解决。如果你不知道自己不同意的到底是什么，那么你就无法找到达成协议的途径。你对自己和对方的利益区分得越清楚，你就越有可能根据它们整合出大家都满意的协议。在对冲突进行讨论时，要尝试找到以下问题的答案：(a) 我们俩的愿望与目标之间有什么差异？(b) 我们俩的愿望与目标在哪些地方是一样的？(c) 对方做了什么我不能接受的事情？(d) 我做了什么对方不能接受的事情？

授权给对方。在协商的时候，你不应该让对方感到自己是无能为力的。分享权力就能使人做出睿智的协议。授权有两种方法。第一个方法是在协商时保持开放心态，灵活地对待潜在的协议。如果你拒绝进行协商，对方就会感到无能为力。只有你对可能获得更好的结果抱有开放的态度时，你才会愿意进行协商。保持试验性和灵活性指的是在协商结束前不要太过执着于某一个可能的协议。第二个方法是提供一些选项。即在最终决定怎么做之前，先提供大量可能的解决方案。

对解决冲突感到无助会导致挫败、焦虑与矛盾等心理上的代价。当一个人感到无能为力时，他就会变得充满敌意或干脆变得冷漠。我们相信自己会得到公平对待，并且在被冤枉后，我们应该拥有获得公正的权力和权利。如果事实表明我们无法取得公正，就会导致产生挫败、愤怒、压抑和焦虑(Deutsch, 1985)。

保持灵活性。协商是理性的过程。在这个过程中双方都需要寻找能够满足自己的愿望、达成自己的目标的方法。是否能够成功达成协议取决于你在思考对你们两人都有利的备选项的时候表现出的创造力。这就需要你具有灵活性。即当对方告诉你实际上有更合理的做法时你愿意改变自己已有的想法。在协商中，人们会很容易固着于某一个观点，进而难以接受其他的协议。比如，Allan Teger(1980)通过开展"1美元竞拍"任务对这种固着观点的过程进行过研究。在这个任务中，人们可以通过竞拍赢取1美元，价高者获胜。规则规定出价最高者会获得1美元，并且出价次高者要付出自己的钞票。因此，如果一个人出价80美分，另一个人出价90美分，第一个人就陷入了要出更高的价格以避免自己损失80美分的处境。所以,协商者要小心避免自己固着于过去的提议和观点。

协调得到真诚地进行协商的动机。不同的协商者拥有不同的协商动机。你可能希望解决冲突,而对方可能并不关心这点。对方可能会非常关心与你一起解决冲突,但是你可能希望回避这件事。

通常情况下,只有双方都同时有动力去解决冲突时,冲突才能得到解决。解决冲突的动机是由冲突如果继续下去会给每个人带来的利益和需要付出的代价来决定的。持续的冲突可能造成的代价包括友谊破裂、失去工作中的乐趣、丧失工作生产力或失去朋友。持续的冲突可能带来的收益包括能够从表达愤怒和怨恨中感到满意,以及能够维持现状。通过维持现状,你就能够规避冲突解决后情况变得更糟糕这种可能性。回答下列问题或许能够帮助你明确自己和对方在解决问题上的动机分别是什么:

1. 如果继续冲突,我能从中得到什么?
2. 如果继续冲突,对方能从中得到什么?
3. 如果继续冲突,我会失去什么?
4. 如果继续冲突,对方会失去什么?

人们解决冲突的动机是可以发生改变的。通过提升继续冲突所要付出的代价或增加解决冲突可以带来的收益,对方解决冲突的动机就会增强,你自己的动机也会发生同样的变化。

以收益的形式呈现协商的结果会比以损失的形式呈现结果时更能促使双方做出让步。那些以损失或代价的形式来思考冲突的协商者更有可能会冒着满盘皆输的风险,迫使对方进一步做出让步。

当协商者开始交换提议和感受时,就会出现信任和开放困境。也就是说,人们会在协商的时候面对这样的困境:(1)是否相信对方说出了自己真正的利益是什么,以及(2)是否向对方说出自己真正的利益是什么。Deutsch(1958;1960,1973)使用囚徒困境博弈对冲突情境下的信任问题开展过研究。**囚徒困境**(Prisoner's Dilemma)源于数学博弈论理论家所研究的一个假设情景(Luce & Raiffa, 1957)。想象一下,你和你的同伴一起抢劫了银行,事后你们把钱藏了起来。后来,你们被警察逮捕了,警察确信你们就是抢匪。但是苦于没有证据,警察只能寄希望于你们自己坦白罪行来给你们定罪。他们把你和你的同伴分别关到两间屋子里审讯(图9.4)。你们两个人都面临两个选项：坦白或保持沉默。如果你们都不坦白，你们两个人都会得到1年的最短刑期。如果你们都认罪了，那么你们两个人都会得到5年有期徒刑。如果你的同伴坦白，而你没有坦白，你的同伴会获得自由，但是你就会得到10年有期徒刑。相反，如果你坦白了，你的同伴就会得到10年有期徒刑，而你则会获得自由。你和同伴所面临的困境就在于是否信任对方。你会在信任的情况下自己保持沉默，并且相信在自己保持沉默的时候，对方也会保持沉默。如果你们两个人互相信任对方，都认为对方会保持沉默，那么你们两人都会获益。

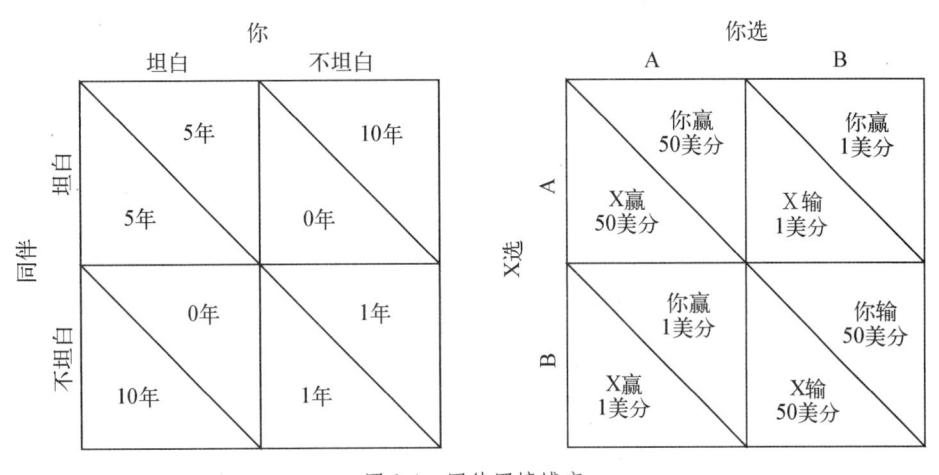

	你	
	坦白	不坦白
同伴 坦白	5年 / 5年	10年 / 0年
同伴 不坦白	0年 / 10年	1年 / 1年

	你选	
	A	B
X选 A	你赢50美分 / X赢50美分	你赢1美分 / X输1美分
X选 B	你赢1美分 / X赢1美分	你输50美分 / X输50美分

图9.4 囚徒困境博弈

为研究信任，Deutsch将囚徒困境改为博弈的形式。在博弈中，每一对被试的收益取决于他们两人共同选择的结果(图9.4)。如果两人都选了A，那么两人都会得到50美分。如果两人都选择B，那么两人都会输50美分。如果一人选A，另一人选B，那么选B的人赢1美元，选A的人输1美元。囚徒困境博弈这一范式的产生是对冲突和信任的研究在方法论上的一次重大突破。研究结果表明，双方追求自己利益的行为会使得整体收益降低。从长远看，只有基于信任的合作行为才能确保整个团队的福祉和生产力。

潜在问题。在分析利益时存在三个问题。**第一**，有时候人们并不知道自己观点或偏好背后的利益到底是什么，所以他们无法做出回答。**第二**，出于害怕其他人会利用这些信息来谋利的可能性，他们可能不希望表露出自己的利益是什么。表露个人的愿望、目标和利益通常要承担展现出自己薄弱点的风险。**第三**，个人的利益通常处于有层次的树状结构中，首先拿出来讨论的利益可能只是冰山一角。随着讨论的深入,你就能揭示出更深层次的利益。

第四步:理解对方的观点

> 同时持有两种对立观点并仍旧能进行思考的能力是第一流智力的试金石。
>
> ——斯科特·菲茨杰拉德

如果要达成明智的协议,你就必须做到明确理解问题的所有方面,能够准确评价这些方面的效能与相对优缺点,而且还要具有通过创造性思维提出使总体收益最大化但同时满足所有协商者利益的解决方案的能力。为此,你必须要能够(1)从你自己和对方的视角来看待冲突,(2)同时在脑海里保留两方面的观点。**观点**(perspective)指的是看待世界(也包括特定情境)以及自己与世界之间关系的方式。**社会观点采择**(social perspective taking)指的是理解其他人面临的情境以及其他人在该情境中的认知与情绪反应的能力。观点采择的对立面就是自我中心。处于自我中心状态下的人无法意识到其他观点的存在,也无法认识到自己对冲突的观点是片面的、局限的。

你需要理解以下有关观点的性质,这能帮助你从其他人的视角看待冲突情境:

1. 每个人都有自己独特的、与他人不同的观点(看待世界以及自己与世界关系的方式)。因为生活经历不同,所以没有一个人会和其他人完全一样地看待同一个问题。每个人看待一个事件的方式多多少少会有一定程度的不同。

2. 人们采取的观点会对他们的注意或经历的事件进行选择和组织。人们会用他们的观点来解释与理解所有的经验。人们也会倾向于只看到自己想看到的东西。在大量详细信息中,人们会倾向于找出并关注那些验证他们先前观点的事实,抛弃或曲解那些与他们观点不一致的信息。协商双方都倾向于只看到自己的优点和对方的缺点。

3. 每个人在不同时间会持有不同观点。如果你曾经背过100磅重的水泥袋,现在有人给你一袋40磅重的水泥,你会觉得这袋水泥很轻。但是,如果你习惯于背20磅的水泥袋,40磅的水泥就会让你感到沉重无比。当你饥饿的时候,你会注意房间里所有的食物;如果你不饿,这些食物就无法引起你的注意。随着你的工作角色、经验、假设、心理状态和价值观发生改变,你的观点也会发生变化。

4. 从两个不同的角度解释同一条信息会得到截然不同的意义。如果你对同事开玩笑,他可能会放声大笑;但是如果你对老板开玩笑,他可能会生气,甚至炒你鱿鱼。持有不同的观点就意味着信息将会被赋予不同的意义。单从一个观点来看,同样的信息可以被解释为友好的玩笑或敌意的反抗。人们采取的观点决定了他们如何解释信息。

5. 我们会假定所有人都会从和我们同样的观点来看待事件,这就会产生误解。如果我们喜欢意大利菜,我们就会假定我们所有的朋友都喜欢意大利菜。冲突解决中最困难的方面就是准确地进行观点采择。这也是问题解决中最重要的方面之一(Johnson & Johnson, 1989)。观点采择通过影响信息解释和接收的形式来提升沟通水平,并且能够降低发生误会和曲解的可能性。你越是能理解对方的观点,你就越能够以便于对方理解的形式组织自己发出的信息。举个例子,如果有人不知道雪是什么,你就不要说"颗粒状的雪"和"细腻的雪"。此外,理解其他人的观点也能够帮助你准确地理解从他们那里接收到的信息。例如,有人说"那太好了",如果你知道他此时正感到挫折,那就要反过来理解这句话的意思。你必须站在信息发送者的角度才能准确地理解发送给你的信息的意义。

使用观点采择能够促进你与其他人之间的关系。当其他人发现你能够准确地理解他的观点并由此提出对双方同等有利的协议时,你就更加会得到对方的喜欢和尊敬。

从不同的观点看待同一个情境能够使自己成为更广泛的道德共同体中的一员。通过从对方的角度看待情境,你就能够(a) 成为有同情心的、公正的、有道德的人,和(b) 认识到对方是有道德的和公正的人。

未能理解对方的观点会增加破坏性处理冲突的可能性。在 DeCecco 和 Richards(1974)对学校冲突的研究中发现无法理解对方的观点极大地破坏了以解决冲突为目标的协商的效果。

采取他人观点这种做法将追求直接的个人利益的动机转变为长期关注共同利益和关系维持的动机。固着于自己的观点会导致人们以自己即时的个人利益作为行动准则(Dehue, McClintock, & Liebrand, 1993;Yovetich & Rusbult, 1994)。采纳对方的观点则会扩展个人关注的范围,使他们开始关注共同的收益、对方的福祉以及两人之间的关系维持(Davis, Conklin, Smith, & Luce, 1996;Johnson, 1971b)。采纳他人的观点会在情绪和认知上产生更多积极的结果,减少消极的影响。例如,人们会对同伴做出的破坏性行为做出基于情境的、指责性较弱的解释(Johnson，1971b；Jones & Nesbett，1972；Regan & Totten，1975；Storms，1973)。采纳他人的观点不仅会提升积极情绪反应(关心、关爱)，促使人们做出能够促进关系的归因，而且还能够提升对建设性行为的偏好；此外，也能降低消极情绪水平、减少指责性的归因以及对破坏性和消极行为的偏好程度(Arriaga & Rusbult，1998)。

你可以通过以下手段确认自己是否正确地进行了观点采择：(a) **知觉检查**(perception checking)，即通过让他人进行澄清和纠正，确保自己的理解是正确的；(b) 描述你对他人愿望和目标的理解(释义)；(c) 从对方的角度来呈现对方的观点(角色扮演)。

角色扮演是了解对方观点的最有效的方法。在这种方法中需要假装你就是对方，站在对方的观点上去尝试解释原因。然后再让对方扮演你的角色，重复这个过程。你们两个越是投入地为对方的观点做出辩护，你们就越是能够从对方的角度来理解冲突是如何产生的。角色扮演对于寻找双方都能够接受的解决方法而言是无价之宝。

有一系列研究系统化地考察了观点转换对冲突解决的影响(Johnson，1971b)。这些研究的结果指出，熟练地进行观点转换提升了协商者之间的合作行为水平，澄清了对他人观点的误解，提升了对他人观点的理解程度，并且能够帮助人们从对方的观点来认识冲突。熟练地使用观点转换能够让人们去重新评价事件、改变对事件的态度。能够进行观点转换的人会被别人看作是一个试图理解他人观点和他人自身的人，也会被看作是一个愿意做出承诺、会合作而且可信赖的人。暂时地为他人的观点辩护能够让自己更深入地了解对方的观点，改变对协商问题持有的态度。

对于建设性地解决冲突而言，没有什么能够比从他人的观点来理解冲突如何产生更重要了。一旦你能够从你自己和对方的观点去看待冲突，你就更有可能找到共赢的解决方法，并且能够让对方知晓你理解了他的愿望、感受和目标。你越是善于站在对方的观点来看待问题，你就越善于建设性地解决冲突。

第五步：创设共同获益的选项

协商的第五个步骤是找到一些可能的协议。人们倾向于接纳首先看到的合理的解决方案，随后就不再继续去探寻更合理的协议了。因此，协商者在做出决定前应当先提出至少三个不错的备选协议。如果要做到尽可能多地创设协议，你就必须避免受到一些障碍的影响，并且需要进行创造性的思考。

避免障碍。 在大部分协商中存在五种抑制人们提出更多选项的主要障碍：

1. 过早做出判断。批判地驳回任何新想法。这种做法对于提出新的选项而言是非常有害的。过早进行批判是创造性思维的头号阻碍因素。

2. 寻找单一答案。过早地把自己封闭起来，只看见第一个形成的协议，认为这个协议就是最佳的答案。这种做法会阻碍人们做出明智的决策。

3. 把利益看成固定量。不要把利益看成固定数量。这样你就会认为对方得到的越少，你得到的就会越多。这种观点只在很少数的情况下成立。如何扩大利益的总量是灵活地解决问题的关键。

4. 只关注自己当前的愿望和目标。在一段关系中，人们在达成自己的愿望的同时也必须满足他人的愿望。只关注于自己的"短视"行为会导致产生派系观点、派系争论和单边解决。

5. 固守现状，害怕改变带来的未知。改变会使人对潜在的、新的、未知的问题感到焦虑，并会对过去做出的无效的、不适当的行为感到愧疚。在许多时候，人们会试图通过拒绝改变来使自己过去的行为合理化。

创设创造性的选项。 Follett(1940)列举了阅览室中两个读者之间发生的一次冲突。一个读者说："我能开窗吗？"另一个人说："不，我想关着窗。"如果这时候没有处理好，冲突就会升级。但是，第一个读者继续问："你为什么希望关着窗呢？"经过一番讨论，他们发现想开窗的人是希望开窗通风，不想开窗的人是不想因为开窗而感冒。他们随后开始寻找创造性的解决方法。最后，他们同意打开隔壁房间的窗，这样既可以便于空气流通，又可以避免风太大使人着凉。

寻找最大化共同收益的协议通常会带来创造性的问题解决方法。如果要创设出创造性的选项，你就需要做到：

1. 提出尽可能多的选项。选项越多，协商的余地就越大。

2. 将创设选项和对选项做出判断这两种行为区分开。先创设选项，再对选项做出判断。

3. 收集尽可能多的有关问题的信息。你对问题了解得越多，就越容易找到解决方案。

4. 从不同视角看待问题，并以能从新的角度提出解决方案的形式重构问题。这种重构过程通常会使参与者对问题产生顿悟。顿悟通常会伴随豁然开朗带来的激情和兴奋感，并能将问题重构成可以产生解决方案的形式。

5. 寻找共同利益。冲突中始终存在取得共同利益的可能性。你们需要寻找同时满足对方和自己需求的解决方案。试着去最大化共同收益。

6. 创设易于达成共识的选项。如果你希望让一匹马越过栅栏，最好的方法就是不要设置栅栏。试着提出"容易被同意"的协议吧。

7. 检查每个协议的现实性。协议的优缺点分别是什么？每个人的收益和损失如何？是怎样最大化共同收益的？

有利于最大化共同收益的协议拥有如下特征：

1. 通过寻找提升可用资源量的方法扩大利益，"把饼做大"：许多冲突都来自知觉到的资源短缺。在这种情况下，可以通过增加可取得的资源量来提出整合式协议。

2. 一揽子协议。达成一个协议，在这个协议中包含对多个有关问题的协议。

3. 交易。两方交换等值的不同事物。

4. 捆绑。引入一个对方认为与当前问题无关的问题。在你主动提出接受某个提议后，这个问题上取得的结果也同样能够满足某人的利益。

5. 开拓。把问题拓展到更大的背景下，暂且不处理其他有关问题。这和捆绑是相反的。

6. 协力通过。每一方在对自己不重要，但却对对方很重要的问题上做出让步。

7. 降低成本。在得到自己想要的结果时降低或消除对方做出让步时所要付出的代价。

8. 通过创设满足双方利益的新选项，将一开始的观点联结在一起。这种选项满足的需求与双方一开始认为自己想要的不同。Rubin、Pruitt 和 Kim（1994）对夫妻间为到底去海边还是山上度假产生的冲突进行过研究。结果发现，在经过讨论后，夫妻双方发现自己的兴趣其实是游泳和钓鱼。随后，他们同意去能够让他们游泳和钓鱼的湖边度假，而不是一开始争论的去海边或去爬山。

在创设出一些选项后，你们就需要在首先尝试哪个选项上达成一致意见。这时候就需要进行一些现实上的考量。在决定先尝试哪个选项的时候，想想《伊索寓言》中"遇到麻烦的老鼠"这个故事吧，这会对你有所帮助。在故事中，老鼠们嚷嚷："太可怕了，实在是太可怕了！我们必须采取行动了！但是采取什么行动呢？"老鼠们说的是猫，因为一只又一只老鼠丧命于它的爪下。猫只要小心靠近、突然跃起，随后世界上就少了一只老鼠。最后，老鼠们开了一个会来决定他们将要做些什么。经过一些讨论后,有一只年轻的老鼠跳起来说:"我知道我们应该做什么了。我们可以在猫的脖子上系一只铃铛。它走近时我们就能听到,然后尽快逃跑就好了。"老鼠们拍手称道。多好的主意啊!他们过去为什么就没有想到?这只小老鼠多聪明啊!这时候,一只并没有在会上发言的上了年纪的老鼠开口说:"朋友们,我也认为这只小老鼠的计划是非常聪明的。但是我要多问一句,在我们中将由谁去把铃铛系在猫的脖子上?"这个故事的寓意是,采纳一个无法由某一方或双方实施的计划是毫无意义的。一旦创设了大量能够最大化共同收益并满足所有人利益的候选协议,接下来就要从中选择一个协议作为最初的协议。

第六步:达成明智的协议

> 我从不和那些对我来说很重要的人最后依旧在意见上有分歧。
>
> ——老托马斯·沃森,IBM 创始人

我们是有独特愿望和目标的独立个体。无论我们与谁交互,我们都会与对方在一些利益上保持一致,同时在另一些利益上发生冲突。应对共享与对立利益的混合体并在此基础上达成协议是需要智慧的。**明智的协议**(wise agreement)指的是对所有参与者均公平的、基于原则的、增强参与者共同合作能力,并能提升参与者建设性解决未来冲突的能力的协议。也就是说,明智的协议指的是满足以下条件的协议。

第一个条件是协议必须满足所有成员的合法目标,而且所有人都认为协议是公平的。在决定选择哪个候选的协议时,要时刻牢记保护共同利益和最大化共同收益的重要性。要避免出现任何一方"获胜"的现象。

第二个条件是协议必须阐明参与实施协议的人需要负的责任和享有的权利。其中包括:

1. **未来每个人采取的不同行为方式。**责任应当具备明确(谁在什么时间、在哪里、做什么、怎么做)、现实(每个人能做什么、是否愿意做)、分享(每个人都同意做不同事情)的性质。

2. **如果发现协议不可操作,将会如何检查协议并重新进行协商。**其中包括:(a)如果一方逃避责任或行为不当时,如何恢复合作;(b)确定会谈时间,讨论协议是否有效以及如何采取进一步的步骤来促进互相之间的合作关系。在没有尝试以前,你无法保证协议会起效。在尝试过一段时间后,最好留出一些时间来讨论实施的情况。你或许会发现你们需要对协议做出一些改变,或者需要重新思考整个问题。只有随时关注问题,你们才能做到创造性地解决问题。

第三个条件是协议必须能够维持,甚至能够促进协商者之间的关系。在决定采纳哪个选项的时候,始终要记住分享好的经验和维护你们之间共同经历的重要性。你们要关注长期关系,确保协议能够经得起时间的考验。需要注意的是,任何达成的协议都应该以不威胁到关系的长期维持和质量为前提。协议和达成协议的过程会加强人们在未来合作共事的能力(提升成员间的信任、尊敬与喜爱水平)。人们对彼此之间的关系承诺水平越高,他们就越能抑制消极情绪(恼怒、痛苦)、消极归因(都是别人的错)和消极行为(负面、破坏性行为;Arriage & Rusbult, 1998)。承诺水平与抑制破坏性过程有关,但与激发建设性过程无关。具体来说,人们会抑制破坏性的思维模式(如不进行恶意揣测;Rusbult Yovetich, & Verette, 1996),不会去找其他关系来进行替代(D. Johnson & Rusbult, 1989),并且会以集体的形式进行思考(如使用"我们""我们的"而非"我""我的"; Agnew, Van Lange, Rusbult, & Langston, 1998)。提升关系的方法也包括,在解决冲突时表现为一个关心别人的有道德的人,而且还要将对方也感觉为有关怀心和公正的人。

第四个条件是协议和达成协议的过程要能够增强人们在未来建设性地解决冲突的能力。利益冲突会不断地产生,人们要面对每一次冲突,并要解决每一次冲突。因此,人们解决冲突的程序和技能都需要增强,并且需要确保这些方法有效。

第五个条件是人们应当基于一些客观标准来制定协议(Fisher & Ury, 1981)。这些标准可以是:

1. **每个人都有平等的获利机会**(如通过抛硬币决定;一个人负责分成两份,另一人先选择;由第三方仲裁决定)。

2. **公平**(如轮流决定、共享、平等)。如果采用了协议,就可以通过列出每个人的收益和损失的方法看协议中的收益是否平衡,以此评估协议的公平性。

3. **科学价值**(基于表明协议可行的理论和证据)。

4. **共同价值观**(如,最需要的人首先得到照顾)。

在进行评估时,要根据这些客观标准对每个选项做出评价。通过使用客观标准,对协议进行评价,你就能看明白在这个问题中什么才是对问题双方公平和公正的做法。你要彻底想清楚什么标准最适合用来评价,然后再由此做出决定。你越是尝试去这样做,你就越有可能提出明智且公平的最终协议。

运用客观标准对协议进行评价能够帮助我们找到对问题双方公平和公正的做法。接下来讲一个所罗门王的故事来说明这一点。刚登基的所罗门王面对的第一个问题是两个妇女都宣称一个婴儿是自己的孩子。她们希望所罗门王判定孩子到底是谁的。所罗门王坐在自己的王座上仔细听她们诉说。这两个妇女住在同一座房子里,她们两人的孩子在三天的时间里先后出生。其中一个妇女的孩子在半夜里夭折了。第一个妇女说:"那个女人的孩子夭折了,她在夜里把我的儿子抱走,把她的孩子的尸体放在我身边。当我起来喂奶的时候,我发现我怀里的是她的孩子的尸体。""不!"第二个妇女狂喊,"活着的孩子是我的儿子!"所罗门王冷静地说:"给我一把剑,再把孩子给我。我把孩子劈开,你们两个人一人拿一半回去吧。"在场的每个人都震惊了。"不!请不要!"孩子真正的母亲尖叫道,"让她把孩子带走吧,别杀孩子!""不,"另一个母亲说,"还是让我和你谁都得不到孩子吧,我们把孩子分了吧。""哈!"所罗门王说,"我知道谁是孩子的母亲了。"随后,他指着那个请求留下孩子性命的妇女说:"把孩子活着交给她,她是孩子的母亲。"

以下一些例子有助于帮助你理解如何达成建设性协议。

1. 米格尔是一个硬币收藏家,他的妻子安热衷于饲养和展览用于参加锦标赛的兔子。他们的收入并不足以满足两人的爱好,但是如果平分收入,则无法满足他们任何一人的爱好。解决方案:第一年,两口子把所有的钱都用来养兔子。兔子长大后,用卖兔子幼崽的钱和展览奖金购买米格尔要收藏的硬币。

2. 伊迪萨和巴迪共用一间办公室,但是他们的工作习惯不同。伊迪萨喜欢安静地工作,而巴迪不仅喜欢在办公室里社交,还喜欢开着收音机工作。解决方案:周一、周三,巴迪要在办公室里保持安静;周二、周四,伊迪萨在空闲的会议室里工作。周五,两人一起合作完成共同承担的项目。

3. 罗伯托喜欢在晚上通过网络和世界各地的人聊天。他的妻子西蒙妮感到网络把他们每天仅有的能共处的几个小时骗走了。罗伯托并不想失去晚上聊天的机会,而西蒙妮也不愿意放弃他们两人共处的时间。解决方案:每周的四个晚上,罗伯托先陪伴西蒙妮,然后再在深夜和网友聊天。后一天早上,西蒙妮开车送罗伯托去工作。这样,罗伯托就不用和人拼车,他也就能够晚起一段时间了。

尝试,再尝试

当你没有能够通过协商达成明智的整合式协议时,接下来要做的就是再进行协商。要想成功地以问题解决的形式进行协商,你就必须记住你要不断进行尝试。无论两方看上去存在的分歧有多大,无论利益有多么不一致,你们都要坚持对话。通过坚持讨论,你们最终会取得可行的、明智的协议。

练习9.4 在组织中协商

这个练习包含两个情境。在每个情境中,同一个组织的成员需要通过协商来获得解决利益冲突的方案。在每个情境中,协调者基本的带领过程是一样的。这项练习最多花费1小时。

1. 介绍这项练习。这项练习的目的是呈现群体成员之间协商的动力学过程。将所有人分成3人小组(2名参与者,1名观察者)完成案例1和案例2。至少要有2个小组。把同伴背景表和角色扮演表分发给参与者和观察者。给每个观察者发一张本章先前练习中使用过的观察者指导语。给其中一半参与者发放议价指导语,给另一半参与者发放角色转换指导语,不要让参与者们知道他们会得到不同的指导语。

2. 和观察者们集中一下,确认他们都理解了他们需要做什么。

3. 发出开始信号。参与者有25分钟的时间来达成协议。如果他们在限定的时间内完成任务,请记得要记录下他们用于达成协议的时间以及他们的协商指导语类型。

4. 25分钟后告知参与者们时间耗尽,协商必须结束。要求每名参与者写下两个描述他们在协商中感受的形容词,然后交给你。记录下有多少小组通过协商达成了协议以及他们的指导语类型(议价或角色转换)。

5. 要求每个小组和自己的观察者一起讨论他们的体验。讨论的主要议题是协商中使用的策略是什么,成员如何对对方的策略做出回应,以及不同的策略对成功协商带来怎样的影响。随后,让每一组在纸上写下对自己使用策略的总结、成功程度、他人如何回应以及成员对策略的看法。

6. 每个小组在所有人面前分享自己的协商指导语是什么、成员使用的策略是什么以及对策略效能的结论。接下来,协调者可以比较持有议价指导语的参与者在协商中的反应和持有角色转换指导语的参与者在协商中的反应,看一看每种类型指导语下分别有多少小组最终成功达成了协议以及达成协议的小组分别花了多长时间。然后,协调者要对讨论中的关键点进行总结。

7. 协调者指导参与者继续阅读本章后续有关协商的内容，并就这些内容与他们得到的结论进行比较。

协商练习：案例1
案例背景

吉姆和泰瑞（女性）任职于同一家调查公司，但是他们分属不同部门。泰瑞已经被任命为一项研究的项目领导，吉姆则是从其他部门被调派过来参与完成这个项目的工作。这并不意味着泰瑞是吉姆的上司。这项调动工作要持续大约一年时间。泰瑞对这个安排不满意，她希望把吉姆调离这个项目。项目团队的会议充斥着泰瑞和吉姆之间的争执。因此，泰瑞经常不通知吉姆来开会。吉姆和泰瑞会面寻求是否能够解决他们之间的冲突。

泰瑞： 吉姆总是尝试告诉你应该怎么做项目。其实你并不赞同他的方法。即使吉姆迟到，会议已经开始，吉姆还是会直接往凳子上一坐，要所有人都关注他。他想要研究的东西并不是这个项目中的内容。你无法容忍吉姆的声音。他的声音非常尖利，透露着专横的意味。总体上来看，他是个令人讨厌的人。他从来不给别人说话的机会，即使别人得到机会发言，他也总是会打断他们。

吉姆并不关心项目，如果他发现自己对其他事情更感兴趣，他就会忽视自己对项目工作负有的责任。他已经因为做自己的事致使团队错过了一个最后期限。在以前完成的一个报告中，就因为吉姆写的内容不合适，所以你只好彻底重写了一个部分。他忙碌于做机构总裁布置的工作，这只是为了他自己。同时，他还会拖延你的项目，让你的团队进度落后，损害你的名声。

吉姆： 你不同意泰瑞做这个项目的方法。和她一起工作很困难，因为她总是强调一些和真正问题无关的东西。她经常忽略项目中急需解决的问题，关注与现在还没有关联的未来的事情。你认为不能和她说这点，因为泰瑞认为她比周围任何人都优秀，而且她觉得只有自己的研究是有用的。她觉得自己是女主角，整个机构里除了她以外的其他人都是垃圾。自然而然，你也不会觉得自己参与到这个项目中了。之所以会有这种想法，是因为泰瑞接纳其他人的工作，但是只对你所做的领域进行批判。偶尔你也参与过别的项目。那些项目的领导者会让你做一些对机构更重要的工作。但是泰瑞并不愿意承认除了她以外还有其他人能够把事情做好。

协商练习：案例 2

案例背景

胡安妮塔和理查德任职于同一家调查公司。在最开始的时候，机构负责人亲自担任项目领导。理查德是这位负责人面试录用进入项目组的。胡安妮塔也参与了理查德的面试，但是强烈反对雇佣他。胡安妮塔认为理查德不能胜任这项工作。在项目进行了五六个月后，负责人决定退出这个项目，并安排胡安妮塔和理查德共同继续执行项目。胡安妮塔答应得不太情愿，明确表示自己不愿意与理查德工作。负责人同意了，任命两人共同领导项目。但是，还不到一个月，胡安妮塔就因为理查德表现得好像他是这个项目的领导，而她只是他的下属而感到生气。胡安妮塔和理查德会面寻求是否能够解决他们之间的冲突。

胡安妮塔：就在负责人任命两人共同领导后，理查德就召集项目团队开会，但是他并没有询问你对会议时间和内容的意见。他只是告知你什么时候开会，然后要求你参加而已。在会议上，理查德逐行检查了每个人的文章——其中也包括你的文章。他这样做就好像你是为他工作的一个团队成员一样。他在寄出信件的落款中称自己是项目领导人，这显然就是告诉别人你是为他工作的。你感到受到了伤害，也很愤怒，你决定重新建立起自己作为项目共同领导人的地位。

理查德：你认为胡安妮塔完全被对权力和职位的感受束缚了。你是项目负责人，或你是这样自居而已，这并不意味着她是为你服务的。你不觉得领导人这个身份有什么好兴奋的。这个身份能带来什么不同吗？她对所有的事情都太敏感了。你召开会议，她就认为你在试图掌控所有事。胡安妮塔有其他事情要做，也有其他项目要运行，所以她并没有足够关注这个项目。她基本上对项目采取放任自流的态度。但是，当你主动召开会议的时候，她就会坐立不安，认为你想让她为你工作。

协商练习：输赢协商指导语

当每个人都试图提出对自己比对其他人更有利的协议时开展的协商就是输赢协商。要成功地开展输赢协商，就需要做到如下几点：

1. 公开提出对自己非常有利的提议，并且拒绝修改自己的观点。
2. 从其他人提出的提议里收集有关其他人眼中的合理提议的信息。

3. 持续指出自己观点的有效性,并且指出对方观点里的错误。

4. 把威胁和承诺这两种方法结合起来使用,以此说服对方接纳你的提议。

5. 坚持一个观点,表现得就好像如果要想达成协议,对方就不得不同意你的提议。

协商练习:角色转换指导语

角色转换指的是个体以温暖和投入的形式对他人的感受和观点进行准确、完整释义的协商行为。这种方式体现出个体对理解他人观点和感受的真诚兴趣。角色转换的基本规则是:每个人只有在准确重述对方的想法和感受,并得到他人满意的评价后才能说出自己的观点。也就是说,在呈现自己的观点以前,必须先了解对方的观点和参照框架,还要理解对方的观点和感受,这样才能既准确又完整地进行释义。角色转换的总体原则如下:

1. 在重述对方的想法和感受的时候要用自己的话而不是重复对方的话。

2. 在回应的时候使用"你认为……""你的观点是……""你感到……""你似乎……"等句式。

3. 在对他人的话语进行释义的时候,不要使用任何表示支持或不支持的评价性言语。也不要打断、抱怨、劝说或提建议。

4. 你的非言语信息要和言语信息一致。看起来要让人觉得你是专心致志的,对对方的想法和感受是感兴趣的,同时还要持有开放的态度。你也需要表现出你专注于对方正在力图沟通的内容上。

在这个练习中,你需要在整个协商过程中进行角色转换,并用这种方法为你们所面临的问题寻找解决方案。

真诚地协商

你可以在一秒钟里毁坏你的信誉。信誉要靠无数的行为才能建立起来,而一个行为就能摧毁它……我们要想方设法避免做那些会导致不信任的行为。

——霍华德·K. 斯帕利奇,克莱斯勒集团董事长

每个人都有与协商有关的名声。某些人做出的承诺会得到人们的信任;而

有些人则很少遵守他们的诺言。你希望建立起自己是诚实的、信任他人的、可信赖且遵守诺言的名声。如果你曾经做出过不遵守协议的行为,那么你可以使用至少三种策略来提升你的可信度:

1. 偿还你的债务。无论你过去答应过什么,只要你还没有做,就去完成它。一旦你兑现了过去的承诺,你现在所许的诺言就更加可信。

2. 使用抵押品。抵押品是那些有价值的、其他人可能认为你不会放弃的物品。虽然你要选择对你有足够价值的抵押品,但是不要做出太过于夸张以至于让人难以相信的抵押。例如,承诺如果食言就赔付 1 000 美元,这种做法反而会使你的言辞失去可信度。

3. 找一个担保人,让他为你的诺言作保证。找一个相信你,而且其他人也相信他的人,让那个人保证你会遵守诺言。

拒绝的技能:这个问题无法协商

并不是所有问题都能进行协商。群体成员必须知道什么问题是可以进行协商的,并且能够对那些无法协商的问题说"不"或"我拒绝对这个问题进行协商"。无法协商的问题包括涉及违法的或不当的行为,有人会因此受伤,或者你并不认为自己能够遵守诺言等情况。有时候也存在以不明确的理由而拒绝的情况,例如,出于直觉、有不确定感、找不到正确的选项,或者改变了主意等。对于那些无法协商的问题,不对它们开展协商能够为你节约大量的时间,而且还能够避免产生很多的麻烦(表 9.5)。

表 9.5 说"不"的理由

明 确	不 明 确
违法	我的直觉让我说"不"
不适当	我不确定
会伤害他人	没有正确的选项
我将无法信守诺言	我会改变想法

练习 9.5 踩气球

这个练习营造的是一场非言语冲突,这种冲突与先前练习中采用的言语冲

突有很大的不同。过程如下:

每个参与者吹一个气球,然后用细绳系在脚踝上。当协调者发出信号后,参与者开始想办法去踩破其他人的气球。气球被踩破的人就出局了,他们要离场坐在边上继续观看。最后一个气球没有被踩破的人获胜。参与者随后可以就体验到的攻击、防御、击败和胜利的感受开展讨论,并且要记录下踩他人气球的同时保护自己气球不被踩破的策略。也可以让参与者组队,用不同颜色的气球表示不同队伍的形式开展比赛。

练习9.6 群际冲突

这项练习研究的是群际冲突和对冲突的群际协商中体现的动力学特征。这项练习耗时2小时,协调者的工作如下:

1. 说明这项练习有关于群际冲突和协商。将参与者分成4组,每组不少于6人。发给每组一份指导语。强调这个练习将要决出最优秀的小组。

2. 每个小组单独开会选出一个协商者,然后要根据问题准备好小组的提议。这个环节限时30分钟。结束后,把反应记录表发给成员们,告诉他们只用回答问题1、2、5,并在表的最上方写下小组的名字。

3. 协商者聚集到房间中央,小组的其他成员坐在自己小组的协商者身后。每个小组有5分钟时间陈述自己的提议。每当一个小组陈述完后,所有参与者都要填写反应表,回答所有问题。

4. 每个小组再重新分别聚在一起,这时候成员们要简要告诉协商者第二轮呈现观点时应该采取的最佳方式。讨论时间为15分钟。讨论结束后,再次回答反应记录表的问题1、2、5。

5. 协商者再次在房间中央碰面,其他成员坐在各自小组协商者身后。此时,他们最多有30分钟时间用于达成协议。小组其他成员可以通过写纸条的形式和协商者沟通。在开始协商15分钟后暂停协商,所有参与者完成问卷,问卷完成后继续进行协商。在30分钟的协商过程结束时,每个人最后一次填写反应记录表。

6. 开展群体讨论。呈现问卷的结果并组织讨论,先询问群体成员对这段经历的感受,随后再聚焦于协商者的感受开展讨论。

7. 每个小组集中时,讨论一起工作的效果如何,得到什么体验。在纸上列出有关群际冲突的结论。

8. 再进行全体讨论，此时对每组得到的结论开展讨论。

协调者使用反应记录表的指导语

1. 每一组选一个人（这个人想要几个助手都可以）负责分发和回收反应记录表，并在每次使用后计算在每个问题上的小组平均分。

2. 在黑板或大开面纸张上画出4张图表。每次使用反应记录表后，先计算小组的平均数，再把结果画在图上。每一组使用一种颜色。问题5的回答要作为讨论中使用的材料，所以要直到全体讨论这些结果时才让大家看到这部分结果。

3. 在讨论每个问题的结果时，试着找找有没有某种趋势。比如，问题1的反应可能是在一开始较高，在与其他组的提议比较后会提升，一旦达成协议就会下降。但是如果没有达成协议，分数就不会发生变化。问题2中可能会出现"英雄-叛徒"的动态变化。如果协商者说服其他人，让他们认为自己的提议是最佳的，那么其他成员对他的满意度就会提升。但是如果协商者对自己的观点做出了让步，那么其他成员对他的满意度就会下降。查看其他成员传给协商者的纸条能够帮助你发现小组是如何做出反应的。问题3可能会表现出和问题1相反的模式（如果对自己群体的提议满意度高，那么对其他组提议的满意度就低，反之亦然）。这通常意味着人们会贬低其他组的提议，使评价失去客观性。问题4通常表现的是成员对自己群体提议的过度自信程度，这种优越感最后会随着协商的进行出现下滑的现象。

管理者-教师组

你是瑞文维尔镇的居民，这座小镇上有大约一万五千人。镇上有一所建于35年前的高中，能够容纳800名学生就读。随着生源增长，现在学生人数已经超过950人了，这个数量超出了学校的承载能力。一部分学生被安顿在年久失修的活动板房里。这些板房和校园经常被破坏公物者和小偷光顾。学生必须在的恶劣天气里往返于家和学校，这对他们的健康不利。此外，科学实验室也落伍了，自助餐厅和图书馆也太小。房子的电路也不适合配置电脑供学生学习，学生因此缺乏做一些数字时代的在线研究的条件。

社区中有4个群体。你们提出了一些旨在解决学校当前问题的方案。学校董事会召集了4个群体尝试一起商量出一套包括4—6个提议的协议，并要付诸执行。

作为管理者与教师群体的一员,你认为学校董事会应当计划建设一座新的学校,这样就能给学生提供舒适的环境并升级实验室和适合电脑房的电路。你认为设施升级能够激发在职教师的斗志,并且能够吸引到优秀的新教师。

你的群体提交了4—6个有关解决这一问题的提议。你将在会议上报告这些提议,其他3个群体各自会有一名代表出席会议。你和你的伙伴要为你们打算强调的主要观点准备一份简图。你们要尝试提出原创的、有创造性的提议,如果对方接纳你们的观点,这将是你们一方的优势。在报告人都提出提议后,你们会把通过协商得出的包含4—6个提议的整合性的议案递交给学校董事会。

纳税人群体

作为纳税人群体的一分子,你认为拨付给学校的税金已经够高了。任何建造新校区的负债都会累加到当前的债务上,增加镇民的税负。你反对花钱建造新的学校,并且感到现在的学校已经足够好了。

学生家长群体

作为家长群体的一员,你感到这些房屋已经过时了,你的孩子应当拥有更好的学习环境。虽然你认为新的学校并不是必需的,但是你也发现现在这些破烂的建筑不利于学校的声誉,妨碍了学生的学习效率。你认为当前的建筑需要进行翻修,要对学习环境进行必要的改进。

校友群体

你和学校的老建筑有很强的情感联系——你能够从中找到自己学生生涯的回忆。你们群体负责向校友募集捐款来作为学生的奖学金,你担心对老建筑做出的任何改变都会削弱校友对学校的忠诚度,进而会使他们减少捐款数额。你想建议董事会对建筑进行一些修缮,但是你只是希望进行以适应新技术为目的而做的最小规模的整修,而不是对建筑做实质性改变的大修。

群际冲突

本章的前半部分讨论了群体中个体之间冲突的性质以及管理冲突的途径。

和个体一样，我们每个人归属的群体也会与其他群体进行交互，有时也会产生冲突。学习如何处理群体间的冲突与学习如何处理个体间的冲突同样重要。

大约公元前 1260 年，古希腊强大的斯巴达国王（墨涅拉奥斯）和他的盟友与特洛伊城的帕里斯之间发生了历史上非常著名的一场群际冲突。在这场为期 10 年的战争中，特洛伊被摧毁了，希腊人也失去了他们最勇猛的武士和国王。一名希腊英雄（奥德修斯）额外又花费了 10 年才最终返回故土。海伦（当时全世界最美丽的女人）是这场冲突的原因。整个故事开始于珀琉斯这个凡人国王与忒提斯这个不朽的海上女神的婚礼。在婚礼上，女神厄里斯（冲突与不和的女神）出现了。她对自己没有受邀参加这场婚礼感到愤怒，厄里斯留下了一只金苹果，宣称这是送给最漂亮的女神的。这自然而然就引发了一场冲突。赫拉（天后）、雅典娜（智慧女神）和阿芙洛狄忒（爱情女神）都认为自己是最美丽的女神。她们吵得不可开交，最后宙斯出现了，他命令特洛伊国王普里阿摩斯之子帕里斯决定金苹果归谁。3 位女神都贿赂了帕里斯，都希望帕里斯选自己。赫拉承诺让帕里斯成为世界的主宰者；雅典娜承诺让帕里斯在战争中获得荣耀；阿芙洛狄忒则承诺自己能让帕里斯得到世界上最漂亮的女人——海伦。帕里斯接受了阿芙洛狄忒的提议，承认她是最漂亮的女神。

接下来，帕里斯去希腊取他的奖励。但是问题出现了，海伦已经嫁给了最强大的古希腊斯巴达国王墨涅拉奥斯。因为海伦的美貌，在墨涅拉奥斯追求她的时候，每个未婚的希腊男子都想娶她。海伦的父亲意识到，无论他选择把女儿嫁给谁，其他人都会感到被轻视，非常可能会寻仇。于是他采纳了奥德修斯（他以聪慧闻名）的建议，让每一位求婚者起誓承诺无论谁娶得海伦，他都会捍卫这段婚姻，如果海伦被劫走，他都会把她带回来。当帕里斯到达墨涅拉奥斯的宫殿后，出于好客，斯巴达人给他提供了食物、住所和礼物。然而，在墨涅拉奥斯离开后，帕里斯和海伦（因为阿芙洛狄忒，她无法克制地被帕里斯吸引住了）私奔回了特洛伊。当墨涅拉奥斯发现他的妻子被拐走了之后，就要求过去所有的追求者们履行自己的诺言，准备发动大规模的战争来夺回海伦。特洛伊战争由此爆发。

Muzafer Sherif 和 Robert Black 开展了一系列群际冲突的经典研究。群际冲突以"我们"和"他们"这种区分为基础。**接触理论**（contact theory）或许是最有名的群际冲突理论。如果要解决群际冲突，人们就必须要能够意识到不公正感或者能够去寻求调解。接下来会分别讨论这些内容。

Sherif 对群际冲突的研究

在力图建立群际冲突理论的社会科学家中，Muzafer Sherif 和 Robert Blake 无疑是最为成功的两位。最为著名的群际冲突研究就是在 Muzafer Sherif 主持下开展的(Sherif, Harvey White, Hood, & Sherif, 1988)。Sherif 在 1906 年生于土耳其的伊兹密尔。从伊兹密尔国际学院毕业后，就读于伊斯坦布尔大学，并在 1928 年取得硕士学位；在全国竞赛中取得留学奖学金后，于 1929 年赴哈佛大学学习，并在 1932 年取得第二个硕士学位；然后去了德国，在柏林大学修了科勒(Kohler)的课程。随后，他返回土耳其教书，后来又去哈佛大学做研究，接着又在哥伦比亚大学学习(1934—1936)，并在 1935 年取得博士学位。他在博士论文的基础上出版了《群体规范心理学》(*The Psychology of Group Norms*)这本书(在第 1 章中介绍过)。随后他先是在巴黎教书，之后又返回土耳其教书。他在 1945 年 1 月回到了美国，先是同时在普林斯顿大学和耶鲁大学教书，然后在 1949 年又成为俄克拉荷马大学群体关系研究所的所长；1966 年，去了宾夕法尼亚州立大学。正是在俄克拉荷马大学的工作期间，他完成了有关群际冲突和上位目标的研究。

20 世纪 50 年代初，Sherif 和他的学生、同事一起开设了一个夏令营以研究群际冲突和冲突解决。一开始，他们选择了 22 名适应良好的 5 年级男孩(12 岁)，其智力水平都高于平均值、学习水平优良、都是新教徒、来自中产阶级双亲家庭。所有的男孩都来自俄克拉荷马市区域内的学校，在研究前互相不认识。研究者将他们分入两个同质团队，再把他们送到位于俄克拉荷马州郊外的罗伯斯山洞州立公园的营地。这个营地与外界隔绝，不会受到外界干扰，为实验者提供了控制被试之间交互的独特机会。

在最开始的几天里，两个团队都开展了传统的营地活动，如运动、徒步、游泳。这些日常活动都经过设计，使得被试们都必须共同工作来达成他们想要达到的目标(例如，他们需要在营火上烧饭，然后再分发给每个成员)。两个团队都很快产生了领导者、规范、受欢迎的行为和队名(响尾蛇队和老鹰队)。

随后，研究者开展了为期四天的锦标赛，包括棒球比赛、拔河比赛、触身式橄榄球比赛、搭帐篷比赛、寻宝游戏和小屋搜查游戏。获胜的团队会获得奖杯、个人奖牌和诱人的野营刀奖品。输了比赛的一组什么都得不到。在第一场棒球比赛中，两个团队之间就出现了敌意，并且随着锦标赛的进行，敌意也逐渐变大。老鹰队焚烧了响尾蛇队的队旗；响尾蛇队袭击了老鹰队的小屋，他们不但把所有的床都掀翻了，而且还把响尾蛇队成员的东西扔得到处都是。贬损性的称呼出现得更加频繁，措辞也愈加强烈，甚至还发生了几场斗殴；两个团队还开展了食物大战，双方把土豆泥、剩菜、瓶盖在食堂里扔来扔去。最后老鹰队获胜。然而在成员们庆祝的时候，响尾蛇队袭击了老鹰队的小屋，把他们的奖品偷走了。研究者最后不得不把两队隔离开，避免他们"全面开战"。在分隔两天的冷静期后，所有成员对两个团队的特征进行了评价。结果显示，双方把自己的团体成员描述为勇敢、坚韧、友好的，而把另一个团队的成员描述为卑鄙的和自作聪明的讨厌鬼。

随后，研究者尝试使用了几种降低群体间冲突水平的方法。为找到社会接触在发生群体冲突的群体之间起到的作用，Sherif 设计了一些让双方成员进行交互的愉快情境。这些情境包括在同一个起居室一起吃饭、一起看电影、一起放烟花。然而这些接触情境并没有降低群际冲突的水平。如果非要说起到了什么作用的话，只好说这些情境给予了他们继续辱骂对方与做出其他冲突行为的机会。Sherif 指出，在愉快情境中使群体之间相互接触这种做法并不能降低已经产生的群际紧张状态。

他使用的第二种策略是引入一个共同的敌人。研究者组织了一场垒球比赛，这两队共同作为一方对战隔壁镇上的另一队男孩。这次比赛经历降低了两个团队之间的敌意，但是冲突依旧存在，只是转向了隔壁镇的队伍而已。Sherif 指出，把一些群体团聚到一起对付一个共同的敌人会导致产生长期的更大、更具破坏性的冲突。

Sherif 假设只有当群体一起合作达成目标，并且这个目标对他们而言比继续冲突更为重要的时候，冲突群体之间的接触才能解决冲突。由于为共同目标开展合作能够有效地把两方变为内群体，所以 Sherif 推断认为这种途径也能降低群体间的冲突水平。随后，Sherif 建立起一系列上位目标情境，让这两个敌对的团队参与其中。他将**上位目标**（superordinate goals）定义为那些无法被敌对群体成员简单忽视的目标，但是单独一个群体单靠自己的资源和努力是无法达成的，两个群体必须一起合作才能达成。任务中设置的一个上位目标是维修供水系统（实验者事先偷偷破坏了供水系统）；第二个目标是筹钱去借一部两组人都想看的电影；第三个目标是推车，帮助为营地送食物的抛锚卡车重新发动。在这些被试参与过一系列活动后，他们对外群体成员的态度发生了改变。不同团队的成员彼此之间也交上了朋友。敌对群体成员之间不再互相讨厌，团队之间的摩擦也消失了。

Sherif 等人在研究中引入的上位目标有如下特点：

1. 由更强力的第三方引入（实验者）。
2. 被试认为这是自然发生的事件，并不知道这些事件和第三方的联系。
3. 冲突双方并不知道这个目标的真实目的在于化解冲突。
4. 超越了冲突情境，并且将竞争的群际关系重构为合作的关系。

在大部分冲突情境中并不存在这样的上位目标。例如，第三方很少有能够设置满足以上要求的目标的权力。冲突的参与者也很难提出这种以解决冲突为目的的目标。虽然 Sherif(1966)的研究明确地证明了强制性的合作目标能够解决群际冲突，而且能够使先前发生冲突的群体间的关系变得友好。然而，Sherif 研究中的合作目标是以"老天爷"或自然灾害的形式进入群体成员视野的（如卡车突然抛锚了，供水系统突然不工作了）。Johnson 和 Lewicki(1969)比较过两类上位合作目标对群际冲突解决的影响。在第一种情况下，上位目标是"老天爷"的行为，而在另一种情况下，上位目标是发生冲突的群体中的一名成员提出的解决冲突的方法。结果表明，表现为"老天爷"行为的目标确实使群际冲突得到解决。然而，在第二种情况下，敌对群体拒绝接纳这个目标；他们认为这个目标是一种旨在为提出者自己群体牟利的竞争策略。因此，如果要想有效地解决群际冲突，合作目标就必须由第三方提出或表现得像是自然事件，通过这种方式使人们认为这个目标与冲突双方都没有关系。

Blake 和 Mouton 对群际冲突的研究

紧随着 Sherif 对孩子的研究之后，Robert Black 和 Jane Mouton(1962, 1983)以商人为被试，对群际冲突的性质和有效处理群际冲突的途径开展了一系列研究。他们关注于在冲突发生前、发生中和发生后于群体内和群体间存在的群际冲突的动力学特征。接下来的内容是对他们的研究做的总结。

在群体中，群际冲突会提升群体凝聚力，这使得群体成员会共同保卫他们的群体。这时候，群体成员之间会变得更加忠诚，而且会放下他们之间存在的冲突。激进的领导者会掌控群体，群体成员会变得更愿意接纳专制的领导。维持关系的需求变得相对次要，任务需求则变成了成员们的主要目标。群体在构成和组织上变得更为紧密，会要求成员保持一致，结成"坚强的阵线"。

群体之间的敌意会增长。群体会轻视和贬低对方群体和他们所持的观点。每一方都会把对方看作敌人，并会形成不准确的、贬损性的刻板印象。每个群体都只会看到自己最好的方面和其他群体最差的方面。存在冲突的群体的成员之间交互和沟通会变少。其他群体的观点会遭到误解或根本不被认真倾听。群体成员倾向于只听取那些支持自己观点和符合他们所持有刻板印象的内容。

在协商的过程中，冲突的群体之间会出现采用输赢协商的取向。这种取向会扭曲成员们对各个观点的价值判断，人们会认为自己群体持有的观点比其他群体的观点更好。协商者会无视自己和其他群体观点之间相同的地方，反而会倾向于强调他们之间的差异。输赢取向的协商会导致出现**英雄-叛徒的动力学效应**（hero-traitor dynamic）。也就是说，获胜的协商者会被群体成员看作是英雄，而失败的协商者则会被看作是叛徒。当中立的第三方决定谁是谁非之后，获胜的一方会认为第三方是客观、公正的，而失败的一方则会认为第三方是有偏见的、轻率的。每一方都会认为自己是客观的、理性的，认为另一方是不公正的、不理性的。输赢协商通常会走向僵局。

在协商后，获胜的群体会变得更有凝聚力，也会变得更加洋洋自得。带领群体获得胜利的领导者的地位会变得更加稳固。胜利能够证实这些成员们对自己群体持有的积极刻板印象，以及对其他群体持有的消极刻板印象。失败的群体经常会分裂（浮现出未解决的内部冲突）、找寻失败的原因、重组，而且会更加努力地投入工作。失败的群体通常会寻找一个人为失败负责，并且会选择更换领导者。如果失败的群体认为他们在未来也不可能获取胜利，成员们就会彻底泄气，认为自己的群体是失败的，对群体的态度也会变得冷淡。但是，当群体接受了失败的现实后，这个群体就可能会重新整顿起来，变得更有凝聚力，更有效能。

Black和Mouton（1983）强调处理群际冲突的时候必须避免三个可能使冲突升级的陷阱：（1）**输赢动力**（win-lose dynamic），即将其他群体的每个行为都看作是进行支配的、获取优势的或取胜的；（2）**心理动力谬误**（psychodynamic fallacy），即将其他群体的行为动机看作是人格因素导致的，而不是群际冲突的动力学结果；（3）**自我实现预言**（self-fulfilling prophecy），即如果将其他群体看作是好战的，自己就会出于自卫目的主动发起进攻，做出敌意行为，这个行为反而会激发出其他群体的攻击性，这种攻击性反过来验证了自己一开始的想法。

重要概念

把下面的定义和对应的概念匹配起来,以此证明你理解了这些概念。然后再找一个伙伴比较你们的答案。

概　念	定　义
_____1. 心理动力谬误	(1) 把其他群体成员的行为看作出于支配的、获取优势的或取胜的目的。
_____2. 输-赢动力	(2) 对他人达成目标产生影响的能力。
_____3. 英雄-叛徒动力	(3) 因为表现得比别人差而引起的不满感受。
_____4. 上位目标	(4) 把其他群体成员的行为动机看作是人格因素导致的,而不是群际冲突的动力学结果。
_____5. 权力	(5) 当某人受到挫折,但是因为害怕或无法做到而不能直接攻击挫折来源时,这个人会转而攻击无辜的第三方,因为第三方就在身边并且力量不如自己。
_____6. 相对剥夺	(6) 无法被两个敌意群体成员简单忽略的目标,并且以任何一个群体单独的资源和努力都无法达成这个目标。
_____7. 替代性攻击	(7) 现实的利益冲突与冲突带来的挫折在群体间产生的敌意。
_____8. 权威人格	(8) 你的期望使你做出某种会促使其他人验证你的期望的行为。
_____9. 现实群体冲突	(9) 当群体挫败其他群体达成目标的行为,而且受挫折的群体以攻击的形式进行回应时形成偏见。
_____10. 自我实现预言	(10) 来自不同文化的个体之间在基本价值观上出现的冲突。
_____11. 文化冲突	(11) 获胜的协商者被看作英雄,失败的协商者被看作叛徒。
_____12. 挫折-攻击理论	(12) 极端服从权威,严格遵守惯例规范,带有自以为是的敌意,并且对想法不同者进行严厉惩罚的倾向。

"我们"和"他们"之间的区别

人们会用"我们 vs 他们"的框架看待世界。如果你随机选择 10 个人,将他们随机分入两个 5 人小组,他们很快就会开始和另一个小组进行比较。每个小组都会认为自己小组比另一个小组更有价值。他们不仅会在对两个小组的偏好上存在差异,还会将其他小组的人同质化。

(1) **群际竞争。**当两个群体处于同一个空间内,并且让他们分别完成不相关的任务的时候,他们很快就会开始互相竞争(Johnson & Johnson, 1989)。

社会支配取向是对这种现象的一种解释,指的是人们希望自己所属群体处于支配地位并优于其他群体的程度(Pratto, Sidanius, Stallworth, & Malle, 1994; Sidanius & Pratto, 1999)。高社会支配取向的人认为优秀的群体(通常是他自己所属的群体)应该是更健康、更有力的。研究发现,作为处于支配地位的群体的成员,或仅仅是暂时获得相对他人有权力的职位,就会形成或增强"那些富裕的人应该比那些贫穷的人获得更多"的信念(Guimond, Dambrun, Michinov, & Duarte, 2003)。此外,社会支配取向会加强种族、性别、社会阶层和文化偏见程度(Pratto, Lio, Levin, Sidanius, Shih, & Bachrach, 1998; Partto, Sidanius, Stallworth, & Malle, 1994)。在经济困难时期,群际竞争和社会支配取向可能会表现得更为激烈。在历史上经济出现困难的时期,美国南方的白种人使用私刑处死黑人的行为变得更多(Hepworth & West, 1988; Hovland & Sears, 1940),北方的白人对黑人和中国移民做出的暴力行为也变得更多(Olzak, 1992)。事实上,人们会把敌意导向到那些他们认为正在同自己竞争的群体身上(Pettigrew & Meertens, 1995)。由于不同国家和地区之间的经济竞争牵涉了不同群体,因此,每个社会都会或多或少拥有一系列文化刻板印象和偏见。

竞争和敌意本身会提升竞争和敌意水平。竞争会导致出现**自我实现预言**。当人们把别人看作竞争者的时候,他们就会做出竞争行为;他们就这样在无意之中引发或增强了他们一开始害怕出现的竞争(Kelley & Stahelski, 1970)。竞争可能会不断激化,使情境变得更加紧张。这些情境会使人们越来越确信参与竞争的另一方群体具有恶意。因为群体会在竞争资源上表现得比个体更加激烈,所以群际冲突更加容易导致自我实现预言(Schopler et al., 2001)。

(2) **内群体-外群体偏见**。群际接触通常会产生内群体-外群体偏见(ingroup-outgroup bias)。这种偏见指的是人们对自己归属的群体持有更好的看法,而对自己不属于的群体持有较差的看法(Lindeman, 1997; Mullen, Brown, & Smith, 1992; Perdue, Dovidio, Gutman, & Tyler, 1990; Tajfel, 1982a, 1982b)。人们倾向于牺牲其他群体成员的利益来奖励自己群体的成员,也会把积极的人格特质归到内群体成员身上。内群体偏见通常会伴随产生**外群体一致性偏见**(outgroup homogeneity bias),即认为外群体成员之间的差异比内群体成员之间的差异小(Linville, Fisher, & Salovey, 1989)。也就是说,人们会认为自己群体里的人都是独一无二的,而其他群体的人都是千篇一律的。外群体一致性偏见会导致外群体成员同质化,内群体成员会将他们归入同一类中。

当外群体与内群体之间具有非常明显的差别时,对外群体的偏见会更加强大。厌恶("讨厌")外群体和喜好("爱")内群体都会导致内群体偏见(Brewer,2001)。喜爱内群体并不一定会使人们对外群体进行贬损。只有当群体之间互相把对方群体看作共同资源的竞争者时才会产生内群体-外群体偏见。

(3) **社会认同和社会分类理论**。社会认同理论和社会分类理论是两个聚焦于解释群际竞争、内群体偏好和外群体一致性的理论。**社会认同理论**(social identity theory)是 Henri Tajfel(1982a)和 John Turner(1987)提出的,它所基于的假设是个体为获得积极的社会认同,会去寻找自己群体相比其他群体具有的积极的不同之处(图 9.5)。**社会认同**(social identity)指的是个体对自己归属的对自己具有重要意义的群体的认识(Tajfel,1982a)。社会认同理论认为人们会努力提升自己的自尊;其中包含两个成分:自我认同和来自自己所归属群体的各种社会认同(Tajfel,1974;Tajfel & Turner,1986;Turner,Pratkanis,Probasco,& Leve,1992)。所以,人们会通过把自己的内群体看作比其他自己不属于的外群体更好来提升自尊。也就是说,人们对积极社会认同的需求使他们夸大了自己归属群体的积极方面,也使他们会去贬低那些自己不属于的群体(Tajfel,1974;Tajfel & Turner,1986;Turner,Pratkanis,Probasco,& Leve,1992)。当一个群体获得成功时,成员的自尊会提升;反过来,当群体成员的自尊受到威胁时,他们就会对内群体偏好产生高度需求,因为这样做能够提升他们的自尊(Crocker & Luhranen,1990)。

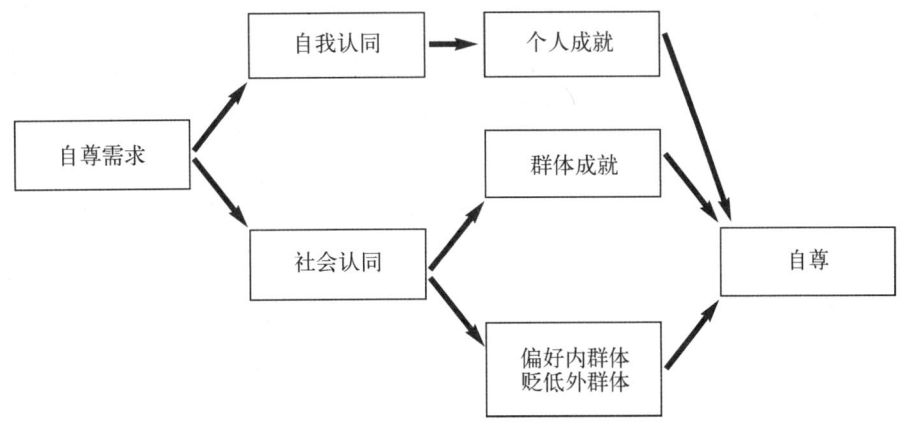

图 9.5 社会认同理论

内群体和外群体之间的差异来自**社会分类**(social categorization)。社会分类是一种通过把其他人分入有意义的类别来节省认知的方法。你可以使用大量类别来区分人(如男性、朋友、陌生人、基督徒、邻居、政客、运动员),但是在所有的类别中(a)我自己群体的成员和(b)其他群体的成员是两类最基本的类别(Hamilton,1979)。**社会分类理论**(social categorization theory)建立在个体和社会认同都是自我类别化的这一假设之上(Turner & Oakes,1989)。这种自我类别化就足以产生歧视性的群际行为。社会认同来自群体之间的差异(如,我是一名来自美国的男性新教徒;我是一名来自加拿大的女性天主教徒),在自我类别化过程中,社会认同比自我认同更广泛、抽象度更高。

社会认同和社会分类理论设定了一个前提,即我们用来理解社会的分类过程包括减小同类别内的差异和扩大不同类别之间的差异两大类(Tajfel,1969)。从这个前提可以引申出三个原则:

1. **群际增强原则**(intergroup accentuation principle):同一类别内部变得相似,不同类别之间存在明显差异,这样使得内群体成员看起来更像他们自己的成员而非外群体成员

2. **内群体偏好原则**(ingroup favoritism principle):对内群体成员选择性地产生积极情感(信任、喜爱),但对外群体成员并不会这样。

3. **社会竞争原则**(social competition principle):群际社会比较来自成员们知觉到的内外群体之间消极的相互依赖关系(竞争)。

有证据表明,把自己看成一个公正的人的意愿能够使自己克服对外群体贬抑的倾向(Singh,Choo, & Pob,1998)。

需要牢记的是,在不同情境下,人们并不会始终把自己归在同一个类别中。当在印第安纳州时,某人可能会说"我来自曼西市";当这个人到了加利福尼亚州时,他就会说"我来自印第安纳州";而当他在新加坡时,他就会说"我来自美国"。随着情境发生改变,人们将自己和他人分类的方法也会随之改变。

社会认同和社会分类理论的另一个前提是由于个体只属于一部分社会类别,因此社会分类隐含着对内、外群体的划分(我们-他们)。这种划分会导致(1)群际竞争,(2)内群体成员得到优待,以及(3)外群体成员同质性(Turner,1985)。即使社会分类是强加到人们身上的(使他们接纳和内化类别),内群体成员也会从其他成员那里得到比对外群体成员更高的喜爱度和优待。要想克服这些影响,群体成员就必须进行去类别化和再类别化这两个步骤。

去类别化：个体化交互。内群体偏好和外群体同质性是社会分类造成的主要结果。外群体的成员会被视为互相之间没有差别的代表，而不是把他们看作独一无二的个人。我们可以通过让不同群体的成员相互接触来达到降低内群体偏好和外群体同质性的目的。这种群际接触要采用降低类别之间的区别以及了解外群体成员也是独特个体这两种方法（Miller，Brewer，& Edwards，1985）。相比基于类别进行的交互，当交互高度个人化的时候，群际接触是最有效的（Miller，2002）。关注到外群体成员的个人特征就能够反驳分类带来的刻板印象，并且也能够降低人们把外群体看作同质的程度。

再类别化：形成共同的内群体认同。Johnson 和 Johnson（1992a）与 Gaertner 等人（1993）指出，人们能够通过建立新的、共同的群体认同达到降低内群体偏好和外群体同质性的目的。要达到这个目的，就要把不同群体成员之间的接触构建成将注意指向更高层次类别的形式，即，一个能够同时囊括内、外群体的社会群体。举个例子，虽然美国人可以分为欧裔美国人、非裔美国人、亚裔美国人和西班牙裔美国人，但是如果强调**上位认同**（superordinate identity）——"美国人"，就能够将所有人都归入一个单独的社会类别和认同中。这时候，成员们对于类别之间差异的关注就会被新的、包容性更强的群体认同所取代。需要注意的是，去类别化和再类别化并不是互相排斥的。当群体一起为达成他们的合作目标工作时，他们会用多维度的形式来看待对方（去类别化），并会形成共同的身份认同（再类别化）。

Muzafer Sherif 和 Robert Blake 共同完成了群际冲突的经典研究。近来的研究表明，群际冲突始于区分"我们"和"他们"。一旦做出了区分，群体之间很快就会开始互相竞争，会认为自己的群体比其他群体更重要，并且会把其他群体成员看得同质化。这就会促使人们去歧视外群体成员。这种动力作用牵涉到社会认同和社会分类。社会认同理论认为，人们通过将自己归属的群体看得比其他群体更加积极来提升自己的自尊。社会分类理论认为，将自己和他人定义为某个群体的成员能够减少处理有关事件所耗费的时间和精力。简单地将一个人归为外群体成员就足以产生歧视。人们能够通过去类别化和再类别化重新把他人归入一个共同的内群体来消除分类造成的这种消极影响。

Sherif 的研究表明，解决群际冲突需要有强迫性的合作目标。另外，去类别化和再类别化的认知取向也能够解决群际冲突；诸如激发高权力群体的不公正感和进行调解之类的方法也能化解群际冲突。不过，使用最为广泛的解决群际冲突的途径还是接触理论。

解决群际冲突：接触理论

不同群体成员之间发生的接触会在他们之间产生积极关系，并且能够降低刻板印象和偏见水平。降低刻板印象和偏见被认为是解决群际冲突的根基。美国白人和黑人之间的冲突是研究最为广泛的群际冲突。从历史上看，社会科学家认为白人对非裔美国人本身和他们生活的完全无知是导致他们产生错误的、过分简化的种族刻板印象的原因（Myrdal，1944）。接触被认为是解决这个问题的方法之一。在20世纪30—50年代开展的大量研究发现，接触并不是直接起效的。不同种族群体成员之间接触的性质而非频率，才是决定能否形成良好群际态度的因素。在研究者对在教室里会见黑人演讲者（Young，1932）、与黑人专家碰面（Smith，1943）、在学校中发生交互（Horowitz，1936）、在夏令营中参与集体娱乐活动（Williams，1948；Yarrow，Campbell，& Yarrow，1958）、白人商业水手向黑人水手提供出航机会（Brophy，1958）以及战斗步兵排之间的接触（Mannheimer & Williams，1949；Star，Williams，& Stouffer，1965）等情境下黑人和白人之间真实发生的接触带来的效果开展过研究。这些早期的研究使用的是问卷法。研究者首先要求被试写下他们对一个种族群体的态度，随后再要求他们写下自己与这个种族群体成员的交往形式和频率（Allport & Kramer，1946；Harlan，1942；MacKenzie，1948；Rosenblith，1949）。随后开展的一些研究关注了战后职业与教育上种族歧视的消除（Gray & Thompson，1953；Gundlach，1950；Harding & Hogerge，1952；Minard，1952；Reed，1947；Rose，1948；Williams & Ryan，1954）和住宅划区的废止（Deutsch & Collins，1951；Irish，1952；Jahoda & West，1951；Kramer，1951；Wilner，Walkey，& Cook，1952；Winder，1952）。这些研究表明，白人和黑人居民非自愿的临近性能够产生更高的合作水平，更有可能产生友好的族际关系。

几年后，我们发现这个问题并没有那么简单。有时候，群际接触确实与降低偏见水平有关。在全美国范围内的调查也发现，拥有更多黑人朋友或是与同性恋者接触更多的人对这些群体的偏见水平更低（Herek & Capitanio，1996；Jackman & Crane，1986）。但是，接触也可能会提升偏见水平。例如，与非法移民接触最多的白人（Espenshade & Calhoun，1993），以及那些居住在黑人高度集中的南方地区的白人往往会持有高度偏见的政治态度（Giles & Buckner，

1993；Key，1949)。这些结果说明接触既能提升也能降低偏见和歧视。

基于这些早期研究，Goodwin Watson 在 1947 年发表了一篇对于群际关系的研究与成果的综述。在文中，他指出当接触发生在某些条件下的时候，不同种族群体成员之间发生的接触在改变他们的行为和态度上比诸如传达正确信息或进行说服性沟通等方法更为有效。这些条件如下：

1. 为共同目标进行合作(不同个体必须一起参与合作活动)。
2. 来自不同群体的个体之间有个人交互。
3. 社会规范和权威者倡导进行平等的跨种族接触。
4. 进行地位平等的接触。

在同一年，Williams(1947)发表了一篇类似的，包含有关建设性跨种族接触条件的文章。随后，Kenneth Clark 在 1953 年也做了同样的工作。Gordon Allport 出版了那本著名的专著——《偏见的本质》。他在这本书中也列出了类似的条件。Stuart Cook 在 1957 年对此进行过综述。

1950—1970 年之间大约有 40 项针对跨种族交互的研究(Amir, 1969; Cook, 1969; Stephan, 1978)。有人对这些研究进行回顾并总结指出，目前并没有足够的证据证明跨种族接触是否会带来更良好的跨种族态度和关系。在理想的条件下，接触似乎能够降低偏见；但是在不理想的条件下，接触也可能会提升偏见。跨种族接触究竟能否带来积极态度和关系主要取决于个体是否参与合作性的交互。

最近对于接触理论的阐释明确提出接触中必须出现以下条件才能起到降低偏见、刻板印象和种族歧视的作用：

1. 为达成共同目标的合作行为。交互会产生积极关系还是消极关系，这在很大程度上取决于交互发生的背景。只有要求来自不同群体的成员一起工作达成共同目标，而不是让他们竞争或单独工作，这样才能产生积极关系。两项元分析研究表明合作经验会促进异质个体之间形成积极关系(Johnson & Johnson, 1989; Johnson, Johnson, & Maruyama, 1983)。相比竞争或独自工作时，当人们合作的时候，他们彼此之间会更加喜欢对方，更加信赖对方，互相之间会更加坦诚，并且会愿意听从他人或被他人所影响。此外，无论人们之间在种族、文化、语言、社会阶层、性别、能力或其他方面上存在什么差异，合作经验都能促进在他们之间产生更为积极的、承诺的和关怀的关系。

2. 不同群体的个体之间存在个人交互。内群体成员会认为外群体成员都是一样的。通过亲密的、一对一的交互,群体的分类会被打破,人们会觉得外群体成员更加有个性化(Brewer & Miller, 1984; Marcus-Newhall, Miller, Holtz, & Brewer, 1993; Miller, 2002; Urban & Miller, 1998; Wilder, 1986)。

3. 得到社会规范和权威者的支持。部分由权威者制定的社会规范要支持人们开展群际接触。Greenberg 和 Pyszczynski(1985)证明,被试在无意中听到同伴低声说种族歧视的话语后,就会表现出更高水平的种族偏见。当大学生听到同伴表达了种族主义情绪后,他们在有关种族事件的调查中表达出的种族主义情绪水平更高(Blanchard, Lilly, & Vaughn, 1991)。相比被试独自在场,在有内群体成员陪伴在身边时,被试更倾向于把某个外群体成员看作是那个外群体的典型代表(Wilder & Shapiro, 1991)。

4. 两个群体在接触情境中的地位相等。能废除种族歧视的情境必须是一个能够提供平等地位的接触环境,这在军队和公租房项目中已经取得了成功(Pettigrew, 1969)

除了这 4 种条件以外,研究者也提出了一些使不同群体之间的接触带来建设性而非破坏性效应所必须重视的额外条件。其中之一是社会分类的突出性。当群际接触情境中人们归属类别之间的区别非常突出时,群体成员就会倾向于使用他们所属类别具有的特征做出反应(Brewer & Miller, 1984; Hong & Harrod, 1988; Miller, 2002; Oakes, 1987; Tajfel, 1978; Wilder & Shapiro, 1989a, 1989b),并且会在群际态度上存在更大的偏差(Haunschild, Moreland, & Murrell, 1994; Hong & Harrod, 1988)。我们可以通过以下三种方式来降低社会分类的凸显程度:

1. 凸显共有的分类。当人们在两种真实的社会分类上存在差异时(如种族和性别),内群体偏好会比只在一种社会分类上存在差异时(两群人在另一种分类上相同)更强(Brewer, Ho, Lee, & Miller, 1987; Islam & Hewstone, 1993; Urban & Miller, 1998)。在对实验室中赋予的名义群体分类的研究中也得到了类似的结果(Deschamps, 1997; Deschamps & Doise, 1978; Vanbeselaere, 1987, 1991)。

2. 合作群体中多数群体成员和少数群体成员享有同等代表权(M. Rogers, Hennigan, Bosman, & Miller, 1984; Worchel, Andreoli, & Folger, 1977)。相比那些数量上为多数派的群体成员,数量上为少数派的群体成员更加在意他们所属的社会分类(McGuire, McGuire, Child, & Fujioka, 1978; McGuire, McGuire, & Winton, 1979; Mullen, 1983),他们会表现出更高水平的内群体偏向(Brewer, Manzi, & Shaw, 1993; Gerard & Hoyt, 1974; Mullen, Brown, & Smith, 1992; Sachdev & Bourhis, 1984, 1991),并且更不接纳其他群体的成员(Miller & Davidson-Podgorny, 1987)。另外,所属类别非常明显的群体在群际态度上存在更强的偏差(Haunschild, Moreland, & Murrrell, 1994; Hong & Harrod, 1988)。

3. 在多数和少数群体成员之间创造共同身份(Johnson & Johnson, 1999b)。当分配给多数群体成员和少数群体成员同一种角色时,他们就会认为他们拥有共同身份(Bettencourt, Charlton, & Kernahan, 1997; Bettencourt & Dorr, 1998)。

接触理论第二个额外条件是群际友谊的作用。拥有外群体的朋友会减少人们持有的偏见,并且会形成更良好的群际态度(Herek & Capitanio, 1996; Wright, Aron, McLaughlin-Volpe, & Ropp, 1997)。在1988年进行的一次涉及3 806名被试(来自法国、英国、荷兰、德意志联邦共和国的7个全国概率样本)的调查中,Pettigrew(1997)发现,群际友谊是降低偏见和支持移民政策倾向的强劲、稳定的预测因素。那些拥有不同朋友的人所具有的偏见程度较低,而且还会泛化为对大量外群体都持有积极感受。其中似乎存在着善意的螺旋式提升过程。即群际友谊降低了偏见,低偏见水平又反过来提升了更进一步形成群际友谊的可能性。但是,当人们拥有的是外群体同事或邻居时(并不是朋友),并未发现存在这种效应。

在最初提出接触理论后的半个世纪里出现了大量针对这个理论的研究。这些研究在许多不同社会、情境和群体中都基本验证了这个理论。其中包括学校中的德国儿童和土耳其儿童之间的关系(Wagner, Hewstone, & Machleit, 1989),以及对老年人(Caspi, 1984)和精神病人的研究(Desforges et al., 1991)。在方法上,这个理论也得到了实验室实验(Cook, 1978; Jonhson & Johnson, 1989)、调查(Sigelman & Welch, 1993)、现场实验(Meer & Freedan, 1996; Johnson & Johnson, 1989)和档案分析研究(Fine, 1979)的验证。

接触理论也存在一些问题:

第一,情境需要满足很多前提条件,这使得接触理论失去了意义。基于大量研究的结果，许多社会科学家都建议对接触理论进行修正。有一些修正是关于情境的，例如，亲密性（Amir，1976）、社会分类凸显程度（Brewer & Miller，1984）。也有一些修正是针对个体的，如低权威主义者（Weigel & Howes，1985）。接触理论所面临的危险是它正在变成一个由必要条件组成的"购物清单"，而不是一个对于态度和行为改变的统一模型。社会科学家们在寻找关键条件时遇到的困难使得理论中的条件数量不断增长。有些条件虽然是为了得到最佳的接触效果而提出的，但是实际上起到的却是催化作用（不是形成和谐关系的必要因素，而是与潜在的中介过程有关）。Pettigrew（1997）提出了4个比较普适的过程：(1)了解外群体，(2)对外群体共情，(3)认同外群体，(4)重新评价内群体。有一些被认为是建设性接触所需要具备的条件实际上可能是这些过程其中之一的促进因素。

第二，研究者需要更加准确地阐明接触效应的中介变量。下一章中所要介绍的社会判断理论将会更加明确地解释接触和积极关系之间的中介作用。

第三，虽然接触理论是一个关于不同群体之间交互的理论，但是它关注的是人际互动。它需要更加关注群体和群体之间的接触（Hewstone & Brown，1986），而不是来自两个群体的个体之间的交互。有证据表明，将他人知觉为某个集体的成员和知觉为单独个体是完全不一样的。在做出同样的行为时，群体会激起比个体更强的反应，并且对于赔偿提出的要求也不同（Abelson, Dasgupta, Park, & Banaji, 1998）。当观察者将个体视为一个凝聚在一起的群体的一员时（与一群没有关系的个体相对），观察者就会基于刻板印象对这个人做出判断，而且会认为他们的行为是在场他人塑造出来的（Okaes & Turner, 1986; Oakes, Turner, & Haslam, 1991; Wilder, 1977, 1978b）。例如，某人污蔑一个种族，和一个群体污蔑一个种族造成的反应是不一样的。群际接触领域（与人际接触相对）依旧需要进一步开展更多研究。

第三方调解

威廉·尤里经常给人讲述一个老绅士的故事。这个老绅士在他的遗嘱中提出把他的财产以如下的方式分给他的三个儿子：大儿子得到1/2，二儿子得到1/3，小儿子得到1/9。老绅士过世后留下的遗产一共有17匹骆驼。三个儿子尝试根据父亲的遗嘱进行分配，但是他们很快就发现除非他们把骆驼切开，否则他们没法做到遗嘱中的分配比例。他们不断争执，始终没法对如何分骆驼达成共识。最后有一天,村里的一个长者骑着他的骆驼风尘仆仆地走过,询问他们遇到了什么问题。三兄弟向他解释了他们面临的困境。随后,老人把自己的骆驼借给了他们,让三兄弟试试看这样做是不是能够帮助到他们。他的帮助确实有效。在有了18匹骆驼后,三兄弟解决了他们的问题。大儿子拿走9匹骆驼(18匹骆驼的1/2),二儿子拿走6匹骆驼(18匹骆驼的1/3),小儿子拿走2匹骆驼(18匹骆驼的1/9)。9加6再加2正好等于17。在三兄弟搞明白发生了什么之前,这个智者已经骑上了自己的骆驼,迎着落日离开了。

这个故事让我们看到了一个聪明的、有创造力的调解者所能够起到的作用。**调解者**(mediator)指的是帮助两个或更多人达成大家都认为公平、正义、可行的协议的中立个人。调解者并不告诉协商者要做什么,不判断谁对谁错,也不评价自己在这样的场合下会怎么做。调解者只是一个对协商没有正式权力的推动者而已。所以,**调解**(mediation)指的是中立或无偏的第三方群体帮助两个或更多人通过协商达成对冲突的建设性解决方案的行为。当两方之间的关系很差或争夺的资源很稀缺的时候,调解是没有效果的。相反,当两方有高度的动机想通过调解来解决问题的时候,调解就很容易取得成功。大部分研究发现,经过调解后,双方对冲突解决的满意度达到了75%以上(Kressel & Pruitt, 1985)。调解能通过以下方式促进解决冲突(Raven & Rubin, 1976):

1. 给予双方表达自己感受的机会,以此降低烦躁情绪。
2. 用不同的或更多可接受的形式重新组织问题,提供替代的解决方法。
3. 提供做出在对手、支持者、公众和自己眼中"优雅的撤退"和留面子行为的机会。
4. 促进群体之间进行建设性沟通。
5. 对群体之间的接触进行控制,包括会面地点的中立性、环境布置的正式性、时间控制和参会人数与类型。

要想成功进行调解,调解者就需要做到被他人知觉为可信和有能力的(Rubin, Pruitt, & Kim, 1994)。调解者也应当传递合法、有社会地位、专业的形象来取得协商双方的信心,并使自己的提议得到双方的认可(Kolb, 1985)。调解者需要根据特定情境来调整策略。当协商双方拥有整合式协商经验时,调解者就要通过表现出指导性和展现出幽默的形式来降低敌意。而当面对缺乏协商经验的协商者时,则不应该进行指导(Carnevale & Pegnetter, 1985)。当调解失败时,就可以进行仲裁。**仲裁**(arbitration)指的是由公正的第三方做出有约束力的冲突解决方案。

恢复公正

有时候人们需要通过协商来修复作恶者给受害人带来的伤害经验。这种协商的目的是重新恢复公正。公正有好几种类型，包括确保利益分配公正的分配公正，确保对所有成员使用的程序公平的程序公正，确保每个人都被认为是道德共同体一员的道德包含，以及任何遭遇的错误都能得到纠正的恢复公正（restorative justice；Deutsch，2006；Johnson & Johnson，2011）。

1) **分配公正**。分配公正指的是一种将利益（或支出）分派给群体或组织成员的方法（Deutsch，1985）。分配利益的方法主要有三种：（1）**绩效观**（equity/merit view）认为人们得到的奖励应当与他们对群体的贡献成比例。这种方式存在于竞争情境中。（2）**平等观**（equality view）认为所有群体成员必须得到同等的利益。这种方式存在于合作情境中。（3）**需求观**（need view）认为利益应当根据群体成员的需要进行分配。合作者通常会确保所有参与者都得到了他们自身获得满足所必需的社会最低需求。无论使用哪一种形式，分配都会被认为是"公正"的。当奖励分配不公正时，人们就会认为这是一个低道德、高冲突和低绩效的群体（Johnson & Johnsonm 2011）。

2) **程序公正**。程序公正指的是决定人们得到利益和结果的过程具有的公平性（Deutsch，2006；Johnson & Johnson，2011）。那些平等作用于所有人，并且以礼貌、有尊严的、令人尊敬的行为付诸实施的过程就是公平的过程。通常而言，相比结果的公平性，大部分人更加关注过程和所受对待的公平性（Deutsch，2006）。群体越是合作，愿意相信所有人有相等的成功机会、认为人们得到了应得的利益、认为评价系统公平的人就越多（Johnson & Johnson，2005a，2009a）。即使当人们在任务表现上有明显的差异时，合作群体的成员也倾向于认为他们自己和同伴都同样值得得到利益和奖励。

3) **公正范围**。人们只会把公正给予那些被认为包含在道德共同体内的个体，也就是那些处于公正范围内的人。**公正范围**（scope of justice）指的就是人们将公正概念运用到特定人群身上的程度（Deutsch，1985，2006；Opotow，1990）。如果有人在道德共同体之内做出如同对那些在道德共同体边界之外的个体和群体做出的一些行为，那么这个人就可能会被其他人认为是不道德的。因此，**道德包含**（moral inclusion）使人关心对其他人的公平和公正程度，认为处于共同体内的人有权利分享共同体的资源，而且会认为他们有权得到帮助，甚至得到他人以牺牲自己利益为代价提供的帮助（Opotow，1990，1993）。道德包含公平、平等和人道主义的价值观。当一个人把他人或某个群体从自己的公正范围、集体资源分享范围、以及拥有得到帮助的权利者范围内排除时，就发生了**道德排除**（moral exclusion）。当出现道德排除时，在道德共同体内使用的道德价值观和规则就不再适用了。作恶者和旁观者会在道德上排除受害者，认为受害者在自己的公正范围之外。

4）**得到纠正的恢复公正**。分配公正关注于对利益和奖励分配知觉到的公平，程序公正关注于对决定结果的过程知觉到的公平，恢复公正则关注于对破坏性解决冲突造成的错误进行改正。在冲突发生后，一方可能会被另一方伤害，或者违反了某种公正原则。**恢复公正**（restorative justice）指的是将所有被伤害或受到不道德行为影响的群体（如，加害者和他们的家庭、受害者和他们的家庭，群体中其他的成员以及专家）聚集一起，讨论发生了什么、他们各自有什么感受，以及对需要做什么来纠正发生的错误达成共识的过程（Morrison & Ahmed，2006；Umbreit，1995）。这是一种强调修复人际、群际和内群体关系中已经发生的伤害的公正。恢复公正旨在解决至少两个问题：解决过去的冲突，以维持群体之间的合作以及使群体内依旧以一个整体进行合作；创造维持群体间在未来进行长期、持续合作的条件。恢复公正同时指向现在和未来。未来的不确定性通常会促使人们恢复公正。恢复公正会重新将加害者和受害者归入同一个道德共同体。在这个共同体中，他们能够继续以持续、长期的关系进行交互。进行恢复公正需要满足一些条件，这些条件包括：(1) 必须有可识别出的受害者和加害者；(2) 受害者和加害者参与到恢复公正过程中的行为必须是自愿的；(3) 受害者和加害者必须有能力完全、安全地参与对话和整合式协商；以及(4) 必须有一个促进者在场，他的职责是提供受害者和加害者所需要的帮助。

恢复公正的三个重要方面分别是懊悔、宽恕与和解。**懊悔**（remorse）指的是一种人们在做出他们认为可耻、有害或暴力的行为后所体验到的歉意感受带来的情绪表现。**宽恕**（forgiveness）指的是受害者原谅加害者并不再怀恨、不再想复仇、不再对加害者做的错事感到愤恨（Enright，Gassin，& Knutson，2003）。**和解**（reconciliation）指的是在冲突导致关系破裂后，先前的对手之间在情感上重新形成联结和重新形成友好关系（de Waal，2000；Roseth et al.，2010），还能够在冲突群体之间重塑并维持积极的、合作的关系。和解通常包括道歉,对正义获得胜利的事实开展沟通,承认当前行为延续下去具有的消极性,重新尊敬地对待先前贬低的社会身份,确认并承认受害者和有关他人经历的痛苦,在受害者和加害者之间建立起信任,以及消除双方运用暴力修正过去所犯错误的理由。

恢复公正已经至少在4个领域内得到运用。在一些学校里,当某个学生伤害其他学生的时候,就必须通过恢复公正建立起一个"公正"的群体。学生会学习开展恢复公正所需的规范、价值观和过程。这项工作着眼于长期避免。在犯罪上,当罪行发生后,加害者和受害者通过一起见面的形式尝试去修复所犯罪行造成的伤害。民族和解中也会运用恢复公正。澳大利亚人与当地土著人之间进行和解就是这样的例子。最后是国家信任与和解委员会的产生。在南非就有这种委员会。受害群体会向委员会诉说他们的愤怒,描述他们受到的不公正待遇,有时候他们会直接面对压迫他们的人进行控诉。

恢复公正包括个体会面、参与问题解决对话和互相协商的过程。受害者会得到表达自己的需求和感受的机会,这个过程会帮助加害者决定应该做什么来抚平他带来的伤害。加害者应当对自己所做的行为负起责任,并且要认识到自己的行为对受害者和整个群体带来的真实后果。群体之所以会得到参与到这个过程中的机会,就是因为他们对和解负有部分责任。这个过程建立在强调治愈、修复、恢复、避免伤害他人以及重新建立有关群体之间关系的一系列价值观的基础上。

恢复公正的结果包含有反映出(1)补偿(加害者、受害者和团体同意的赔偿)和(2)加害者、受害者和群体作为一个整体重新建立建设性关系的整合协议。未来的不确定性和过去遭受的痛苦都会促使产生恢复公正。这种恢复应当要帮助加害者和受害者重新进入他们将来会继续保持长期交互的道德共同体。在许多方面,恢复公正的过程比结果更重要。

5) **唤起不公正感**。加害者只有感到不公正之后才会感到懊悔,随之才会做出恢复公正行为。多数群体会在他们对待少数群体和低权力群体成员的方式上唤起**不公正感**(sense of injustice)(Deutsch,1985)。Deutsch指出,只有通过以下六个步骤唤起不公正感,人们才有可能改变他们做出的歧视行为:

(1) 消除多数群体对少数群体遭受伤害的忽视现象。通常情况下,多数群体会通过回避接触(住在白人社区)或者做出能避免使自己意识到歧视的接触行为(如"月度最佳员工"庆典)将自己与受害者隔离开。这种**隔离性忽视**

(insulated ignorance)使多数群体的成员意识不到他们所做行为的后果（Hornstein & Johnson, 1966）。

(2) 消除那些"公正化"不公正行为（"乳脂总是浮在上面"）的官方意识形态与谬论的合法地位。多数群体的成员在很大程度上是感到幸福的，并且倾向于保持现状（确保他们优越的角色和特权）。唤起不公正感就需要多数群体的成员意识到他们的意识形态，质疑这些意识形态，并且认定这些意识形态是不合理的。

(3) 使多数群体接触到支持消除少数群体不利情形的新意识形态、榜样和参照群体。多数群体的成员必须与少数群体的成员接触，理解他们的观点和体验，在此基础上形成同时包括多数群体和少数群体成员的新参照群体。新的参照群体必须支持进行改变，行动步骤也必须要明确。

(4) 在多数群体中激起对他们能够有效降低不公正的愿景。一旦"牺牲他人"深深地根植于社会组织中，人们为克服这些不公正行为所做的尝试常常会被看作是高代价且徒劳的。必须让多数群体成员对成功采取行动抱有希望。

(5) 增强多数群体心中的对降低不公正能够带来利益的信念。这就需要做到(a) 降低多数群体对新行为会带来高代价、有害后果的恐惧，(b) 提升多数群体对自己能够在与少数群体的关系中获得物质和心理收益的期望。要让他们认识到降低歧视无论对多数群体还是对少数群体来说都是个更好的选择。

(6) 使多数群体成员相信旧关系将不再能为他们带来过去那般的好处和收益。由此，多数群体成员会认识到维持现状将会使他们付出代价，而且会给他们带来有害的结果。

练习 9.7　你的冲突管理行为

在学习完本章后，再次聚焦于你在冲突情境中的表现会对你起到一定的帮助。组成3人小组，小组中的另外两个人必须都很熟悉你，并且曾经和你一起参与过本书中的其他练习。你们有两个小时的时间来完成接下来的任务。

1. 安静地回想每个人处理冲突的方式。然后，根据处理冲突的方式，使用动物、歌曲或书籍的名字对这些方式命名。每个人都需要解释自己选择这个动物、歌曲或书籍的理由。

2. 写下自己在建设性管理冲突中的强项。和小组中其他人分享你写下的内容。其他人可以对你列出的内容进行补充。

3. 写下你在建设性管理冲突中需要提升的技能。和小组中其他人分享你写下的内容。其他人可以对你列出的内容进行补充。

4. 对每个成员在冲突情境中的感受以及他们这样反应的原因开展讨论。互相帮助,想想看还可以用什么方法来应对冲突情境。

5. 收集一些杂志图片或其他材料,制作关于自己在冲突情境中所做反应的剪贴画。把你的剪贴画分享给其他成员看,大家互相出谋划策。

总结

有效群体的成员之间经常会出现利益冲突。冲突有时候(并不是一定)会导致间接或直接的攻击行为。根据群体成员的处理方式,利益冲突会对群体造成建设性的或破坏性的影响。管理利益冲突有五个基本策略:回避、强迫(分配式协商)、缓和、折中、问题解决(整合式协商)。通过控制激发事件和进入状态,人们就能够控制冲突的产生。协商包括参与、信息和结果相互依赖,在结果上会同时产生原发性收益和继发性收益。分配式协商包括提出极端的开放提议和放慢妥协速度两方面。整合式协商包括描述你的愿望、描述你的感受、交换持有观点理由、理解他人观点、提出能共同获益的选项和做出明智决定六个步骤。

利益冲突不仅出现在群体成员之间,也存在于群体之间。研究者已经在儿童露营活动和商人群体中对群际冲突开展过研究。群际冲突可能来自内群体-外群体偏见。社会认同理论和社会分类理论是两个用来解释群际冲突的认知理论。这两个理论指出群际冲突能够通过再类别化的形式进行解决。接触理论是最广为人知的旨在解决群际冲突的理论。该理论指出,群体之间的冲突可以通过使群体成员参与合作行为予以解决。在这些合作行为中,人们能够发展个人关系,受到社会规范和权威者的支持,而且每个人的地位都是平等的。群际冲突也能够通过唤起高权力者的不公正感或通过调解得到解决。

现在你已经学习了解决利益冲突中涉及的动力学知识,并且已经练习过如何解决冲突了。你现在已经为将来在你所在的群体和社会中面对各种各样的利益冲突做好了准备。你将在下一章中面对这些问题。

第10章

重视多样性

本章要学习的基本概念

这里列出了本章中介绍的主要概念。在教学中可以将学生分成两人小组,每一组学生需要(1)对每一个概念下定义,在阅读中关注文中怎么定义这些概念以及针对概念开展哪些讨论;(2)确保两个人都理解这些概念的定义。接下来再组成4人小组。比较4人小组中两两各自学习的概念是否存在差异,如果存在差异就再一次在文中查找并下定义,直到所有成员都认同为止。

概念:

能力和技能多样性(Ability and skill diversity)

人口统计学差异(Demographic diversity)

刻板印象(Stereotype)

偏见(Prejudice)

民族优越感(Ethnocentrism)

歧视(Discrimination)

责备受害者(Blaming the victim)

因果归因(Casual attribution)

文化冲突(Culture clash)

个人认同(Personal identity)

个人多样性(Personal diversity)

上位群体认同(Superordinate group identity)

虚假相关(Illusionary correlation)

虚假同感偏差(False consensus

bias)

自我服务偏向（Self-serving bias）

老练（Sophistication）

前言

在《美女与野兽》这个故事中，贝儿为了解救父亲的性命，同意与野兽一起住在魔法城堡里。虽然贝儿在最开始很害怕这只野兽，惊骇于它的样貌，但后来她便能透过那魔鬼般的样貌看见野兽的内心。于是贝儿对这幅样貌的感受改变了，她不再惧怕野兽的样子，反而被他善良和宽厚的本质所吸引。在故事的结尾，野兽因被刺伤心脏而死，贝儿表露出了自己对他的爱，而正是这份爱将野兽变回了一个英俊的王子。从此以后，不仅贝儿与野兽快乐地生活在一起，而且那些无意间走入他们领地的人也会发生改变，在离开时，他们的内心会变得充满善意和美好。

《美女与野兽》这个故事一直如此受欢迎的原因之一就是它在很多人中引起了共鸣。很多时候我们会被一些不认识的人排斥，但当我们熟悉他们并与之成为朋友后，便无法理解为何他们曾经对我们而言会如此地陌生。《美女与野兽》的寓意尤其适合应用在小群体中。小群体中总是包含着各种各样的人，为使群体成功、有效，我们必须面对并重视多样性的问题。

当人们聚集成一个群体来达成某个目标或完成某个任务时，个体之间存在的多样性差异可能会同时造成积极结果和消极结果（Johnson & Johnson, 1989）。**群体成员的多样性能够带来一些有益的结果**，例如，提升成就和生产力水平，产生创造性的问题解决方式，提高认知和道德推理能力，加强观点采择能力，形成更融洽的人际关系，以及能够熟练地与来自不同文化和种族背景的同伴进行互动、一起工作。另一方面，**群体成员的多样性也会导致一些危害性的结果**，例如，降低成就和生产力水平，封闭、排斥新信息，提升利己主义，以及形成以敌对、拒绝、分歧、找替罪羊、欺凌、刻板印象、偏见、种族歧视为特征的消极人际关系。我们在本章中会对群体生活中这种由多样性导致的积极和消极结果进行讨论。

群体中的多样性究竟会造成积极结果还是消极结果？这在很大程度上取决于群体成员的能力以及他们是否有意愿去理解并重视那些存在于群体中的多样性。具体来说，多样性带来的结果取决于你所具有的下列能力（Johnson & Johnson, 1989, 1999b, 2002）：

1. 识别出存在的多样性，并认为多样性是一种宝贵的资源。

2. 建立起连贯的人格同一性，其中包括（1）你自己的文化/民族传承；（2）认为自己是一个尊重并重视个体差异的人。

3. 理解在与不同的同伴建立人际关系的过程中自身内部存在着的认知性障碍（例如刻板印象和偏见），并努力减少这些障碍。

4. 掌握群体间冲突的动力学知识（见第 9 章）。

5. 掌握社会判断的过程，并且知道如何在创设出接纳过程的同时避免产生拒绝过程（见第 3 章）。

6. 创造一个合作的环境，使不同个体可以在其中建立起积极的人际关系（见第 3 章）。这就要把合作创建成一个与竞争或个人努力截然相反的过程。也就是说，在合作环境中，不同的个体之间会发展出人际（而不是非人际的）关系。

7. 以建设性的方式解决冲突。其中包括（1）决策和学习情境中的知识冲突（争论；见第 8 章）和（2）可以经由问题解决式协商和调解来解决的利益冲突（见第 9 章）。

8. 学习并内化多元、民主的价值观。

练习 10.1　多样性：有益还是有害？

任务：你们的任务是（1）围绕"多样性是有益处的还是有危害的？"这个问题写一个小组报告和（2）独自完成有关该问题两方面信息的测试。报告中要详细地写出有关多样性的优势和劣势内容。在开始前请回顾一下第 1 章中关于建设性争论的规则。

现在，有关多样性价值的争议正在激烈进行。想象一下，你们现在是一个由 4 名高官组成的委员会，正在尝试决定是否应该支持多样性。为了确保能完整、清晰地听到双方的意见，你们将委员会分成两队，使得每一方都可以为自己的观点提出最佳的例证。你们要从以下两个选项中选出你们小组支持的观点：

_____ 多样性是一种会产生许多有益影响的资源。

_____ 多样性是一种会导致许多有害影响的问题。

合作：每组 4 个人共同完成一个报告，所有成员都必须认可这份报告。每个成员都要能够解释你们小组所做的选择是什么以及这个选择好在哪里。为了使你们能够完成一份尽可能好的报告,你们的4人小组要分为两队,指定其中一队成员持有"多样性是有益处的"这一观点,而另一队支持"多样性是有危害的"这一观点。

过程:

1. 研究并准备己方观点: 将4人小组分为两队。每一队成员要(1)研究分配给他们的观点,(2)把观点组织成有说服力的论点(论题、依据、结论),以及(3)准备好如何以最好的理由向另一队成员报告自己所持的观点。

2. 提出并支持己方观点: 确保对方完整、清晰地听取了你们所持的观点。要强有力地、有说服力地向对方提出支持你们所持观点的最佳例证,要尽你们所能使对方信服。当对方表述他们所持的观点时,你们要做好笔记,并且要通过提问来澄清任何你们不明白的地方。

3. 自由讨论(支持、驳斥、反驳): 强有力地、有说服力地为你们的观点辩护。批判性地评价并质疑对方提出的信息和推论。同时要保护己方观点,应对对方的抨击。

4. 交换观点: 交换你们两队各自支持的观点,并且要为自己现在支持的观点提出最佳的例证。对方成员则会报告你们先前持有的观点。在这一步中,你们要尝试同时从两个角度来看待论题。

5. 整合: 放下所有的立场。将双方提供的最优信息和推论综合整理成一个联合的观点,并且要取得小组成员的一致同意。接下来(a)完成小组报告,(b)准备好如何向所有人报告你们小组的结论,(c)确保小组所有成员都已经准备好参与测试,(d)分析一下你们作为一个小组共同工作得怎么样,以及下一次你们将会怎么做来提高效率。

争论的规则:

1. 我批判的是观点而不是个人。我挑战并反驳对方的观点,但并不代表我排斥对方成员。

2. 我牢记我们始终是同伴,不论成败与否。我关注的是做出一个最优的决策,而不是战胜对方。

3. 我鼓励所有成员都参与进来,共同掌握所有相关的信息。

4. 我听取每一个成员的观点,即使我并不认同这个观点。

5. 如果有人说我表达得不清楚,我会重新说明。

6. 我会先提出所有支持两方观点的想法和事实依据，然后再尝试将它们整合在一起，让大家觉得有道理。

7. 我会尝试从两方面来理解这个论题。

8. 如果有证据清楚地表明我应该改变想法，那么我就会改变自己的想法。

多样性是有益处的：

你提出支持多样性的观点。你的立场是：多样性是一种会带来许多有益影响的资源。下方罗列了可以支持这个立场的论点。你需要对给出的证据做个总结。研究你所持的观点，并找到尽可能多的其他信息来支持它。用你的信息整理出一个难以反驳的、令人信服的、有说服力的论点，以此来说明你的立场是正确的、有效的。准备好以最佳的形式报告你的立场，以确保其他人能够完整、清晰地听到你的立场。你要至少准备一个视觉性的演示材料，以此使你的观点更有说服力。

1. **多样性能降低刻板印象和偏见水平**。只有通过与不同个体进行直接接触和互动才能消除刻板印象，从而建立起人际关系并降低偏见水平。

2. **多样性能提升关系的积极性**。有证据表明，我们希望与共事的人一起实现共同的目标。积极关系可以促使产生接纳、尊重、欣赏以及对平等的承诺。

3. 多样性能作为能量和创造力的来源来**恢复社会活力**。不同文化传统以及对世界的不同感知方式互相融合，丰富和发展了音乐、舞蹈、艺术、文学和其他文化。

4. **多样性能提升成就和生产力水平**。多样化的群体拥有更广泛的资源来完成任务，因此更容易获得更高的成就，并且多样化的群体比同质的群体拥有更高的生产力。

5. **多样性能促进产生创造性的问题解决方式**。相比于同质群体，多样化的群体会在问题解决中表现出更高的创造性。由不同观点和结论引发的冲突以及意见不一致的情况会产生更高的创造力，而在同质群体中就不是这样了。

6. **多样性能促进认知和道德推理能力的发展**。人们只有在同一个问题上能采用至少两种不同的观点才能促进认知和道德的发展。如果没有多样性，认知和道德的发展就无从谈起了。

7. **多样性能培育观点采择能力**，使人能够更加开放、成熟地看待这个变化的世界。如果不了解其他观点，那么观点采择能力就无法得到发展。一个人越是能够采取多种多样的观点，那他就会变得越来越老练。老练是指一个人能够从多种视角来看待这个世界、事件以及热点问题。这种经验正是通过多样性获得的。

多样性是有危害的：

你提出支持多样性的观点。你的立场是：多样性是一种会导致许多有害影响的问题。下方罗列了可以支持你这个立场的论点。你需要对给出的证据做个总结。研究你所持的观点，并找到尽可能多的其他信息来支持它。用你的信息整理出一个难以反驳的、令人信服的、有说服力的论点，以此来说明你的立场是正确、有效的。准备好以最佳的形式报告你的立场，以确保其他人能够完整、清晰地听到你的立场。你要至少准备一个视觉性的演示材料，以此使你的观点更有说服力。

1. 多样性会提升刻板印象和偏见水平。 在进行实际接触之前，我们对其他群体的成员可能仅仅有着模糊的印象。但是随着与不同个体进行实际接触，刻板印象可能会得到证实，偏见也会由此增强。

2. 多样性会造成交互压力（感到不安，不知道怎么做）。交互压力会抑制人际交互，使个体产生矛盾心理和反常行为，如过度友好、退缩和回避。

3. 多样性会加强关系的消极性。 有证据表明，我们喜欢那些与自己相像的人，不喜欢那些与自己不同的人。这种"不喜欢"会导致拒绝、找替罪羊、欺凌、敌对，和偏见。

4. 多样性会降低生产力。 多样性为沟通、协调和决策制造了困难。这些困难使我们最终在沟通上花费更多时间，留给完成任务的时间就变得更少了——生产力也就降低了。

5. 多样性会让生活变得更加复杂和艰难。 与相似的人相处是很轻松的，你从来不需要停下来思考该做什么或者该说什么。随着群体的多样性程度越来越高，你就越需要审视自己的一言一行，以确保自己没有在不经意间侮辱或者伤害了别人的感情。

6. 多样性会迫使我们付出更多努力来与他人相处。 仅仅与一个有不同文化背景的人交谈就已经需要我们付出很高的专注力和努力了。对方的口音会分散我们的注意力。他所说的话语可能是我们不熟悉的。相比于和自己相似的人交谈，与不同的个体进行有效交流则需要付出更多的努力。

7. 多样性可能是一种威胁，它会导致防御、利己主义以及保守地对待新信息。一个人的防御性越强，他的思想就会越发保守，更难以接受新信息。

8. **多样性会对个体常规的思维方式和处事方法形成挑战,这会产生失调和焦虑**。用陌生的新方法来感知这个世界与完成任务会造成个体常规行为发生失调,最终导致焦虑。当我们与和自己相似的同伴在一起时,通常会更加镇定,也会更加高兴。

多样性

美国社会中的多样性

多样性有三种主要来源:人口统计学特征、人格特征以及能力与技能(Johnson & Johnson, 2002)。不论是单独存在还是联合在一起,这三种来源都会影响人们彼此间的互动。**人口统计学差异**(Demographic diversity)包括文化、种族、语言、缺陷、年龄、性别、社会阶层、宗教信仰以及地域差异。例如,北美文化正变得愈加多元化,语种也变得越来越多。在历史上,美国一直是多元化的,她的公民们来自世界各地。仅在20世纪80年代就有超过780万人移民到美国。这些人来自150多个国家,讲着几十种不同的语言(表10.1)。美国的共同文化就形成于这些文化的交融之中。这种共同文化始终受到许多来自欧洲、非洲和亚洲的移民者的影响。当然,本土的美国人也会施加影响。我们所说的美国音乐、艺术、文学、语言、美食以及习俗都是多种文化融入这个国家的结果,它们代表了所有这些文化背景。

表 10.1 移 民 潮

来 源 地	1820—1860	1901—1921	1970—1986
北欧、西欧	95%	41%	6%
南欧、东欧	—	44	9
拉丁美洲	—	—	37
亚洲	—	4	41
北美洲	3	6	3
其他	2	1	4

资料来源:美国人口资料局、美国人口统计局、美国移民局。

除了人口统计学差异,人们还有不同的个人特征,例如,年龄、性别、沟通风格、经济背景等。有些人性格内向,而有些人性格外向;有些人在处理问题时没有任何计划,而有些人则会循序渐进地着手解决问题。男性和女性对于人际关

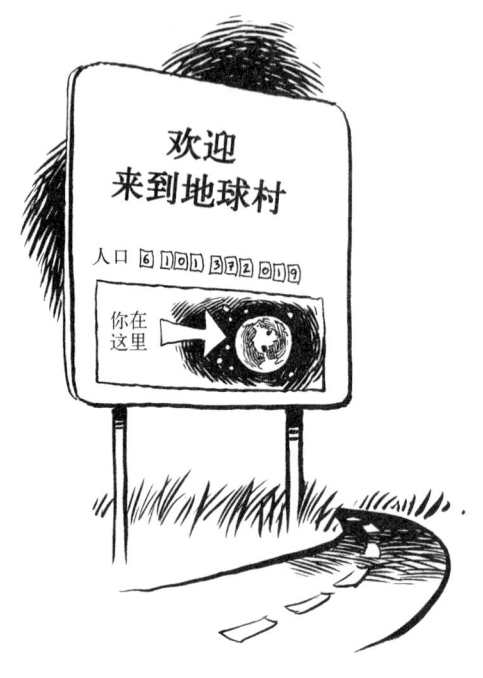

系总是持有不同的观点。一个人的受教育程度也可能会带来差异。从群体动力学的角度来看,群体成员通常持有不同的价值观、态度、观点、生活方式、交互风格以及所需承担的责任,这些因素都对群体生活的历程产生决定性的影响。

最后,个体在自己的能力和技能——既是社会的、又是技术上的——方面存在差异,并且会把这种差异带进群体之中。例如,来自各个领域的专家们可能聚集在一起,共同去解决一个问题或开展一个项目。设计部、制造部、配货部和销售部可能委派代表来组成一个团队,共同把一个新产品推广到市场。会计师和充满创造力的艺术家可能一起协作来振兴某个社区。即使存在可能性,要想找到一个成员不具有各种能力和技能的高效能群体也是极其困难的。

多样性的价值

我们允许谈论一件事情的"声音"越多,我们可以用来看待这件事的"眼睛"就越多,继而我们对这件事形成的概念就越完整,也更具客观性。

——尼采

群体成员之间的异质性会怎样对群体的绩效产生影响?研究者们已经针对群体成员之间在诸如人口统计学特征、个人特征(包括人格、态度、价值观)以及能力和技能(既有社会性也有技能性的)上的同质性-异质性程度进行了研究。这些研究中使用的任务包括明确定义的生产任务、认知或智力型任务,以及需要创意与决策的任务(Jackson, 1992; Johnson & Johnson, 1989, 2002; McGrath, 1984)。表 10.2 中是整理出的多样性种类和任务类型(Jackson, 1992)。

表 10.2 群体构成和任务类型

已研究的多样性种类	任 务 类 型
人口统计学特征	在明确定义的生产任务中的绩效
个人特征(人格、态度、价值观)	在认知或智力任务中的绩效
能力和技能(社会性的,技能性的)	在模糊的判断任务中产生的创意和表现出的决策能力

生产任务(production tasks)对绩效评估有着客观标准,要求个体能够熟练运用知觉和运动技能完成任务(McGrath,1984)。Haythorn(1968)对群体构成和**绩效任务**(performance tasks)的相关研究进行了全面的综述。这些研究主要发表于1940—1968年。之后,Shaw(1981),McGrath(1984),Driskell、Hogan 和 Salas(1987),以及 Williams 和 O'Reilly(1998)对后续的研究进行了综述。有研究发现,具备不同技能的成员所组成的群体可能比那些由拥有同样技能的成员组成的群体在生产任务上表现得更好(Jackson,1992)。由欧洲人、亚洲人、非洲人和西班牙裔美国人组成的团队往往比仅有欧裔美国人的团队做得更好(McLeod,Lobel,& Cox,1996)。当科学家和工程师与不同的同伴间存在非正式交流网络时,他们通常会更加高产(Pelz,1956)。如果 B-29 轰炸机机组成员拥有不同的能力,并且根据每个成员的擅长方面分配任务时,他们往往会取得更高的绩效(Voiers,1956)。当一个运动队拥有越多具备不同技能的队员时(例如好的进攻和防守队员),他们通常会比拥有不同种类技能的队员较少的团队表现得更好(Jones,1974)。

智力任务(intellective tasks)是有正确答案的问题解决任务(McGrath,1984)。Wood(1987)回顾了有关性别差异对群体智力任务绩效影响的研究。他发现,异性别群体往往比同性别群体(无论是男性还是女性群体)表现好,不过这个结论并未得到有力的支持。在一些对更为复杂的学习任务的研究中也得到了相似的结果(R. Johnson,Johnson,Scott,& Ramolae,1985;Peterson,Johnson,& Johnson,1991)。例如,Laughlin 等人(1980)证实了在以问题解决为目的的群体中,"胜利取决于真理"。除此之外,当群体中拥有一些知道解决问题所需的正确答案的成员时,这种异质性的群体就会取得比同质性群体更好的绩效。在"尤里卡"任务中,一个群体只需要有一个成员具备发现正确答案的能力就可以了。另一些研究表明,由不同能力水平(高、中、低)的个体组成的群体在智力任务上的表现优于个人的表现(Johnson & Johnson,

1989)。

决策任务(decision making tasks)要求群体对一个问题的最佳解决方案达成共识,在这类任务中没有明确的"正确"答案(McGrath, 1984)。研究综述发现,异质性群体比同质性群体更有创造力,做出高质量决策的可能性更高(Fiedler, Meuwese, & Conk, 1961; Filley, House, & Kerr, 1976; Frick, 1973; Hoffman, 1979; Johnson, 1977; Johnson & Johnson, 1989; McGrath, 1984; Shaw, 1981; Torrance, 1961; Webb, 1977)。这个结论适用于包括人格(Hoffman & Maier, 1961)、领导力(Ghiselli & Lodahl, 1958)、受教育类型(Pelz, 1956),以及态度在内的多种个人特征(Hoffman, Harburg, & Maier, 1962b; Triandis, Hall, & Ewen, 1965; Willems & Clark, 1971)。

在一项对决策任务的研究中,Ziller、Behringer 和 Goodchilds(1962)通过更换群体成员(开放性群体)创造出异质群体;通过保持成员不变(封闭性群体)创造出同质群体。随后,研究者安排这些群体为卡通画编写文稿。结果发现,异质性(开放性)群体编写的文稿具有更高的流畅性和独创性。Pelz 和 Andrews(1966)也发现即使对于跨学科群体而言,成员有流动性的群体会表现出更高的创造力。他们推断,如果来自跨学科团队的科学家们每天密切合作,那么在 3 年之内,他们解决问题的角度和途径会变得愈发相似。

虽然拥有多种不同的观点是一种潜在的优势,但是异质性群体并不一定总是能够发挥出最佳水平。Hill(1982)总结了一系列研究,这些结果一致指出,在创造力和问题解决任务中,交互式群体的实际绩效要低于统计预测得到的潜在水平。然而,Hall 和 Williams(1966)得到的研究结果却相反。此外,Bantel 和 Jackson(1989)在对 6 个美国中西部州的 119 个银行业高级管理团队的现场研究中发现,决策团队的异质性程度(就工作技能而言)越高,那么该银行采取新颖手段的频率就越高。

整体而言,群体能够在其成员身上取得的能力和技能都会对这个群体在创造力和决策任务中的绩效产生影响,无论这些影响是好是坏。Laughlin 和 Bitz(1975)采用词语联想任务来比较由相似能力成员组成的群体和与其中能力最高的成员水平相同的个体所表现出的绩效之间的差异。他们发现群体的绩效优于高能力个体的绩效。这一结果说明,哪怕其他人的水平较低,高能力成员依旧可以在与他人交互的过程中获益。这也许是因为高能力个体承担了教师的角色,这使得他们的思维变得更为敏锐。也可能是因为问题本身和那些较弱的成员促使更多在解决这些问题上处于"专家级"水平的成员将自己从那些已经能够自动化运用的假设和规则中解放出来(Simon,1979)。这种解放提升了个体去重新考虑那些没有根据的假设的可能性,而且他们还可能会为找到例外情况去重新审视规则。

总之,这些证据表明,当面临复杂且非常规的问题(一种需要某种程度创造力的情况)时,具备不同种类技能、知识、能力及观点的个体所组成的群体会表现出更高的效率。表10.3总结了有关群体构成和任务绩效的研究结果。

表10.3 群体构成对成果的影响

成果种类	个人特征	能力和技能
生产任务	现有研究并未得到一致的结果,因此无法证明群体构成对绩效存在明确的效应。	一些研究发现,不同种类、不同水平的能力可以提高生产力。
智力任务	总体而言,目前并没有足够的研究能够用来做出定论。异性别群体的绩效优于同性别群体。	几乎没有直接相关的研究。
决策任务	异质性群体的绩效比同质性群体更高。	能力水平上的异质性是有益的。
群体凝聚力	异质性群体有些缺乏凝聚力,成员流动性也更高。	几乎没有直接研究。
群体冲突	异质性群体内会发生较多冲突。	几乎没有直接研究。

异质性有可能会导致群体成员间发生冲突(Mannix & Neale, 2005; van Knippenberg & Schippers, 2007; Williams & O'Reilly, 1998)。如果能够进行建设性的冲突管理,冲突就会提升生产力和创造力(Johnson, 2015)。但若是进行破坏性的冲突管理,冲突则可能会干扰群体效能。

有关人口统计学差异对生产任务绩效、智力任务绩效以及决策任务绩效造成影响的研究很少,甚至可以说是几乎没有。群体成员间的异质性因素,包括个人特征和能力与技能,往往会提升群体在创造性和决策任务中的绩效。能力和技能上的差异可能有利于表现性任务。有关智力任务的研究太少,现在还无法做出定论。目前研究认为,个人特征和能力方面的同质性似乎并不会对任何一种任务绩效产生促进作用。

与不同同伴交往的障碍

我们已经知道群体成员间的多样性是一种重要的资源。我们可以利用多样性来提升群体的生产力。但我们也知道要做到这一点或许并不简单。要想有效地与多种多样的同伴交互,你就会发现自己面对着很多障碍(Johnson,

2003；Johnson & Johnson，1999b)，其中包括刻板印象、偏见、责备受害者的倾向，以及文化冲突。

刻板印象

> 当见到一只红胸鸟时，我们会告诉自己"这是知更鸟"。当看到一辆疯狂偏移的汽车时，我们会想到"醉酒驾驶者"……无论我们脑海中占据主导地位的黑人概念是什么样的，我们眼前都会浮现出一个拥有深棕色皮肤的人的形象。
>
> ——奥尔波特(Allport，1954，p.20)

刻板印象随处可见，每个人都在制造和使用它们。刻板印象是大脑储存、组织和回忆信息的方式生成的产物，用来描述群体之间的差异，预测他人会如何行动。刻板印象降低了事物的复杂性，使我们能够快速做出决定，填补我们所知的不足，帮助我们理解自己是谁和我们身上发生了什么，以及帮助我们提出与找到得出结论所需的模式。就其本身而言，刻板印象并不一定是坏的。然而不幸的是，刻板印象常常是人们彼此之间以不公平、不公正的方式进行交互的基础。

刻板印象(stereotype)这个词最早出现在18世纪，是用于描述一种为重复印刷一些页面而发明的印刷方法。到了19世纪的时候，精神科医生将**刻板动作**(stereotypy)作为一个术语，描述一种持续重复且固定表达模式的行为。而**刻板印象**(stereotype)这个词的现代用法来自 Lippmann(1922)的《公共舆论》(*Public Opinion*)一书。他在书中提出"我们既没有时间，也没有机会去达到非常熟悉的程度。相反，当我们注意到一个为我们所熟知的特质时，我们就会借助于脑中储存的刻板印象来填补其余的画面"(p.59)。

在现代用法中，**刻板印象**(stereotype)指的是一种将一群人与某些特质联系在一起的信念。刻板印象(a) 是认知层面的；(b) 反映了一系列相关的信念，而不是一些孤立的信息；(c) 描述的是可以对群体进行比较和区分的态度、人格和特征；以及(d) 在拥有刻板印象的个体和群体中是相同的(Ashmore & Del Boca，1979)。刻板印象通过这些途径对社会信息起到简化和组织的作用，降低了社会环境的复杂性，并使之更加可控。

刻板印象有两种形成方式。第一，人们会把每个客体归入不同类别，而不是把它们看作独一无二的个体。第二，人们会区分出内群体和外群体。人们通常假定外群体成员之间是非常相似的,认为自己所属群体的内群体成员之间存在很多差异(**外群体同质效应**,outgroup homogeneity effect)。缺乏与外群体成员的人际接触可能是导致我们无法注意到外群体成员间差异的原因。例如,一个白人可能会认为所有拉美裔都是相似的,但是,一个拥有许多不同拉美裔朋友的人可能并不会认为波多黎各人、古巴人、墨西哥人和阿根廷人之间有什么相似之处。

刻板印象能够成为一个有效的认知系统。它不仅仅能使人们的认知过程变得更容易,它还能最大化人们努力获得的信息的价值。从这个方面考虑,刻板印象是有效的。这是因为,第一,早于刻板化发生的社会分类减少了人们在每个时间点上必须要关注的信息量。换句话说,当你从某一个角度来看待某个群体时,刻板印象就降低了你对每个成员形成个性化印象的要求(Allport, 1954; Brewer, 1988; Fiske & Neuberg, 1990; Hamilton & Sherman, 1994; Lippmann, 1922)。第二,刻板印象使你能够对某个人的属性做出推断,而并不需要关注这个人的行为,由此扩展了你的知识基础(Brewer, 1988; Fiske & Neuberg, 1990; Hamilton & Sherman, 1994; Medin, 1988; Sherman, 1996)。通过相对简单的社会分类行为,刻板印象就可以向你提供大量"功能准确"的信息(Swann, 1984),由此提升获取信息的效率。

虽然刻板印象确实以一种相对有效的方式让人们得以对其他人做出假设,但是刻板印象可能给人们造成危害。在极端的情况下,前文所述的益处反而会变为一种依赖,它会使得人们难以在交互中接触到他人真实的特质。因为持有刻板印象的人不会再花费时间与作为个体的他人交往,所以刻板化就会变成一种不公平地对他人下定义的贴标签行为。一旦这种情况发生,我们最终就会形成诸如男性比女性更有竞争心、黑人运动员比白人运动员更强、亚洲人比美国人工作更努力等刻板印象。简而言之,刻板印象会使我们错误地概括整个群体,这种概括阻碍了我们将这些成员视为群体中的个体。

持有很强刻板印象的人会很容易发生**基本归因错误**(fundamental attribution error)。即他们会把少数群体成员表现出来的消极行为归因于这些成员的性格特征,而把少数群体成员所表现出来的积极行为归因为受到情境因素的影响。然而,当他们在判断自己所做行为的时候,则会把消极行为归因于情境因素,而把积极行为看作性格特征的表现。当少数群体成员做出不当行为时,人们会做出诸如"那些人就是这样做的"或者"那些人天生就是如此"的归因。如果少数群体成员做出了理想的行为,持有刻板印象的人就可能将这个人视为"规则的一个例外"。

刻板印象是怎么被延续和保持下来的？目前认为有4种途径：

第一，刻板印象影响我们对外群体成员行为的知觉和记忆。我们用社会分类来处理这个世界的信息，但它会控制我们去感知什么以及不去感知什么。偏见使我们更关注消极特质，并把这些消极特质归咎于我们所歧视的群体。此外，当个体期望外群体成员以某种方式行事时，他们往往会更准确地回想起与自己期望一致的事例，而非那些与期望相反的事例。因此，如果人们认为一个外群体是智力低下的，那么人们就会倾向于记住那些外群体成员在课堂上听不懂或者没有通过考试的事例。他们往往会忘记一些与期望相反的事例，例如某个外群体成员的绩点达到4.0，或者某个外群体成员被评为优秀毕业生（Rothbart，Evans，& Fulero，1979）。

第二，刻板印象为外群体成员创造了一个过于简化的形象。社会分类本身就会使人们假定某个类别的成员具有相似性。即使是随意划分出的群体，人们依旧会倾向于最小化他们在同一群体成员身上看到的差异，同时强调不同群体成员之间的差别。人们在处理有关内群体的信息和有关外群体的信息时，会对外群体产生相对简单且非特异性的形象。一个外群体越是庞大，这种过度简化的现象就越可能发生。除此之外，人们不仅仅是简单地关注内群体与外群体之间的差异，他们还会尝试去强调这些差异，并且会采取有利于他们自己群体的歧视行为。

第三，人们倾向于高估外群体成员行为的相似性。由于我们把外群体成员看作同质的，所以一个成员的行为就会被推广到整个群体。如果一个老人目睹了某个青少年鲁莽驾驶的行为，这位老人的脑中可能会马上跳出"所有青少年开车都是鲁莽的"这样一种刻板印象。

第四，刻板印象可能会导致人们做出替罪行为。**替罪羊**（scapegoat）指的是一个被其他群体以发泄被压抑的愤怒和挫折感为目的而攻击的无辜、弱势群体。替罪羊这个词来源于《圣经》中的罪责转移仪式。在这个仪式中，人们把某个群体的罪恶传递给一只山羊，然后将它放逐到荒野之地，让它带走罪恶。

替罪行为类似于这种形式：如果A群体妨碍了B群体，那么B群体就要报复A群体。然而，如果A群体太强大、太遥远，或太难找到，B群体就会把自己的敌意转嫁到C群体上。虽然C群体并不应该为B群体所遭受的苦难负责，但是它依旧会受到谴责，从而变成B群体的攻击目标。对某个外群体的刻板印象会使人们持续做出替罪行为。即将所有的问题和困难都怪罪于这个群体，但是并不管这些困苦究竟来自哪里。

被别人用刻板印象来看待的人不仅会被那些持有刻板印象的人不公平对待，而且他们自己也更可能接受这种刻板印象。换言之，被刻板化的人可能会逐渐接受并相信刻板印象。他们会调整自己的行为表现来匹配这种刻板印象。当出现一种有关某个群体的广为人知的消极刻板印象（例如，智力低下）时，这种刻板印象就会对群体内成员造成一种嫌疑负担，表现为一种对他们的威胁。只要个体的行为可以用刻板印象来解释，威胁就出现了，即无论何时，群体成员都面临着刻板印象被验证的风险。

为什么刻板印象能持久地保持下来？

下列是刻板印象具有持续性的几个原因。把它们按照最重要(1)到最不重要(7)排序。写出你这样排序的依据。找一个同伴分享你的排序和理由，你也要倾听对方的排序和理由，然后再通过合作重新提出一个改进的排序和理由。接下来，再寻找另一对学生组成4人小组，在组内重复以上步骤。

等级	原因
_____	人们倾向于高估变量间的联系，即使它们之间仅有很微弱的关联或完全没有关联（即**虚假相关**，illusionary correlation）。例如，许多人认为贫穷和懒惰是有关联的。任何一个在你注意到他的时候并没有在努力工作的穷人都会被认为是懒惰的。低权力群体会很容易得到消极特质。一旦获得，这种刻板印象就很难消除。
_____	偏见使你关注于被你歧视群体的消极特质。相较于那些挑战刻板印象的证据，你更愿意相信那些证实刻板印象的信息。人们倾向于以验证现有信念的方式处理信息。这就是所谓的**证实偏向**（confirmation bias；寻找、解释与创造信息来验证现有信念的倾向）。
_____	你会有一种**虚假同感偏差**（false consensus bias），即相信其他大多数人拥有和你一样的刻板印象（认为贫穷的人是懒惰的）。你倾向于认为自己的行为和判断是相当普遍且恰当的，并且会将其他的反应看作是不寻常或一般而言不合适的。
_____	你的刻板印象通常是**自我实现**的（self-fulfilling）。刻板印象可以通过行为验证的方式潜移默化地影响群际交互。你可以通过做出某些行为来激发出你希望从外群体成员身上看到的反应，从而验证你持有的刻板印象。
_____	你会把不符合刻板印象预期的个体视为例外，或者认为其不具有代表性。
_____	刻板印象通常在内隐层面上起作用，并不会被你意识到。
_____	你通常会提出某种依据或者解释来为你的刻板印象和偏见辩解。

Steele 和 Aronson(1995)在研究**刻板印象威胁**（stereotype threat）的时候发现，对黑人智力的消极刻板印象产生了一种"情境压力"。正是这种压力使得黑人

学生注意力分散、学业成绩下降。他们认为,刻板印象威胁就是黑人学生学业成绩不良的原因。70%的黑人大学生中途退学(而白人学生的退学率只有35%),而且在SAT考试中排名前1/3的黑人学生的退学率最高。另外,SAT得分最高的黑人学生往往比得分较低的白人学生更常出现考试不及格的情况,这个比例比取得相似分数的白人学生高出3倍以上。黑人在面对学业的时候,消极刻板印象会被激活。这时候,黑人学生的自我意识会变得更加敏感,学习效率随之下降。对低阶层个体的研究也得到了类似的结果(Croizet & Claire, 1998)。我们可以使用一些程序来消除刻板印象威胁。例如,密歇根大学的21世纪项目。

在密歇根大学的21世纪项目中,工作人员随机招募黑人和白人,让他们一起生活、一起合作学习、一起就社会问题开展讨论。密歇根大学的这个项目显示,刻板印象也是可以被改变的。如果你能够获得更多有关某人的个人信息,那么你就不太可能使用刻板印象来看待他。你花费越多的时间和精力来了解某人的特征和行为,你就越不会在他身上运用刻板印象。你越有动力去形成对某人准确的印象,你就越不会使用刻板印象。你越是觉得某个人是刻板印象群体中的典型人物,你们之间的互动交往就越会改变你持有的刻板印象。这些因素告诉我们,要想改变刻板印象,就需要让不同群体的成员进行长期交互。在这种情况下,他们可以当面了解彼此并视彼此为群体中的典型成员。

偏见

> 了解自己是智慧,通晓他人是天赋。
>
> ——明娜·安特里姆

从字面上看,偏见的意思是预先做出判断。**偏见**(prejudice)指的是一种对某个人不公正的消极态度,这仅是由于此人属于某个群体,而不论此人本身如何。偏见就是对其他人建立起优势/劣势信念系统的判断。如果一个人不喜欢另一人的原因仅仅是因为那个人来自与自己种族、性别、宗教信仰或其他群体,那就是偏见的作用。

民族优越感(ethnocentrism)指的是个体认为自己的族群、国家、宗教或文化比其他群体更好或更"正确"的一种倾向。这个词由**民族的**(ethnic)一词演化而来,指的是以相似的习俗、特征、种族或其他共同因素为核心组成的群体。当存在民族优越感的时候,我们会用自己文化的标准和价值观作为衡量其他民族所具有价值的尺度。**文化条件作用**(cultural conditioning)使民族优越感得以存续。正如我们会在抚养孩子的过程中使他们适应特定的文化一样,我们也习惯于按照我们文化中其他人的反应方式来应对不同情境。基于这种过程,当我们遇到来自其他文化环境的人时,我们可能会对他的行为方式做出消极反应。

种族歧视(racism)是一个与民族优越感相联系的概念,是指向个体所属种族或民族身份的偏见。科学研究表明,人类仅有一个种群,各分支间几乎没有差异,但是许多人凭借身体外观上的证据就认为人与人之间存在生物学上的差异。虽然我们无法确定种族是否有作为一个科学分类体系存在的价值,但它确实对非白人群体的生活体验和人生机遇造成了实际的影响。种族具有社会意义,代表了人们在社会体系中的地位。这种地位结构使得不同种族的人们在交互中存在权力差异。

怀有偏见的想法并不一定会使你成为一个种族主义者(Devine, Monteith, Zuwerink, & Elliot, 1991)。即使是那些完全排斥偏见的人有时也会出现无意的偏见,其中包括基于先前学习或经验的内容所产生的想法和感受。在这种情况下,种族歧视就像一个挥之不去的坏习惯——尽管人们尽最大努力去避免,但还是会浮现出来。但是和所有坏习惯一样,只要人们付出足够的投入和支持,种族歧视是可以被消除的。

歧视

当偏见付诸行动的时候,表现出的就是歧视。**歧视**(Discrimination)指的是一种伤害群体或其成员的行为。这是一种针对偏见对象的,而且通常具有攻击性的消极行为。歧视的目的是要否定受偏见群体的成员,不认为他们拥有享受与主导群体同等的待遇和机会的资格。

下列步骤或许能够帮助你降低偏见,减少使用刻板印象,以及降低发生歧视的可能性(Johnson 2002, 2014):

1. 承认你有偏见(每个人都有偏见,你也不例外),并对自己承诺要降低偏见。
2. 识别那些反映你的偏见的刻板印象,修正它们。
3. 识别那些反映你的偏见的行为,修正它们。
4. 从不同的朋友和同事那里寻求反馈,了解你自己是如何重视和表现出尊重多样性的。

责备受害者和归因理论

许多人都相信这个世界是公正的,人们通常可以得到他们所应得的东西。

如果你中了彩票,那一定是因为你是个值得这份好运的好人。如果你被抢劫了,那肯定是因为你粗心大意,这是来自你过去所犯罪恶的惩罚。无论是谁携带大量现金在黑暗的小巷中遭到抢劫,别人都会认为这个人"被抢劫是自找的"。大多数人都倾向于相信发生在自己身上的事情是理所应当的。例如,暴力行为的受害者通常认为,由于自身所犯的罪行,自己"应该"受到攻击。然而人们很容易忘记,受害者们无法通过这种"事后之明"来改变他们当下的行为。

那么,当某些情况看起来不公平时会发生什么呢?有一种可能是通过说服自己并没有不公正,转而责备受害者。当某人被偏见、刻板印象或歧视所伤害时,人们经常会认为他"做错了什么事"。当我们把歧视或不幸归因于受害者的个人特征和行为表现时,就会发生**责备受害者**(blaming the victim)的行为。我们会为类似情境寻找解释,这种解释要能使我们维持"世界是公正的"这一信念。如果我们可以责备受害者,认为是他们自己导致了歧视,那么这种归因就会让人们看到每个人都会得到自己应得的结果。在此基础上,我们就会相信未来是可预测和可控制的。

进行决策时常见的错误

为做决策,决策者需要收集所有主要的可选行为的信息,并根据这些信息来推断哪种行为会最大化收益,同时又能够最小化成本。

推断中存在的错误

根据小样本	小样本是非常不可靠的。
根据有偏样本	人们常常忽视关于样本典型性和代表性的明确信息。
未充分使用基准比率信息	人们往往更多地关注单个具体实例,而不是有效的基准比率信息。这也许是由于单个具体实例既生动又突出,因此更具有说服力。

认知启发式带来的错误

可得性启发式	用你能轻易想到的事例来估计某一事件的发生频率。人们往往会高估那些容易记住的事件的发生频率。
代表性启发式	看一看这些信息与想象中某个类别的普通人物或典型人物有多匹配;一个人越接近某个类别的原型,我们就越可能将这个人划归在这个类别中。

权衡信息

积极框架	人们会规避风险,选择"确定的事"。
消极框架	人们会为了减少成本而选择冒险。
决策后的合理化	已选择的行为会更有吸引力,而没被选择的行为则会被认为更加糟糕。

归因理论

在我们试图对某个事件进行归因的时候就会做出责备受害者这种行为。我们会不断解释自己的行为以及生活中所发生事件的意义。很多时候,我们想要弄清楚我们**为什么**采取这种行动,或者为什么会产生某种结果。如果在有人认为我们愚蠢的时候,我们生气了,而在有人说我们"笨手笨脚"的时候却没有生气,这时候我们就会想知道我们为什么会对自己的智力如此敏感。当我们站在暴雨过后的街角,这时候有辆驶过的车溅了我们一身水,我们就会想知道这是到底是因为自己不小心,因为这个司机为人卑鄙,还是仅仅因为自己运气太差。

解释或推断某个事件原因的过程叫作**因果归因**(causal attribution)。归因就是对行为或事件的原因做出推断。任何行为或事件都可以存在许多可能的原因。我们会先观察某种行为或事件,然后推断它们的原因。例如,当老板批评我们的工作时,我们会将他的行为归于心情不好、压力过大、不喜欢我们,或者是因为我们草率地、马虎地对待工作。

因果归因在儿童早期就出现了。即我们开始观察自己的行为并对自己下结论的时候,我们似乎就有一种了解自己和他人行为的基本需要。在尝试去了解行为或事件发生原因的时候,我们通常会选择将原因指向内部的个人因素或者外部的环境因素。内部的个人因素包括努力和能力,外部环境因素包括运气、任务难度或其他人的行为/性格。例如,如果你在一场考试中取得了好成绩,你可以把它归因为自己的努力和高智商(一种内部归因)或将其归因于这次考试极其简单(一种外部归因)。当某个朋友退学了,你可以把它归因为缺乏动机(一种内部归因)或缺钱(一种外部归因)。

归因的维度			成就导向		
	稳 定	不稳定		稳 定	不稳定
内部	能力	努力	成功	能力	努力
外部	任务难度	运气	失败	任务难度	运气

人们通过因果归因来解释自己的成功与失败。这种归因通常是为**自我服务**(self-serving)的,目的是让我们能够因为积极结果获得好评,以及能够避免

因为消极结果受到责备。我们一贯倾向于将成功解释为得益于自己的能力和努力，而失败是由坏运气、他人阻碍或任务难度造成的。我们也总是声称自己是团队取得成功的原因（"这从一开始就是我的想法，而且我做了大部分工作"），但会避免对团队的失败负责（"如果其他成员更努力一些，这种情况就不会发生了"）。

归因理论家认为，人们如何解释自己的成功与失败会决定他们在后续任务上的努力程度。例如，如果少数民族学生将学业失败归因于能力不足，那么最终就会导致**习得性无助**（learned helplessness；一种觉得付出任何努力都无法获得成功的感受；Seligman，1975）。习得性无助与害羞和自我怀疑密切相关。一直将失败归因于能力不足的学生几乎不会再努力学习。教师们应该让学生（尤其是少数民族学生）仔细思考他们为何会成功或失败，并指导他们得出这样一种结论，即失败是由（a）缺乏努力或（b）使用错误的策略造成的。教师对学生表达出的情绪似乎会对学生的成败归因产生影响（Graham，1991）。教师对失败表现出的同情会被解释为在暗示学生能力不足，而教师对失败表现出的愤怒则会被认为是在暗示学生不够努力。

文化冲突

另一种妨碍与不同群体成员有效互动的常见障碍是文化冲突。**文化冲突**（culture clash）是一种发生在拥有不同文化背景的个体之间的基本价值观方面的冲突。最常见的文化冲突的形式是少数群体成员对多数人的价值观提出质疑。当多数群体成员的价值观被质疑时，他们往往会感到：

1. 受到威胁：他们的反应包括回避、否认和防御。
2. 困惑：他们的反应包括寻找更多的信息，试图重新定义问题。
3. 提升：他们的反应包括提高期待、意识水平，以及旨在解决问题的正向行为。许多文化冲突发展自感受到威胁，然后再经历困惑，最后再提升。一旦冲突进入了提升的状态，障碍就不复存在了。

处理多样性的准则

> 1. 认识到成员间的多样性是始终存在且不可避免的。
> 2. 认识到如果这个世界变得越来越相互依存，那么能够与不同群体成员有效工作也就变得越来越重要。

> 3. 最大化成员间的异质性，包括个人特征和能力，以此最大限度地提高团队的生产力和成就水平。
> 4. 成员的异质性会带来冲突。需要建立起用来处理成员之间冲突的建设性过程。
> 5. 识别并消除在利用多样性的过程中存在的障碍（刻板印象、偏见、责备受害者、文化冲突）。
> 6. 通过加强群体内积极的相互依赖性来创造一种环境，要让多样性在这种环境中成为一种资源而不是障碍。
> 7. 通过整合作为不同群体成员的个人认同，确保人们将多样性用作一种优势力量。要在多元价值观的基础上创建一种上位认同。
> 这就要鼓励个体做到：
> (1) 欣赏自己的性别、宗教信仰、种族和文化背景。
> (2) 欣赏其他群体成员的性别、宗教信仰、种族和文化背景。
> (3) 形成一个能够超越成员间差异的，关于"群体成员"的强有力的上位身份认同。
> (4) 形成一套关于平等、自由、个人权利的多元化价值观，以及作为群体成员的责任。
> 8. 通过培养成员间的人际关系，确保让多样性成为一种优势力量，使得成员们能够坦诚地讨论，以此促进成熟地应对彼此差异。
> 9. 通过澄清不同群体成员间的误解，确保能够将多样性用作一种优势力量。

当我们减弱了偏见、刻板印象和歧视水平，就可以避免产生责备受害者的倾向，并且文化冲突也随之开始起到提升作用，而不再是造成威胁。因此，我们应该让每个人都认识到并重视多样性。

使成员多样性成为一种优势

在任何一个群体中，成员间的多样性都是一种有助于产生创造力和生产力的潜在资源。为了让群体成员能够充分利用彼此间的差异，成员们必须做到：

1. 确保群体成员之间存在高度积极的相互依赖关系。在第3章中已经对构建与增强积极相互依赖关系进行了深入讨论，接下来我们将讨论群体为了使多样性服务于自己所必须采取的后续步骤（而不是去遏制）。

2. 创建一种(1) 整合群体成员不同的个体认同，以及(2) 基于多元化价值观的上位群体认同。

3. 通过可以坦诚地开展讨论的人际关系来熟知成员间的差异。

4. 澄清来自不同文化、种族和历史背景、社会阶层、性别、年龄层等群体的成员之间的误解。

创建出上位的群体认同

不同性别、宗教信仰、社会阶层、种族和文化背景的个体走到一起组成一个小群体。如果群体成员彼此了解、欣赏，重视多样性的力量，知道如何利用多样性来创造性地处理问题并提升生产力，他们就可以取得积极的成果。如果要做到这些，群体成员必须内化一个共同的上位身份来使他们结合在一起。也就是说，他们必须达成某个唯一的群体认同。这个群体认同虽然高于任何个体，但它包含了群体中存在的所有多样性因素。这是一个合"众"为"一"的创造过程。

合众（许多）为一（一个）需要经过四个步骤：

第一，群体成员必须欣赏自己的历史、文化、种族和宗教背景，以及其他重要的个人特征。成员们应该重视并承认他们的文化、历史和祖先的家园，将这些作为自己个人认同的一部分。**个人认同**（personal identity）是对"你是谁"这个问题答案的稳定态度（见 Johnson［2014］对发展个人认同的全面讨论）。这种认同帮助个体处理压力，为人生提供稳定性和连贯性，而且会引导我们关注哪些信息，如何组织信息，以及如何记忆信息。个人认同由多元化的下位认同组成，它们组合起来形成一个连贯、稳定、完整的整体。这些下位认同包括**性别认同**（对男性特征或女性特征的基本认识）、**文化认同**（对文化起源和成员身份的感知）、**种族认同**（归属于某个特定种族群体的感知）、**宗教认同**（归属于某个特定宗教群体的感知）等。每一种下位认同都应该被感知到，并要受到重视，此外还要把它们整合成一种连贯、稳定、完整的整体自我感知。尊重自己的下位认同可能是自尊的基础。

第二，群体成员要欣赏其他成员的历史、文化、种族和宗教背景，以及其他重要的个人特征。民族优越感是否存在于一个人的自我定义中是形成历史、文化和民族认同的一个关键之处。包含着传承的个人认同必须建立在不排斥他人传承的前提下。一个群体成员的个人认同能在多大程度上尊重与重视其他成员的多样性，这就取决于形成一种将自己的传承和其他所有群体成员的传承归整起来的上位认同。成员们需要知道如何表达对不同背景的尊重，并要视其为一种增强生活品质与增加群体活力的资源。

第三，鼓励成员形成强烈的，作为"群体成员"的上位认同，能够以此来跨越成员之间的分歧。成为一个工作群体的成员是由环境来决定的，而不是祖先或宗教规定的。工作群体把许多不同的人团结在一起。从本质上来讲，工作群体具有他们自己的文化，这种文化会取代成员们的个人文化。成员们要明白如何才能突出群体的上位认同，并要用它来解决由成员之间差异所引发的冲突。

第四，群体成员采纳多元化的一系列价值观，其中包括民主、自由、自主、平等、公正、个人权利和公民责任。所有成员对群体运作都拥有发言权。所有成员都可以自由表达他们的想法和观点。对所有成员来说，每个人都是同等重要的。每个成员都有为实现群体目标付出资源和做出努力的权利及责任。每个成员都有期望群体考虑自己的需要和愿望的权利。所有成员都必须时刻将群体利益置于自身的需求和欲望之上。正是这些价值观形成了群体或组织的文化。在群体中，成员们必须尊重基本的人权，听取异议者的意见而不是拒绝他们；享有言论自由，并且能够公开讨论分歧。正是这些价值观将群体成员绑定在一起。绝大多数群体都已经或即将成为一个凭借共同价值观结合在一起的多文化整体。

通过群体关系变得老练

有些人很**老练**（sophisticated），他们知道如何在不同的文化和视角中采取适当的行动；他们谦恭客气、彬彬有礼、举止优雅。另一些人十分粗陋，只懂得如何在自身有限的认知范围内采取适当行动。要想变得老练，个体必须做到能够从其他相关人员的文化视角来看待面临的情境。许多关于不同文化、民族传承和认知的有效信息是无法通过阅读书籍或参与讲座来获得的。只有去了解不同群体的成员，通过与他们一起工作或进行个人交往，人们才能真正学会尊重多样性，学会利用多样性来创造性地解决问题，以及学会如何与不同的人高效地共事。

要想获得与不同人建立关系的"老练"和技能，你就需要与那些来自各种文化、民族、社会阶层以及历史背景的人建立起人际关系。只有当你的朋友说出你无意间造成的误解，你才能学会如何与和自己不同的人相处。为了获取与不同的人相处、共事、成为朋友所必需的"老练"和技能，你需要做到：

1. 实际接触：寻找机会与各种各样的人交往。你之所以这么做是因为你重视多样性，了解与不同人有效互动的重要性，以及意识到提升自己对多元文化问题的认识的重要性。

2. 信任：要想建立起信任，你就要开放地对待自己以及你对跨文化关系的承诺，并且要在他人分享他们的观点和反应时表现得可信。表现得可信指的是要做到对人们的不同背景表达出尊重，并要将其视为能够提升你的生活质量及增添群体活力的资源。

3. 坦率：说服你的同伴要坦诚相待，即让他们能够公开地与你讨论他们的个人观点、感受和反应。有的时候，事件中或个人使用的词汇和表述对你而言似乎是中性的，但对于其他背景的个体来说则可能是冒犯的或伤人的。要想弄清楚有些话是否会伤人、是否很无礼,你的同伴必须坦率地做出回应并向你进行解释。

如果你在与不同的人建立关系方面不够老练、缺乏技能,那么你可能正处在与当前歧视模式共谋的危险之中。**共谋**(Collusion)是对刻板态度、行为和普遍规范的有意识或无意识强化。人们借由忽视、沉默、否认和积极支持歧视及偏见行为进行共谋。或许唯一能够帮助你摆脱歧视行为的方法就是与不同的人建立起友谊关系,从而让你了解到歧视和偏见会在什么时候发生。

澄清错误传达

想象一下,你和许多朋友一起听一场演讲。虽然演讲的内容很好,也富有娱乐性,但你的两个朋友突然离开以示抗议。当你询问原因的时候,她们提醒你注意这些事实:即使半数听众是女性,演讲者仍不断使用"伙计们"这个词;演讲中只使用了运动和军事方面的案例;只引用男性的例子;拿衰老和老人开玩笑。你的朋友们感觉受到了羞辱。

沟通是在经营同伴关系的过程中最复杂的部分。为了能与来自不同文化、民族、社会阶层和历史背景的人有效地沟通,你必须提升自己的:

1. 语言敏感性。知晓在与不同群体沟通的过程中,哪些词汇和表达方式是恰当的而哪些是不合适的。语言的使用可以在强化刻板印象和干扰沟通中产生强大的作用。为了避免发生这些情况,人们需要提高他们的敏感性,避免使用那些可能会忽视或贬低他人的词汇和表达方式。

2. 对沟通风格要素的意识。人们要认识到沟通风格中的关键要素,并且要知晓在不同文化情境下如何利用这些要素来进行沟通。在与不同人交往的过程中,如果没有意识到语言上的细微差别和风格上的差异,那么沟通遭受到干扰的可能性是非常大的。

你与不同人进行可靠沟通的能力与你如何运用语言密切相关。你必须足够老练才能预期到听者会如何解释你提供的信息。如果你没有认识到自己的信息中所包含的细微差别和暗示,这时候就更可能会发生误解。你所选择的词语通常会流露出你的价值观、态度和社会化程度,这些远比你想要透露的信息要多得多。接收者会对这些传达出的微妙信息做出反应,并且会对隐含在你的话语背后的信息进行解释。因此,与不同人建立关系的第一步是要理解语言如何强化刻板印象,并且要相对应地调整你对语言的运用。

你永远不可能准确地预测出每个人将会对你所说的话做出什么反应。然而,你可以通过以下一些基本准则将发生误解的可能性降到最低:

1. 使用本书和 Johnson 于 2006 年出版的书中讨论过的所有交流技巧。

2. 当你认为与你交谈的人曲解了你所说的内容时,你可以与他就其含义进行探讨。

3. 使用那些宽泛的词汇(例如,男性、女性、参与者),不要使用那些有特定含义的词汇。

4. 避免使用描述特定群体,而且会暗示某个人是特例的形容词。如,黑人医生、女飞行员、老年教师或盲人律师。

5. 使用能够反映多样性的引用语、参考资料、隐喻和类比,这些内容最好有不同来源——例如,来自亚洲、非洲以及欧美国家。

6. 避免使用下定义、贬损或贬低他人的词汇。如,瘸子、小伙子、小姑娘或煽动者。

7. 注意那些别人认为不恰当的词汇。这当中重要的是接收者从你的话中听到的隐含意义,而不是你自认为表达出的含义。这些含义会随着时间发生改变,所以需要不断地去澄清。一些词语对某个人来说似乎是中性的,而对于其他背景的人来讲则可能是"过分的"或高度评判性的。例如,夫人(lady)这个词在许多年前曾是一个敬语,但如今认为它没有考虑到女性的独立性和社会平等地位,因而对许多女性来说是具有冒犯含义的。诸如女生(girls)和女郎(gals)等词汇也有一定的冒犯性。

总结

在我们日益全球化的社会中,人们每天都在小群体里与高度多样化的人交互、学习、工作和玩耍。迅速增长的全球化相互依赖关系和日益得到重视的团队工作使人类组成了由多样化的成员构成的团队。成员间的多样性不再是特例的或可选择的,而是成了一种日常规则。这种规则要求你能够与具有多样化特征和背景的人进行有效的互动。这么做具有很多优势,例如,能够在各种任务上提升群体的生产力。群体内的异质性同时也增加了成员间发展紧密关系的难度,并且提升了成员间发生冲突的潜在可能性。成员之间的多样性是有好处的,但是要处理好多样性也是不容易的。

接纳他人首先要从接纳自己开始(参见 Johnson [2006]对自我接纳的全面讨论)。但即使对于那些非常善于接纳自己和别人的人而言,他们在与多样化的同伴建立起积极关系的过程中也面临着许多障碍。其中最值得注意的就是偏见、责备受害者和文化冲突。减少这些障碍将有助于人们意识到存在多样性，并且能够认识到人与人之间的基本差异是需要被尊重和重视的。

如果群体成员要把彼此之间的差异利用起来，那么他们就必须确保成员之间存在着高度的积极相互依赖关系，强调需要合作行为的重要共同目标，以及要建立起一个每个人都认可的基础共识。成员们也必须创建上位的群体认同，以这个群体认同把群体成员各自不同的个人认同结合起来。这种上位群体认同应当建立在一系列多元化的价值观的基础上，并且能够让成员们通过人际关系变得可以老练地应对成员之间的多样性。当然，这种人际关系要达到能够让人们开诚布公地进行探讨的信任水平。最后，来自不同文化、民族和历史背景、社会阶层、性别、年龄等群体的人们在一起工作时会产生误解，此时，上位认同就要承担起协助澄清错误传达的作用。

重要概念

把定义和概念配对，看看你是不是理解了这些概念。然后再找一个同伴比较你们的答案。

概　念	定　义
_____ 1. 偏见	（1）把一群人与某些特征联系在一起的信念
_____ 2. 民族优越感	（2）伤害一个群体或其任意成员的行为
_____ 3. 刻板印象	（3）仅仅基于某个人属于和自己不同群体的成员身份而形成对其不公正的消极态度
_____ 4. 虚假相关	（4）将歧视或不幸归因于受害人的个人特征和行为
_____ 5. 歧视	（5）发生在来自不同文化的个体之间的有关基本价值观的冲突
_____ 6. 责备受害者	（6）有意识或无意识地强化刻板印象的态度、行为和普遍规范
_____ 7. 共谋	（7）倾向于高估只有轻微关联或几乎没有关联的变量之间的联系
_____ 8. 替罪羊	（8）因为某人的种族而对其持有的偏见
_____ 9. 种族歧视	（9）坚信大多数人都持有和自己相同的刻板印象
_____ 10. 现代种族主义	（10）攻击无辜的、手无寸铁的群体，以此发泄由另一个群体造成的愤怒和沮丧感
_____ 11. 虚假同感偏差	（11）隐蔽存在的偏见，即人们在表面上表现出不具有偏见的样子，但事实上持有偏见
_____ 12. 刻板印象威胁	（12）倾向于认为自己的种族群体、国家、宗教信仰、文化或性别比其他人的更为正确
_____ 13. 文化冲突	（13）无论何时，群体成员都冒着证实刻板印象的风险

练习 10.2　刻板印象

你已经认识到在社会化过程中每个人都会遭受偏见,都会用刻板印象去看待他人,现在你要弄清楚自己持有何种刻板印象。这个练习旨在阐明(1) 你对其他群体持有何种刻板印象,(2) 他们对你持有何种刻板印象,以及(3) 刻板印象是如何起作用的。

1. 把下列词语写在纸上,每张纸上写一个词,再把纸贴在房间的四面墙上:

男人	天主教徒	拉美裔美国人
青少年	南方人	聋人
亚裔美国人	女性	中等收入者
印第安人	古稀老人	新教教徒
盲人	非裔美国人	中西部人
低收入者		

2. 所有参与者绕着教室走,阅读这些表述身份的词语,然后在纸上写下自己听到过的有关这个身份的一种刻板印象。在写之前先看一下纸上已经写了什么,不要重复写已经有的内容。不要捏造出不存在的刻板印象,要写的是自己听闻过的所有与纸上所写身份相关的刻板印象。

3. 在所有人都写完后,参与者们再去看他们列出的所有刻板印象。

4. 参与者讨论:

a. 他们的个人反应。

b. 对这些身份的刻板印象有多准确。

c. 在用刻板印象看待他人这个问题上学到了什么。

练习 10.3　基于刻板印象的互动

刻板印象是在忽视个体差异的前提下,对其他群体做出的僵化判断。这一练习的目的是展现刻板印象如何与多样性的主要和次要维度联系在一起。

1. 将所有参与者分入 5 人小组。成员们将扮演一个大公司的职员,以角色扮演的形式就采取何种方式能够将高层行政岗位上有色人种和女性的比例从 10% 增加至 50% 这一问题开展讨论。

2. 给每个成员发一条头带,在头带上写好特定的身份,确保身份信息能让其他成员看到。要记住，**每个人都看不到自己的身份**。这五个身份分别是：

抚养两个年幼孩子的单身母亲，失业

身体残疾的职员　　　　　72 岁的女性

白人男性，公司总裁　　　　黑人女性，工会官员

3. 所有小组先讨论 10 分钟，然后再讨论以下问题：

(1) 每个人认为自己的头带上的写的是什么身份。

(2) 每个成员的个人反应。

(3) 每个成员的参与模式——谁主导、谁退缩、谁被打断、谁具有影响力。

(4) 从用刻板印象看待他人这个问题上学到了什么。

练习 10.4　问候与告别

这个练习能够帮助人们认识到不同文化模式下的问候与告别会怎样造成沟通问题。步骤如下：

1. 把所有参与者分入 4 人团队。再把每个团队分成两个小组，分别扮演美国人和莱克人（来自一个名叫莱克的虚构国家）。如果可能的话，给每一个小组发一些诸如彩带或臂章的东西，帮助他们在视觉上区分彼此。

2. 让所有扮演美国人的小组聚集到房间的一端，所有扮演莱克人的小组站到房间的另一端。这样做是为了协调者能够分别向他们介绍情境。

3. 参与者要扮演成商业伙伴，将要就本国的整体经济形势进行非正式会谈。

(1) **扮演美国人的小组**要用传统的北美风俗来问候他们的莱克商业伙伴。他们要握手，并说"很高兴再次见到你"，再就北美地区的经济形势谈论一会儿，最后再握手并挥手道别。

(2) **扮演莱克人的小组**要用传统的莱克风俗来问候他们的美国商业伙伴。他们要给美国伙伴们一个温暖的拥抱，握住他们的手并持续至少 30 秒。接下来，他们要谈一会莱克地区的经济形势。最后，他们要给美国伙伴一个拥抱来告别，握住他们的手至少 30 秒，并告诉对方与他们交谈感觉有多棒。

4. 重新回到四人团队。如果还有团队没有结束，每个小组就再去找一个扮演另一个国家人员的小组，重复上一步任务。

5. 四人团队就本次练习进行讨论：

(1) 两个国家的文化差异是什么？

(2) 这些文化差异导致了哪些沟通障碍？

（3）参与者在美国小组与莱克小组的互动过程中有什么感受？

（4）通过以上练习，可以得出哪三个关于跨文化沟通的结论？

英国人和他们在北美的同胞在身体语言沟通上是弱势的，他们只能使用语言来表达其他文化中通过手势或语调来表达的信息。例如在北美，人们相互问候时通常很矜持，会避免进行身体接触。但在一些阿拉伯国家，男性会在街上相遇时亲吻对方。尼日利亚男性经常手拉手走路。意大利男性会热情地拥抱对方，并在谈话过程中保持身体接触。在一些非洲国家，握手可以持续很长的一段时间，男性把一只手放在对方的膝盖上也不会被看作是一种冒犯。当来自不同文化的成员们相遇时，以上所有的差异都可能会导致沟通出现问题。

练习 10.5　时间

这个练习旨在突出不同文化在时间意识和时间安排上的差异。过程如下：

1. 把所有参与者分入四人团队。把每个团队再分成两个小组，分别扮演美国人和派因人（来自一个名叫派因的虚构国家）。如果可能的话，给每一个小组发一些诸如彩带或臂章的东西，帮助他们在视觉上区分出彼此。

2. 让所有扮演美国人的小组聚集到房间的一端，所有扮演派因人的小组站在房间的另一端。这样做是为了协调者能够分别向他们介绍情境。

3. 参与者开展角色扮演，故事背景是他们与摄影师预约好在12:00的时候拍照。

（1）告诉**扮演美国人的小组**，因为12:30摄影师在小镇另一端有约，所以他们被安排在12点整。摄影师请他们不要迟到。

（2）告诉**扮演派因人的小组**，时间对他们来说并不重要，今天拍或明天拍都无所谓。12点和13点又有什么区别呢？放轻松，喝杯咖啡，何必匆匆忙忙？

4. 4人团队重新聚在一起。假设现在是上午11:55分，他们离摄影师的工作室有5分钟的路程。

5. 4人团队就本次练习进行讨论：

（1）两个国家的文化差异是什么？

（2）这些文化差异导致了哪些沟通障碍？

（3）参与者在美国小组与派因小组互动的过程中有什么感受？

（4）通过以上练习，可以得出哪三个关于跨文化沟通的结论？

生活在工业化社会中的人常常被看作是"时间的奴隶"。而生活在非工业化社会中的人有时会被认为是轻率的、不可靠的。这两种文化碰撞的时候会发生什么?

练习 10.6　跨文化沟通

这个练习的目的是帮助人们提升对群体成员之间的文化差异如何导致沟通障碍这一问题的认识。步骤如下:

1. 组成 6 人团队,再将每个团队划分为 3 个小组。

2. 每个小组扮演其中一个文化身份:维金、布林肯或诺德国公民。每个人的任务是根据对他们国家的简介中提供的信息做出相应的行为。每个小组中的成员要一起合作,以确保每个人都明白如何做出该国公民典型的反应。准备时间为 10 分钟。

3. 重新分成两个 3 人小组,每个小组中的 3 个成员均来自不同国家。每个小组的任务是找出十个跨文化沟通中最重要的原则。任务限时 15 分钟。

4. 整个团队围绕下列问题开展讨论:

(1) 两个 3 人小组写下的内容有哪些不同之处?有哪些相同之处?

(2) 成员们对分配到的角色有何反应?扮演过程中遇到了什么困难?

(3) 3 个国家的公民之间存在哪些沟通障碍?为什么会产生这些障碍?

(4) 如何避免或克服这些沟通障碍?

(5) 从这个练习中可以得出什么结论?

(6) 这个练习对日常生活有什么应用价值?

机密:只有维金国的公民可以看

> **维金国公民的行为特征:**
> 1. **关于触碰的取向**:尽可能多地触碰别人。站或坐得离对方近一些。当你和别人打招呼的时候,握手的时间要长一些(大约 15 到 30 秒)。
> 2. **关于目光接触的取向**:当你和别人交谈的时候,要看着对方的眼睛。
> 3. **关于表露的取向**:你只对自己感兴趣,而且喜欢与别人分享有关自己的信息。只谈论和你自己有关的事情,以及你感兴趣的事情。不要去听别人说的内容——他们很无聊。你并不想更好地去了解别人,而是希望他们来了解你。无论何时,只要别人说话,你就要打断他们,而且要重新把谈话的焦点集中在自己身上。
> 4. **关于冲突的取向**:你喜欢为了争论而争论,这样人们才会注意到你。
> 5. **关于助人的取向**:你始终避免帮助别人。

机密：只有布林肯国的公民可以看

> **布林肯国公民的行为特征：**
> 1. 关于触碰的取向：不要触碰其他人。站或坐得离别人远一些。通过点头示意来和别人打招呼——不要握手。
> 2. 关于目光接触的取向：当和别人交谈的时候，不要看对方的眼睛。如果你不小心和别人对视了，视线接触只能保持一瞬间。
> 3. 关于表露的取向：你真的对别人很感兴趣。你很喜欢打听。你通过问对方一些他们感兴趣问题来了解对方。你会认真地倾听，在对方讲完后才会开口。你从不会打断别人。而且你从不谈论你自己。
> 4. 关于冲突的取向：冲突让你感到非常不舒服。你想要尽一切办法来努力避免冲突。你从不会就自己不同意的观点参与争论。相反，你会更换主题，转而谈论其他的话题。
> 5. 关于助人的取向：你会尽自己可能去帮助别人（特别是在问题解决上）。

机密：只有诺德国公民可以看

> **诺德国公民的行为特征：**
> 1. 关于触碰的取向：你在谈话过程中只是偶尔触碰别人。站或坐在离别人大约一臂远的地方。当你和别人打招呼的时候，和对方简短地握手。
> 2. 关于目光接触的取向：当你和别人谈话的时候，目光接触仅持续3秒。
> 3. 关于表露的取向：你想要交流观点和想法。你会与别人分享自己的兴趣和观点，并且你也希望别人和你分享他们的兴趣和观点。你想要**与**他们交谈，而不是**对**他们发言。
> 4. 关于冲突的取向：你寻求合理的判断。你不在意谁对谁错。你关注的是观点的质量，寻求对不同观点的综合或整合结果。你专心地倾听，补充你要说的内容，并且会基于所有立场和观点做出明智的判断。
> 5. 关于助人的取向：只有当情况有利于你的时候，你才会帮助别人。是否助人这一决策是建立在理性判断基础上的。

练习 10.7　融合不同的文化

这个练习的目的是体验把两个来自不同文化的个体融入一个群组的过程。这个练习的步骤如下：

1. 你需要为本次练习准备如下材料：

(1) 用硬纸板为亚特兰蒂斯大陆团队的每个参与者制作10套如图10.1所示的图形，还要为所有参与者每人制作一套如图10.2所示的图形。

(2) 每位参与者一个信封。

(3) 每个亚特兰蒂斯大陆团队一个骰子。

510　走到一起来！

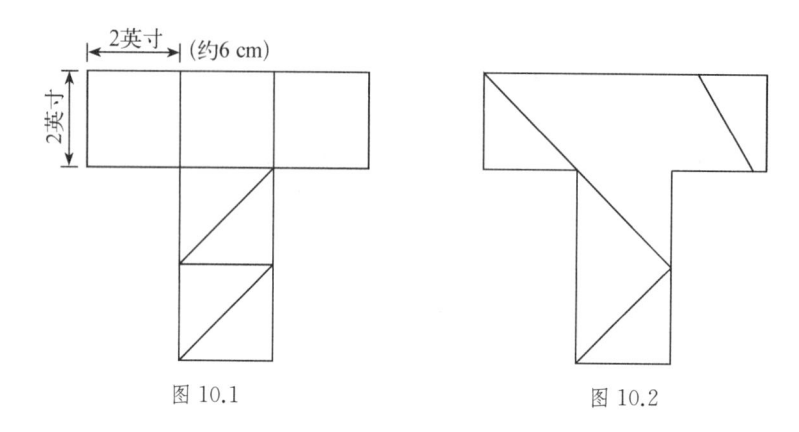

2英寸 (约6 cm)

2英寸

图 10.1　　　　　　　　图 10.2

2. 把所有参与者分为亚特兰蒂斯大陆公民和姆大陆公民两类。亚特兰蒂斯大陆公民在房间的一端集合,姆大陆公民在另一端集合。

3. 在亚特兰蒂斯大陆公民所在的一端,将这些参与者分配到 4 人团队中,并让每个团队围着一张桌子坐下。

(1) 在每张桌子的中间放置足够每个成员制作 10 个 T 形的碎片(总共可以拼出 40 个 T 形)。

(2) 告知参与者：

你是亚特兰蒂斯大陆的一名工人,以制作 T 形谋生。一个 T 形是由 4 个三角形和 3 个正方形组成的。亚特兰蒂斯大陆上的生活很艰苦,所以每个人都想要争取"第一名"。你们要轮流拿桌子上的碎片来制造自己的 T 形。当轮到你的时候,你可以选择① 从一沓碎片中拿出两片,或② 摇骰子(如果你摇到了偶数[2,4,6],就可以拿走相应数量的碎片;但如果你摇到了奇数[1,3,5],你就要从自己手中已有的碎片中放回相应的数量,无论这些碎片是否正好可以拼出完整的 T 形)。拥有最多 T 形的成员就是最富有者,并且能够幸存下来。最贫穷的人会被淘汰。你们现在可以开始了。

4. 在姆大陆公民所在的一端,另一个协调者也将公民们划分为 4 人团队,并让每个团队围着一张桌子坐下。他们的任务也是通过制造 T 形求得生存。每一个姆大陆公民要用 5 个碎片来制造一个 T 形,如图 10.2 所示。助教要准备好足够制造 4 个 T 形的碎片,并将这些碎片随机放在信封里(每个信封里有 5 个碎片),而且还要确保没有一个信封里的 5 张碎片恰好能够拼出一个完整的 T 形。给每个成员发一个信封。然后告知参与者：

你是姆大陆的一名工人,以制作 T 形谋生。姆大陆的生活很艰苦,所以每个人都会去照顾其他人。在你们组的成员手中有足够让每个人都制造出一个完整的T形的碎片,但是没有人的手中拿到正好可以拼出一个T形的碎片。在姆大陆的多元化社会中并不存在一种通用的语言。因此,你们团队的成员之间不能交谈。

不允许任何言语交流。

要想获得成功,小组成员就必须分享各自手里的碎片。你可以把自己的碎片给另一个成员,再从别的成员那里取得自己需要的碎片。你不能同时把碎片给多个人。你也不能通过指点、说话、轻推、扮鬼脸或其他任何方式去要某个碎片。在你把一个碎片交给其他成员的时候,你只能简单地递给这个人,不能去试验这个碎片是不是可以用于这个人的T形。你们有5分钟的时间来完成这项任务。现在你们可以打开自己的信封了。

5分钟后,协调者把每组的碎片收集起来,再次把它们随机放到信封里。

5. 姆大陆的小组重复以上任务。在第二次完成任务时,他们可以使用任何沟通方式,除此以外的其他规则均不变。限时依旧为5分钟。

6. 让亚特兰蒂斯大陆的公民加入姆大陆的社会中去。即把亚特兰蒂斯大陆公民平均分配到姆大陆的小组中。每增加一个新成员,就增加一套T形的碎片。把拼好的T形打散,重新放到信封里。告知参与者:

亚特兰蒂斯大陆的公民要移民到姆大陆来。他们要在姆大陆工作。他们越快地学会谋生技能,姆国就会变得越加富裕。然而,亚特兰蒂斯大陆的公民不会说姆大陆的语言,并且两个社会中非言语的手势有着完全不同的含义。**因此,成员间不能口头沟通,也不能使用指点或手势之类的非言语信号。**你们的任务是制造T形。姆大陆上T形的制造方法与亚特兰蒂斯大陆的制作方法不同。现在你们可以开始了。

当所有小组都拼出了所有的T形,或用时超过10分钟,(满足其一)就马上终止任务。

7. 组织小组讨论:

(1) 在混合的团队中工作时,来自各个社会的成员有什么感受?

(2) 这两个社会有什么不同?

(3) 在融合两个社会的过程中,你们团队是怎样取得成功的?或者,你们为什么失败了?

(4) 可以对由多个社会的成员组成的工作团队得出什么结论?

(5) 姆大陆的社会取向是融合、相互依赖、人际合作。

(6) 亚特兰蒂斯大陆的社会取向是个人主义、相互独立、人际竞争。

第11章

群体动力、民主与和平

引言

群体动力学源自人们对民主、世界和平及社会问题的关注。虽然早在20世纪40年代以前就已经有一些关于群体动力学的理论和研究,但是对于大萧条、德国和意大利等国家独裁政权的崛起、纳粹大屠杀以及第二次世界大战的探讨使得群体动力学进一步得到了社会科学家的普遍重视。在本章中将讨论群体动力学与(1)健全民主与(2)世界和平的关系。

群体动力学与民主

群体动力学领域的建立

随着第二次世界大战(简称二战)中法西斯主义国家战败,人们对民主的未来和民主的力量表现出极大关注。作为赢得二战的因素之一,科学技术被视为改善民主,建立太平盛世的关键。因此,人们开始尝试使用科学方法来认识小群体中的动力学特征,改善民主并防范法西斯主义的再次出现。民主是指人们通过努力在社会的未来走向达成共识,从而对自己进行约束。领导者是通过公民选举产生的。如果要罢免这种选举产生的领导者,人们并不需要采取革命的手段。民主政体与精英个体(君主制)、少数人(寡头统治)、单独个体(独裁统治),或者宗教人物(神权政体)持有权力的政体截然不同。

民主取决于小群体的有效运作。因此，人们认为群体动力学具有使民主政体更有效发挥作用的巨大潜力。人们会聚成小群体讨论问题，在讨论后做出初步的决策。在州和国家层面做决策时，人们会从各自的社区中选举代表去参加州立法机构或国民议会的决策工作。民主的生命力取决于家庭、社区以及社会中其他众多群体的力量。对群体动力学的科学研究被看作是改善政府民主形式的健全程度，以及成功解决社会问题的关键。

库尔特·勒温与其同事、学生以及当代的其他社会科学家们对增强民主的渴望使得群体动力学领域中产生了两个互相关联的重点：

第一个重点是有关群体动力学的科学研究。社会心理学家们开始科学地研究领导力、群体讨论和决策、群体成员之间的沟通、群体生产力、态度转变、权力、合作与竞争、如何减少偏见以及冲突。除了证明民主型领导相对于专制型领导和放任型领导更加有效以外，勒温也提出，相比于和个体相处，与群体的互动更有助于改变态度、行为模式以及意识形态或文化习惯（Lewin，1948）。群体决策对未来行为、态度和信念造成的影响往往比个人劝说更加有力。这些内容已经在本书中详细介绍过了。

第二个重点在于如何将理论和研究成果付诸应用，来培养领导者与那些对促进民主社会系统有效运作所需的社会技能感兴趣的人。勒温把群体动力学理论视为一座弥合理论科学、公共政策与民主实践之间鸿沟的桥梁。他对于民主有着深厚的信仰，认为通过专制的方法是无法让人学会民主行为的。他认为民主原则也许可以通过讲课来阐释，但是只有在群体和组织中亲身参与民主进程才能真正学会它们。库尔特·勒温的研究和理论观点认为在教育未来公民时，谈论民主理想并不能替代学校中的民主氛围。成长中的公民的性格和文化习惯并不是由他说了什么或他们被教会什么（即内容途径）来决定的，而是取决于每时每刻在学校、家庭以及社区中的日常生活（即过程途径）。

勒温和他的两名研究生所进行的关于领导力的经典研究就是将理论和研究应用到实践中的一个例子（Lewin，Lippitt，& White，1939）。Lippitt 在就职于美国童子军的时候曾希望完成一篇研究童子军导师领导有效性的论文。勒温认为这是研究民主型领导和专制型领导之间差异的绝佳机会。即使当年二战还没有爆发，但由于法西斯主义的肆虐，勒温依然沦落为德国难民。出于这种经历，他决定在研究中增加第三个条件，即放任型领导（即这位领导完全不提供任何指导）。他的研究（第 5 章中讨论过）为民主型领导相较于专制型领导或放任型领导的必要性提供了明确的理论依据。这项研究的结果成了培养童子军导师的指导方针,展现出理论、研究和实践之间的相互关系。

除了关注怎样增强民主,人们也同样关注如何减少偏见,以及如何在不同群体间建立起和谐的关系。正如社会科学家致力于确保法西斯主义不再重现一样,他们也努力去确保人世间不再发生大屠杀。尤其是在美国,科学家们形成了多方合力来尝试终结偏见。这些研究者都认为:解决种族和文化偏见的途径是让不同群体的成员之间建立联系,从而使个体之间互相了解。紧随着Goodwin Watson(1947)和 Robin Williams(1947)的研究,Gordon Allport(1954)正式提出了"接触假说"。这个观点自此以后就一直占据着关于群际关系的社会心理学理论的核心地位。接触假说认为,当且仅当情境满足如下特征时,群际接触才能够减少偏见:

1. **共同的目标**。群体必须协同工作以达成共同的目标;这个目标只有在群体成员们共同努力并且共享资源的理想情况下才能实现。

2. **平等的地位**。群体必须被成员们认为是平等的。学术背景、财富、技能或经验之间的差异与当前的情境无关。

3. **具有来自权威、法律或习俗的支持**。群体成员必须承认那些支持不同个体间进行接触和互动的权威。权威要鼓励友好、互助、平等的态度与交互模式。

4. **人际互动**。接触情境中要包括不同群体成员之间非正式的、个人的互动。参与者需要互相了解并建立起跨群体的友谊。

许多研究结果支持了这些条件的重要性。例如,Brown 等人(2003)调查了白人运动员与其黑人队友的接触量,以及这些运动员参与的是个人运动(例如,径赛或游泳)还是团队运动(例如,足球或篮球)。他们发现参与团队运动的白人运动员相比那些参与个人运动的运动员报告的偏见程度更低。

民主和社会科学是相互依存的。如果缺少只有在民主国家才能开展的研究和理论自由,社会科学就不能繁荣发展。相应地,如果公民不理解、不遵守群体动力学的规律,民主就不能取得成功。民主依赖于社会科学知识,而同时社会科学又依赖于民主提供的自由来开展研究。

融入民主的必要性及技巧

民主一词起源于希腊语"demokratia",意思是"人民的统治"。在公元前5世纪时,这个词被用来表示当时存在于雅典和其他许多希腊城市国家的政治体系。民主就是一种政治体系,在这种体系之下,公民享有自由和公正的选举权来选择或替换政权代表。它允许所有公民积极参与政府治理,保护每个公民的个人权利,并且确保每个公民在法律上得到平等待遇。

全球各地的人们都为建立民主政府做出过牺牲。民主的象征是选举。然而,建立一个民主国家所要做的远远不止完成选举。虽然选举很重要,但如果民主想要发展下去,我们就必须注意在当今和未来的公民中传输民主所需的价值观、态度和能力。这通常是在群体背景下完成的。因此,群体动力学的首要责任是确保所有公民都置身于这样的群体中:(1)灌输理解与履行作为民主国家公民的权利和义务所需的价值观、态度和行为模式;并且(2)建立起对履行责任的承诺。

民主是许多政府形式中的一种。正如 De Montesquieu(1748)所观察到的,独裁政权因其公民的恐惧而存在,君主政体则以其公民的忠诚为生,而一个自由的共和政权是这三者中最为脆弱的政治体系,它以其公民的美德而生存。自由共和国的美德指的是公民愿意平衡自己的个人需求和全社会的需要。美德来自归属感、对整个社会的关注,以及与其他公民的道德约定。这种道德约定是通过与公民同胞共同参与有关公共利益的政治对话以及参与改变社会的命途一起培养出来的。

成为一个民主国家的公民所要做的远比出生在一个民主社会中要多得多。孩子们必须学会在民主社会中必需的公民技能。当一个国家的民主逐渐形成并发展起来的时候,成员们对于成为有效公民的承诺就能阻碍腐败的产生,促使国家与时俱进。不幸的是,诸如 Parker(2006)这样的学者注意到,美国学校的政治教育往往是不起眼的。库尔特·勒温和约翰·杜威都认为,每一代人都必须重新学习民主(Dewey, 1937; Lewin, 1948)。这是因为由许多复杂的行为才能构成民主国家中负责任的公民,这种形式相较于独裁政体、君主制政体、寡头政体、神权政体或其他形式的政体来说要困难得多。

本书中呈现的所有技巧都是成为一个民主国家的公民必须具备的。总而言之,一个人如果想要成为民主国家中的有效公民,他就必须学会8组技能。

第一,设立吸引人的目标,使得社会中的每一个人都会努力去实现它。库尔特·勒温注意到,当群体中的人们意识到他们个人的命运取决于整个群体的命运时,这个群体就会持续存在下去(Lewin, 1948)。在许多群体中,尤其是大型社会中,人们可能难以认识到他们之间存在共同命运。因此,勒温认为群体成员拥有要一起努力实现的目标是成员之间形成相互依赖关系的一种非常有效的形式。

所以,民主国家的成员必须具备的一项基本技能就是将成员的注意力集中在全体成员都希望实现的有力的共同目标上。达到这一点,合作就随之产生了。

第二,有效表达自己的意见、观点、结论以及价值观。要成为一个民主国家的公民,人们就要能够以一种具有说服力的方式向其他公民阐述自己的结论、观点、意见和理论。这种交流就称之为政治话语。正是通过这种交流形式,人们才能通过努力达成共识。政治话语是否能取得成功,取决于参与其中的公民的沟通技巧。

第三,民主国家中的公民要能为小群体提供适当的领导。库尔特·勒温和他的学生进行了一项实验研究来检验民主型、专制型和放任型领导对群体成员行为的影响(Lewin, Lippitt, & White, 1939)。结果发现,群体在民主型领导下创意更强,群体思想和友善性也更强。

第四,在民主国家中,公民要通过获取权力、使用权力来增强群体和整个社会的效能,即提高全体公民的生活质量。勒温认为民主不能强加于人民(Lewin, 1948);相反,人们必须通过自愿和负责任的参与行为来学习它。权力不能被用来强迫他人持有和自己一样的信仰,或迫使他人按自己希望的方式投票。这种权力的使用方式会破坏民主的本质。只有当权力被用于最大化全体公民的福祉时,民主才会繁荣。

第五,通过协商一致做出决策。对采取什么行动来解决问题的讨论要以友好的说服来主导。如果无法达成共识,那么公民就要采用投票表决的形式采纳大多数人的意见。在旨在达成共识的讨论中,公民要同时关注决策的性质(即内容)和群体内的互动模式(即过程)。另外,公民在整个讨论过程中必须要开放地考虑所有观点。

第六,进行建设性争论的技能。一个民主国家需要言论自由和出版自由,这能够保障每个公民都可以对社会的走向提出自己的观点和结论,即参与政治话语。这种自由会导致成员之间在意见、观点和结论上产生冲突,发生争论。支持自己的结论,挑战并反对其他人提出的结论,还要整合所有方面的最佳理论依据提出整合性的结果,这是民主国家中的所有公民都需要具备的技能。

第七,在面对利益冲突时,开展旨在最大化共同利益的整合式协商。在民主国家中,各种各样的利益集团常常会在相互之间发生冲突。因此,人们需要具备进行整合式协商的能力,以此取得最大化所有成员收益的协议。除此之外,人们还需要学会调解群体成员之间利益冲突的技巧。

第八,以建设性的方式来应对成员多样性的能力。成员之间的多样性意味着他们在群体效能、创造力,以及其他许多积极结果上存在提升的潜力。如果要从成员的多样性中获益,那么人们就不仅要会使用前面提到的所有技能,也要具备从多个角度看待情境的能力,还要会欣赏其他人的文化背景。

群体动力学与和平

要想建立并维持彼此间的和平,当事各方就必须熟练地掌握本书介绍的群体动力学的各个方面。维持和平指的是以一种能够最大化各方利益的方式进行协商谈判。人们通常要做出困难的决策才能建立并维持和平,要做到这一点就需要采用建设性争论的方式。在这个过程中要做出很多决策,这些决策都需要在各方之间达成共识。权力的使用必须以最大化共同目标产出为前提,并且要做到用各方的资源创造出公平的结果。领导要分布在所有参与方中。在所有的讨论中,有反馈的双向沟通必须占据主导地位。最后,各方时刻都要明确地认识到和平的背后是所有群体之间的积极相互依赖关系。如果要充分理解群体动力在建立与维持和平中扮演的角色,人们就必须先定义和平的性质以及建立和平的方式(强制 vs 达成共识)。

和平(peace)可以被定义为一种存在于有关各方之间的互惠、和谐的关系(即个人自身各个方面之间,个体、团体或国家之间),在这种关系中没有战争或暴力(Johnson & Johnson,2006,2010)。这个定义将和平划分为两个维度(见图11.1)。在第一个维度上,战争、暴力和冲突在其中一端(战争指的是一种在诸如州或国家之间公开且经过宣战的武装战斗状态);这个维度的另一端是和解、协定与共识,它们代表着结束或避免敌对和暴力。根据这个维度,如果各方之间没有战争和暴力,那么就认为存在和平。在第二个维度上,其中一端是以

战争、敌对、冲突、暴力	→	取得协议、同意不诉诸暴力
1 – 2 – 3 – 4 – 5 – 6 – 7 – 8 – 9 – 10		
不和谐、意图进行支配的敌意性交互、差别化收益	→	旨在获取共同利益的和谐交互
消极相互依赖		积极相互依赖
社会不公正		社会公正

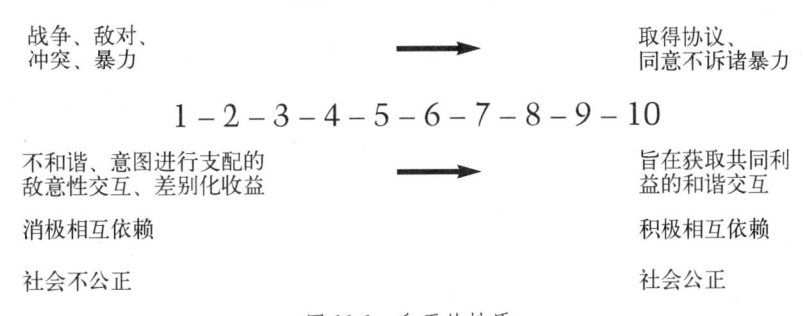

图11.1 和平的性质

资料来源:Johnson, D. W., & Johnson, R. T. (2004). Cooperative learning and peace education. *The Cooperative Link*, 19(1), 1-4.

社会不公为特征的不和谐、意图进行支配的敌意性交互、差别化收益（即有输家和赢家）；在另一端是以社会公正为特征的共同利益与旨在达成共同目标的和谐交互。根据这个维度，如果各方之间表现出积极关系、共同利益及公正，那么就可以说存在和平。

这个定义中包含了和平的几大特征。具体来说，和平是指（Johnson & Johnson，2006，2010）：

1. 一个关系变量，而不是一种特性。和平不是一种特性、特征或倾向；它存在于特征、个体、群体和国家之间。作为一个关系变量，我们无法通过分离、隔离或在冲突各方之间设立障碍来维持和平。所有这些做法虽然可以暂时性地减少暴力（开展"冷"战），但却无法建立起长期和平所需要的合作关系。

2. 一个动态的而非静态的过程。随着各相关方各自采取行动，和平水平也会相应提升或降低。即和平处在一个不断变化的状态当中。

3. 一个主动的过程，而不是被动的状态。建立与维护和平需要各方主动参与其中；消极被动地共存不是通往和平的可行之路。

4. 难以建立，易被摧毁。各方可能需要经过多年的努力才能建立起稳固的和平局面。然而，仅仅一个行为就可以摧毁它。

5. 以建设性地（而不是破坏性地）处理持续的冲突为特征（而不是消灭冲突）。冲突总是不断发生的。维持和平并不是靠回避、压抑或否认冲突达到的。只有通过面对冲突本身，再建设性地解决冲突才能建立起并维持和平。在冲突刚产生时，如果没有做到面对并解决它，小冲突就可能会不断积累，最终演变成大的冲突。

6. 建立在双方一致同意的基础上的和平最为强大。建立长期、稳定的和平需要的是各方达成共识的协议，而不是某一方对其余各方的统治。长期、稳定的和平要建立在达成共识的协议基础上，所有相关方都要认为这个协议合乎情理、合法、公正且有利可图。达成共识的协议可以带来**结构化的自由**。即提升所有相关方面公平、正义和幸福的社会制度。相反，统治（直接通过更强大的军事和经济力量或间接利用社会结构进行压迫）往往会产生强加的和平和结构化的压迫。结构化的压迫指的是通过建立形成社会、经济和政治环境的社会制度（例如，教育、宗教和大众传媒）进行压迫。即系统化的不平等、不公正、暴力或缺乏得到社会服务机会。在这种制度下，社会中的某些个体或群体会感受到压抑、健康水平会下降，甚至还会因此死亡。

战争是一个国家利用大规模的暴力和竞争行为来应对冲突的做法。当国与国之间出现合作时，和平就产生了。在国与国之间重新建立起合作时，战争就结束了。没有冲突并不是和平的标志。和平的特征是能够以建设性的方式解决频繁发生的冲突。冲突可能经常发生，这是因为当冲突得到建设性解决时就可以产生许多积极结果。例如，提升解决问题的动机和精力，提高成就和生产力，明确自己的身份和价值观，以及增进对其他观点的理解(Johnson，1970；Johnson & Johnson，2005b，2007)。对于建立与维护和平而言，尤其重要的是要讨论相互冲突的观点、结论和意识形态，这样才有机会达到相互理解和彼此适应(Johnson & Johnson，2000，2007)。

建立和平的途径

建立和维护和平的途径可以归在一个维度上。这个维度的一端是强加的和平，另一端是共识性和平(Clark，2001；Johnson & Johnson，2006，2010)。

强加的和平

强加的和平是以统治、权力、强迫为基础的和平。高权力群体利用他们的军事和经济力量迫使低权力群体终止敌对行为，强制施行和平协定(见图11.2)。冲突的胜利者(即统治)和以联合国、北约组织或其他国际联盟为代表的

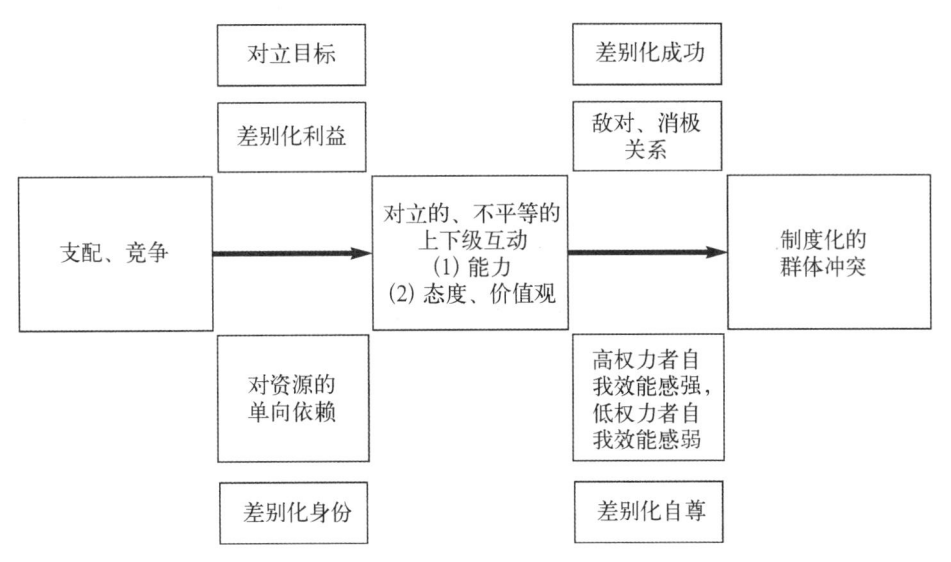

图 11.2 强加的和平

资料来源：Johnson, D. W., & Johnson, R. T. (2004). Cooperative learning and peace education. *The Cooperative Link*, 19(1), 1-4。

强大的第三方都能强加和平。虽然强加的和平能够压制冲突,但它并不能解决根本问题,也无法在冲突各方之间建立起积极的长期关系。

共识性和平

如果要通过达成共识来实现和平,各方就需要制定包含(a)停止暴力和敌对行为以及(b)建立一种旨在实现共同目标、公平分配共同利益、相互依赖彼此的资源,并形成共同身份的新关系的协议(见图11.3)。在共识性和平中,各方都认为和平是合乎情理的、合法的、公正的、有益的。在维护和平方面取得共同的成功往往能够提升参与各方之间的积极关系。这种关系会产生一种相互扶持的感受和效能感,也会形成共同的自尊。

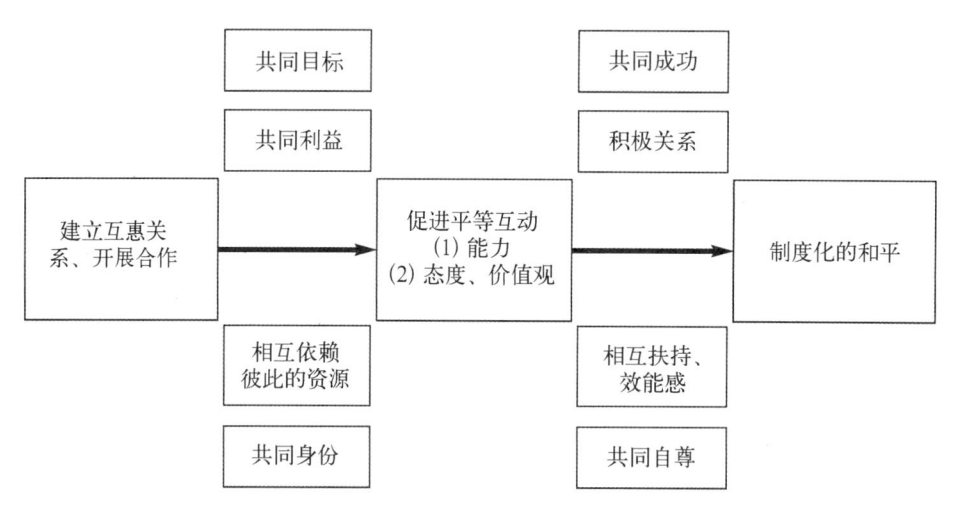

图 11.3 共识性和平

资料来源:Johnson, D. W., & Johnson, R. T. (2004). Cooperative learning and peace education. *The Cooperative Link*, 19(1), 1-4。

共识性和平有两个层面。第一个层面是**调停**(peacemaking),即参与各方通过协商谈判达成"停火协议",初步协定或一个解决未来冲突的框架。典型的调解通常能够解决即时冲突,但却无法处理潜在的结构性问题。第二个层面是**和平建设**(peacebuilding),即用经济、政治和教育机构来创造长期的和平。和平建设能够处理结构性问题,目的是建立以互相尊重和社会公正为基础的长期和谐关系。

群体动力学在建立与维持共识性和平中的作用

要想建立与维持共识性和平,有关各方必须要能设立有说服力的目标。这个目标要能够使各方都想要达成它。在建立共同目标并努力实现的过程中,各方必须要善于传达他们的想法、观点、结论以及价值观。他们必须具备领导能力,善于运用权力来增强群体和社会整体的效能。他们必须善于以达成共识的方式做出决策,并且能够参与建设性争论和政治对话。他们也必须善于解决利益冲突,能够最大化共同成果。最后,他们还必须能够以建设性的方式来应对成员的多样性,并且能够借助多样性来提升团队效能。需要建立和维护共识性和平的群体都需要通过掌握本书中介绍的全部技能来管理群体间的互动关系。

总结

群体动力学这个研究领域起源于人们对民主、社会问题和世界和平的关注。由于科学是赢得二战的因素之一,所以人们将它视为改善民主、解决诸如种族偏见等社会问题,以及建立持久的世界和平的关键要素。因此,在改善民主、防止法西斯主义再现、减少种族偏见和建立和平世界的目标下,人们开始使用科学方法来认识小群体的动力学特征。

群体动力学可以从两个方面来帮助我们认识如何实现以上这些目标。首先是对群体动力的科学研究。一系列的理论和研究结果为加强民主与建立和平奠定了基础。第二个方面是将理论和研究的结果应用到对领导者和对民主、和平社会系统有效运作所需群体技能感兴趣的人群的培训中。勒温和其他研究者将群体动力学理论看作是弥合科学(即理论与研究)、公共政策、社会问题解决方法和民主实践之间鸿沟的一种方法。

群体动力学理论与研究的初衷是提高民主国家的有效性,以及提升实现世界和平的可能性,这些目标是该领域的传统。但是,现在我们周围开展的许多研究已经偏离了这些目的。希望在未来,群体动力学这个研究领域能够主要聚焦在那些可以影响民主、世界和平,以及社会问题解决方法的变量上。

第12章

课堂中的合作学习

本章要学习的基本概念

这里列出了本章中介绍的主要概念。在教学中可以将学生分成两人小组,每一组学生需要(1)对每一个概念下定义,在阅读中关注文中怎么定义这些概念以及针对概念开展哪些讨论;(2)确保两个人都理解这些概念的定义。接下来再组成4人小组。比较4人小组中两两各自学习的概念是否存在差异,如果存在差异就再一次在文中查找并下定义,直到所有成员都认同为止。

概念:

合作学习(Cooperative learning)

竞争学习(Competitive learning)

个体学习(Individualistic Learning)

正式合作学习(Formal cooperative learning)

非正式合作学习(Informal cooperative learning)

合作基础团体(Cooperative base groups)

个人责任(Individual accountability)

促进性交互(Promotive interaction)

群体过程(Group processing)

合作型学校(Cooperative school)

合作学习的性质

从最早的动植物群体到现代的人类,生命存在了多久,群体就存在了多久。每一个人类社会都使用群体来实现它们的目标,也会在群体取得成功的时候进行庆祝。群体建造了金字塔,在以弗所建造了阿尔蒂米斯神庙,也创造出了罗德斯岛巨像和巴格达空中花园。本书的大部分内容让我们看到群体在很多方面都胜过个人,尤其是在那些需要使用多项技能、判断能力以及经验的事件中更是这样。然而,许多教育工作者都忽视了运用群体来促进学生学习以及提升成就水平。我们在本章中提出了在课堂环境中开展合作学习这一概念。不论你是学生还是老师,这些有关合作学习的知识都能够对你的课堂体验带来帮助。

合作学习的历史

合作学习是一个很古老的思想。犹太法典中就明确指出,如果要学习,你就必须有一个学习伙伴。早在公元1世纪,昆体良就提出,学生们可以从互相教学中获益。罗马哲学家塞内加通过诸如"*Qui docet discet*"(你在教别人的时候,就相当于自己学了两次)的观点来倡导合作学习。约翰·阿摩司·夸美纽斯(1592—1679)相信,学生们可以从教导别人以及被其他学生教导这两方面获益。到了18世纪后期,约瑟夫·兰开斯特和安德鲁·贝尔开始在英国广泛使用合作学习团队。在1806年的时候,随着第一所兰开斯特学校在纽约开办,这种思想被带到了美国。

在19世纪初的时候,美国的公立学校非常强调合作学习。在19世纪的最后30年里,弗朗西斯·帕克上校坚持提倡开展热情的、理想主义的、实践性的,以及为公立学校的自由、民主和特色做出巨大贡献的合作学习。他创造出真正合作、民主的课堂氛围的能力奠定了他的名声与成就的基础。帕克对学生之间进行合作的倡导在20世纪之初主导了美国的教育方向。紧随帕克之后,约翰·杜威改进了合作学习小组的使用方式,并将其作为他著名的项目教学法的一部分。然而在20世纪30年代后期,学校转而开始强调人际竞争;甚至在60年代后期,学校开始广泛采用个体学习的形式。不过,自从20世纪80年代开始,学校再次将目光投向了合作学习。

运用群体的力量

在做到能够准确回答下列问题之后，你就能够掌握如何在学校中运用群体力量了（见表12.1）：

1. 什么是合作学习？
2. 为什么要使用合作学习？
3. 共同努力所带来的预期结果是什么？

表 12.1　本章概述：合作学习

社会相互依赖		
合作	竞争	个人
研究：为什么要使用合作学习		
努力实现目标	积极的关系	心理健康
5 个基本要素		
积极相互依赖　个人责任	促进性互动	社会技能　群体过程

合作学习		
正式合作学习	**非正式合作学习**	**合作基础团体**
在教学前做好决定。	开展以引导为主的讨论。	安排课前会议，在会上检查回家作业，确保成员们都理解了学习材料，同时完成诸如考勤的日常工作。
解释任务与合作结构。	每隔 10 或 15 分钟进行一次两人讨论。	安排课后会议，在会上检查成员们是否理解了学习材料和作业安排。
监控学习团体并对它们进行干预，以提升工作任务表现和团队合作。	开展封闭式讨论。	不同班级的学生们在学习上互相帮助。
评估学生的学习情况和团体的效能。		执行为期一学期或更长时间的学校或班级服务计划。

合作型学校		
教学团队	实地决策	教职工大会

建设性冲突			
学生		**教师**	
学术争论	协商、调解	决策争议	协商、调解

大众价值观			
致力于互惠互利、公众利益	全员人人平等	信任、相互体贴的关系	从全面视角看待局势	无条件尊重自己和他人的价值

4. 你会如何安排正式的合作学习？
5. 你会如何安排非正式的合作学习？
6. 你会如何构建合作基础团体？
7. 你会怎样综合运用合作学习的三种方式？
8. 促使合作学习有效运作的基本要素是什么？
9. 你会如何组织起全体教职工之间的合作行为，使共同努力的工作方式在学校中制度化？

什么是合作学习？

要想理解合作学习的本质，就要将其放在更广泛的社会相互依赖环境下来加以解释。在第3章中，**社会相互依赖**被定义为每个人的行为结果都受到其他人行为影响的情况。个人目标之间的相互依赖既可以是积极的（例如，合作），也可以是消极的（例如，竞争）。相互依赖的反面是社会独立。社会独立的特点是个人得到的结果不受其他人所做行为的影响。

合作就是共同努力以实现共同目标。**合作学习**（Cooperative learning）是运用小群体进行教学的一种方法。在使用这种方法的时候，教师会让学生共同努力，最大限度地提升每个人的学习水平。学生们会在合作学习小组中互相讨论将要学习的材料，帮助彼此进行理解，而且还会鼓励大家努力学习。**竞争学习**（Competitive learning）是指学生们努力达成某个仅有一个人或几个人能够实现的目标。例如，在考试中得到A。为了努力取得比其他学生更高的分数，学生们会花费精力去妨碍其他人获得成功。**个体学习**（Individualistic learning）则是指学生们通过自己的努力来达成那些与其他学生无关的学习目标。

在合作学习和个体学习中，学生们的努力成果是使用参照标准来进行评估的。而在竞争学习中，学生们是参照常模来取得评分的。尽管竞争学习和个体学习能够在何时、何地得到适当使用存在着局限性，但是任何学科领域中的所有课程学习任务都能够通过合作化的方式来开展。

合作学习有三种类型（见表12.2）。教师可以使用合作学习团体来讲授明确的、具体的学习内容（正式合作学习团体），在讲课或教学示范的过程中确保学生能够主动加工信息（非正式合作学习团体），以及为学业进步提供长久的支持和帮助（合作基础团体；Johnson, Johnson, & Holubec, 2008; Johnson, Johnson, & Smith, 2006）。

表 12.2　合作学习的类型

正式合作学习	非正式合作学习	合作基础团体
完成任务、课程、单元、项目，最大化自己和团队成员的学习成效。	通过对指定问题进行几分钟的讨论来集中注意力、组织知识、设定期望、创造情绪氛围、进行认知加工和认知预演、总结、预习下一阶段的学习内容、收尾。	长久性的；持续一学期、一年或是几年，以确保所有成员都取得学业进步并实现认知方面和社交方面的健康成长。
教　学　步　骤	教　学　步　骤	教　学　步　骤
在教学前做好决定。	开展以引导为主的讨论。	安排课前会议，在会上检查回家作业，确保成员们都理解了学习材料，同时完成诸如考勤之类的日常工作。
解释任务与合作结构。	每隔 10 或 15 分钟进行一次两人讨论。	安排课后会议，在会上检查成员们是否都理解了学习材料和作业安排。
监控学习团体并对它们进行干预，以提升工作任务表现和团队合作。	开展封闭式讨论。	不同班级的学生们在学习上互相帮助。
评估学生的学习情况和团体的效能。		执行为期一学期或更长时间的学校或班级服务计划。

正式合作学习：成为"身边的向导"

时年 55 岁的泰迪·罗斯福在美国总统竞选中败给伍德罗·威尔逊后前往南美洲旅行。巴西政府建议他率领一支考察队去探索雨林深处的一条辽阔的、未被标入地图的河流。当时人们认为它是亚马孙河的一条支流，称它为怀疑之河。罗斯福立即接受了这个提议。巴西政府为这次探险组织了一支考察队。罗斯福声明道："我们会沿着这条未知的河流行进。""我必须去，"后来他说，"这是我最后一次当一个男孩的机会。"泰迪·罗斯福在他的儿子科米特和一群 18 岁少年的陪伴下进入了丛林。"1914 年 2 月 27 日午后，我们沿着怀疑之河走入了未知之地。"罗斯福写道。这次旅程是一场严峻的考验。他们遭到原始部落袭击，损失了独木舟、遭受食物短缺困扰，而且还丢失了装备。考察队里有一个成员淹死了；另外有一个人发了狂，他在杀死一名考察队员后跑入了丛林深处。罗斯福的腿部受了重伤，高烧不退。他拖着一条感染的伤腿躺在帐篷里,发烧高达40℃。在这种情况下,他要求队友抛弃他。但是科米特没有理会罗斯福的要求,而是在考察队成员们的帮助下把他的父亲带到了一个安全的地方。泰迪·罗斯福勉强保住了一条命,与此同时,他和他的同伴们完成了他们的使命。这支团队在地图上绘制出了1 000英里的怀疑之河,并为自然历史博物馆收集了无价的标本。后来,这条河流改名为罗斯福河,以示对他的敬意。

这是哪类学习?

> 下列有12个陈述语句。找一个伙伴组成两人小组,讨论每个陈述语句反映的是合作、竞争还是个体学习。你们两个人要对你们的答案达成一致意见。
>
> **陈述**
> 1. 为了每个人的成功而努力。
> 2. 为了超越他人而努力。
> 3. 仅仅为了自己的成功而努力。
> 4. 那些有利于自己的事情并不会影响到其他人。
> 5. 会为共同的成功进行庆祝。
> 6. 对自身有利的事情也会使他人获益。
> 7. 只会为自己的成功庆祝。
> 8. 有帮助他人的动机。
> 9. 对自身有利的事情可能会剥夺或损害他人的利益。
> 10. 只以最大化自身的生产力为动机。
> 11. 会为自己的成功和他人的失败庆祝。
> 12. 以确保没有其他人能超越自己为动机。
>
> | 合 作 | 竞 争 | 个 人 |
> |---|---|---|
> | | | |
> | | | |
> | | | |
> | | | |

形成一个像罗斯福在怀疑之河探险时的考察队一样的合作团体要经历以下4个阶段:

1. 在旅程开始前就做好一系列决策,其中包括需要的人数、物料和设备,还要规划好路线。

2. 向所有参与者简要介绍此次旅程的目标与目的,强调成员能否幸存将取决于所有人的共同努力,还要描述期望考察队表现出的行为。

3. 出发,沿途仔细绘制经过的区域并收集计划采集的标本。

4. 将结果报告给有关各方,向考察队成员反馈哪些做得好、哪些做得不好,还要写下回忆录。

完成一场正式的合作型课程采用的也是这种方式。教师要(1)在教学前预先做一系列的决策,(2)向学生解释教学任务和课堂合作的性质,(3)进行课堂教学,以及(4)评估并分析教学成果。接下来将介绍这四个步骤各自的"细枝末节",以帮助教师、团队负责人和学生充分利用合作学习经验的长处。

在每一堂课中,教师必须选择成为课堂的核心、"舞台上的圣人";或成为一个助手、"身边的向导"。在这样做的过程中,教师要谨记教学中的挑战并不是**为**学生准备好学习材料,而是**与**学生一同发现学习材料。

教学前的决策

在合作团体开始完成任务之前,教师必须预先完成一系列的教学前决策。在准备每一堂课的时候,教师都要(1)制定课程目标,(2)决定学生团队的规模,(3)选择以何种方式将学生分组,(4)决定分配给各组成员的角色,(5)布置教室,以及(6)准备好学生完成任务所需的材料。

明确教学目标

你必须先确定这堂课要达成什么目标,这样才能做好课前准备。这就意味着你要明确**学术目标**(academic objectives;基于概念或任务分析)以及**社会技能目标**(social-skills objectives)。社会技能目标详细描述你希望在课程中强调的人际和小群体技能(Johnson, Johnson, & Holubec, 2008)。

决定团队规模

在把学生分配到各个团队之前,你必须先决定(a)每个团队的规模有多大,(b)应该以何种方式把学生分配到各个团队中,(c)这些团队要存续多长时间,以及(d)在课程中要以何种方式组合各个团队。

根据"TEAM"原则确定团队规模

T = 期限	**A** = 年龄
E = 团队工作经验	**M** = 可用材料和设备

虽然合作学习团队的规模通常为 2—4 人,但是确定人数的基本原则是:规模越小越好。不过,合作学习团队并没有理想的规模。一个常见的误区是:必须先让学生在 4—5 人团队中学习,这样他们才能完全掌握合作学习。在设定合作学习团队的规模时,请记住下面的建议:

1. 随着每位小组成员的加入,能够帮助群体取得成功的资源也随之增加。随着合作学习团队的规模不断扩大,(1) 能力、专项知识和技能的范围也会扩大;(2) 能够获取并处理外界信息的思想变多;以及(3) 观点的多样性增加。

2. 持续的时间越短,学习小组的规模就应该越小。如果课堂上只有很短暂的一段时间可供利用,那么较小规模的团队(例如,两人小组)会更有效率。组织小规模的团队所花费的时间更少,它们能够更快地运作起来,并且留给每个成员的"表现时间"也更多。

3. 团队规模越小,学生就越不容易隐藏自己,难以逃避参与分享学习。小规模的团队会提升学生各付出努力的可见性,促使他们为自己的行为承担起责任。

4. 团队规模越大,小组成员的技能必然会越加熟练。在两人团队中,学生必须要处理两个人之间的交互。在 3 人团队中,就存在着 6 个作用路径。在 4 人团队中,则需要处理 12 条作用路径。随着团队规模的扩大,用以处理成员间相互作用的人际与小群体技能也会变得更加复合化和复杂化。

5. 团队的规模越大,成员之间的互动就越少。其结果是群体凝聚力变得薄弱、友谊关系数量变少、人际支持更弱。

6. 根据可用的材料或任务的具体性质来决定团队规模。当你有 10 台计算机和 30 名学生时,你就可以把学生划分成 3 人团队。当任务是练习网球时,不用多说,你就要把学生分成两人团队。

7. 团队规模越小,你就越容易发现学生在共同学习中遇到的困难。诸如领导的问题、成员之间未解决的冲突、关于权力与控制的问题、躲在后面等着别人去完成任务的倾向,以及学生们在共同学习中存在的其他问题等现象在小规模团队中更为明显。合适的团队规模能够保障全部学生都能活跃并平等地参与任务。

把学生分配至各团队

在讲授具体的技能或是实现特定的教学目标的时候,你可能要设置能力水平上较为一致的合作学习团队。然而,异质团队也是有优势的。它的优势通常就在于学生们来自不同背景并且具备不同的能力、经验与兴趣。在这种情况下:

1. 学生们能够接触到各种各样的想法、多种视角,以及不同的问题解决方法。

2. 在学生身上更多地引发认知失调,这可以激发学习、产生创造力,并且能够促进认知与社会能力的发展。

3. 学生们会进行更精细化的思考、提供并接受更多的解释,以及在材料讨论中更频繁地使用观点采择。所有这些都会增强学生理解的深度、论证的质量,以及长时记忆的准确性。

随机分配是最简单,也是最有效的方法。这种方法很简单,就是把学生按想要设定的团队规模进行均分。如果你想要让学生们组成 3 人团队,并且正好有 30 名学生,那么你就用 30 除以 3 得到的数值作为团队数量。在确定团队数量后,让学生们根据这个数字依次报数(例如,从 1 数到 10)。然后,让学生们去找那些报出相同数字的同伴(所有报 1 的学生聚集在一起,所有报 2 的学生聚集在一起,以此类推)。

分层随机分配(stratified random assignment)也是一种分配学生的方法。这种方法与随机分配很像。不同之处在于你需要从学生身上挑选出一个或两个特征(例如,阅读水平、任务导向或个人兴趣),然后保证每个团队中至少一个学生拥有这些特征。还有一种改进的分层随机分配方法是按照**偏好**将学生分配至各组。例如,首先让学生在纸条上写出他们最喜欢的运动,然后再让他们去找喜欢同一项运动的小组成员。当然,这些偏好也可以是喜爱的食物、名人、技能、汽车、领导人、动物、蔬菜、童话里的人物等。

团队存续的时限。"合作学习团队要持续多久?"所有人都会面临这个问题。你所使用的合作学习团队的类型会告诉你这个问题的答案。合作基础团体(本章稍后会讨论)至少要存续一个学期或一年。非正式的合作学习团队仅维持几分钟,或最多一节课的时间。正式合作学习团队通常会在一起完成一项任务、学习某个单元或章节。在课堂中,每个学生最终都应该和其他任何一个同学一起合作学习过。

分配角色以确保形成相互依赖关系

在设计课程的时候,教师要考虑需要采取哪些行动来最大限度提高学生的学习水平。角色决定了其他成员会对承担该角色的成员产生什么期望,同时也决定了这个学生有要做什么的义务。反过来,角色也能显示出承担这个角色的成员会对承担其余角色的成员有什么样的期待。教师要通过以下过程使用角色来促进合作:

1. 在学生习惯共同工作之前,不要分配角色。
2. 首先分配给学生简单的角色,例如朗读者、记录者,以及专门鼓励人们参与的人。然后再轮换角色，从而使每个成员都能够多次扮演全部角色。

3. 在角色轮换的过程中，添加一个稍微复杂些的新角色。例如，检验理解程度的检查者（要求成员们解释他们所学的内容）。

4. 随着时间的推移，不断将非自然产生的角色增加到小组中。例如，对观点的精细加工者（负责把新习得的知识与之前的学习成果联系起来）。除非你专门训练学生们把他们学到的东西与已经知道的内容联系起来，否则他们是不会自己这样做的。

解决并预防合作过程中遇到的问题。有时候，部分学生会拒绝参加合作学习团队，或者不知道该如何帮助这个团队取得成功。当你为每个小组成员分配一个明确的角色后，这个问题就迎刃而解了。分配合适的角色可以帮助我们：

1. 减少问题的发生数量。例如，一个或更多成员没有为团队做出贡献，或是其中某个成员控制整个团队。

2. 确保团队中表现出至关重要的团体技能，并且团队成员能够学到教师期望他们掌握的技能。

3. 在团队成员之间建立起相互依赖的关系。你可以通过为每个成员分配互补和彼此联系的角色来构建**角色相互依赖**（role interdependence）。

布置教室

教室内空间的设计和家具的布置会传达出什么行为是合适的，以及将会进行哪种学习活动的信息。排成一排的桌椅和围成小圈的桌椅传达出的信息与期望是不同的。空间设计决定了课堂中的传播模式。这种**传播**（circulation）是进入、离开和存在于教室之中的运动流。这是一种在空间中穿行的运动。你所布置的课堂环境将决定学生看到什么，在什么时候看到，以及与谁一起互动。

没有一种教室布置能够符合所有课程的要求。教师需要利用参考点和明确设定的工作空间界限，让学生在横排、两人小组、四人小组之间进行变换。色彩、图形和照明设备也同样重要，因为它们能将学生的视觉注意集中在课堂里的重点项目上——学习团队、教师、教学材料。这些要素还设定了工作空间的边界——学生们在这个空间里完成团队作业、将成果展现给全班同学等。你可以通过以下方法来设定边界：

1. **使用标签和标志**来标出区域。

2. **使用色彩来吸引**视觉注意并设定团队和个人空间，同时区分出储存区域及资源中心。

3. 在地板或墙上**粘贴线条**,标出不同的工作区域。

4. 把**装饰物和图形**(例如箭头)贴在墙上或挂在天花板上,直接引起注意或是指明工作区域。

5. 用**照明设备**来指明特定的工作区域。直射灯光(照亮教室的部分区域,使其他地方保持昏暗状态)能够增强并直接吸引学生的注意力。明亮的灯光能够把人们吸引到这些区域和活动中来。围绕着明亮区域的灯光相对昏暗的地方就形成了区域边界。随着课堂活动的变化,照明灯光也要相应发生变化。

6. **移动室内家具**来划分工作和资源区域。例如,可以把高大的植物放在带有轮子的花盆中,通过移动摆放位置来标示出空间边界。

7. 通过**展示团队工作成果**来设定工作空间。如果一个合作团队需要在一起待几天或几周的时间,成员们可能会希望通过张贴海报或拼贴画来标记出各自的工作区域。

你也可以使用同样的程序来控制教室内的噪声水平。

准备教学材料

学生将要完成任务的类型决定了教师需要为课程准备哪些教学材料。作为教师,你要决定怎样安排与分配材料才能最大化他们的参与度和学习成就。通常来讲,你要在分配材料的时候传达出任务是共同努力的结果而不是个人努力的结果这一信息。你可以通过构造以下条件来创建出团队工作氛围:

1. **材料相互依赖**。只给每个团队一份材料。学生们必须共同努力才能取得成功。这种方法在团队刚组成的时候尤为有效。当学生们习惯了合作学习后,教师就可以给每个学生提供一份材料了。

2. **信息相互依赖**(例如,拼图)。准备类似拼图游戏之类的材料,让每个学生都只拿到完成任务必须的部分材料。也就是说,每个成员都会得到不同的书本或资源材料,这些材料要整合在一起才能使用。这种做法就要求每个成员都参与其中,因为只有这样才能使团队获得成功。

3. **团队竞赛**。把材料融入团队竞赛,让团队之间互相竞争,比较谁学到的最多——这是得到 DeVries 和 Edwards(1973)推荐的方法。在他们建议采用的团队-游戏-竞赛形式中,学生们被划分到不同的合作学习团队中与其他团队竞争。每个学生都要与其他团队中和自己水平相当的成员比赛。成员在竞赛中表现最好的团队获胜。

课堂设计的重要性

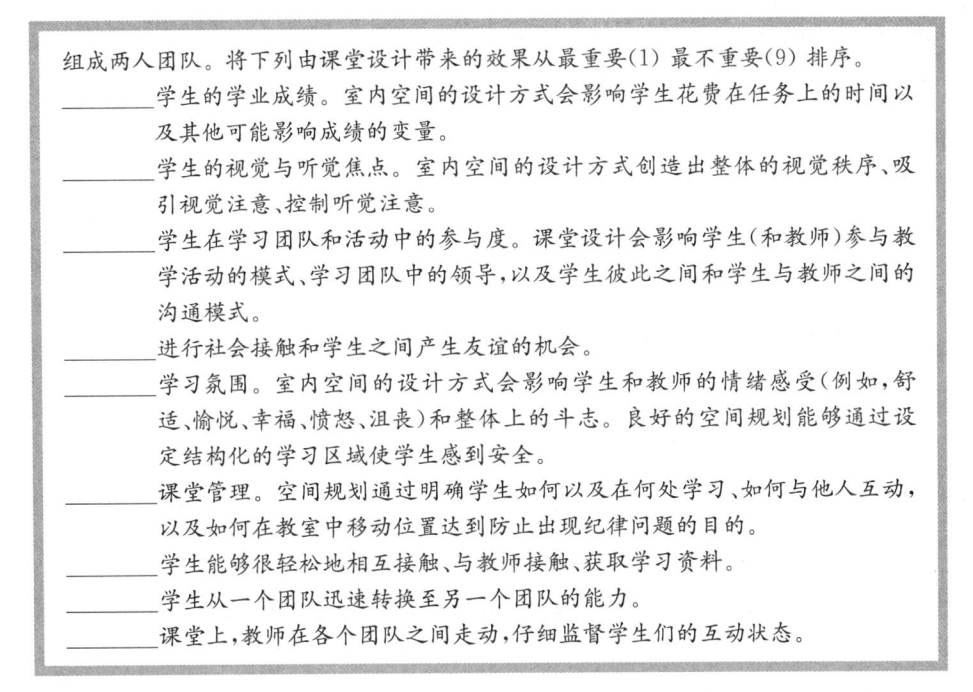

> 组成两人团队。将下列由课堂设计带来的效果从最重要(1)最不重要(9)排序。
> _____学生的学业成绩。室内空间的设计方式会影响学生花费在任务上的时间以及其他可能影响成绩的变量。
> _____学生的视觉与听觉焦点。室内空间的设计方式创造出整体的视觉秩序、吸引视觉注意、控制听觉注意。
> _____学生在学习团队和活动中的参与度。课堂设计会影响学生(和教师)参与教学活动的模式、学习团队中的领导,以及学生彼此之间和学生与教师之间的沟通模式。
> _____进行社会接触和学生之间产生友谊的机会。
> _____学习氛围。室内空间的设计方式会影响学生和教师的情绪感受(例如,舒适、愉悦、幸福、愤怒、沮丧)和整体上的斗志。良好的空间规划能够通过设定结构化的学习区域使学生感到安全。
> _____课堂管理。空间规划通过明确学生如何以及在何处学习、如何与他人互动,以及如何在教室中移动位置达到防止出现纪律问题的目的。
> _____学生能够很轻松地相互接触、与教师接触、获取学习资料。
> _____学生从一个团队迅速转换至另一个团队的能力。
> _____课堂上,教师在各个团队之间走动,仔细监督学生们的互动状态。

解释任务与合作结构

只要你在课前制订好了教学计划,你就做好了向学生解释任务要求以及合作结构的准备工作(Johnson, Johnson, & Holubec, 1994, 2008)。在每堂课上,你要(1)解释教学任务,(2)解释成功的标准,(3)在群体之间和群体内部建立起积极的相互依赖关系,(4)解释个人责任,以及(5)解释你期望在课堂上看到什么样的行为。

解释学习任务

在你向学生解释任务的时候,你需要明确三件事情:学习任务是什么,需要做什么来完成该任务,以及如何做。

解释成功的标准

在向学生解释他们要完成的学习任务时,你需要向他们传达期望他们达成的成绩表现。合作学习需要使用基于标准的评估。**标准参照**(criterion-referenced)或**分类判断**(categorical judgments)是一种采用一套固定的标准来评估每个学生在这些标准上的成绩表现的评估方法。参照标准的评分等级通常是根据正确作答项目的百分比来评等第。当然,教师也可以告诉学生们"直到每个成员都表现出熟练掌握的状态,团队才能算完成任务"。有时候,改进可以被视作优秀的标准(例如,本周比上周做得更好)。你也可以为整个班级制定标准,如,"如果我们整个班能够在词汇测试中答对超过 520 个单词,那么每个人都能得到 2 分的加分。"这种做法能够提升团队内部的合作水平。

等第	正确率(%)
A	95—100
B	85—94
C	75—84
D	65—74
F	<64

构建积极的相互依赖关系

学生之间的积极相互依赖关系是合作学习的核心。正如在第 3 章中所定义的那样,当一个共同或共享的目标被确立起来时,积极的目标相互依赖关系就出现了。即个体认识到当且仅当团队成员们达成了他们的目标,自己的目标才能得以实现。成员们知道,除非小组内的其他成员全都取得成功,否则他们自己是无法取得成功的。没有积极的目标相互依赖关系,合作就不会存在。学生们必须坚信,他们正处于"同舟共济"的学习环境中。

要想创造出这种合作环境,你首先要构建起积极的目标相互依赖关系。要想让学生考虑"我们,而不是我",作为教师,你可以对学生这样说:

你有双重责任。你既有责任学习指定材料,也有责任确保其他成员都学习了指定材料。

其次,你可以用其他形式的积极相互依赖关系来补充积极的目标相互依赖关系,例如奖励(如果所有成员都达到标准,那么每个成员都将获得加分)、资源(成员们拥有不同的信息或专业知识)、角色(设置总结者、鼓励参与者、精细加工者),或身份(组名、座右铭、象征性标志)的相互依赖。例如,你可以通过给予团队奖励的形式来构建积极的奖励相互依赖关系——"如果你们团队中的成员都在测试中得到 90 分以上,那么你们每个人都将得到 5 分的加分"。通常来说,积极相互依赖关系在课堂中的构建方式越多,成效就会越好。

建立个人责任

在合作型团体中,每个人都必须完成自己分内的工作。合作学习的根本目的是让每个成员通过自己的努力变成一个更强大的人。这个目的是通过让个体为自己的进步以及小组成员的进步承担起个人责任来实现的。个人责任是通过以下方式建立起来的:

1. 评估每个成员的表现。
2. 将评估结果反馈给个人和团队,与预设的标准进行比较。

在第二步中得到反馈能够使成员(a)承认并赞扬为学习付出的努力以及为团队成员的学习所作的贡献,(b)进行即时补救,并能提供任何需要的帮助或鼓励,以及(c)重新分配责任,避免成员做任何多余的努力。

个人责任能够使小组成员认识到他们不能利用别人的工作来"搭便车"、偷懒、不劳而获。确保个人责任发挥作用的方法包括:保持较小的团队规模,对每位学生进行个人测试,进行随机的个人口试,观察并记录每个成员为团队工作做贡献的频率,让学生表达他们对其他人有多少了解,以及让学生在不同的问题中使用自己所学的技能。

说明期望行为

在使用合作学习的时候,你必须教会学生合作学习所需的小团体和人际交往技能,从而使他们能够有效地相互合作。在合作学习团队中,学生们必须学习学科内容(工作任务)和作为团队成员所必须具备的人际和小群体技能(团队协作)。合作学习从本质上来说比竞争学习和个体学习更加复杂,这是因为学生必须同时进行工作任务与团队协作。如果学生们不去学习团队技能,那么他们就无法完成工作任务。成员的合作技能越熟练,他们的学习量就会越大,学习质量就会越高。

社会技能教学有三大法则:(1)**要具体**。通过说明这些技能所要达到的行为表现来为每一种社会技能下操作性定义。(2)**从小处做起**。不要让学生一次性学习过多的、超过他们学习能力的社会技能。在几堂课上学习一两种技能就足够了。(3)**强调过度学习**。学生们仅仅练习一两次是不够的。要让学生反复练习这些技能,直到学生将其融入自身行为之中,并且要做到能够无意识地、习惯性地运用起这些技能。

构建起团队之间的合作

通过构建起团队之间的合作，教师就可以将合作学习带来的积极成果扩展至整个班级。这种作用是通过建立团体目标、小组目标和个人目标来实现的。例如，当一个团队完成了自己的任务，教师就要鼓励这些成员去找到其他未完成的团队，帮助这些团队的成员掌握如何才能成功地完成任务。已经完成任务的团队也可以找到其他已经完成的团队，互相比较各自得到答案和使用的策略。如果要让整个班级都认识到他们的最终目标是让每个学生都掌握某项技能或完成某项任务，那么所有学生之间的合作就是十分必要的。

监督与干预

> 唯一经得起时间考验的是农场法则：我必须锄好地、播撒种子、培育庄稼、灌溉庄稼，然后让它逐渐发育、成长直至完全成熟——没有速成的方法。
>
> ——史蒂芬·柯维

到了这一步，学生们已经知道了任务是什么，也已经了解了合作的结构，接下来就是由学生们完成任务的时候了。然而，因为你是教师，而学生们要在课堂上开展任务，所以你的工作还没有结束。接下来，你必须(a) 进行课堂教学，(b) 监督各个学习团队，(c) 在需要改进工作任务和团队合作时进行干预，以及(d) 引导课程结束。你现在的工作是监督学生们的互动情况，同时还要帮助学生更熟练地进行学习和交流(Johnson, Johnson, & Holubec, 2008)。

监督学生的行为

当合作学习团队开始完成任务的时候，教师就要认真地开始工作了。教师要观察小组成员之间的互动，在这个过程中评估学生的学习成效和恰当运用人际与小群体技能的情况。

观察可以是正式的，即使用观察表来记录行为频率。观察也可以采取非正式的形式，即以记录事件的形式来描述学生的言行表现。你可以根据观察情况，通过干预来提升学生的学业学习以及人际与小群体技能水平。你要记住，**学生会重视我们监督他们的地方**。如果学生们知道你正在监督他们的行为和互动状况，他们就更可能会继续完成任务并开展合作。

监督意味着持续不断地检查。这可以由你——教师，也可以由每个团队里选出的学生来完成。监督有四个阶段：

1. **做好观察前的准备**。学习团队从成员中选出观察者，决定将要使用的观察形式，并且要对观察者做好培训。

2. **观察**。评估学习团队合作努力的情况。

3. **必要时干预**。改进团队的工作任务或团队合作水平。

4. **让学生参与团队过程**。由学生评估自己在学习团队中的参与情况（鼓励自我监督）、评估团队整体的工作效能，并且设定个人和团队的成长目标。

在监督合作学习团队的过程中，教师需要遵守一些准则：

1. 规划一条贯穿教室的路线。记录你观察每个团队所花费的时间，要保证你能够在一堂课的时间里观察到所有的团队。

2. 使用正式的观察表来记录你观察到的学生们做出恰当行为表现的次数。数据越具体，你得到的结果对你和学生就越有用。

3. 在一开始不要试图去记录太多不同的行为。在最开始的阶段，你可能只要简单地去了解都有谁在说话。你的观察应该集中在积极行为上。

4. 根据特定的学生行为记录对数据进行补充和扩展。对教师来说，学生之间熟练的交流行为是尤其有帮助的信息。记录下来的信息随后可以与学生分享，也可在家长会或电话沟通中与家长进行交流。

5. 培训学生观察者并安排他们进行观察。学生观察者往往能获得更完整的关于团体功能的数据（因为他们不需要从一个团队转移到另一个团队进行观察），而且他们自己也可以在这个过程中学习到有关恰当行为与不恰当行为的重要一课。

6. 在每个团队的工作时间里预留出充足的时间，利用这段时间根据观察者收集到的数据开展讨论。如果观察者没有将观察结果与被观察者分享交流，那么这种观察就没有意义。

提供任务协助

合作学习团队为教师打开了一扇通向学生心灵的窗户。在合作过程中，学生会将隐藏的思维过程公开展现，并且会服从观察和评论。通过仔细倾听学生们向别人解释自己正在学什么，你就可以确定学生理解了什么和不理解什么。在这之后，你就可以通过干预来澄清指令、检查完成任务所需的重要程序和策略、回答问题，并在必要时教给学生完成任务所需的技能。

在讨论将要学习的概念和信息时，你应该对这些内容做具体的陈述。例如,你要说,"是的,这是寻找段落中心思想的一种方法",而不要说,"是的,这是正确的"。具体的陈述能加强教师想要达到的学习行为,并且能够通过帮助学生将某个术语与自身的学习联系起来促进正迁移。教师也可以通过提问(a)"你在做什么?"(b)"你为什么这样做?"以及(c)"这对你有什么帮助?"的形式来促进学生运用元认知。

通过干预教导社会技能

合作学习团队为教师提供观察学生社会技能的平台。Johnson(1991,2009)详细讨论确保团队工作成效所需要具备的社会技能,以及在教学中可以使用的活动形式。在监督学习团队的时候,你可以运用干预手段,建议学生采取更有效的程序来开展合作或强化那些特别有效和熟练的行为。

选择何时进行干预是教学过程中的一门艺术。过早进行干预会阻碍学生通过自身努力找到答案或习得技能。然而如果等得太久,学生们可能会偏离正轨,或者会因为灰心丧气而选择放弃。根据经验法则,教师应该在学生们分心的时候进行干预,无论这是由于沟通发生问题还是缺乏知识导致的。在你进行干预的时候,要请团队成员们遵循图12.1中的步骤。

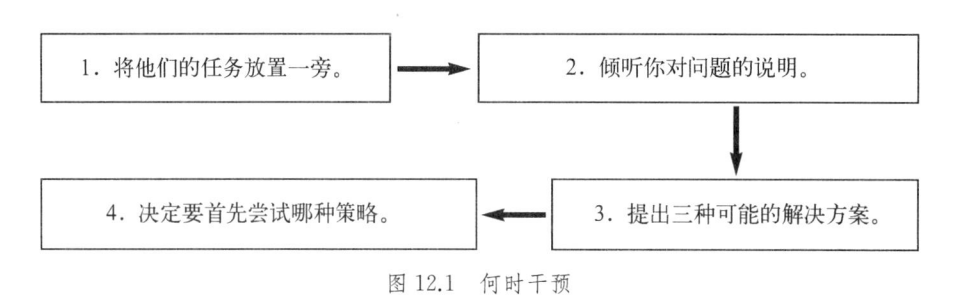

```
1. 将他们的任务放置一旁。  →  2. 倾听你对问题的说明。
                                    ↓
4. 决定要首先尝试哪种策略。  ←  3. 提出三种可能的解决方案。
```

图12.1 何时干预

引导课程结束

你可以通过安排学生总结课堂中的关键要点、回忆观点、向教师提出最终问题来结束一堂课。经过学习,学生们要能够总结他们所学到的东西,并且明白在未来将如何使用它们。

评估学习成效与分析互动过程

在课程结束后,你要对学生学习结果的质量开展评估。在评估的时候,你需要确保学生们认真分析他们学习团队的效能。你也应该让学生们制订一份未来的改进计划,而且还要赞扬成员们的辛苦工作。

评估学习成效的质与量

评估人员应该定期与不定期地使用标准参照系统来评估学生学习成效的质量。《合作学习的有意义和可管理的评估》(*Meaningful and Manageable Assessment Through Cooperative Learning*; Johnson & Johnson,2002)这本书深入地探讨了这个问题。合作学习可以采用三种评估形式。第一,教师可以通过让学生做出某种行动程序或技能来表现他们能够以自己所知做出什么,即使用**基于绩效的评估**(performance-based assessments)。第二,教师可以要求学生在现实生活情境中有适宜的行动程序或技能,以此进行**真实性评估**(authentic assessments)。第三,教师可以在学生帮助队友学习的过程中测量其持续改进的水平,以此完成**学习质量全面评估**(total quality learning assessments)。

当然,教师也可以使用其他的评估形式,甚至可以让学生直接参与进来,评估彼此的学习水平。在这种评估后,学生们马上就可以进行修正,以此确保每一位成员的学习水平都达到最高限度。

评估程序

组成两人小组。将以下的每一列内容按照对你们最重要到最不重要进行排序。最重要的记为1,最不重要的记为7。

评估内容	程序	合作学习起到的帮助
_____ 学业学习	_____ 目标设置	_____ 额外的劳动力资源
_____ 推理策略	_____ 测试	_____ 评估形式更丰富
_____ 技能、胜任力	_____ 作文	_____ 结果更多样化
_____ 态度	_____ 报告展示	_____ 更多的信息来源
_____ 工作习惯	_____ 项目	_____ 降低偏向性
	_____ 作品集	_____ 形成评价量规
	_____ 日志、期刊	_____ 实施改进计划

评估团队运作成效

在学生们完成任务或每堂课接近尾声的时候,要让他们描述一下在完成团队工作的过程中,成员的哪些行为是有帮助作用的,哪些行为是无益的。学生们也要决定哪种行为值得继续下去,哪种行为则需要改变。群体过程要运用在两个层次上——在每个学习团队中,以及在整个班级中。教师可以根据以下五个步骤进行分析:

1. **反馈**。确保每位学生、每个团队,甚至整个班级都能针对工作任务和团队合作的效能给予并获得反馈。给予学生的反馈应当是描述性的与具体性的,而不是评价性的或概括性的(Johnson,2009)。

2. **反思**。让学生们分析并反思他们所获得的反馈。记住,不要提出那些可以直接回答"是"或"否"的问题。例如,不要问"你们每个人都帮助彼此进行学习了吗?"你应该问"每个成员有多频繁地解释如何解决问题,以及纠正或澄清其他成员的解释?"

3. **分析**。让每个学生描述其他成员参与活动的行为表现,尤其是那些有助于团队有效完成工作的行为。

4. **改进目标**。帮助个人和团队设定旨在提高他们的工作质量的目标。

5. **庆祝**。鼓励成员为他们的努力工作以及团队的成功进行庆祝。

非正式合作学习团队

教师有时候需要在教室里讲课、放视频、做演示,或者邀请一位讲课嘉宾。在这些情况下,教师可以利用非正式合作学习来确保学生进行主动认知(Johnson, Johnson, & Holubec, 2008)。非正式合作学习(图 12.2)是指让学生们在一个暂时的、特设的团队中一起完成一个共同的学习目标,

非正式合作学习

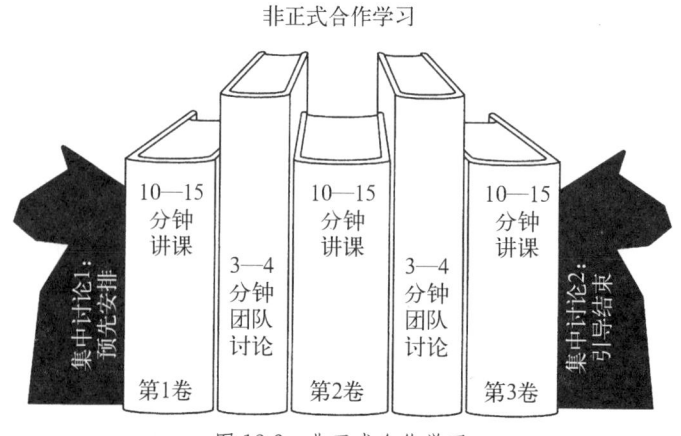

集中讨论1:预先安排 | 第1卷 10—15分钟讲课 | 3—4分钟团队讨论 | 第2卷 10—15分钟讲课 | 3—4分钟团队讨论 | 第3卷 10—15分钟讲课 | 集中讨论2:引导结束

图 12.2 非正式合作学习

这些团队的存续时间通常为几分钟至一堂课不等。这些小组的**目的**是将学生的注意力集中在所学的材料上，营造出一种适于学习的情绪，帮助学生预先组织好课堂上将要使用的材料，确保学生会主动加工要学习的材料，以及为课程做好收尾工作。非正式合作学习团队也能保证人们能够发现并纠正错误概念、误解和理解上的差距，并且能确保学习经验是个人化的。

非正式合作学习的目的

组成两人小组。将下列非正式合作学习的目的按照重要性从最重要(1)到最不重要(7)排序。
_____使学生的注意力集中在将要学习的材料上。
_____营造出一种有利于学习的情绪状态。
_____帮助学生在认知上预先组织好课堂上要学习的材料。
_____确保学生对所学材料进行认知加工。
_____引导教学环节进入尾声。
_____能够发现并纠正错误观念、误解和理解上的差距。
_____获得个人化的学习经验。

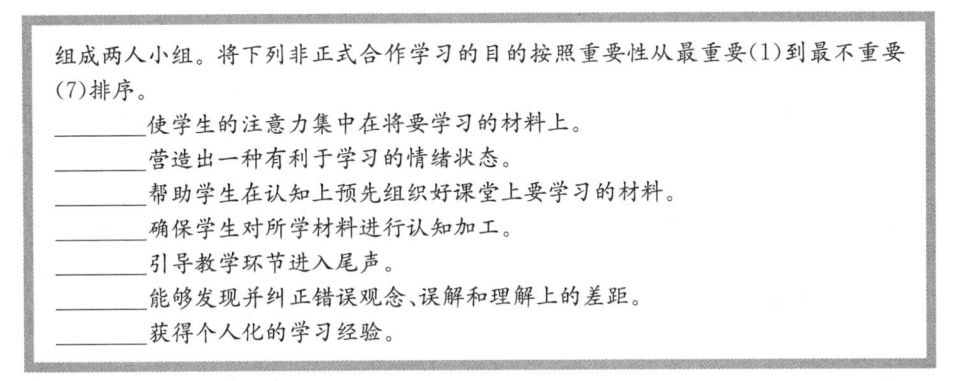

在讲授式教学和直接教学过程中，教师所面临的教学挑战是确保学生能够对材料进行智力加工与组织，以及能够进行解释、总结，并能将其融合至已有的概念网络中。为了达成这一**目的**，教师可以组织学生进一步开展讨论，在认知层面上练习和组织呈现给他们的材料，并以总结的形式来结束课程。想要积极参与这些活动的学生就要让自己投入到当下正在进行的课堂中，哪怕课程是通过诸如讲座或视频之类单向的传播来完成的。虽然在课程中插入简短的合作过程这种做法会缩减留给教师的讲课时间，但是这种做法有助于解决人们对讲课这种形式的主要诟病——"信息从教师的笔记本传递到学生的笔记本，没有经过任何人的大脑。"

使用非正式合作学习

你可以通过以下过程来设计一堂运用非正式合作学习团队来使学生会更加主动、动脑参与其中的课程（Johnson & Johnson, 1999a; Johnson, Johnson, & Holubec, 2008）。要想做到这一点，教师就需要在课程之前与之后开展**集中讨论**(图12.2中的书夹),并在整个课程间穿插**两人讨论**。使用非正式合作学习团队的时候要注意做到两个重要方面(a)任务和指令要清晰、精确,以及(b)要求团队产出特定成果,例如一份书面答案。课程设计过程如下。

第一,教师要安排用于引导学习的集中讨论。教师要在这个讨论中将学生们分配成两人小组,也可以让学生就近组队。你也可以在每一节课安排不同的座位,这样可以让学生们能够与多位同学接触、互动。在分组后,安排每个小组的学生合作完成初始(**先行组织者**)任务,这一部分只给他们4—5分钟的时间。讨论任务的目的是为了推动学生对有关讨论主题已有知识进行先行组织,同时让学生对课程将会涉及哪些内容形成期望。

第二,组织间歇性的讨论。在这时候讲授课程的第一部分内容。这一部分的用时要限制在10—15分钟。这是一个有动机的成年人能够在课堂上集中精力的时间长度。而对于那些动机不足的儿童和青少年来说,这个时间可能更短。在这一部分结束后,给学生布置一项2—4分钟的讨论任务。讨论重点要聚焦在你所呈现的材料上。这一简短的讨论能够确保学生对材料进行主动的认知加工。讨论任务可以是(1)回答教师提出的问题;(2)对呈现给他们的理论、概念或信息进行回应;或者是(3)将材料与过去的学习经验联系起来,使它融入现有的概念网络(详述呈现给他们的材料)。两人小组的讨论要遵循以下结构:(1)每个学生构思自己要说的话,(2)两人分享自己的答案,(3)每个人都要仔细聆听同伴的回答,以及(4)两人小组通过联合协作,在各自想法的基础上加以综合,共同形成一个新的答案,这个答案要比每个成员最初的构思更好。接下来再随机挑选2—3位学生,请他们针对讨论结果做30秒的总结发言。在每次讨论任务结束后,随机挑选学生来分享他们的回答。这个步骤是十分重要的,因为这个过程中产生的个人责任能够让两人小组重视任务,还能让他们互相检验以确保双方都对回答有所准备。在课程的主体部分中,教师要重复开展讲课和分组讨论这个流程。

第三,安排作为课程结尾的集中讨论。教师要给学生布置一个3—5分钟的最终讨论任务,要求他们在讨论中总结从课堂上学到的内容。这个讨论的目的是让学生将所学到的内容融入现有的概念网络中。此外,这项任务还可以帮助学生们弄明白课后作业是什么,以及下一堂课将会涉及哪些内容。教师要以这个过程为课程收尾。

非正式合作学习可以确保学生们能够主动地去理解他们正在学习的东西。它还为教师提供了组织自己的思路、整理笔记、深呼吸,以及在教室里游走倾听学生在讨论什么的时间。通过倾听学生的讨论情况,教师就能够了解学生对所学概念和材料的掌握程度。从这些信息中,教师能够找出学生还没有完全掌握或是尚未能够正确运用的知识点,在接下来的课程中就可以再针对这些内容加强学习。

基础团体

相互承诺的团队关系不可能在几小时或在几天时间里发展而成。这种关系是在一定时间的共同工作中形成的。在这个过程中,团队成员们逐渐变得互相依赖,并且会彼此支持。因此在学校里,通过合作学习团队来建立一些长期关系是非常重要的。学校里需要的不是只持续几分钟、一堂课、一个教学单元,或是一个学期的暂时性接触。为了帮助学生建立起更长久的团队关系,教师可以将他们分配到以长期合作为基础的团队中(Johnson & Johnson, 1999a; Johnson, Johnson, & Holubec, 2008)。

合作基础团体是具有稳定成员的长期的、多样化的合作学习团队。成员的主要责任是(a) 在完成任务的过程中互相支持、鼓励和帮助;(b) 负责监督彼此努力学习;以及(c) 确保所有成员都取得良好的学业进步。通常情况下,合作基础团体的成员是多样化的,尤其在成就动机和任务取向方面更是这样。他们会定期——每天或每两周——在课堂上见面(持续一个学期或一年)。当然,如果他们能进一步持续下去就更好了。

基础团体的种类

教师可以通过两种方式来运用合作基础团体。**第一种**是在每个班级中设置一个合作基础团体。班级基础团体仅仅是在课程期间待在一起。**第二种**是将学校里的所有学生安排到基础团体中,并让这些团体成为校园生活的重要组成部分。学校中的这种基础团体至少要相处一年时间,当然,最好能让他们相处四年或直到他们毕业。

1. **学业支持任务**:基础团体的成员互相鼓励对方掌握课程内容、完成所有作业。每个成员都要思考自己需要获得哪些帮助。团队成员对作业进行讨论,回答任何与作业有关的问题,提供其他成员可能忽略的信息,以及一起构思、检查和修改论文。成员们可以在测验前互相帮助复习、查漏补缺。成员也可以共享各自的专业能力,例如艺术特长和计算机技能。最重要的是,成员们要互相监督彼此的学业进步情况,确保所有成员都能够取得进步。

  2. **个人支持任务**:当某个成员与家人或朋友的关系发生问题时,基础团体的其他成员能够共情地聆听,进而也会就生活话题开展广泛的讨论,针对人际关系提供建议,还能帮助解决非学业性的问题。基础团体能够提供使课程变得个性化的人际关系。

  3. **常规任务**:基础团体为课程管理提供了诸如考勤和进行作业安排的架构。

  4. **评估与评价任务**:基础团体为如何评估学生的学业情况提供了架构。在合作学习团队的背景下,许多比较复杂和比较重要的评估程序都能够得到最佳运用。

基础团体

种类	功能	性质
班级(在每学期或每周学习的起始和结束时会面)	为成员提供学业支持。	成员多样化。
学校(在每天或每周学习的起始和结束时会面)	为成员提供个人支持。	定期见面(每天、每两周)。
	处理班级日常事务和行政要求。	持续时间为一堂课、一年,或直至毕业。
	使课堂经验和校园经历个性化。	确保所有成员取得良好的学业进步。

组成基础团体

  团队规模:4人(或3人)

  分配方式:随机分配以确保成员具有多样性

  布置教室:为每个团队提供一片专属的场地

  准备材料:学生在每次会议中使用的标准表格;团队文件夹

  分配角色:引领者、讲解者、检查者、鼓励者

合作学习的种类

组成两人小组。用自己的话在下面的表格中为每种类型的合作学习下定义。

正　式	非正式	基础团体

综合运用三种目标结构

帮助你提升使用合作学习能力的第三个步骤是要以一种整合的方式来使用三种目标结构——合作、竞争和个人工作。虽然在任何课堂中，主要的目标结构都应该是合作形式的（从理论上来说，大多数时候都是这样的），但是竞争形式和个人形式的工作也能起到补充作用。在一个以合作为主要结构的教学单元中，教师可以使用竞争形式来实现教学节奏的有趣转变。如果随后要将所学信息应用于合作活动中，那么个体学习通常也是富有成效的。Johnson 和 Johnson(1999a)以及 Johnson、Johnson 和 Holubec(2008)在他们的工作中详细描述了如何综合使用合作、竞争和个体学习这三种形式。

以下是一个综合运用合作学习程序的例子：学生们进入教室后先找到各自的基础团体。在互相问好后，他们一起完成一项自我表露任务，然后再相互检查作业以确保所有成员都理解课程资料并且已经准备好上课。在做好这一切后，学生们互相祝愿彼此都能度过愉快的一天。

在这些步骤完成后，教师开始讲授有关人类局限性的课程。为了帮助学生预先对人类的优势和缺点进行认知加工，教师使用的是非正式合作学习团队。在课堂上，教师要求学生们组成 3 人小组，一起思考这样一个问题"因为人类本身的局限有哪 5 件事是你办不到，但借助某个价值 10 亿美元的东西或许可以做到的？"学生有 4 分钟时间进行讨论。在接下来的 10 分钟里，教师向学生解释虽然人类的身体是一个不可思议的奇妙系统，但是我们身体的局限性是非常明显的。在没有外界帮助的情况下，我们既无法看见水滴中的细菌，也没法看见土星环。我们既无法拥有像鹿一样的听力,也不能像鹰一样翱翔。人类对自身的有限能力从未感到过满意,所以我们发明了显微镜、望远镜,甚至我们自己的"翅膀"。在这之后,教师要求学生和身边的同学组成两人小组,一起讨论、回答以下问题:"人类有哪三种局限?""我们发明了什么来克服这些局限?"以及"我们还有可能克服哪些局限?"

这个课程中也采用了正式合作学习的形式。在课上,教师先让学生按照1至8报数,然后根据报数结果将32名学生随机分成4人团队。团队成员们以能够看到彼此、面向教师的位置坐在一起。每个成员都分配到一个角色:研究者/引领者,总结者/计时者,采集者/记录者,以及技术顾问(角色相互依赖)。每个小组得到一张2英寸×3英寸(约5.1 cm×7.6 cm)的纸、一支记号笔、一张用来设计的草稿纸、一份解释任务要求与合作目标架构的任务单,以及4名学生的自我评估表(资源相互依赖)。学生们的任务是设计一个价值10亿美元的东西,这个东西能够克服班级同学和团队成员所提及的人类局限性。成员们先在草稿纸上绘制关于这个东西的草图。在确定他们的答案之后,再把图画到大张的纸上。

在这堂课上,教师通过让所有成员一起完成任务并做到能够解释他们的答案这种做法在成员之间建立起积极的目标相互依赖关系。任务成功的标准是在30分钟的时限内完成设计。教师要通过对每个团队进行观察来确保个人责任得到明确,成员们履行了各自的角色,并且每个成员都要随时能够解释他们设计出的这个东西的任意部分。教师要告诉学生,鼓励每个人参与、贡献想法,以及做好总结,这些都是期望他们做出的社会技能。教师还要对鼓励做出的技能做出定义,并且还要让每个学生在课程开始前练习两次。

当学生们在团队内完成任务的时候,教师要通过系统性地观察每个团队并给予干预的形式来监控学生们的情况,从而为学生提供(1)学术支持和(2)有助于团队高效工作的人际和小群体技能的使用帮助。

各类合作学习在50分钟课程中的综合运用

步骤	活动	时长(分钟)
1	欢迎并召开合作基础团体初始会议	10
2	选择1:直接教学,非正式合作学习	35
3	选择2:在正式合作学习团队中完成任务	35
4	选择3:直接教学,正式合作学习团队	35
5	选择4:学术争论	35
6	合作基础团体结束会议	5

50 分钟课程的周时间表

课时 1		课时 2		课时 3	
时长	活 动	时长	活 动	时长	活 动
15	合作基础团体会议	5	合作基础团体会议	5	合作基础团体会议
30	以非正式合作学习形式讲课	35	在正式合作学习团队内完成任务或进行争论	15	在正式合作学习团队内完成任务
5	合作基础团体会议	5	合作基础团体会议	10	以非正式合作学习形式讲课
				15	合作基础团体会议

各类合作学习在 90 分钟课程中的综合运用

步骤	活 动	时长
1	基础团体初始会议	10
2	用非正式合作学习进行直接教学	25
3	在正式合作学习中完成任务	40
4	用非正式合作学习进行直接教学	10
5	基础团体结束会议	5

在课程结束的时候,每个团队要上交他们制作的关于"价值10亿美元的东西"的图纸。教师要对他们上交的图纸评分。然后,成员们再分析讨论他们在团队工作中的表现,找出每个成员在参与过程中做出的有助于团队成功的行为,以及在加入后能够提升下一次团队表现的一种行为。

随后,教师重新采用非正式合作学习来引导课程结束。教师要求学生围坐成 3 人小组,共同写下有关人类局限性的 6 个结论,以及人类都做了什么来克服这些局限性。

在课程结束的时候,合作基础团体一起回顾他们认为从课程中学到的最重要的东西是什么,布置了哪些家庭作业,以及如何帮助每位成员完成作业。最后再祝愿彼此都能度过愉快的一天。

合作型学校

威廉·爱德华兹·戴明和约瑟夫·乔兰及其他"质量运动"(the quality movement)的发起人指出,组织成员 85% 以上的行为都可以直接归因于组织结构,而不是成员自身的个性特质。你们的班级也不例外。如果竞争学习或个体学习在你的课堂中占据主导地位,那么不论你是否将学生们暂时安排在合作学习团队中,他们都会做出课堂中主导的那类行为。从另一个方面来说,如果合作学习主导着你的课堂,那么你的学生就会表现出合作,而且还会发展出真正的学习共同体。

　　有关学生间合作的问题是学校组织结构这个大问题中的一部分(Johnson & Johnson,1994)。数十年来,学校都扮演着批量生产机构的角色。这个机构将教学工作划分为由教师执行的若干部分(如,一年级、二年级、英语、社会学、科技)。教师在教学工作中通常是独立的。他们在各自的教室里,用自己的一套教案来教自己班上的学生。因为在"教育机器"中,学生被认为是可以替换的部分,所以学生可以被指派给任何一位教师。然而,当你在使用合作学习的时候,你在大部分时间里都变换了课堂的组织结构,即把课堂转变为以团队为基础的形式。换句话说,合作不仅仅是一种教学过程,更是组织结构的一种基本转变。这种转变会对课堂生活的各个方面产生影响。

　　在合作型学校中,学生们主要在合作学习团队中进行学习,教师、行政人员和学区管理人员都在合作团队中开展工作(Johnson & Johnson,1994)。教室、学校和学区的组织结构都是一致的。每个层级上的合作团队都会支持并加强其他层级上的团队。

　　合作型学校的结构通常建立在以合作学习为主导的课堂的基础上(Johnson & Johnson,1994)。工作团队是以团队为基础的组织结构的核心,合作学习团队是其中的主要形式。

　　创建合作型学校的第二个层面是建立起基于教职员的合作团队和基于学校的决策程序。要想创建这个层面的合作型工作形式,就要在学校内部建立起同僚教学团队、任务团队和临时决策团队(Johnson & Johnson,1994)。同僚教学团队是一种小型的合作团队(由 2—5 名教师组成),其目的是提高教师的教学专业技能与成功率(Johnson & Johnson,1994)。任务团队要考虑学校的问题,并且要为整个教职工团队提出解决方案。在得到解决方案后,教职工再被分配到临时决策团队中,让他们讨论是否接受或者是否需要修改解决方案。全体教职工对临时决策团队所做的决策进行总结概括,然后再一起决定采取何种行动来解决问题。通过这样做,教师团队就可以像学生团队一样富有成效。正如课堂的核心是合作学习一样,学校的核心是同僚教学团队。

　　创建合作型学校的第三个层面是在学区内增设行政管理合作团队(Johnson & Johnson,1994)。管理人员要组成同僚团队、任务团队和临时决策团队,以此增强他们的管理专业技能。他们也要以合作团队的形式开展工作。他们所做的决策将会影响整个学区中的所有教师和学生。

既是一名登山者,也是一位哲学家的威利·恩索尔德给那些准备去登山的人传授过一个生存秘诀——"互相照顾,与团队分享你的能量。没有人应该感到孤独、被隔离,因为那样你无法取得成功。"这一忠告也同样适用于每个进入学校的人。

总结

合作学习是一个非常古老的概念。它可以被定义为学生们一起努力以实现共同的学习目标。它最常与竞争学习和个体学习进行对比。合作学习有三种形式。正式合作学习是让学生们一起学习,从而在任务上达成某个共同的学习目标。这种学习通常要持续一个课时或以上的时间。在使用正式合作学习的过程中,教师的职责包括:预先做教学决策、解释教学任务和合作结构、监督学生学习团队并在需要时进行干预以促进工作任务和团队合作,以及评估学生的学习水平并让学生评估自己在共同学习中的效率。

非正式合作学习是安排学生们在临时的团队中学习,让他们达成某个共同的任务目标。这种团队通常会存续几分钟。教师的职责是让学生暂时组成两人小组来回答一系列问题,以此起到对讲课、视频或演示内容的先行组织作用。随后再分阶段讲课或做演示,在每个阶段后都安排一次基于两人小组的讨论活动,以确保学生加工了呈现给他们的材料。最后,再以两人小组的讨论来为课程收尾。

合作基础团体是让学生们在成员构成稳定的小组中一起学习,从而在长期任务上达成共同的学习目标。这种长期任务通常要持续一学期或一年,学生们通常会在一起度过每节课(或每周)。学生们还要通过互相提供学术和人际支持、处理常规任务以及评估彼此的工作表现来确保所有成员都取得良好的学业进步。

所有三种合作学习形式可以在一堂课中使用。课程可以从合作基础团体会议开始,接下来教师可以在使用非正式合作学习的时候呈现新的学习材料,随后再采用正式合作学习,然后教师再用非正式合作学习进行总结,最后通过合作基础团体会议来结束课程。

合作学习形成了以团队为基础、以高绩效为核心的组织环境的基石。在高学业成就的学校中,教师团队、职工会议和实地决策都是以合作形式构建起来的。组织的学习环境会逐渐与教学实践趋于一致,同时提升彼此的有效性。

第13章

带领成长与咨询团体

本章要学习的基本概念

这里列出了本章中介绍的主要概念。在教学中可以将学生分成二人小组,每一组学生需要 a) 对每一个概念下定义,在阅读中关注文中怎么定义这些概念以及针对概念做出哪些讨论;b) 确保两个人都理解这些概念的定义。接下来再组成四人小组。比较四人小组中两两各自学习的概念是否存在差异,如果存在差异就再一次在文中查找并下定义,直到所有成员都认同为止。

概念:

咨询与治疗团体(Counseling and therapy groups)
成长团体(Growth groups)
人际效能(Interpersonal effectiveness)
直觉(Intuition)
心理健康(Psychological health)
逆反(Reactance)
自我实现(Self-actualization)
自助团体(Self-help groups)

前言

团体不仅能用来解决问题或完成任务,也能作为一种以建设性方式帮助个体成长与改变的途径。许多不同的治疗团体都以帮助参与者达成不同的个人成长目标为目的。这些团体之间的共同点都是强调提升成员自己的心理健康、快乐、效能和胜任力水平。

有许多治疗方法能够帮助人们达成个人成长目标。人们可以通过独处，单独与咨询师或朋友相处来改变自己，也可以选择参加成长团体、咨询团体和治疗团体来达到这个目的。不过在这些方法中，团体因其具备的一些独特力量而被看作是个人改变的理想环境。在本章中，我们将介绍团体具有的疗愈作用，同时也会讲解在什么样的情境下团体治疗的效果会更加突出。

治疗团体的类型

上百万美国人都参加过或正在体验旨在进行自我成长、治疗或自助的团体（图 13.1）。**成长团体**（growth group）聚焦于情绪上的成长以及提升人际关系能力和群体技能，其中包括 T 团体、会心团体、人际关系训练团体和结构化成长团体。**咨询与治疗团体**（counseling and therapy group）旨在帮助成员进行心理调适，提升心理健康水平，其中包括精神分析团体、阿德勒团体、心理剧团体、格式塔团体、认知行为团体、存在主义团体、人本团体、理性-情绪团体、现实主义团体和人际治疗团体。**自助团体**（self-help group）旨在帮助成员克服或应对生活中诸如成瘾或疾病带来的压力。我们的社会中存在着很多自助团体。

治疗团体类型	
成长团体	自助团体
团体的独特力量	表露情绪的重要性
带领成长与治疗团体	概念化、感觉、直觉
成为引导者	成长团体与焦虑、成本
参与团体的费用	比较效果

图 13.1　成长与治疗团体

目标

成长、咨询和自助团体都有相似的目标，而且目标之间多有重叠。虽然每个领域中多种多样的团体并不能适用于所有情况，但是这些团体基本上都会寻求达成以下目标：

1. 降低自我挫败的应对模式，增进自我提升的行为和态度模式。许多人都拥有一些不良的行为模式和态度，这些行为模式和态度会造成消极的，乃至自我毁灭的结果，最终会导致人生充满痛苦与困扰。这些人可以通过加入团体来找出自己身上存在的自我挫败和自我毁灭的模式，再将这些模式改成促进自身成长的模式。

2. 提升心理健康水平，减轻心理病理状态。**心理健康**(psychological health)是意识到并有效处理自己与其他人互动的能力(Johnson，1980b；Johnson & Johnson，1989)。抑郁、焦虑或愤怒情绪以及与家庭或同事互动中存在问题会驱使人们到团体中寻求帮助。

3. 提升建立与维持人性化关系的能力。**人性化关系**(humanizing relationships)会体现出共情、友善、同情、体谅、慈悲、爱、敏感性和友谊品质。

4. 增进自我实现。**自我实现**(self-actualization)是一种对成长、发展和运用潜能的心理需要(Maslow，1954)。一个自我实现的人是能够完全运用自己的天赋、能力和潜能的人。自我实现不仅包括自我成长，也包括自我发挥：人们能够发展出自己的潜能，并运用潜能来实现自己。

5. 提升人际效能。**人际效能**(interpersonal effectiveness)指的是某人的行为结果与自己的意图之间相匹配的程度(Johnson，2006)。例如，假设现在有两个想要在交互过程中达成某个特定结果的人。如果这两个人的行为带来了他们想要的结果，这时候他们的人际效能就是高的；如果得到的结果不是他们想要的，那么这时候他们的人际效能就是低的。人际效能取决于个体对人际技能和小群体技能的掌握程度。本书与Johnson(2006)这本书中介绍的所有群体技能和人际技能都与人际效能有关。

参与成长团体、治疗团体和自助团体的人以及这些团体的带领者都有一系列目标。如果参与者的目标与带领者为团体设定的目标并不完全相同，两方就必须通过协商来重新得出一系列他们都会承诺达成的目标。

成长团体

成长团体利用了小团体自身的优势来发挥作用。即让人们互相接触，再从接触中习得人际技能，获得个人思考，引导自己在日常生活中形成更令人满意的人际关系。贯穿本书的群体技能提升就是成长团体的目标之一。

1. **T团体**。一般而言，T团体(有时候也称之为实验室训练团体或敏感性训练团体)指的是那些主要关注于研究团体发展以及成员之间关系的团体(Watson & Johnson，1972)。这种团体的学习资源主要来自群体成员他们自己做出的行为。成员们的讨论要聚焦于团体中正在发生什么。T 团体和特拉华州、缅因州与华盛顿特区的应用行为科学-国家训练实验室有着密不可分的关系。

　　T 团体是库尔特·勒温在不经意间发明的,不过他很快就认识到它蕴含的潜在价值(Marrow,1969)。在 1946 年的时候,勒温受邀开展一个工作坊,这个工作坊的目的是使用小团体来训练社区指导员,以此加强基层民主。这些社区辅导员中有教育工作者、公务员和社会科学家。他们组成小团体并聚焦于如何使自己成为一个民主辅导者。勒温的几个研究生负责督导这些团体(值得一提的是,后来做出巨大贡献的 Morton Deutsch 就是其中一员)。在工作坊期间,这些学生会在晚上相聚在一起讨论自己在这一天中看到的团体讨论动态过程。有一晚,两个受训者向勒温请示是否可以旁听学生们的讨论。出乎每个人的意料,勒温同意了这个要求。碰巧的是,这些研究生当天正好在讨论涉及到其中一个旁听受训者的案例。随着讨论的进行,这个受训者表现得越来越激动,最后打断了学生们的诠释,表示自己反对他们的解释。接下来,这个受训者向所有人讲述她自己对这个案例的认识,这使得讨论变得更加热烈,更加有启发性。第二晚,所有 50 名受训者都参加了讨论,而且都表现得非常投入。他们频繁地否定与澄清研究生们对他们行为的诠释。这些受训者都知道那些督导他们的研究生们不知道的信息——自己的意图。

　　勒温和他的学生们注意到了在讨论中出现的这种现象。他们指出,如果那些为解决问题开展讨论的团体愿意花时间去讨论自己的动力学特征(或群体过程),那么他们就能从中取得巨大的收益。通过这个过程,加入团体的人就会变得想要研究自身发展和动力学特征了。最开始的**实验室训练**(laboratory-training)**团体**和**敏感性训练**(sensitivity-training;因为对参与者而言很敏感的经验会对他们对待其他人的行为产生影响)**团体**名称被缩减成**训练团体**(training group),最后干脆直接简写成 T 团体。1947 年勒温去世后,应用行为科学国家训练实验室(NTL)由勒温在群体动力学研究中心、国家教育协会和海军研究局的同事和学生们继续运营。

　　通常来说,参与 T 团体的人会认识到自己在进行领导、做决策、试图影响团体走向、解决冲突、设定团体规范等场合下是怎样与其他人交互的。他们也会认识到其他人是怎么看待他们的,他们的行为是怎样影响其他人的,以及他们是怎样受到其他人影响的。在很多时候,人们会问自己这些问题:"为什么我和其他人相处有困难?""为什么我很难交朋友?""我要怎么做才能控制住脾气?""为什么我不容易相信别人?""为什么我在很多团体里都没有权力?"等等。

T团体之所以广受欢迎是因为这是一种基于归纳的教导群体动力学的方法。在T团体中,成员们从自己的经验中学习,通过检验成员之间的交互情况来开展个体学习、收获情感体验。T团体风靡于20世纪60年代。直至今日,T团体依旧是许多公司和组织人力资源部的法宝(Burke & Day, 1986)。

T团体和咨询团体(在下一节中会介绍)之间最根本的差别在于T团体的带领者和其他成员不会试图去解释某人的动机,也不会去探查他过去的经验。相反,他们会聚焦于成员们在团体中的行为以及其他成员对这些行为的反应。

2. **会心团体**。在20世纪60年代的时候,T团体和咨询团体之间的边界由于会心团体的出现而变得模糊了。会心团体强调参与者要接纳并信任自己的感受,接纳自己身上最为个人的品质,在与他人交互的时候要更加开放。这种团体受到了以Carl Rogers(1970b)为代表的心理治疗师们的推崇。会心团体鼓励参与者通过展现自己的真实情感、想法和担忧来展现出真实的自己。团体带领者扮演的是一个无条件积极关注、帮助参与者体验与表达自己强烈情感的角色。会心团体会使用角色扮演与其他练习形式来帮助参与者体验与表达诸如关爱、孤独、无助和愤怒之类的情绪。会心团体也会鼓励成员们用过去的经验来解释当前的行为,以及治愈过去留下的创伤。

3. **人际关系训练团体**。人际关系训练团体关注于提升成员与来自其他种族或文化背景的人进行有效交流的能力。成员们会在由不同背景的成员组成的小团体中研究彼此之间的互动,努力建立起有效的人际关系。在人际关系训练团体中,人们会同时体验并学习与不同个体进行交互。团体成员会在这个过程中对文化差异以及如何与不同的人形成并维持建设性的人际关系形成深刻认识。

4. **结构化成长团体**。结构化成长团体关注于特定的人际问题或技能。这种团体会使用练习来帮助参与者锻炼这些行为和技能。其中就包括帮助个体识别侵犯、回避和独断之间差异的自信心训练。本书中所有的练习都可以用作结构化成长团体的练习。在世界各地有无数的组织在他们开展的工作坊和研讨会中使用结构化成长团体。结构化成长团体通常会遵循第2章中介绍的技能训练形式。

咨询与治疗团体

1. **精神分析团体**。精神分析团体关注的是心理问题背后的内部冲突。西格蒙德·弗洛伊德是精神分析法的创始人之一。他相信大部分人都会通过压抑来避免面对他们心中的冲突。在这种观点下,精神分析团体的带领者会鼓励参与者讨论他们的记忆、恐惧、幻想和梦境,以此来帮助自己去探索参与者们的潜意识。带领者要负责解释参与者的自由联想,通过这种方式促进顿悟。带领者也要利用移情(即参与者把自己对父母的情感转移到治疗师身上的倾向)来帮助自己确定参与者身上某些问题的根本原因。

根据不同精神分析家和理论家的理论,精神分析分成很多不同的流派。例如,在弗洛伊德流派的团体里,治疗师占据主导地位,每次只为一个参与者进行分析,其他成员在一旁观察。与之不同的是,荣格流派的治疗师通常关注成员做的梦。

2. **阿德勒团体心理治疗**。阿尔弗雷德·阿德勒认为,由于儿童很早就认识到自己要依赖于成人,所以他们会感到自卑。这种自卑会促使他们努力去征服、追求优越、追逐权力,最终使自己达到完美境界。他相信社会力量最主要的作用是促使人们去寻找自己生命的意义。所以,人们的神经症是由社会因素导致的。既然如此,那么在社会背景(如治疗团体)下治疗神经症是再合适不过的了。人们努力克服自卑感的行为会使人们走向合作性的社会生活,以此克服孤独和柔弱感(Richardson & Manaster, 1997)。

另一些阿德勒流派的理论家提出帮助人们克服自卑感的团体咨询可以分为四个阶段。这四个阶段分别是产生凝聚力,评估每个成员的心理健康和机能水平,帮助每个成员提升对自我的理解、取得新的认识,以及通过让成员看到其他行为方式或选择,帮助他们重新为自己定向(Sonstegard, Dreikurs, & Bitter, 1982; Sonstegard & Bitter, 1998)。

3. **心理剧**。Moreno(1932/1953)开发的心理剧旨在让参与者们以剧的形式,通过表演来展现出过去的情感经历。心理剧理论有两大假设。第一,亲身演出过去的创伤性事件比被动地讨论这些事件能使人更加投入。第二,通过演出这种形式能够帮助团体成员克服不愿讨论私密或沮丧事件的倾向。

4. **格式塔(完型)团体治疗**。Fritz Perls(1969)是格式塔疗法的创始人。

他强调(1)心理和躯体的整合;(2)提升对个人欲望、价值观和目标的明晰度;(3)对自己有更清晰的认识,尤其是对自己的情感和自己对其他人造成的影响的认识;(4)解决未完成的工作。除非以某种形式解决了过去的经历,否则一个人是没有办法达到机能完善的。这些过去的经历可以是让自己难以释怀的人际冲突,让自己依旧伤感的亲人或朋友离世,或是那些自己依旧感到遗憾的失败。一般而言,这些问题之所以没能解决的原因是人们压抑了他们的情绪。如果人们要发挥出自己的潜能,他们就必须通过触碰这些感情,解决这些人际问题来完成自己先前没有完成的事。

在许多时候,由于事件中的另一方(如父母)已经过世了,解决问题变得很困难。为了应对这种问题,帮助参与者释放压抑的感情,Perls 开发了**空椅子技术**(empty-chair method)。空椅子技术指的是让参与者想象自己的父母坐在空椅子上,然后再与想象出来的父母对话。另外还有一种**反转试验**(reversal experiment),指的是让来访者扮演自己很少或从来没有表现出的一面,以此起到治疗的作用。

Perls 将治疗看作一种用与治疗师之间产生的积极认同来替换与重要他人之间形成的消极认同的过程。格式塔治疗团体的带领者每次只能帮助一个成员解决问题,其他成员只能旁观。每个参与者都要一个一个按顺序坐上那把"电椅",处理自己未竟的事件。

5. 认知行为团体心理治疗。认知行为团体心理治疗是在 Skinner(1953,1971)的行为主义理论和 Bandura(1976,2006)的社会学习理论基础上建立起来的。这种方法旨在改变人类的行为,而不是去关注人们的无效行为或精神动力学特征的来源。人们要决定自己想要变成什么样,然后通过诸如塑造、训练、反馈与强化的过程使自己取得更加有效的行为模式。团体成员通过学习自我管理技能来控制自己的生活,使自己能够有效地处理生活中遇到的问题(Watson & Tharp, 1997)。

6. 存在主义团体心理治疗。存在主义团体心理治疗旨在帮助参与者面对"上天赋予的礼物"或存在的终极问题:死亡(认识到死亡不可避免以及希望继续活下去二者之间的冲突)、自由(期望无拘无束和有外部约束二者之间的冲突)、存在性孤独(认识到自己完全孤独和希望被保护、被关心,以及成为更大整体的一分子两者之间的冲突)和无意义感(生命明显缺乏意义和希望生命有意义二者之间的冲突)。

存在主义疗法认为所有人都有选择自己所处环境的自由,所以他们要对自己的选择和行为负责。每个人都是自己生命的建筑师,而不是环境的受害者。存在主义疗法帮助人们找到其他解决自己问题的途径,这样他们就能选择自己想要走的路,书写自己生命的篇章。要做到这些,他们就要先解决自己对死亡、自由、孤独及其意义的担忧。

7. **人本主义团体心理治疗**。由卡尔·罗杰斯提出的人本主义团体心理治疗认为人类有获得整体性和自我实现的趋向。不需要团体带领者过多的指导,人们就能找到自己的方向。所以,带领者要通过表现出关心、共情、理解、接纳、温暖和真诚在团体中营造出治疗的氛围。在这种环境下,团体成员就会放下防御,努力向有意义的目标前进。人本主义相信,只要有促进成长的条件,人们就会拥有实现自己的能力。

8. **理性情绪行为团体心理治疗**。理性情绪行为团体心理治疗认为,人们在人生早期阶段学会了"应该"和"必须",它们在前意识层面形成了非理性信念。这些非理性信念会使人产生自我挫败的观念和行为(Ellis,1996,1997)。非理性信念会使人陷入抑郁、焦虑和沮丧之中。"我必须始终被所有人爱、被所有人喜欢、被所有人承认,否则我就会非常痛苦,感到自己完全没有价值。"这就是一种非理性信念。很显然,让所有人始终爱着你是不可能的。持有这种非理性信念必然会让人感到沮丧与失望。要想对抗这种非理性信念,就必须(1)认识到自己的非理性信念,和(2)与之辩论,用新的、更有建设性的信念去替代它。

9. **现实团体心理治疗**。现实疗法认为(1)人有实现自己对生存、爱和归属、权力、自由与娱乐等基本需求的动机,(2)每个人都要对如何在当前的关系中满足这些需求做出选择(Glasser,1998)。这种方法强调的是在当前的关系中控制自己的行为,以更好地达成自己的需求。所以,在这种团体中,成员们要探讨自己当前的行为以及怎样做才能变得更有效。团体成员要探索自己的需求,根据自己当前的行为是否有效地满足了自己的需求,探索自己想要改变行为的哪些方面以及要怎么改变等问题。

10. **人际团体心理治疗**。人际团体心理治疗认为许多心理问题都是人际关系问题导致的(Johnson & Matross, 1977; Yalom & Leszoz, 2005)。抑郁、焦虑和人格障碍可能来自与亲密伴侣、朋友或家庭成员之间关系上存在的问题。人们会想要纠正自我挫败的、不成功的、无效的行为模式。团体就是社会的缩影，成员们在团体中与人交往的形式与他们在团体外的交往形式很相似。所以，自我挫败的行为模式也会在团体中显露出来。显露出来的问题就能得到纠正。在团体中建立起的自我提升的行为模式会迁移到团体以外的生活中。

自助与相互支持团体

自助与相互支持团体指的是成员们为应对共同的问题或情境而自愿结合，互相提供社会支持与帮助的团体(Goodman & Jacobs, 1994)。人们可能因为面临一些会让他们在心理上联结在一起的共同困境、问题或担忧而选择加入团体。加入这个团体所要付出的代价通常并不是金钱，而是(a) 承认自己也有某个问题，(b) 互相帮助，(c) 承诺遵照团体使用的恢复或治疗程序(如匿名戒酒会的12步程序)。

支持团体之间有很多不同。它们之间最大的共同点是这些团体大部分都是由成员自行管理的，团体的规程也是由成员自己定的，而不是由专家决定的。举个例子，匿名戒酒会的成员必须是酗酒者。这个团体并不会接纳一个研究酒瘾但自己没有酒瘾的学者作为团体的带领者。这是因为这些成员相信那些自己实际面临着这些问题或成瘾症状的人才是他们从中找到应对、管理、解决问题方法的最佳资源。

自助团体的形式多种多样、与日俱增。这一现象主要是因为人们认为社会上现有的教育、社交或医疗机构并不能满足他们的需求。Goodman 和 Jacobs (1994)估计全美国大约有800万人参加了自助团体。几乎每一种与压力相关的、心理相关的或医疗相关的问题都有与之对应的自助团体。如果你在酒精、药品、性、消费或其他活动上存在成瘾现象，支持团体就能为你的困扰带来帮助。如果你的孩子、伴侣或朋友过世了，哀伤支持团体能帮助到你。如果你罹患癌症、心脏病、糖尿病或其他严重的疾病，你也会找到对应的支持团体。哪怕你面临死亡，也有团体能为你提供支持。

团体经历的独特力量

有一些人在思考问题与决定如何提升人际关系的时候会采用独立、隐秘的方式。另一些人则会与朋友或咨询师一对一地讨论他们的遇到的问题和考虑的计划。与一个人沉思或两个人讨论不同,团体对于想要成长、改变、治愈的人而言有一些独特的优势。这些独特的优势在很大程度上来自团体的异质性和团体内复杂的社会环境。团体中的人际关系越是繁杂,就越能为成员们提供丰富的学习、成长、改变与治愈资源。这是两人之间讨论和独自沉思根本做不到的。

支持性社群

团体会产生社群感、归属感、关怀感、支持感、接纳感与协助感。归属于一个鼓励成员改变自己、进行成长的支持性社群就会给人带来这么多积极的情感。举例来说,成为一个支持性社群的一员能增强对自己作为一个正在成长与改变的人的身份认同,缓解治疗在探索自身过程中造成的痛苦,还能鼓励自己冒风险去追求一些成长性目标。另外,支持性社群也能降低神经症带来的苦恼,给人以希望,减弱感受到的抑郁和孤独感,提升自尊水平,增进问题解决能力,得到证明自己的感受(Cline,1999;Johnson & Johnson,1989)。每个成员对自己有能力进步和改变的信心会随着其他成员投入帮助与支持自己进步而逐步提升。相较于独自沉思或两个人讨论而言,这种从不同成员处获得验证所提供的力量使得团体更能影响个体的成长进程和健康水平。

希望

支持性团体能带来希望,希望能够降低成员们感到泄气的可能性。一个人是否感到有希望能够直接预测这个人的心理健康和调节水平;相反,一个人有多泄气也能直接预测心理问题状态(Snyder, Cheavens, & Sympson, 1997)。**泄气**(demoralized)指的是沮丧、困惑、迷茫、混乱以及缺乏勇气。泄气的人会感到孤立、无望和无助。团体情境里可以产生一些事件，这些事件会激发希望，让人感到自己可以改变，使人相信自己可以改变问题的来源。比如，看到其他成员成功地解决了问题；看到有人在参加团体后改变了自己。个体拥有的希望越多，他就可以找到更多达成个人目标的途径，也会对自己更有信心，觉得自己能够做成达成目标所必需的行动。

现实世界的缩影

团体是现实世界的一个缩影。团体成员会在成长团体或治疗团体中表现出和自己经常在外界社会的人际关系中同样的人际动力学特征。在支持性团体中显现出动力学特征之所以能为成员们带来帮助，是因为这种适应不良的行为是可以在团体中改善的。也就是说，团体为解决个人和人际问题提供了一个矫正环境。

总的来说，人们会在与其他人的关系中习得适应不良的行为和思维模式。在支持性团体中，成员们则有机会学到建设性的行为和推论模式。通过对成员们之间的关系施加矫正措施，成长与治疗团体就能直接对成员面临的问题发挥作用。此外，人们在人际行为能够得到提升的情境中也会显示出积极有力的人际行为。作为外部世界的缩影，团体为参与者们提供了一个与其他人自由交互的舞台，这能帮助他们发现并理解自己在人际交往中存在什么问题，最终使他们能够改变适应不良的交往模式，养成建设性的交往模式。

诱发与降低强烈情感

团体能够诱发及降低强烈情感。不仅是成员与团体带领者之间的关系会重现出团体成员面对权威者的情感，成员之间的关系也会再现出自己与兄弟姐妹或同学之间的情感。团体中各式各样的人和各种各样的人际事件使得团体能够诱发出广泛的强烈情感。

团体能够为成员提供一个使之能够带着接纳感去重新体验先前深深困挠自己的感受的环境。在这个环境中，团体可以诱发并减弱这些强烈的情感。参与者在治疗团体中可能需要面对自己最深的恐惧，然后再迎难而上去理解、克服它们。当发现先前害怕的情感实际上并没有那么可怕，或者自己害怕的结果并没有发生的时候，参与者的情绪体验就会被纠正。在一个支持性的、关怀的环境中体验与讨论情绪通常能降低情绪水平，减少这些情绪对参与者行为和思维造成的影响。

观点采择

心理问题都是自我中心的。抑郁或惊慌失措都是对自己的。成长与支持团体创造的环境能够帮助团体成员降低自我中心水平,提升观点采择和共情能力。当团体成员关注于其他人面临的问题,接收到其他人对自己行为的反馈时,自我中心水平就会降低。通过在一个成员们能够感受到理解和接纳的支持性背景下交换对问题和解决方法的意见,成员们就会变得更加关心其他观点,对这些观点也会变得更加开放。

团体带领者也会设置转换观点的环节,让参与者变换自己的立场,为其他人的观点辩护,或采用团体外某个重要人物(如母亲、老板、配偶)的立场。随着成员理解其他人观点的能力和共情能力得到提升,他们自我中心的水平就会随之降低,解决人际问题的能力也就进步了。

多来源反馈

团体能为成员提供多个来源的反馈。只有团体才能提供自己如何被同伴看待的即时反馈。每个成员都会把其他人的反应作为"照出"自己行为的镜子。虽然人们通常都能够对自己形成准确的认识(如同别人看他一样),但是有时候自己对自己的看法和他人对自己的看法是不一样的。所以,其他人可以作为我们理解自己的信息来源。由于其他成员有着各自不同的视角,所以他们可以用各自不同的方式来看待我们的行为和经验。反馈的结果为我们理解自己、重塑个人经验提供了丰富的信息。

社会比较的多重来源

团体为社会比较提供了许多来源。通过社会比较,成员们会发现自己面临的问题是普遍存在的——每个成员都会认识到自己的问题并不是独一无二的,而是其他成员也会碰到的人类的共同体验。Yalom 和 Leszoz(2005)认为,许多人在心里相信他们自己的痛苦是独一无二的,他们要独自面对那些可怕的问题、想法、冲动和幻想。然而,当他们发现事实上很多人都有相似的情感后,他们就能从中获得巨大的安慰。

当人们感到自己受到威胁、感到困惑或承受着压力的时候,他们通常会加入那些与自己面临着相似问题或困难的人群(Schachter, 1959),这样做会使他们感觉舒服一些,心境会变得好一点(Frable, Platt, & Hoey, 1998)。团体成员通常会与团体中的其他人比较自己的情感、认识、态度和行为。在团体中,这种比较会自然而然地产生，还会促进人们发掘新的情感、认识和行为途径。在成长或治疗团体中，成员们会进行下行社会比较（downward social comparison；拿自己和面临更糟糕情况的人比较），以此提升自尊、降低压力（Gibbons & Gerrard, 1989; Wood, Taylor, & Lichtman, 1985）。同样地，人们也会进行上行比较（upward social comparison；拿自己和比自己境况好的人比较），以此找到提升自己应对技能的方法（Blanton, Buunk, Gibbons, & Kuyper, 1999; Collins, 1996; Vrugt & Koenis, 2002）。

替代性学习

团体提供给成员们一个进行替代性学习的机会。替代性学习指的是根据周围其他人所说所做进行学习的能力。社会学习理论认为人们能够通过观察其他人的行为来习得新的态度和行为（Bandura, 1976, 2006）。在成长与支持团体中，成员们可以通过观察其他成员来塑造出自己想要拥有的行为和态度。通过观察其他成员如何解决冲突、建立信任、互相提供帮助，人们就能为自己在未来这样做的时候提供清晰的指导准则。有证据表明，那些关注如何塑造建设性行为的团体的成员比那些只讨论问题行为的团体的成员获得的提升更大（Falloon, Lindley, McDonald, & Marks, 1977）。

需要各种社会技能

团体会促使成员们掌握与使用多种多样的社会技能。团体是提升人们运用人际技能和小群体技能的理想环境。虽然人们可以读他们想读的书，可以做他们想做的研究，但是只有通过做出行为、接受他人给予的反馈、修正自己的行为、再接受反馈这一系列过程，人们才能真正学会技能。当取得在团体中运用新的行为模式的经验后，人们就会感到自己也能在外界运用这种新的行为。

团体是一个可以在低风险的前提下发现问题、尝试新的行为模式、得到反馈、保证新行为有效的环境。例如，倾听其他人讨论他们的问题，帮助这些人尝试更有建设性的思考和行为方式，这些都需要运用在两个人的关系中使用不到的社会技能。治疗团体的参与者们指出，人际学习是他们参与团体的最大收获之一（Kivlighan & Mullison, 1988; Kivlighan, Multon, & Brossart, 1996）。

影响行为和态度

团体能够有力地影响成员的行为和态度模式。团体规范、公开承诺做出新行为、观察可信的榜样、认同其他成员、面对个人化的信息、与同伴讨论以及教导他人等因素都能影响成员们的行为和态度模式(见第6章)。成长团体与治疗团体都强调掌握与采用更具有建设性的行为和思维方式。

帮助他人

团体为参与者提供理解和帮助同伴的机会。通过一起工作来增进彼此的了解,通过关心他人正在付出的努力,团体成员们就会从团体中取得很多收获。**第一**,帮助他人会降低自我中心的程度,而且能将注意和精力投注到他人身上。**第二**,帮助他人能促成个人改变。例如,酒精成瘾者认为让他们保持清醒的最佳方法是把自己的精力耗费在帮助其他人保持清醒上。**第三**,在帮助他人的时候,成员能建立起自尊、获得自我领悟力、增进人际能力。在这个过程中,参与者可能会感到被他人需要并且自己能够提供帮助。**第四**,帮助他人提供参与利他行为的重要机会,这种机会在日常生活中不太常见。**第五**,能够帮助他人的人是心理健康的人。帮助他人本身就是心理健康和自我实现的标志。**第六**,接纳他人与提供帮助本身就会带来改变。有时候,帮助来自上级(12步程序);有时候,帮助来自其他成员。在受到他人帮助的时候,成员就会从个体学习、支持性氛围里的社会赞许以及观察其他人努力解决类似问题中获益。

获得自我领悟的资源

相比两个人交流或单独沉思,团体能够提供更多资源来帮助成员获得领悟。当前遇到的问题与重塑过去的经验都能够促进成员进行改变,这样就能产生新的社会现实。通过其他成员对他们行为和表露的反应,将他们的问题揭示给团体进行分析,接受到来自其他成员的反馈,以及自己对其他成员行为和问题的反应,团体成员就能更深入地了解他们自己。这时候,其他成员就成了认识自己的途径。此外,成员也能通过对所领悟内容的共识验证使领悟更进一步深入。例如,通过给成员的思维、感受和体验贴标签,以及帮助成员反思自己与团体交互的行为,团体就能帮助成员更好地理解自己的行为。

认知学习

团体会提升认知学习的质与量(Johnson, Johnson, & Holubec, 2002)。许多形式的成长、治疗和自助团体都把掌握特殊的认知结构看作是积极改变的一部分。无论是深入理解自己,还是有意识地提升能力,这些都需要借助认知学习来达成。Lieberman等人(1973)在针对成长团体的经典研究中发现自我表露之所以会带来积极改变是因为其中涉及认知控制和理解。也就是说,团体会对思维过程带来一些切实改变的自我探索比仅仅阐述碰到的问题更加重要。

情绪表露的重要性

体验和表达自己对其他成员行为和重要生活事件的积极和消极情绪能够促进改变。自我表露具有的治疗和成长作用就来自群体成员表达出的接纳、支持和关怀。

第一,无论是否表达出来,人们体验到的强烈的积极或消极情感都会促进改变。成员可以在团体中释放以前无法感受或不愿感受的情绪。在很多情况下,成员们会发现这种感受其实并不是那么可怕,他们害怕的结果也不会发生。在这之后,他们就会学着去接纳自己之前害怕的感受;即使情绪没有外在地表现出来,这种情绪体验也能够得到纠正。

第二,表达与描述情感能够让成员们团结起来,增进彼此之间和对团体的承诺水平。这时候,改变就发生了(Corey & Corey, 2005; Leichtentritt & Shechtman, 1998)。对一群同伴表露自己和对一个人诉衷肠是不一样的。对一个人讲心里话不会让人感到有很大压力,而对一群人讲就不是这样了。对一个团体进行自我表露是很有意义的,因为这会增加成员之间的亲密度和信任感,这些改变又会促进更深入的自我表露(Kaul & Bednar, 2003; Johnson & Noonan, 1972; Roark & Sharah, 1989; Tschuschke & Dies, 1994)。

自我表露的关键之处并不是说了什么,而是其他成员倾听后的反应。团体中的自我表露会经历几个阶段(Altman & Taylor, 1973)。在**定向阶段**,成员们会关注于一些浅显的话题,避免表露一些过于私人与隐私的内容。这时候,他们会对彼此形成总体上的印象,努力让别人对自己形成良好的印象。在**情感探索阶段**,成员们会适当讨论自己的个人态度和观点,但并不会表露出强烈的情感或有关自己的私密细节。在**情感阶段**,成员们只会回避很少话题。成员们会对彼此的行为表达出积极或消极感受。在**稳定交换阶段**,成员们会分享所有个人感受。成员们会表达出在先前阶段中克制住的感受,吐露出自己的情感束缚。

第三,表达出先前隐藏的强烈情感能促进改变。发泄出强烈的情感能起到宣泄作用,也能释放人们在压抑这些情感的过程中感受到的紧张和压力。

第四,观察到其他成员的重要情感体验能促进发生积极变化。其他成员们的情感经历能帮助某个成员澄清问题,这个成员随后就能在自己遇到问题的时候使用这些经验。

第五,向一个具有支持性和关怀性的团体表露自己强烈的情感体验具有相当大的治疗功效。这么做至少能够起到让自己认识到其他人也遇到过这种问题的作用,还能让自己感受到希望。保密通常会导致不正常的行为模式和感受。一旦强烈的情感体验被隐藏起来,人们就会相信自己是唯一遇到问题的人,认为没有其他人能够理解自己正在经历着什么。揭露自己的秘密能让自己发现自己遇到的问题是普遍存在的,其他人也在面对相似的问题。当参与者发现那些让自己感到羞愧、内疚、抑郁或者愤怒的秘密并不会让别人感到吃惊时,自我表露就起到了治疗作用。这是因为当他们发现别人不会被他们的问题震惊到或因此感到恐慌时,他们就能从导致焦虑的感受中解脱出来。

第六,尤其是对自助团体而言,资深成员能够提升表露的作用。这是因为资深成员的表露会促使新成员形成认同,降低他们的孤立感(Mullan,1992)。

第七,自我表露能使参与者们深入领悟自己的问题。这是因为在与其他成员沟通自己的情绪和体验之前,人们必须先彻底思考自己的经历。经过这个过程,成员就会对自己的问题产生新的领悟,随后对问题进行的重新概念化就会推动发展。另外,倾听他人诉说自己的情感和感受也能帮助自己看到问题的另一面或新的维度,这也能帮助自己在事件和感受之间找到先前没有认识到的关联。

带领成长团体

加入成长团体、治疗团体或自助团体都能明显地提升健康水平。但是,要想取得这种效果,就必须由掌握技巧的团体带领者来引导整个过程。团体带领者需要掌握以下这些复杂的技能：

1. 建立起体验与表露情绪以及改变参与者行为和态度模式的情境。
2. 成为群体动力学、经验学习以及成长方法的专家。带领者必须能够识别并诊断出参与者的问题。
3. 教导必需的人际和小群体技能。
4. 示范如何建设性地使用小群体技能和人际技能。
5. 保障成员们都有自我表露和试验新态度与行为模式的机会。
6. 确保成员们都能得到建设性对质与反馈的机会。
7. 促进在团体中矫正或补偿情感经验。
8. 指导参与者解决自己的问题。
9. 与参与者建立契约、执行契约。
10. 履行团体的行政功能。

提供让参与者发生改变的条件

这类技能包括设立起能够让参与者(1)变得能够认识到自己无效、自我毁灭性质的行为和态度模式，(2)改变成更有效率、自我提升性质的行为和态度模式，以及拥有(3)稳固性的行为和态度模式并具备使得这些模式成为自动化的习惯模式的条件。Johnson(1980b)已经详细探讨过建立这些以改变为目标的条件，接下来举一些例子来具体说明：

第一，团体带领者要建立一种表现出共情、接纳、真诚、自主与平等的支持性团体氛围。支持性氛围能够促进个人表露、自我觉知、经验与情绪表露，使用试验性的行为与思维模式，以及给出与接收反馈。表露出自己有怎样的感受和反应，会让人们感受到认可，被认为是一个人，更好地被人理解、被帮助、被满足，也更不会感到被孤立。

第二，无论团体的目标是自我实现还是心理治愈，团体带领者都要创造出一种针对团体目标的积极的相互依赖关系，让参与者为之投入（见第3章）。团体的共同目标要聚焦在三个层面的行动上：最大化个人的自身成长，最大化其他成员的成长，以及促进获取共同利益。自助群体的成员尤其会强烈地感受到拥有一种共享身份，这通常会在他们身上产生一种分享痛苦的感受(Lieberman, 1993)。比如，匿名戒酒会通常会由成员公开说"我是一个酗酒者"作为开场白。这个仪式维护了团体认同，并且让成员聚焦在他们共同的问题上。

第三,团体带领者要促进在成员之间形成足够强的信任水平,这样成员们就会敢于冒风险(见第3章)。信任是通过(1)开放与分享(被信任)和(2)接纳、支持与合作(表现出合作性)来达成的。团体带领者要示范这两方面,并且要确保团体成员都能依葫芦画瓢。

第四,团体带领者要让参与者变得乐观,感受到希望,让他们对那些拥有解决当前问题所需技能的团体成员产生积极的认同,让他们有能力从多个角度来看待问题(降低自我中心)。

作为一个提供资源的专家

团体带领者需要具备的知识因团体的类型而异。不过,其中也有一定共性。一般来说,任何团体的带领者都需要熟练掌握(1)群体动力学,(2)经验式和探究式学习法,(3)在团体中促进成长与进行治疗的手段(T团体、会心团体、精神分析团体、阿德勒团体、格式塔团体等等),以及(4)诊断个人问题和人际问题的能力。

1. **掌握群体动力学的专业知识**。团体带领者必须是群体动力学的专家。成长或治疗团体必须是一个有效的团体(第1章),这是最为重要的一点。因此,团体带领者必须完全理解群体动力学知识,掌握本书中所有探讨过的团体技能。在成长或治疗团体中,带领者必须要能设定出清晰、可操作的共同目标,使参与者们能投入到达成目标的任务中去,促进成员们彼此之间能清晰、准确地交流观点和感受,保证参与权和领导权都分布在所有成员身上。此外,带领者也要确保所有成员都能根据自己的专业技能平等地获取权力与信息。带领者必须要能够灵活地根据情境需求选用决策方法,也要做到能够促进参与者们通过建设性地争论来创造性地解决问题与进行批判性思考,还要确保成员能够做到面对冲突并建设性地解决冲突。无论成长或治疗团体是什么性质的,只要成员们愿意学习、愿意改变、愿意实现,团体就会变得有效能。

2. **掌握经验学习**。团体带领者要懂得经验学习和探究学习的方法(第2章)。几乎所有种类的成长与治疗团体都强调让成员体验探究的过程。团体带领者要知晓如何帮助参与者认识到他们自己的行动理论,做出旨在提升他们自己和其他成员效能的行为,评估结果以及从其他人那里获得对他们行为和反应的反馈,并且还要能够修改与完善他们行动和态度的理论和模式。

3. 掌握变得健康与获得成长的方法。团体带领者要掌握获得成长或进行治疗的方法。带领者可以用概念框架来解释团体中的事件，重新解释生活中的经历。对有些团体来说，这种概念框架可以是技能训练的文献，对另一些团体来说则是弗洛伊德、阿德勒或罗杰斯的理论。

无论采用哪种途径，带领者都要向参与者展示概念框架，以使得参与者能够更彻底地理解自己正参与其中的个人和人际动力特征，同时也能够从中对自己的行为和态度获得更深入的领悟。在 Liberman 等人（1973）的一项经典研究中发现，最有效的带领者擅长于对参与者进行概念化，以此为他们的行为赋予意义。要做到这一点，带领者就应该拥有某一种社会科学（如心理学或社会学）的扎实基础，并且还要具备使用自身知识和专业技术来帮助参与者理解他们自己正在体验着什么的能力。

4. 掌握诊断技术。团体带领者要能够诊断成员们遇到的个人和人际问题。要想做出正确的诊断，带领者就要使用基于理论和研究的概念框架来分析团体成员的行为。这样的概念化在团体体验结束后对参与者非常有用。因为这时候参与者就能够用这些概念来更为彻底地理解日常的人际和团体情境了。

成长和治疗团体带领者最根本的任务是为参与者赋予意义。带领者通过（a）给参与者当前正在经历的感受和事件贴标签，（b）改变团体成员所做的归因，（c）对团体成员所知觉到的个人控制感施加影响，以及（d）改变成员感受到的在解决问题上具有的自由度这四个方面来创造意义。当带领者为参与者的身心反应贴上"焦虑"或"防御机制"的标签后，参与者就能从中得到安慰。这种标签不仅仅能够提升成员们的自我认识，也能降低他们对情绪和人际体验的恐惧和焦虑——如果他们的这些体验都有对应的名称，那么他们就不算碰到异常情况。此外，标签及其伴随的信息也给参与者提供了可以在未来情境中使用的认知工具。

在帮助参与者认识自己的感受和体验时，带领者必须小心地对问题进行归因，也要非常注意归因对参与者个人控制感造成的影响（Johnson & Matross, 1977）。参与者的问题或许可以归因于参与者本身的某些因素（内部归因），也可以归于外界的某些因素（外部归因）。原因可以是稳定的（不能改变），也可以是不稳定的（可以改变）。根据问题和情境的不同，带领者可以帮助参与者以"稳定的外部归因"或"不稳定的内部归因"来看待问题。比如，如果一个人被失败深深地困扰着，带领者就可以帮他认识到失败的原因是不稳定的外部原因；

如果这个成员获得了成功,就要进行稳定的内部归因,通过这种做法来提升成员的自尊。

在探讨团体中发生的事件时,带领者要将成员的行为定性为反映出高度的自我控制和自由感。相信自己能够控制自己的生活,这一信念可以让周围的事件变得看起来更可预测,自己的体验也会更加积极。在诸如心脏病等重病后产生的严重抑郁情绪就被认为是一种关于失去对自己生命控制的感受(Glass, 1977)。对自己能否掌控事件的信念会影响任务表现(Glass & Singer, 1973)、对周围人情绪的判断(Rodin, Solomon, & Metcalf, 1978)、对反应的确信程度(Glass, 1977)、自己表现得活跃与爱交际的程度(Langer & Rodin, 1976),以及整体上的健康水平和寿命长短(Rodin & Langer, 1977)。团体带领者通常要能够识别和诊断出参与者身上的问题,这一过程要以最大化参与者对自己生命的控制感为基础。

团体带领者也要以尽可能让团体成员感到自己能自由地解决问题为宗旨来定义参与者的问题。感到丧失控制感或失去选择的自由会导致心理逆反(Brehm, 1966; Brehm & Brehm, 1981)。**逆反**(reactance)指的是当人们感到自己的自由被剥夺或受到威胁的时候产生的一种动机状态。感到自己的自由受到威胁会让人们采取行动来重获自由和控制力。这种重获自由的动力能够用来帮助人们将自我挫败的态度和行为变为自我提升的态度和行为。如果一个人处于依赖的角色上,那么当环境要求他独立行动时,他的表现就会急剧下滑。

教导社会技能和建设性的行为与推理模式

降低自我挫败行为,增加自我提升行为的关键因素之一是提高人们的群体和人际技能。群体成员之所以会经常遇到一些问题,这通常是因为他们缺乏社会技能,或是因为他们还不足以有效地使用这些社会技能。带领者可以引导成员们去发现哪些技能在与其他成员的交互中是有效的,也可以通过开展本书中的练习把人际和群体技能直接教给成员们。

带领成长团体要求带领者具有促进社会技能学习的能力。团体带领者要能够对技能是什么以及其重要性体现在哪进行解释,要创设出让成员们练习技能的机会,确保成员们能够接收到各自技能表现情况的反馈,还要持续设置机会,让成员们不断练习,直到充分掌握这些技能为止。

示范社会技能和建设性行为

如果要鼓励团体成员自我表露和试验新行为,那么由带领者亲自示范是再好不过的了。社会学习理论强调示范需要掌握的行为以及随后对成员模仿这些行为进行强化的重要性(Bandura,1976,2006)。在示范后紧接着就要进行练习。团体成员会与其他人一起进行角色扮演或自己独自练习目标技能。带领者要主动地参与到团体中,并主动地与其他成员们交互,这称之为团体带领者示范技能的意愿。当参与者感受到焦虑、不满,表现出沉默、参与度差、放弃和学习投入不够的时候,带领者就要积极介入。虽然带领者要投入关怀,但是要确保这种主动性不会变成由带领者"统治"团体(Bierman,1969)。

确保有自我表露和试验的机会

成长团体中许多重要的经验都直接来自参与者的自我表露和对新思维与行为模式的试验。因此,团体带领者的一个重要职责就是确保团体中有进行自我表露和试验新行为的机会。

提供建设性的反馈和对质

团体带领者必须要能够为成员提供建设性反馈,也要防止参与者之间互相传播破坏性反馈。**建设性反馈**(helpful feedback)指的是分享其他人怎么看待某人的行为及其结果,以及观察者如何对他人的行为做出反应。要想给出建设性的反馈,就要区分(a)观察到的行为,(b)观察者使用的概念框架,以及(c)对行为者做出的推论和解释。团体带领者绝对不要让成员们混淆这三个方面。对所有成员的行为观察要做到一视同仁(在假定观察有效的前提下),但是用来理解行为、进行解释和推论的概念框架可以因人而异。并不是所有反馈都能带来帮助。**破坏性反馈**(destructive feedback)指的是对被反馈者作为一个人的品质和价值进行评价的强加给被反馈者的反馈。

修复情绪体验

团体带领者要促进参与者修正或修复他们的情绪体验。高度个人化与相关的学习通常会唤起情绪。在大部分成长和治疗团体中通常会发现成员们感受到高度的关爱、支持、奉献、愤怒、沮丧和焦虑的体验。团体带领者要尽可能地通过促进反馈、支持试验其他行为、鼓励解决问题、支持自我表露和对成员热情与支持来激发情绪反应。

Lieberman等人(1973)的研究发现最有效的带领者会做出适当的激发情绪的行为。虽然有情绪体验并不代表此时正在学习，但是真正的学习通常伴随着情绪。团体带领者要确保成员不仅仅体验到情绪，更要反思和分析自己的情绪。

引导解决问题

团体带领者想必都希望能够帮助参与者认清那些导致自己产生内疚、抑郁、焦虑、恐惧、愤怒和怨恨等情绪的反复出现的自我挫败行为与信念——它们才是要解决的问题。问题解决的整个过程包括找到问题、诊断问题原因、确定解决问题的可用方法，以及实施可能最有效的方法这些步骤。团体带领者可以通过使用温暖与理解的方式进行沟通，凸显出想要的结果和实际行为与想法之间存在的冲突，开展针对解决问题的讨论，以及鼓励参与者采用其他参与者的视角等方法来促进参与者们解决问题，同时也使他们掌握自我提升的态度和行为模式(Johnson & Matross，1977)。在问题解决过程中比较重要的一点是要引入参与者过去的行为和感受和他们在团体中的行为和感受(Lieberman，Yalom，& Miles，1973)。

建立与维持契约

团体带领者可以与团体成员一起设立一份明确的契约，约定他们作为团体成员的责任。这种建立契约的做法有时候是非常有帮助的。那么，怎么建立契约呢？举个例子，可以要求参与者(a) 对团体完全"敞开"自己过去和当前的行为，(b) 一旦加入团体就要为自己负责，不要因为自己的困境去责备其他人或环境，(c) 参与到其他成员中去，互相促进学习。当契约建立好后，带领者就要"守护"这份契约，确保在团体中实行契约条款。

贯彻管理职能

团体带领者要具备许多种管理能力，其中包括组织团体、安排活动地点、设定时间表、准备必需的物资以及评估效果。所有任务都需要带领者具备许多管理与评估能力。

概念框架、感受和直觉

有效能的团体带领者要做到整合性地运用概念框架、感受和直觉。概念框架指的是看待成员行为并将其与某个能解释这些行为的模式联系起来的方式。带领者要用概念框架来理解团体中发生事件的动力学特征。带领者通常要通过对团体中和成员之间发生了什么进行概念化来找到有效的干预方法。此外，许多参与者在团体中的学习也是通过带领者传播概念化信息来完成的。社会科学中现有的知识都可以作为带领者外在的概念框架。这些概念框架能够帮助参与者从自己的经验中进行学习。

感受通常是获取有关团体中正在发生什么以及成员之间出现了什么问题的重要信息渠道。然而，感受并非始终可靠，它们很容易受到偏向、曲解和误解的影响，在人们感到被威胁、防御、焦虑和紧张的时候尤甚。此外，所有人都有自己的盲区。在特定的场合或条件下，感受反映的就是自己的恐惧和焦虑，而不是团体中实际发生的事件。所以，对于带领者来说，他们要能"调整"自己，让他们的感受在不同情境下和面对不同事件时始终是有效、可靠的信息来源。

有经验的带领者也会根据自己的直觉来带领团体。**直觉**（intuition）指的是一种潜意识的过程。人们会对将要发生某件事产生一种强烈的感受，但是他们并不知道这种感受有什么根据。直觉思维并不是依照小心、明确的步骤开展的——人们会对情境在整体上产生情绪和认知上的反应，最后会得出一个答案。沉浸于团体过程中就会产生直觉。与团体成员之间有很强的认同以及对成员之间发生事件的共情也会促使产生直觉。带领者对与团体有关事件越是熟悉，他们的直觉正确的可能性就越高。

带领者过度依赖直觉会带来一些问题。第一，直觉是一些无法被证明的推断，带领者会高估他们个人观察结果的有效性。第二，临床与咨询心理学的发展历史上有很多愚蠢的根据直觉进行治疗的明确证据。第三，基于直觉的干预会变成自证预言，即持有错误直觉的带领者做出的行为会把情境塑造成他们错误直觉中试图去改变的那个情境。第四，我们很难判断直觉是对是错，这是因为直觉来自感受和想法,而不是证据。第五,直觉表现的是基于自身文化和参照框架的内部逻辑,所以对其他文化或其他参照框架做出的直觉判断可能是错误的。由于直觉就像情绪一样,在有些时候是合理的,而在另一些时候却会误导人,所以带领者需要具备调整自己直觉能力的经验。

成长团体和参与者焦虑

有些人认为成长团体会产生焦虑,这种焦虑会在心理上伤害参与者。Johnson 等人(1973)开展了一项研究来考察人们的焦虑水平在参与团体前后之间存在的差异。他们在研究中比较了参与团体前后与期末考试前后的焦虑水平。结果发现,在成长团体启动的时候测得的焦虑水平低于期末考试前的水平。同样地,在参加团体后的焦虑水平也低于期末考试后的水平。从这个结果可以看出,参加成长团体似乎比考试来得轻松。

参与成长与治疗团体的代价

成长与治疗团体虽然会带来种种好处,但是成员也要为之付出一些代价。团体通常要求它们的成员投入相当数量的时间和精力。成员们要和那些他们本来不会与之接触的人交流。有很少一部分人会在团体中感受到消极体验,或者会发现团体对他们并没有作用。有些人会因为觉得团体并没有给他们带来足够的好处而选择中途退出;也有一些人会感到被自己在团体中的某些体验伤害到或因此感到想退缩。不过,只要带领者有足够经验,退出和感到受伤害之类的现象就基本可以避免。

相对有效

团体是可以用来促进参与者积极成长和改变的有力工具。但是,并没有证据表明存在一种相比较而言最好的团体。Lieberman 等人(1973)以 206 名斯坦福大学的学生为研究对象,随机将他们分到 18 个不同类型的成长与治疗团体中,结果发现没有一种团体的效果比其他团体更加突出。Fuhriman 和 Burlingame(1994a)分析了 700 个团体治疗的研究,进行了 7 个元分析,结果发现所有团体都有效,但是并没有一种团体比其他所有团体都好。McRoberts 等人(1998)总结了23项研究,发现团体心理治疗都比较有效,但是效果并不比个体治疗好多少。Bednar和Kaul(1994)发现团体治疗远比不接受治疗、安慰剂或非特异性治疗,或者其他公认的心理疗法更有效。这些研究都没能得到决定性的结果,这在很大程度上是因为从研究方法层面上来看,对疗法效果进行比较是比较困难的。

总结

在美国,有难以计数的人参与过个人成长、治疗改变和自助团体。这些团体都有着相似的目标:(1)降低自我挫败的行为模式,增进自我提升的行为模式;(2)提升心理健康水平,减轻心理病理状况;(3)增进人际关系;(4)提升自我实现水平;以及(5)提升人际效能。成长团体包括T团体、会心团体、人际关系训练团体和结构化成长团体。咨询与治疗团体包括精神分析团体、阿德勒团体、心理剧团体、格式塔团体、认知行为团体、人本主义团体、表达性团体、理性情绪团体、现实团体和人际治疗团体。自助团体的类型就更多了。

团体中人际关系量越多,相比二人讨论或独自沉思,团体能够提供的学习、成长、改变和治愈的潜力就越大。团体具有的独特能力包括(1)提供进行改变的支持性社群,(2)提升希望,降低自暴自弃的程度,(3)创建真实世界的缩影,(4)产生与降低权力感,(5)提升观点采择能力,降低自我中心水平,(6)提供多来源的反馈,(7)提供多来源的社会比较,(8)提供多来源的替代性学习机会,(9)需要使用大量社会技能,(10)影响行为和态度模式,(11)提供帮助他人的机会,(12)提供自我领悟的资源,以及(13)增进认知学习。

团体对个人改变造成的最重要的影响之一是体验和表达对其他成员行为和重要生活事件的积极与消极情绪。体验和表达情绪都能起到治疗作用。表露情绪体验不仅能够降低自己的问题的独特感,还能够注入希望,使成员发现自己的问题是能够解决的。表达强烈的情绪能够起到发泄的作用。观察其他成员表达他们的情绪也有好处。当更资深的团体成员表露情绪时,成员之间就会认同和模仿。最后,情绪的自我表露通常会激发成员深入领悟自己的问题。

虽然参与成长、治疗或自助团体能够提升健康水平,但是团体需要一个有经验的带领者来引导整个过程才行。研究表明,所有类型的成长和咨询团体都是有效的,但是并没有一种团体比其他团体更加有效。

第14章

团队发展与团队训练

本章要学习的基本概念

这里列出了本章中介绍的主要概念。在教学中可以将学生分成二人小组，每一组学生需要 a) 对每一个概念下定义，在阅读中关注文中怎么定义这些概念以及针对概念做出哪些讨论；b) 确保两个人都理解这些概念的定义。接下来再组成四人小组。比较四人小组中两两各自学习的概念是否存在差异，如果存在差异就再一次在文中查找并下定义，直到所有成员都认同为止。

概念：

团队(Team)

团队建设(Team building)

组织发展(Organizational development)

帕累托图(Pareto chart)

大规模生产组织结构(Mass-production organizational structure)

高绩效组织结构(High-performance organizational structure)

前言

以人促产。

——新加坡管理哲学

杀人蜂队是坐落在纽约长岛的一个中产阶级小镇——汉普顿的一支高中男子篮球队。在过去的20年里，汉普顿高中的入学率持续下降，近几年在校的男生数量已经低于20人。受此影响，篮球队甚至只能凑到7名队员。然而，自从1980年起，杀人蜂队在比赛中一共164胜、32败，共计斩获6次州季后赛冠军、两次州冠军，其他所有比赛都晋级四强。但是，整个球队里没有一个专业选手，球员的平均身高也不出众。杀人蜂队的每个队员毕业后都继续读大学了，但是几乎没有一个人在大学里参加球队。要打赢更强大、更有天赋的对手，杀人蜂队的队员就要在通用性、灵活性和速度上达到巅峰。可以说，他们玩的是团队篮球。

为什么杀人蜂队靠着这么少、如此缺乏天赋的队员却能够取得这么高的成就？这背后有很多原因。第一，他们有大多数篮球队都不具备的丰富的、深刻的目标。他们的任务不仅仅是赢得一场篮球赛。他们致力于为自己的社区带来荣耀和赞誉，守护并提升他们球队的"遗产"。第二，学校所在的社区是球队的后盾。队员们的父亲、兄弟、表兄弟们都曾经在队里打过球。他们的母亲、姐妹和婶婶们都不遗余力地为球队加油。第三，作为杀人蜂队的队员本身就是一种奖励。大学奖学金和高薪职位是不会凭空提供给学生的。所有这些奖励都来自他们处于独一无二的、鼓舞人心的、表现优越的团队中所被赋予的身份。所有这些理由使得队员们能够付出难以置信的职业道德和对技能发展的关注水平（从幼儿园开始，几乎每天都训练），并且他们在比赛中都会把自己看作球队的一分子而不是单独的个体。

我们把类似于杀人蜂队的团队定义为投入于超越个人层面的事业，而且自己不会被其否认的一群人（Katzenbach & Smith, 2003）。正是因为具备高水平表现和成就的潜力，所以团队才会成为组织获得成功的关键。

团队通常存在于组织背景下。一个组织中通常会有许多不同类型的团队。要提升组织整体的绩效，就必须持续提升每个团队的绩效。要想让团队绩效持续增长，就需要考虑以下因素：(1) 知晓团队的性质（包括电子化团队和支持团队效能的研究）；(2) 组织背景对团队效能的影响（包括组织发展过程）；(3) 实施团队发展项目（包括选择成员、建设积极相互依赖关系、建立个人和团队责任、对团队目标建立承诺、训练团队技能，以及提供行政支持）；(4) 评估团队的质量；(5) 用团队来培训；(6) 实行综合质量管理；(7) 处理问题成员。

什么是团队？

> 没有人会怀疑一小群深思熟虑、忠诚的公民能够改变世界。确实，这也是唯一能造成改变的东西了。
>
> ——玛格丽特·米德

想要运用团队，成为团队的一分子吗？在这之前你首先要知道什么是团队、什么不是团队。就像把东西收拢起来并不能说这堆东西就是一个整体一样，把人们关在一间房间里称呼他们是一个团队并不能让这群人变成一个团队。要想成为一个团队，你们首先要成为一个群体。在许多时候，小群体（small group）和团队（Team）这两个概念在群体动力学文献中是互通的。但是，并不是所有群体都是团队，团队也只是小群体的一种形式。委员会、项目组、部门和理事会都是群体，但是它们并不一定是团队。当然，对于任何庞大、复杂的组织来说，无论你再怎么宣称这是一个团队，它们都是不够格的。

那么，什么才是团队呢？**团队**（team）指的是一系列为达成既定目标建立的人际交互。具体地说，一个团队包含两个及两个以上成员，他们要（a）认识到他们在努力达成共同目标的过程中存在着积极相互依赖关系；（b）在达成目标的过程中相互作用；（c）认识到哪些人是这个团队的成员；（d）有特定的角色或功能；并且（e）成员身份是有期限的。

团队可以根据需要进行合作的程度（整合与角色分化）在一个连续体上找到自己的位置（Dyer，1994）。高尔夫球队处于这个连续体的一端。在这种团队里，每个人都会取得自己的成绩，每个人付出努力取得的成绩都会算到队伍的总成绩里。足球队处于这个连续体的另一端，在这种团队里，每个人的付出加在一起取得一个成绩，这个成绩高于每个人单独付出的总和。Katzenbach

和Smith(2003)在一项针对现实中工作团队的田野研究中对组织中的工作群体和团队进行了区分(见表14.1)。他们调查了来自30家公司的50个团队里的上千名职工,以期发现团队绩效有哪些层次,团队在什么场合、要怎样做才能发挥得最好,以及人们如何做才能提升团队的效能。研究者发现,在**工作群体**中(working group),人际相互依赖性很弱,责任是针对单独个体,而非针对整个群体的。在工作群体中,每个人都有自己要完成的任务,并不需要为其他人得到的结果负责。此外,他们也不会参与那些需要两个或更多人共同完成的任务。在开会的时候,成员们虽然会为了帮助每个人更好地完成自己的工作而分享信息与作出决策,但是他们这么做的目的只是为了提升个人的绩效。

表14.1 工作群体与团队

工 作 群 体	团 队
被任命的强力的、目标明确的领导者。	在成员之间分享领导角色。
组织的目的就是群体的目标。	团队独特的具体、明确的目的。
每个人单独产出。	团队和个体共同产出。
通过群体对他人的影响(如,商业绩效、学生标准化考试的分数)来间接测查效能。	通过考察团队工作的成果直接测查效能。
每个人单独负责。	个人和团队一起负责。
认可并奖励个人的成就。	进行团队庆祝,个人对团队成就的付出也会被认可和庆祝。
高效地进行会议,会议时间很短。	会议有开放式讨论,在讨论中会主动解决问题。
在会议中,成员们会讨论、决策、指派工作。	在会议中,成员们会讨论、决策,并共同执行实际工作。

团队的表现不只是每个人表现相加的总和,而是会高于所有人付出努力之和(Katzenbach & Smith, 2003)。一个团队要想存在,就必须有一个独特、具体的团队目标,这一目标要由两个或更多成员共同努力加以实现。团队成员聚在一起不只是为了分享信息、分享观点、做决策,也为了要通过成员共同努力与付出来达成他们的目标。

团队有无数种分类方法。其中三种最常用的分类方法分别以使用背景、如何使用以及能做什么作为划分标准。第一种分类以团队出现的场合为标准,如工作、运动和学习情境。第二种分类以如何在组织中运用团队为标准。有些团队是用来解决问题的,有些是用来完成特殊项目的,有些则是为提供某个产品或服务的。第三种分类以团队能做什么为标准。有些团队能进行推荐,有些能完成一些任务，有些则能发挥运营作用。

以信息化方式联结的团队

在过去，团队都是面对面一起工作的。但是，网络和现代信息技术（如电子邮件、短信、社交网络、群组软件和网络会议）改变了许多团队的工作方式。电子网络工作团队的成员们可以身处世界任何地方。无线网络的兴起使人们在选择工作场所的时候变得更加自由。只要有电脑、平板电脑或手机，人们就能开会。由于有了这些技术，所有形式的团队都能远程管理，成员们可以分处世界各地。

通过信息渠道联系在一起的团队具有很多优势。一方面，成员之间的会议并不需要所有人同时在场，而且信息传送也非常快捷。另一方面，这种团队中的成员更加平等，地位和声望带来的影响比较小（Johnson & Johnson, 2008）。当人们隔着电脑屏幕交流的时候，他们更容易感到自己可以自在地说出自己的想法，抛出新观点，反对职位更高的人提出的观点。另外，网络还能够把处于不同地点的团队联系起来，这就使得很多组织逐渐发展出了海外分支。

然而，信息化的沟通主要依靠的是发送文本信息。在这种形式下，信息的呈现通常都是短暂的，没法留下"人工痕迹"。有时候人们还没能完全理解信息，这则信息就被覆盖了。信息化的沟通使得信息发送者能够在离接收者很远的地方发出信息；发送者在发送信息的时候也不需要注意很多繁文缛节。但是，自己能自由地交流想法这种感受会产生强烈的匿名感，这种匿名感会使得团队成员变得不太能够感受到他人的个性，还会降低共情能力，不容易感到内疚，不关心自己相比他人如何，也不太会受到社会规范的制约（Johnson & Johnson, 2008）。这些影响使得团队成员在变得更加诚实的同时也会变得更加"好斗"（如，可能会骂人）。

虽然信息化的沟通有很多积极的方面，但是，面对面的沟通在一些方面具有的优势是信息化的沟通无法企及的（Prusak & Cohen, 2001）。有证据表明，人类多达93%的意图是由表情和语调传达的，其中，表情是最重要的渠道（Druckman, Rozelle, & Baxter, 1982; Mehrabian, 1971）。国际电话电信公司的创始人哈罗德·杰宁认为，他会对通过面对面和网络渠道发起的请求做出不同回应。因为面对面的请求人会传递出一些非言语线索，所以对于同样的请求，他会拒绝网络渠道的请求，接受面对面的请求。出于这个原因，他为公司制定了必须面对面解决问题的规定（Trevino, Lengel, & Draft, 1987），而且在工作空间的设置上也确保了能够最大限度地促进职员进行面对面交流。也有研究发现，与其他学生在网络上交互的高中生最大的抱怨是网上交流根本比不上面对面交流（Allen，2001）。与这些观点不同，Bonk 和 King（1998）认为，信息化的沟通还是有一些优势的，具体体现在对学习的参与度、讨论的深度、在任务上花费的时间以及促进高阶思维技能等方面。因此，如果想在教学中更有效地促进学生获得成功，就要兼顾信息化的沟通和面对面的沟通这两种方式。

如果想要知道怎样才能使团队变得有效，那就必须先学习组织背景对团队绩效的作用、组织发展的性质、如何构建高产的团队、针对团队效能的研究、如何搭建并培养团队、如何建立起对团队的承诺、个人和团队的责任、如何在训练项目中运用团队、团队建设、评估工作质量、综合质量管理的性质，以及如何处理群体中的问题行为。

团队效能的研究

已经有成百上千的研究考察过团队效能这个主题了。其中，有一些研究使用"元分析"这种方法对已有的研究做了一些总结。例如，Johnson 和 Johnson（1992b）在一项针对人们在团队中的工作表现和个人在竞争性或个体主义背景下的工作表现之间差异的元分析中，比较了以个体产出为成就指标的研究和以团队产出为成就指标的研究。根据研究目的，研究者搜集到 120 项研究。从这些研究中发现，在团队中工作取得的个体产出在整体上远高于竞争性或个体主义背景下的个体产出（效应量分别为 0.54 和 0.51）。无论是在言语任务、数学任务还是程序性任务上都得到了同样的结果。有 50 多项研究比较了团队工作和独立工作在团队产出上的差异。同样地，结果表明团队产出高于成员们在竞争性或个体主义情况下的产出（效应量分别为 0.63 和 0.94）。在言语任务、数学任务和程序性任务上也都得到了同样的结果。另外，团队工作也会促进在成员之间产生更加积极的关系和社会支持，并会形成更高的心理健康水平、自尊和社会能力。

Freedberg 和 Rock（1987）也对 117 项研究开展过元分析，这些研究都比较了作为整体的团队表现和群体成员的个体表现之间的差异。结果发现这些研究总体上的效应量为 0.42。这些研究基本上都是实验室研究，以大学生为被试，采用的是小群体（2—4 名被试）。元分析发现先前的任务经验、练习、任务复杂性、任务构建的形式、任务负荷、团队成员之间的交互量、团队成员之间的协调度，以及团队成员之间进行合作的程度等都能对团队的产出造成影响。其中,合作对于团队的产出而言是尤其重要的因素。它不仅能直接造成影响,也可以通过协调与凝聚力为中介发挥作用。这些团队层面的变量对于团队产出造成的影响远大于诸如能力之类的个体差异变量带来的影响。

Qin 等人(1995)整理出 1929—1989 年发表的 63 篇以个体问题解决中合作与竞争性的相对成效为对象的研究。结果发现在语言、非语言、定义良好、定义不良的问题上,合作团队的成员均表现得比那些以竞争性进行工作的人更好。

组织环境

大部分团队都存在于组织环境中。这种环境对于团队以及团队成员的行动能否成功起着巨大的作用。Deming 与 Juran 等人指出,人们在组织中有超过 85% 的行为可以直接归因于组织结构,而不是个体自身的性质(Walton,1985)。在组织环境中,团队通过提供机会与进行约束来塑造团队成员的行为。例如,有的组织环境可能提供给人们加入团队的机会,有的组织环境可能会防止成员和其他人交互。

一般认为有两种最基本的组织环境——大规模生产组织结构和基于团队的高绩效组织结构(Johnson & Johnson,1994)。**大规模生产组织结构**(mass-production organizational structure)的目的是降低生产大量相同产品所需的成本。在大规模生产组织中有着严格的权力层级,工作被划分为多个组成部分。人们在这类组织中不仅要独立工作,而且还要与其他人竞争。

基于团队的高绩效组织结构(team-based, high-performance organizational structure)的目的是建立起致力于持续改善质量的团队。这种组织是一种工作团队或"家庭"组成的层级结构,是由一群在各个团队中担任领导者,并同时在更高层组织中同级的个体作为枢纽组成的(图 14.1)。这些作为枢纽的人被称为"**连接栓**"(linking pins;Likert,1961)。

成员之间相互依赖的程度以及社会支持水平是组织环境的两个重要方面。一般来说,当组织成员之间的相互依赖水平比较高的时候,部门、团队和个人之间的关系也更好(Brett & Rognes,1986)。类似地,当组织中的社会支持水平比较高的时候,团队的表现通常会更好(Baldwin & Ford,1988;Sundstrom,Perkins,George,Futrell,& Hoffman,1990)。鼓励成员之间相互依赖、相互

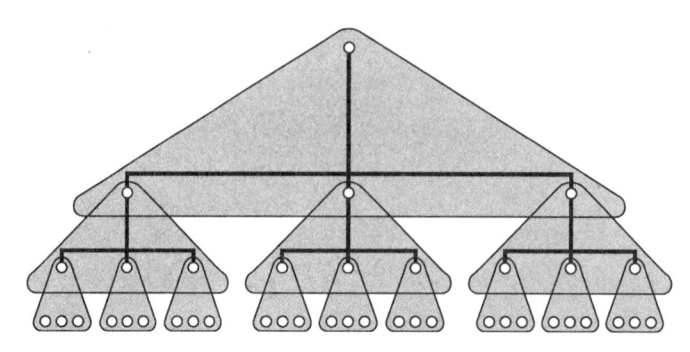

图 14.1　组织结构的连接栓模型

支持的氛围能够在很大程度上使团队成员聚焦于团队的目标和有利于整个组织的任务。这些成员并不需要争分夺秒地完成项目、作出决策，他们是为了达成共同的目标而一起工作，整个组织也会作为一个整体来支持他们的工作。

虽然组织环境对个体和群体的行为有着巨大影响这个观点已经成了普遍的共识，但是几乎没有研究论证过环境是怎样起作用的。有研究者对泛美航空与荷兰航空公司发生的一场空难中的机组成员与空中管制员团队的环境因素开展过一项研究（Weick，1990）。这场空难于1977年发生在特内里费机场，造成583人死亡。研究发现，环境因素造成的干扰和压力状态致使双方成员都保守地选择使用自己最熟悉的、演练得最好的方法进行应对。而且在这个过程中，他们就像是在自顾自地作为个体而不是作为一个团队一起工作。由此，双方成员都错失了分享信息的机会，或者说根本没有互相分享信息和线索，最终酿成了这场惨剧。研究者分析指出，高强度的压力与成员忽视需要互相协调行为这两个方面都是导致事故中错误反应的主要原因。

组织发展

职员的努力付出是我们最重要的资源。

——日本管理哲学

组织环境并不是静态的，而是会不断发展、变革的。有时候，这种变革是计划好的。计划好的组织变革就是组织发展。**组织发展**（Organizational development）指的是使用诊断和干预方法在组织中促进产生有效的人际、群体和群际行为。**组织效能**（Organizational effectiveness）指的是组织使用最少资源达成目标的能力。要做到这一点，组织就必须达成目标，在成员之间维持有效的合作,而且还要适应外部环境。组织效能依赖于成员们(a)具备**人际和小群体技能**,以及能够有效地为组织做出贡献的**个人态度和技术能力**;(b)对工作投入高水平的**心理能量**。组织结构和组织文化都能够提升心理能量的投入水平,也能够提升进行团队工作和任务工作的能力。

库尔特·勒温最早使用行动研究方法来研究如何提升组织效能。在运用行动研究方法以前要先澄清组织的愿景和目标。在这个过程中尤其要强调组织具有的合作性质。我们可以通过以下步骤来实施行动研究:

1. **诊断**。诊断分为三个环节:

(1)**对团队或组织应该怎样运作提出规范性的理论**。该理论要聚焦于合作、沟通、领导、决策和冲突解决等因素。本书每一个章节的内容反映的都是这些理论。这一步是很重要的,举个例子,如果你不知道有效的领导包括哪些方面,你就无法诊断当前团队的领导到底效果如何。

(2)在群体诊断会议上通过访谈、观察和问卷来**评估当前团队或组织的运作情况**。

(3)**分析、组织数据**,找出现实表现和理想表现之间的差异与差异的来源。

2. **反馈**。将数据反馈给组织中提供数据的人们,以此凸显各个团队、工作群体、部门和组织作为一个整体在理想和现实运作情况之间存在的差异(即存在问题)。

3. **讨论与计划**。分析数据所揭示出的问题,讨论这些问题对提升组织内有关工作群体和部门的效能造成了什么样的影响。提出旨在提升组织效能的计划。

4. **行动**。实施计划。通过改变角色定义和群体规范的形式为新的行为和过程提供组织结构上的支持。可以考虑在个体(技能训练或态度改变)、群体(改变群体结构和过程)或群际(群际问题解决)层面进行干预。

5. **再诊断**。收集新的数据来判断计划是否得到实行以及问题是否被解决。如果答案是否定的,那么就继续重复以上步骤。

这个过程必须是连续进行的,而且应当在大部分团队和组织中实施。

练习 14.1 团队结构

任务: 下面呈现的是三种组织团队的途径。内容描述的是作为团队的成员要如何交流,以及在这种情况下团体的产出、斗志、社会支持和专业有关的自尊会怎么样。

合作:每个人都必须同意任何一个人提出的答案,而且每个人都能解释原因。

个人负责:随机选出一个成员来解释团体的答案。

期望行为:每个人都参与。

成功的标准:得到具有明确的支持性理由的答案,而且理由要详细。

情境1:给最好的团队成员发绩效工资

你的组织打算实行竞争性绩效工资体系。每个团队都会得到100绩效分。作为经理,你的任务是把团队成员从工作表现最好到最差排序,然后把100绩效分分配到每个人身上。当然,某个成员可以得到所有100绩效分,也可以一分都得不到,这都取决于他在过去的一年里的工作表现。某个成员得到的绩效分越多就意味着其他成员得到的绩效分越少。

如果要实施这个体系,你就需要确定团队成员的评价标准。在确定标准的基础上,你要将团队成员从最成功到最不成功排列。最杰出的成员得到50绩效分,第二名得到30绩效分,第三名得到20绩效分,其他成员得不到绩效分。

情境2:根据成员的个人付出发绩效工资

你的组织打算实行个体绩效工资体系。作为经理,你的任务是确定每个成员应该得到多少绩效分。你要根据每个成员在这一年里表现得有多好来确定如何奖励。所有证明自己表现成功的成员都会得到绩效分。

如果要实施这个体系,就需要确定优秀、良好、平均、差、极差表现的标准。你要根据这个标准来评价每个成员。所有取得优秀的成员得到20绩效分;取得良好的成员得到10绩效分;表现平均的成员得到5绩效分;表现差的成员得到1绩效分;表现极差的成员没有绩效分。

情境3:根据团队成就水平发放绩效工资

你的组织打算实行合作性绩效工资项目。作为经理,你的任务是根据团队的成就水平来确定每个成员得到多少绩效分。

如果要实行这个体系,你就要把所有下属组织成团队。随后,你要设置团队表现的优秀、良好、平均、差、极差的标准。接下来,你要评价每个团队的表现。所有评为优秀团队的成员得到 20 绩效分;评为良好团队的成员得到 10 绩效分;表现平均的团队的成员得到 5 绩效分;表现差的团队的成员得到 1 绩效分;表现极差的团队的成员没有绩效分。

练习 14.2　合作型团队场景

团队领导者和成员的任务是提出一个有关团队在实施理想的变革后会变成什么样的愿景。提出的愿景必须清晰、准确。

1. 独自写下:

a) 你对团队将要变成什么样有着怎样的个人愿景?

b) 你对团队任务有什么看法?

c) 你们团队当前正在实现的目标是什么?

d) 你为团队工作提供了哪些独特的天赋、技能、能力和观点?

2. 组成 3 人小组,互相分享你们对团队任务和目标的观点。随后对团队任务和目标应该是什么样的这一问题达成共识。

3. 在小组中应当:

(1) 写出一个详细的、行为取向的场景描述,包括如果大部分成员在大多数时间都表现出合作时,你们期望自己会看到、听到、感受到什么。其中要包含群体成员之间的交互和关系会受到什么样的影响。写下的内容应当是对你们致力于实现的场景的个人的、现实的、可实现的描述。

(2) 可以考虑描述团队的任务。尤其要澄清环境对团队的要求,当前对这些要求的反应,以及成员之间的合作将会如何为完成团队任务和回应对团队当前与未来的要求带来帮助。

(3) 你们需要合作。你们要组成 3 个人的小组,然后一起写出一份场景描述。每个人都必须为之做出贡献,要赞同你们的决定,而且要能解释自己小组的成果。每个人手头都要有一份场景的复本。每个人都要单独负责向其他小组的人展示自己小组提出的场景。不过在此之前,请对如何能够有效完成上述任务做好计划。

练习 14.3　相互依赖的程度

任务:确定哪种球队能最好地描述你们的团队,并说出为什么。

合作:组成 3 人小组,整个小组要得出一个答案,并且要做到有理有据。

每个人都必须赞同小组的答案和提出的理由。

个人负责：随机从每个小组选出一个成员代表整个小组报告团队取得的答案和理由。

成功的标准：答案要用样例和信息来进行支持。

期望的行为：每个人都要参与并提供想法、分析和例子。

团队

1. **高尔夫球队**：每个人在团队中起到的作用独立于其他人。每个人都要设法取得最低的分数。每个人的分数加到一起之后，分数最低的团队获胜。

2. **垒球队**：每个人相对独立。虽然所有成员都要一起在赛场上比赛，但是并不需要始终互相接触。

3. **足球队**：所有成员分成三个子团队——进攻、防守和特殊团队。在赛场上，每个子团队的成员都要参与子团队的每一次活动。在每一次活动中，每个成员的位置会对他提出一系列特定技能上的要求。团队工作对个人的要求来自子团队，而非整个团队。

4. **篮球队**：所有成员在团队中作为一个整体活动。每个队员都要参与到比赛的方方面面。不论是进攻还是防守，每个人都要传球、跑动、防守、投篮。当换上替补队员后，场上所有人都必须和这个新人一起打球。真正的团队工作就像篮球队一样，整个团队的付出是一个协调的结果——整体与部分的总和不同，整体大于部分的总和。

建立高效的团队

狼只有在狼群里才有力量。

——拉迪亚德·吉卜林

团队建设（Team building）指的是对工作程序和活动进行分析，以提升团队生产力、成员之间的关系质量、成员社会技能水平和团队适应环境变化与要求的能力。团队建设旨在通过提升成员们共同工作的过程来增加团队长期的效能。

大部分团队建设干预都基于数据收集、反馈和行动计划的**行动研究**

(action research)模型。在这个模型中要分析团队过程和活动,谋划提升生产力和效能的变革,实行变革,并且还要测试变革成功与否以判断是否需要进一步进行改变。行动研究干预通常关注于(a)设置的目标要明确团队目标和成员之间的积极目标相互依赖关系;(b)提升成员的人际能力;(c)重新定义和协调每个成员的角色责任;(d)找出干扰团队有效工作的问题。

团队建设包括形成团队,设立能产生成员间积极相互依赖关系的明确目标,保证个体和团队责任,建立起对团队目标的承诺,提供对群体技能的训练,以及提供行政支持。

建立团队

要想建立一个团队,就需要关注至少三个问题:

第一,团队的规模要小。小规模只是从务实角度的建议,并不是团队获得成功的必需条件。团队规模越大,(1)个体成员为团队付出的程度越低;(2)成员越会感到匿名化,这就会使任务卷入度降低,从而降低成员对团队成就的责任感。事实上,Katzenbach和Smith(2003)所发现的有效团队的人数都不超过25人。这些团队中的大多数规模都小于10人。人数越多,成员就越难以一个团体的形式建设性地交流,要想一起完成工作也就变得非常困难。相比50个人而言,10个人更可能做到求同存异,形成一系列使每个人都有理由为团队成果负责的共同目标。大团队在分享建立团队所需要的观点时会遇到更多的障碍。此外,大团队也会面临许多后勤上的困难,例如,要找到足够他们所有人会面的空间,要找到适合所有人时间安排的时间段来开会。

第二,根据(1)专业和技能,以及(2)掌握新专业和技能的潜力来挑选团队成员,而不要根据职位或人格特征来挑选。如果不具备达成目标所需的专业和技能,团队是无法取得成功的。这一点显而易见。不过,很多有潜力的团队通常都没能做到这一点。团队通常是异质性的,每个成员的专长都不同。当各种独特的个体凝聚在一个团队里的时候,他们就能为团队带来生产力。每个个体都会为团队带来一些独特的贡献,这些贡献能够使团队拥有新的强项和才能,让团队更能产出。但是,想要选出具备团队任务所需要的能力的人是很不容易的。大部分团队都在团队组成后才认识到自己需要什么样的技能。如果团队是根据成员当前具有的技能来挑选成员的,那么,团队所需的能力组合很可能是达不到的。这是因为我们事先很难知道团队需要什么样的技能来完成任务。因此,团队需要关注成员提升现有技能和学习新技能的潜力。

第三,把团队运作所需的资源集中起来(如空间、材料、信息、时间线、辅助人员等)。仔细地进行计划和准备是建立团体与赋予团体成功所需技能所必需的前提。举个例子,如果一个团队想要设计一款手机,但是他们没有电脑、设计软件、会议室、预算和最后期限,那么这个任务对他们来说简直就是天方夜谭。所以,在建立团队的时候,需要向成员们征询这个团队需要哪些资源。没有完成任务所需资源的团队注定会失败。

建立起积极相互依赖关系

团队生产力有赖于明确的合作结构。团队面临的任务必须要所有成员一起有效地工作才能完成。在任务上,整个团队要同舟共济。成员们要一起重新定义任务,把任务细化成特定的团队目标,然后再把目标转化成可以度量的任务。在这样做之后,成员们就会在整个过程中对团队做出承诺,并且会以主人翁的心态对待团队的目标。

除了目标相互依赖以外,选择具有不同技能的成员加入团队这一做法也使得群体成员之间形成资源相互依赖。成员们可以承担互补的角色,能够互相分工。团队内能够形成强烈的团队认同。所有这些都会提高团队成员之间的积极相互依赖关系。

最后,团队要频繁地庆功。在庆功的时候要突出团队成员对团队成就的贡献。庆功、坦率与积极回应是帮助团队提升积极相互依赖关系的有力工具。整个团队对自己的表现感到满意是最珍贵的奖励。

设立个人和团队责任

团队的责任由两个层次组成:个人责任和团队责任。团队要为达成目标负责,每个成员要为自己在工作中的贡献负责。团队必须获得成功,成员必须以具体的形式为团队的成功做出贡献,并且要承担相当数量的实际工作。

除非人们彼此之间互相信任,否则共同责任是没法强加给他们的。当团队明确地知道自己的目标,并且能够评估自己距离成功还有多远的时候,团队中就会产生共同责任。然而,只有在团队和其成员知道他们要负责任的时候,团队才能有评估自己离成功还有多远的能力。一旦每个人都知晓个人和团队责任的细节时,他们就能互相督促以达到团队对他们的期望。责任指的就是成员们对他们自己和其他人做出的真诚承诺。责任会让人们产生一种要尽自己所能帮助团队获得成功的感受。

团队既需要知道自己表现得怎么样,也要知道每个成员都做出了什么贡献。但是,团队责任比个人责任更为重要。例如,当加拿大的贝尔公司把自己的接线员看作一个团体后,不仅团队产出依旧保持在高水平,而且这些接线员也认为自己的服务能力提升了,并且也更加喜欢自己的工作了(Bernstein, 1991)。为了团队的绩效,拥有强烈共同目标的团队不可避免地要为自己负责。无论是个体还是团队层面都是这样。

建立起团队承诺

团队可以通过以下步骤来确保成员都致力于达成团队目标。第一,分配一个初始的任务给团队。这个任务为团队成员指出基本的前进方向。第二,团队把任务重新构建成共同目标,这样就使得每个成员都会为之做出承诺。那么,要怎么重新构建呢?团队成员可以围绕着任务自身的需求、机会、时间和方法来设定目标。这样做就能够提高团队成员间的积极相互依赖水平。第三,共同目标要分解为一系列由独特、特定表现构成的可测目标加以实施。通过采取这三个步骤,团队成员就会互相熟悉,把彼此的目标结合在一起形成一个统一的力量。

提供群体技能训练

团队建设中要把有效地为团队做出贡献所需要的群体技能教给成员们。团队要经常安排提升任务和团队工作技能的训练。随着团队不断向目标前进,对新技能的需求也会不断涌现。成员们不仅要磨炼已经具备的技能,也要不断掌握新的技能,这样才能够帮助团队不断接近目标。本书就会教给你这些技能。明确的合作目标、有效的沟通、良好的领导、有效的决策、建设性冲突管理以及积极地使用权力对于团队生产力都非常重要。

促进群体过程

要想持续提升团队的效能,就要仔细检查团队完成工作的过程,排除错误、改进流程,减少或消除可能引起差错的问题。这称为群体过程。群体过程需要必要的时间和程序。团队要检验自己的工作效能到底有多高,然后要定期探讨提升团队效能的可能路径。要想做到这点,成员们就必须评估当前的效能,将其与理想的效能水平进行比较,再就怎样提升自己用于完成任务的程序作出计划。

执行行政任务

要想确保团队效能,那就必须完成大量行政工作。团队必须定期地开会,通过这种形式为成员提供面对面交互的机会,以此促进其他成员获得成功。成员们要花费大量在计划中或不在计划中的时间彼此相处,这一点在团队初创期尤为重要。如果要想产生创造性的思维,在人与人之间形成羁绊,那就需要花费至少与正式工作时间一样多的时间与其他人私下交往。

团队的第一次会面是极其重要的。当一个团队的成员第一次聚在一起的时候,成员们会捕捉其他成员们发出的信号来确认、动摇或消除自己的怀疑。团队也会在第一次会面的时候制定出明确的规定。以下是一些经常会用到的规则:(1)出席(不要为接电话离开团队);(2)讨论(没有什么是不可以改变的);(3)保密(讨论的具体内容不能被公开到其他地方);(4)分析法(事实是友善的);(5)最终产出定位(每个人都有任务,都要完成任务);(6)建设性对质(不要互相指责);(7)贡献(每个人都要做实事)。

团队要定期去接受一些新的事实和信息,以此帮助自己重新定义、充实自己对任务和目标的理解。如果团队认为他们在一开始就具备了所需要的所有信息或者认为成员集体拥有的经验和知识就已经提供了所有的信息,那么这种团队就会犯错。组织目标是可以改变的,团队可以有新的前进方向,新的信息也会逐渐涌入,所有这些都必须要告诉整个团队。

评估工作质量

在评估工作的质量之前,必须先确定要评估的是什么以及如何去评估(评估方法必须简单、现实,便于每个人掌握与使用)。一旦这些方面都确定下来了,对于工作结果的评估就能使团队持续地提升自己使用的程序。如果要达到持续提升的效果，团队就必须不断地收集、交流信息，然后在这些信息的基础上做出明智的决策。要做出基于数据的决策，团队就需要使用一些"实用工具"。流程图、因果图、检查表、帕累托图、运行图、散点图和柱状图是七种最常用的工具。其中，流程图、因果图、检查表和帕累托图对于想要了解任务过程、寻找提升之处的团队而言是最有用的。在找到问题之后，就可以使用运行图、散点图和柱状图来揭示整个过程是如何随着时间推移发生变化的。

流程图

团队成员可以通过画出整个工作程序的图示来搞清楚团队实际上是怎样完成工作的。**流程图**（flowchart）是一种展现一个过程中拥有的步骤的简单但强大的视觉化工具（图 14.2）。如果团队需要找出某个过程的实际情况和理想路径之间存在的差异，那就要借助流程图的力量了。流程图通常是整个提升环节的开端，这是因为流程图体现出的是项目现在处于什么状况，以及项目应该要往什么方向发展。另外，流程图也能够展现出在特定的工作空间中人员、物资和信息的流向。流程图的详细程度因团队需要而异。即使流程图比较粗糙，也至少能帮助团队找到差异，发现重复劳动和其他潜在的问题。

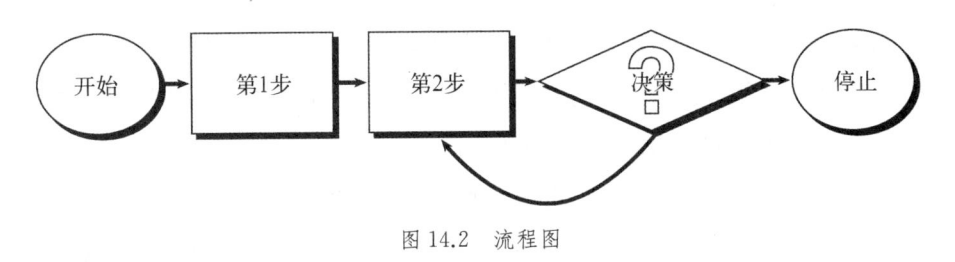

图 14.2 流程图

在制作流程图的时候，第一步要明确地定义整个过程的边界——详细说明整个过程的起止点，输入和输出物分别是什么以及受众是谁。接下来，要区分出过程中所有的步骤——有哪些关键步骤？谁要参与其中？每个人要在什么时候做什么？这一步做好之后就可以画流程图了——把这些步骤按顺序排列。如果流程图是用来对项目进行提升的，那么团队还要再画一幅正常情况下的流程（即一切都正常运转的情况下是什么样的）。最后再比较两幅图。

因果图

因果图（cause-and-effect diagram）呈现的是某些效应（要研究的问题）和

可能原因之间的关系(图14.3)。人们通常用这种图来研究系统化的因果关系,以此找出最有可能导致某个现象或结果的原因。这种方法是石川馨开发的,因为在完成后看起来很像鱼骨,所以也被称为鱼骨图。在画因果图的时候通常会把问题/效应画在右边,把主要的原因画在左边。每个结果都可能有好几类原因。任何能够帮助成员创造性地进行思考的原因类别都应该纳入图中。一般来说,人们通常会考虑人力、设备、方法、材料和测量方法这几类原因。

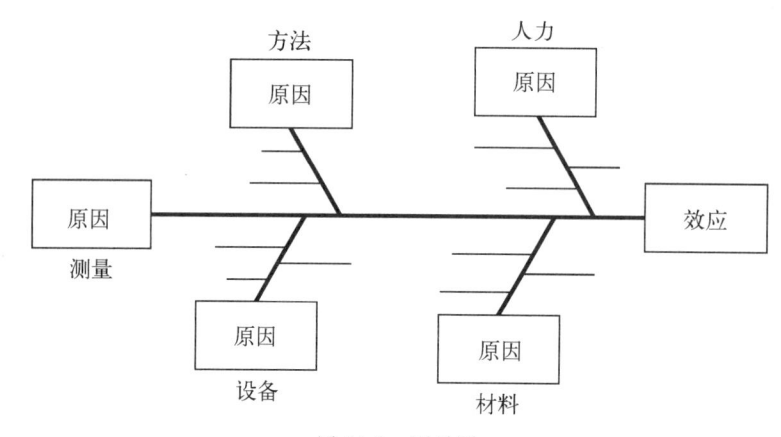

图 14.3 因果图

因果图的绘制过程如下:(1)明确定义问题或效应,(2)把问题写在右边,画一条指向问题的横线,(3)确定可能原因主要分为哪几个类别(使用总称),(4)写下所有想到的类别,从横线上引出一条线连接到类别上,(5)思考每一类中可能有哪些原因,(6)从横线引出的线上再引出一个分支,写下想到的原因(问自己"为什么?""为什么会发生?"),(7)找到并圈出根本原因(先要找到反复出现的原因),(8)使用检查表来收集信息,确认最可能的根本原因是什么。最后使用帕累托图来展现收集到的数据。

检查表

检查表(check sheet)是回答"某个事件出现得有多频繁?"这个问题最简单明了的方法(图14.4)。检查表能够帮助一个团队统计出在某个特定时段或达到某个结果前观察到某种事件的次数。这种方法非常容易操作和解释,能够帮助我们找到数据中存在的某些模式(例如,每天犯错的数量)。

事　件	时间周期(天、星期、月)			总计
	1	2	3	
错误 A	//	/	///	6
错误 B	////	///	//	9
错误 C		//	///	5
错误 D	//////	////	////	14
错误 E	///	///	/	7
总　　计	15	13	13	41

图 14.4　检查表

检查表的制作过程如下：(1) 精确界定要观察的事件是什么(每个人的标准要一致)，(2) 确定收集数据的时间范围(从几个小时到几个星期)，(3) 设计记录表格并确认所有成员都能掌握使用方法，(4) 持续地、诚实地收集数据(要确保有足够的时间来收集数据)，(5) 在收集数据的同时和之后从数据中寻找可能存在的模式。在编制检查表的时候，要确认所有列上的标签都很清晰，而且列宽也足够写入数据。

帕累托图

帕累托图(Pareto chart)是一种垂直的条形图，团队可以用它从许多问题和原因中找出最关键的那几个。这种图表的名字来自意大利经济学家帕累托(Vilfredo Frederico Damaso Pareto，1848—1923)。在研究收入的不平等分配的时候，帕累托发现 80% 的财富被 20% 的人口所掌握。这一发现被称为**帕累托原理**(或 80/20 法则)，指的是 80% 的困难来源于 20% 的问题。人们用帕累托图来呈现问题、原因或情况的频率和相对重要性，作为选择需要提升之处的依据，用于监控整个过程，或用于找出问题的根本原因。简单点说，帕累托分析就是让团队在运用诸如检查表和访谈等基本方法获取数据后，以一种简单的条形图来展示数据。

绘制帕累托图的步骤如下：

1. 列出你想要监测的情况或原因。在样例中我们选用的是缺勤现象。

2. 收集在某个时间段内每种情况出现的数量。在样例中我们采集的是 30 天内每个职工的缺勤次数。

3. 从最高到最低将所有情况排序(缺勤最多到最少，表 14.2)。

表 14.2　六月缺勤数量

名　字	缺勤天数	缺勤占比
夏姆斯	10	40
罗伯托	8	32
海　伦	4	16
埃德斯	2	8
弗兰克	1	4
总　计	25	100

4. 在横轴下方以降序的顺序写上每种情况（最重要的原因写在左边，最不重要的写在右边）。在样例中我们把缺勤 10 次的人写在最左边，缺勤 1 次的人写在最右边（图 14.5）。

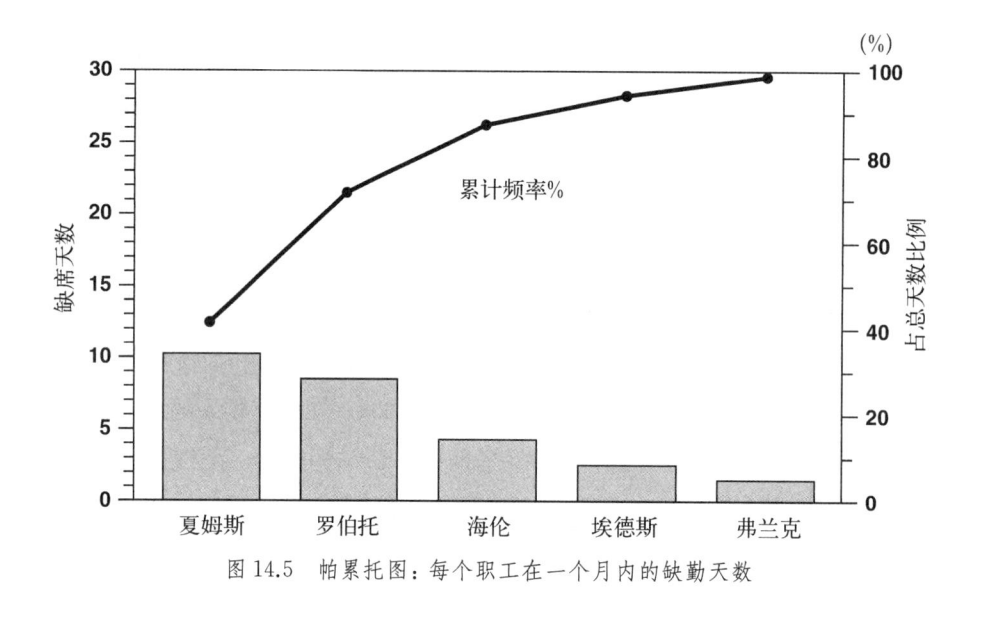

图 14.5　帕累托图：每个职工在一个月内的缺勤天数

5. 在左边的纵轴上标上测量的尺度（缺勤的总天数）。

6. 在右边的纵轴上标上百分数尺度（所有人的缺勤数量百分比相加必须等于 100%）。

7. 以垂直的条形图画出每个情况下的数量。在样例中使用的数据为每个职工在一个月内缺勤的天数。

8. 将累计频率画成折线。在样例中，图 14.5 显示 88% 的缺勤都是夏姆斯、罗伯托和海伦这 3 个人造成的，所以需要为这 3 个人设计干预方案。

帕累托图是因果图的扩展。帕累托图不仅能够表现出原因,也能显示出这些原因的发生数量。帕累托图的优势在于能够用来分析几乎所有事,而且使用非常方便,很容易掌握。帕累托图的不足之处在于只能分析那些可以量化的数据。

运行图

运行图(run chart)指的是监测某一特征随着时间变化的线形图(图14.6)。团队可以使用运行图来观测该特征平均水平的变化情况。人们通常会在考察数据随着时间变化表现出的趋势或模式的时候使用运行图。

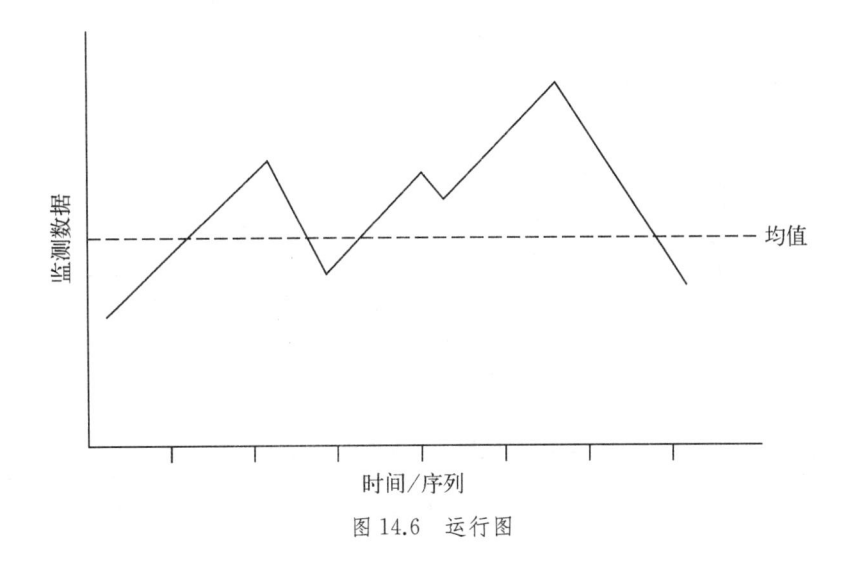

图 14.6　运行图

在运行图中,每一个点都要按照事件发生的先后顺序标记在 x—y 坐标系中。纵轴(y 轴)上表示的是监测的结果,横轴(x 轴)上体现的是时间或序列变化。每个标记出来的点都表示这个时候进行过一次测试。运行图的编制过程如下:(1)在横轴上写上你采用的时间周期(如,小时、天、星期),(2)在左边的纵轴上写上要监测的是什么,(3)把数据填入图中(随着时间的推移,要不断更新图和平均线),以及(4)根据每个点的位置相对均值的差异来寻找反常的模式。

散点图

散点图(scatter diagram)呈现的是两个变量或特征之间存在的关系(图14.7;表14.3)。我们通常用散点图来看某个变量发生改变的时候另一个变量会如何变化。运行图让我们能够追踪一个变量随时间的变化,散点图则能让我们看到两个变量之间的关系。不过,散点图只能让我们看到二者之间可能存在的关系以及关系的强度,并不能证明因果关系。在通常情况下,我们只会在检验两个变量之间有关这种假设的时候才会用到散点图,如考察训练量和错误率之间是否有关。

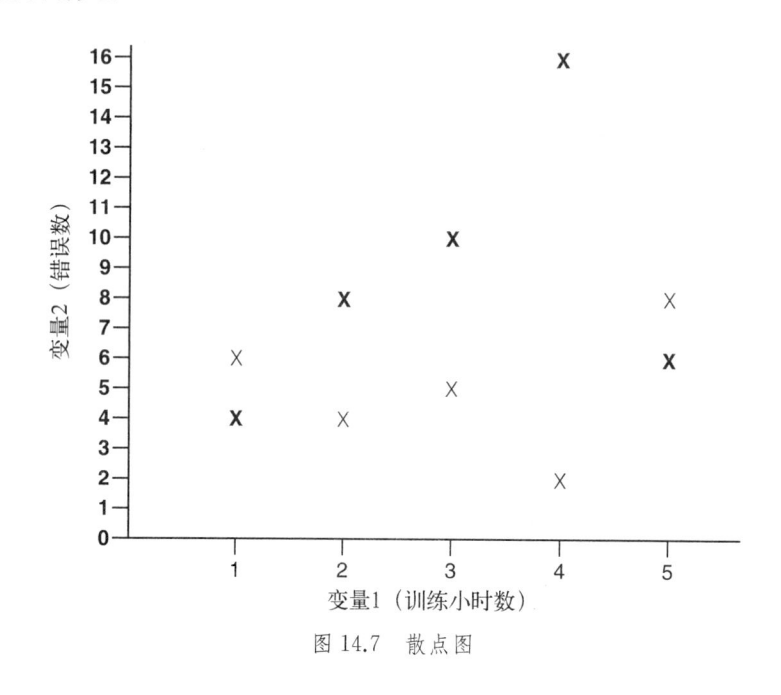

图 14.7 散点图

表 14.3 训练量和错误率之间的关系

样本	变量 1(训练小时数)	变量 2(错误数)
1	4	6
2	8	4
3	10	5
4	16	2
5	6	8

散点图通常是作在 X—Y 坐标系里的。横轴代表的变量是理论上的原因;而纵轴代表的变量是理论上的结果。制作散点图的步骤如下:(a) 收集成对的样本(数据越多越好),(b) 制成数据表,(c) 在图上标出每一对数据。图中所有点散布的形式代表了两个变量之间的关系。如果所有点是随机散布的,就代表两个变量之间无关。如果呈现从左下到右上的模式,那就可能存在正相关。如果呈现从左上到右下的模式,那就可能存在负相关。所有的点聚集起来越像一根线,两个变量之间的关系就越紧密。

柱状图

柱状图（histogram）显示的是连续测量的数据聚集和分离的情况（图14.8）。当我们要看一组数据如何分布的时候，就要使用柱状图。柱状图呈现的是现象发生的频数以及最高值和最低值之间的差异。当把测得的数据分别归入连续的不同区间上时，团队成员就可以看到能力现状究竟是怎样的，分布是否偏右侧，以及数据点是否集中在某个区间。如果数据非常多，使用简单的表格已经难以掌控了，那么这时候柱状图就是个很有帮助的工具。

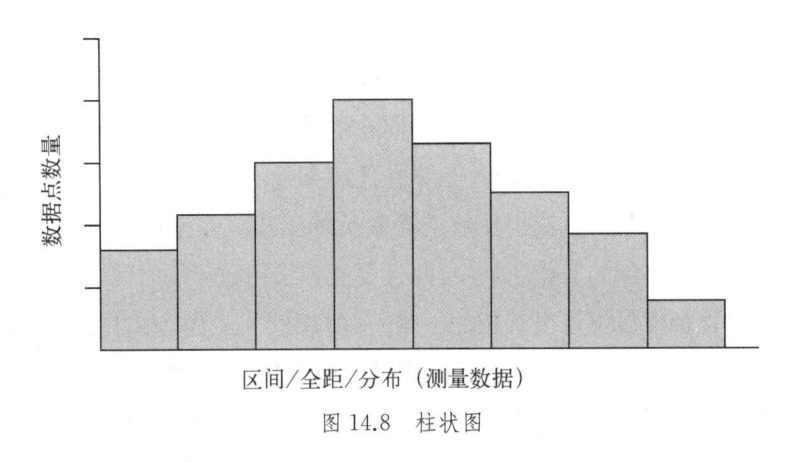

图 14.8 柱状图

柱状图中有许多宽度相同、高度不同的长条。横轴代表的是数据的区间，纵轴代表的是每个区间中数据点的数量。数据的区间是固定的，因此长条的宽度也是固定的。因为长条的高代表着在该区间中观察到的数据点的数量，所以长条的长度是因数据而异的。区间的大小决定了发现数据中存在某种模式的可能性。制作柱状图的步骤如下：

1. 收集需要分析的数据。
2. 计算数据点的数量，确定数据集的大小（n）。
3. 最大值减去最小值，确定数据的全距（R）。
4. 确定你要把全距分成几组（K）。例如，如果数据量少于50个，可以分5—7组；有50—100个数据，可以分6—10组；有100—250个数据，可以分7—12组；有超过250个数据，可以分10—20组。
5. 确定区间大小（H）。即全距（R）除以组数（K），H＝R/K。
6. 确定每个区间的边界：(a) 找到最低的数据点，这就是第一个区间的起点，(b) 最低的数据点加上区间大小之后就是第二个区间的起点，以此类推。
7. 确保每个数据点都只属于一个区间（每个区间里最大的数据点必须略

小于后一个区间的起点)。

8. 计算落在每个区间里的数据点的数量。

9. 在横轴标出的每个区间上画出长条,以此反映在这个区间中数据点的数量。

10. 对分布及其意义进行分析。

在培训项目中使用团队

有效的培训项目必以团队为核心(Johnson & Johnson,1994)。组织成员们不仅要接受训练,而且还要在他们的职业生涯中不断重复受训。训练的最终目标是程序性学习——使受训者能够胜任诸如操纵与维护机器设备、开展采访、使用计算机、驾驶飞机或担任航空管制员的工作。在培训项目中所学到的内容需要转化到实际的工作场景中,并且要能够维持数年的时间。

团队在培训项目中是很有用的。**第一**,要想胜任工作,人们就必须在概念上理解他们将要做的是什么。当团队成员互相解释他们学到的东西时,他们就会掌握得更好,记得更牢,更容易在真实的工作中做出革新。此外,团队成员之间也会形成有关他们要怎样做好工作的共享心理模型。**第二**,团队成员可以互相给予恰当的反馈,这是独自学习无法取得的。**第三**,团队成员可以互相鼓励、激励共同努力学习。**第四**,如果要想把工作做好,就需要学员们形成相关的态度和价值观,并且要学习怎么开展工作。这些态度和价值观在群体中形成得更好。**第五**,学习怎样做好工作会影响人们对自己的看法。这种新身份是与其他成员和未来的同事所共享的。这些人共同组成一个实践社群。当团队成员积极采纳新身份的时候,这种社会化进程就会得到促进。

要想最大化团队绩效,团队就必须培训成员如何完成工作以及如何作为团队的一分子为团队做出贡献。因此,培训要在团队成员加入团队前就展开,或在工作的同时展开。此外,团队也可以作为一个整体通过团队建设的形式接受训练。通过审慎地构建团体、训练团体成员、建设团队效能,组织就能使团队有能力为客户提供高质量的产品和服务。

综合质量管理

在大规模生产组织结构里,质量是由审查最终产品是否足够或是否需要提升来决定的。在基于团队的高绩效组织结构中,质量则是由产出产品的过程是否能够提升来判断的。所有对取得特定成果有贡献的任务按顺序组织在一起就构成了一个过程。组织领域在过去几十年里对质量提升所做的最深刻的变革就是从关注产品转向关注过程。**综合质量管理**(total quality management;TQM)指的是使用团队来持续提升团队产出所用的过程。综合质量管理需要经历形成、培训和发展出有效团队的过程,需要找到过程并测量其有效性,要创造出持续提升过程的愿景,以及需要关注团队产品的消费者。也就是说,**在公司卖出商品之前,他们要专注于将自己变成世界上同业公司中的第一名**。

说到TQM就必须提及威廉·爱德华·戴明。他是一位统计学家,在第二次世界大战的时候提出过许多统计方法。他还教企业如何使用统计学方法来提升军需品的质量。在战后,戴明把他有关质量控制和持续提升的理论教给日本人。目前,他和杜兰等人一同被认为是日本经济大繁荣的奠基者。

管理者总是将组织中的问题看作个人的错误,而不是看作系统本身的错误,这是戴明最伟大的见解。戴明信奉85/15定律,即,85%的问题是可以通过改变系统(如很大程度上由管理行为决定的结构、实践、规则、期望、传统)来纠正的,只有少于15%的问题是可以由作为个体的职工来解决的。所以,当出现问题的时候,管理者应该去寻找并解决系统本身的原因,而不是去责骂职工。

戴明提出了帮助管理者排除系统原因的14条准则:

1. 为提升产品和服务建立永恒的目标。
2. 采用综合质量和持续提升的新理念。
3. 停止依赖大规模检查。
4. 终止只以价值为基础的奖励制度。
5. 始终要提升生产和服务系统。
6. 实行岗位培训。
7. 制定领导方法。
8. 驱除恐惧。
9. 打破职工之间的隔阂。
10. 不要给职工提出口号、训词和目标。
11. 取消数量配额。
12. 消除影响技艺荣誉感的阻碍。
13. 开展有力的教育和自我提升活动。

14. 用实际行动来促成改革。

TQM 同样从聚焦于消费者以及关注持续提升的组织和团队过程两方面为消费者服务。保持与消费者的紧密联系以满足他们的需求、预见他们的需要，这是 TQM 的基本要点。L.L.Bean（户外用品品牌）曾提出"不管是直接来访，还是通过邮件或电话，顾客都是公司最重要的人。顾客并不依赖我们，而是我们依赖顾客。顾客没有打断我们的工作，他们是我们工作的目标。我们为他们服务并不是帮助他们，顾客给我们服务他们的机会是在帮助我们。消费者永远是正确的。"杜兰指出，顾客是所有产品、货物和服务是否适用的试金石。所以说，顾客不是销售的重点，而是设计和生产过程的组成部分。

对质量的关注始于对顾客需求的绝对承诺。组织要倾听消费者，要设计满足或超出顾客预期的产品和服务。不过，生产出优质产品并不足以使一个组织在当今的世界经济背景下立足。质量还包括持续改进所有能让顾客感到满意的组织过程。要想做到持续提升就要检查工作完成得怎样以及如何能够得到被认可的质量。群体所做的任何事想要得到持续的提升，就要先满足以下 4 个前提：

1. 让每个人（从董事会到收发室）常规化地搜寻可以改进的地方。
2. 提供给每个人发现与解决问题所需的训练、技术和权力。
3. 设定高绩效目标并测量结果。
4. 将公司的战略远景聚焦在顾客的需要上。

TQM 的过程

TQM 有 6 个步骤：

第一步是组成团队。没有团队，就没法开展 TQM。团队要经过组成、培训和发展阶段。团队是组织绩效的基本单位，是组织持续进步的最直接的源泉。例如，Kinlaw(1991)指出(1) 团队发展必须先于其他方面的发展，(2) 不仅仅是领导、文化变革、TQM 训练或其他任何策略，团队更是组织提升的重点。团队发展要策略性地置于 TQM 的核心，并且必须成为其他要素（用户满意、供应商绩效、测量和评估）所围绕的中心。

第二步是选择一个要改进的过程（子系统）。团队要针对一个特定的、明确的过程开展工作。在选择过程的时候要回答以下 4 个问题：(1) 这个过程有多重要（防止在没有太大意义的子系统里投入太多时间和精力）；(2) 这么做的潜在收益是什么;(3)这是对现状的小修改还是重大变革;(4)是不是实际可行(团队是否能实现该研究和改进)。

第三步是给这个过程下明确的定义。这时候可以使用流程图和因果图。只有在下了明确的定义之后,团队才能对某个过程进行提升。对过程进行定义的最佳方法就是画图。

第四步是设计如何收集信息来分析过程具有的效能。这一步骤一共分为三个部分。首先要找出可以量化的因素(如时间)。接下来要设计一种收集数据的方法。在设计中需要明确要收集什么信息、谁来收集信息、什么时候收集信息,以及怎么收集信息。最后,要以团队成员和其他组织成员容易理解的方式来分析与描述信息。

第五步是根据数据分析结果提出一个改进理论或方案。理论或方案要明确说明如何改变或替换现有过程来达到提升团队工作质量的目的。接下来就要实行计划。实行的过程也要进行评估以及收集数据。如果修改过的过程有效,就继续完整地实施下去。如果没有效果,再重新设计,重新小规模地试行。

第六步是把有效、持续的变革制度化。要一直通过采集新样本、分析数据、修改理论或计划、修改过程等方法确保不存在退步(退回到过去的方法)的现象。

处理团队中的问题行为

通用电气公司在北卡罗来纳州索尔兹伯里的一家生产照明配电盘的工厂,每天会通过团队系统对产品提出大约12次修改意见。1985年度,与通用电气旗下其他生产同类产品的厂家相比,这家工厂的生产力提高了250%。虽然通用电气和其他一些企业都运用了团队,但是这并不说明团队不存在问题。所有的团队,早晚都需要面临处理某些做出困扰团队的问题行为的成员的那一天。

团队中的问题行为可能来自有效团队运作受到的阻碍。第一个阻碍就是团队不够成熟。团队通常需要一定时间来形成与稳定自己的工作模式。第二个阻碍是团队历史。有时候,在过去的实践中确立下来的规范会对团队成员当前的行为产生不利影响。第三个阻碍是团队成员多种多样的动机。人们的动机基本上都不太可能纯粹只是为了合作。在一定程度上,团队成员们可能不仅想要让团队取得成功,也希望自己能够从中获得满足。每个成员都可能想要成为一个明星,使自己在获得个人奖励的同时也为团队成就做出贡献。尽管怀着美好的意图,但是有些人说的比做的多、太喜欢争论、恐吓他人、偏离主题、太沉迷于细枝末节、过快妥协、固执己见、装模作样、有些神经质或非神经质的癖好,这些都会阻碍群体发挥出应有的作用。

在加入团队后,人们有时候会做出一些对团队无益的行为。无论何时,只要出现不合适的行为,团队领导者的第一要务就是加强成员们感知到的相互依赖程度。消极回避、积极回避、游离和包揽是四种最常见的行为问题。

消极回避

当成员们脱离团队、不再参与活动、不关注团队的工作、不怎么说话、缺乏热情,或不带产品或材料来的时候,其他成员可以通过以下方法作出回应:

1. 重新安排材料,使每个成员都拥有其他人所需要的信息。如果消极回避的成员不肯自愿地贡献出自己拥有的信息时,其他成员就要主动询问信息,让该成员参与进来。

2. 分配角色,把对于团队成功很关键的角色分配给消极回避的成员。

3. 根据平均绩效来奖励团队。这也能鼓励其他团队成员去促使问题成员参与进来。

积极回避

有时候一个团队成员会谈论工作以外的一切、脱离团队、通过给出错误答案或毁坏团队的成果来破坏团队的工作、拒绝完成工作,或不与其他人一起工作。只要出现任何一种情况,团队领导者就要尝试去奖励这个成员,让团队显得有吸引力。然后再组织任务,使得所有成员都必须稳步地为团队取得成功与获得奖励而工作并做出贡献。给这个成员分配一个特定的角色或许能解决这种问题;可以让这个成员担任团队的观察者,专门负责收集有关团队运作的数据。要让这个成员参与团队会议,与这种成员对质或许能取得意想不到的收获。

游离

当你发现有一个团队成员独自工作,不关心团队讨论的时候,你可以参考以下建议:

1. 限制团队的物资。团队如果只有一批物资或一套设备,成员就不可能自己单干。

2. 重新分配物资，使得这个成员无法独立于其他人工作。如果要完成任务，这个独立的成员就必须和其他人接触并合作。

包揽

当一个成员包揽了所有工作、拒绝其他成员参与进来、使唤、欺凌其他成员，或独断地为团队作出决策的时候，团队领导者可以考虑以下策略：

1. 重新分配资源，使得这个成员如果不鼓励其他人一起参与并且不参考其他人的贡献就无法完成任务。
2. 分配更有权力和支配力的角色给其他成员。
3. 根据团队中绩效最低的两个成员的表现对团队进行奖励。这会让包揽的成员感到压力，使他考虑去鼓励与帮助其他成员互相分享资料、一起完成任务。

总结

团队是为达成既定目标组成的一系列人际交互关系。团队和工作群体不同。团队的绩效既包括个人独立工作的产物，也包括成员们共同努力的产物。有好几种定义团队的方法，例如，根据使用团队的背景（工作、运动、学习）、在组织中的作用（问题解决、特殊目的、自我管理）、发挥的功能（推荐、生产、运营）。在现代技术的帮助下，团队可以吸纳身处不同地区的成员。

大量元分析研究发现在许多不同情况下，团队都比独自工作的人更加高效。团队的生产力并不是所有成员技术能力的总和。团队要变得有效能，就必须确保成员都能感知到存在强烈的积极相互依赖关系，以可以促进其他人获得成功和满足的形式进行交互，个人负责，运用自己的小团体技能，以及检查团队工作效能水平。

团队存在的组织环境会通过提供机遇和进行约束两方面对团队的效能产生巨大影响。一般认为组织成员超过85％的行为可以直接归因于组织的结构，而不是成员自身的性质。在最根本上存在着两种组织环境——大规模生产组织结构和基于团队的高绩效组织结构。因为团队和生产力之间存在的关系，所以基于团队的组织结构是未来的潮流。

如果要产出高质量的产品和服务，我们建议组织使用团队。团队是为大部分组织提供生产力的基本单元。团队效能的提升可以通过团队发展来实现。

团队发展包括选择团队成员、建设积极相互依赖关系、形成个体和团队责任、形成团队目标承诺、提供群体技能训练、给团队提供时间和促进效能的过程以及提供行政支持。团队工作的质量是要进行评估的。团队也可以用于培训。最后,需要实行综合质量管理来确保团队效能能够得到提升。

仔细地建设团队、培训团队成员、建设有效团队的目的是为顾客提供高质量产品和服务。实行TQM过程就要关注完成工作的过程而不是最终完成的成果或服务。团队不仅要能够画出他们工作的流程图,也要能够测试他们的生产力。最后,无论团队组建和发展多么用心,都会有必须加以解决的行为问题。通过逐步完善过程,不断提升成员团队工作的技能和团队过程,这些问题就能得到解决。

第15章

结　语

> 我被抛弃在一个恐怖的荒凉小岛上，万念俱灰。我好像很悲惨地被挑出来和全世界隔离。我被从人类中划分出来，独自生活，仿佛被放逐了一样。我无人可诉，也没人救赎我。
>
> ——丹尼尔·笛福(Daniel Defore，1908，p.51)

当鲁滨孙·克鲁索被海浪冲到一座热带岛屿的海滩上后，作为海难的唯一幸存者，他有着过上舒适生活所需的一切：吃不完的食物、宜人的气候、美丽的风景。虽然他很幸运地幸存了下来，但是他仍旧诅咒他孤独的生活。他因为自己不再是人类群体的一分子而在情感上感到痛苦。

人类是小群体生活的生物，我们一向如此，而且将始终如此。群体的无处不在以及必然身处其中的性质使得群体成为我们生活中最为重要的因素。只有群体有效，我们的生活质量才能得到保证。但是，很多时候群体并不足够有效。要建立有效的群体，我们需要遵循一些指导准则。

创建有效群体的指导准则

指导准则一

第一个指导准则是要建立起明确的、有操作性的、与群体有关的目标。这种目标要能够在成员之间建立起积极的相互依赖关系，并且能够唤起每个成员高水平的承诺。群体的存在是需要原因的,人们为了达成他们自己单独无法达成的目标而加入群体。群体如果要变得有效,目标就要明确,这样所有成员就都能够理解目标的性质;目标要可操作,这样成员们才能理解要怎么做才能够达成目标;目标必须与成员的需求有关,这样他们才会为达成目标做出承诺;目标也必须能够激发成员之间产生积极的相互依赖关系。有成百上千的研究表明,群体效能、群体凝聚力和群体成员的幸福感取决于群体成员相信他们"同舟共济"。如果在群体中不存在明确的、可操作的积极目标相互依赖,下面的所有指导准则都没有意义。

指导准则二

一旦建立起积极的目标相互依赖关系,成员们就必须互相沟通来协调他们的工作。因此,第二个指导准则就是建立起有效的双向沟通,以便群体成员能够准确、清晰地交流各自的观点和感受。沟通是人类交互和群体运作的基础。成员们必须有效地发送与接收信息来交换信息和传达意见。在沟通中需要减少诸如群体成员之间的竞争等会阻碍群体进行开放、准确的沟通的因素。双向沟通对于有效的群体工作而言是必不可少的。

指导准则三

第三个指导准则是要确保所有群体成员都有参与和领导的机会。所有成员都有进行领导的责任。平等的参与和领导机会可以保证所有成员都参与到群体工作中,为执行群体决策做出承诺,并对群体成员的身份感到满意。另外也可以(a)确保充分利用每个成员手中的资源,(b)提升群体的凝聚力。与领导有关的问题已经在第 5 章中讨论过了。

指导准则四

创建有效群体的第四个指导准则是确保权力分布在所有群体成员之间,并且在成员们努力达成共同目标的时候,权力对成员施加影响的模式要随着群体需求进行变化。成员的权力应当建立在专业、能力和掌握信息的基础上,而不是来自权威或人格特质。要执行这条指导准则,群体成员就要记住两个重要的原则:(1)权力存在于关系中,个人是没有权力的;(2)在合作情境中的权力才有建设性。这种权力的动态相互依赖观认为(1)所有关系中都存在权力;(2)使用权力对群体运作的方方面面都很重要;(3)权力的使用是动态的,谁影响谁，会影响到什么程度，这些问题的答案会随着群体达成目标的进程持续发生变化；(4)权力分布在所有群体成员之间。与权力有关的问题已经在第6章中讨论过了。

指导准则五

第五个指导准则是要根据情境要求，灵活地使用决策过程。群体可以使用许多种决策方法。在决策的时候，必须在可用的时间和资源（如成员的技能）与决策方法之间寻求平衡。此外，成员们也必须在决策的规模和重要性，执行决策所需的承诺与决策方法三者之间进行平衡。最有效的决策方法是达成共识（一致同意）。达成共识能够带来广泛的参与、均衡的权力、有效的争论、凝聚力、卷入度和做出承诺。与决策有关的问题已经在第7章中讨论过了。

指导准则六

第六个指导准则是要让群体成员反对并挑战他人的结论和推论，相互争论，由此促进做出创造性的决策和问题解决行为。要做出有效的决策，成员就必须为每个主要的备选行为提出最佳的例证，并且批判性地分析其他备选行为。争论（对立的观点、结论之间的冲突）会增强成员对群体工作的参与度，提升决策的质量和创造性，并且能够使成员为执行决定做出承诺。争论的过程能够确保少数人的观点也能得到接纳和使用。这种理智的冲突会带来更有创造性的、更有效的决策。与争论和创造力有关的问题已经在第8章中讨论过了。

指导准则七

第七个指导准则有关群体成员要面对成员之间的利益冲突（需要和目标之间不一致导致冲突、资源稀缺和竞争），并且要通过问题解决（整合式）协商来处理冲突。有五种解决利益冲突的基本策略：回避、强迫（分配式协商）、缓和、折中、问题解决（整合式协商）。群体越有效，群体的利益冲突对取得潜在的建设性结果的作用就越大，而且更有可能会使用问题解决这种冲突处理方法。当问题解决协商失败时，就需要其他群体成员来调解。即使在群际冲突和跨种族冲突中，人们依旧可以使用问题解决协商这种方法来处理。如果能建设性地解决冲突，这些冲突就会成为提升群体有效性的重要且必不可少的方面。与利益冲突有关的问题已经在第9章中讨论过了。

学习群体技能

要想确保群体有效,群体成员就必须高度熟练地掌握小群体技能。这些技能并不是与生俱来的,而是后天培养的。现在你已经获取了许多旨在提升你对于群体的知识和技能的经验,希望你已经成了一个更高效的群体成员。同样地,在这里也希望你能够把自己学到的技能和知识运用到更多的群体和情境中去。你可以重复参与本书中的练习来强化你对知识的掌握程度,也可以再次阅读书中的内容,加深自己对如何运用群体技能的理解。接下来是两个有助于你将本书中所学内容运用到你所在的群体关系中去的总结性练习。

练习 15.1 终结一个群体

这个练习的目标是(a) 完成群体中的未尽事宜;(b) 再次体验并记住在群体中曾体验到的积极群体经验;(c) 总结群体成员作为群体的一分子获得了什么;(d) 描述并建设性地表达作为一个成员对于终结所在群体有什么感受。尽管每个群体都有终结的一天,但你作为群体的成员所付出和获取的东西、你的成长过程,以及你所学会的技能都将继续伴随着你。终结关系可能会让人感到伤感,但是你在与其他群体成员的关系中所获得的成长可以运用到未来的群体情境中。这就是这个练习的主题。群体需要遵循如下过程:

1. 讨论"在群体结束前,还有什么需要解决、讨论、处理或表达的事情吗?"

2. 讨论"在群体中经历的最有意义的事是什么?""我作为群体的一员得到了什么?""作为群体的一员,对我的成长有什么推动?"和"我在这个群体中学到了什么技能?"除了开展讨论,群体成员也可以选择通过绘画、拼贴或者写诗的形式来表达自己的体验。

3. 讨论你们对于群体完成活动的感受以及对群体终结的感受。可以讨论一下每个人面对群体解散时的处理风格是什么。如果在讨论这个话题上存在困难,可以使用以下两个问题来激发讨论:

(1) 每个人依次对其他成员说"再见",然后离开。每个人用五分钟的时间来思考自己的感受,然后再回到群体中表达任何你想表达的,但是先前从未表达过的感受。

（2）每个人以非言语的形式分别表达自己一开始加入群体时的感受和现在的感受。

4. 进行结束的练习。所有人围成一个圈，每个人都想象自己拥有给其他成员任何东西的魔力。然后，你要送一件临别礼物给你右边的人。每个成员依次说，让所有人都能听到礼物是什么。举个例子，人们可能会送月光、花朵、更好的自我概念、投入一段关系的能力、坦然面对冲突、对他人有更高的同理心、完美的恋情等。在送礼物的时候，记得要伸出你的双手，就好像你真的把礼物送给别人了。

5. 所有人拥抱在一起。

练习 15.2　自我契约

写一段文字来对作为群体成员的自己进行描述。把所有你想到的长处和技能都写下来，另外也要写下自己需要提高技能的领域。然后，制定一个改变自己生活的契约。这份契约可以包括开始一些新的事情，停止一些旧的事情，或者改变你现在生活的一些方面。契约应当涉及把你学到的群体技能运用到你现实面对的群体情境，或者在未来进一步发展某些技能。契约中也可以包括加入一些新的群体和终止旧的群体。在制定契约的时候，你可以选择几个你所拥有的群体成员身份，为这些身份定下一系列有关你如何行动以提升自己的有效性和对成员身份的满意度的目标。把契约写下来，封到信封里，在信封上写上自己作为收信人，在三个月后再打开它。

总结

群体必须拥有清晰的、强调群体成员之间积极相互依赖关系的目标。群体成员之间的合作既是基础，也是群体定义的一部分。群体成员越合作，群体就会比冲突或个体主义情况下更高产，群体成员之间会愈加喜欢彼此，他们的心理健康水平也会越高。有效的双向沟通是所有群体运作和群体成员互动的基础。群体的所有成员应当共享领导，共同参与。群体应当在时间和资源、决策规模和重要性、执行决策的承诺与决策方法之间寻求平衡。如果要做出高质量的决策，就需要让所有主要候选计划都能被完整且公平地听取。争论中的提倡群体就可以做到这一点。争论可以提高群体决策的质量和创造性。群体成员之间存在着利益冲突，必须通过协商加以解决。协商有两种类型：问题解决协商和输-赢协商。通过采用问题解决协商，群体成员就可以继续维持他们之间的关系，同时又能形成双方都能够接受的协议。只有使用积极的方法，权力才能提升共同的成就。群体必须拥有高凝聚力。

附　　录

答案

1.4　从德库拉伯爵手中拯救世界：答案

以下是根据布莱姆·斯托克的小说《德库拉》中的内容所做的排名：

任务中首先要关注的是保护你的团队免遭德库拉伯爵的攻击。如果你们不能生存下来，那么你们的任务是不可能成功的。因此，最重要的两个要素分别是：

1. **人类合作的能力。**吸血鬼是单独出没的生物。人类最主要的优势就在于能够通过合作保护自己，并且能够通过协作向吸血鬼发动攻击。人类有合作的能力，但是吸血鬼没有。

2. **十字架、圣水和圣餐饼。**吸血鬼害怕耶稣基督的力量。这三样圣物可以击退所有吸血鬼，保护持有它们的人。但是，像德库拉伯爵那样既有经验又聪明的吸血鬼知道怎样从落单的人手中抢走这些圣物。因此，这些圣物在群体中使用会更加强大。圣餐饼可以用来把吸血鬼封印在棺材里或防止吸血鬼返回棺材。因为这些圣物可以压制吸血鬼，所以既可以用来防身，也可以用作武器。

还有其他几种能够保护你免受吸血鬼攻击的方式，但是这些方法都不能杀死德库拉伯爵。例如，如果你不邀请吸血鬼，它就无法进入你的房子。所以你可以待在家里，不让任何人进来。因为吸血鬼无法蹚过流水，所以你也可以用流水困住吸血鬼。

在任务中,重要性居于第二的是破坏德库拉的强项,找到他的弱点。

3. **野玫瑰枝**:野玫瑰枝能够封印吸血鬼的棺材,这样吸血鬼就不能离开或躲回棺材了。如果能够在德库拉伯爵离开棺材前放在他的棺材上,通过把德库拉伯爵关在棺材里就自然而然地剥夺了他的所有力量。因为吸血鬼必须每天回到他们的棺材里,所以把他们封印在坟墓里是很容易做到的。

4. **特兰西瓦尼亚地区的日出日落时间表**:吸血鬼只有在晚上才有力量。白天的时候,德库拉会失去他所有的力量(除了他在正午、日落和日出的时候会改变自己的形态)。

需要关心的第三点是如何在压制德库拉后把他杀死。有几种可以杀死德库拉(以及其他任何吸血鬼)的方法。首先,只有在白天的时候才能杀死吸血鬼,要做到这一点,要么就要防止他们回到棺材(这很困难,因为每一口棺材都埋在坟墓里,而且吸血鬼在不同地方藏有许多棺材以防万一),要么就把他们封在棺材里。因为德库拉已经在棺材里了,所以目前最合适的是第二种方法。

5. **橡木桩**:用橡木桩刺穿吸血鬼的身体并拿走他们的心脏可以杀死吸血鬼。

6. **锋利的斧子和几个蒜头**:砍下吸血鬼的头,再在他们嘴里塞满蒜头也可以杀死吸血鬼。

第四步需要关心的是如何找到德库拉伯爵。如果可以找到德库拉伯爵,并且科学家们能够保护好自己,他们就能压制德库拉的力量。接下来要做的就是毁掉他或把他再次封印起来。

7. **到布达佩斯的机票、到特兰西瓦尼亚的火车票、到城堡的车票**:如果要杀死德库拉,你就必须到他的城堡去。虽然这是你要做的第一件事,但是它并不是最重要的。除非你能保护自己、能够限制德库拉的行动,并且有能力摧毁他,否则你去他的城堡是没有意义的。

8. **德库拉的城堡地图以及地下墓穴钥匙**:当你到了德库拉的城堡后,你不能指望那些考古学家会帮助你。因为他们不相信有吸血鬼,所以他们会阻止你摧毁德库拉。你需要知道到达德库拉的墓穴的所有路径以及如何打开墓穴的方法。

9. **两支高亮度手电筒**:在寻找城堡和墓穴的时候可以用到。

也有一些物品是用不到或没有用的。

10. **.44口径的马格南转轮手枪和子弹**：可以用枪来对付狼、蝙蝠、人和其他受到德库拉控制的生物。但是枪对德库拉是没用的，所以枪的排名很靠后。

11. **可折叠的铁笼子**：无论是压制还是杀死德库拉，这个物品都派不上用场。

12. **女巫在满月时混合的草药（驱邪）**：对吸血鬼无效，携带它反而会浪费空间。

3.5 合作、竞争以及个体目标结构：答案

方块：40

橄榄形：11

三角形：18

3.6 生存游戏：捕猎—采集卡

今天你没有找到食物。

你好像射中了一头鹿，但是实际上只是一块奇形怪状的石头。今天你没有找到食物。

你射中了一只鸟，从记录者那里拿一张食物卡。

为逃脱追逐你的野狗，你向它们扔了一天份的食物。把一张食物卡交给记录者。如果你没有食物卡并且没有人愿意给你一张，你就饿死了。

你睡着了，而且睡了一整天。今天你没有找到食物。

射得好！你杀死了一头鹿，获得了两天份的食物。从记录者那里拿两张食物卡。

你遇到了另一个群体的成员，而且你们坠入了爱河。为了表达你的爱，你给了他/她一天份的食物。把一张食物卡交给记录者。如果你没有食物卡并且没有人愿意给你一张，你就饿死了。

你打到了一条蛇，从记录者那里拿一张食物卡。

为了摆脱行军蚁的追赶，你向它们扔了一天份的食物。把一张食物卡交给记录者。如果你没有食物卡并且没有人愿意给你一张，你就饿死了。

你打到了一只蜥蜴，从记录者那里拿一张食物卡。

你为了躲避狮子逃到了一棵桃树上，从记录者那里拿一张食物卡。

你向一头鹿射箭，但是没有中。今天你没有找到食物。

真是幸运！虽然你瞄准了鹿，但是射到了一只兔子。从记录者那里拿一张食物卡。

当你在打猎的时候，一只臭鼬闯进了你的屋子，吃了两天份的食物。把两张食物卡交给记录者。如果你没有食物卡并且没有人愿意给你，你就饿死了。

当你在打猎的时候，你和你所有的食物都被狮子吃了。把你所有的食物卡都交给记录者。因为你不是饿死的，所以团队的分数不会受到影响。下一周你就重生了。

你找到一窝田鼠，挨个打了它们的头。从记录者那里拿一张食物卡。

今天你没有找到食物。

你射中了一只鸟，从记录者那里拿一张食物卡。

你找到一片浆果灌木丛。现在正是浆果成熟的季节。从记录者那里拿一张食物卡。

真幸运！太幸运了！虽然你瞄准了野猪，但是却射到了一只兔子。从记录者那里拿一张食物卡。

射得好！你瞄准的是停在石头上的一只鸟，但是你的箭射在石头上反弹出去射中了一头野猪。从记录者那里拿两张食物卡。

你找到一头鹿，但是在你射箭前，熊的叫声把它惊走了。今天你没有找到食物。

射得好！当你瞄准一头鹿射出箭的时候，恰好一头野猪跑过，你射中了野猪。从记录者那里拿两张食物卡。

你射中一只兔子。从记录者那里拿一张食物卡。

今天你没有找到食物。天气太热了，没有动物会在外面徘徊。

你找到一些野生胡萝卜。从记录者那里拿一张食物卡。

你找到一棵苹果树，但是几乎所有的苹果都被鸟吃了。从记录者那里拿一张食物卡。

射得好！你射中一头野猪。从记录者那里拿两张食物卡。

在打猎的时候，你不小心踩死一条蛇。从记录者那里拿一张食物卡。

在回家的路上，你掉进了沼泽。你用了两天份的食物使自己从鳄鱼的嘴里逃出来。把两张食物卡交给记录者。如果你没有食物卡并且没有人愿意给你，你就饿死了。

射得好！你射中一头鹿。从记录者那里拿两张食物卡。

你找到一些野生莴苣。从记录者那里拿一张食物卡。

你射中一只兔子。从记录者那里拿一张食物卡。

你射中一只鸟。从记录者那里拿一张食物卡。

你射中一只土豚。从记录者那里拿一张食物卡。

在打猎的时候,你找到一片浆果灌木丛。现在正是浆果成熟的季节。从记录者那里拿一张食物卡。

好运气!你发现一头瘸腿的鹿。你用石头砸死了它。从记录者那里拿两张食物卡。

你找啊找啊,结果今天什么食物都没找到。

你瞄准了一只兔子,但是它转身逃跑了。今天没有找到食物。

你走了几里路,结果什么也没找到,什么也没打到。今天没有找到食物。

4.2 "明智"学院问题:解决

姓　名	背　景	学　位	教学经验	公共关系经验	筹款经验	管理经验
大卫·沃尔科特	非裔美国人	硕士	13年	无	无	8年
罗杰·桑顿	高阶层家庭	学士;硕士	7年	9年;政客	无	16年
埃德斯·康斯特布尔	社区中心主任	无	8年	2年	4年	7年
弗兰克·皮尔斯	邻里中心工作者;社区关系	硕士	无	14年	无	14年
海伦·约翰逊	在贫民窟长大	学士;硕士	4年	5年	2年	15年
凯斯·克莱门特	志愿者;著书	学士	5年	13年	10年	无

安德鲁斯学院是州里最小的学院,1982年的时候所有学生都是黑人。从表中的信息可以看到,除了海伦·约翰逊,其他所有人在经历上都有缺失。

4.3 夏至恶作剧谜案:解决

Handsome 先生偷了 Artisimisso 的画。他在晚上 9:50 离开聚会的时候带走了画。偷窃的原因是他有偷窃癖。

4.5 排列方块 I:单向沟通

指导语:观察这些方块是怎么排列的。背对你的小组成员,告诉他们怎么画出这些方块。从最顶端的方块开始,依次描述。要特别注意每个方块和前一个方块之间的关系。过程中不允许提问。

4.5 排列方块 II：双向沟通

指导语：观察这些方块是怎么排列的。背对你的小组成员，告诉他们怎么画出这些方块。从最顶端的方块开始，依次描述。要特别注意每个方块和前一个方块之间的关系。如果有人提问，你必须回答；在有需要的情况下，你要重复你的描述。

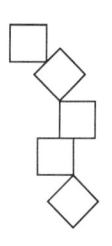

5.5 空心方块

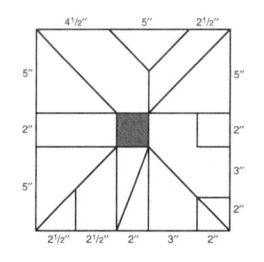

7.3 冬季求生练习

给协调者的背景信息

只有在参与者都完成了练习之后才能给他们看这些信息。

一月中旬是明尼苏达与马尼托巴湖地区最冷的时节。因此，幸存者们所要面对的第一个问题是保持温暖，避免失温。可以通过生火、减少运动和消耗、尽可能多地使用隔热物品，以及造一个避难所达到这个目的。

参与者们刚刚经历坠机事故。许多人会忽略他们所受到的巨大惊慌对他们身体造成的影响，而且飞行员的死亡更是加剧了这种影响。在这种情况下做决策是极端困难的。这时候就更加要强调推理，这不仅是为了做决策，也是为了降低每个幸存者会体验到的恐惧和惊慌。这种打击通常会带来无助、孤独、无望和恐惧感。这些感受比当下其他的因素更为致命。通过推理，幸存者们就能产生对于求生的渴望和意志。受到坠机的打击，幸存者应该做的是不要乱动，尝试使自己先冷静下来。

在起飞前，飞行员需要写下飞行计划。飞行计划中包括了诸如路线、速度、预计到达时间、飞机型号和登机人数等航班的关键信息。因此，如果飞机未能按照预定时间到达，搜救工作就会立即展开。

即使在理想的情况下,到最近小镇的 20 英里路途也是一段长途跋涉。对于那些不习惯走那么远的路的人来说更是这样。在受到惊吓的情况下,又穿着城市里的便装,再加上森林里有很深的积雪和纵横的溪流。如果选择走出去,那么幸存者不是会被冻死,就是会把自己累死。在 $-32℃$——$-40℃$ 的情况下,个人消耗导致失温是非常严重的问题。

当幸存者们找到保持温暖的方法之后,他们接下来面对的问题就是如何吸引搜救飞机和搜救队的注意。因此,必须根据带出来的物品在发信号显示方位上的作用来决定这些物品的排序。

冬季求生练习:答案

物 品	专家排序	你的排序	差异值
钢丝绒	2		
每人一张报纸	8		
指南针	12		
手斧	6		
打火机(没有燃料)	1		
有子弹的.45 口径手枪	9		
塑料做的地区航空地图	11		
几块 6×6 米的厚实帆布	5		
每个人都有的额外的衬衣和裤子	3		
一罐油脂	4		
一升 50% 酒精浓度的威士忌	10		
家庭装巧克力条(每人一根)	7		
总计			———

答案解释

幸存者的物品排序是根据马克·万维格和罗杰·约翰逊提供的信息来决定的,并由 Rutstrum(1973)补充。万维格曾经在美国 101 师的侦查学校当过三年生存训练导师,随后又在双子城的天才青年协会做了三年野外求生导师。约翰逊是全国环境教育的专家。

1. 打火机(没有燃料)。对于这些幸存者来说,最大的威胁来自寒冷。所以,他们最大的需求就是取暖,其次就是发信号。这种需求就使得生火成了他们的头等大事。因为没有火柴,他们必须找到一样能够制造出火星来生火的工具。即使没有燃料,打火机也是能够产生火星的。火不仅能给人取暖,也能在白天制造烟雾发信号,在晚上用火光发信号。

2. 钢丝绒。如果要生火,幸存者就必须找到一种方法来引燃打火机产生的火花。钢丝绒就是最好的把火引燃、维持火势的材料,哪怕有点湿也不会影响效果。

3. 每个人都有的额外的衬衣和裤子。在这种情况下,衣服可能是人们所能拥有的最万能的东西了。除了可以穿在身上保温以外,还可以用来搭棚子、发信号、垫着睡觉、做绷带、撕开做绳子,甚至做成用来生火的火绒。此外,人们也可以在衣服上画地图。考虑到衣服的多种用途以及幸存者对生火、发信号和保温的需求,衣服排在第三位。

4. 一罐油脂。这个物品有很多用途。最重要的用途是把盖子擦亮后可以用作镜子来反射阳光。镜子是向搜救者显示他们所在的最佳工具。在阳光下,一面镜子反射的光亮相当于五百万至七百万根蜡烛的光亮,在很远的地方就能看到。虽然树林会阻挡一部分光线,但是可以让一名成员爬到树上用镜子向搜救飞机发信号。仅靠这种方法,幸存者在 24 小时内获救的概率就可以超过 80%。

这个物品还有以下用处:把油脂涂抹在诸如脸、嘴唇和手等裸露皮肤的地方可以避寒。在极端情况下,可以稍微吃一些油脂。如果把油脂融化成液态,就可以用来生火。装油脂的罐子可以用来做融化雪水的容器,这样就可以获得饮用水了。即使在冬天,饮水也是很重要的。躯体会通过很多形式流失水分,例如,出汗、呼吸、遭受打击。缺水会影响人们的决策能力,所以幸存者必须补水。罐子也能当成杯子来使用。

5. 几块 6×6 米的厚实帆布。因为天气寒冷,所以必须搭建避难所,帆布可以作为原料,使幸存者免遭寒风和大雪的侵袭。把帆布展开后,既可以把它们绑在框架上做成帐篷,也可以作为地垫。用帆布来挡风可以维持热量。帆布方形的外形和周围环境存在反差,容易被搜救飞机发现,所以也是一种重要的信号工具。

6. 手斧。幸存者需要源源不断的木料来维持篝火。手斧可以用来砍伐树木,修整出避难所的场地,砍树枝做地垫,砍木料搭避难所的框架。

7. 家庭装巧克力条(每人一根)。收集木柴与发信号都要耗费体力。巧克力能够补充体力,让幸存者能够维持一段时间。因为巧克力中基本都是碳水化合物,所以能够很快给躯体提供能量,而不需要经过漫长的消化过程。

8. 每人一张报纸。报纸能够用来生火。报纸也可以用作御寒物:把报纸揉起来放在衣服里,裹住自己的手臂和腿就能够形成能够御寒的空气隔层。幸存者也可以通过读报纸、背报纸、折报纸或撕报纸来消遣。幸存者可以把报纸卷成锥形,当作扩音器来求救、发信号,他们也可以把报纸铺在地上作为求救信号。

9. 有子弹的.45口径手枪。手枪能够发出声音信号（国际求救信号是三声快速的枪响）。有很多救援失败的原因是求救者太过于虚弱，以至于没办法发出足够响的声音来引起注意。枪托可以用作锤子。子弹中的火药可以帮助生火。生火的时候只要把弹头取出来，在弹壳里塞一小块布，再对着地上的枯木扣动扳机就能点着火了。晚上，枪口的火焰是能够看得到的，这也可以作为一种信号。

手枪同样也有危险的地方。随着等待救援的时间增长，愤怒、气馁、不耐烦、易激惹，失去理智的现象可能会增强。在这种情况下，这种致命武器的存在就是对群体成员的潜在威胁。虽然幸存者可以用枪来打猎，但是这需要高度熟练的射手才能做到。即使打到了猎物，幸存者也要消耗大量的能量把猎物运回坠机地点。

10. 一升50％酒精浓度的威士忌。威士忌的唯一用途是帮助生火以及作为燃料。可以把一块浸透了威士忌的布缠绕在木棒上做成火把。如果有人因为冷而喝威士忌取暖就可能造成危险。酒精会吸走它所接触地方的热量。在−34℃的气温下喝酒会冻坏人的食道和胃，也会对口腔造成严重的伤害。喝酒取暖也会导致脱水。此外，在寒冷的时候喝酒会更糟，因为酒精会扩张皮下血管，这就会使得冰冷的血液流回心脏，让心脏也受寒，使热量快速丧失。一个喝醉的人比一个没有喝醉的人更容易失温。不过，可以用酒瓶来装热水。

11. 指南针。指南针可能会促使有些幸存者产生走去最近的小镇的想法，因此这个物品是很危险的。指南针的玻璃盖可以反射阳光，向搜救飞机发信号，这是它唯一的价值。但是，其他的求救工具都比它好。指南针可能会诱使幸存者离开坠机地点，所以可以说是最不必要的物品了。

12. 塑料做的地区航空地图。由于这个地图会鼓励人们尝试走到最近的小镇——如果这样做的话，他们就等于是在寻死，所以这个物品是很危险的。

7.4 它们会要了我们的命

物　品	专家排序	你的排序	差异值
游泳	5		
铁路	7		
当警察	11		
家用电器	9		

续表

物 品	专家排序	你的排序	差异值
酒精	2		
核能	12		
吸烟	1		
摩托车	3		
杀虫剂	15		
手枪	4		
自行车	8		
打火机	10		
爬山	13		
疫苗	14		
手术	6		
总计			

8.3 困于沙漠：计分、答案

物 品	专家排序	你的排序	差异值
指南针	12		
一块 6×6 米的厚实、亮蓝色帆布	7		
《沙漠星球》这本书	10		
汽车后视镜	1		
大砍刀	5		
手电筒（两节电池大小）	8		
每人一件夹克	2		
每人一块透明的塑料地垫（1.8×1.2 米）	4		
有子弹的.38 口径手枪	9		
每人一个装有 2 升水的水壶	3		
当地准确的地图	11		
一大盒火柴	6		
总计			

比较你的排序和专家排序之间的差异。差异值指的是两个排序之间差值的绝对值。在计算出所有差异值后，把它们加起来。总分越低，你的排序就越准确。

困于沙漠：专家排序理由

你们小组刚刚从一个使所有成员受到巨大打击的创伤情境中走出来。向导和司机的死亡增加了对你们打击的强度。即使不是全部的人，大部分的成员都需要治疗打击带来的恐慌。下列是五个对你们群体非常重要的问题（Nesbitt，Pond，& Allen，1959）。所有成员面对的第一个关键问题是脱水。暴晒于阳光下、活动（导致出汗和喘气）、高温和干燥的空气都会导致脱水。为避免脱水，小组成员应当(1) 保持冷静，降低呼吸中损失的水分；(2) 尽可能多穿衣服，降低排汗和干燥空气从你身上带走的水分（穿的衣服足够多的话能使皮肤不会和干燥空气接触，你就可以至少延长一天生命）；(3) 待在阴凉处；(4) 把活动降到最低，尤其是在白天的时候；(5) 尽可能多喝水。任何会提升心率、加快呼吸和使人出汗的活动都会加速脱水。只要保持镇定，并待在阴凉处，所有人都可以在没有水喝的情况下存活大概3天。因为需要穿衣服，所以夹克是重要的。因为有遮阳的需求，所以帆布也是重要的。为了生存，你们必须确保你们的身体有足够的水分。要做到这一点，你们要么就要喝足够多的水，要么就要降低身体产生的热量和避免沙漠的热量（日光、空气和地面反射）把水分带走。穿上夹克、搭好遮阳棚后，每个人都要尽可能保持镇静，不要活动。

第二个关键问题在于如何向搜救队发信号把你们的位置告诉他们，这样你们才能得救。镜子、帆布、手电筒、手枪和火（火柴）都能用来发信号。镜子是整个小组所拥有的物品中最重要的信号工具（Nesbitt，Pond，& Allen，1959）。在阳光下，镜子反射的光相当于500—700万支蜡烛的亮光，在很远的地方都能看见。即使视线中看不到飞机，也要用镜子闪光；虽然幸存者们看不到也听不到飞机，救援飞机可能已经向闪光的地方飞过来了。帆布在打开用作遮阳棚的时候，不仅能够将温度降低大约11℃，而且因为它的颜色和沙漠截然不同，空中的搜救人员一眼就能看到。在夜间，手电筒是可靠、快速的信号工具。因为脱水会严重损害人们发声的能力，所以手枪是重要的声音信号工具。在沙漠中发生的很多事件中，都因为幸存者没法发出足够响的声音来引起救援者的注意而错失救援。不过，如果持有手枪的成员因为情境带来的创伤而变得歇斯底里或因为脱水而产生幻觉，他手里的枪就会带来很大的危险。最后，要在夜间升起一堆火，在白天则用烟柱来吸引搜救者的注意。"白天一柱烟，晚上一堆火"是沙漠中的求救圣经。

第三个问题是要得到尽可能多的饮用水。水壶中的水只能让你们维持一段时间的清醒，但是并不足以延长你们的生存时间。也就是说，水壶里的水只够暂时拖延脱水给人造成的影响；一旦水喝完了，你们在24个小时里就会变得烦躁、恶心、嗜睡，这些都会对你们做出理性的决策造成干扰。从水坑获得洁净的饮用水的唯一方法是做一个太阳能蒸馏器。将塑料地垫架在水坑上大约10厘米的地方，稍微倾斜一点，使水滴能够滴到水壶里。你们可以用砍刀切割木棍，用这些木棍来支起地垫。当阳光透过地垫照在水面上时，蒸汽就会凝集在地垫上。这些蒸汽最后会凝聚成水滴，这就成了洁净的饮用水。

第四个问题是如何在夜晚保暖。虽然沙漠在白天很热，但是在夜晚就会变得很冷。这时候，夹克、火柴（生火）和帆布（遮阳棚）对于保暖就很重要了。

第五个问题是，如果小组在最初的几天里未能获救，他们就需要搜集食物。不要吃蛋白质食物，因为消化蛋白质和代谢废物都需要消耗大量的水。《沙漠星球》这本书在能够收集食物上帮助你们。此外，打猎会导致脱水，这个行为弊大于利。

如果小组决定自己走出沙漠，而且安排在晚上行进的话，那么所有成员可能活不过第二天。在两个晚上的时间里，你们不可能走过53千米。如果小组成员决定在白天行进，那么你们可能活不到第二天晚上，而且你们不可能走过20千米。对于一个刚刚经历了创伤的小组来说，创伤已经对身体造成了相当大的影响，一般情况下很少有成员曾经徒步走过72千米的路程，而且所有人都要背着帆布、穿着夹克以防止脱水，这种情况下，尝试徒步走出沙漠等于一场灾难。更进一步的重要事实是：一旦开始走，搜救队就更难发现你们的行踪。因此，指南针和地图对小组的生存来说是毫无帮助的。

8.5 辐射尘掩蔽所*：答案

1. 盛水的容器。平均每个人每天需要一升水。研究表明，将液体摄入量限制为低于躯体所需的量并不会带来什么好处，所以应该允许每个人根据自己的需求喝水。人们最多在掩蔽所待两个星期。在这之后，应该可以找到其他

---

* 本练习中的所有信息均来自《核时代的保护措施》这本书（*Protection in the Nuclear Age*；Washington，DC：Department of Defense，Civil Defence Preparedness Agency，February，1977）。

水源。

2. 罐头和脱水食物。如果可能的话,应该在手头储备至少够每个人吃两个星期的食物。但是,大部分人只需要吃平时量一半的食物就能维持生命,甚至可以几天不吃。因此,食物没有水那般重要。

3. 两个有盖垃圾桶(一大一小)。仅次于水和食物之后最重要的问题是卫生。糟糕的卫生条件会带来疾病和寄生虫。小垃圾桶可以用作马桶,大垃圾桶可以放垃圾和人们产生的废弃物,直到可以把这些废物拿出去掩埋。掩埋垃圾对于防止经由老鼠或昆虫传播的疾病是非常重要的。

4. 装有碘酒和药品的急救包。如果有人受伤或得病,这个物品就很有用了。其中应当备有慢性病患者所需的药品。可以用碘酒来为水消毒。

5. 用电池的收音机。可以用来获取外界发生事件的信息,以及什么时候可以安全外出的消息。可以用来与外界保持接触。

6. 肥皂和毛巾。用于保持卫生,很重要。

7. 含氯的液体漂白剂。喷洒在马桶里可以抑制臭味和细菌;也可以用来给浑浊的、可能有细菌的水消毒。

8. 火柴和蜡烛。照亮掩蔽所,使环境更加舒适,尤其是因为掩蔽所里不太可能有阳光射入或得到电力供应。

9. 毯子。能够取暖、使人感到舒适;比较重要。

10. 手电筒和电池。用来照明。

11. 厨具和餐具。做饭、用餐时使用,但不是必需的。

12. 扫帚。如果有人因为紧急事件离开掩蔽所,回来的时候可以用扫帚掸去身上的辐射尘。

13. 罐装燃料炉。提供热量。但是只有在拥有足够的通风条件时才能使用;存在一定的危险。

14. 盖革计数器。不必要。可以用它来测量掩蔽所外的辐射水平来判断离开掩蔽所是否安全。但是通过收音机不仅可以得到这个信息,还能得到更多其他的信息。另外,辐射尘是可见的,它们的辐射很快就释放出去了。因此,辐射带来的危险在大颗粒尘埃停止飘落后的 24—48 小时后就会降低。

15. 水基型灭火器。能够用来扑灭掩蔽所外的火灾,但是因为喷出的气体很危险,所以不能在掩蔽所内使用。

8.6 约翰逊学校练习：解决方案

以下是根据顺序列出的约翰逊学校运动教练教的运动。

1. 弗兰克教高尔夫球、篮球、摔跤和田径。
2. 罗杰教篮球、高尔夫球、田径和摔跤。
3. 大卫教摔跤、田径、篮球和高尔夫球。
4. 海伦教田径、摔跤、高尔夫球和篮球。

8.9 创造力：解决方案

这个问题的关键在于是否能够跳出点给人造成的边界，得到创造性的顿悟。

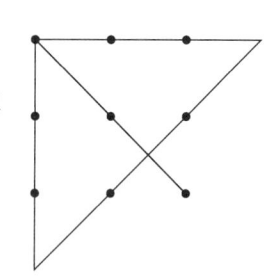

8.10 乔·涂鸦虫练习：提示

1. 乔并不总是要面对食物才能吃东西。
2. 乔可以像往前跳一样往侧面和后面跳。
3. 再次阅读问题：拿出食物的时候乔正向东边跳。

乔·涂鸦虫练习：解决方案

当乔的主人放下食物的时候，乔已经向东面跳了一次了。接下来他还要再向东面跳三次，然后再向西面跳一次，停在食物顶上。然后他就可以开始吃了。

9.2 获取利润练习：买方利润单

石油		天然气		煤	
价格	利润($)	价格	利润($)	价格	利润($)
A	4 000	A	2 000	A	1 000
B	3 500	B	1 750	B	875
C	3 000	C	1 500	C	750
D	2 500	D	1 250	D	625
E	2 000	E	1 000	E	500
F	1 500	F	750	F	375
G	1 000	G	500	G	250
H	500	H	250	H	125
I	0	I	0	I	0

每类商品分别有九种价格，用 A 至 I 表示。在价格边上一列呈现的是你用这个价格买/卖商品时所获的利润。

在协商中，你的言语表达没有限制，但是你不能让与你协商的对方看到你的利润单。

获取利润练习：卖方利润单

石油		天然气		煤	
价格	利润($)	价格	利润($)	价格	利润($)
A	0	A	0	A	0
B	125	B	250	B	500
C	250	C	500	C	1 000
D	375	D	750	D	1 500
E	500	E	1 000	E	2 000
F	625	F	1 250	F	2 500
G	750	G	1 500	G	3 000
H	875	H	1 750	H	3 500
I	1 000	I	2 000	I	4 000

9.6 群际冲突

反应表

小组＿＿＿＿＿＿＿＿＿＿＿＿＿＿＿＿

1. 你对自己小组的提议有多满意？

非常不满意　1　2　3　4　5　6　7　8　9　非常满意

2. 你对自己小组选出的协商者有多满意？

非常不满意　1　2　3　4　5　6　7　8　9　非常满意

3. 你对其他小组提出的提议有多满意？

非常不满意　1　2　3　4　5　6　7　8　9　非常满意

4. 你认为最后整合的提议和你自己小组的提议相比怎么样？

非常差　　　1　2　3　4　5　6　7　8　9　非常优秀

5. 写出一个形容词来描述你对现在正在发生的事情的感受。

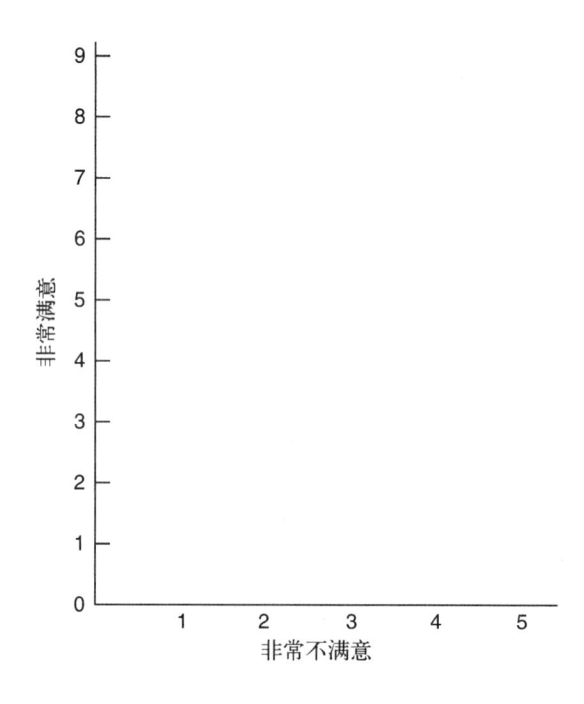

图 A: 对自己小组提议的满意度

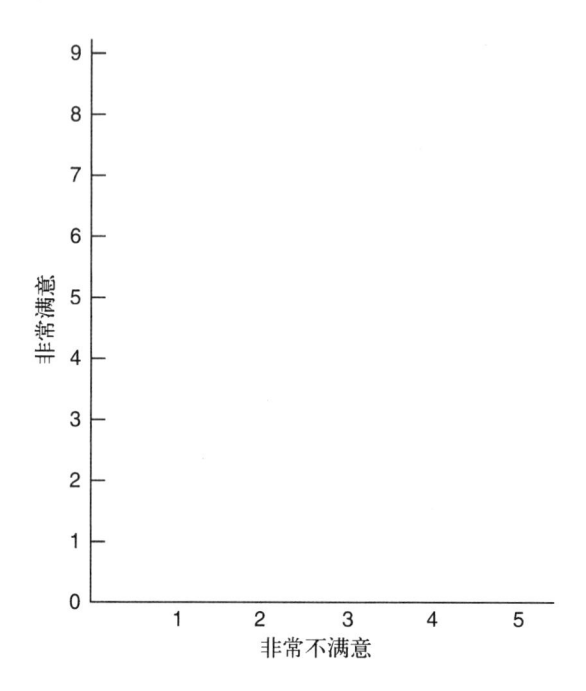

图 B: 对协商者的满意度

图 C：对其他小组提议的满意度

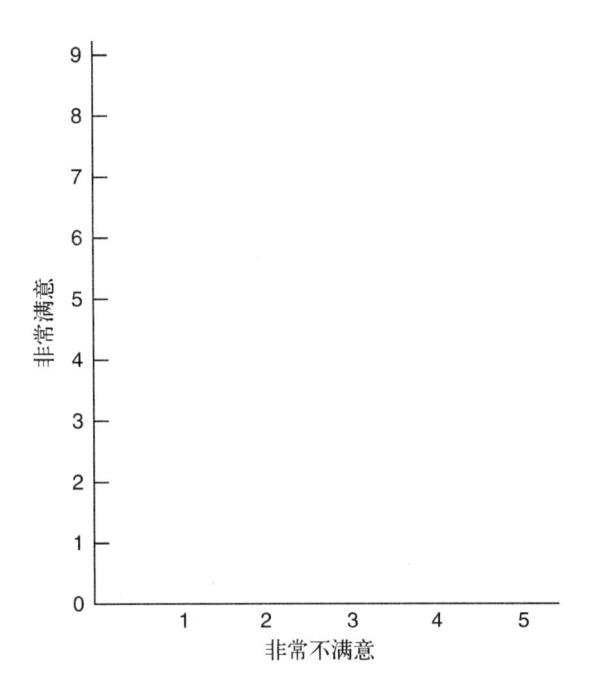

图 D：对经过协商整合得出的提议的满意度

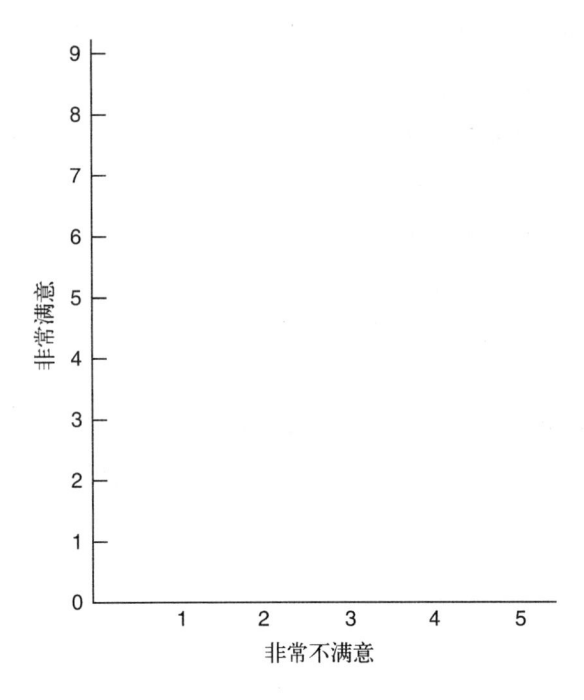

术 语 表

（根据中文翻译的汉语拼音排序）

抱负水平（Level of aspiration）：理想的目标和更为现实的期望之间的妥协。勒温使用这个概念来解释人们如何为他们自己和他们的群体设置目标。一般来说，人们在一开始会有一个理想的目标，在获得成功后会提升目标，而在失败后则会降低目标。

辩论（Debate）：人们提出支持自己立场的最佳例证，但是该例证与其他人的立场不相容；在支持己方立场上表现得最佳的一方获胜。

不公正感（Sense of injustice）：多数派成员对他们对待少数派成员或低权力群体成员的方法产生的感受。要产生这种感受，就要多数派成员认识到他们的意识形态，质疑意识形态，并确定他们的意识形态并不合理。

参与-观察者（Participant-observer）：高度熟练的，能够在参与群体工作的同时观察群体运作过程的人；能够作为群体的一个参与者来分析群体过程和运作情况。

参与相互依赖（Participation interdependence）：协商中必须有至少两方共同参与，这里的两方可以是两个人、两组人、两个组织，甚至是两个国家。

参照权力（Referent power）：基于群体成员认同、尊重掌权者或被掌权者吸引产生的权力。

参照群体（Reference group）：人们认同、将自己的态度与之对照，并用来评价这些态度的群体。

操纵（Manipulation）：通过巧妙地对其他人的目的和利益施加影响来管理或控制他们。

操作性目标(Operational goals)：所需的每一步都很清晰、明确的目标。

成长团体(Growth groups)：关注情绪型成长、提升人际关系，以及群体技能的团体。

诚实与开放困境(Dilemma of honesty and openness)：如果过快、过多地公开信息，自己就可能会被人利用，但是如果拒绝公开信息，就可能会严重地破坏协商关系，从而使协商面临欺诈或不信任的问题。

承诺(Promise)：有关如果你按照我的想法做，我就会做一些有利于你的事的声明。如果协商者做出了承诺，那么当协商的对方做出约定的行为，他就要确保对方能够得到约定的利益。

程序公正(Procedural justice)：公正的一种形式，涉及决定一个人所得到的利益和结果的程序的公正性。

程序性学习(Procedural learning)：学习技能的概念，何时使用技能，如何使用技能，再通过不断练习达到自动化运用的水平。

冲突(Conflict)：不相容的情况同时存在。

初始化群体结构(Initiating group structure)：明确定义某个成员承担领导者角色，以及期望成员怎么做。

传统工作群体(Traditional work group)：一群在一起工作的人，但是他们并不能从一起工作中得到多少帮助。

创新(Innovation)：在组织层面成功施行新方法和新程序的过程。

创造力(Creativity)：创造新事物的一系列相互重叠环节组成的过程。

促进性交互(Promotive interaction)：个体相互鼓励、相互帮助完成任务，使得他们能够达成群体目标。

挫折攻击过程(Frustration-aggression process)：无法达成理想目标的个体会体验到挫折；挫折会产生通过攻击形式做出反应的准备状态，如果情境线索出现了"释放"信号，这种准备状态就会以敌意和暴力发泄出来。

达成共识(Consensus)：在允许充分沟通，群体氛围有效支持，使每个成员感受到自己对决策有公平的影响机会的条件下，群体成员共同达成的集体观点。

大规模生产组织结构(Mass-production organizational structure)：有着严格的权力层级，工作被划分为多个组成部分；目的是降低生产大量相同产品所需的成本。

单向沟通(One-way communication)：一个成员对其他成员下达指令和通

知,但是其他成员不能对他下达指令和通知。

道德包含(Moral inclusion):人们会在一定程度上公平、公正地对待其他人,认为他们有权利分享共同体的资源,而且会认为他们有权得到帮助,甚至得到他人以牺牲自己利益为代价提供的帮助。

道德排除(Moral exclusion):人们将个体或群体从自己的公正范围中排除出去,不与他们分享群体资源,也不认为他们具有接受帮助的权利。

地位(Status):个体所做出的贡献对群体获得成功与名望的关键程度,个体对产出结果所具有的权力和控制程度高低,以及个体表现出理想的、被人钦佩的特质的程度。

调查-反馈法(Survey-feedback method):关注于通过调查或访谈来描述组织当前状态,随后再通过反馈的形式分享这些信息的组织发展程序。

独裁型领导者(Autocratic leaders):不让其他成员参与到决策中,独自发号施令、决定所有政策的领导者。

对抗性交互(Oppositional interaction):人们压制或阻碍其他人为达成目标付出的努力。

对峙(Confrontation):直接表达冲突的观点和感受,同时表现出希望对方也这么做。

多数票决(Majority vote):一种直到至少51%的成员同意采取某种行动才停止讨论的群体决策方法。

二元思维(Dualistic thinking):一种基于只存在正确和错误答案两种答案,以及权威不容置疑的思维方式。

发送者(Sender):主动发起沟通者。

发送者可信度(Sender credibility):接收者对发送者所做陈述的可信程度持有的态度。

反馈(Feedback):让个体能够将自己的实际表现和标准进行对比的信息。

方法相互依赖(Means interdependence):相互依赖的第二种主要类别,指的是取得共同的群体目标和奖励的途径(包括资源、角色和任务相互依赖)。

防御行为(Defensive behavior):当人们感到受到威胁或预期会受到威胁的时候出现的行为。

防御性回避(Defensive avoidance):拖延、合理化或否认对选择负责,以此应对针对决策的质疑、冲突和担忧。

放任型领导者(Laissez-faire leader):完全不参与群体决策的领导者。

非操作性目标(Nonoperational goals)：在达成目标所需步骤上很模糊的抽象目标，通常用来指代那些宽泛、长期的目标。

分配公正(Distributive justice)：根据成员们的贡献来分配群体成就的奖赏。

分配式、输赢协商(Distributive, win-lose negotiations)：在这种协商中，目标是最大化自己的收获，同时要最小化其他人的收获。

分享(Sharing)：将自己的材料和资源提供给其他人，帮助他们达成群体目标。

概率思维(Probabilistic thinking)：一种基于知识只能在一定程度上成立的前提的思维方式。

概念冲突(Conceptual conflict)：个人的立场被批判、反驳，或者被与自己结论不一致的信息和结果质疑而产生的不确定感。

高绩效群体(High-performance group)：满足有效群体的所有标准，并且表现出的生产力远超出对成员合理的期望水平的群体。大部分群体都无法达到这个水平。

隔离性忽视(Insulated ignorance)：使多数派成员无法意识到他们行为的后果。多数派成员通过避免接触或把接触设计得能够避免意识到存在歧视，将自己与受害者"隔离"。

个人多样性(Personal diversity)：群体成员在人格、工作和学习风格等方面存在的差异情况。

个体努力(Individualistic efforts)：每个人达成目标的结果和其他人没有关系。

个人认同(Personal identity)：人们对自己的知觉，其中包含年龄、性别、文化、宗教、语言、能力、技能等因素的作用。

个体学习(Individualistic learning)：学生们通过自己的努力来达成那些与其他学生无关的学习目标。

个人责任(Individual accountability)：个人所做贡献的质和量会受到评估，并且结果会反馈给所有成员。

个体主义决策(Individualistic decision making)：每个人不与其他人交流，各自独立地进行决策。

个体主义目标结构(Individualistic goal structure)：成员们认识到自己达成目标的结果与其他人没有关系。

公正范围(Scope of justice)：人们将对于公正的概念应用到其他人身上的程度。

公正分配的平等规则(Equality system of distributive justice)：所有奖励都平均分配给成员。

共谋(Collusion)：对刻板态度、行为和普遍规范的有意识或无意识强化。

沟通(Communication)：人们发送给接收者的有意影响接收者行为的信息。

沟通网络(Communication networks)：沟通网络是群体或组织中的成员之间可用的沟通路径的表征。

关系行为(Relationship actions)：在开展行动前考虑群体成员观点和感受。

观察(Observing)：如实描述与记录行为。

观察程序(Observation procedures)：旨在如实描述与记录行为的过程。观察者能够根据对群体成员行为的观察对群体运作的方式进行推断。

观点采择(Perspective taking)：根据信息、理解和经验形成对事件的立场。

归因理论(Attribution theory)：一种解释个体如何推断行为和事件原因的社会心理学理论。

规范(Norms)：对群体中有哪些行为是适当的规定或期望；群体成员用这些标准来调整自己的行为。

过程(Process)：随着时间推移发生的一系列事件。

过程观察(Process observation)：在持续参与到群体工作的同时以评估群体运作情况为目的观察群体过程。

过程目标(Process goals)：达成目标所需的工具性事件序列。

过程损失(Process loss)：由于处于群体中导致的成员表现变差现象。

过程增益(Process gain)：通过群体交互产生新想法、解决方法或新的成就，并且这些新产生的东西不会产生于群体成员单独工作的时候。

过程咨询(Process consultation)：由观察专家来分析群体运作情况的一种组织发展程序。

行动理论(Action theory)：在给定情境中需要什么样的行动才能取得想要的结果的理论。

行动研究(Action research)：使用科学方法来解决具有重要社会价值的研究问题。

合法权力(Legitimate power)：群体成员因为领导者在群体中的特殊责任角色(如警察)或职位(如雇主)相信这个人应当对他们具有影响力。

合取型任务(Conjunctive tasks)：取成员中的最差成绩作为整个群体成绩的任务。

合作(Cooperation)：一种成员目标达成中存在的积极关系。

合作性目标结构(Cooperative goal structure)：一种成员目标达成中存在的积极关系；当群体成员知觉到自己仅在其他与之存在合作关系的成员达成他们的目标的情况下才能达成自己的目标。

合作学习(Cooperative learning)：运用小群体进行教学，使学生通过共同学习来最大化每个人的学习效果的一种方法。

合作意向(Cooperative intentions)：对自己将进行合作以及其他成员也会通过合作达成群体目标的期望。

互惠规范(Norm of reciprocity)：一方给予另一方好处或伤害后，另一方也应当同样"回报"好处或伤害给他的规范；"以眼还眼，以牙还牙"。

缓和(Smoothing)：放弃目标，尽最大可能维持关系；当关系远比达成目标重要的时候采用这种方法。

恢复公正(Restorative justice)：指的是将所有被伤害或受到不道德行为影响的群体聚集一起，讨论发生了什么、他们各自有什么感受，以及对需要做什么来纠正发生的错误达成共识。

回避(Withdrawal)：为避免因为事件和与其他人交互产生冲突而选择放弃目标和关系的过程。

霍桑效应(Hawthorne effect)：当个体知道他们被研究者观察的时候，他们的行为就会发生变化。

积极冲突群体(Conflict-positive group)：鼓励冲突，并且会建设性地处理冲突以最大化提升决策、问题解决和群体生活质量的潜力的群体。

积极目标相互依赖(Positive goal interdependence)：成员们认识到他们只有在所有其他成员都达成他们的目标的时候才能达成自己的目标的情况。

积极相互依赖(Positive interdependence)：认识到每个人都和其他人联系在一起，没有其他人就不会成功，在完成任务的过程中，整个群体要协调工作。

基本归因错误(Fundamental attribution error)：将他人的行为归因为个人因素(性格)，而将自己的行为归因为情境因素(环境)。在解释其他人的行为的时候，人们会高估人格、信念、态度和价值观在因果关系中的重要性，同时会低估情境压力的作用。在解释自己的行为的时候则相反。

基于探究的提倡(inquiry-based advocacy)：两个或以上派别提出相对立的观点来研究某个问题，确定做出有关于最佳行动的合理判断所需的根本事实与逻辑推论。

基于团队的高绩效组织结构(Team-based, high-performance organizational structure)：指的是一种有层级的工作团队，这种团队的每一层是由其下一层团队的领导者组成的；这种结构的目的是建立起致力于持续改善质量的团队。

激发事件(Triggering event)：激发冲突的事件（例如，两个群体成员之间进行竞争，批判某个敏感问题）。

集群(Aggregate)：一群不与其他人交互的个体。

绩效任务(Performance tasks)：只能通过熟练运用感知和运动技能完成的任务。

加成性任务(Additive tasks)：将个体成员各自所做的努力整合起来以最大化群体产出的任务

加强(Sharpening)：选择性知觉并记住一则信息中的一些要点，而其他大部分内容会被遗忘。这种方法与矫平相反。

检查表(Check sheet)：用来记录特定事件发生频次的表格。

建设性反馈(Helpful feedback)：根据要求分享其他人怎么看待某人的行为及其结果，以及观察者如何对他人的行为做出反应。

奖励权力(Reward power)：基于掌权者能够控制其他人得到的积极或消极强化物产生的权力。

角色(Role)：一系列对于群体中某职位应当表现出的行为的期望，是成员在群体中扮演的对象，是对承担特定职位的人需要遵守的规则或对任务理解的期望。

角色扮演(Role playing)：是一种强调具体技能及其结果的手段，对经验学习来说非常关键；通过这种方法，学生能够实际体验交互形式。在操作中会设立起一个让学生根据角色要求在其中表现、反应的想象生活情境。

角色冲突(Role conflict)：对角色的期望之间存在差异时发生的现象。

角色相互依赖(Role interdependence)：群体成员被分配到互补、彼此联系的角色上。

矫平(Leveling)：把信息变得更短、更精确，更容易理解与转述。这种方法与加强相反。

教条主义(Dogmatism)：建立在以绝对权威为中心，不容忍异见的相对封闭的信念体系。

接纳(Acceptance)：表达出对其他人和他们对群体任务付出的高度尊重。

接纳过程(Process of acceptance)：建立在个体感知到积极相互依赖之后促进达成共同目标的基础上的现象。

接收者(Receiver)：发送信息所指向的人。

结果相互依赖(Outcome interdependence)：人们追求目标和奖励的行为是正相关的；也就是说，如果有人达成了目标或者获得了奖励，那么其他与之有合作关系的人都达成了目标或者获得了奖励。

经验学习(Experiential learning)：根据自己的经验形成行动理论，然后持续修改行动理论来提升自己行为的效果。

警觉分析(Vigilant analysis)：确保每个备选的选项都经过考虑，防止出现防御性回避现象的决策程序。

竞争(Competition)：群体成员在目标达成上存在的消极关联，即成员们当且仅当其他成员未能达成他们的目标时，自己才能达成目标。

竞争学习(Competitive learning)：学生们努力达成某个仅有一个人或几个人能够实现的目标。

拒绝过程(Process of rejection)：人们知觉到消极相互依赖或无相互依赖后产生的对立或不合作的现象。

决策(Decision making)：对于做哪些行为最有助于达成群体目标在成员之间达成一定共识。在这个过程中，群体要找出达成目标过程中面临的问题，然后找到解决方案。

决策任务(Decision-making tasks)：需要在不知道正确答案的情况下对问题的最佳解决方法达成共识的任务。

决定(Decision)：在多个选项中做选择。

开放(Openness)：分享信息、观点、想法、感受，并且会对群体正在推进的事情做出反应。

可替代性(Substitutability)：来自多伊奇的相互依赖理论。指的是某个人的行为可以替代另一个人的行为的情况。

可信行为(Trustworthy behavior)：表达出接纳、支持和合作意向。

可诱导性(Inducibility)：对受影响的开放程度。

刻板印象(Stereotype)：一系列总结、组织、引导对有关特定群体成员信息的加工的认知概括内容。

控制(Control)：人们按照施加影响的人的意愿做出相应的行为。

库尔特·勒温(Lewin, Kurt)：群体动力学之父；提出场论、实验群体动力学和应用群体动力学的社会心理学家。

理论(Theory)：有关某个或某些现象的一系列相互关联的假设或观点。

力场分析(Force field analysis)：将问题看作是相反力量的平衡——有些力量帮助事件向理想状态发展，另一些则阻碍这种变化。这两种力量之间的平衡就是事件当前的状态——一个准稳定的均衡，只要力量发生改变，这个状态就会发生变化。

利益(Interest)：需求、目标、好处、利润、优势、关注、权利或所有权。

利益冲突(Conflict of interest)：个人采取行动来尝试最大化自己的收益，同时防止、阻碍、干扰、伤害或用其他手段来削弱其他人最大化他们自己的收益。

利益的绩效分配方法(Merit distribution of benefits)：根据成员的绩效或贡献来分配群体成就的奖励的方法。

利益的平均分配(Equality distribution of benefits)：在群体成员间平均分配利益的分配方法。

利益分配的公平或绩效观(Equity or merit view of distributing rewards)：认为在公平的分配中，利益应当根据成员的贡献进行分配。也就是说，那些对团队成就贡献最多的人应该分到最多。

领导(Leadership)：领导者对其他成员施加影响的过程。

领导的分布行为理论(Distributed-actions theory of leadership)：帮助群体完成任务及维持有效工作关系的行为由成员们表现出来。

领导的角色位置理论(Role position approach to leadership)：一个有层级结构的群体中，对于职位的一系列期望行为。

领导的情境理论(Situational approach to leadership)：群体中的那些最能够帮助群体达成主要目标的成员会成为领导者。

领导的权变理论(Contingency theory of leadership)：有效领导者是由领导者个人特质以及一些情境因素共同决定的。

领导的特质理论(Trait approach to leadership)：认为与生俱来的特质决定了人们的领导能力。

领导的伟人理论(Great-person theory of leadership)：认为所有的伟大领

导人都有共同的关键特质,这些特质让他们能够站上有权力和地位的职位。

领导风格(Leadership styles):领导者可能采用的不同领导方式。

领导者(Leader):在一个群体中能够对其他成员造成最大影响的人。

流程图(Flowchart):展现一个过程中所有步骤的视觉工具。

论据(Argument):由至少一个理由支持的论点或主张。

马基雅维利主义领导(Machiavellian leadership):认为(1)人们是弱势的、不可靠的、容易上当的;(2)其他人都是非人化的客体;(3)只要对达成自己的目标有需要,人们就要去操纵其他人。

魅力(Charisma):一种非凡的力量,就像奇迹一样的能力。

魅力型领导者(Charismatic leader):具有能够向他人传达非凡力量或愿景的能力,或具有不同寻常的能够减轻追随者的痛苦的领导能力的人。

秘密动机(Hidden agendas):其他所有成员都不知道的,并且和主要群体目标相反的个人目标。

民主型领导者(Democratic leader):通过群体讨论和决策制定政策,鼓励并帮助群体成员交互,寻求人与人之间的合作,并且会考虑成员的感受和需要的领导者。

民族优越感(Ethnocentrism):认为自己的种族群体、国家、宗教、文化或性别比其他人更好或更加正确的倾向。

莫顿·多伊奇(Deutsch, Morton):建立起有关合作、竞争以及个人目标结构理论的社会心理学家。

目标(Goal):一种人们想要通过工作达到的状态;一种人们看重的事件状态。

目标结构(Goal structure):个体在努力达成目标的过程中,在他们之间存在的社会相互依赖关系形式。

目标困境(Goal dilemma):达成一个只对一方有利的协议,但是另一方会拒绝接受这个协议。

内部阻碍(Internal barriers):消极态度、价值观、害怕、焦虑和回避冲突的习惯模式。

内容(Content):在群体中讨论的对象。

能力和技能多样性(Ability and skill diversity):每个个体带给群体不同的能力和技能情况决定的差异性。

逆反(Reactance):当人们的自由被威胁的时候产生的对恢复自由的需求。

年龄歧视(Ageism)：对老年人的偏见。

凝聚力(Cohesion)：使个体维持自己特定群体成员身份的所有力量(包括积极的和消极的)。这些力量包括成为其他群体成员具有的吸引力，以及个人需求和群体目标及活动之间的差距。吸引力包括群体对成员的吸引力，以及成员之间互相的吸引力。

帕累托图(Pareto chart)：一种可以用来为过程改进选择起始点的图表，纵轴显示的是频数及问题、原因或条件的相对重要性。

偏见(Prejudice)：一种对某个人不公正的消极态度，仅依据此人属于某个群体，而不论此人本身如何。

平等规范(Norm of equity)：协商双方得到的利益或付出的代价应当相等的规范。

评价焦虑(Evaluation apprehension)：担心被他人评价。这种担心可能会导致唤起状态，可能会在社会促进方面产生重要作用。

破坏性反馈(Destructive feedback)：对被反馈者作为一个人的品质和价值进行评价的强加给被反馈者的评价。

歧视(Discrimination)：伤害一个群体或其成员的行为。

契约性规范(Contractual norms)：申明需要做到的规定以及违反后如何惩罚的条款。

强迫(Forcing)：试图通过让其他人屈服来达成目标的过程；当目标比人际关系更重要的时候会选择用这种方法。

强制权力(Coercive power)：群体领导者能够控制其他成员得到的积极或是消极结果。

囚徒困境博弈(Prisoner's Dilemma game)：多伊奇和其他研究人员用来研究信任和冲突的一种零和博弈。

去个体化(Deindividuation)：一种低自我意识和知觉发生大变化的心理状态。特定外部条件(如匿名)会诱发这种状态，并会由此提升做出野蛮、冲动行为的可能性。

权力(Power)：在抵抗其他人施加影响和控制的同时对其他人施加影响和控制的能力。

权力的动态相互依赖观(Dynamic-interdependence approach to power)：任何两个持续交互的人都会相互影响。

权力的特质因素观(Trait-factor view of power)：认为影响是人们施加影

响的特点、被影响的人,以及影响行为本身共同作用的结果。

权威(Authority):分配给特定职位的合法权力,这种权力确保处于下属职位的个体达到组织角色对他们的要求。

群体(Group):两个或两个以上面对面交互的个体,每个人都认识到自己参与到群体中,并且每个人都意识到他们在达成共同目标的过程中存在积极的相互依赖关系。

群体动力学(Group dynamics):一门聚焦于推进有关群体生活性质的认识的社会科学。针对群体中行为的科学研究能够推进我们对群体性质、群体发展,以及群体和个体、其他群体、更庞大的实体之间相互关系的认识。

群体发展的顺序阶段理论(Sequential-stage theories):解释群体发展一般顺序的理论。

群体沟通(Group communication):以影响接收者的行为为目的,向一个或更多接收者传播信息。

群体构成(Group composition):人口学属性、个人特制、能力和技能等对一个群体进行描述的内容。

群体过程(Group processing):对群体会议进行反思,以此来描述哪些行为是有帮助的,哪些是没有帮助的,以及决定什么行为要继续下去,哪些则要改变。

群体极化(Group polarization):群体中成员受到群体讨论的影响,倾向于做出比自己一开始更为极端的决策的现象。曾被称为风险偏移现象。

群体结构(Group structure):角色结构和群体规范造成的群体成员交互的稳定模式。

群体决策(Group decision):群体成员之间达成一些有关于哪些做法最有利于实现群体目标的一致意见。

群体目标(Group goal):群体中足够多的成员向往的事件未来状态,会推动群体向该状态前进。

群体凝聚力(Group cohesion):群体成员之间的相互吸引力,体现为成员愿意留在群体中。

群体思维(Groupthink):高凝聚力群体的成员受带领者引导,坚持共同的观点,基本忽视与之不一致的外部信息。

群体向个体迁移(Group-to-individual transfer):个体在合作群体中习得的内容能够在随后的测试中独立表现出来。

群体效能（Group effectiveness）：群体成功地达成目标、在成员之间维系好的工作关系，以及为提升达成前两项目的进行发展和适应变化的环境。

群体影响（Group influence）：群体对成员的影响。

群体责任（Group accountability）：对群体的表现进行评估，评估结果会反馈给所有成员，让他们对照表现的标准进行比较。

群体中心主义（Group centrism）：以牺牲决策质量为代价保证群体团结。

人际效能（Interpersonal effectiveness）：某人的行为结果与自己的意图之间相匹配的程度。

人口统计学差异（Demographic diversity）：一个群体内在包括年龄、性别、文化、种族和语言在内的属性上存在的差异。

人性化关系（Humanizing relationships）：体现出共情、友善、同情、体谅、慈悲、爱、敏感性和友谊品质的关系。

认识性好奇（Epistemic curiosity）：以希望削弱概念冲突导致的不确定感为出发点，主动寻求更多信息。

认知闭合（Cognitive closure）：以快速、明确的决策来终结不确定、疑惑或模糊的状态。

认知结构（Cognitive structure）：一系列组织认知经验的原则和程序。

认知失调（Cognitive dissonance）：处理相互冲突的两种认知内容。利昂·费斯廷格提出的认知失调理论认为失调会让人不适，所以人们会降低失调水平。

认知视角（Cognitive perspective）：个体基于自己的知识、理解和经验对情景的心理解释。

任务行为（Task actions）：为达成目标设置的结构。

任务卷入（Task involvement）：人们为追求任务成就所投入的生理和心理能量的质量和数量。

任意型任务（Discretionary tasks）：任意决定取哪些成员的分数相加作为群体的成绩。

散点图（Scatter diagram）：展现两个变量或特征之间存在的关系。

上位目标（Superordinate goals）：那些无法被敌对群体成员简单忽视的目标，但是单独一个群体单靠自己的资源和努力是无法达成的，两个群体必须一起合作才能达成。

上位认同（Superordinate identity）：超越了个人、性别、种族和宗教认同的群体认同。

少数人决定(Minority control)：由少于50%的成员来决定群体行动方案的一种群体决策方法。

社会测量学(Sociometry)：莫雷诺提出的用以图像化、计算化地总结群体中人际吸引模式的测量程序。

社会促进(Social facilitation)：有其他人在场能够提升掌握良好的行为的表现。其他人在场能够提升表现水平。

社会独立(Social independence)：人们的收获与其他人的行为无关。

社会惰化(Social loafing)：当人们与其他人一起完成加成性任务的时候，人们会降低付出的努力的现象。

社会交互(Social interaction)：两个及以上个体之间相互影响的模式。

社会交换(Social exchange)：一种人们交换有价值事物的社会交互形式。交换物可以是物品、服务，也可以是信息、爱和认可。

社会决定理论(Social determinism)：历史事件是由社会力量、社会运动和社会价值变迁决定的。

社会判断理论(Social judgment theory)：关注于不同个体之间的关系。

社会情绪行为(Socioemotional activity)：针对群体中人际关系的行为。

社会相互依赖(Social interdependence)：人们拥有共同目标，并且每个人取得的结果会受到其他人行为的影响。

社会依赖(Social dependence)：某人取得的结果会受到另一个人行为的影响，但是他的行为不会影响到那个人。

深思熟虑的论述(Deliberate discourse)：通过讨论行为的优势和劣势来解决争论。

生产任务(Production tasks)：对绩效评估有着客观标准，要求个体能够熟练运用知觉和运动技能完成任务的问题解决任务。

释义(Paraphrasing)：用自己的话来重述对方说的内容、感受和意义。

守门人(Gatekeeper)：为成员们解释消息、信息和新发展的人，也被称为**意见领袖**。

输-赢动力学(Win-lose dynamic)：将其他人的每个行为都看作是在试图获取控制地位。

双向沟通(Two-way communication)：每个成员都发送信息，并且还要去理解其他成员发送的信息的相互过程。

顺从/从众(Conformity)：群体影响导致的行为改变，是在没有直接要求的时候屈服于群体压力的结果。

说服性论证(Persuasive argument)：指出自己观点的正确性以及其他人观点的错误性。

思想开放(Open-mindedness)：倾听、理解、深入思索那些与自己不同的信息、想法、观点、假设、信念、结论和意见的能力。

探究(Inquiry)：研究一个问题以提出最佳答案或做法；这个过程包含提出问题和寻找解答问题必需的信息。

讨价还价(Bargaining)：同协商。

提倡(Advocacy)：提出一个观点并给出为什么其他人应该采纳这个观点的理由时所做的行为。

提倡团队(Advocacy team)：准备并提出决策群体待选的某个特定选项的子团队。

替罪羊(Scapegoat)：一个被其他群体以发泄被压抑的愤怒和挫折感为目的而攻击的无辜、弱势群体。

调解(Mediation)：一种第三方干预协商的形式，指的是由中立者提出一个没有约束力的协议。

调解者(Mediator)：帮助两个或更多人达成大家都认为公平、正义、可行的协议，从而解决冲突的中立个人。

通道(Channel)：发送信息给其他人的方式，例如，声音、光线。

同化(Assimilation)：修改信息，使其符合自己的参照框架和观点。

头脑风暴(Brainstorming)：一种要求群体成员不加限制地提出尽可能多的想法，并且不对这些想法进行任何评价来提升创造力的方法。

投注(Cathexis)：对自己以外的客体或事件投入心理能量。

团队(Team)：一系列为达成既定目标建立的人际交互。

团队建设(Team building)：对工作程序和活动进行分析，以提升团队生产力、成员之间的关系质量、成员社会技能水平和团队适应环境变化与要求的能力。

团队训练(Team training)：教给团队成员能够改善效率、增强效能、带来进步的任务和团队工作技能。

外部阻碍(External barriers)：任务要求、避免冲突的群体规范、维持适宜公共形象的压力，以及对个人弱处和他人强处的错误知觉。

威胁(Threat)：告知其他协商者如果他们不按自己说的那样做,自己就会伤害他们。人们会告知其他人如果他们做了(或没有做)什么行为,自己将会对他们做出什么样的消极行为。除非其他人都同意某个协商者提出的解决方案,否则这个协商者就会让他们付出代价。

伪群体(Pseudogroup)：一群被指派共同工作,但对从事这项工作并没有兴趣的人所组成的"群体"。

文化冲突(Culture clash)：发生在拥有不同文化背景的个体之间的基本价值观方面的冲突。

问题(Problem)：事件的实际状态和期望状态之间的差异。

析取任务(Disjunctive tasks)：群体表现取决于能力最佳的成员的任务。

先发制人的行为(Preemptive action)：在不经过他人同意的情况下直接解决冲突的一种冲突解决形式(如,直接居住在有争议的土地上)。

现代种族主义(Modern racism)：一种更加狡猾的偏见形式;人们在表现得好像没有偏见一样,但是他们实际上持有种族主义态度。

相对思维(Relativistic thinking)：一种基于权威者未必总是正确,正确、错误取决于自己观点的思维方式。

相互依赖(Interdependence)：对于特定一群人,一个影响其中一人的事件也会对其他所有人造成影响。

项目评估检查法(Critical path method)：确定最终目标,然后倒推出需要完成什么(任务和子目标)必须分配哪些资源,完成子目标的时间表应该是什么,以及谁该承担什么责任。

消极冲突群体(Conflict-negative group)：压抑、回避冲突的群体,并且会在出现冲突的时候以破坏性的方式解决。

消减失调(Dissonance reduction)：个体或群体尝试使一个决策更为合理的过程。

小群体(Small group)：两个或以上的人面对面交互,在努力实现共同目标的过程中处于积极相互依赖,认同自己和其他人的群体成员身份。

协商(Negotiation)：那些希望达成协议的人尝试通过交换提议和反对提议的形式来达成协议。

心理动力谬误(Psychodynamic fallacy)：将其他群体的行为动机看作是人格因素导致的,而不是群际冲突的动力学结果。

心理健康(Psychological health)：为达成目标而去发展、维持和适当调节相互依赖关系的能力。

心理逆反(Psychological reactance)：一种在自由意志受到威胁时产生的对重获自由的需求。

信任(Trust)：当你既可能面临损失，也可能会获益，最终结果取决于另一个人的行为时，认为这个人很可能做出能让自己获益的行为。

信任行为(Trusting behavior)：做出自我表露行为，乐于接纳和支持其他人。

信任困境(Dilemma of trust)：选择是否相信另一方，同时要承担被对方剥削的风险，或因为不信任对方导致无法达成协议的风险。

信息(Message)：是从一个人传递到另一个人的任何言语或非言语符号，是以符号的方式传达主旨的形式（所有的字都是符号）。

信息权力(Informational power)：当群体领导者拥有对于达成目标非常有用信息资源，并且这种资源并不是随处可得的情况。

信息相互依赖(Information interdependence)：互相依赖于有关对方偏好、需求和期望的信息来达成协议。

信誉(Credibility)：知觉到沟通者知晓有效信息以及真实沟通信息的能力和动机。

性别歧视(Sexism)：根据性别身份施加的偏见。

虚假同感偏差(False consensus bias)：认为大部分其他人的想法和感受和自己很像（比如，相信大多数人和自己有一样的刻板印象：穷人是懒惰的）这种信念通常是错误的。

虚假相关(Illusionary correlation)：人们知觉到在两个没有关系的因素之间存在的联系（例如，穷和懒），通常会产生刻板印象。

需求(Need)：对生存来说必需的事物。

寻求一致(Concurrence seeking)：决策群体的成员为避免任何不同意见或论据，强调赞同而选择抑制讨论；在这种情况下会压制不同结论，强调快速妥协，而且在群体中会缺乏反对意见。

循环阶段理论(Recurring-phase theories)：关注那些周而复始地支配群体交互的因素的理论。

异议(Dissent)：两个或两个以上个体为无法相容的立场争论，由专人根据双方提出论点的表现情况判断胜者。

意见领袖(Opinion leader)：同守门人。

因果图(Cause-and-effect diagram)：视觉化呈现一些效应（要研究的问题）和其可能原因之间的关系。

英雄-叛徒动态变化(Hero-traitor dynamic)：获胜的协商者会被看作英雄，失败的协商者会被看作叛徒。

影响(Influence)：向着特定方向，使用权力改变他人。

有效沟通(Effective communication)：当接收者以发送者意图相同的形式来解释信息时的沟通。

有效群体(Effective group)：成员们都投入到最大化自己和其他人成就的共同目标的群体。

有效群体决策(Effective group decision)：表现为群体资源和时间得到充分利用，决定正确且有高度价值，所有涉及的成员都能切实执行，并使群体问题解决能力得到维持和提升的决策。

预警(Forewarning)：在传递信息之前提醒听众，告诉他们沟通者想要改变他们的观点。

元分析(Meta-analysis)：是一种将一系列考察同一个假设的独立研究的结果整合在一起，再通过推断统计得出这些研究整体结果的一种统计方法。

愿景(Vision)：用于澄清群体目标和任务的对未来理想化的、独特的想象。

愿望(Want)：对某物的渴望。

运行图(Run chart)：监控某一特征随着时间变化的线形图。

噪声(Noise)：所有会干扰沟通过程的因素。

责备受害者(Blaming the victim)：将歧视或不幸事件归咎于受害者自身的个人特征和行为。

折中(Compromise)：放弃部分目标，同时牺牲部分关系达成协议的方法；当目标和关系都中等程度重要的时候采用这种方法。

争辩(Arguing)：一种两个或更多人一起交谈的社交过程，在这个过程中人们会构建、呈现、质疑论据。

争论(Controversy)：某人的想法、信息、结论、理论和观点与其他人的不一致，但大家都寻求达成共识的情况。

争论者(Disputants)：冲突中寻求调解的一方。

整合式协商(Integrative negotiations)：目标为最大化共同利益的协商。

整合式协商的步骤(Steps of integrative negotiating)：(a) 每个人以描述性的，而不是评价性的方式来解释自己想要什么；(b) 每个人以描述性的，而不是评价性的方式来解释自己的感受;(c) 每个人解释自己诉求的原因是什么,感受的来源是什么;(d) 每个成员通过总结其他人的诉求和感受以及理由来转换自己持有的观点;(e) 参与者要提出至少三个能够最大化共同产出的备选协议;(f) 参与者选出看上去最明智的协议,并且遵守其中的约定。

整体性任务(Unitary task)：无法分解成子任务的任务;每个人必须完成整个任务的任务。

支持(Support)：通过沟通表现出自己认识到其他人的强项,并且相信他们拥有有效管理所处情境的能力。

直觉(Intuition)：一种潜意识的过程;人们会对将要发生某件事产生一种强烈的感受,但是他们并不知道这种感受有什么根据。

治疗团体(Therapy groups)：关注提升心理调适和心理健康的团体。同**咨询团体**。

智力任务(Intellective tasks)：有正确答案的问题解决任务。

种族歧视(Racism)：根据种族身份施加的偏见。

仲裁(Arbitration)：由公正的第三方做出有约束力的冲突解决方案。

众从(Minority influence)：持有少数派观点的成员劝说持有多数派观点的成员改变他们的想法并赞同少数派观点。

柱状图(Histogram)：以视觉化形式频数,以此呈现连续测量数据在一个范围内的聚集和分离情况。

专家权力(Expert power)：当群体成员认为领导者有专门的知识或技能,并且可信。

专业技能(Expertise)：一个人的熟练、敏捷、能力和技能。

咨询团体(Counseling groups)：关注提升心理调适和心理健康的团体。同**治疗团体**。

资源吸引力(Resource attractor)：一种能够吸引资源的性质(如,能力或训练),能够为人们在获取资源上带来优势。

自变量(Independent variable)：由研究者操纵的变量,是因果关系中的因。

自我实现(Self-actualization)：一种对成长、发展和运用潜能的心理需要。

自我调节(Self-regulation)：在没有外部监督的情况下按社会认可的方式行动的能力。

自我效能感(Self-efficacy)：对通过自己努力能成功得到有价值成果的期望;认为自己只要足够努力投入就会获得成功的期望。

自我中心（Egocentrism）：根植于自己个人的视角，以至于个体无法意识到其他人的观点，也没法意识到自己观点的局限性。

自证预言（Self-fulfilling prophecy）：激发他人做出符合人们对他们一开始持有的假设的一系列行动。例如，如果一开始就认为某些人是好斗的，那么随后就会对他们做出敌意性的行为，这些行为会倒过来激发他人做出好斗的行为，这个结果证实了自己一开始的观点。

自助团体（Self-help groups）：关注于克服或应对生活压力（如，成瘾或疾病）的团体。

综合（Synthesizing）：通过整合大量不同的包含不一样想法和结论的观点来形成一个所有成员都同意并且愿意为之做出承诺的，新的、独立的、包容性的观点。

综合质量管理（Total quality management；TQM）：使用团队来持续提升产品或服务产出的过程。

阻抗（Resistance）：一种为使人避免受到影响而唤起的心理力量。

组织发展（Organizational development）：使用诊断和干预方法在组织中促进产生有效的人际、群体和群际行为。

组织效能（Organizational effectiveness）：组织使用最少资源达成目标的能力。

遵从（Compliance）：根据直接要求作出的行为，是一种内心上不接受的行为改变。

参考文献

Abelson, R., Dasgupta, N., Park, J., & Banaji, M. (1998). Perceptions of the collective other. **Personality and Social Psychology Review, 2**(4), 243–250.

Abrams, D., Hopthrow, T., Hulbert, L., & Frings, D. (2006). Groupdrink? The effect of alcohol on risk attraction among groups versus individuals. **Journal of Studies on Alcohol, 67**, 628–636.

Achenback, T., & Edelbrock, C. (1981). Behavioral problems and competencies reported by parents of normal and disturbed children aged four through sixteen. **Monographs of the Society for Research in Child Development, 46**(1, Serial No. 188).

Agnew, C., Van Lange, P., Rusbult, C., & Langston, C. (1998). Cognitive interdependence: Commitment and the mental representation of close relationship. **Journal of Personality and Social Psychology, 74**, 939–954.

Alberti, R., & Emmons, M. (1978). **Your perfect right**. San Luis Obispo, CA: Impact Publishers.

Aldag, R., & Fuller, S. (1993). Beyond fiasco: A reappraisal of the groupthink phenomenon and a new model of group decision processes. **Psychological Bulletin, 113**, 533–552.

Alexopoulou, E., & Driver, R. (1996). Small-group discussion in physics: Peer interaction modes in pairs and fours. **Journal of Research in Science Teaching, 33**, 1099–1114.

Allen, R. (2001, Fall). Technology and learning. Curriculum Update, 1–3, 6–8. Association for Supervision and Curriculum Development.

Allen, V. (1965). Situational factors in conformity. In L. Berkowitz (Ed.), **Advances in experimental social psychology** (Vol. 2) (pp. 133–175). New York: Academic Press.

Allport, F. (1924). **Social psychology**. Boston: Houghton Mifflin.

Allport, G. (1954). **The nature of prejudice**. Cambridge, MA: Addison-Wesley.

Allport, G., & Kramer, B. (1946). Some roots of prejudice. **Journal of Psychology, 22**, 9–39.

Allport, G., & Postman, L. (1945). The basic psychology of rumor. **Transactions of the New York Academic Sciences**, Series II, **8**, 61–81.

Altman, L., & Churchman, A. (Eds.), (1994). **Human behavior and the environment: Advances in theory and research, place attachment** (Vol. 12). New York: Plenum.

Altman, L., & Taylor, D. (1973). **Social penetration: The development of interpersonal relationships**. New York: Holt, Rinehart, & Winston.

Amabile, T. M. (1996). Creativity in context. Boulder, CO: Westview Press.

Amason, A., & Schweiger, D. M. (1994). Resolving the paradox of conflict, strategic decision making, and organizational performance. **International Journal of Conflict Management, 5**, 239–253.

Ames, G., & Murray, F. (1982). When two wrongs make a right: Promoting cognitive change by social conflict. **Developmental Psychology, 18**, 894–897.

Amir, Y. (1969). Contact hypothesis in ethnic relations. **Psychological Bulletin, 71**, 319–352.

Amir, Y. (1976). The role of intergroup contact in change in prejudice and ethnic relations. In P. Katz (Ed.), **Towards the elimination of racism** (pp. 245–308). New York: Pergamon.

Anderson, C. A., Anderson, K. B., Dorr, N., DeNeve, K. M., & Flanagan, M. (2000). Temperature and aggression. **Advances in Experimental Social Psychology, 32**, 63–133.

Anderson, C. A., Benjamin, A. J. & Bartholow, B. D. (1998) Does the gun pull the trigger? Automatic priming effects of weapon pictures and weapon names. **Psychological Science, 9**, 308–314.

Anderson, L., & Blanchard, P. (1982). Sex differences in task and social-emotional behavior. **Basic and Applied Social Psychology, 3**, 109–139.

Anderson, N., & Graesser, C. (1976). An information integration analysis of attitude change in group discussion. **Journal of Personality and Social Psychology, 34**, 210–222.

Angell, R. B. (1964). **Reasoning and logic.** New York: Appleton-Century-Crofts. *Appodaca, Cooper, & Madder v. Oregon*, 406, U. S., 404 (1972).

Archer-Kath, J., Johnson, D. W., & Johnson, R. (1994). Individual versus group feedback in cooperative groups. **Journal of Social Psychology, 134**(5), 681–694.

Argyris, C. (1964). **Integrating the individual and the organization.** New York: Wiley.

Aristotle (384–322 B.C./1991). **The art of rhetoric** (H. C. Lawson-Tancred, Trans.). New York: Penguin Books.

Arkes, H. R., & Blumer, C. (1985). The psychology of sunk cost. **Organizational Behavior and Human Decision Processes, 35**, 124–140.

Aronson, E. (1972). **The social animal.** San Francisco: Freeman.

Aronson, E., Blaney, N., Stephan, C., Sikes, J., & Snapp, M. (1978). **The jigsaw classroom.** Beverly Hills, CA: Sage.

Arriaga, X., & Rusbult, C. (1998). Standing in my partner's shoes: Partner perspective taking and reactions to accommodative dilemmas. **Personality and Social Psychology Bulletin, 24**(9), 927–948.

Asarnow, J. & Callan, J. (1985). Boys with peer adjustment problems: Social cognitive processes. **Journal of Consulting and Clinical Psychology, 53**, 80–87.

Asch, S. (1951). Effects of group pressure upon the modification and distortion of judgments. In H. Guetzkow (Ed.), **Groups, leadership, and men.** Pittsburgh: Carnegie Press (pp. 177–190).

Asch, S. (1952). **Social psychology.** New York: Prentice-Hall.

Asch, S. (1956). Studies of independence and conformity: A minority of one against a unanimous majority. **Psychological Monographs, 70**, v416.

Asch, S. (1957). An experimental investigation of group influence. In the **Symposium on preventive and social psychiatry**, Walter Reed Army Institute of Research. Washington, DC: U.S. Government Printing Office, 17–24.

Asher, S. R., & Rose, A. J. (1997). Promoting children's social-emotional development with peers. In P. Salovey & D. J. Sluyter (Eds.), **Emotional development and emotional intelligence: Educational implications** (196–224). New York: Basic Books.

Ashmore, R., & Del Boca, F. (1979). Sex stereotypes and implicit personality theory: Toward a cognitive-social psychological conceptualization. **Sex Roles, 5,** 219–248.

Asterhan, C. S. C., & Schwarz, B. (2007). The effects of monological and dislogical argumentation on concept learning in evolutionary theory. **Journal of Educational Psychology, 99**, 626–639.

Atkinson, J., & Raynor, J. (Eds.). (1974). **Motivation and achievement.** Washington, DC: Winston.

Avery, P., Freeman, C., Greenwalt, K., & Trout, M. (2006, April). The "Deliberating in a Democracy Project." **Paper presented at the annual meeting of the American Educational Research Association,** San Francisco.

Avolio, B. J. (2007). Promoting more integrative strategies for leadership theory-building. **American Psychologist, 62**(1), 25–33.

Axelrod, R. (1984). **The evolution of cooperation.** New York: Basic Books.

Babchuk, N., & Good, W. (1951). Work incentives in a self-determined group. **American Journal of Sociology, 16**, 679–687.

Bahn, C. (1964). **The interaction of creativity and social facilitation in creative problem solving.** (Doctoral dissertation, Columbia University). Dissertation Abstracts International. (University Microfilms No. 65–7499). V24, 57.

Baker, M. (2009). Argumentative interactions and the social construction of knowledge. In N. M. Mirza & A. N. Perret-Clermont (Eds.), **Argumentation and education: Theoretical foundations and practices** (pp. 127–144). New York: Springer.

Baker, S. & Petty, R. (1994). Majority and minority influence: Source-position imbalance as determinant of message scrutiny. **Journal of Personality and Social Psychology, 67**, 5–19.

Balderston, G. (1930). **Group incentives, some variations in the use of group bonus and gang piece work.** Philadelphia: University of Pennsylvania Press.

Baldwin, T., & Ford, J. (1988). Transfer of training: A review and directions for future research. **Personality Psychology, 41**, 63–105.

Bales, R. (1950). **Interaction process analysis.** Reading, MA: Addison-Wesley.

Bales, R. (1952). Some uniformities of behavior in small social systems. In G. Swanson, T. Newcomb, and E. Hartley (Eds.), **Readings in social psychology** (pp. 437–446). New York: Holt.

Bales, R. (1953). The equilibrium problem in small groups. In T. Parsons, R. Bales, & E. Shils (Eds.), **Working papers in the theory of action** (pp. 111–162). Glencoe, IL: Free Press.

Bales, R. (1955). How people interact in conferences. **Scientific American, 192**, 31–35.

Bales, R. (1965). The equilibrium problem in small groups. In A. Hare, E. Borgatta & R. Bales (Eds.), **Small groups: Studies in social interaction** (pp. 444–476). New York: Knopf.

Bales, R., & Borgatta, E. (1955). Size of group as a factor in the interaction profile. In A. Hare, E. Borgatta, and R. Bales (Eds.), **Small groups** (pp. 396–413). New York: Knopf.

Bales, R., & Slater, P. (1955). Role differentiation in small decision-making groups. In T. Parsons & R. Bales (Eds.), **The family, socialization, and interaction process** (pp. 159–306). Glencoe, IL: Free Press.

Bales, R., & Strodtbeck, F. (1951). Phases in group problem solving. **Journal of Abnormal and Social Psychology, 46**, 485–495.

Baltes, B., Dickson, M., Sherman, M., Bauer, C., & LaGanke, J. (2002). Computer-mediate communication and group decision making: A meta-analysis. **Organizational Behavior and Human Decision Processes, 87**, 156–179.

Banas, P. (1988). Employee involvement: A sustained labor/management initiative at the Ford Motor Company. In J. Campbell & R. Campbell (Eds.), **Productivity in organizations: New perspectives from industrial and organizational psychology (pp. 388–416)**. San Francisco: Jossey-Bass.

Bandura, A. (1965). Vicarious processes: A case of no-trial learning. In L. Berkowitz (Ed.), **Advances in experimental social psychology** (Vol. 2, pp. 3–55). New York: Academic Press.

Bandura, A. (1969). **Principles of behavior modification.** New York: Holt, Rinehart & Winston.

Bandura, A. (1976). **Social learning theory.** Englewood Cliffs, NJ: Prentice-Hall.

Bandura, A. (2006). **Psychological modeling: Conflicting theories**. New York: Transaction Publishers.

Bantel, K., & Jackson, S. (1989). Top management and innovations in banking: Does the composition of the top team make a difference? **Strategic Management Journal, 10**, 107–124.

Barnlund, D. (1959). A comparative study of individual, majority and group judgment. **Journal of Abnormal and Social Psychology 58**, 55–60.

Baron, R. (1986). Distraction-conflict theory: Progress and problems. In L. Berkowitz (Ed.), **Advances in experimental social psychology** (Vol. 19, pp. 1–40). New York: Academic Press.

Baron, R. S. (2005). So right it's wrong: Groupthink and the ubiquitous nature of polarized group decision making. **Advances in Experimental Social Psychology, 37**, 219–253.

Baron, R. A. (1991). Positive effects of conflict: A cognitive perspective. **Employee Responsibilities and Rights Journal, 4**, 25–36.

Baron, R., & Ball, R. (1974). The aggression-inhibiting influence of nonhostile humor. **Journal of Experimental Social Psychology, 10**(1), 23–33.

Baron, R., Baron, P., & Miller, N. (1973). The relation between distraction and persuasion. **Psychological Bulletin, 80**, 310–323.

Baron, R., Kerr, N., & Miller, N. (1992). **Group process, group decision, group action**. Pacific Grove, CA: Brooks/Cole.

Baron, R., Moore, D., & Sanders, G. (1978). Distraction as a source of drive in social facilitation research. **Journal of Personality and Social Psychology, 36**, 816–824.

Baron, R., & Richardson, D. (1994). **Human aggression** (2nd ed.). New York: Plenum.

Baron, R., Roper, G., & Baron, P. (1974). Group discussion and the stingy shift. **Journal of Personality and Social Psychology, 30**, 538–545.

Bartlett, F. (1932). **Remembering**. Cambridge: Cambridge University Press.

Bass, B. (1960). **Leadership, psychology, and organizational behavior.** New York: Harper & Row.

Bass, B. (1982). Individual capability, team performance, and team productivity. In E. Fleishman & M. Dunnette (Eds.), **Human performance and productivity: Human capability assessment** (pp. 179–232). Hillsdale, NJ: Erlbaum.

Batson, C., Early, S., & Salvarani, G. (1997). Perspective taking: Imagining how another feels versus imagining how you would feel. **Personality and Social Psychology Bulletin, 23**(7), 751–758.

Baum, A., Singer, J., & Baum, C. (1982). Stress and the environment. **Journal of Social Issues, 37**(1), 4–35.

Baumeister, R., Smart, L., & Boden, J. (1996). Relation of threatened egotism to violence and aggression: The dark side of high self-esteem. **Psychological Review, 103**, 5–33.

Bavelas, A. (1942). Morale and training of leaders. In G. Watson (Ed.), **Civilian morale.** (pp. 143–165). Boston: Houghton Mifflin.

Bavelas, A. (1948). A mathematical model for group structures. **Applied Anthropology, 7**, 16–30.

Bavelas, A., Hostoft A., Gross, A., & Kite, W. (1965). Experiments on the alteration of group structure. **Journal of Experimental Social Psychology, 1**, 55–70.

Bay-Hintz, A. K., Peterson, R. F., & Quilitch, H. R. (1994). Cooperative games: A way to modify aggressive and cooperative behaviours in young children. **Journal of Applied Behaviour Analysis, 27**, 435–446.

Beach, S., & Tesser, A. (1993). Decision making power and marital satisfaction: A self-evaluation maintenance perspective. **Journal of Social and Clinical Psychology, 12**, 471–494.

Beckhard, R. (1969). **Organizational development.** Reading, MA: Addison-Wesley.

Bednar, R., & Kaul, T. (1994). Experiential group research: Can the cannon fire? In S. Garfield & A. Bergin (Eds.), **Handbook of psychotherapy and behavior change** (4th ed., pp. 631–663). New York: Wiley.

Beer, M. (1976). The technology of organization development. In M. Dunnette (Ed.), **Handbook of industrial and organizational psychology** (pp. 937–994). Chicago: Rand McNally.

Beer, M. (1980). **Organization change and development: A systems view**. Glenview, IL: Scott, Foresman.

Beer, M. & Eisenstat, R.A. (2000). The silent killers of strategy implementation and learning. **Sloan Management Review**, Summer, 29–40.

Bekhterev, W., & DeLange, M. (1924). Die ergebnisse des experiments auf dem gebiet der kollektiven reflexologie. **Zeitschrift fur Angewandte Psychologie, 24**, 305–344.

Bem, D. (1972). Self-perception theory. In L. Berkowitz (Ed.), **Advances in experimental social psychology** (Vol. 6, pp. 2–62). New York: Academic Press.

Ben-Yoav, O., & Pruitt, D. (1984a). Resistance to yielding and the expectation of cooperative future interaction in negotiation. **Journal of Experimental Social Psychology, 20**, 323–353.

Ben-Yoav, O., & Pruitt, D. (1984b). Accountability to constituents: A two-edged sword. **Organizational Behavior and Human Performance, 34**, 282–295.

Bengston, V., & Lovejoy, M. (1973). Values, personality and social structure: An intergenerational analysis. **American Behavioral Scientist, 16**, 880–912.

Benne, K., & Sheats, P. (1948). Functional roles of group members. **Journal of Social Issues, 4**(2), 41–49.

Bennett, E. (1955). Discussion, decision, commitment and consensus in "group decision." **Human Relations, 8,** 251.

Bennis, W. (1998) **On Becoming a Leader**, London: Arrow.

Berger, J., Rosenholtz, S., & Zelditch, M. (1980). Status organizing processes. **Annual review of Sociology,** 6, 479–508.

Berkowitz, L. (1978). Whatever happened to the frustration-aggression hypothesis? **American Behavioral Scientist, 32,** 691–708.

Berkowitz, L. (1993) **Aggression: Its causes, consequences, and control**. New York: McGraw-Hill.

Berkowitz, L., & LePage, A. (1967). Weapons as aggression eliciting stimuli. **Journal of Personality and Social Psychology,** 7, 202–207.

Berkowitz, L. (1989). Frustration-aggression hypothesis: Examination and reformulation. **Psychological Bulletin, 16**(1), 59–73.

Berkowitz, M., & Gibbs, J. (1983). Measuring the developmental features of moral discussion. **Merrill-Palmer Quarterly, 29,** 399–410.

Berkowitz, M., Gibbs, J., & Broughton, J. (1980). The relation of moral judgment stage disparity to developmental effects of peer dialogues. **Merrill-Palmer Quarterly, 26,** 341–357.

Berlyne, D. (1965). Curiosity and education. In J. Krumboltz (Ed.), **Learning and the educational process** (pp. 67–89). Chicago: Rand McNally.

Berlyne, D. (1966). Notes on intrinsic motivation and intrinsic reward in relation to instruction. In J. Bruner (Ed.), **Learning about learning** (Cooperative Research Monograph No. 15). Washington, DC: U.S. Department of Health, Education, and Welfare, Office of Education.

Berlyne, D. (1971). **Aesthetics and psychobiology**. New York: Appleton-Century-Crofts.

Bernstein, A. (1991, April). Quality is becoming job one in the office, too. **Business Week,** pp. 52–56.

Berscheid, E., & Walster, E. (1969). **Interpersonal attraction.** Reading, MA: Addison-Wesley.

Berscheid, E., & Walster, E. (1974). Physical attractiveness. In L. Berkowitz (Ed.), **Advances in experimental social psychology** (Vol. 7, pp. 158–215). New York: Academic Press.

Bettencourt, B., Brewer, M., Croak, M., & Miller, N. (1992). Cooperation and reduction of intergroup bias: The role of reward structure and social orientation. **Journal of Experimental Social Psychology, 28,** 301–319.

Bettencourt, B., Charlton, K., & Kernahan, C. (1997). Numerical representation of groups in cooperative settings: Social orientation effects on ingroup bias. **Journal of Experimental Social Psychology**, 33(6), 630–659.

Bettencourt, B., & Dorr, N. (1998). Cooperative interaction and intergroup bias: Effects of numerical representation and cross-cut role assignment. **Personality and Social Psychology Bulletin, 24**(12), 1276–1293.

Bettencourt, B., & Miller, N. (1996). Gender differences in aggression as a function of provocation: A meta-analysis. **Psychological Bulletin,** 119, 422–447.

Bezrukova, K., Jehn, K. A., Zanutto, E. L., & Thatcher, S.M.B. (2009). Do workgroup faultlines help or hurt? A moderated model of faultlines, team identification, and group performance. **Organization Science, 20,** 35–50.

Bickman, L. (1974). The social power of a uniform. **Journal of Applied Social Psychology, 4,** 47–61.

Bierman, K. (2004). **Peer rejection: Processes and intervention strategies**. New York: Guilford Press.

Bierman, R. (1962a). Comprehension of points of commonality in competing solutions. **Sociometry, 25,** 56–63.

Bierman, R. (1962b). The intergroup dynamics of win-lose conflict and problem-solving collaboration in union-management relations. In M. Sherif (Ed.), **Intergroup relations and leadership**. New York: Wiley.

Bierman, R. (1969). Dimensions for interpersonal facilitation in psychotherapy in child development. **Psychological Bulletin, 72,** 338–352.

Bion, W. (1961). **Experiences in groups.** New York: Basic Books.

Bird, C. (1940). **Social Psychology.** New York: Appleton-Century-Crofts.

Blake, R., & Mouton, J. (1962). The intergroup dynamics of win-lose conflict and problem-solving collaboration in union-management relations. In M. Sherif (Ed.), **Intergroup relations and leadership** (5, pp. 94–140). New York: John Wiley.

Blake, R., & Mouton, J. (1964). **The managerial grid.** Houston, TX: Gulf.

Blake, R., & Mouton, J. (1983). Lateral conflict. In D. Tjosvold & D. W. Johnson (eds.), **Productive conflict management: Perspectives for organizations** (pp. 91–149). Edina, MN: Interaction Book Company.

Blanchard, F., Weigal, R., & Cook, S. (1975). The effect of relative competence of group members upon interpersonal attraction in cooperating interracial groups. **Journal of Personality and Social Psychology, 32,** 519–530.

Blanchard, F., Lilly, T., & Vaughn, L. (1991). Reducing the expression of racial prejudice. **Psychological Science, 2,** 101–105.

Blaney, N. T., Stephan, C., Rosenfeld, D., Aronson, E., & Sikes, J. (1977). Interdependence in the classroom: A field experiment. **Journal of Educational Psychology, 69,** 139–146.

Blanton, H., Buunk, B. P., Gibbons, F. X., & Kuyper, H. (1999). When better-than-others compare upward: Choice of comparison and comparative evaluation as independent predictors of academic performance. **Journal of Personality and Social Psychology, 76,** 420–430.

Blascovich, J., Mendes, W., Hunter, S., & Salomon, K. (1999). Social "facilitation" as challenge and threat. **Journal of Personality and Social Psychology, 77,** 68–77.

Blau, P. (1954). Co-operation and competition in a bureaucracy. **American Journal of Sociology, 59,** 530–535.

Bloch, S., Browning, S., & McGrath, G. (1983). Humor in group psychotherapy. **British Journal of Mediation Psychology, 56,** 89–97.

Bolen, L., & Torrance, E. (1978, April). **An experimental study of the influence of locus of control, dyadic interaction, and sex on creative thinking.** Paper presented at the Annual Meeting of the American Educational Research Association, San Francisco.

Boulding, E. (1964). Further reflections on conflict management. In R. Kahn & E. Boulding (Eds.), **Power and conflict in organizations** (pp. 146–150). New York: Basic Books.

Bond, C. (1982). Social facilitation: A self-presentational view. **Journal of Personality and Social Psychology, 42,** 1042–1050.

Bond, C., Atoum, A., & Van Leeuwen, M. (1996). Social impairment of complex learning in the wake of public embarrassment. **Basic and Applied Social Psychology, 18,** 31–44.

Bond, C., & Titus, L. (1983). Social facilitation: A meta-analysis of 241 studies. **Psychological Bulletin, 94,** 265–292.

Bond, R. & Smith, P. B. (1996). Culture and conformity: A meta-analysis of studies using Asch's (1952b, 1956) line judgment task. **Psychological Bulletin, 119,** 111–137.

Bonk, C., & King, K. (Eds.). (1998). **Electronic collaborators: Learner-centered technologies for literacy, apprenticeship, and discourse.** Hillsdale, NJ: Lawrence Erlbaum.

Bonner, H. (1959). **Group dynamics: Principles and applications.** New York: Ronald Press.

Bonoma, T., Tedeschi, J., & Helm, B. (1974). Some effects of target cooperation and reciprocated promises on conflict resolution. **Sociometry, 37,** 251–261.

Borgatta, E., & Bales, R. (1953). Task and accumulation of experience as factors in the interacting of small groups. **Sociometry, 26,** 239–252.

Boster, F., & Hale, J. (1989). Responsive scale ambiguity as a moderator of the choice shift. **Communication Research, 16**(4), 532–551.

Botkin, B. (1957). **A treasury of American anecdotes.** New York: Random House.

Brauer, M., Judd, C., & Jacquein, V. (2001). The communication of social stereotypes: The effects of group discussion and information distribution on stereotype appraisals. **Journal of Personality and Social Psychology**, 81, 463–475.

Brauner, M., Judd, C. M., & Gliner, M. D. (1995). The effects of repeated expressions on attitude polarization during group discussions. **Journal of Personality and Social Psychology, 68**, 1014–1029.

Bray, R., Kerr, N., & Atkin, S. (1978). Group size, problem difficulty, and group performance on unitary disjunctive tasks. **Journal of Personality and Social Psychology**, 36, 1224–1240.

Brehm, J. (1966). **A theory of psychological reactance.** New York: Academic Press.

Brehm, J. (1976). Responses to loss of freedom: A theory of psychological reactance. In J. Thibaut, J. Spence, & R. Carson (Eds.), **Contemporary topics in social psychology.** Morristown, NJ: General Learning Press.

Brehm, J., & Sensenig, J. (1966). Social influence as a function of attempted and implied usurpation of choice. **Journal of Personality and Social Psychology, 4**, 703–707.

Brehm, S., & Brehm, J. (1981). **Psychological reactance: A theory of freedom and control.** New York: Academic Press.

Brett, J., & Rognes, J. (1986). Intergroup relations in organizations. In P. Goodman (Ed.), **Designing effective work groups** (pp. 202–236). San Francisco: Jossey-Bass.

Brewer, M. (1988). A dual process model of impression formation. In T. Srull & R. Wyer, Jr. (Eds.), **Advances in social cognition** (Vol. 1, pp. 1–36). Hillsdale, NJ: Erlbaum.

Brewer, M. (1991). The social self: On being the same and different at the same time. **Personality and Social Psychology Bulletin, 17**, 475–482.

Brewer, M. (1996). Managing diversity: The role of social identities. In S. Jackson & M. Ruderman (Eds.), **Diversity in work teams** (pp. 47–68). Washington, DC: American Psychological Association.

Brewer, M. (1997). The social psychology of intergroup relations: Can research inform practice? **Journal of Social Issues, 33**(1), 197–211.

Brewer, M. (2001). Ingroup identification and intergroup conflict: When does ingroup love become outgroup hate? In R. Ashmore & L. Jussim (Eds.), **Social identity, intergroup conflict, and conflict resolution** (pp. 554–594). New York: Oxford University Press.

Brewer, M., Ho, H., Lee, J., & Miller, N. (1987). Social identity and social distance among Hong Kong schoolchildren. **Personality and Social Psychology Bulletin, 13**, 156–165.

Brewer, M., & Kramer, R. (1985). The psychology of intergroup attitudes and behavior. **Annual Review of Psychology, 36**, 219–243.

Brewer, M., & Kramer, R. (1986). Choice behavior in social dilemmas: Effects of social identity, group size, and decision framing. **Journal of Personality and Social Psychology, 50**, 543–549.

Brewer, M., Manzi, K., & Shaw, J. (1993). Ingroup identification as a function of depersonalization, distinctiveness, and status. **Psychological Science, 4**, 88–92.

Brewer, M., & Miller N. (1984). Beyond the contact hypothesis: Theoretical perspectives on desegregation. In N. Miller & M. Brewer (Eds.), **Groups in contact: The psychology of desegregation** (pp. 281–302). Orlando, FL: Academic Press.

Brickner, M. (1987). **Locked into performance: Goal setting as a moderator of the social loafing effect.** Paper presented at the annual meeting of the Midwestern Psychological Assocation, Chicago.

Brickner, M., Harkins, S., & Ostrom, T. (1986). Effects of personal involvement: Thought-provoking implications for social loafing. **Journal of Personality and Social Psychology, 51**, 763–769.

Brockner, J. (1995). How to stop throwing good money after bad: Using theory to guide practice. In D. A. Schroeder (Ed.), Social dilemmas: Perspectives on individuals and groups (pp. 163–182). Westport, CT: Praeger.

Brodbeck, F. C., Kerschreiter, R., Mojzisch, A., Frey, D., & Schulz-Hardt, S. (2002). The dissemination of critical, unshared information in decision-making groups: The effects of prediscussion dissent. **European Journal of Social Psychology, 32**, 35–56.

Bronowski, J. (1973). **The ascent of man**. Boston: Little Brown.

Broome, R., & Fullbright, L. (1995). A multistage influence model of barriers to group problem solving: A participant-generated agenda for small group research. **Small Group Research, 26,** 25–55.

Brophy, J. (1945). The luxury of anti-Negro prejudice. **Public Opinion Quarterly, 9,** 456–466.

Brown, B. (1968). The effects of the need to maintain face on interpersonal bargaining. **Journal of Experimental Social Psychology, 4,** 107–122.

Brown, C., Dovidio, J., & Ellyson, S. (1990). Reducing sex differences in visual displays of dominance: Knowledge is power. **Personality and Social Psychology Bulletin, 16,** 358–368.

Brown, K. T., Brown, T. N., Jackson, J. S., Sellers, R. M., & Manuel, W. J. (2003). Teammates on and off the field? Contact with Black teammates and the racial attitudes of White student athletes. **Journal of Applied Social Psychology, 33,** 1379–1403.

Brown, R. (1984). The role of similarity in intergroup relations. In H. Tajfel (Ed.), **The social dimension** (Vol2, pp. 603–623). Cambridge, England: Cambridge University Press.

Brown, R., & Hewstone, M. (2005). An integrative theory of intergroup contact. In M. P. Zanna (Ed.), **Advances in experimental social psychology** (Vol. 37, pp. 255–343). San Diego, CA: Elsevier Academic Press.

Brown, V., & Paulus, P. (2002). Making group brainstorming more effective: Recommendations from an associative memory perspective. **Current Directions in Psychological Science, 11**(6), 208–212.

Brownstein, A. (2003). Biased predecisoin processing. **Psychological Bulletin, 129,** 545–568.

Bruner, J., & Minturn, A. (1955). Perceptual identification and perceptual organization. **Journal of Genetic Psychology, 53,** 21–28.

Buller, P., & Bell, C. (1986). Effects of team building and goal setting on productivity: A field experiment. **Academy of Management Journal, 29,** 305–328.

Burke, P. (1972). Leadership role differentiation. In C. McClintock (Ed.), **Experimental social psychology** (pp. 514–546). New York: Holt, Rinehart & Winston.

Burke, P. (1974). Participation and leadership in small groups. **American Sociological Review, 39,** 832–842.

Burke, R. (1969, July). Methods of resolving interpersonal conflict. **Personnel Administration,** pp. 48–55.

Burke, R. (1970). Methods of resolving superior-subordinate conflict: The constructive use of subordinate differences and disagreements. **Organizational Behavior and Human Performance, 5,** 393–411.

Burke, R., & Day R. (1986). A cumulative study of the effectiveness of managerial training. **Journal of Applied Psychology, 71,** 232–245.

Burnstein, E., & Vinokur, A. (1973). Testing two classes of theories about group-induced shifts in individual choice. **Journal of Experimental Social Psychology, 9,** 123–137.

Burnstein, E., & Vinokur, A. (1977). Persuasive arguments and social comparison as determinants of attitude polarization. **Journal of Experimental Social Psychology, 13,** 315–332.

Bushman, B. (1984). Perceived symbols of authority and their influence on compliance. **Journal of Applied Social Psychology, 14,** 501–508.

Bushman, B., & Anderson, C. (2001). Is it time to pull the plug on hostile versus instrumental aggression dichotomy? **Psychological Review, 108,** 273–279.

Butera, F., & Mugny, G. (2001). Conflicts and social influences in hypothesis testing. In C. K. W. De Dreu & N. K. De Vries (Eds.), **Group consensus and minority influence. Implications for innovation** (pp. 161–182). Oxford: Blackwell.

Butler, T., & Fuhriman, A. (1983a). Curative factors in group therapy: A review of the recent literature. **Small Group Behavior, 14,** 131–142.

Butler, T., & Fuhriman, A. (1983b). Level of functioning and length of time in treatment variables influencing patients' therapeutic experience in group psychotherapy. **International Journal of Group Psychotherapy, 33**, 489–505.

Buunk, B. (1995). Comparison direction and comparison dimension among disable individuals: Toward a refined conceptualization of social comparison under stress. **Personality and Social Psychology Bulletin, 21**, 316–330.

Byrne, D. (1969). Attitudes and attraction. In L. Berkowitz (Ed.), **Advances in experimental social psychology** (Vol. 4, pp. 36–90). New York: Academic Press.

Byrne, D. (1971). **The attraction paradigm**. New York: Academic Press.

Campbell, D. (1958). Common fate, similarity, and other indices of status of aggregates of persons as social entities. **Behavioral Science, 3**, 14–25.

Campbell, D. (1965). Ethnocentric and other altruistic motives. In D. Levine (Ed.), **Nebraska symposium on motivation**. Lincoln: University Nebraska Press.

Campbell, D. (1978). On the genetics of altruism and the counterhedonic components in human culture. In L. Wispe (Ed.), **Altruism, sympathy, and helping**. New York: Academic Press.

Cantor, N., & Harlow, R. (1994). Personality, strategic behavior, and daily-life problem solving. **Curriculum Development and Psychological Science, 3**, 169–172.

Cantor, N., & Norem, J. (1989). Defensive pessimism and stress and coping. **Social Cognition, 7**, 92–112.

Cantril, H. (1940). **The invasion from Mars: A study in the psychology of panic**. Princeton, NJ: Princeton University Press.

Cantril, H. (1941). **The psychology of social movements**. New York: Wiley.

Carlopio, J. (1996). Construct validity of a physical work environment satisfaction questionnaire. **Journal of Occupational Health Psychology, 1**, 330–344.

Carlson, M., Marcus-Newhall, A., & Miller, N. (1990). Effects of situational aggression cues: A quantitative review. **Journal of Personality and Social Psychology, 58**, 622–633.

Carlyle, T. (1849). **On heroes, hero-worship, and the heroic in history**. Boston: Houghton-Mifflin.

Carnegie Foundation. (1995). **Report of the Carnegie task force on learning in the primary grades**. New York: Author.

Carnevale, P., & Keenan, P. (1990). **Frame and motive in integrative bargaining: The likelihood and the quality of agreement**. Paper presented at the Third Annual Meeting of the International Association for Conflict Management, Vancouver, British Columbia.

Carnevale, P., & Pegnetter, R. (1985). The selection of mediation tactics in public sector disputes: A contingency analysis. **Journal of Social Issues, 41**(2), 65–81.

Carnevale, P. J., & Probst, T. M. (1998). Social values and social conflict in creative problem solving and categorization. **Journal of Personality and Social Psychology, 74**, 1300–1309.

Carter, S. M., & West, M. A. (1998). Reflexivity, effectiveness and mental health in BBC production teams. **Small Group Research, 29**, 583–601.

Cartwright, D. (1959). A field theoretical conception of power. In D. Cartwright (Ed.), **Studies in social power**. Ann Arbor: University of Michigan Press.

Cartwright, D. (1968). The nature of group cohesiveness. In D. Cartwright and A. Zander (Eds.), **Group dynamics: Research and theory** (3rd ed., pp. 91–109). New York: Harper & Row.

Cartwright, D., & Zander, A. (Eds.). (1968). **Group dynamics: Research and theory** (3rd ed.). New York: Harper & Row.

Caspi, A. (1984). Contact hypothesis and interage attitudes: A field study of cross-age contact. **Social Psychology Quarterly, 47**, 74–80.

Cassel, R. & Shafer, A. (1961). An experiment in leadership training. **Journal of Psychology, 51**, 299–305.

Cattell, R. (1951). New concepts for measuring leadership, in terms of group syntality. **Human Relations, 4**, 161–184.

Chaiken, S. (1980). Heuristic versus systematic information processing and the use of source versus message cues in persuasion. **Journal of Personality and Social Psychology, 39**, 752–766.

Charlesworth, W. (1996). Cooperation and competition: Contributions to an evolutionary and developmental model. **International Journal of Behavioral Development, 19**, 25–39.

Chasnoff, R. (Ed.) (1979). **Structuring cooperative learning: The 1979 handbook.** New Brighton, MN: Interaction Book Company.

Chertkoff, J., & Esser, J. (1976). A review of experiments in explicit bargaining. **Journal of Experimental Social Psychology, 12,** 464–487.

Chesler, M., & Franklin, J. (1968, August). **Interracial and intergenerational conflict in secondary schools.** Paper presented at the Annual Meeting of the American Sociological Association, Boston.

Chinn, C. A. (2006). Learning to argue. In A. M. O'Donnell, C. E. Hmelo-Silver, & G. Erkens, (Eds.), **Collaborative learning, reasoning, and technology** (pp. 355–383). Mahwah, NJ: Erlbaum.

Choi, J., Johnson, D. W., & Johnson, R. (2011). Relationship among cooperative learning experiences, social interdependence, children's aggression, victimization, and prosocial behaviors. **Journal of Applied Social Psychology.** 41(4) 976–1003.

Christie, R., & Geis, F. (1970). **Studies in Machiavelianism.** New York: Academic Press.

Clark, I. (2001). **The post–Cold War order: The spoils of peace.** Oxford: Oxford University Press.

Clark, K. (1953). Desegregation: An appraisal of the evidence. **Journal of Social Issues, 9**(4), 2–8.

Clement, D., & Schiereck, J. (1973). Sex composition and group performance in a visual signal detection task. **Memory and Cognition**, 1, 251–255.

Cline, R. (1999). Communication in social support groups. In L. Frey (Ed.), **Handbook of group communication theory and research** (pp. 516–538). Thousand Oaks, CA: Sage.

Coch, L., & French, J. (1948). Overcoming resistance to change. **Human Relations, 1,** 512–533.

Cohen, E. (1984). Talking and working together: Status, interaction and learning. In P. Peterson, L. Wilkinson, & M. Hallinan (Eds.), **The social context of instruction: Group organization and group processes** (pp. 171–187). New York: Academic Press.

Cohen, S., & Bailey, D. (1997). What makes teams work: Group effectiveness research from the shop floor to the executive suite. **Journal of Management 23**, 239–290.

Cohen, S., & Weinstein, N. (1981). Nonauditory effects of noise on behavior and health. **Journal of Social Issues, 37**(1), 36–70.

Coie, J., & Kupersmidt, J. (1983). A behavioral analysis of emerging social status in boys' groups. **Child Development, 54,** 1400–1416.

Coleman, J. (1961). **The adolescent society.** New York: Macmillan.

Coleman, P. (1997). Psychological resistance to and facilitation of power-sharing in organizations. Dissertation Abstracts.

Coleman, P. (2000). Power and conflict. In M. Deutsch & P. Coleman (Eds.), **The handbook of conflict resolution: Theory and practice** (pp. 108–130). San Francisco: Jossey-Bass.

Coleman, P., & Tjosvold, D. (2000, July). **Positive power: Mapping the dimensions of constructive power relations.** Paper presented at the Social Interdependence Theory Conference, Silver Wind Farm, Minnesota.

Collins, B. (1970). **Social psychology.** Reading, MA: Addison-Wesley.

Collins, J. C. & Porras, J. I. (1994). **Built to last: Successful habits of visionary companies.** New York: Harper Collins Publisher.

Collins, N. (1996). Working models of attachment: Implications for explanation, emotion, and behavior. **Journal of Personality and Social Psychology, 71,** 810–832.

Cook, H., & Murray, F. (1973, March). Acquisition of conservation through the observation of conserving models. Paper presented at the meetings of the American Educational Research Association, New Orleans.

Cook, S. (1957). Desegregation: A psychological analysis. **American Psychologist, 12,** 1–13.

Cook, S. (1969). Motives in a conceptual analysis of attitude-related behavior. In W. Arnold & D. Levine (Eds.), **Nebraska symposium on motivation.** Lincoln: University of Nebraska Press.

Cook, S. (1978). Interpersonal and attitudinal outcomes in cooperating interracial groups. **Journal of Research in Developmental Education, 12,** 87–113.

Cook, S., & Pelfrey, M. (1981, August). **Determinants of respect and liking in cooperative interracial groups.** Paper presented at the meeting of the American Psychological Association, Los Angeles.

Copeland, L., Lamm, L. W., & McKenna, S. J. (1999). **The world's great speeches** (4th ed.). New York: Dover Publications.

Corey, M., & Corey, G. (2005). **Groups: Process and practice** (7th ed.). Pacific Grove, CA: Brooks/Cole.

Cosier, R. (1981). Dialectical inquiry in strategic planning: A case of premature acceptance? **Academy of Management Review, 6,** 643–648.

Cosier, R., & Ruble, T. (1981). Research on conflict handling behavior: An experimental approach. **Academy of Management Journal, 24,** 816–831.

Cottrell, N. (1972). Social facilitation. In C. McClintock (Ed.), **Experimental social psychology** (pp. 185–236). New York: Holt.

Cottrell, N., Wack, D., Sekerak, G., & Rittle, R. (1968). Social facilitation of dominant responses by the presence of an audience and the mere presence of others. **Journal of Personality and Social Psychology, 9,** 245–250.

Covington, M. (1992). Making the grade: A self-worth perspective on motivation and school reform. New York: Cambridge University Press.

Cox, C. (1926). **The early mental traits of three hundred geniuses.** Stanford, CA: Stanford University Press.

Crocker, J., & Luhranen, R. (1990). Collection self-esteem and ingroup bias. **Journal of Personality and Social Psychology, 58,** 60–67.

Croizet, J. & Claire, T. (1998). Extending the concept of stereotype threat to social class: The intellectual under-performance of students from low socioeconomic backgrounds. **Personality and Social Psychology Bulletin, 24**(6), 588–594.

Crombag, H. (1966). Cooperation and competition in means-interdependent triads: A replication. **Journal of Personality and Social Psychology, 4,** 692–695.

Dahl, R. (1957). The concept of power. **Behavioral Science, 2,** 201–218.

Dalkey, N. (1969). An experimental study of group opinion: The Delphi Method. **Futures, 1**(3), 408–426.

Dalkey, N. (1975). Toward a theory of group estimation. In H. Linstone & M. Turoff (Eds.), **The Delphi method: Techniques and applications** (pp. 236–257). Reading, MA: Addison-Wesley.

Dalton, R. (2007). **The good citizen: How a younger generation is reshaping American politics.** Washington, DC: CQ Press.

Damon, W. (1977). **The social world of the child.** San Francisco: Jossey-Bass.

Damon, W. (1980). Patterns of change in children's social reasoning: A two-year longitudinal study. **Child Development, 51,** 1010–1017.

Dance, F. (1970). The "concept" of communication. **Journal of Communication, 20,** 201–210.

Darley, J., & Latané, B. (1968). Bystander intervention in emergencies: Diffusion of responsibility. **Journal of Personality and Social Psychology, 8,** 377–383.

Darwin, C. (1859). **The origin of species.** London: John Murray.

David, G., & Houtman, S. (1968). **Thinking creatively: A guide to training imagination.** Madison: Wisconsin Research and Development Center for Cognitive Learning.

Davis, J. (1969). **Group performance.** Reading, MA: Addison-Wesley.

Davis, M., Conklin, L., Smith, A., & Luce, C. (1996). The effect of perspective taking on the cognitive representation of persons: A merging of self and other. **Journal of Personality and Social Psychology, 70,** 213–226.

DeCecco, J., & Richards, A. (1974). **Growing pains: Uses of school conflict.** New York: Aberdeen Press.

DeCecco, J., & Richards, S. (1975). Civil war in the high schools. **Psychology Today, 9,** 51–81.

De Cremer, D., & Van Dijk, E. (2002). Reactions to group success and failure as a function of group identification: A test of the goal-transformation hypothesis in social dilemmas. **Journal of Experimental Social Psychology, 38,** 435–442.

De Cremer, D., & Van Vugt, M. (1999). Social identification effects in social dilemmas: A transformation of motives. **European Journal of Social Psychology, 29,** 871–893.

De Dreu, C. K. W., & Nauta, A. (2009). Self-interest and other-orientation in organizational behavior: Implications for job performance, prosocial behavior, and personal initiative. **Journal of Applied Psychology, 94,** 913–926.

De Dreu, C. K. W., Weingart, L. R., & Kwon, S. (2000). Influence of social motives on integrative negotiation: A meta-analytic review and test of two theories. **Journal of Personality and Social Psychology, 76,** 889–905.

De Dreu, C. K. W. & Weingart, L. R. (2003). Task versus relationship conflict, team performance, and team member satisfaction: A meta-analysis. **Journal of Applied Psychology, 88,** 741–749.

De Dreu, C. K. W., & West, M. (2001). Minority dissent and team innovation: The importance of participation in decision making. **Journal of Applied Psychology, 86,** 1191–1201.

DeFoe, D. (1908). **The life and strange surprising adventures of Robinson Crusoe.** Boston: Houghton-Mifflin.

Dehue, F., McClintock, C., & Liebrand, W. (1993). Social value related response latencies: Unobtrusive evidence for individual differences in information processes. **European Journal of Social Psychology, 23,** 273–294.

De La Paz, S. (2005). Effects of historical reasoning instruction and writing strategy mastery in culturally and academically diverse middle school classrooms. **Journal of Educational Psychology, 97,** 139–156.

Delbecq, A., Van de Ven, A., & Gustafson, D. (1975). **Group techniques for program planning.** Glenview, IL: Scott, Foresman.

Delli Carpini, M. X., Cook, F. L., & Jacobs, L. R. (2004). Public deliberation, discursive participation, and citizen engagement: A review of the empirical literature. **Annual Review of Political Science, 7,** 315–344.

De Montesquieu, C. (1748/2004). **The spirit of laws.** New York: Kessinger.

Den Hartog, D. N., & Koopman, P. L. (2001). Leadership in organizations. In N. Anderson, D. S. Ones, H. K. Sinangil, & C. Viswesvaran (Eds.), **Handbook of industrial, work, and organizational psychology, Vol. 2: Organizational psychology** (pp. 166–187). Thousand Oaks, CA: Sage.

Dension, D., & Sutton, R. (1990). Operating room nurses. In J. Hackman (Ed.), **Groups that work (and those that don't): Creating conditions for effective teamwork** (pp. 293–308). San Francisco: Jossey-Bass.

Deschamps, J. (1977). Effect of crossing category membership on quantitative judgment. **European Journal of Social Psychology, 22,** 189–195.

Deschamps, J., & Doise, W. (1978). Crossed category memberships in intergroup relations. In H. Tajfel (Ed.), **Differentiation between social groups: Studies in the social psychology of intergroup relations** (pp. 141–158). New York: Academic Press.

Desforges, D., Lord, C., Ramsey S., Mason, J., Van Leeuwen, M., West, S., & Lepper, M. (1991).

Effects of structured cooperative contact on changing negative attitudes toward stigmatized social groups. **Journal of Personality and Social Psychology, 60**, 531–544.

Detert, J. R., & Trevino, L. K. (2010). Speaking up to higher ups: How supervisors and skip-level leaders influence employee voice. **Organization Science, 21.1**, 249–270.

Deutsch, M. (1949a). A theory of cooperation and competition. **Human Relations, 2**, 129–152.

Deutsch, M. (1949b). An experimental study of the effects of cooperation and competition upon group process. **Human Relations, 2**, 199–231.

Deutsch, M. (1958). Trust and suspicion. **Journal of Conflict Resolution, 2**, 265–279.

Deutsch, M. (1960). The effects of motivational orientation upon trust and suspicion. **Human Relations, 13**, 123–139.

Deutsch, M. (1962). Cooperation and trust: Some theoretical notes. In M. R. Jones (Ed.), **Nebraska Symposium on Motivation**, 275–320. Lincoln: University of Nebraska Press.

Deutsch, M., & Krauss, R. (1965). **Theories in social psychology**, New York: Basic Books.

Deutsch, M. (1968). Field theory in social psychology. In G. Lindzey & E. Aronson (Eds.), **Handbook of Social Psychology**, (2nd ed.), vol. 1. Reading, MA: Addison-Wesley.

Deutsch, M. (1969). Conflicts: Productive and destructive. **Journal of Social Issues, 25**, 7–43.

Deutsch, M. (1973). **The resolution of conflict.** New Haven, CT: Yale University Press.

Deutsch, M. (1975). Equity, equality, and need: What determines which value will be used as the basis of distributive justice? **Journal of Social Issues, 31**, 137–149.

Deutsch, M. (1979). Education and distributive justice: Some reflections on grading systems. **American Psychologist, 34**, 391–401.

Deutsch, M. (1985). **Distributive justice: A social psychological perspective.** New Haven, CT: Yale University Press.

Deutsch, M. (2003). Content, yes! And theory, yes! **Journal of Dispute Resolution**, 367–375.

Deutsch, M. (2006). A framework for thinking about oppression and its change. **Social Justice Research, 19**(1), 7–41.

Deutsch, M. (2006). Justice and Conflict. In M. Deutsch, Coleman, P., Marcus, E. C. (Eds.), *The Handbook of Conflict Resolution: Theory and Practice* (2nd ed.) (pp. 43–68). San Francisco: Jossey-Bass, 2000.

Deutsch, M., Canavan, D., & Rubin, J. (1971). The effects of size of conflict and sex of experimenter upon interpersonal bargaining. **Journal of Experimental Social Psychology, 7**, 258–267.

Deutsch, M. & Collins, M. (1951). **Interracial housing: A psychological evaluation of a social experiment.** Minneapolis: University of Minnesota Press.

Deutsch, M., & Krauss, R. (1960). The effect of threat upon interpersonal bargaining. **Journal of Abnormal and Social Psychology, 61**, 181–189.

Deutsch, M., & Krauss, R. (1962). Studies of interpersonal bargaining. **Journal of Conflict Resolutions, 6**, 52–76.

Deutsch, M., & Lewicki, R. (1970). "Locking in" effects during a game of chicken. **Journal of Conflict Resolution, 14**, 367–378.

Devine, P., Monteith, M., Zuwerink, J., & Elliot, A. (1991). Prejudice with and without compunction. **Journal of Personality and Social Psychology, 60**, 817–830.

DeVries, D., & Edwards, K. (1973). Learning games and student teams: Their effects on classroom process. **American Educational Research Journal, 10**, 307–318.

DeVries, D., & Edwards, K. (1974). Student teams and learning games: Their effects on cross-race and cross-sex interaction. **Journal of Educational Psychology, 66**, 741–749.

De Waal, F. B. M. (2000). The first kiss. In F. Aureli, & F. B. M. de Waal (Eds.), **Natural conflict resolution** (pp. 13–33). Berkeley, CA: University of California Press.

Dewey, J. (1916). **Democracy and education.** New York: Macmillan.

Dewey, J. (1937). Democracy and educational

administration. **School and Society, 45,** 457–467.

Diehl, M., & Stroebe, W. (1987). Productivity loss in brainstorming groups: Toward solution of a riddle. **Journal of Personality and Social Psychology, 53,** 497–509.

Diesing, P. (1962). **Reason in society.** Urbana: University of Illinois Press.

Dion, D., Baron, R., & Miller, N. (1970). Why do groups make riskier decisions than individuals? In L. Berkowitz (Ed.), **Advances in experimental social psychology** (pp. 306–378). New York: Academic Press.

Dodge, K. (1983). Behavioral antecedents of peer social status. **Child Development, 54,** 1386–1389.

Doise, W., Mugny, G., & Perret-Clermont, A.(1976). Social interaction and cognitive development: Further evidence. **European Journal of Social Psychology 6,** 245–247.

Doise, W., Mugny, G. (1979). Individual and collective conflicts of centrations in cognitive development. **European Journal of Psychology, 9,** 105–108.

Dollard, J., Doob, L., Miller, N., Mowrer, O., & Sears, R. (1939). **Frustration and aggression.** New Haven, CT: Yale University Press.

Dooley, R. S., & Fryxell, G. E. (1999). Attaining decision quality and commitment from dissent: The moderating effects of loyalty and competence in strategic decision-making teams. **Academy of Management Journal, 42,** 389–402.

Dovidio, J., & Gaertner, S. (1991). Changes in the expression and assessment of racial prejudice. In H. Knopke, R. Norrell, & R. Rogers (Eds.), **Opening doors: Perspectives on race relations in contemporary America** (pp. 119–148). Tuscaloosa: University of Alabama Press.

Driskell, J., Hogan, R., & Salas, E. (1987). Personality and group performance. In C. Hendrick (Ed.), **Group processes and intergroup relations** (pp. 91–112). Newbury Park, CA: Sage.

Drucker, P. (1974). Multinationals and developing countries: Myths and realities. **Foreign Affairs, 53,** 121–134.

Druckman, D., Rozelle, R., & Baxter, J. (1982). **Nonverbal communication: Survey, theory, and research**. Beverly Hills, CA: Sage.

Dumaine, B. (1989, February). How managers can succeed through speed. **Fortune**, pp. 54–59.

Dunnette, M., Campbell, J., & Jaastad, K. (1963). The effect of group participation on brainstorming effectiveness of two industrial samples. **Journal of Applied Psychology, 47,** 30–37.

Dunning, D., & Ross, L. (1988). Overconfidence in individual and group prediction: Is the collective any wiser? Unpublished manuscript, Cornell University.

Durkheim, E. (1897, 1966). **Suicide.** New York: Free Press.

Durkheim, E. (1898). **The rules of sociological method**. New York: Free Press.

Durkheim, E. (1953). Individual and collective representations. In D. F. Pocock (Trans.), **Sociology and philosophy.** New York: Free Press. (Reprinted from Revue de Metaphysique, 1898, 6, 274–302).

Duval, S., & Wicklund, R. (1972). **A theory of objective self-awareness**. New York: Academic Press.

Dyer, W. (1994). **Team building: Issues and alternatives** (3rd ed.). Reading, MA: Addison-Wesley.

Dyer, J., & Singh, H. (1998). The relationship view: Cooperative strategies and sources of interorganizational competitive advantage. **Academy of Management Review, 23**(4), 660–679.

Eagly, A. (1987). **Sex differences in social behavior: A social role interpretation**. Hillsdale, NJ: Erlbaum.

Ehrlich, H., & Lee, D. (1969). Dogmatism, learning, and resistance to change: A review and a new paradigm. **Psychological Bulletin, 71**(4), 249–260.

Eichler, G., & Merrill, R. (1933). Can social leadership be improved by instruction in its technique? **Journal of Educational Sociology, 7,** 233–236.

Eisbach, K. D., & Hargadon, A. B. (2006). Enhancing creativity through "mindless" work: A framework of workday design. **Organization Science, 17,** 470–483.

Eisenberg, N., & Fabes, R. A. (1998). Prosocial

development. In N. Eisenberg (Ed.), W. Damon (Series Ed.), **Handbook of child psychology: Vol. 3. Social, emotional, and personality development** (5th ed., pp. 701–778). New York: Wiley.

Eisenberg, N. & Mussen, P. (1995). **The roots of prosocial behavior in children.** Cambridge, MA: Cambridge University Press.

Elder, G. (1974). **Children of the great depression.** Chicago: University of Illinois Press.

Elder, G. (1975). Age differentiation and the life course. **Annual Review of Sociology,** 1, 165–190.

Ellis, A. (1995). Rational emotive behavior therapy. In R. Corsini & D. Wedding (Eds.), **Current psychotherapies** (5th ed., pp. 162–196). Itasca, IL: Peacook.

Ellis, A. (1996). **Better, deeper, and more enduring belief therapy: The rational emotive behavior therapy approach.** New York: Brunner/Mazel.

Ellis, A. (1997). The evolution of Albert Ellis and rational emotive behavior therapy. In J. Zeig (Ed.), **The evolution of psychotherapy: The third conference** (pp. 69–82). New York: Runner/Mazel.

Emerson, R. (1954). Deviation and rejection: An experimental replication. **American Sociological Review,** 19, 688–693.

Enright, R. D., Enright, W. F., Manheim, L. A., Harris, & B. E. (1980). Distributive justice development and social class. **Developmental Psychology,** 16(6), 555–563.

Enright, R. D., Gassin, E. A., & Knutson, J. A. (2003). Waging peace through forgiveness education in Belfast, Northern Ireland: A review and proposal for mental health improvement of children. **Journal of Research in Education,** 13, 1–11.

Enright, R. D., Gassin, E. A., & Knutson, J. A. (2004). Waging peace through forgiveness education in Belfast, Northern Ireland: A review and proposal for mental health improvement of children. **Journal of Research in Education,** 13(1), 51–61.

Epstein, S., & Taylor, S. (1967). Instigation to aggression as a function of degree of defeat and perceived aggressive intent of the opponent. **Journal of Personality,** 35, 265–289.

Erb, H. P., Bohner, G., Rank, S., & Einwiller, S. (2002). Processing minority and majority communications: The role of conflict with prior attitudes. **Personality and Social Psychology Bulletin,** 28, 1172–1182.

Espenshade, T., & Calhoun, C. (1993). An analysis of public opinion toward undocumented immigration. **Population Research and Policy Review,** 12, 189–224.

Etxebarria, I., Apodaka, P., Eceiza, A., Fuentes, M. J., Lopez, F. Y., & Ortiz, M. J. (1994). Design and evaluation of a program to promote prosocial-altruistic behavior in the school. **Journal of Moral Education,** 23(4), 409–425.

Falbe, C., & Yukl, G. (1992). Consequences for managers of using single influence tactics and combination of tactics. **Academy of Management Journal,** 35, 638–652.

Falk, D., & Johnson, D. W. (1977). The effects of perspective-taking and egocentrism on problem solving in heterogeneous and homogeneous groups. **Journal of Social Psychology,** 102, 63–72.

Falloon, I., Lindley, P., McDonald, R., & Marks, I. (1977). Social skills training of out-patient groups: A controlled study of rehearsal and homework. **British Journal of Psychiatry,** 131, 599–609.

Faucheux, C., & Moscovici, S. (1967). The style of behavior of a minority and its influence on majority responses. **Bulletin Du C.E.R.P,** 16, 337–361.

Fay, A. (1970). **Effects of cooperation and competition on learning and recall.** Unpublished master's thesis, George Peabody College, Nashville, TN.

Fay, B. (1929). **Benjamin Franklin: The apostle of modern times.** Boston: Little, Brown.

Fenelon, J., & Megaree, E. (1971). Influence of race on the manifestation of leadership. **Journal of Applied Psychology,** 55, 353–358.

Festinger, L. (1950). Informal social communication. **Psychological Review,** 57, 271–292.

Festinger, L. (1954). A theory of social comparison processes. **Human Relations,** 7, 117–140.

Festinger, L. (1957). **A theory of cognitive dissonance.** Evanston, IL: Row, Peterson.

Festinger, L., Pepitone, A., & Newcomb, T. (1952). Some consequences of deindividuation in a group. **Journal of Abnormal and Social Psychology, 47**, 382–389.

Festinger, L., Schachter, S., & Back. K. (1950). **Social pressures in informal groups: A study of human factors in housing**. New York: Harper-Collins.

Fiedler, F. (1964). A contingency model of leadership effectiveness. In L. Berkowitz (Ed.), **Advances in experimental social psychology** (Vol. 1, pp. 149–190). New York: Academic Press.

Fiedler, F. (1967). **A theory of leadership effectiveness.** New York: McGraw-Hill.

Fiedler, F. (1969). Style of circumstance: The leadership enigma. **Psychology Today, 2**(10), 38–46.

Fiedler, F. (1978). The contingency model and the dynamics of the leadership process. **Advances in Experimental Social Psychology, 12**, 59–112.

Fiedler, R., Meuwese, W., & Conk, S. (1961). An exploratory study of group creativity in laboratory tasks. **Acta Psychologie, 18**, 100–119.

Filley, A. (1975). **Interpersonal conflict resolution**. Glenview, IL: Scott Foresman.

Filley, A., House, R., & Kerr, S. (1976). **Managerial process and organizational behavior**. Glenview, IL: Scott Foresman.

Fine, G. (1979). The Pinkston settlement: An historical and social psychological investigation of the contact hypothesis. **Phylon, 40**, 229–242.

Fisher, R., & Ury, W. (1981). **Getting to yes: Negotiating agreement without giving in**. Boston: Houghton-Mifflin.

Fiske, S. (1993). Controlling other people: The impact of power on stereotyping. **American Psychologist, 48**, 621–628.

Fiske, S., & Morling, B. (1996). Stereotyping as a function of personal control motives and capacity constraints: The odd couple of power and anxiety. In R. Sorrentino & E. Higgins (Vol. Eds.), **Handbook of motivation and cognition: Vol. 3. The interpersonal context** (pp. 322–346). New York: Guilford.

Fiske, S., & Neuberg, S. (1990). A continuum of impression formation, from category-based to individuating processes: Influences of information and motivation on attention and interpretation. In M. Zanna (Ed.), **Advances in experimental social psychology** (Vol. 23, pp. 1–74). New York: Academic Press.

Flanders, N. (1964). Some relationships among teacher influence, pupil attitudes, and achievement. In B. Biddle & W. Ellena (Eds.), **Contemporary research on teacher effectiveness,** (pp. 196–231). New York: Holt, Rinehart & Winston.

Flowers, M. (1977). A laboratory test of some implications of Janis' groupthink hypothesis. **Journal of Personality and Social Psychology, 35**, 888–896.

Flynn, F. & Chatman, J. (2001). Strong cultures and innovation: Oxymoron or opportunity? In S. Cartwright et.al. (Eds.) **International Handbook of Organizational Culture and Climate**. Sussex, England: John Wiley & Sons.

Frese, M. & Fay, D. (2001). Personal initiative: An active performance concept for work in the 21st century. In B. M. Staw & R. I. Sutton (Eds.), **Research in organizational behavior** (Vol. 23, pp. 133–187). San Diego, CA, US: Elsevier Academic Press.

Foley, J., & MacMillan, F. (1943). Mediated generalization and the interpretation of verbal behavior: V. Free association as related to differences in professional training. **Journal of Experimental Psychology, 33**, 299–310.

Follett, M. (1973). Power. In E. Fox & L. Urwick (Eds.), **Dynamic administration: The collected papers of Mary Parker Follett** (pp. 50–75) New York: Pitman (originally published in 1924).

Follet, M. (1940). Constructive conflict. In H. Metcalf & L Urwick (Eds.), **Dynamic administration: The collected papers of Mary Parker Follet** (pp. 30–49). New York: Pitman (originally published in 1924).

Footlick, J. (1990). What happened to the family? **Newsweek**, v. 114, 21, pp.14–20.

Fox, D. (1985). Psychology, ideology, utopia, and the commons. **American Psychologist, 40**, 48–58.

Fox, D., & Lorge, I. (1962). The relative quality of decisions written by individuals and by groups as the available time for problem solving is increased. **Journal of Social Psychology, 57,** 227–242.

Frable, D., Platt, L., & Hoey, S. (1998). Concealable stigmas and positive self-perceptions: Feeling better around similar others. **Journal of Personality and Social Psychology, 74,** 909–922.

Frank, M. (1984). **A comparison between an individual and group goal structure contingency that differed in the behavioral contingency and performance-outcome components.** Unpublished doctoral thesis, University of Minnesota, Minneapolis.

Frankfort, H., Frankfort, H., Wilson, J., & Jacobson, T. (1949). **Before philosophy.** Baltimore, MD: Penguin.

Franko, D. (1987). Anorexia nervosa and bulimia: A self-help group. **Small Group Behavior, 18,** 398–407.

Fraser, C. (1971). Group risk-taking and group polarization. **European Journal of Social Psychology, 1,** 493–510.

Freeman, E. (1936). **Social psychology.** New York: Holt.

Freeberg, N., & Rock, D. (1987). **Development of a small-group team performance taxonomy based on meta-analysis.** Princeton, NJ: Educational Testing Service, Final Report to the Office of Naval Research,.

Freese, M., & Fay, D. (2001). Personal initiative (PI): An active performance concept for work in the 21st century. **Research in Organizational Behavior, 23,** 133–187.

French, J. (1941). The disruption and cohesion of groups. **Journal of Abnormal Social Psychology, 36,** 361–377.

French, J. (1951). Group productivity. In H. Guetzkow (Ed.), **Groups, leadership and men** (pp. 44–55). Pittsburgh: Carnegie Press.

French, J., & Coch, L. (1948). Overcoming resistance to change. **Human Relations, 1,** 512–532.

French, J., & Raven, B. (1959). The basis of social power. In D. Cartwright (Ed.), **Studies in social power** (pp. 150–167). Ann Arbor: University of Michigan Press.

Freud, S. (1922). **Group psychology and the analysis of the ego.** London: Hogarth.

Frey, D., & Schulz-Hardt, S. (2001). Confirmation bias in group information seeking and its implications for decision making in administration, business, and politics. In F. Butera & G. Mugny (Eds.), **Social influence in social reality: Promoting individual and social change** (pp. 53–73). Ashland, OH: Hogrefe & Huber Publishers.

Frick, F. (1973). **Study of peer training with the Lincoln Training System** (AFATC Report KE 73–116). Harrison, MS: Keesler Air Force Base.

Friedkin, N. (1999). Choice shift and group polarization. **American Sociological Review, 64,** 856–875.

Frost, D., & Stahelski, A. (1988). The systematic measurement of French and Raven's bases of social power in workgroups. **Journal of Applied Social Psychology, 18,** 375–389.

Fuhriman, A., & Burlingame, G. (1994a). Group psychotherapy: Research and practice. In A. Fuhriman & G. Burlingame (Eds.), **Handbook of group psychotherapy: An empirical and clinical synthesis** (pp. 3–40). New York: Wiley.

Fuhriman, A., & Burlingame, G. (Eds.). (1994b). **Handbook of group psychotherapy: An empirical and clinical synthesis.** New York: Wiley

Gabbert, B., Johnson, D., & Johnson, R. (1986). Cooperative learning, group-to-individual transfer, process gain, and the acquisition of cognitive reasoning strategies. **Journal of Psychology, 120,** 265–278.

Gabrenya, W. K., Wang, Y., & Latané, B. (1983). Social loafing in cross-cultural perspective: Chinese on Taiwan. **Journal of Cross Cultural Psychology, 14**(3), 368–384.

Gaertner, L., & Schopler, J. (1998). Perceived ingroup entitativity and intergroup bias: An interconnection of self and others. **European Journal of Social Psychology, 28,** 963–980.

Gaertner, S., & Dovidio, J., (1986). The aversive form of racism. In J. Dovidio & S. Gaertner (Eds.), **Prejudice, discrimination, and racism** (pp. 61–89). New York: Academic Press.

Gaertner, S., Dovidio, J., Anastasio, P., Bachman, B., & Rust, M. (1993). The common ingroup identity model: Recategorization and the reduction of intergroup bias. In W. Stroebe & M. Hewstone (Eds.), **European review of social psychology** (Vol. 4, pp. 1–26). Chichester, England: Wiley.

Galinsky, A. D., Maddux, W. W., Gilin, D., & White, J. B. (2008). Why it pays to get inside the head of your opponent: The differential effects of perspective taking and empathy in negotiations. **Psychological Science, 19** (1), 378–384.

Galton, F. (1869). **Hereditary genius**. New York: Appleton.

Gardin, J., Kaplan, K., Firestone, I., & Cowan, G. (1973). Proxemic effects on cooperation, attitude, and approach-avoidance in a prisoner's dilemma game. **Journal of Personality and Social Psychology, 27,** 13–18.

Gardner, J. W. (1990). **On leadership**. New York: Free Press.

Gavin, M., Green, S., & Fairhurst, G. (1995). Managerial control strategies for poor performance over time and the impact on subordinate reactions. **Organizational Behavior and Human Decision Processes, 63,** 207–221.

Geen, R. (1976). Test anxiety, observation, and range of cue utilization. **British Journal of Social and Clinical Psychology, 15,** 253–259.

Geen, R. (1980). The effects of being observed on performance. In P. Paulus (Ed.), **Psychology of group influence**, (pp. 61–97). Hillsdale, NJ: Erlbaum.

Georgesen, J., & Harris, M. (1998). Why's my boss always holding me down? A meta-analysis of power effects on performance evaluations. **Personality and Social Psychology Review, 2**(3), 184–195.

Gerard, H., & Hoyt, M. (1974). Distinctiveness of social categorization and attitude toward ingroup members. **Journal of Personality and Social Psychology, 27,** 836–842.

Gerard, H., Wilhelmy, R., & Conolley, E. (1968). Conformity and group size. **Journal of Personality and Social Psychology, 8**(1), 79–82.

Gersick, C. (1988). Time and transition in work teams: Toward a new model of group development. **Academy of Management Journal, 32,** 274–309.

Gersick, C. J., & Hackman, J. R. (1990). Habitual routines in task-performing groups. **Organizational Behavior and Human Decision Processing, 47,** 65–97.

Ghiselli, E., & Lodahl, T. (1958). Patterns of managerial traits and group effectiveness. **Journal of Abnormal and Social Psychology, 57,** 61–66.

Gibb, J. (1951). The effects of group size and of threat upon certainty in a problem-solving situation. **American Psychologist, 6,** 324.

Gibb, J. (1961). Defensive and supportive climates. **Journal of Communication, 11,** 141–148.

Gibbons, E., & Gerrard, M. (1989). Effects of upward and downward social comparison on mood states. **Journal of Social and Clinical Psychology, 8,** 14–31.

Giffin, K. (1967). The contribution of studies of source credibility to a theory of interpersonal trust in the communication process. **Psychological Bulletin, 68,** 104–121.

Gilbert, D., & Malone, P. (1995). The correspondence bias. **Psychological Bulletin, 117,** 21–38.

Gilbert, D., McNulty, S., Giuliano, T., & Benson, J. (1992). Blurry words and fuzzy deeds: The attribution of obscure behavior. **Journal of Personality and Social Psychology, 62,** 18–25.

Gilbert, M. (1997). **Coalescent argument**. Mahwah, NJ: Erlbaum.

Gilbert, P. (1992). **Depression: The evolution of powerlessness**. New York: Guilford.

Giles, M., & Buckner, M. (1993). "David Duke and Black Threat: An Old. Hypothesis Revisited." **Journal of Politics, 55,** 702–713.

Giles, M., & Hertz, K. (1994). Racial threat and partisan identification. **American Political Science Review, 88,** 317–326.

Glass, D., & Singer, J. (1973). Experimental studies of uncontrollable and unpredictable noise. **Representative Research in Social Psychology, 4**(1), 165–183.

Glass, G. (1977). Integrating findings: The meta-analysis of research. In L. Schulman (Ed.), **Review of research in education** (vol. 5, pp. 351–379). Itasca, IL: Peacock.

Glasser, W. (1984). **Control theory.** New York: Harper & Row.

Glasser, W. (1998). **Choice theory: A new psychology of personal freedom.** New York: Harper Collins.

Glick, J. C., & Staley, K. (2007). Inflicted traumatic brain injury: Advances in evaluation and collaborative diagnosis. **Pediatric Neurosurgery, 43,** 436–441.

Glidewell, J. (1953). **Group emotionality and productivity.** Unpublished doctoral dissertation, University of Chicago.

Golanics, J. D., & Nussbaum, E. M. (2008). Enhancing collaborative online argumentation through question elaboration and goal instructions. **Journal of Computer Assisted Learning, 24,** 167–180.

Goldberg, L. (1968). Ghetto riots and others: The faces of civil disorder in 1967. **Journal of Peace Research, 2,** 116–132.

Goldman, M. (1965). A comparison of individual and group performance for varying combinations of initial ability. **Journal of Personality and Social Psychology, 1,** 210–216.

Goldman, M., Dietz, D., & McGlynn, A. (1968). Comparison of individual and group performance related to heterogeneous-wrong responses, size, and patterns of interaction. **Psychological Reports, 23**(2), 459–465.

Goncalo, J. A. & Staw, B. M. (2006). Individualism-collectivism and group creativity. Organizational Behavior and Human Decision Processes, 100, 96–109.

Goodman, G., & Jacobs, M. (1994). The self-help, mutual-support group. In A. Fubriman & G. Burlingame (Eds.), **Handbook of group psychotherapy: An empirical and clinical synthesis** (pp. 489–526). New York: Wiley.

Goodman, P., & Leyden, D. (1991). Familiarity and group productivity. **Journal of Applied Psychology, 76,** 578–586.

Gordon, K. (1924). Group judgments in the field of lifted weights. **Journal of Experimental Psychology, 7,** 398–400.

Gordon, W. (1961). **Synectics.** New York: Harper & Row.

Gottman, J. (1993). The roles of conflict engagement, escalation, and avoidance in marital interaction: A longitudinal view of five types of couples. **Journal of Consulting and Clinical Psychology, 61**(1), 6–15.

Gottschalk, L. (1966). Psychoanalytic notes on T-groups at the Human Relations Laboratory, Bethel, Maine. **Comprehensive Psychiatry, 7**(6), 472–487.

Gouran, D., & Hirokawa, R. (1996). Functional theory and communication in decision-making and problem-solving groups: An expanded view. In R. Hirokawa & M. Poole (Eds.), **Communication and group decision making** (2nd ed., pp. 53–80). Thousand Oaks, CA: Sage.

Graham, S. (1991). A review of attribution theory in achievement contexts. **Educational Psychology Review,** 3, 5–39.

Grant, A. M., & Berry, J. W. (2011). The necessity of others is the mother of invention: Intrinsic and prosocial motivations, perspective-taking, and creativity. **Academy of Management Journal, 54,** 73–96.

Gray, J., & Thompson, A. (1953). The ethnic prejudices of white and Negro college students. **Journal of Abnormal and Social Psychology, 48,** 311–313.

Green, D. (1977). The immediate processing of sentences. **Quarterly Journal of Experimental Psychology, 29,** 135–146.

Greenberg, J., & Pyszczynski, T. (1985). Persistent high self-focus after failure and low self-focus after success: The depressive self-focusing style. **Journal of Personality and Social Psychology, 50**, 1039–1044.

Greer, L. L., Jehn, K. A. & Mannix, E. A. (2008). Conflict transformation: A longitudinal investigation of the relationships between different types of intra-group conflict and the moderating role of conflict resolution. **Small Group Research, 39**, 278–302.

Greitemeyer, T., & Schulz-Hardt, S. (2003). Preference-consistent evaluation of information in the hidden profile paradigm: Beyond group-level explanations for the dominance of shared information in group decision. **Journal of Personality and Social Psychology, 84**, 322–339.

Greitemeyer, T., Schulz-Hardt, S., Brodbeck, F. C., & Frey, D. (2006). Information sampling and group decision making: The effects of an advocacy decision procedure and task experience. **Journal of Experimental Psychology: Applied, 12**, 21–42.

Grint, K. (2005). **Leadership: Limits and possibilities**. Hong Kong, China: Palgrave Macmillan.

Grossack, M. (1953). Some effects of cooperation and competition upon small group behavior. **Journal of Abnormal and Social Psychology, 49**, 341–348.

Gruber, H. E. (2006). Creativity and conflict resolution: The role of point of view. In M. Deutsch & P. T. Coleman (Eds.), **The handbook of conflict resolution: Theory and practice** (pp. 391–401). San Francisco: Jossey-Bass.

Gruenfeld, D. H. (1995). Status, ideology and integrative complexity on the U.S. Supreme Court: Rethinking the politics of political decision making. **Journal of Personality and Social Psychology, 68**, 5–20.

Gruner, C. (1965). An experimental study of satire as persuasion. **Speech Monographs, 32**(2), 149–153.

Guimond, S., Dambrun, M., Michinov, N., & Duarte, S. (2003). Does social dominance generate prejudice? Integrating individual and contextual determinants of intergroup cognitions. **Journal of Personality and Social Psychology, 84**, 697–721.

Gully, S., Devine, D., & Whitney, D. (1995). A meta-analysis of cohesion and performance: Effects of level of analysis and task interdependence. **Small Groups Research, 26**, 497–520.

Gump, P. (1964). Environmental guidance of the classroom behavioral system. In B. Biddle and W. Ellena (Eds.), **Contemporary research on teacher effectiveness** (pp. 165–195). New York: Holt, Rinehart & Winston.

Gundlach, R. (1950). The effect of on-the-job experience with Negroes upon social attitudes of white workers in union shops. **American Psychologist, 5**, 300.

Gurwitch, R. H., Sitterle, K. A., Young, B. H., & Pfefferbaum, B. (2002). The aftermath of terrorism. In A. M. LaGreca, W. K. Silverman, E. M. Vernberg, & M. C. Roberts (Eds.), **Helping children cope with disasters and terrorism** (pp. 327–358). Washington, DC: American Psychological Association.

Gurtner, A., Tschan, F., Semmer, N. K., & Nägele, C. (2007). Getting groups to develop good strategies: Effects of reflexivity interventions on team process, team performance, and mental models. **Organizational Behavior and Human Decision Processes, 102**, 127–142.

Hackman. J. (1987). The design of work teams. In J. Lorsch (Ed.), **Handbook of organizational behavior** (pp. 315–342). New York: Prentice-Hall.

Hackman, J. (1989). **Groups that work (and those that don't)**. San Francisco: Jossey-Bass.

Hackman, J. R. (2002). **Leading teams: Setting the stage for great performances**. Boston: Harvard Business School Press.

Hackman, J., & Morris, C. (1975). Group tasks, group interaction process and group performance effectiveness: A review and proposed integration. In L. Berkowitz (Ed.), **Advances in Experimental Social Psychology** (Vol. 8, pp. 47–99). New York: Academic Press.

Hackman, J., & Oldham, G. (1980). **Work redesign**. Reading, MA: Addison-Wesley.

Hackman, J., & Walton, R. (1986). Leading groups in organizations. In P. Goodman (Ed.), Designing effective work groups (pp. 72–119). San Francisco:

Jossey-Bass.

Hackman, J. R., & Wageman, R. (2005). When and how team leaders matter. **Research in Organizational Behavior, 26**, 37–74.

Hagman, J., & Hayes, J. (1986). **Cooperative learning: Effects of task, reward, and group size on individual achievement** (Technical Report 704). Boise, ID: Scientific Coordination Office, U.S. Army Research Institute for the Behavioral and Social Sciences (ERIC Document Reproduction Service No. ED 278 720).

Hall, J. & Veccia, E. (1990). More "touching observations: New insights on men, women, and interpersonal touch. **Journal of Personality and Social Psychology, 59**, 1155–1162.

Hall, J., & Williams, M. (1966). A comparison of decision making performance in established and ad hoc groups. **Journal of Personality and Social Psychology, 3**, 214–222.

Hall, J., & Williams, M. (1970). Group dynamics training and improved decision making. **Journal of Applied Behavioral Science, 6**, 39–68.

Halle, L. J. (1967, June). Overestimating the power of power. **The New Republic,** 15–17.

Halpern, D. (1995). **Mental health and the built environment: More than bricks and mortar?** London: Taylor & Francis.

Hamilton, D. (1979). A cognitive-attributional analysis of stereotyping. In L. Berkowitz (Ed.), **Advances in experimental social psychology** (Vol. 12) (pp. 53–84). New York: Academic Press.

Hamilton, D., & Sherman, J. (1994). Stereotypes. In R. Wyer, Jr., & T. Srull (Eds.), **Handbook of social cognition** (2nd ed., vol. 2, pp. 1–68). Hillsdale, NJ: Erlbaum.

Hamilton, D., & Sherman, J. (1996). Perceiving person and groups. **Psychological Review, 103**, 336–355.

Haney, C., Banks, C., & Zimbardo, P. (1973). Interpersonal dynamics in a simulated prison. **International Journal of Criminology and Psychology, 1**, 69–97.

Harding, J. & Hogerge, R. (1952). Attitudes of white department store employees toward Negro co-workers. **Journal of Social Issues, 8**, 18–28.

Hare, A. (1976). **Handbook of small group research** (2nd ed.). New York: Free Press.

Harkins, S. (1987). Social loafing and social facilitation. **Journal of Experimental Social Psychology, 23**, 1–18.

Harkins, S., & Jackson, J. (1985). The role of evaluation in eliminating social loafing. **Personality and Social Psychology Bulletin, 11**, 457–465.

Harkins, S., & Petty, R. (1982). The effects of task difficulty and task uniqueness on social loafing. **Journal of Personality and Social Psychology, 43**, 1214–1229.

Harkins, S. (1981, October). The role of intrinsic motivation in eliminating social loafing. **Ohio State Social Psychology Colloquium Series.**

Harkins, S., & Szymanski, K. (1987). Social loafing and self-evaluation with an objective standard. **Journal of Experimental Social Psychology, 24**, 354–365.

Harkins, S., & Szymanski, K. (1989). Social loafing and group evaluation. **Journal of Personality and Social Psychology**, 56, 934–941.

Harlan, H. (1942). Some factors affecting attitude toward Jews. **American Sociological Review, 7**, 816–827.

Harris, M., & Schaubroeck, J. (1988). A meta-analysis of self-supervisor, self-peer, and peer-supervisor ratings. **Personnel Psychology, 41**, 43–62.

Hart, W., Albarracin, D., Eagly, A., Brechan, I., Lindberg, M., and Merrill, L. (2009). Feeling validated versus being correct: A meta-analysis of selective exposure to information. **Psychological Bulletin, 135**, 555–588.

Hartig, T., Mang, M., & Evans, G. (1991). Restorative effects of natural environment experience. **Environment and Behavior, 23**, 3–26.

Harvey, J. (1999). **Civilized oppression**. Lanham, MD: Rowman and Littlefield.

Haslam, N. (2006). Dehumanization: An integrative review. **Personality and Social Psychology**

Review, 10, 252–264.

Haslam, S. A. (2004). **Psychology in organizations: The social identity approach** (2nd ed.). Thousand Oaks, CA: Sage.

Haslam, S. A., Ryan, M. K., Postmes, T., Spears, R., Jetten, J., & Webley, P. (2006). Sticking to our guns: Social identity as a basis for the maintenance of commitment to faltering organizational projects. **Journal of Organizational Behavior, 27,** 607–628.

Hastorf, A., & Cantril, H. (1954). They saw a game. **Journal of Abnormal and Social Psychology, 49,** 129–134.

Hastorf, A., Northcraft, G., Picciotot, S. (1979). Helping the handicapped: How realistic is the performance feedback? **Personality and Social Psychology Bulletin, 5,** 373–376.

Haunschild, P., Moreland, R., & Murrell, A. (1994). Sources of resistance to mergers between groups. **Journal of Applied Social Psychology, 24,** 1150–1178.

Hawley, P. (1999). The ontogenesis of social dominance: A strategy-based evolutionary perspective. **Developmental Review, 19,** 97–132.

Hawley, P. H., Little, T. D., & Pasupathi, M. (2002). Winning friends and influencing peers: Strategies of peer influence in late childhood. **International Journal of Behavioral Development, 26,** 466–473.

Haythorn, W. (1968). The composition of groups: A review of the literature. **Acta Psychologica, 28,** 97–128.

Hedges, L., & Olkin, I. (1985). **Statistical methods for meta-analysis**. New York: Academic Press.

Heider, F. (1958). **The psychology of interpersonal relations.** New York: Wiley.

Helson, R. (1996). In search of the creative personality. **Creativity Research Journal, 9,** 295–306.

Henningsen, D. D., & Henningsen, M. L. M. (2003). Examining social influence in information-sharing contexts. **Small Group Research, 34,** 391–412.

Henningsen, D. D., & Henningsen, M. L. M. (2007). Do groups know what they don't know? Dealing with missing information in decision-making groups. **Communication Research, 34,** 507–525.

Henningsen, D. D., Henningsen, M. L. M., Eden, J., & Cruz, M. G. (2006). Examining the symptoms of groupthink and retrospective sensemaking. **Small Group Research, 37,** 36–64.

Hepworth, J., & West, S. (1988). Lynching and the economy: A time-series reanalysis of Hovland and Sears (1940). **Journal of Personality and Social Psychology, 55,** 239–247.

Herek, G., & Capitanio, J. (1996). "Some of my best friends": Intergroup contact, concealable stigma, and heterosexuals' attitudes toward gay men and lesbians. **Personality and Social Psychology Bulletin, 22,** 412–424.

Herek, G., Janis, I., & Huth, P. (1987). Decision-making during international crises: Is quality of process related to outcome? **Journal of Conflict Resolution, 31,** 203–226.

Hertel, G., Kerr, N., & Messe, L. (2000). Motivation gains in performance groups: Paradigmatic and theoretical developments on the Kohler effect. **Journal of Personality and Social Psychology 79,** 580–601.

Herzog, T., & Bosley, P. (1992). Tranquility and preference as affective qualities of natural environment. **Journal of Environmental Psychology, 12,** 115–127.

Hewstone, M., & Brown, R. (Eds.). (1986). **Contact and conflict in intergroup relations**. Oxford, England, Basil Blackwell.

Hewstone, M., & Martin, R. (2008). Social influence. In M. Hewstone, W. Stroebe & K. Jonas (Eds.). **Introduction to social psychology** (4th ed., pp. 216–243). Malden, MA: Blackwell Publishing.

Hill, G. (1982). Group versus individual performance: Are n + 1 heads better than one? **Psychological Bulletin, 91,** 517–539.

Hill, W., & Gruner, L. (1973). A study of development in open and closed groups. **Small Group Behavior, 4,** 355–381.

Hinkin, R., & Schriesheim, C. (1989). Development and application of new scales to measure the French and Raven (1959) bases of social power. **Journal of Applied Psychology, 74**, 561–567.

Hirst, G., Mann, L., Bain, P., Pirola-Merlo, A., & Richter, A. (2004). Learning to lead: The development and testing of a model of leadership learning. **Leadership Quarterly, 15**, 311–327.

Hoerr, J. (1989, July). The payoff from teamwork. **Business Week**, pp. 56–62.

Hoffer, E. (1951). **The true believer**. New York: Harper & Row.

Hoffman, L. (1959). Group problem solving. In L. Berkowitz (Ed.), **Advances in experimental social psychology: Vol. 2** (pp. 99–132). San Diego, CA: Academic Press.

Hoffman, L. (1961). Conditions for creative problem solving. **Journal of Psychology, 52**, 429–444.

Hoffman, L. (1979). Applying experimental research on group problem solving to organizations. **Journal of Applied Behavioral Science, 15**, 375–391.

Hoffman, L., Harburg, E., & Maier, N. (1962a). Differences and disagreement as factors in creative problem solving. **Journal of Abnormal and Social Psychology, 64**, 206–214.

Hoffman, L., Harburg, E., & Maier, N. (1962b). Quality and acceptance of problem solutions by members of homogeneous and heterogeneous groups. **Journal of Abnormal and Social Psychology, 64**, 206–214.

Hoffman, L., & Maier, N. (1961). Quality and acceptance of problem solutions by members of homogeneous and heterogeneous. **Journal of Abnormal and Social Psychology, 62**(2), 401–407.

Hollander, E., & Willis, R. (1967). Some current issues in the psychology of conformity and nonconformity. **Psychological Bulletin, 68**, 62–76.

Hollingshead, A., Fulk, J., & Monge, P. (2002). Fostering intranet knowledge sharing: An integration of transactive memory and public goods approaches. In P. Hinds & S. Kiesler (Eds.), Distributed work (pp. 335–355). Cambridge, MA: MIT Press.

Homan, A. C., van Knippenberg, D., Van Kleef, G. A., & De Dreu, C. K. W. (2007a). Bridging faultlines by valuing diversity: The effects of diversity beliefs on information elaboration: The effects of diversity belies on information elaboration and performance in diverse work groups. **Journal of Applied Psychology, 92**, 1189–1199.

Homan, A. C., van Knippenberg, D., Van Kleef, G. A., & De Dreu, C. K. W. (2007b). Interacting dimensions of diversity: Cross-categorization and the functioning of diverse work groups. **Group Dynamics: Theory, Research, and Practice, 11**, 79–94.

Homans, G. (1950). **The human group.** New York: Harcourt, Brace.

Homans, G. (1961). **Social behaviors: Its elementary forms.** New York: Harcourt, Brace & World.

Homans, G. (1974). **Social behavior: Its elementary forms** (rev.ed.). New York: Harcourt Brace Jovanovich.

Hong, O., & Harrod, W. (1988). The role of reasons in the in-group bias phenomenon. **European Journal of Social Psychology, 18**, 537–545.

Hook, S. (1955). **The hero in history**. Boston: Beacon Press.

Hooper, S., Ward, T., Hannafin, M., & Clark, H. (1989). The effects of aptitude composition on achievement during small group learning. **Journal of Computer-Based Instruction, 16**, 102–109.

Hopper, R. (1950). The revolutionary process. **Social Forces, 28**, 270–279.

Hopthrow, T., Abrams, D., Fings, D., & Hulbert, L. G. (2007). Groupdrink: The effects of alcohol on intergroup competitiveness. **Psychology of Addictive Behaviors, 21**, 272–276.

Horai, J. (1977). Attributional conflict. **Journal of Social Issues, 33**(1), 88–100.

Hornstein, H., & Johnson, D. W. (1966). The effects of process analysis and ties to his group upon the negotiator's attitudes toward the outcomes of negotiations. **Journal of Applied Behavioral Science**, 2, 449–465.

Horowitz, E. (1936). The development of attitude toward the Negro. **Archives of Psychology,** (Whole No. 194).

Horwitz, M. (1954). The recall of interrupted group tasks: An experimental study of individual motivation in relation to group goals. **Human Relations, 7,** 3–38.

Hovhannisyan, A., Varrella, G., Johnson, D. W., & Johnson, R. (2005). Cooperative learning and building democracies. **The Cooperative Link, 20**(1), 1–3.

Hovland, C., Janis, I., & Kelley, H. (1953). **Communication and persuasion.** New Haven, CT: Yale University Press.

Hovland, C., Lumsdaine, A., & Sheffield, F. (1949). **Experiment on mass communication.** Princeton, NJ: Princeton University Press.

Hovland, C., & Sears, R. (1940). Minor studies in aggression: VI. Correlation of lynchings with economic indices. **Journal of Psychology, 9**, 301–310.

Hovland, C., & Weiss, W. (1952). The influence of source credibility on communication effectiveness. **Public Opinion Quarterly, 15**, 635–650.

Howell, J. M., & Shamir, B. (2005). The role of followers in the charismatic leadership process: Relationships and their consequences. **Academy of Management Review, 30**, 96–112.

Howells, L., & Becker, S. (1962). Seating arrangement and leadership emergence. **Journal of Personality and Social Psychology, 64**, 148–150.

Hulten, B., & DeVries, D. (1976). **Team competition and group practice: Effects on student achievement and attitudes.** Johns Hopkins University, Center for Social Organization of Schools, Report #212.

Hunt, P., & Hillery, J. (1973). Social facilitation in a coaction setting: An examination of the effects over learning trials. **Journal of Experimental Social Psychology, 9**, 563–571.

Hwong, N., Caswell, A., Johnson, D. W., & Johnson, R. (1993). Effects of cooperative and individualistic learning on prospective elementary teachers' music achievement and attitudes. **Journal of Social Psychology, 133**, 53–64.

Ichheiser, G. (1949). Misunderstandings in human relations: A study in false social perceptions. **American Journal of Sociology** (Supplement), **55**, 1–70.

Ilgen, D. (1986). Small groups in an individualistic world. In R. McGlynn & B. George (Eds.), **Interfaces in psychology: Organizational psychology and small group behavior** (pp. 149–169). Lubbock: Texas Tech University Press.

Illing, H. (1957). C. Jung on the present trends in group psychotherapy. **Human Relations, 10,** 77–84.

Indik, B. (1965). Organization size and member participation: Some empirical tests of alternative explanations. **Human Relations**, **18**(4), 339–350.

Ingham. A., Levinger, G., Graves, J., & Peckham, V. (1974). The Ringelmann effect: Studies of group size and group performance. **Journal of Experimental Social Psychology**, **10**, 371–384.

Irish, D. (1952). Reactions of Caucasian residents to Japanese-American neighbors. **Journal of Social Issues, 8,** 10–17.

Isenberg, D. (1986). Group polarizaiton: A critical review and meta-analysis. **Journal of Personality and Social Psychology**, **50**, 1141–1151.

Islam, M., & Hewstone, M. (1993). Intergroup attributions and affective consequences in majority and minority groups. **Journal of Personality and Social Psychology, 64**, 936–950.

Iverson, M., & Schwab, H. (1967). Ethnocentric dogmatism and binocular fusion of sexually and racially discrepant stimuli. **Journal of Personality and Social Psychology, 7**, 73–81.

Jackman, M., & Crane, M. (1986). "Some of my best friends are black ..." Interracial friendship and whites' racial attitudes. **Public Opinion Quarterly, 50,** 459–486.

Jackson, S. (1992). Team composition in organizational settings: Issues in managing an increasingly diverse work force. In S. Worchel, W. Wood, & J. Simpson (Eds.), **Group process and productivity** (pp. 138–173). Newbury Park, CA: Sage.

Jackson, J., & Williams, K. (1985). Social loafing on difficult tasks: Working collectively can improve performance. **Journal of Personality and Social Psychology, 49**, 937–942.

Jackson, J., & Williams, K. (1986). **A review and theoretical analysis of social loafing**. Unpublished manuscript, Fordham University.

Jackson, S., Brett, J., Sessa, V., Cooper, D., Julin, J., & Peyronnin, K. (1991). Some differences make a difference: Interpersonal dissimilarity and group heterogeneity as correlates of recruitment, promotion, and turnover. **Journal of Applied Psychology, 76**, 675–689.

Jackson, S., May, K., & Whitney, K. (1995). Understanding the dynamics of diversity in decision-making teams. In R. Guzzo, E. Salas, and associates (Eds.), **Team effectiveness and decision making in organizations** (pp. 204–261). San Francisco: Jossey-Bass.

Jacobson, N., & Margolin, G. (1979). **Marital therapy: Strategies based on social learning and behavior exchange principles**. New York: Brunner/Mazel.

Jahoda, M., & West, P. (1951). Race relations in public housing. **Journal of Social Issues, 7**, 132–139.

James, W. (1880, October). Great men, great thoughts and their environment. **Atlantic Monthly, 46**, 441–459.

Janis, I. (1971). Groupthink. **Psychology Today, 5**(6), 43–46, 74–76.

Janis, I. L. (1972). **Victims of groupthink: A psychological study of foreign-policy decisions and fiascoes**. Oxford: Houghton Mifflin.

Janis, I. L. (1982). **Groupthink** (revised and enlarged edition of **Victims of groupthink**). Boston: Houghton-Mifflin.

Janis, I., & Mann, L. (1977). **Decision making**. New York: Free Press.

Janz, T., & Tjosvold, D. (1985). Costing effective vs. ineffective work relationships: A method and first look. **Canadian Journal of Administrative Sciences, 2**, 53–51.

Jehn, K. A. & Bezrukova, K. (2010). The faultline activation process and the effects of activated faultlines on coalition formation, conflict, and group outcomes. **Organizational Behavior and Human Decision Making Processes, 112**, 24–42.

Jehn, K. (1995). A multi-method examination of the benefits and detriments of intragroup conflict. **Administrative Science Quarterly, 40**, 256–282.

Jehn, K. (1997). A qualitative analysis of conflict types and dimensions in organizational groups. **Administrative Science Quarterly, 42**, 530–557.

Jehn, K. A., & Bendersky, C. (2003). Intragroup conflict in organizations: A contingency perspective on the conflict-outcome relationship. In R. M. Kramer & B. M. Staw (Eds.), **Research in organizational behavior: An annual series of analytical essays and critical reviews**, Vol 25. Research in organizational behavior (pp. 187–242). Oxford, England: Elsevier Science Ltd.

Jehn, K. A. & Mannix, E. A. (2001). The dynamic nature of conflict: A longitudinal study of intragroup conflict and group performance. **Academy of Management Journal, 44** (2), 238–251.

Jehn, K., Northcraft, G., & Neale, M. (1999). Why differences make a difference: A field study of diversity, conflict, and performance in workgroups. **Administrative Science Quarterly, 44**, 741–763.

Jetten, J., Hornsey, M. J., Spears, R., Haslam, S. A., & Cowell, E. (2010). Rule transgressions in groups: The conditional nature of newcomers' willingness to confront deviance. **European Journal of Social Psychology, 40**, 338–348.

Johnson, D., & Rusbult, C. (1989). Resisting temptation: Devaluation of alternative partners as a means of maintaining commitment in close relationships. **Journal of Personality and Social Psychology, 57**, 967–980.

Johnson, D. W. (1967). The use of role reversal in intergroup competition. **Journal of Personality and Social Psychology, 7**, 135–141.

Johnson, D. W. (1970). **The social psychology of education**. New York: Holt, Rinehart & Winston.

Johnson, D. W. (1971a). Role reversal: A summary and review of the research. **International Journal of Group Tensions, 1**, 318–334.

Johnson, D. W. (1971b). The effectiveness of role reversal: The actor or the listener. **Psychological Reports, 28**, 275–282.

Johnson, D. W. (1972). **The effects of role reversal on seeing a conflict from the opponent's frame of reference.** Unpublished manuscript, University of Minnesota.

Johnson, D. W. (1973). **Contemporary social psychology**. Philadelphia: Lippincott.

Johnson, D. W. (1974). Communication and the inducement of cooperative behavior in conflicts. **Speech Monographs, 41**, 64–78.

Johnson, D. W. (1977). Distribution and exchange of information in problem solving dyads. **Communication Research, 4**, 283–298.

Johnson, D. W. (1978). **Human relations and your career** (1st ed.). Englewood Cliffs, NJ: Prentice-Hall.

Johnson, D. W. (1979). **Educational psychology**. Englewood Cliffs, NJ: Prentice-Hall.

Johnson, D. W. (1980a). Group processes: Influences on student-student interaction on school outcomes. In J. McMillan (Ed.), **Social psychology of school learning** (pp. 123–168). New York: Academic Press.

Johnson, D. W. (1980b). Attitude modification methods. In F. Kanfer and A. Goldstein (Eds.), **Helping people change** (pp. 51–88). New York: Pergamon Press.

Johnson, D. W. (1991). **Human relations and your career** (3rd ed.). Englewood Cliffs, NJ: Prentice-Hall.

Johnson, D. W. (2003). Social interdependence: The interrelationships among theory, research, and practice. **American Psychologist, 58**(11), 931–945.

Johnson, D. W. (2009). **Reaching out: Interpersonal effectiveness and self-actualization** (10th ed.). Boston: Allyn & Bacon.

Johnson, D. W. (2014). **Reaching out: Interpersonal effectiveness and self-actualization** (11th Ed.). Englewood Cliffs, NJ: Prentice Hall.

Johnson, D. W. (2015). Constructive Controversy: Theory, research, practice. Cambridge, GB: University of Cambridge Press.

Johnson, D. W. (2015). **Constructive controversy: Theory, research, practice**. Cambridge, UK: Cambridge University Press.

Johnson, D. W., & Allen, S. (1972). Deviation from organizational norms concerning the relations between status and power. **Sociological Quarterly, 13**, 174–182.

Johnson, D. W., Johnson, F., & Johnson, R. (1976). Promoting constructive conflict in the classroom. **Notre Dame Journal of Education, 7**, 163–168.

Johnson, D. W., & Johnson, R. (1974). Instructional goal structure: Cooperative, competitive, or individualistic. **Review of Educational Research, 44**, 213–240.

Johnson, D. W., & Johnson, R. (1978). Cooperative, competitive, and individualistic learning. **Journal of Research and Development in Education, 12,** 3–15.

Johnson, D. W., & Johnson, R. (1979). Conflict in the classroom: Controversy and learning. **Review of Educational Research**, 49, 51–70.

Johnson, D. W., & Johnson, R. (1980). **Belonging** [film]. Edina, MN: Interaction Book Company.

Johnson, D. W., & Johnson, R. (1981). Effects of cooperative and individualistic learning experiences on interethnic interaction. **Journal of Educational Psychology**, 73, 454–459.

Johnson, D. W., & Johnson, R. (1983). The socialization and achievement crisis: Are cooperative learning experiences the solution? In L. Bickman

(Ed.), **Applied social psychology annual 4** (pp. 119–164). Beverly Hills, CA: Sage Publications.

Johnson, D. W., & Johnson, R. (1985). Classroom conflict: Controversy versus debate in learning groups. **American Educational Research Journal, 22**, 237–256.

Johnson, D. W., & Johnson, R. (1987). **Creative conflict**. Edina, MN: Interaction Book Company.

Johnson, D. W., & Johnson, R. (1989). **Cooperation and competition: Theory and research**. Edina, MN: Interaction Book Company.

Johnson, D. W., & Johnson, R. (1990). **Cooperative learning: Warm-ups, grouping strategies and group activities** (2nd ed.). Edina, MN: Interaction Book Company.

Johnson, D. W., & Johnson, R. (1992a). **Positive interdependence: The heart of cooperative learning.** Edina, MN: Interaction Book Company.

Johnson, D. W., & Johnson, R. (1992b). **Positive interdependence: The heart of cooperative learning** (video). Edina, MN: Interaction Book Company.

Johnson, D. W., & Johnson, R. (1994). **Leading the cooperative school** (2nd ed). Edina, MN: Interaction Book Company.

Johnson, D. W., & Johnson, R. (1996). **Meaningful and manageable assessment through cooperative learning**. Edina, MN: Interaction Book Company.

Johnson, D. W., & Johnson, R. (1997). **Learning to lead teams: Developing leadership skills**. Edina, MN: Interaction Book Company.

Johnson, D. W., & Johnson, R. (1998). Cooperative learning and social interdependence theory. In R. Tindale, L. Heath, J. Edwards, E. Posavac, F. Bryant, Y. Suzrez-Balcazar, E. Henderson-King, & J. Myers (Eds.), **Theory and research on small groups** (pp. 9–36). New York: Plenum.

Johnson, D. W., & Johnson, R. (1999a). **Learning together and alone: Cooperative, competitive, and individualistic learning** (6th ed.). Boston: Allyn & Bacon.

Johnson, D. W., & Johnson, R. (1999b). **Human relations: Valuing diversity**. Edina, MN: Interaction Book Company.

Johnson, D. W., & Johnson, R. (2000). Civil political discourse in a democracy: The contribution of psychology. **Peace and Conflict: Journal of Peace Psychology, 6**(4), 291–317.

Johnson, D. W., & Johnson, R. (2002). **Meaningful And Manageable Assessment Through Cooperative Learning** (2nd ed.). Edina, MN: Interaction Book Company

Johnson, D. W., & Johnson, R. (2003a). Controversy and peace education. **Journal of Research in Education, 13**(1), 71–91.

Johnson, D. W., & Johnson, R. (2003b). Student motivation in cooperative groups: Social interdependence theory. In R. Gillies & A. Ashman (Eds.). **Cooperative learning: The social and intellectual outcomes of learning in groups** (pp. 136–176). New York: RoutledgeFalmer.

Johnson, D. W., & Johnson, R. (2003c). Training for cooperative group work. In M. West, D. Tjosvold, & K. Smith, **International handbook of organizational teamwork and cooperative working** (pp. 167–183). London: John Wiley.

Johnson, D. W., & Johnson, R. T. (2002). **Multicultural education and human relations**. Boston: Allyn & Bacon.

Johnson, D. W., & Johnson, R. T. (2005a). New developments in social interdependence theory. **Genetic, Social, and General Psychology Monographs, 131**(4), 285–358.

Johnson, D. W., & Johnson, R. T. (2005b). **Teaching students to be peacemakers** (4th ed). Edina, MN: Interaction Book Company.

Johnson, D. W., & Johnson, R. T. (2006). Peace education for consensual peace: The essential role of conflict resolution. **Journal of Peace Education, 3**(2), 147–174.

Johnson, D. W., & Johnson, R. T. (2007). **Creative controversy: Intellectual challenge in the classroom** (4th ed). Edina, MN: Interaction Book Company.

Johnson, D. W., & Johnson, R. T. (2008). Cooperation and the use of technology. In Spector, J. M., Merrill, M. D., van Merrienboer, J. J. G., Driscoll, M. P. (Eds.). **Handbook of Research on**

Educational Communications and Technology (3rd ed.). (pp. 401–423). New York: Lawrence Erlbaum (Taylor & Francis).

Johnson, D. W., & Johnson, R. T. (2009a). Energizing learning: The instructional power of conflict. **Educational Researcher, 38**(1), 37–51.

Johnson, D. W., & Johnson, R. T. (2009b). An educational psychology success story: Social interdependence theory and cooperative learning. **Educational Researcher, 38**(5), 365–379.

Johnson, D. W., & Johnson, R. T. (2010). The impact of social interdependence on value education and student wellbeing. In T. Lovat, R. Toomey, & N. Clement (Eds.), **International research handbook of values education and student wellbeing** (pp. 825–848). New York: Springer Press.

Johnson, D. W., & Johnson, R. T. (2011). Restorative justice in the classroom: Necessary roles of cooperative context, constructive conflict, and civic values. **Negotiation and Conflict Management Research Journal**, in press.

Johnson, H. H., & Torcivia, J. M. (1967). Group and individual performance on a single-stage task as a function of distribution of individual performance. **Journal of Experimental Social Psychology, 3**, 266–273.

Johnson, D. W., Johnson, R. T., Buckman, L., & Richards, P. (1986). The effect of prolonged implementation of cooperative learning on social support within the classroom. **Journal of Psychology, 119**, 405–411.

Johnson, D. W., Johnson, R. T., & Holubec, E. (1994). **Nuts and bolts of cooperative learning**. Edina, MN: Interaction Book Company.

Johnson, D. W., Johnson, R., & Holubec, E. (2008). **Cooperation in the classroom** (7th ed.). Edina, MN: Interaction Book Company.

Johnson, D. W., Johnson, R., & Holubec, E. (2008). **Advanced cooperative learning** (5th ed.). Edina, MN: Interaction Book Company.

Johnson, D. W., Johnson, R. T., & Holubec, E. J. (2009). **Circles of learning: Cooperation in the classroom** (9th ed.). Edina, MN: Interaction Book Company.

Johnson, D. W., Johnson, R., & Johnson, F. (1976). Promoting constructive conflict in the classroom. **Notre Dame Journal of Education, 7**, 163–168.

Johnson, D. W., Johnson, R., & Maruyama, G. (1983). Interdependence and interpersonal attraction among heterogeneous and homogeneous individuals: A theoretical formulation and a meta-analysis of the research. **Review of Educational Research, 53**, 5–54.

Johnson, D. W., Johnson, R., Ortiz, A., & Stanne, M. (1991). Impact of positive goal and resource interdependence on achievement, interaction, and attitudes. **Journal of General Psychology, 118**(4), 341–347.

Johnson, D. W., Johnson, R., & Skon, L. (1979). Student achievement on different types of tasks under cooperative, competitive, and individualistic conditions. **Contemporary Educational Psychology, 4**, 99–106.

Johnson, D. W., Johnson, R., & Smith, K. (1987). Academic conflict among students: Controversy and learning. In R. Feldman (Ed.), **Social psychological applications to education** (pp. 199–231). Cambridge: Cambridge University Press.

Johnson, D. W., Johnson, R., & Smith, K. (1998). **Active learning: Cooperation in the college classroom** (2nd ed.). Edina, MN: Interaction Book Company.

Johnson, D. W., Johnson, R., & Smith, K. (2000). Constructive controversy: The educative power of intellectual conflict. **Change, 32**(1), 28–37.

Johnson, D. W., Johnson, R., & Smith, K. (2006). **Active learning: Cooperative learning in the college classroom** (3rd edition). Edina, MN: Interaction Book Company.

Johnson, D. W., Johnson, R., Stanne, M., & Garibaldi, A. (1990). Impact of group processing on achievement in cooperative groups. **Journal of Social Psychology, 130**, 507–516.

Johnson, D. W., Johnson, R., & Tjosvold, D. (2000). Constructive controversy: The value of intellectual opposition. In M. Deutsch, & P. Coleman (Eds.), **Handbook of constructive conflict resolution: Theory and practice** (pp. 65–85). San Francisco: Jossey-Bass.

Johnson, D. W., Kavanagh, J., & Lubin, B. (1973). Tests, t-groups, and tension. **Comparative Group Studies**, **4**, 81–88.

Johnson, D. W., & Lewicki, R. (1969). The initiation of superordinate goals. **Journal of Applied Behavioral Science**, **5**, 9–24.

Johnson, D. W., Maruyama, G., Johnson, R., Nelson, D., & Skon, L. (1981). Effects of cooperative, competitive, and individualistic goal structures on achievement: A meta-analysis. **Psychological Bulletin**, **89**, 47–62.

Johnson, D. W., & Matross, R. (1977). The interpersonal influence of the psychotherapist. In A. Gurman and A. Razin (Eds.), **Effective psychotherapy: A handbook of research** (pp. 395–432). Elmsford, NY: Pergamon Press.

Johnson, D. W., McCarty, K., & Allen, T. (1976). Congruent and contradictory verbal and nonverbal communications of cooperativeness and competitiveness in negotiations. **Communication Research**, **3**, 275–292.

Johnson, D. W., & Noonan, P. (1972). Effects of acceptance and reciprocation of self-disclosures on the development of trust. **Journal of Counseling Psychology**, **19**, 411–416.

Johnson, D. W., & Norem-Hebeisen, A. (1981). The relationship between cooperative, competitive, and individualistic attitudes and differentiated aspects of self-esteem. **Journal of Personality**, **49**, 415–426.

Johnson, D. W., Skon, L., & Johnson, R. (1980). The effects of cooperative, competitive and individualistic goal structures on student achievement on different types of tasks. **American Educational Research Journal**, **17**, 83–93.

Johnson, R., Johnson, D. W., Scott, L., & Ramolae, B. (1985). Effects of single-sex and mixed-sex cooperative interaction on science achievement and attitudes and cross-handicap and cross-sex relationship. **Journal of Research in Science Teaching**, **22**, 207–220.

Johnson, S., & Johnson, D. W. (1972). The effects of other's actions, attitude similarity, and race on attraction towards the other. **Human Relations**, **25**, 121–130.

Jones, E., & Gerard, H. (1967). **Foundations of social psychology.** New York: John Wiley.

Jones, E., & Nesbett, R. (1972). The actor and the observer: Divergent perceptions of the causes of behavior. In E. Jones, D. Kanouse, H. Kelley, R. Nisbett, S. Valins, & B. Weiner (Eds.), **Attribution: Perceiving the causes of behavior** (pp. 79–94). Morristown, NJ: General Learning Press.

Jones, M. (1974). Regressing group on individual effectiveness. **Organizational Behavior and Human Performance**, **11**, 426–451.

Kahpor-Klein, F. & Kahlon, M. (2004). **Discrimination and Americans' dreams. HOW FAIR.** Level Playing Field Institute and the University of Connecticut.

Kameda, T., & Tamura, R. (2007). "To eat or not to be eaten?" Collective risk-monitoring in groups. **Journal of Experimental Social Psychology** **43**, 168–179.

Kantor, R.M. (1988). When a thousand flowers bloom: Structural, collective and social conditions for innovation in organizations. In B. Staw & L. L. Cummings (Eds.), Research in Organizational Behavior, 10, 169–211. Greenwich, CT: JAI Press.

Kantor, R. (1977). **Men and women of the corporation.** New York: Basic Books.

Kaplan, M. (1977). Discussion polarization effects in a modern jury decision paradigm: Informational influences. **Sociometry**, **40**, 262–271.

Kaplan, M., & Miller, C. (1977). Group decision making and normative versus information influence: Effects of type of issue and assigned decision rule. **Journal of Personality and Social Psychology**, **53**, 306–313.

Kaplan, M., & Miller, C. (1977). Judgments and group discussion: Effect of presentation and memory factors on polarization. **Sociometry**, **40**, 337–343

Karau, S., & Williams, K. (1993). Social loading: A meta-analytic review and theoretical integration. **Journal of Personality and Social Psychology, 65**, 681-706.

Karau, S., & Williams, K. (2001). Understanding individual motivation in groups: The collective effort model. In M. Turner (Ed.), **Groups at work: Theory and research** (pp. 113-141). Mahwah, NJ: Erlbaum.

Katz, D., & Braly, K. (1933). Racial stereotypes of 100 college students. **Journal of Abnormal and Social Psychology, 28**, 280-290.

Katz, I., & Hass, R. (1988). Racial ambivalence and American value conflict: Correlational and priming studies of dual cognitive structures. **Journal of Personality and Social Psychology, 55**, 893-905.

Katz, I., Wachenhut, J., & Hass, R. (1986). Racial ambivalence, value duality, and behavior. In J. Dovidio & S. Gaertner (Eds.), **Prejudice, discrimination, and racism** (pp. 35-60). New York: Academic Press.

Katzenbach, J., & Smith, D. (2003). **The wisdom of teams**. Cambridge, MA: Harvard Business School Press.

Kaul, T., & Bednar, R. (2003). Experiential group research: Results, questions, and suggestions. In S. Garfield & A Bergin (Eds.), **Handbook of psychotherapy and behavior change** (5th ed., pp. 671-714). New York: Wiley.

Kellerman, B. (2004). **Bad leadership: What it is, how it happens, why it matters**. Boston: Harvard Business School Press.

Kelley, H. (1968). Interpersonal accommodation. **American Psychologist, 23**, 399-410.

Kelley, H. (1979). **Personal relationships**. Hillsdale, NJ: Erlbaum.

Kelley, H., & Stahelski, A. (1970). Social interaction basis of cooperators' and competitors' beliefs about others. **Journal of Personality and Social Psychology, 16**, 66-91.

Kelley, H., & Thibaut, J. (1978). **Interpersonal relations: A theory of interdependence**. New York: Wiley.

Kelly, J., & Karau, S. (1999). Group decision making: The effects of initial preferences and time pressure. **Personality and Social Psychology Bulletin, 25**, 1342-1354.

Kerr, N. (1983). The dispensability of member effort and group motivation losses: Free-rider effects. **Journal of Personality and Social Psychology, 44**, 78-94.

Kerr, N. (1989). Illusions of efficacy: The effects of group size on perceived efficacy in social dilemmas. **Journal of Experimental Social Psychology, 35**, 287-313.

Kerr, N. (2001). Social loafing and social striving: Motivational processes in task performing groups. In J. Forgas, K. Williams, & L. Wheeler (Eds.), **The social mind: Cognitive and motivational aspects of interpersonal behavior.** New York: Cambridge University Press.

Kerr, N., Atkin, R., Stasser, G., Meek, D., Holt, R., & Davis, J. (1976). Guilt beyond a reasonable doubt: Effects of concept definition and assigned decision rule on the judgments of mock jurors. **Journal of Personality and Social Psychology, 34**, 282-294.

Kerr, N., & Bruun, S. (1981). Ringelmann revisited: Alternative explanations for the social loafing effect. **Personality and Social Psychology Bulletin, 7**, 224-231.

Kerr, N., & Bruun, S. (1983). The dispensability of member effort and group motivation losses: Free-rider effects. **Journal of Personality and Social Psychology, 44**, 78-94.

Kerr, N., Davis, J., Meek, D., & Rissman, A. (1975). Group position as a function of member attitudes: Choice shift effects from the perspective of social decision scheme theory. **Journal of Personality and Social Psychology, 31**, 574-593.

Key, V. (1949). **Southern politics in state and nation**. New York: Knopf.

Keyton, J. (1999). Relational communication in groups. In L. Frey, D. Gouran, & M. Poole, (Eds.), **The handbook of group communication theory and research** (pp. 192-222). Thousand Oaks, CA: Sage.

Kiesler, S., Siegel, J., & McGuire, T. (1984, October). Social psychological aspects of computer-mediated communication. **American Psychologist**, 39(10), 1123–1134.

Kim, S., Smith, R., & Brigham, N. (1998). Effects of power imbalance and the presence of third parties on reactions to harm: Upward and downward revenge. **Personality and Social Psychology Bulletin, 24**(4), 353–361.

Kimberly, J., & Evanisko, M. (1981). Organizational innovation: The influence of individual, organizational, and contextual factors on hospital adoption of technological and administrative innovations. **Academy of Management Journal, 24**, 689–713.

Kinlaw, D.C. (1991). **Developing superior work teams: Building quality and the competitive edge**. Lexington, MA: Lexington Books.

Kipnis, D. (1972). Does power corrupt? **Journal of Personality and Social Psychology, 24**, 33–41.

Kipnis, D. (1984). The use of power in organizations and in interpersonal settings. **Applied Social Psychology Annual, 5**, 179–210.

Kipnis, D. (1987). Psychology and behavioral technology. **American Psychologist, 42**, 30–36.

Kipnis, D., Castell, J., Gergen, M., & Mauch, D. (1976). Metamorphic effects of power. **Journal of Applied Psychology, 61**, 127–135.

Kipnis, D., Schmidt, S., Prince K., & Stitt, C. (1981). Why do I like thee: Is it your performance or my orders? **Journal of Applied Psychology, 66**, 324–328.

Kirkpatrick, S. A., & Locke, E. A. (1991). Leadership: Do traits matter? **Academy of Management Executive, 5**, 48–60.

Kivlighan, D., & Mullison, D. (1988). Participants' perception of therapeutic factors in group counseling: The role of interpersonal style and stage of group development. **Small Group Behavior, 19**, 452–468.

Kivlighan, D., Multon, K., & Brossart, D. (1996). Helpful impacts in group counseling: Development of a multidimensional rating system. **Journal of Counseling Psychology, 43**, 347–355.

Kloche, U. (2007). How to improve decision making in small groups: Effects of dissent and training interventions. **Small Group Research, 38**, 437–468.

Kochanska, G. (2002). Committed compliance, moral self, and internalization: A mediational model. **Developmental Psychology, 38**, 339–351.

Kohn, A. (1992). **No contest: The case against competition** (2nd ed.). Boston: Houghton Mifflin.

Kohn, A. (1993). **Punished by rewards**. Boston: Houghton Mifflin.

Kolb, D. (1985). To be a mediator: Expressive tactics in mediation. **Journal of Social Issues, 41**(2), 11–26.

Kolb, D. M., & Coolidge, G. (1991). Her place at the table. In J. W. Breslin & J. Z. Rubin (Eds.), **Negotiation theory and practice**. Cambridge, MA: Program on Negotiation at Harvard Law School.

Kostick, M. (1957). An experiment in group decision. **Journal of Teacher Education, 8**, 67–72.

Kouzes, J., & Posner, B. (1987). **The leadership challenge**. San Francisco: Jossey-Bass.

Kramer, G. (1951). **Residential contact as a determinant of attitudes toward Negroes.** Unpublished doctoral dissertation, Harvard University.

Kramer, R. (1996). Divergent realities and convergent disappointments in the hierarchic relation: Trust and the intuitive auditor at work. In R. Kramer & T. Tyler (Eds.), **Trust in organizations: Frontiers of theory and research** (pp. 216–245). Thousand Oaks, CA: Sage.

Kramer, R., & Brewer, M. (1984). Effects of group identity on resource use in a simulated commons dilemma. **Journal of Personality and Social Psychology, 46**, 1044–1057.

Kramer, R., & Brewer, M. (1986). Social group identity and the emergence of cooperation in resource conservation dilemmas. In H. Wilke, D. Messick, & C. Rutte (Eds.), **Experimental social dilemmas** (pp. 205–234). Frankfurt am Main: Verlag Peter Lang.

Krause, C. (1978). **Guyana massacre: The eyewitness account.** Washington, DC: The Washington Post.

Krauss, R., & Deutsch, M. (1966). Communication in interpersonal bargaining. **Journal of Personality and Social Psychology, 4**, 572–577.

Kray, L., & Gallinsky, A. (2003). The debiasing effect of counterfactual mind-sets: Increasing the search for disconfirmatory information in group decisions. **Organizational Behavior and Human Decision Processes, 91**, 69–81.

Kressel, K., & Pruitt, D. (1985). Themes in the mediation of social conflict. **Journal of Social Issues, 41**(2), 179–198.

Kropotkin, P. (1902). **Mutual aid: A factor of evolution**. London: Doubleday.

Kruglanski, A. W., Pierro, A., Mannetti, L., & DeGrada, E. (2006). Groups as epistemic providers: Need for closure and the unfolding of groupcentrism. **Psychological Review, 113**, 84–100.

Labarre, W. (1972). **The ghost dance**. New York: Delta.

Lakin, M. (1972). **Interpersonal encounter: Theory and practice in sensitivity training**. New York: McGraw-Hill.

Lamm, H., & Trommsdorff, G. (1973). Group versus individual performance on tasks requiring ideational proficiency (brainstorming): A review. **European Journal of Social Psychology, 3**, 361–388.

Lampert, M. L., Rittenhouse, P., & Crumbaugh, C. (1996). Agreeing to disagree: Developing sociable mathematical discourse. In D. R. Olson & N. Torrance (Eds.), **Handbook of human development in education** (pp. 731–764). Cambridge, MA: Blackwell.

Langer, E., & Benevento, A. (1978). Self-induced dependence. **Journal of Personality and Social Psychology**, 36, 886–893.

Langer, E., Blank, A., & Chanowitz, B. (1978). The mindlessness of ostensibly thoughtful action: The role of "placebic" information in interpersonal interaction. **Journal of Personality and Social Psychology, 36**, 635–642.

Langer, E., & Rodin, J. (1976). The effects of choice and enhanced personal responsibility for the aged: A field experiment in an institutional setting. **Journal of Personality and Social Psychology, 34**(2), 191–198.

Langewiesche, W. (2003). Columbia's last flight. **The Atlantic Monthly, 292**, 58–87.

Larson, J. R., Christensen, C., Franz, T., & Abbott, A. (1998). Diagnosing groups: The pooling, management, and impact of shared and unshared case information in team-based medical decision making. **Journal of Personality and Social Psychology, 75**, 93–108.

Larson, J. R., Foster-Fishman, P. G., & Franz, T. (1998). Leadership style and the discussion of shared and unshared information in decision-making groups. **Personality and Social Psychology Bulletin, 24**, 482–495.

Larson, J. R., Foster-Fishman, P. G., & Keys, C. B. (1994). The discussion of shared and unshared information in decision-making groups. **Journal of Personality and Social Psychology, 67**, 446–461.

Lasswell, H. D., & Kaplan A. (1950). **Power and society: A framework for political inquiry**. New Haven, CT: Yale University Press.

Latané, B. (1981). The psychology of social impact. **American Psychologist, 36**, 343–356.

Latané, B., & Nida, S. (1981). Ten years of research on group size and helping. **Psychological Bulletin, 89**, 308–324.

Latané, B., Williams, K., & Harkins, S. (1979). Many hands make light the work: The causes and consequences of social loafing. **Journal of Personality and Social Psychology, 37**, 822–832.

Latham, G., & Baldes, J. (1975). The "practical significance" of Locke's theory of goal setting. **Journal of Applied Psychology, 60**, 122–124.

Laughlin, P. (1980). Social combination processes of cooperative problem-solving groups on verbal intellective tasks. In M. Fishbein (Ed.), **Progress in social psychology** (Vol. 1, pp. 127–155). Hillsdale, NJ: Erlbaum.

Laughlin, P., & Adamopoulos, J. (1980). Social combination processes and individual learning for six-person cooperative groups on an intellective task. **Journal of Personality and Social Psychology, 38**, 941–947.

Laughlin, P., & Bitz, D. (1975). Individual versus dyadic performance on a disjunctive task as a function of initial ability level. **Journal of Personality and Social Psychology**, 31, 487–496.

Laughlin, P., Branch, L., & Johnson, H. (1969). Individual versus triadic performance on a unidimensional complementary task as a function of initial ability level. **Journal of Personality and Social Psychology, 12,** 144–150.

Laughlin, P., & Early, P. (1982). Social combination models, persuasive arguments theory, social comparison theory and choice shift. **Journal of Personality and Social Psychology**, 42, 273–280.

Lawler, E., & Yoon, J. (1993). Power and the emergence of commitment behavior in negotiated exchange. **American Sociological Review, 58,** 465–481.

Lawrence, P., & Lorsch, J. (1967). **Organization and environment: Managing differentiation and integration.** Cambridge: Harvard University, Division of Research, Graduate School of Business Administration.

Leana, C. (1985). A partial test of Janis' groupthink model: Effects of group cohesiveness and leader behavior on defective decision making. **Journal of Management**, 11, 5–17.

Leavitt, H. (1951). Some effects of certain communication patterns on group performance. **Journal of Abnormal and Social Psychology, 46,** 38–50.

Le Bon, G. (1895). **The crowd: A study of the popular mind.** London: T. Fisher Unwin.

Le Bon, G. (1960). **The crowd.** New York: The Viking Press. (Original work published in 1895)

Lee, C. (1989). The relationship between goal setting, self-efficacy, and female field-hockey team performance. **International Journal of Sport Psychology**, 20(2), 147–161.

Leichtentritt, J., & Shechtman, Z. (1998). Therapist, trainee, and child very response modes in child group therapy. **Group Dynamics: Theory, Research, and Practice, 2,** 36–47.

LePine, J. A. & Van Dyne, L. (2001). Voice and cooperative behavior as contrasting forms of contextual performance: Evidence of differential relationships with Big 5 personality characteristics and cognitive ability. **Journal of Applied Psychology, 86,** 326–336. *Johnson v. Louisiana*, 406, U.S., 356 (1972).

Levine, J., & Butler, J. (1952). Lecture vs. group decision in changing behavior. **Journal of Applied Psychology, 36,** 29–33.

Levine, J., & Moreland, R. (1998). Small groups. In D. Gilbert, S. Fiske, & G. Lindzey (Eds.), **The handbook of social psychology** (4th ed., Vol. 2, pp. 415–469). New York: McGraw-Hill.

Levine, R., Chein, I., & Murphy, G. (1942). The relation of the intensity of a need to the amount of perceptual distortion: A preliminary report. **Journal of Psychology, 13,** 283–293.

Levinger, G. (1980). Toward the analysis of close relationships. **Journal of Experimental Social Psychology, 16,** 510–544.

Lew, M., Mesch, D., Johnson, D. W., & Johnson, R. (1986a). Postive interdependence, academic and collaborative-skills group contingencies and isolated students. **American Educational Research Journal, 23,** 476–488.

Lew, M., Mesch, D., Johnson, D. W., & Johnson, R. (1986b). Components of cooperative learning: Effects of collaborative skills and academic group contingencies on achievement and mainstreaming. **Contemporary Educational Psychology**, 11, 229–239.

Lewin, K. (1935). **A dynamic theory of personality.** New York: McGraw-Hill.

Lewin, K. (1943). Forces behind food habits and methods of change. **Bulletin of the National Research Council, 108,** 35–65. (Washington, DC: National Research Council: Committee on Food Habits)

Lewin, K. (1944). Dynamics of group action. **Educational Leadership**, 1, 195–200.

Lewin, K. (1948). **Resolving social conflicts.** New York: Harper.

Lewin, K. (1951). **Field theory in social science.** New York: Harper.

Lewin, K., Dembo, T., Festinger, L., & Sears, P. (1944). Level of aspiration. In J. Hunt (Ed.), **Personality and the behavior disorders** (pp. 333–378). New York: Ronald Press.

Lewin, K., & Grabbe, P. (1945). Conduct, knowledge, and acceptance of new values. **Journal of Social Issues, 1**, 56–64.

Lewin, K., Lippitt, R., & White, R. (1939). Patterns of aggressive behavior in experimentally created "social climates." **Journal of Social Psychology, 10**, 271–299.

Lewis, H. (1944). An experimental study of the role of the ego in work. I. The role of the ego in cooperative work. **Journal of Experimental Psychology, 34**, 113–126.

Lewis, H., & Franklin, M. (1944). An experimental study of the role of the ego in work. II. The significance of task-orientation in work. **Journal of Experimental Psychology, 34**, 195–215.

Lewis, S., & Pruitt, D. (1971). Organization, aspiration level, and communication freedom in integrative bargaining. **Proceedings of the 79th Annual Convention of the American Psychological Association, 6**, 221–222.

Lickel, B., Hamilton, D., Wieczorkowska, G., Lewis, A., Sherman, S., & Uhles, A. (2000). Varieties of groups and the perception of group entitativity. **Journal of Personality and Social Psychology, 78**, 223–246.

Lickel, B., Schmader, T., & Miller, N. (2003). **Vicarious retribution: The role of collective blame in intergroup aggression**. Research report, University of Southern California.

Lieberman, M. (1993). Self-help groups. In H. Kaplan & MN. Sadock (Eds.), **Comprehensive group psychotherapy** (3rd ed., pp. 292–304). Baltimore: Williams & Wilkins.

Lieberman, M., Lakin, M., & Whitaker, D. (1968). The group as a unique context for therapy. **Psychotherapy: Theory, Research and Practice, 5**(1), 29–36.

Lieberman, M., Yalom, I., & Miles, M. (1973). **Encounter groups: First facts**. New York: Basic Books.

Lieberman, M., Yalom, I., & Miles, M. (1980). Group methods. In F. Kanfer & A. Goldstein (Eds.), **Helping people change** (pp. 433–485). New York: Pergamon Press.

Likert, R. (1961). **New patterns of management**. New York: McGraw-Hill.

Lindbloom, D. (1959). The science of muddling through. **Public Administrative Review, 15**, 79–88.

Lindeman, A. (1997). Ingroup bias, self-enhancement, and group identification. **European Journal of Social Psychology, 27**, 337–355.

Lindskold, S., & Aronoff, J. (1980). Conciliatory strategies and relative power. **Journal of Experimental Social Psychology, 16**, 187–198.

Linville, P. (1982). The complexity-extremity effect and age-based stereotyping. **Journal of Personality and Social Psychology, 42**, 193–211.

Linville, P., & Jones, E. (1980). Polarized appraisals of out-group members. **Journal of Personality and Social Psychology, 38**, 689–703.

Linville, P., Fisher, G., & Salovey, P. (1989). Perceived distribution of the characteristics of ingroup and out-group members: Empirical evidence and a computer simulation. **Journal of Personality and Social Psychology, 57**, 165–188.

Lippmann, W. (1922). **Public opinion**. New York: Harcourt, Brace, Javanovich.

Lissner, K. (1933). The resolution of needs by substitutive acts: Studies of action and affect psychology, edited by K. Lewin. **Psychologische Fortung, 18**, 27–87.

Littlepage, G., & Mueller, A. (1997). Recognition and utilization of expertise in problem-solving groups: Expert characteristics and behavior. **Group Dynamics: Theory, Research, and Practice, 1**, 324–328.

Littlepage, G., Robison, W., & Reddington, KI. (1997). Effects of task experience and group experience on group performance, member ability, and recognition of expertise. **Organizational Behavior and Human Decision Processes, 69**, 133–147.

Littlepage, G., & Silbiger, H. (1992). Recognition of expertise in decision-making groups: Effects of group size and participation patterns. **Small Group Research, 23**, 344–355.

Locke, E., & Latham, G. (1985). The application of goal setting to sports. **Journal of Sport Psychology,** 7(3), 205–222.

Lockhead, J. (1983). **Beyond Emile: Misconceptions of education in the 21st century**. Paper presented at the annual meeting of the American Education Research Association, Montreal, Quebec.

London, P. (1969). **Behavior control.** New York: Harper & Row.

Longley, J., & Pruitt, D. (1980). Groupthink: A critique of Janis's theory. In L. Wheeler (Ed.), **Review of Personality and Social Psychology**, 1. Beverly Hills, CA: Sage.

Lord, C., Ross, L., & Lepper, M. (1979). Biased assimilation and attitude polarization: The effects of prior theories on subsequently considered evidence. **Journal of Personality and Social Psychology,** 37(11), 2098–2109.

Lorge, I., Fox, D., Davitz, J., & Brenner, M. (1958). A survey of studies contrasting the quality of group performance and individual performance, 1920–1957. **Psychological Bulletin,** 55, 337–372.

Lott, A., & Lott, B. (1965). Group cohesiveness and interpersonal attraction: A review of relationships with antecedent and consequent variables. **Psychological Bulletin,** 64, 259–302.

Lovelace, K., Shapiro, D., & Weingart, L. R. 2001. Maximizing cross-functional new product teams innovativeness and constraint adherence: A conflict communications perspective. **Academy of Management Journal,** 44(4): 779–783.

Lowry, N., & Johnson, D. W. (1981). Effects of controversy on epistemic curiosity, achievement, and attitudes. **Journal of Social Psychology,** 115, 31–43.

Luce, R. & Raiffa, H. (1957). **Games and decisions.** New York: Wiley.

Luchins, A. (1942). Mechanization in problem solving: The effect of Einstellung. **Psychological Monographs,** 54 (Whole No. 248).

Lull, P. E. (1940). The effectiveness of humor in persuasive speech. **Speech Monographs,** 7, 20–40.

Lyons, V. (1980). **Structuring cooperative learning: The 1980 handbook.** New Brighton, MN: Interaction Book Company.

MacKenzie, B. (1948). The importance of contact in determining attitudes toward Negroes. **Journal of Abnormal and Social Psychology,** 43, 417–441.

Mackie, D. M. (1987). Systematic and nonsystematic processing of majority and minority persuasive communications. **Journal of Personality and Social Psychology,** 53, 41–52.

Maehr, M., & Midgley, C. (1991). Enhancing student motivation: A school-work approach. **Educational Psychologist,** 26, 399–427.

Magnuson, E. (1986) "Fixing NASA." **Time,** 9 June: 14ff.

Mahler, W. (1933). Substitution acts of a different degree of reality. Students of action and affect psychology, edited by K. Lewin. **Psychologishe Fortschung,** 18, 27–89.

Maier, N. (1930). Reasoning in humans. **Journal of Comparative Psychology**, 10, 115–143.

Maier, N. (1950). The quality of group decisions as influenced by the discussion leader. **Human Relations,** 3, 155–174.

Maier, N. (1970). **Problem solving and creativity in individuals and group.** Belmont, CA: Brooks/Cole.

Maier, N., & Hoffman, L. (1964). Financial incentives and group decision in motivating change. **Journal of Social Psychology,** 64, 369–378.

Maier, N., & Solem, A. (1952). The contribution of a discussion leader to the quality of group thinking: The effective use of minority opinions. **Human Relations,** 5, 277–288.

Maier, N., & Thurber, J. (1969). Innovative problem-solving by outsiders: A study of individuals and groups. **Personal Psychology,** 22(3), 237–249.

Major, B., Schmidlin, A., & Williams, L. (1990). Gender patterns in social touch: The impact of setting and age. **Journal of Personality and Social Psychology**, 58, 634–643.

Mann, L., & Janis, I. (1983). Decisional conflict in organizations. In D. Tjosvold and D. Johnson (Eds.), **Productive conflict management** (pp. 16–45). New York: Irvington.

Mann, R. (1959). A review of the relationship between personality and performance in small groups. **Psychological Bulletin**, 56, 241–270.

Mannheimer, D., & Williams, R. (1949). A note on Negro troops in combat. In S. Stouffer, E. Suchman, L. DeVinney, S. Star, & R. Williams (Eds.), **The American Soldier**, Vol. 1. Princeton, N.J.: Princeton University Press.

Maoz, I. (2009). Does contact work in protracted asymmetrical conflict? Appraising 20 years and four major models of reconciliation aimed planned encounters between Israeli Jews and Palestinians. Unpublished manuscript. Department of Communication and Journalism Hebrew University of Jerusalem, Israel.

Marcus-Newhall, A., Miller, N., Holtz, R., & Brewer, M. (1993). Cross-cutting category membership with role assignment: A means of reducing intergroup bias. **British Journal of Social Psychology**, 32, 124–146.

Marcus-Newhall, A., Pedersen, W., Carlson, M., & Miller, N. (2000). Displaced aggression is alive and well: A meta-analytic review. **Journal of Personality and Social Psychology**, 78, 670–689.

Markman, H. (1981). Prediction of marital distress: A 5-year follow-up. **Journal of Consulting and Clinical Psychology**, 49, 760–762.

Markus, H. (1978). The effect of mere presence on social facilitation: An unobtrusive test. **Journal of Experimental Social Psychology**, 14, 389–397.

Marrow, A. (1957). **Making management human**. New York: McGraw-Hill.

Marrow, A. (1969). **The practical theorist: The life and work of Kurt Lewin**. New York: Basic Books.

Martin, R., Gardikiotis, A., & Hewstone, M. (2002). Levels of consensus and majority and minority influence. **European Journal of Social Psychology**, 32, 645–665.

Magnuson, Ed., (1986). Fixing NASA. **Time, 9** June: 14ff.

Maslach, C., Stapp, J., & Santee, R. (1985). Individuation: Conceptual analysis and assessment. **Journal of Personality and Social Psychology**, 49, 729–738.

Maslow, A. (1954). **Motivation and personality**. New York: Harper & Row.

Maslow, A. (1962). **Toward a psychology of being**. Princeton, NJ: Van Nostrand.

Matsui, N., Kakuyama, T., & Onglateo, M. (1987). Effects of goals and feedback on performance in groups. **Journal of Applied Psychology**, 72(3), 416–425.

Mayerson, N., & Rhodewalt, F. (1988). The role of self-protective attributions in the experience of pain. **Journal of Social Clinical Psychology**, 6, 203–218.

McCain, B., O'Reilly, C., & Pfeffer, J. (1983). The effects of departmental demography on turnover. **Academy of Management Journal**, 26, 626–641.

McCauley, C. (1989). The nature of social influence in groupthink: Compliance and internalization. **Journal of Personality and Social Psychology**, 57, 250–260.

McClelland, D. (1975). **Power: The inner experience**. New York: Irvington.

McClelland, D. (1985). How motives, skills, and values determine what people do. **American Psychologist**, 40, 812–825.

McClelland, D., & Atkinson, J. (1948). The projective expression of needs: I. The effect of different intensities of the hunger drive on perception. **Journal of Psychology**, 25, 205–222.

McConahay, J. (1986). Modern racism, ambivalence, and the modern racism scale. In J. Dovidio & S. Gaertner (Eds.), **Prejudice, discrimination, and racism** (pp. 91–125). New York: Academic Press.

McCown, W., & Johnson, J. (1991). Personality and chronic procrastination by university students during an academic examination period. **Personality and Individual Differences, 12,** 413–415.

McDavid, J., & Harari, H. (1968). **Social psychology: Individuals, groups, societies.** New York: Harper & Row.

McGrath, J. E. (1962). **Leadership behavior: Some requirements for leadership training.** Washington, DC: U.S. Civil Service Commission.

McGrath, J. E. (1984). **Groups: Interaction and performance.** Englewood Cliffs, NJ: Prentice-Hall.

McGregor, D. (1967). **The human side of enterprise.** New York: McGraw-Hill.

McGuire, W. (1964). Inducing resistance to persuasion. In L. Berkowitz (Ed.), **Advances in experimental social psychology** (Vol. 1, pp. 192–232). New York: Academic Press.

McGuire, W. (1969). The nature of attitudes and attitude change. In B. Lindsey and E. Aronson (Eds.), **Handbook of social psychology** (Vol. 3, pp. 136–314). Reading, MA: Addison-Wesley.

McGuire, W. (1985). Attitudes and attitude change. In G. Lindzey & E. Aronson (Eds.), **The handbook of social psychology** (3rd ed., Vol. 2, pp. 233–346). New York: Random House.

McGuire, T., Kiesler, S., & Siegel, J. (1987). Group and computer-mediated discussion effects in risk decision making. **Journal of Personality and Social Psychology, 52,** 917–930.

McGuire, W., McGuire, C., Child, P., & Fujioka, P. (1978). Salience of ethnicity in he spontaneous self-concept as a function of one's ethnic distinctiveness in the social environment. **Journal of Personality and Social Psychology, 36,** 511–520.

McGuire, W., McGuire, C., & Winton, W. (1979). Effects of household sex composition on the salience of one's gender in the spontaneous self-concept. **Journal of Experimental Social Psychology, 15,** 77–90.

McRoberts, C., Burlingame, G., & Hoag, M. (1998). Comparative efficacy of individual and group psychotherapy: A meta-analysis. **Group Dynamics: Theory, Research, and Practice, 2,** 101–117.

Meer, B., & Freedman, E. (1966). The impact of Negro neighbors on White house owners. **Social Forces, 45,** 11–19.

Medalia, N., & Larson, O. (1958). Diffusion and belief in a collective delusion: The Seattle windshield pitting epidemic. **American Sociological Review, 23,** 180–186.

Medin, D. (1988). Social categorization: Structures, processes, and purposes. In R. Wyer, Jr., & T. Srull (Eds.), **Handbook of social cognition** (2nd ed., Vol. 2, pp. 1–68). Hillsdale, NJ: Erlbaum.

Mehrabian, A. (1971). **Silent messages.** Belmont, CA: Wadsworth.

Mendelberg, T. (2002). The deliberative citizen: Theory and evidence. **Political Decision Making, Deliberation and Participation, 6,** 151–193.

Mesch, D., Johnson, D. W., & Johnson, R. (1988). Impact of positive interdependence and academic group contingencies on achievement. **Journal of Social Psychology, 128,** 345–352.

Mesch, D., Lew, M., Johnson, D. W., & Johnson, R. (1986). Isolated teenagers, cooperative learning and the training of social skills. **Journal of Psychology, 120,** 323–334.

Mesch, D., Lew, M., Johnson, D. W., & Johnson, R. (1993). Effects of cooperative learning on isolated teens. In J. Cohen & M. Fish (Eds.), **Handbook of school-based interventions.** San Francisco, CA: Jossey-Bass (pp. 404–405).

Messe, L., Hertel, G., Kerr, N., Lount R., & Park, E. (2002). Knowledge of partner's ability as a moderator of group motivation gains: An exploration of the Koehler discrepancy effect. **Journal of Personality and Social Psychology, 82,** 935–946.

Messe, L., Kerr, N., & Sattler, D. (1992). "But some animals are more equal than others": The supervisor as a privileged status in group contexts. In S. Worchel, W. Wood, & J. Simpson (Eds.), **Group process and productivity** (pp. 203–223). Newbury Park, CA: Sage.

Messe, L., Stollak, G., Larson, R., & Michaels, G. (1979). Interpersonal consequences of person perception in two social contexts. **Journal of Personality and Social Psychology, 37,** 369–379.

Messick, D., & Brewer, M. (1983). Solving social dilemmas: A review. In L. Wheeler & P. Shaver (Eds.), **Review of Personality and Social Psychology** (Vol. 4, pp. 11–44). Newbury Park, CA: Sage.

Michels, R. (1915/1959). **Political parties: A sociological study of the oligarchical tendencies of modern democracy.** New York: Dover.

Michener, H., & Burt, M. (1975). Components of "authority" as determinants of compliance. **Journal of Personality Psychology, 31,** 606–614.

Milgram, S. (1974). **Obedience to authority.** New York: Harper & Row.

Mill, J.S. (1979). **On liberty.** New York: Penguin Press (originally published 1859).

Miller, N. (2002). Personalization and the promise of contact theory. **Journal of Social Issues, 58**(2), 387–410.

Miller, N., & Brewer, M. (Ed.). (1984). **Groups in contact: The psychology of desegregation.** New York: Academic Press.

Miller, N., Brewer, M., & Edwards, K. (1985). Cooperative interaction in desegregated settings: A laboratory analogue. **Journal of Social Issues, 41**(3), 63–79.

Miller, N., & Davidson-Podgorny, G. (1987). Theoretical models of intergroup relations and the use of cooperative teams as an intervention for desegregated settings. In C. Hendrick (Ed.), **Annual review of personality and social psychology: Group processes and intergroup relations** (Vol. 9, pp. 23–39). Newbury Park, CA: Sage.

Mills, T. (1967). **The sociology of small groups.** Englewood Cliffs, NJ: Prentice-Hall.

Minard, R. (1952). Race relationships in the Pocahontas coal field. **Journal of Social Issues, 8,** 29–44.

Mitchell, T., & Silver, W. (1990). Individual and group goals when workers are interdependent: Effects on task strategies and performance. **Journal of Applied Psychology, 75**(2), 185–193.

Mobley, W., Griffith, R., Hand, H., & Miglino, B. (1979). Review and conceptual analysis of the employee turnover process. **Psychological Bulletin, 86,** 493–522.

Moede, W. (1920). **Experimentelle massenpsychologie.** Leipzig: S. Hirzel.

Moede, W. (1927). Die richtlinien der leistungspsycholgie. **Industrielle Psychotechnik, 4,** 193–207.

Monteith, M. (1996a). Affective reactions to prejudice-related discrepant resonses: The impact of standard salience. **Personality and Social Psychology Bulletin, 22,** 48–59.

Monteith, M. (1996b). Contemporary forms of prejudice-related conflict: In search of a nutshell. **Personality and Social Psychology Bulletin, 22,** 416–473.

Monteith, M., Devine, P., & Zuwerink, J. (1993). Self-directed versus other-directed affect as a consequence of prejudice-related discrepancies. **Journal of Personality and Social Psychology,** 64, 198–210.

Monteith, M., & Walters, G. (1998). Egalitarianism, moral obligation, and prejudice-related personal standards. **Personality and Social Psychology Bulletin, 24**(2), 186–199.

Moreland, R., & Levine, J. (1982). Socialization in small groups: Temporal changes in individual-group relations. In L. Berkowitz (Ed.), **Advances in experimental social pscyhology** (Vol. 15, pp. 137–192). New York: Academic Press.

Moreland, R., & Levine, J. (1988). Group dynamics over time: Development and socialization in small groups. In J. McGrath (Ed.), **The social psychology of time** (pp. 151–181). Newbury Park, CA: Sage.

Moreland, R., & Levine, J. (1989). Newcomers and oldtimers in small groups. In P. Paulus (Ed.), **Psychology of group influence** (2nd ed., pp. 143–185). Hillsdale, NJ: Erlbaum.

Moreno, J. (1932/1953). **Who shall survive? Foundations of sociometry, group psychotherapy, and sociodrama** (2nd ed.). Beacon, NY: Beacon House.

Morgan, B., Coates, G., & Rebbin, T. (1970). **The effects of Phlebotomus fever on sustained performance and muscular output** (Tech. Rep. No. ITR-70-14). Louisville, KY: University of Louisville, Performance Research Laboratory.

Morrison, J. (1993). **Group composition and creative performance**. Unpublished doctoral dissertation, University of Tulsa, Tulsa, OK.

Morrison, B., & Ahmed, E. (2006). Restorative justice and civil society: Emerging practice, theory, and evidence. **Journal of Social Issues, 62**(2), 209–215.

Morrison, E. W., & Milliken, F. J. (2000). Organizational silence: A barrier to change and development in a pluralistic world. **Academy of Management Review, 25** (4), 706–725.

Moscovici, S. (1980). Toward a theory of conversion behavior. In L. Berkowitz (Ed.), **Advances in Experimental Social Psychology, 13**, New York: Academic Press.

Moscovici, S. (1985a). Innovation and minority influence. In S. Moscovici, G. Mugny, & E. Van Avermaet (Eds.), **Perspectives on minority influence** (pp. 9–51). Cambridge: Cambridge University Press.

Moscovici, S. (1985b). Social influence and conformity. In G. Lindzey & E. Aronson, (Eds.), **The Handbook of Social Psychology** (3rd ed., Vol. 2, pp. 347–412). New York: Random House.

Moscovici, S., & Faucheux, C. (1972). Social Influence, conforming bias, and the study of active minorities. In L. Berkowitz (Ed.), **Advances in Experimental Social Psychology** (Vol. 13), New York: Academic Press.

Moscovici, S., Lage, E., & Naffrechoux, M. (1969). Influence of a consistent minority on the responses of a majority in a color perception task. **Sociometry, 32**, 365–380.

Moscovici, S., Mucchi-Faina, A., & Maass, A. (Eds.). (1994). **Minority influence**. Chicago: Nelson-Hall.

Moscovici, S., & Nemeth, C. (1974). **Social influence: II. Minority influence**. Oxford, England: Rand McNally.

Moscovici, S., & Zavalloni, M. (1969). The group as a polarizer of attitudes. **Journal of Personality and Social Psychology, 12**, 125–135.

Mugny, G. (1982). **The power of minorities**. London: Academic Press.

Mugny, G., Doise, W., & Perret-Clermont, A. N. (1975–1976). Conflit de centrations et progrès congnitif [Conflict of centrations and cognitive progress]. **Bulletin de Psychologie, 29**, 199–204.

Mugny, G., Levy, M., & Doise, W. (1978). Conflit socio-cognitif et developpement cognitif [Socio-cognitive conflict and cognitive development]. **Swiss Journal of Psychology, 37**, 22–43.

Mugny, G., & Papastamou, S. (1980). When rigidity does not fail: Individualization and psychologization as resistances to the diffusion of minority innovations. **European Journal of Social Psychology, 10**, 43–61.

Mugny, G., & Perez, J.A. (1991). **The social psychology of minority influence**. New York: Cambridge University Press.

Mullan, F. (1992). Rewriting the social contract in health. In A. Katz, H. Hedrick, D. Isenberg, L. Thompson, T. Goodrich, & A. Kutscher (Eds.), **Self-help: Concepts and applications** (pp. 61–67). Philadelphia: Charles Press.

Mullen, B. (1983). Operationalizing the effect of the group on the individual: A self-attention perspective. **Journal of Experimental Social Psychology, 19**, 295–322.

Mullen, B., Brown, R., & Smith, C. (1992). Ingroup bias as a function of salience, relevance, and status: An integration. **European Journal of Social Psychology, 22**, 103–122.

Mullen, B., & Cooper, C. (1994). The relation between group cohesiveness and performance: An integration. **Psychological Bulletin, 115**(2), 210–227.

Mullen, B., Johnson, C., & Salas, E. (1991). Productivity loss in brainstorming groups: A meta-analytic integration. **Basic and Applied Social Psychology, 12**, 3–25.

Murnighan, J., & Pillutla, M. (1995). Fairness versus self-interest: Asymmetric moral imperatives in ultimatum bargaining. In R. Kramer & D. Messick (Eds.), **Negotiation as a social process** (pp. 240–267). Thousand Oaks, CA: Sage.

Murray, F. (1972). The acquisition of conservation through social interaction. Developmental Psychology, 6, 1–6.

Murray, F. (1983). **Cognitive benefits of teaching on the teacher**. Paper presented at American Educational Research Association Annual Meeting, Montreal, Quebec.

Murray, F., Ames, G., & Botvin, G. (1977). Acquisition of conservation through cognitive dissonance. **Journal of Educational Psychology, 69**, 519–527.

Myers, D. (1978). The polarizing effects of social comparison. **Journal of Experimental Social Psychology**, 14, 554–563.

Myers, D. (1987). **Social psychology** (2nd ed). New York: McGraw-Hill.

Myers, D., & Bishop, G. (1970). Discussion effects on racial attitudes. **Science, 169**, 778–789.

Myers, D. G. (1982). Polarizing effects of social interaction. In H. Brandstatter, J. H. Davis, & G. Stocker-Kreichgauer (Eds.), **Group decision making** (pp. 125–161). New York: Academic Press.

Myers, D. G., & Lamm, H. (1976). The group polarization phenomenon. **Psychological Bulletin, 83**, 602–627.

Myers, R. (1969). **Some effects of seating arrangements in counseling.** Unpublished doctoral dissertation, University of Florida, Gainesville.

Myrdal, G. (1944). **An American dilemma: The Negro problem and modern democracy**. New York: Harper.

Nadler, D., Hackman, J., & Lawler, E. (1979). **Managing organizational behavior.** Boston: Little, Brown.

Napier, E. (1981). Competition in the classroom. **Kappa Delta Pi Record, 18** (1), 18–19, 23.

National Center for Manufacturing Sciences. (1989). **Making the Grade: Student perspectives on the state of manufacturing engineering education in America.** Ann Arbor, MI.

Nauta, A, De Dreu, C. K. W., & Van der Vaart, T. (2002). Social value orientation, organizational goal concerns, and interdepartmental problem-solving behavior. **Journal of Organizational Behavior, 23,** 199–213.

Neisser, U. (1954). On experimental distinction between perceptual process and verbal response. **Journal of Experimental Psychology, 47,** 399–402.

Nelson, J. D., Gelfand, D. M., & Hartmann, D. P. (1969). Children's aggression following competition and exposure to an aggressive model. **Child Development, 40**(4), 1085–1097.

Nemeth, C. J. (1976). **A comparison between conformity and minority influence**. Paper presented to the International Congress of psychology, Paris, France.

Nemeth, C. J. (1977). Interactions between jurors as a function of majority vs. unanimity decision rules. **Journal of Applied Social Psychology, 7,** 38–56.

Nemeth, C. J. (1986). Differential contributions of majority and minority influence. **Psychological Review, 93,** 23–32.

Nemeth, C. J. (1992). Minority dissent as a stimulant to group performance. In S. Worchel, W. Wood, & J. Simpson (Eds.), **Group process and productivity** (pp. 95–111). Newbury Park, CA: Sage.

Nemeth, C. J. (1995). Dissent as driving cognition, attitudes and judgments. Social Cognition, 13, 273–291.

Nemeth, C. J. (1997). **Managing innovation: When less is more**. California Management Review, 40.

Nemeth, C. J. (2003). "The Requirement of Unanimity, Protection of Minority Views and the Quality of the Decision Making." Invited address, Jury Research Conference, University of Sydney Law School, Australia, October 2003.

Nemeth, C., Brown, K., & Rogers, J. (2001). Devil's advocate versus authentic dissent: Stimulating quantity and quality. **European Journal of Social Psychology, 31**, 707–720.

Nemeth, C., & Chiles, C. (1988). Modeling courage: The role of dissent in fostering independence. **European Journal of Social Psychology, 18**, 275–280.

Nemeth, C. J., & Goncalo, J. A. (2004). Influence and persuasion in small groups. In S. Shavitt & T. C. Brock (Eds.), **Persuasion: Psychological Insights and Perspectives**. Boston: Allyn & Bacon.

Nemeth, C. J., & Goncalo, J. A. (2005). Influence and persuasion in small groups. In T. C. Brock and M .C. Green (Eds.), **Persuasion: Psychological insights and perspectives** (pp. 171–194). London: Sage Publications.

Nemeth, C. J., & Goncalo, J. A. (2011). Rogues and heroes: Finding value in dissent. In J. Jetten & M. Hornsey (Eds.), **Rebels in groups: Dissent, deviance, difference, and defiance** (pp. 17–36). London: Blackwell.

Nemeth, C. J., & Kwan, J. L. (1985). Originality of word associations as a function of majority vs minority influence. **Social Psychology Quarterly, 48**, 277–282.

Nemeth, C. J., & Kwan, J. L. (1987). Minority influence, divergent thinking and detection of correct solutions. **Journal of Applied Social Psychology, 17**, 788–799.

Nemeth, C., & Owens, P. (1996). Making work groups more effective: The value of minority dissent. In M. West (Ed.), *Handbook of work group psychology* (pp. 125–142). Chichester, UK: John Wiley.

Nemeth, C. J., Personnaz, M., Personnaz, B. & Goncalo, J. A. (2004). The liberating role of conflict in group creativity: A study in two countries. **European Journal of Social Psychology, 34**, 365–374.

Nemeth, C., & Rogers, J. (1996). Dissent and the search for information. **British Journal of Social Psychology. Special Issue: Minority Influences, 35**, 67–76.

Nemeth, C.J. & Staw, B. M. (1989). The tradeoffs of social control and innovation in small groups and organizations. In L. Berkowitz (Ed.), **Advances in experimental social psychology,** vol. 22, (pp. 175–210). New York: Academic Press.

Nemeth, C., Swedlund, M., & Kanki, B. (1974). Patterning of a minority's responses and their influence on the majority. **European Journal of Social Psychology, 4**, 53–64.

Nemeth, C., & Wachtler, J. (1974). Creating the perceptions of consistency and confidence: A necessary condition for minority influence. **Sociometry, 37**, 529–540.

Nemeth, C. J., & Wachtler, J. (1983). Creative problem solving as a result of majority vs. minority influence. **European Journal of Social Psychology, 13,** 45–55.

Nesbitt, P., Pond, A., & Allen, W. (1959). **The survival book.** New York: Funk & Wagnalls.

Newcomb, T. (1943). **Personality and social change.** New York: Dryden.

Newcomb, T. (1956). The prediction of interpersonal attraction. **American Psychologist, 11,** 575–586.

Newcomb, T. (1961). **The acquaintance process.** New York: Holt, Rinehart, & Winston.

Nijhof, W., & Kommers, P. (1982, July). **Analysis of cooperation in relation to cognitive controversy**. Paper presented at International Conference on Cooperation in Education, Provo, UT.

Norem, J., & Illingworth, K. (1993). Strategy-dependent effects of reflecting on self and tasks: Some implications of optimism and defensive pessimism. **Journal of Personality and Social Psychology, 65**, 822–835.

Nussbaum, E. M. (2011). Argumentation, dialogue theory, and probability modeling: Alternative frameworks for argumentation research in education. **Educational Psychologist 46**(2), 84–106.

Oakes, P. (1987). The salience of social categories. In J. Turner, M. Hogg, P. Oakes, S. Reicher, & M. Wetherell (Eds.), **Rediscovering the social group: A self-categorization theory** (pp. 117–141). Oxford, UK: Basil Blackwell.

Oakes, P., & Turner, J. (1986). Distinctiveness and the salience of social category memberships: Is there an automatic perceptual bias toward novelty? **European Journal of Social Psychology, 16**, 325–344.

Oakes, P., Turner, J., & Haslam, S. (1991). Perceiving people as group members: The role of fit in the salience of social categorizations. **British Journal of Social Psychology, 30**, 125–144.

Ohbuchi, K., & Saito, M. (1986). Power imbalance, its legitimacy, and aggression. **Aggressive Behavior, 12**, 33–40.

O'Keefe, D. J. (1982). The concept of argument and arguing. In J. R. Cox & C. A. Willard (Eds.), **Advances in argumentation theory and research** (pp. 3–23). Carbondale, IL: Southern Illinois University Press.

Olson, M. (1965). **The logic of collective action: Public goods and the theory of groups**. Cambridge, MA: Harvard University Press.

Olzak, S. (1992). **The dynamics of ethic competition and conflict**. Stanford, CA: Stanford University Press.

Opotow, S. (1990). Moral exclusion and injustice: An introduction. **Journal of Social Issues, 46**, 1–20.

Opotow, S. (1993). Animals and the scope of justice. **Journal of Social Issues, 49**, 71–85.

Opotow, S., & Weiss, L. (2000). Denial and exclusion in environmental conflict. **Journal of Social Issues, 56**, 475–490.

O'Quin, K., & Aronoff, J. (1981). Humor as a technique of social influence. **Social Psychology Quarterly, 44**(4), 349–357.

O'Reilly, C., Caldwell, D., & Barnett, W. (1989). Work group demography, social integration, and turnover. **Administrative Science Quarterly, 34**, 21–37.

Ortiz, A., Johnson, D. W., & Johnson, R. (1996). Effects of positive goal and resource interdependence on individual performance. **Journal of Social Psychology, 136**(2), 243–249.

Orvis, B., Kelley, H., & Butler, D. (1976). Attributional conflict in young couples. In J. Harvey, W. Ickles, & R. Kidd (Eds.), **New directions in attribution research** (Vol. 1). Hillsdale, NJ: Erlbaum.

Packer, D.J. (2008) On being both with us and against us: A normative conflict model of dissent in social groups. **Personality and Social Psychology Review, 12**, 50.

Parker, W. C. (2006). Public discourses in schools: Purposes, problems, possibilities. **Educational Researcher, 35**(8), 11–18.

Paulson, P.B., & Nigstad, B.A. (2003). Group Creativity: Innovation through Collaboration. New York: Oxford University Press.

Pearsall, M. J., Ellis, A. P. J., & Evans, J. M. (2008). Unlocking the effects of gender faultlines on team creativity: Is activation the key? **Journal of Applied Psychology, 93**, 225–234.

Pellegrini, A. D. (2002). Bullying, victimization, and sexual harassment during the transition to middle school. **Educational Psychologist, 37**(3), 151–163.

Pellegrini, A. D., & Long, J. A. (2002). A longitudinal study of bullying, dominance, and victimization during the transition from primary to secondary school. **The British Journal of Developmental Psychology, 20**, 259–280.

Pelz, D. (1956). Some social factors related to performance in a research organization. **Administrative Science Quarterly, 1**, 310–325.

Pelz, E. (1958). Some factors in "group decision." In E. Maccoby, T. Newcomb, and E. Hartley (Eds.), **Readings in social psychology** (pp. 212–218). New York: Holt.

Pelz, E., & Andrews, F. (1966). **Scientists in organizations**. New York: John Wiley.

Pennebaker, J. W. (1982) Social and perceptual factors affecting symptom reporting and mass psychogenic illness. In M. J. Colligan, J. W. Pennebaker, & L. R. Murphy (Eds.), **Mass psychogenic illness: A social psychological analysis** (pp. 139–153). Hillsdale, NJ: Erlbaum.

Pennington, D., Haravey, F., & Bass, B. (1958). Some effects of decision and discussion on coalescence, change, and effectiveness. **Journal of Applied Psychology, 42**, 404–408.

Pepinski, P., Hemphill, J., & Shevitz, R. (1958). Attempts to lead, group productivity, and morale under conditions of acceptance and rejection. **Journal of Abnormal and Social Psychology, 57,** 47–54.

Pepitone, A. (1952). **Responsibility to the group and its effects on the performance of members.** Unpublished doctoral dissertation, University of Michigan, Ann Arbor.

Pepitone, E. (Ed.) (1980). **Children in cooperation and competition.** Lexington, MA: Lexington Books.

Pepitone, A. & Reichling, G. (1955). Group cohesiveness and the expression of hostility. **Human Relations, 8,** 327–337.

Perdue, C., Dovidio. J., Gutman, M., & Tyler, R. (1990). Us and them: Social categorization and the process of intergroup bias. **Journal of Personality and Social Psychology, 59,** 475–486.

Perls, F. (1969). **Gestalt therapy verbatim.** Lafayette, CA: Real People Press.

Perry-Smith, J.E. (2006). Social yet creative: The role of social relationships in facilitating individual creativity. **Academy of Management Journal, 49**: 85–101.

Peters, D. (1966). **Identification and personal change in laboratory training.** Unpublished doctoral dissertation, Massachusetts Institute of Technology, Boston.

Peters, R., & Torrance, E. (1972). Dyadic interaction of preschool children and performance on a construction task. **Psychological Reports, 30,** 747–750.

Peters, T. (1987). **Thriving on chaos.** New York: Knopf.

Peterson, R., Johnson, D. W., & Johnson, R. (1991). Effects of cooperative learning on perceived status of male and female pupils. **Journal of Social Psychology, 13,** 717–735.

Peterson, R. S., & Nemeth, C. J. (1996). Focus versus flexibility: Majority and minority influence can both improve performance. **Personality and Social Psychology Bulletin, 22,** 14–23.

Peterson, R. S., Owens, P. D., Tetlock, P. E., Fan, E. T., & Martorana, P.V. (1998). Group dynamics in top management teams: Groupthink, vigilance and alternative models of organizational failure and success. **Organizational Behavior and Human Decision Processes, 73,** 272–305.

Pettigrew, T. (1969). Racially separate or together? **Journal of Social Issues, 25,** 43–69.

Pettigrew, T. (1997). Generalized intergroup contact effects on prejudice. **Personality and Social Psychology Bulletin, 23**(2), 173–185.

Pettigrew, T. (1998). Intergroup contact theory. **Annual Review of Psychology, 49,** 65–85.

Pettigrew, T., & Meertens, R. (1995). Subtle and blatant prejudice in Western Europe. **European Journal of Social Psychology, 25,** 57–75.

Petty, M., Harkins, S., Williams, K., & Latané, B. (1977). Effects of group size on cognitive effort and evaluation. **Journal of Personality and Social Psychology, 3**(4), 579–582.

Petty, R., Cacioppo, J., & Krasmer, J. (1985). **Individual differences in social loafing on cognitive tasks.** Paper presented at the annual meeting of the Midwestern Psychological Association, Chicago.

Petty, R. E., & Cacioppo, J. T. (1981). **Attitudes and persuasion - classic and contemporary approaches.** Dubuque, IA: William C. Brown.

Phoon, W. H. (1982) Outbreaks of mass hysteria at workplaces in Singapore: Some patterns & modes of presentation. In M. J. Colligan, J. W. Pennebaker, & L. R. Murphy (Eds.), **Mass psychogenic illness: A social psychological analysis** (pp. 21–31). Hillsdale, NJ: Erlbaum.

Piore, M., & Sabel, C. (1984). **The second industrial divide: Possibilities for prosperity.** New York: Basic Books.

Pitler, H., Hubbell, E. R., & Kuhn, M. (2012). **Using technology with classroom instruction that works** (2nd ed.). Washington, DC: Association for Supervision & Curriculum Development.

Poole, M. (1998). The small group should be the fundamental unit of communication research. In J. Trent (Ed.), **Communication: Views from the helm in the 21st century** (pp. 94–97). Boston: Allyn & Bacon.

Poole, M. (1999). Group communication theory. In L. Frey, D. Gouran, & M. Poole (Eds.), **The handbook of group communication theory and research** (pp. 37–70). Thousand Oaks, CA: Sage.

Postmes, T., Spears, R., & Cihangir, S. (2001). Quality of group decision making and group norms. **Journal of Personality and Social Psychology, 80**(6), 918–930.

Pratto, F., Lio, J., Levin, S., Sidanius, J., Shih, M., & Bachrach, H. (1998). **Social dominance orientation and legitimization of inequality across cultures**. Unpublished manuscript, Stanford University.

Pratto, F., Sidanius, J., Stallworth, L., & Malle, B. (1994). Social dominance orientation: A personality variable predicting social dn political attitudes. **Journal of Personality and Social Psychology, 67**, 741–763.

Preston, M., & Heintz, R. (1949). Effects of participatory vs. supervisory leadership on group judgment. **Journal of Abnormal and Social Psychology, 44**, 345–355.

Pruitt, D. (1981). **Negotiation behavior**. New York: Academic Press.

Pruitt, D., & Johnson, D. (1970). Mediation as an aid to face saving in negotiation. **Journal of Personality and Social Psychology, 14**, 239–246.

Pruitt, D., & Rubin, J. (1986). **Social conflict**. New York: Random House.

Pruitt, D., & Syna, H. (1983). Successful problem solving. In D. Tjosvold & D. W. Johnson (Eds.), **Conflict in Organizations** (pp. 62–81). New York: Irvington.

Pruitt, D. G., Rubin, J., & Kim, S. H. (2004). **Social conflict: Escalation, stalemate, and settlement** (3rd ed.). New York: McGraw-Hill.

Prusak, L., & Cohen, D. (2001). **In good company: How social capital makes organizations work**. Cambridge, MA: Harvard Business School Press.

Putnam, J., Rynders, J., Johnson, D. W., & Johnson, R. (1989). Collaborative skills instruction for promoting positive interactions between mentally handicapped and nonhandicapped children. **Exceptional Children, 55**, 550–557.

Qin, A., Johnson, D. W., & Johnson, R. (1995). Cooperative versus competitive efforts and problem solving. **Review of Educational Research, 65**(2), 129–143.

Quattrone, G. & Jones, E. (1980). The perception of variability within in-groups and out-groups: Implications for the law of small numbers. **Journal of Personality and Social Psychology, 38**, 141–152.

Quinn, A., & Schlenker, B. (2002). Can accountability produce independence? Goals as determinants of the impact of accountability on conformity. **Personality and Social Psychology Bulletin, 28**, 472–483.

Radke, M., & Klisurich, D. (1947). Experiments in changing food habits. **Journal of the American Dietetics Association, 23**, 403–409.

Rafalides, M., & Hoy, W. (1971). Student sense of alienation and pupil control orientation of high schools. **The High School Journal, 55**(3), 101–111.

Rahim, M. (1983). A measure of styles of handling interpersonal conflict. **Academy of Management Journal, 26**, 368–376.

Rahim, M. (1989). Relationships of leader power to compliance and satisfaction with supervision: Evidence from a national sample of managers. **Journal of Management, 15**, 545–556.

Rapoport, A., & Bornstein, B. (1987). Intergroup competition for the provision of binary public goods. **Psychological Review, 94**, 291–299.

Raven, B. (1992). A power/interaction model of interpersonal influence: French and Raven thirty years later. **Journal of Social Behavior and Personality, 7**, 217–244.

Raven, B. (1993). The origins of power: Origins and recent developments. **Journal of Social Issues, 49**, 227–251.

Raven, B., & Kruglanksi, A. (1970). Conflict and power. In P. Swingle (Ed.), **The structure of conflict** (pp. 69–110). New York: Academic Press.

Raven, B., & Rietsema, J. (1957). The effects of varied clarity of group goal and group path upon the individual and his relation to his group. **Human Relations, 10,** 29–44.

Raven, B., & Rubin, J. (1976). **Social psychology: People in groups.** New York: Wiley.

Rawls, J. (1971). **A theory of justice.** Cambridge: Harvard University Press.

Read, P. (1974). **Alive.** New York: Avon.

Reed, B. (1947). Accommodation between Negro and white employees in a west coast aircraft industry, 1942–1944. **Social Forces, 26,** 76–84.

Reeder, G. (1993). Trait-behavior relations and dispositional inference. **Personality and Social Psychology Bulletin, 19,** 586–593.

Regan, D., & Totten, J. (1975). Empathy and attribution: Turning observers into actors. **Journal of Personality and Social Psychology, 32,** 850–856.

Reimer, T., Reimer, A., & Hinsz, V. B. (2008). Presenting decision tasks in meetings as old versus new business instigates different group processes in the hidden-profile paradigm. Unpublished manuscript. Berlin, Germany: Max Planck Institute for Human Development.

Reisman, D. (1950). **The lonely crowd.** New Haven, CT: Yale University Press.

Rest, J. R., Narvaez, D., Bebeau, M. J., & Thoma, S. J. (1999). **Postconventional moral thinking: Neo-Kohlbergian approach.** Hillsdale, NJ: Lawrence Erlbaum.

Rhodewalt, F., Morf, C., Hazlett, S., Fairfield, M. (1991). Self-handicapping: The role of discounting and augmentation in the preservation of self-esteem. **Journal of Personality and Social Psychology, 61,** 122–131.

Rice, O. (1978). **The Hatfields and the McCoys.** Lexington: University Press of Kentucky.

Richardson, F., & Manaster, G. (1997). Back to the future: Alfred Adler on freedom and commitment. **Individual Psychology: The Journal of Adlerian Theory, Research, & Practice, 53**(3), 286–309.

Richter, F., & Tjosvold, D. (1981). Effects of student participation in classroom decision-making on attitudes, peer interaction, motivation, and learning. **Journal of Applied Psychology, 65,** 74–80.

Riess, M. (1982). Seating preferences as impression management: A literature review and theoretical integration. **Communication, 11,** 85–113.

Riess, M., & Rosenfeld, P. (1980). Seating preferences as nonverbal communication: A self-presentational analysis. **Journal of Applied Communications Research, 8,** 22–30.

Rigby, K., & Slee, P. T. (1993) Dimensions of interpersonal relations among Australian school children and their implications for psychological well-being. **Journal of Social Psychology, 133**(1), 33–42.

Ringelmann, M. (1913). Research on animate sources of power: The work of man. **Annales de L'Instite National Agronomique, 2e, serietome XII,** 1–40.

Roark, A., & Sharah, H. (1989). Factors related to group cohesiveness. **Small Group Behavior, 20,** 62–69.

Robins, J., et al. (1984). Lifetime prevalence of specific psychiatric disorders in three sites. **Archives of General Psychiatry, 41,** 949–958.

Rodin, J., & Langer, E. (1977). Long-term effects of a control-relevant intervention with the institutionalized aged. **Journal of Personality and Social Psychology, 35,** 897–902.

Rodin, J., Solomon, J., & Metcalf, J. (1978). Role of control in mediating perceptions of density. **Journal of Personality and Social Psychology, 36**(9), 988–999.

Roethlisberger, F., & Dickson, W. (1939). **Management and the worker.** Cambridge, MA: Harvard University Press.

Roff, J., & Wirt, R. (1984). Childhood aggression and social adjustment antecedents of delinquency. **Journal of Abnormal Child Psychology, 12**(1), 111–126.

Rogers, C. (1961). **On becoming a person: A therapist's view of psychotherapy.** Boston: Houghton Mifflin.

Rogers, C. (1970a). Towards a theory of creativity. In P. Vernon (Ed.), **Creativity: Selected readings** (pp. 137–151). London: Penguin.

Rogers, C. (1970b). **Encounter groups.** New York: Harper & Row.

Rogers, E., & Shoemaker, F. (1971). **Communications and innovations.** New York: Free Press.

Rogers, M., Hennigan, K., Bosman, C., & Miller, N. (1984). Intergroup acceptance in classroom and playground settings. In N. Miller & M. Brewer (Eds.), **Groups in contact: The psychology of desegregation** (pp. 187–212). Orlando, FL: Academic Press.

Rokeach, M. (1954). The nature and meaning of dogmatism. **Psychological Review, 61,** 194–204.

Rokeach, M. (1960). **The open and closed mind.** New York: Basic Books.

Rokeach, M. (1968). **Beliefs, attitudes, and values.** San Francisco: Jossey-Bass.

Rose, A. (1948). Race relations in a Chicago industry. In M. Rose (Ed.), **Studies in the reduction of prejudice.** Chicago: American Council on Race Relations.

Rosenberg, L. (1961). Group size, prior experience, and conformity. **Journal of Abnormal and Social Psychology, 63**(2), 436–447.

Rosenblith, J. (1949). A replication of "some roots of prejudice." **Journal of Abnormal and Social Psychology, 44,** 470–489.

Roseth, C. J., Johnson, D. W., & Johnson, R. T. (2008). The relationship between interpersonal relationships and achievement within cooperative, competitive, and individualistic conditions: A meta-analysis. **Psychological Bulletin, 134**(2), 223–246.

Roseth, C. J., Pellegrini, A. D., Dupusi, D. N., Boh, C. M., Hickey, M. C., Hilk, C. L., & Peshkam, A. (2010). Preschoolers' bistrategic resource control, reconciliation, and peer regard. **Social Development, 19,** 1–27.

Roskow-Ewoldsen, D., & Fazio, R. (1992). The accessibility of source likeability as a determinant of persuasion. **Personality and Social Psychology Bulletin, 18,** 19–25.

Ross, L. (1977). The intuitive psychologist and his shortcomings: Distortions in the attributional process. In L. Berkowitz (Ed.), **Advances in experimental social psychology** (Vol. 10, pp. 174–220). New York: Academic Press.

Ross, L., & Nisbett, R. (1991). **The person and the situation.** New York: McGraw-Hill.

Rothbart, M., Evans, M., & Fulero, S. (1979). Recall for confirming events: Memory processes and the maintenance of social stereotypes. **Journal of Experimental Social Psychology, 15,** 343–355.

Rothbart, M., Fulero, S., Jensen, C., Howard, J., & Birrell, P. (1978). From individual to group impressions: Availability heuristics in stereotype formation. **Journal of Experimental Social Psychology, 14,** 237–255.

Rothgerber, H., & Worchel, S. (1997). The view from below: Intergroup relations from the perspective of the disadvantaged group. **Journal of Personality and Social Psychology, 73,** 1191–1205.

Rotter, J. (1971). Generalized expectancies for interpersonal trust. **American Psychologist, 26,** 443–452.

Rubin, J., & Brown, B. (1975). **The social psychology of bargaining and negotiation.** New York: Academic Press.

Rubin, J., Pruitt, D., & Kim, S. (1994). **Social conflict.** New York: McGraw-Hill.

Rusbult, C., Johnson, D., & Morrow, G. (1986). Predicting satisfaction and commitment in adult romantic involvements: An assessment of the generalizability of the investment model. **Social Psychology Quarterly, 49,** 81–89.

Rusbult, C., & Van Lange, P. (1996). Interdependent processes. In E. Higgins & A. Kruglanski (Eds.), **Social psychology: Handbook of basic principles** (pp. 564–596). New York: Guilford.

Rusbult, C., Yovetich, N., & Verette, J. (1996). An interdependence analysis of accommodation processes. In G. Fletcher & J. Fitness (Eds.),

Knowledge structures in close relationships: A social psychological approach (pp. 63–90). Mahwah, NJ: Lawrence Erlbaum.

Russell, B. (1938). **Power: A new social analysis**. New York: Norton.

Rutstrum, C. (1973). **The new ways of the wilderness**. New York: Collier.

Sachdev, I., & Bourhis, R. (1984). Minimal majorities and minorities. **European Journal of Social Psychology, 14**, 35–52.

Sachdev, I., & Bourhis, R. (1991). Power and status differentials in minority and majority group relations. **European Journal of Social Psychology, 21**, 1–24.

Salomon, G. (1981). **Communication and education: Social and psychological interactions**. Beverly Hills, CA: Sage.

Sanders, G. (1981). Driven by distraction: An integrative review of social facilitation theory and research. **Journal of Experimental Social Psychology, 17**, 227–251.

Sanders, G. S., & Baron, R. S. (1975). The motivating effects of distraction on task performance. **Journal of Personality and Social Psychology, 32**, 956–963.

Sanders, G. S., & Baron, R. S. (1977). Is social comparison irrelevant for producing choice shifts? **Journal of Experimental Social Psychology, 13**, 303–314.

Sarachek, G. (1968). Greek concepts of leadership. **Academy of Management Journal, 11**, 39–48.

Sarason, I., & Potter, E. (1983). **Self-monitoring: Cognitive processes and performance**. Seattle: University of Washington Press.

Sargis, E., & Larson, J. (2002). Informational centrality and member participation during group decision making. **Group Processes and Intergroup Relations, 5**, 333–347.

Sashkin, M. (1984). Participative management in an ethical imperative. **Organizational Dynamics, 12**(4), 4–22.

Saveri, A., Rheingold, H., & Vian, K. (2005). **Technologies of Cooperation. Institute for the Future**. Retrieved July 9, 2005, from http://www.rheingold.com/cooperation/Technology_of_cooperation.pdf.

Sayette, M. A., Kirchner, T. R., Moreland, R. L., Levine, J. M., & Travis, T. (2004). Effects of alcohol on risk-seeking behavior: A group-level analysis. **Psychology of Addictive Behaviors, 18**, 190–193.

Schachter, S. (1951). Deviation, rejection, and communication. **Journal of Abnormal and Social Psychology, 46,** 190–207.

Schachter, S. (1959). **The Psychology of Affiliation: Experimental Studies of the Sources of Gregariousness**. Stanford: Stanford University Press.

Schachter, S., Ellertson, N., McBride, D., & Gregory, D. (1951). An experimental study of cohesiveness and productivity. **Human Relations, 4,** 229–238.

Schachter, S., Nuttin, J., de Monchaux, C., Maucorps, P., Osmer, D., Duijker, H., Rommetveit, R., & Israel, J. (1954). Cross-cultural experiments on threat and rejection. **Human Relations, 7,** 403–439.

Schein E. (1969). **Process consultation.** Reading, MA: Addison-Wesley.

Schippers, M. C. (2003). **Reflexivity in teams**. Dissertation, Vrije Universiteit, Amsterdam.

Schippers, M. Hartog, D. N., Koopman, P. L. (2007). Reflexivity in teams: A measure and correlates. **Applied Psychology: An International Review, 56**(2), 189–211.

Schippers, M. C., Hartog, D. N., Koopman, P. L., & Wienk, J. A. (2003). Diversity and team outcomes: The moderating effects of outcome interdependence and group longevity and the mediating effect of reflexivity. **Journal of Organizational Behavior, 24,** 779–802.

Schippers, M. C., Edmondson, A. C., & West, M. A. (2006). **The role of reflexivity in team information processing.** Paper presented at the Academy of Management Meeting. Atlanta.

Schmidt, W. (1974). Conflict: A powerful process for (good and bad) change. **Management Review, 63**, 4–10.

Schneider, J. (1937). The cultural situation as a condition for the achievement of fame. **American Sociological Review, 2,** 480–491.

Scholten, L., van Knippenberg, D., Nijstad, B. A., & De Dreu, C.K.W. (2007). Motivated information processing and group decision-making: Effects of process accountability on information processing and decision quality. **Journal of Experimental Social Psychology, 43,** 539–552.

Schopler, J., Insko, C. A., Wieselquist, J., Pemberton, M. B., Witcher, B., Lozar, R., et al. (2001). When groups are more competitive than individuals: The domain of the discontinuity effect. **Journal of Personality and Social Psychology, 80,** 632–644.

Schultz, W. (1958). **FIRO: A three dimensional theory of interpersonal behavior.** New York: Rinehart.

Schultz, W. (1966). **The interpersonal underworld.** Palo Alto, CA: Science and Behavior Books.

Schulz-Hardt, S., Frey D., Luethgens, C., & Moscovici, S. (2000). Biased information search in group decision making. **Journal of Personality and Social Psychology, 78,** 655–669.

Schulz-Hardt, S., Jochims, M., & Frey, D. (2002). Productive conflict in group decision making: Genuine and contrived dissent as strategies to counteract biased information seeking. **Organizational Behavior and Human Decision Processes, 88,** 563–586.

Schwarz, B. B., Neuman, Y., & Biezuner, A. (2000). Two wrongs may make a right. If they argue together! **Cognition and Instruction, 18,** 461–494.

Schweitzer, M. E., & Kerr, J. L. (2000). Bargaining under the influence: The role of alcohol in negotiations. **The Academy of Management Executive, 14,** 47–57.

Schweiger, D., Sandberg, W., & Rechner, P. (1989). Experiential effects of dialectical inquiry, devil's advocacy, and consensus approaches to strategic decision making. **Academy of Management Journal, 32,** 722–745.

Schwenk, C. (1983). Laboratory research on ill-structured decision aids: The case of dialectical inquiry. **Decision Sciences, 14,** 140–144.

Seashore, S. (1954). **Group cohesiveness in the industrial work group.** Ann Arbor, MI: Institute for Social Research.

Seligman, M. (1975). **On depression, development, and death.** San Francisco: Freeman.

Seligman, M. (1988). Boomer blues. **Psychology Today, 22,** 50–55.

Seligman, M. (1995). **The optimistic child.** New York: Houghton Mifflin.

Selman, R. (1981). The development of interpersonal competence: The role of understanding in conduct. **Departmental Review, 1,** 401–422.

Seta, J., Paulus, P., & Schkade, J. (1976). Effects of group size and proximity under cooperative and competitive conditions. **Journal of Personality and Social Psychology, 34,** 47–53.

Shaffer, D. (2000). **Social and personality development** (4th ed.). Belmont, CA: Wadsworth/Thompson Learning.

Shaffer, J., & Galinsky, M. (1989). **Models of group therapy** (2nd ed.). Englewood Cliffs, NJ: Prentice-Hall.

Shambaugh, P. (1978). The development of the small group. **Human Relations, 31,** 283–295.

Shaw, M. (1932). A comparison of individuals and small groups in the rational solution of complex problems. **American Journal of Psychology, 44,** 491–504.

Shaw, M. (1964). Communication networks. In L. Berkowitz (Ed.), **Advances in experimental social psychology** (Vol. 1, pp. 111–147). New York: Academic Press.

Shaw, M. (1976, 1981). **Group dynamics: The psychology of small group behavior.** New York: McGraw-Hill.

Sheingold, K., Hawkins, J., & Char, C. (1984). "I'm the thinkist, you're the typist": The interaction of technology and the social life of classrooms. **Journal of Social Issues, 40**(3), 49–61.

Shepperd, J. (1993). Productivity loss in performance groups: A motivation analysis. **Psychological Bulletin, 113**(1), 67–81.

Sherif, C. (1978). The social context of competition. In R. Martens (Ed.), **Joy and sadness in children's sports** (pp. 81–97). Champaign, IL: Human Kinetics.

Sherif, M. (1936). **The psychology of group norms.** New York: Harper.

Sherif, M. (1966). **In common predicament.** Boston: Houghton Mifflin.

Sherif, M., Harvey, O., White, B., Hood W., & Sherif, C. (1961/1988). **The robber's cave experiment: Intergroup conflict and cooperation**. CT: Wesleyan University Press.

Sherif, M., & Sherif, C. (1956). **An outline of social psychology.** New York: Harper & Row.

Sherif, M., & Sherif, C. (1969). **Social psychology**. New York: Harper & Row.

Sherman, J. (1996). Development and mental representation of stereotypes. **Journal of Personality and Social Psychology, 70**, 1126–1141.

Sherman, J., Lee, A., Bessenoff, G., & Frost, L. (1998). Stereotype efficiency reconsidered: Encoding flexibility under cognitive load. **Journal of Personality and Social Psychology, 75**(3), 589–606.

Shinagawa, L. (1997). **Atlas of American diversity**. Thousand Oaks, CA: Sage.

Shipley, J. E., & Veroff, J. (1952). A projective measure of need for affiliation. **Journal of Experimental Psychology, 43**, 349–356.

Short, J., Williams, E., & Christie, B. (1976). **The social psychology of telecommunications**. London: Wiley.

Sidanius, J., & Pratto, F. (1999). **Social dominance: An intergroup theory of social hierarchy and oppression**. New York: Cambridge University Press.

Siegel, J., Dubrovsky, V., Kiesler, S., & McGuire, T. (1986). Group processes in computer-mediated communication. **Organizational Behavior and Human Decision Processes**, 37, 157–187.

Sigelman, L., & Welch, S. (1993). The contact hypothesis revisited: Black-White interaction and positive racial attitudes. **Social Forces, 71**, 781–795.

Simon, H. (1976). **Administrative behavior: A study of decision-making processes in administrative organization** (3rd ed.). New York: Free Press.

Simon, H. (1979). **The science of the artificial** (2nd ed.). Cambridge, MA: Massachusetts Institute of Technology Press.

Simons, T., & Peterson, R. (2000). Task conflict and relationship conflict in top management teams: The pivotal role of intragroup trust. **Journal of Applied Psychology, 83**, 102–111.

Simonton, D. (1979). Multiple discovery and invention: Zeitgeist, genius or chance? **Journal of Personality and Social Psychology, 37**, 1603–1616.

Singh, R., Choo, W., & Poh, L. (1998). In-group bias and fair-mindedness as strategies of self-presentation in intergroup perception. **Personality and Social Psychology Bulletin, 24**(2), 147–162.

Sirota, Alper, & Pfau, Inc. (1989). **Report to respondents: Survey of views towards human resources policies and practices**. New York: Author.

Skinner, B. (1953). **Science and human behavior**. New York: Macmillan.

Skinner, B. (1968). **The technology of teaching**. New York: Appleton-Century-Crofts.

Skinner, B. (1971). **Beyond freedom and dignity**. New York: Knopf.

Skon, L., Johnson, D.W., & Johnson, R. (1981). Cooperative peer interaction versus individual competition and individualistic efforts: Effects of the acquisition of cognitive reasoning strategies. **Journal of Educational Psychology, 73**, 83–92.

Slavin, R. (1986). **Using student team learning**. Baltimore, MD: Center for Research on Elementary & Middle Schools, Johns Hopkins University.

Smiles, S. (1866). Self-help: With illustrations of character, conduct, and perseverance (2nd ed.). London: Murray.

Smith, C. M. (2008). Adding minority status to a source of conflict: An examination of influence processes and product quality in dyads. **European Journal of Social Psychology, 38**, 75–83.

Smith, C. M., & Powell, L. (1988). The use of disparaging humor by group leaders. **Southern Speech Communication Journal, 53**, 279–292.

Smith, F. (1943). **An experiment in modifying attitudes toward the Negro** (Teachers College Contributions to Education, 887). New York: Columbia University.

Smith, K., Johnson, D. W., & Johnson, R. (1981). Can conflict be constructive? Controversy versus concurrence seeking in learning groups. **Journal of Educational Psychology, 73**, 651–663.

Smith, K., Johnson, D. W., & Johnson, R. (1984). Effects of controversy on learning in cooperative groups. **Journal of Social Psychology, 122**, 199–209.

Smith, M. (1945). Social situation, social behavior, and social group. **Psychological Review, 52**, 224–229.

Sniezek, J. A. (1992). Groups under uncertainty: An examination of confidence in group decision making. **Organizational Behavior and Human Decision Processes, 52**, 124–155.

Snyder, C., Cheavens, J., & Sympson, S. (1997). Hope: An individual motive for social commerce. **Group Dynamics: Theory, Research, and Practice, 1**, 107–118.

Solomon, D., Watson, M., Schaps, E., Battistich, V., & Solomon, J. (1990). Cooperative learning as part of a comprehensive classroom program designed to promote prosocial development. In S. Sharan (Ed.), **Cooperative Learning Theory and Research** (pp. 231–260). New York: Praeger.

Somech, A. (2006). The effects of leadership style and team process on performance and innovation in functionally heterogeneous teams. **Journal of Management, 32**, 132–157.

Sommer, R. (1967). Small group ecology. **Psychological Bulletin, 67**, 145–152.

Sonstegard, M., & Bitter, J. (1998). Counseling children in groups. **Journal of Individual Psychology, 54**(2), 251–267.

Sonstegard, M., Dreikurs, R., & Bitter, J. (1982). The teleanalytic group counseling approach. In G. Gazda (Ed.), **Basic approaches to group psychotherapy and counseling** (3rd ed., pp. 507–551). Springfield, IL: Charles C. Thomas.

Sorrentino, R., & Boutillier, R. (1975). The effect of quantity and quality of verbal interaction on ratings of leadership ability. **Journal of Experimental Social Psychology, 11**, 403–411.

South, E. (1972). Some psychological aspects of committee work. **Journal of Applied Psychology, 11**, 348–368, 437–464.

Spencer, S., Fein, S., Wolfe, C., Fong, C., & Dunn, M. (1998). Automatic activation of stereotypes: The role of self-image threat. **Personality and Social Psychology Bulletin, 24**(11), 1139–1152.

Sprink, K., & Carron, A. (1994). Group cohesion effects in exercise classes. **Small Group Research, 25**, 26–42.

Spurlin, J., Dansereau, D., Larson, C., & Brooks, L. (1984). Cooperative learning strategies in processing descriptive text: Effects of role and activity level of the learner. **Cognition and Instruction, 1**, 451–463.

Stanne, M., Johnson, D. W., & Johnson, R. (1999). Does competition enhance or inhibit motor performance: A meta-analysis. **Psychological Bulletin, 125**(1), 1–22.

Star, S., Williams, R., & Stouffer, S. (1965). Negro infantry platoons in white companies. In H. Proshansky & B. Seidenberg (Eds.), **Basic studies in social psychology** (pp. 680–684). New York: Holt, Rinehart & Winston.

Stasser, G. (2000). Information distribution, participation, and group decision: Explorations with the DISCUSS and SPEAK models. In D. Ilgen & C. Hulin (Eds.), **Computational modeling of behavior in organizations: The third scientific discipline** (pp. 135–161). Washington, D. C.: American Psychological Association.

Stasser, G., & Titus, W. (1987). Effects of information load and percentage shared information on the dissemination of unshared information during discussion. **Journal of Personality and Social Psychology, 53,** 81–93.

Staub, E. (1987). Commentary on Part I. In N. Eisenberg & J. Strayer (Eds.), *Empathy and its development* (pp. 103-115). Cambridge, England: Cambridge University Press.

Staw, B. M. (1995). Why no one really wants creativity. In C. M. Ford & D. A. Gioia (Eds.), **Creative Action in Organizations: Ivory Tower Visions & Real World Voices** (pp.161–172). Thousand Oaks, CA: Sage.

Steele, C., & Aronson, J. (1995). Stereotype threat and the intellectual test performance of African Americans. **Journal of Personality and Social Psychology, 69,** 797–811.

Stein, M. (1968). **The creative individual.** New York: Harper & Row.

Stein, R., & Heller, T. (1979). An empirical analysis of the correlations between leadership status and participation rates reported in the literature. **Journal of Personality and Social Psychology, 37,** 1993–2002.

Steiner, I. (1959). Human interaction and interpersonal perception. **Sociometry, 22,** 230–235.

Steiner, I. (1966). Models for inferring relationships between group size and potential group productivity. **Behavioral Science, 11,** 273–283.

Steiner, I. (1972). **Group process and productivity.** New York: Academic Press.

Steiner, I. (1974). Whatever happened to the group in social psychology? **Journal of Experimental Social Psychology, 10,** 94–108.

Steiner, I. (1976). Task-performing groups. In J. Thibaut, J. Spence, & R. Carson (Eds.), **Contemporary topics in social psychology.** Morristown, NJ: General Learning Press.

Steinzor, B. (1950). The spatial factor in face-to-face discussion groups. **Journal of Abnormal and Social Psychology, 45,** 552–555.

Stephan, F., & Mishler, E. (1952). The distribution of participation in small groups: An exponential approximation. **American Sociological Review, 17,** 598–608.

Stephan, W. (1978). School desegregation: An evaluation of predictions made in *Brown vs. Board of Education.* **Psychological Bulletin, 85,** 217–238.

Sternberg, R. J. (2007). A systems model of leadership. **American Psychologist, 62**(1), 34–42.

Stevens, C. (1963). **Strategy and collective bargaining negotiation.** New York: McGraw-Hill.

Stogdill, R. (1948). Persoanl factors associated with leadership: A survey of the literature. **Journal of Psychology, 25,** 35–71.

Stogdill, R. (1959). **Individual behavior and group achievement.** New York: Oxford University Press.

Stogdill, R. (1974). **Handbook of leadership.** New York: Free Press.

Storm, H. (1972). **Steven arrows.** New York: Ballantine Books.

Storms, M. (1973). Videotape and the attribution process: Reversing actors' and observers' points of view. **Journal of Personality and Social Psychology, 27,** 165–175.

Stoner, J. (1961). **A comparison of individual and group decisions involving risk.** Unpublished master's thesis, Massachusetts Institute of Technology, Boston.

Stotle, J. (1978). Power structure and personal competence. **Journal of Social Psychology, 38,** 72–83.

Strodtbeck, F., & Hook, L. (1961). The social dimensions of a twelve man jury table. **Sociometry, 24,** 397–415.

Stroebe, W., Diehl, M., & Abakoumkin, G. (1992). The illusion of group effectivity. **Personality and Social Psychology Bulletin, 18,** 643–650.

Sundstrom, E., Perkins, M., George, J., Futrell, D., & Hoffman, D. (1990, April). **Work-team context, development, and effectiveness in a manufacturing organization.** Paper presented at the

Fifth Annual Conference of the Society for Industrial and Organizational Psychology, Miami.

Sunstein, C. R. (2002). The Law of Group Polarization. **Journal of Political Philosophy, 10:** 175–195.

Swann, W. (1984). Quest for accuracy in person perception: A matter of pragmatics. **Psychological Review, 91**, 457–477.

Sweeney, J. (1973). An experimental investigation of the free-rider problem. **Social Science Research, 2**, 277–292.

Swim, K., Aikin, K., Hall, W., & Hunter, B. (1995). Sexism and racism: Old fashioned and modern prejudices. **Journal of Personality and Social Psychology, 68**, 199–214.

Szymanski, K., & Harkins, S. (1987). Social loafing and self-evaluation with a social standard. **Journal of Personality and Social Psychology, 53**, 891–897.

Tajfel, H. (1969). Cognitive aspects of prejudice. **Journal of Social Issues, 25**, 79–87.

Tajfel, H. (1970). Experiments in intergroup discrimination. **Scientific American, 223**, 96–102.

Tajfel, H. (1974). Social identity and intergroup behavior. **Social Science Information, 13**, 65–93.

Tajfel, H. (1978). Social categorization, social identity, and social comparison. In H. Tajfel (Ed.), **Differentiation between social groups** (pp. 61–76). London: Academic Press.

Tajfel, H. (1981). **Human groups and social categories**. Cambridge, UK: Cambridge University Press.

Tajfel, H. (1982a). Social psychology of intergroup relations. **Annual Review of Psychology, 33**, 1–39.

Tajfel, H. (Ed.). (1982b). **Social identity and intergroup relations**. Cambridge, England: Cambridge University Press.

Tajfel, H., Billig, M., Bundy, R., & Flament, C. (1971). Social categorization and intergroup behavior. **European Journal of Social Psychology, 1**, 149–178.

Tajfel, H., & Turner, J. (1979). An integrative theory of intergroup conflict. In W. Austin & S. Worchel (Eds.), **Psychology of intergroup relations** (pp. 33–47). Monterey, CA: Brooks/Cole.

Tajfel, H., & Turner, J. (1986). The social identity theory of intergroup relation. In S. Worchel & W. Austin (Eds.), **Psychology of intergroup relations** (pp. 7–24). Chicago: Nelson-Hall.

Taylor, D., & Faust, W. (1952). Twenty questions: Efficiency in problem solving as a function of size of group. **Journal of Experimental Psychology, 44**, 360–368.

Taylor, S. (1980). The interface of cognitive and social psychology. In J. H Harvey (Ed.), **Cognition, social behavior, and the environment** (pp. 189–211). Hillsdale, NJ: Erlbaum.

Taylor, S., & Lobel, M. (1989). Social comparison activity under threat: Downward evaluation and upward contacts. **Psychological Review, 96**, 569–575.

Teger, A. (1980). **Too much invested to quit.** New York: Pergamon.

Terborg, J., Castore, C., & DeNinno, J. (1976). A longitudinal field investigation of the impact of group composition on group performance and cohesion. **Journal of Personality and Social Psychology, 34**, 782–790.

Terman, L., & Odor, M. (1947). **The gifted child grows up.** Stanford, CA: Stanford University Press.

Tetlock P. (1979). Identifying victims of groupthink from public statements of decision makers. **Journal of Personality and Social Psychology, 37**, 1314–1324.

Thernstrom, S. (1973). **The other Bostonians: Poverty and progress in the American metropolis, 1880–1970**. Cambridge, MA: Harvard University Press.

Thibaut, J., & Kelly, H. (1959). **The social psychology of groups.** New York: John Wiley.

Thomas, E., & Fink, C. (1961). Models of group problem solving. **Journal of Abnormal and Social Psychology, 63**, 53–63.

Thomas, K. (1976). Conflict and conflict management. In M. Dunnette (ed.), **Handbook of industrial and organizational psychology** (pp. 889–935). Chicago: Rand McNally.

Thompson, T., Davidson, J., & Barber, J. (1995). Self-worth protection in achievement motivation: Performance effects and attitudinal behavior. **Journal of Educational Psychology, 87**, 598–610.

Thompson, L., Levine, J., & Messick, D. (1999). **Shared cognition in organizations: The management of knowledge**. Mahwah, NJ: Erlbaum.

Thorndike, R. (1938). On what type of task will a group do well? **Journal of Abnormal Social Psychology, 30**, 409–413.

Tichy, M., Johnson, D. W., Johnson, R. T., & Roseth, C. (in press). The impact of constructive controversy on moral development. **Journal of Applied Social Psychology.**

Tjosvold, D. (1974). Threat as a low-power person's strategy in bargaining: Social face and tangible outcomes. **International Journal of Group Tensions, 4**, 494–510.

Tjosvold, D. (1977). Low-power person's strategies in bargaining: Negotiability of demand, maintaining face, and race. **International Journal of Group Tensions, 7**, 29–42.

Tjosvold, D. (1978). Alternative organizations for schools and classrooms. In D. Bar-Tal & L. Saxe (Eds.), **Social psychology of education: theory & research** (pp. 275–298). Washington, DC: Hemisphere.

Tjosvold, D. (1981). Unequal power relationships within a cooperative or competitive context. **Journal of Applied Social Psychology, 11**, 137–150.

Tjosvold, D. (1982). Effects of approach to controversy on superiors' incorporation of subordinates' information in decision making. **Journal of Applied Psychology, 67**, 189–193.

Tjosvold, D. (1985a). The effects of attribution and social context on superiors' influence and interaction with low performing subordinates. **Personnel Psychology, 38**, 361–376.

Tjosvold, D. (1985b). Power and social context in superior-subordinate interaction. **Organizational Behavior and Human Decision Processes, 35**, 281–293.

Tjosvold, D. (1986). **Working together to get things done**. Lexington, MA: Lexington.

Tjosvold, D. (1989). Interdependence and power between managers and employees: A study of the leader relationship. **Journal of Management, 15**, 49–62.

Tjosvold, D. (1990a). Power in cooperative and competitive organizational contexts. **Journal of Social Psychology, 130**, 249–258.

Tjosvold, D. (1990b). **The team organization: Applying group research to the workplace**. New York: Wiley.

Tjosvold, D. (1991a). **Team organization**. New York: Wiley.

Tjosvold, D. (1991b). **The conflict-positive organization**. Reading, MA: Addison-Wesley.

Tjosvold, D. (1993). Experiencing a given base of power as a reward or punishment. **Psychological Reports, 73**, 178.

Tjosvold, D. (1995a). Cooperation theory, constructive controversy, and effectiveness: Learning from crisis. In R. Guzzo & E. Salas (Eds.), **Team effectiveness and decision making in organizations** (pp. 79–112). San Francisco: Jossey-Bass.

Tjosvold, D. (1995b). Effects of power to reward and punish in cooperative and competitive contexts. **Journal of Social Psychology, 135**(6), 723–736.

Tjosvold, D. (1996). **Managing anger for teamwork in Hong Kong: Provocations, intensity, aggression and open-mindedness**. Research Report, Lingnam University, Hong Kong.

Tjosvold, D., & Chia, L. C. (1989). Conflict between managers and employees: The role of cooperation and competition. **Journal of Social Psychology, 129**, 235–247.

Tjosvold, D., Coleman, P., & Sun, H. (2003). Effects of organizational values on leader's use of information power to affect performance in China. **Group Dynamics: Theory, Research, and Practice, 7**, 152–167.

Tjosvold, D., & Johnson, D. W. (1978). Controversy within a cooperative or competitive context and cognitive perspective-taking. **Contemporary Educational Psychology, 3**, 376–386.

Tjosvold, D., & Johnson, D. W. (1982). **Productive conflict**. New York: Irvin.

Tjosvold, D., Johnson, D. W., & Johnson, R. (1981). Effect of partner's effort and ability on liking for partner after failure on a cooperative task. **Journal of Psychology, 109**, 147–152.

Tjosvold, D., Johnson, D. W., & Johnson, R. (1984). Influence strategy, perspective-taking, and relationships between high and low power individuals in cooperative and competitive contexts. **Journal of Psychology, 116**, 187–202.

Tjosvold, D., Johnson, D. W., Johnson, R., & Sun, H. (2003). Can interpersonal competition be constructive within organizations? **Journal of Psychology, 137**(1), 63–84.

Tjosvold, D., Johnson, D. W., Johnson, R., & Sun, H. (2006). Competitive motives and strategies in organizations: Understanding constructive interpersonal competition. **Group Dynamics: Theory, Research, & Practice, 10**(2), 87–99.

Tjosvold, D., & Sagaria, D. (1978). Effects of relative power of cognitive perspective-taking. **Personality and Social Psychology Bulletin, 4**, 256–259.

Tjosvold, D., Tang, M.M.L., & West, M. A. (2004). Reflexivity for team innovation in China: The contribution of goal interdependence. **Group and Organization Management, 29**(5), 540–559.

Tjosvold, D., XueHuang, Y., Johnson, D. W., & Johnson, R. (2008). Is the way you resolve conflicts related to your psychological health. **Peace and Conflict: Journal of Peace Psychology, 14**(4), 395–428.

Tjosvold, D., XueHuang, Y., Johnson, D. W., & Johnson, R. T. (2008). Social interdependence and orientation toward life and work. **Journal of Applied Social Psychology, 32**(2), 409–435.

Torrance, E. (1954). Some consequences of power differences in decision making in permanent and temporary three-man groups. **Research Studies, State College of Washington, 22**, 130–140.

Torrance, E. (1957). Group decision-making and disagreement. **Social Forces, 35**, 314–318.

Torrance, E. (1961). Can grouping control social stress in creative activity? **Elementary School Journal, 62**, 391–394.

Torrance, E. P. (1970). Influence of dyadic interaction on creative functioning. **Psychological Reports, 26**, 391–394.

Torrance, E. P. (1971). Stimulation, enjoyment, and originality in dyadic creativity. **Journal of Educational Psychology, 62**, 45–48.

Torrance, E. P. (1973, February). **Dyadic interaction in creative thinking and problem solving**. Paper presented at the annual meeting of the American Educational Research Association, New Orleans, LA.

Toulmin, S. (1958). **The uses of argument**. New York: Cambridge University Press.

Treffinger, D., Speedie, S., & Brunner, W. (1974). Improving children's creative problem solving ability: The Purdue creativity project. **The Journal of Creative Behavior, 8**, 20–29.

Trevino, L., Lengel, R., & Draft, R. (1987). Media symbolism, media richness, and media choice in organizations: A symbolic interactionist perspective. **Communication Research, 14**, 553–574.

Triandis, H., Bass, A., Ewen, R., & Mieksele, E. (1963). Teaching creativity as a function of the members. **Journal of Applied Psychology, 47**, 104–110.

Triandis, H., Hall, D. & Ewen, R. (1965). Member heterogeneity and dyadic creativity. **Human Relations, 18**, 33–55.

Triplett, N. (1898). The dynamogenic factors in peacemaking and competition. **American Journal of Psychology, 9**, 507–533.

Tschuschke, V., & Dies, R. (1994). Intensive analysis of therapeutic factors and outcome in long-term inpatient groups. **International Journal of Group Psychotherapy, 44**, 185–208.

Tsekeris, C. (2010). Reflections on reflexivity. **Sociological Issues and Perspectives, Contemporary Issues, 3**(1), 28–37.

Tuckman, B. (1965). Developmental sequence in small groups. **Psychological Bulletin, 63**, 384–399.

Tuckman, B. & Jensen, M. (1977). Stages of small group development revisited. **Group and Organizational Studies, 2**, 419–427.

Turk, S., & Sarason, I. (1983). **Test anxiety and causal attributions**. Unpublished manuscripts, University of Washington, Department of Psychology, Seattle, WA.

Turner, J. (1978). Social comparison, similarity and ingroup favoritism. In H. Tajfel (Ed.), **Differentiation between social groups** (pp. 235–250). London: Academic Press.

Turner, J. (1985). Social categorization and the self-concept: A social cognitive theory of group behavior. In E. Lawler (Ed.), **Advances in group processes** (Vol. 2, pp. 77–122). Greenwich, CT: JAI Press.

Turner, J. (1987). **Rediscovering the social group: A self-categorization theory**. New York: Basil Blackwell.

Turner, J., Brown, R., & Tajfel, H. (1979). Social comparison and group interest in ingroup favouritism. **European Journal of Social Psychology, 9**, 187–204.

Turner, J., & Oakes, P. (1989). Self-categorization theory and social influence. In P. Paulus (Ed.), **Psychology of group influence** (2nd ed., pp. 233–275). Hillsdale, NJ: Erlbaum.

Turner, M. E., & Pratkanis, A. R. (1998). A social identity maintenance model of groupthink. **Organizational Behavior and Human Decision Processes, 73**(2–3), 210–235.

Turner, M. E., Pratkanis, A. R., Probasco, P., & Leve, C. (1992). Threat, cohesion, and group effectiveness: Testing a social identity maintenance perspective on groupthink. **Journal of Personality and Social Psychology**, 63, 781–796.

Turner, R., & Killian, L. (1972/1987). **Collective behavior** (3rd ed.). Englewood Cliffs, NJ: Prentice-Hall.

Tversky, A., & Kahneman, D. (1981). The framing of decisions and the psychology of choice. **Science, 211**, 453–458.

Tyler, T. (1997). The psychology of legitimacy: A relational perspective on voluntary deference to authorities. **Personality and Social Psychology Review, 1**, 323–345.

Tyler, T., & Degoey, P. (1996). Trust in organizational authorities: The influence of motive attributions on willingness to accept decisions. In R. Kramer & T. Tyler (Eds.), **Trust in organizational authorities** (pp. 331–356). Thousand Oaks, CA: Sage.

Tyler, T., Lind, E., Ohbuchi, K., Sugawara, I., & Huo, Y. (1998). Conflict with outsiders: Disputing within and across cultural boundaries. **Personality and Social Psychology Bulletin, 24**(2), 137–146.

Umbright M.S. (1995). **Mediating interpersonal conflicts: A pathway to peace**. West Concord, MN: CPI Publishing.

Urban, L., & Miller, N. (1998). A theoretical analysis of crossed categorization effects: A meta-analysis. **Journal of Personality and Social Psychology, 74**, 894–908.

Vacchiano, R.B., Strauss, P.S., & Hochman, L. (1968). The open and closed mind: A review of dogmatism. **Psychological Bulletin, 71**(4), 261–273.

Vanbeselaere, N. (1987). The effects of dichotomous and crossed social categorizations upon intergroup discrimination. **European Journal of Social Psychology, 17**, 143–156.

Vanbeselaere, N. (1991). The different effects of simple and crossed categorization: A result of the category differentiation process or of differential category salience? In W. Stroebe & M. Hewstone (Eds.), **European review of social psychology** (Vol. 2, pp. 143–156). Chichester, UK: Wiley.

Van Blerkom, M., & Tjosvold, D. (1981). The effects of social context on engaging in controversy. **Journal of Psychology, 107**, 141–145.

Van Dyne, L., Ang, S. & Botero, I.C. (2003). Conceptualizing employee silence and employee voice as multi-dimensional constructs. **Journal of Management Studies, 40,** 1360–1392.

Van Dyne, L. & LePine, J.A. (1998). Helping and voice extra-role behavior: Evidence of a construct and predictive validity. **Academy of Management Journal, 41,** 108–119.

Van Dyne, L. & Saavedra, R. (1996). A naturalistic minority influence experiment: Effects of divergent thinking, conflict and originality in work groups. **British Journal of Social Psychology, 35,** 151–168.

Villasenor, V. (1977). **Jury: The people vs. Juan Corona.** New York: Bantam.

Vinokur, A., & Burnstein, E. (1974). The effects of partially shared persuasive arguments on group-induced shifts: A group-problem-solving approach. **Journal of Personality and Social Psychology, 29,** 305–315.

Vinokur, A., & Burnstein, E. (1978). Depolarization of attitudes in groups. **Journal of Personality and Social Psychology, 36,** 872–885.

Vinton, K. (1989). Humor in the workplace: It is more than telling jokes. **Small Group Research, 20,** 151–166.

Voiers, W. (1956). **Bombing accuracy as a function of the group-school proficiency structure of the B-29 bomb team.** (Research Report AFDTRC-TN-56-4.) Lackland Air Force Base, TX: Air Force Personnel and Training Research Center.

Von Hippel, E., Thomke, S. & Sonnack, M. (1999). Creating Breakthroughs at 3M. **Harvard Business Review, 77**(5), September-October, 47–57.

Von Mises, L. (1949). **Human action: A treatise on economics.** New Haven, CT: Yale University Press.

Vroom, V., & Pahl, B. (1971). Relationship between age and risk-taking among managers. **Journal of Applied Psychology, 55,** 399–405.

Vroom, V., & Yetton, P. (1973). **Leadership and decision making.** Pittsburgh, PA: University of Pittsburgh Press.

Vrugt, A., & Koenis, S. (2002). Perceived self-efficacy, personal goals, social comparison, and scientific productivity. **Applied Psychology: An International Review, 51,** 593–607.

Vye, N. J., Goldman, S. R., Voss, J. F., Hmelo, C., Wiolliams, S., & the Cognition and Technology Group at Vanderbilt. (1997). Complex mathematical problem solving by individuals and dyads. **Cognition and Instruction, 15,** 485–484.

Vygotsky, L. (1962). **Thought and language.** Cambridge, MA: MIT Press.

Wagner, U., Hewstone, M., & Machleit, U. (1989). Contact and prejudice between Germans and Turks. **Human Relations, 42,** 561–574.

Wagner, W. G., Pfeffer, J., and O'Reilly, C. A. (1984). Organizational demography and turnover in top-management groups. **Administrative Science Ouarterly 29,** 74–92.

Walker, L. (1983). Sources of cognitive conflict for stage transition in moral development. **Developmental Psychology, 19,** 103–110.

Wallach, M., Kogan, N., & Bem, D. (1962). Group influence on individual risk taking. **Journal of Abnormal and Social Psychology, 65,** 75–86.

Walton, D. (2007). **Dialogue theory for critical argumentation.** Philadelphia, PA: John Benjamins.

Walton, D. (2010). A dialogue model of belief. **Argument and Computation, 1,** 23–46.

Walton, R. (1969). **Interpersonal peacemaking.** Reading, MA: Addison-Wesley.

Walton, R. (1985). From control to commitment in the workplace. **Harvard Business Review, 63,** 76–84.

Walton, R. (1987). **Managing conflict.** Reading, MA: Addison-Wesley.

Walton, R., & McKersie, R. (1965). **A behavioral theory of labor negotiations.** New York: McGraw-Hill.

Walzer, M. (2004). *Politics and passion: Toward a more egalitarian liberalism.* New Haven, CT: Yale University Press.

Warr, M. (2002). **Companions in crime: The social aspects of criminal conduct.** New York: Cambridge University Press.

Warriner, C. (1956). Groups are real: A reaffirmation. **American Sociological Review, 21,** 349–354.

Watson, D., & Tharp, R. (1997). **Self-directed behavior: Self-modification for personal adjustment** (7th ed.). Pacific Grove, CA: Brooks/Cole.

Watson, D. & Tharp, R. (1997). **Self-directed behavior: Self-modification for personal adjustment** (7th ed.). Pacific Grove, CA: Brooks/Cole.

Watson, G. (1928). Do groups think more effectively than individuals? **Journal of Abnormal and Social Psychology, 23,** 328–336.

Watson, G. (1931). Do groups think more effectively than individuals? In G. Murphy & L. Murphy (Eds.), **Experimental social psychology.** New York: Harper.

Watson, G. (1947). **Action for unity.** New York: Harper.

Watson, G. (1947). **Action for unity.** New York: Harper & Brothers.

Watson, G., & Johnson, D.W. (1972). **Social psychology: Issues and insights** (2nd ed.). Philadelphia: Lippincott.

Watson, W., Kumar, K., & Michaelsen, L. (1993). Cultural diversity's impact on interaction process and performance: Comparing homogeneous and diverse task groups. **Academy of Management Journal, 36,** 590–602.

Watson, W., Michaelsen, L., & Sharp, W. (1991). Member competence, group interaction, and group decision making: A longitudinal study. **Journal of Applied Psychology, 76,** 803–809.

Webb, N. (1977). **Learning in individual and small group setting** (Tech. Report No. 7). Stanford, CA: Stanford University, School of Education, Aptitude Research Project.

Webb, N., Ender, P., & Lewis, S. (1986). Problem-solving strategies and group processes in small group learning computer programming. **American Educational Research Journal, 23**(2), 243–261.

Weber, M. (1946). The sociology of charismatic authority. In H. Gert & C. Mills (Trans. & Eds.), **From Max Weber: Essay in sociology** (pp. 245–252).

New York: Oxford University Press (original work published 1921).

Weber, M. (1947). **The theory of social and economic organization** (A. M. Henderson & T. Parsons, Trans.). New York: Oxford University Press (original work published 1924).

Wegner, D. (1995). A computer network model of human transactive memory. **Social Cognition, 13,** 319–339.

Weick, K. (1990). The vulnerable system: An analysis of the Tenerife air disaster. **Journal of Management, 16,** 571–593.

Weigel, R., & Howes, P. (1985). Conceptions of racial prejudice. **Journal of Social Issues, 41**(3), 117–138.

Weigold, M. F., & Schlenker, B. R. (1991). Accountability and risk taking. **Personality and Social Psychology Bulletin, 17,** 25–29.

Weiner, N., Pandy, J., & Lantané, B. (1981). **Individual and group productivity in the United States and India.** Paper presented at the annual meeting of the American Psychological Association, Los Angeles.

Welbourne, J. (1999). The impact of perceived entitativity on inconsistency resolution for groups and individuals. **Journal of Experimental Social Psychology, 35,** 481–508.

Wentzel, K. (1994). Relations of social goal pursuit to social acceptance, classroom behavior, and perceived social support. **Journal of Educational Psychology, 86,** 173–182.

Wessells, M. (2002). Recruitment of children as soldiers in sub-Saharan Africa: An ecological analysis. In L. Mjoset & S. Van Holde (Eds.), **The comparative study of conscription in the armed forces (Comparative Social Research,** Vol. 20) (pp. 237–254). Amsterdam: Elsevier.

West, C., & Zimmerman, D. (1983). Small insults: A study of interruptions in cross-sex conversations between unacquainted persons. In B. Thorne, C. Dramarge, & N. Henley (Eds.), **Language, gender, and society** (pp. 102–117). Rowley, MA: Newbury House.

Wheeler, D. D., & Janis, I. L. (1980). A practical guide for making decisions. New York: Free Press.

Wheeler, R., & Ryan, F. (1973). Effects of cooperative and competitive classroom environments on the attitudes and achievement of elementary school students engaged in social studies inquiry activities. **Journal of Educational Psychology, 65,** 402–407.

Whitman, W. (1860) Leaves of grass. Whitman, Walt. **Leaves of Grass: Facsimile Edition of the 1860 Text**. Ed. Roy Harvey Pearce. Ithaca, N.Y.: Cornell UP, 1961.

Whyte, W.F. (1943). **Street corner society.** Chicago: University of Chicago Press.

Wiersema, M., & Bantel, K. (1992). Top management team demography and corporate strategic change. **Academy of Management Journal, 35,** 91–121.

Wiggam, A. (1931). The biology of leadership. In H. Metcalf (Ed.), **Business leadership**. New York: Pitman.

Wilder, D. (1977). Perception of group, size of opposition, and social influence. **Journal of Experimental Social Psychology, 13,** 253–268.

Wilder, D. (1978a). Perceiving persons as a group: Effects on attributions of causality and beliefs. **Social Psychology, 41,** 13–33.

Wilder, D. (1978b). Reduction of intergroup discrimination through individuation of the outgroup. **Journal of Personality and Social Psychology, 36,** 1361–1374.

Wilder, D. (1986). Social categorization: Implications for creation and reduction of intergroup bias. **Advances in Experimental Social Psychology, 19,** 291–355.

Wilder, D. (1990). Some determinants of the persuasive power of in-groups and the out-groups: Organization of information and attribution of independence. **Journal of Personality and Social Psychology, 59,** 1202–1213.

Wilder, D. (1993). Freezing intergroup evaluations: Anxiety and resistance to counterstereotypic information. In M. Hogg & D. Abrams (Eds.), **Group motivation: Social psychological perspectives** (pp. 68–86). London: Harvester Wheatsheaf.

Wilder, D., & Shapiro, P. (1989a). Effects of anxiety on impression formation in a group context: An anxiety-assimilation hypothesis. **Journal of Experimental Social Psychology, 25,** 481–499.

Wilder, D., & Shapiro, P. (1989b). Role of competition-induced anxiety in limiting the beneficial impact of positive behavior by an out-group member. **Journal of Personality and Social Psychology, 56,** 60–69.

Wilder, D., & Shapiro, P. (1991). Facilitation of outgroup stereotypes by enhanced ingroup identity. **Journal of Experimental Social Psychology, 27,** 431–452.

Wiley, J., & Voss, J. F. (1999). Constructing arguments from multiple sources: Tasks that promote understanding and not just memory for text. **Journal of Educational Psychology, 91,** 301–311.

Wilkinson, I., & Kipnis, D. (1978). Interfirm use of power. **Journal of Applied Psychology, 63,** 315–320.

Willems, E., & Clark, R. (1971). Shift toward risk and heterogeneity of groups. **Journal of Experimental and Social Psychology,** 7, 304–312.

Williams, D. (1948). The effect of an interracial project upon the attitudes of Negro and white girls within the YWCA. In A. Rose (Ed.), **Studies in the reduction of prejudice**. Chicago: American Council of Race Relations.

Williams, K. (1981). Developmental characteristics of a forward roll. **Research Quarterly for Exercise and Sport, 51**(4), 703–713.

Williams, K., Harkins, S., & Latané, B. (1981). Identifiability as a deterrent to social loafing: Two cheering experiments. **Journal of Personality and Social Psychology, 40,** 303–311.

Williams, K., & Williams, K. (1984). **Social loafing in Japan: A cross-cultural development study**. Paper presented at the Midwestern Psychological Association, Chicago.

Williams, K. D., Forgas, J. P., & von Hippel, W. (2005). **The social outcast: Ostracism, social exclusion, rejection, and bullying.** New York: Psychology Press.

Williams, R. (1947). **Reduction of intergroup tension: A survey of research on problems of ethnic,** racial, and religious group relations, Bulletin 57. New York: Social Science Research Council.

Williams, R. (1964) **Strangers next door.** Englewood Cliffs, NJ: Prentice-Hall.

Williams, R. M. Jr. (1947). **The reduction of intergroup tensions.** New York: Social Science Research Council.

Williams, R., & Ryan, M. (Eds.) (1954). **Schools of transition: Community experiences in desegregation.** Chapel Hill: University of North Carolina Press.

Wilner, D., Walkley, R., & Cook, S. (1952). Residential proximity and intergroup relations in public housing projects. **Journal of Social Issues, 8,** 45–69.

Wilson, S. (1955, 1991). **The man in the grey flannel suit.** Mattituck, NY: Amereon.

Winder, A. (1952). White attitudes toward Negro-white interaction in an area of changing racial composition. **American Psychologist, 7,** 330–331.

Winquist, J. R., & Larson, J. R., Jr. (1998). Information pooling: When it impacts group decision making. **Journal of Personality and Social Psychology, 74,** 371–377.

Wittenbaum, G. M., Hollingshead, A. B., & Botero, I. C. (2004). From cooperative to motivated information sharing in groups: Moving beyond the hidden profile paradigm. **Communication Monographs, 71,** 286–310.

Wolfe, J., & Box, T. (1988). Team cohesion effects on business game performance. **Simulation and Games, 19**(1), 82–98.

Wolman, B., & Stricker, G. (Eds.), (1983). **Handbook of family and marital therapy.** New York: Plenum.

Wood, J., Taylor, S., & Lichtman, R. (1985). Social comparison in adjustment to breast cancer. **Journal of Personality and Social Psychology, 49,** 1169–1183.

Wood, R., Mento, A., & Locke, E. (1987). Task complexity as a moderator of goal effects: A meta-analysis. **Journal of Applied Psychology, 72**(3), 416–425.

Wood, W. (1987). Meta-analytic review of sex differences in group performance. **Psychological Bulletin, 102,** 53–71.

Wood, W., Lundgren, S., Ouellette, J., Busceme, S., & Blackstone, T. (1994). Minority influence: A meta-analytic review of social influence processes. **Psychological Bulletin, 115**(3), 323–345.

Woods, F. (1913). **The influence of monarchs.** New York: Macmillan.

Worchel, S., Andreoli, V., & Folger, R. (1977). Intergroup cooperation and intergroup attraction: The effect of previous interaction and outcome on combined effort. **Journal of Experimental Social Psychology, 13,** 131–140.

Worchel, S., & Brehm, J. (1971). Direct and implied social restoration of freedom. **Journal of Personality and Social Psychology, 18,** 294–304.

Worchel, S., Coutant-Sassic, D., & Grossman, M. (1992). A developmental approach to group dynamics: A model and illustrative research. In S. Worchel, W. Wood, & J. Simpson (Eds.), **Group process and productivity** (pp. 181–202). Newbury Park, CA: Sage.

Wright, J. (1979). **On a clear day you can see General Motors.** New York: Avon.

Wright, S., Aron, A., McLaughlin-Volpe, T., & Ropp, S. (1997). The extended contact effect: Knowledge of cross-group friendships and prejudice. **Journal of Personality and Social Psychology, 73**(1), 73–90.

Yager, S., Johnson, D. W., & Johnson, R. (1985). Oral discussion, group-to-individual transfer, and achievement in cooperative learning groups. **Journal of Educational Psychology, 77,** 60–66.

Yager, S., Johnson, D. W., Johnson, R., & B. Snider. (1986). The impact of group processing on achievement in cooperative learning groups. **Journal of Social Psychology, 126**(3), 389–398.

Yalom, I., & Leszoz, M. (2005). **The theory and practice of group psychotherapy** (5th ed.). New York: Basic Books.

Yalom, I. D., Miles, M., B., & Licherman, M. A. (1973). **Encounter groups: First facts.** New York: Basic Books.

Yarrow, M., Campbell, J., & Yarrow, L. (1958). Interpersonal dynamics in racial integration. In [E. Maccoby, T. Newcomb, & E. Hartley (Eds.), **Readings in social psychology** (pp. 623–635). New York: Holt, Rinehart, & Winston.

Young, D. (1932). **American minority people: A study in racial and cultural conflicts in the United States**. New York: Harper.

Yovetich, N., & Rusbult, C. (1994). Accommodative behavior in close relationships: Exploring transformation of motivation. **Journal of Experimental Social Psychology, 30**, 138–164.

Yukl, G. (2005). **Leadership in organizations** (6th ed.). Englewood Cliffs, NJ: Prentice-Hall.

Yukl, G., & Falbe, C. (1990). Influence tactics and objectives in upward, downward, and lateral influence attempts. **Journal of Applied Psychology, 75**, 132–140.

Yukl, G., & Falbe, C. (1991). Importance of different power sources in downward and lateral relations. **Journal of Applied Psychology, 76**, 416–423.

Yukl, G., & Tracey, J. (1992). Consequences of influence attempts used with subordinates, peers, and the boss. **Journal of Applied Psychology, 77**, 525–535.

Zaccaro, S. J. (1984). Social loafing: The role of task attractiveness. **Personality and Social Psychology Bulletin, 10**, 99–106.

Zaccaro, S. J. (2007). Trait-based perspectives of leadership. **American Psychologist, 62**(1), 6–16.

Zaccaro, S. J., Kemp, C., & Bader, P. (2004). Leader traits and attributes. In J. Antonakis, A. T. Cianciolo, & R. J. Sternberg (Eds.), **The nature of organizational leadership: Understanding the performance imperatives confronting today's leaders** (pp. 3–41). Thousand Oaks, CA: Sage.

Zajonc, R. (1960). The process or cognitive tuning in communication. **Journal of Abnormal and Social Psychology, 61**, 159–167.

Zajonc, R. (1965). Social facilitation. **Science, 149**, 269–272.

Zander, A. (1971). **Motives and goals in groups**. New York: Academic Press.

Zander, A. (1974). Team spirit vs. the individual achiever. **Psychology Today, 8**(6), 64–68.

Zander, A. (1977). **Groups at work**. San Francisco: Jossey-Bass.

Zander, A. (1979). The psychology of group process. In A. Inkeles, J. Coleman, & R. Turner (Eds.), **Annual review of sociology** (Vol. 5, pp. 417–451). Palo Alto, CA: Annual Review Inc.

Zander, A., & Armstrong, W. (1972). Working for group pride in a slipper factory. **Journal of Applied Social Psychology, 2**, 293–307.

Zander, A., & Medow, H. (1963). Individual and group levels of aspiration. **Human Relations, 16**, 89–105.

Zdep, S., & Oakes, W. (1967). Reinforcement of leadership behavior in group discussion. **Journal of Experimental Social Psychology, 3**, 310–320.

Zeleny, L. (1940). Experimental appraisal of a group learning plan. **Journal of Educational Research, 34**, 37–42.

Zenger, T., & Lawrence, B. (1989). Organizational demography: The differential effects of age and tenure distribution on technical communication. **Academy of Management Journal, 32**, 353–376.

Ziller, R. (1957). Group size: A determinant of the quality and stability of group decision. **Sociometry, 20**, 165–173.

Ziller, R., Behringer, R., & Goodchilds, J. (1962). Group creativity under conditions of success or failure and variations in group stability. **Journal of Applied Psychology, 46**, 43–49.

Zimbardo, P. (1970). The human choice: Individuation, reason, and order versus deindividuation, impulse, and chaos. In W. Arnold & D. Levine (Eds.), **Nebraska symposium on motivation** (pp. 237–307). Lincoln: University of Nebraska Press.

Zimbardo, P. (1975). Transforming experimental research into advocacy for social change. In M. Deutsch & H. Hornstein (Eds.), **Applying social psychology** (pp. 33–66). Hillsdale, N.J.: Erlbaum.

Zuwerink, J., Monteith, M., Devine, P., & Cook, D. (1996). Prejudice towards Blacks: With and without compunction? **Basic and Applied Social Psychology, 18**, 131–150.

图书在版编目(CIP)数据

走到一起来！：群体理论与团队技巧：第 12 版 /（美）戴维・W. 约翰逊，（美）弗兰克・P. 约翰逊著；谈晨皓，陈琳珏译 .— 上海：上海社会科学院出版社，2020

书名原文：Joining Together：Group Theory and Group Skills（12th Edition）

ISBN 978 - 7 - 5520 - 3353 - 3

I.①走… Ⅱ.①戴… ②弗… ③谈… ④陈… Ⅲ.①组织心理学—研究 Ⅳ.①C936

中国版本图书馆 CIP 数据核字(2020)第 213207 号

Authorized translation from the English language edition, entitled JOINING TOGETHER: GROUP THEORY AND GROUP SKILLS, 12th Edition by JOHNSON, DAVID W.; JOHNSON, FRANK P., published by Pearson Education, Inc, Copyright © 2017, 2013, 2009 by Pearson Education, Inc. or its affiliates.

All rights reserved. No part of this book may be reproduced or transmitted in any form or by any means, electronic or mechanical, including photocopying, recording or by any information storage retrieval system, without permission from Pearson Education, Inc.

CHINESE SIMPLIFIED language edition published by SHANGHAI ACADEMY OF SOCIAL SCIENCES PRESS, Copyright © 2021.

本书封面贴有 Pearson Education 防伪标签，无标签者不得销售。

版权所有，侵权必究。

上海市版权局著作权合同登记号：图字 09 - 2017 - 681 号

走到一起来！：群体理论与团队技巧（第 12 版）

著　者：	（美）戴维・W. 约翰逊　弗兰克・P. 约翰逊
译　者：	谈晨皓　陈琳珏
责任编辑：	周　霈
封面设计：	黄婧昉
出版发行：	上海社会科学院出版社
	上海顺昌路 622 号　邮编 200025
	电话总机 021 - 63315947　销售热线 021 - 53063735
	http://www.sassp.cn　E-mail: sassp@sassp.cn
排　　版：	南京展望文化发展有限公司
印　　刷：	上海颛辉印刷厂有限公司
开　　本：	787 毫米×1092 毫米　1/16
印　　张：	45.75
插　　页：	2
字　　数：	770 千字
版　　次：	2021 年 3 月第 1 版　2021 年 3 月第 1 次印刷

ISBN 978 - 7 - 5520 - 3353 - 3/C・201　　　　定价：158.00 元

版权所有　翻印必究